# DIE

# PHILOSOPHIE DES WISSENS.

# DIE PHILOSOPHIE DES WISSENS.

VON

J. H. v. KIRCHMANN,
KÖNIGL. PREUSS. APPELLATIONSGERICHTS-PRÄSIDENTEN.

---

ERSTER BAND.

## DIE LEHRE VOM VORSTELLEN.

---

SPRINGER-VERLAG BERLIN HEIDELBERG GMBH
1864

# DIE LEHRE

VOM

# VORSTELLEN

ALS

# EINLEITUNG IN DIE PHILOSOPHIE.

VON

J. H. v. KIRCHMANN,

KÖNIGL. PREUSS. APPELLATIONSGERICHTS-PRÄSIDENTEN.

SPRINGER-VERLAG BERLIN HEIDELBERG GMBH

1864

ISBN 978-3-642-50603-1 ISBN 978-3-642-50913-1 (eBook)
DOI 10.1007/978-3-642-50913-1



Softcover reprint of the hardcover 1st edition 1864

# Vorwort.

Die Philosophie ist kein Buch mit sieben Siegeln für den gesunden Menschenverstand; vielmehr hat sie mit den besondern Wissenschaften nicht bloss den Gegenstand gemein, sondern auch die Mittel der Erkenntniss und die Weise der Darstellung.

Der Gegenstand der Philosophie ist das Allgemeinste der Dinge, oder deutlicher sind es die höchsten Begriffe und Gesetze des Seins und des Wissens, die, weil sie die höchsten sind, sich durch die besondern Wissenschaften als deren Band hindurchziehen und ihren gemeinsamen Kern bilden. In den Gegenständen besteht keine Grenze für die Philosophie und die besonderen Wissenschaften; in den Gegenständen ist das Allgemeine und das Besondere in Einheit. Nur das Wissen bringt die Trennung und sucht eine Grenze zu ziehen, die aber schwankend bleibt und die Philosophie in die besondern Wissenschaften und diese in jene übergreifen lässt.

Die Mittel der Erkenntnniss für die besondern Wissenschaften sind in ihrer vollen Allgemeinheit die Wahrnehmung und der Widerspruch. Aus deren vereinten Benutzung geht ihr Inhalt und seine Wahrheit hervor. Auch die Philosophie hat keine andern Mittel für ihre Wahrheit. Zwar bekämpft sie, seit ihrem Bestehen, diese Mittel und sucht nach bessern; aber die Erkenntniss, dass es deren keine giebt, wird dereinst zu den grössten Fortschritten der Philosophie gehören. Mit dieser Erkenntniss wird die andere sich verbinden, dass diese Mittel weiter führen, als man in ihrer Verachtung sich hat träumen lassen.

Auch in der Weise der Darstellung hat die Philosophie keine Besonderheit, keine bevorzugte Stellung. Die

Gemeinsamkeit der Wege zur Wahrheit führt von selbst zur Gemeinsamkeit ihrer Darstellungsweise. Die Bestimmtheit des Gedankens ist nicht bloss in den besondern Wissenschaften fähig, Ausdruck der Wahrheit zu sein, sondern auch innerhalb der Philosophie. Der Widerspruch ist nicht zugleich das Kennzeichen der Unwahrheit in jenen und der Wahrheit in dieser.

Wenn dessen ungeachtet die Erkenntniss in der Philosophie dem gewöhnlichen Vorstellen eigenthümliche Schwierigkeiten bereitet, so liegt dies nur in der Ungewohntheit, das begriffliche Trennen bis zu ihrem Allgemeinen fortzuführen und ihre Begriffe in der vollen Trennung von den bildlichen Resten des gewöhnlichen Vorstellens festzuhalten. Dabei kann die Philosophie nicht, wie die besondern Wissenschaften, den Lohn der Mühe schon nach den ersten Schritten bieten. Ihre Lust ist die höchste, welche die menschliche Seele erreichen kann; aber gleich der Fernsicht von dem erhabenen Bergesgipfel, fordert sie ein mühsames Aufsteigen durch Schluchten und Einöden, wo selbst die beschränkte Rundsicht, wie sie die Ebene bietet, verschwindet und die Hoffnung schwankt, ob die Höhe zu erreichen sei.

Der Philosophie des Wissens steht die Philosophie des Seienden zur Seite. Sein und Wissen, im Inhalte gleich, haben in den Formen den höchsten Unterschied; diese Formen des Wissens werden damit für sich Gegenstand der Erkenntniss. Zu ihnen gehört auch die Sprache, welche, der Mittheilung des Wissens dienend, nur das wahrnehmbar gemachte Wissen ist.

Das Seiende zerfällt in Körperliches und Geistiges; die Philosophie des Seienden, dem folgend, theilt sich in die Philosophie der Natur und der Seele. Im Handeln vereint sich Körperliches mit Geistigem. Das Handeln richtet sich gegen die Natur oder gegen den Menschen; oder es dient nur der freien Darstellung des schöpferischen Gedankens. Danach theilt sich die Philosophie des Handelns in die Philosophie der Gesellschaft (Technik, Volkswirthschaftslehre), des Rechts (Moral, Recht) und in die Philosophie der Kunst und Religion. Der beiden letzten Gegenstand geht aus dem schöpferischen Vorstellen hervor und hat keine Wirklichkeit. Die Kunst ist sich dessen bewusst; die Religion nicht. Jene schafft das Schöne; diese das Erhabene.

Das Handeln hat keinen Kreislauf, sondern zeigt einen Fortschritt in der Zeit. Dieser Fortschritt ist die Geschichte; mit der Philosophie der Geschichte schliesst die Reihe ihrer Besonderungen.

Das vorliegende Werk bietet die Philosophie des Wissens; die der Sprache ist dabei nur kurz berührt. Das Wissen trennt sich in Vorstellen und Erkennen, je nachdem sein Inhalt mehr nach dem Wissenden oder nach dem Gewussten hin erfasst wird. Die Lehre vom Vorstellen bildet den Inhalt des ersten; die Lehre vom Erkennen den Inhalt des zweiten Bandes.

Das vorliegende Werk geht von den zwei Fundamentalsätzen aus: das Wahrgenommene ist und: das sich Widersprechende ist nicht. Die vereinte Anwendung beider führt zur Wahrheit und es giebt keinen andern Weg zu ihr, sowohl im Gebiete der Natur und der Seele wie in dem des Rechts, der Kunst und der Religion. Die Trennung oder die Beseitigung dieser Sätze ist die Quelle aller Unwahrheit.

Dies Werk tritt damit ebenso dem Idealismus Kant's, Fichte's und Schopenhauer's entgegen, wie der Identitäts-Philosophie Schelling's und Hegel's, von denen jener den ersten dieser Fundamentalsätze und diese alle beide auf den Kopf stellt und in ihr Gegentheil verkehrt.

Mit diesen Fundamentalsätzen kehrt die Philosophie zu den allgemein-menschlichen Grundlagen des Wissens zurück, wie sie in dem Einzelnen und in den Völkern von Natur gelegt sind. Das Denken des gegenwärtigen Jahrhunderts ist von diesen Fundamentalsätzen mehr, wie jedes frühere, durchdrungen, und die Kategorieen der herrschenden Philosophieen sind ihm damit zu einer unerträglichen Fessel geworden. Aber die besondern Wissenschaften, ausser Stande, diese Kategorieen zu widerlegen, haben nur bittweise ihr Werk auf diesen Grundlagen errichtet und es ist hohe Zeit, dass dieser scheue Besitz in das sichere selbst-bewusste Recht umgewandelt werde. Dies ist das Ziel dieses Werkes.

In dem Besondern sind den eigenen Ansichten die bisherigen Ergebnisse der Philosophie vergleichend gegenübergestellt worden; weniger um Kritik zu üben, als um die Auffassung des hier Gegebenen zu schärfen und den Zusammenhang mit dem Vorhandenen zu erhalten. Es wurde dadurch möglich, eine eingehende Prüfung der Philosophie Hegel's anzufügen; jenes grossen Mannes, der von seinen Gegnern bisher wohl ignorirt oder beschimpft, aber nicht widerlegt worden ist.

Bei der Bestimmtheit des Denkens, zu welchem jene Fundamentalsätze führen, konnte jene abschreckende philosophische Phraseologie über Bord geworfen werden, welche jetzt nur noch der Unklarheit dient und die Darstellung konnte zur Einfachheit der grossen Griechischen Muster zurückkehren. Nur auf diesem Wege wird es der deutschen Philosophie gelingen, den Kreis ihrer Wissenden auszudehnen, in den Verkehr mit andern Nationen wieder einzutreten und sich von jenen wesenlosen Schatten und Schnörkeln zu lösen, in welche sie bei dem Qualm der Studierlampe und eingebannt in den engen Kreis ihrer Eingeweihten, gerathen ist.

Die Gliederung des vorliegenden Werkes, welche sich in ihm selbst nicht wohl äusserlich erkennbar machen liess, ist aus der Inhalts-Uebersicht zu ersehen.

Der zweite Band ist im Manuscript vollendet und wird im Laufe dieses Jahres nachfolgen.

Ratibor, im März 1864.

**Der Verfasser.**

# Inhalts-Uebersicht.

(Die Ziffern bedeuten die Seitenzahlen.)

## Das Wissen

theilt sich in das Vorstellen und das Erkennen. Das Vorstellen bildet den Inhalt des ersten Bandes. Das Erkennen bildet den Inhalt des zweiten Bandes.

## Das Vorstellen.

## Erklärung der Abkürzungen.

Kant (K. d. r. V. 29.) bedeutet: Kritik der reinen Vernunft von I. Kant. VI. Auflage. Leipzig. 1818. Seite 29.

Kant (Anthrop. 33.) bedeutet: Anthropologie in pragmatischen Unterricht abgefasst von I. Kant. II. Auflage. Königsberg. 1800. Seite 33.

Kant (I. 169.) bedeutet: Immanuel Kant's Werke. Gesammt-Ausgabe von Hartenstein. Leipzig. 1838. Band I. Seite 169.

Herbart (II. 313.) bedeutet: J. F. Herbart's sämmtliche Werke von Hartenstein. Leipzig. 1850. Band II. Seite 313.

Fichte (III. 45.) bedeutet: J. F. Fichte's sämmtliche Werke von J. H. Fichte. Berlin. 1845. Band III. Seite 45.

Hegel (VI. 341.) bedeutet: G. W. F. Hegel's Werke. Vollständige Ausgabe durch einen Verein etc. Berlin. 1843. Band VI. Seite 341.

Schopenhauer (die Welt. I. 120.) bedeutet: Die Welt als Wille und Vorstellung von A. Schopenhauer. III. Ausgabe. Leipzig. 1859. Band I. Seite 120.

Schopenhauer (Wurzel. 60.) bedeutet: Ueber die vierfache Wurzel des Satzes vom zureichenden Grunde, von A. Schopenhauer. II. Ausgabe. Frankfurt. 1847. Seite 60.

Hume (60.) bedeutet: D. Hume's Untersuchung über den menschlichen Verstand übersetzt von Tennemann. Jena. 1793. Seite 60.

Stuart Mill (I. 247.) bedeutet: System der deductiven und inductiven Logik von J. St. Mill. übersetzt von Schiel. II. Auflage. Braunschweig 1862. Band I. Seite 247.

Plato (Schl. III. 86.) bedeutet: Plato'ns Werke von Schleiermacher. II. Auflage. Berlin 1818. Band III. Seite 86.

Fechner (Seelenfrage. 207.) bedeutet: Ueber die Seelenfrage von G. Th. Fechner. Leipzig. 1861. Seite 207.

Virchow (Reden. 20.) bedeutet: Vier Reden über Leben und Kranksein von Rudolf Virchow. Berlin. 1862. Seite 20.

Lotze (Physiologie 10.) bedeutet: Medicinische Psychologie oder Physiologie der Seele von Dr. R. H. Lotze. Leipzig. 1852. Seite 10.

Fechner (Psychophysik. II. 452.) bedeutet: Elemente der Psychophysik von G. Th. Fechner. Leipzig. 1860. Band. II. Seite 452.

(287) (ohne weiteren Zusatz) bedeutet: die Seite 287 des vorliegenden Werkes.

# Das Sehen.

1) Ich sehe diesen Rosenzweig. So wie ich in diesem Sehen eine Zeit lang verharre, treten unterschiedene Bestimmungen in diesem Gesehenen hervor. Ich sehe das Grün der Blätter, das Rosa der Blumen; ich sehe den Grad dieser Farben und zwar unterschieden, je nach ihrer Stellung zur Sonne; ich sehe die Grösse der Blätter, ich sehe ihre Gestalt, ihre Richtung; ich sehe ihre Dauer und indem ich den Zweig ins Feuer werfe, sehe ich seine Bewegung und seine Veränderung. Die Blätter schrumpfen zusammen, die Farben bleichen. Bei dem Sehen jedes andern Gegenstandes zeigen sich die gleichen Bestimmungen. In jedem Gesehenen werden demnach acht unterschiedene Bestimmungen wahrgenommen: 1) Farbe, 2) Grad, 3) Grösse, 4) Gestalt, 5) Richtung, 6) Dauer (Zeitgrösse), 7) Bewegung oder Ruhe und 8) Veränderung oder Beharren. Jedes Gesehene enthält diese acht Bestimmungen; keines enthält noch andere; jede dieser Bestimmungen wird gesehen.

2) Die Farben zerfallen, als gesehene, in vier; weiss, gelb, roth und blau. Alle andern Farben gelten dem Sehen als eine Mischung jener einfachen. Nach der neuern Physik gehört Weiss ebenfalls zu den Mischfarben und entspringt aus der Mischung aller andern; aber für das Sehen gilt das Weiss nur als einfache Farbe. Schwarz ist keine Farbe, sondern der auf Null gesunkene Grad jeder Farbe. Jede Farbe geht durch Abnahme ihres Grades in Schwarz über. Schwarz ist dasselbe, wie Dunkel, es ist nur ein durch Farben begränztes Dunkel. Nach der Physiologie gilt auch das Schwarz bei geschlossenen Augen noch als Farbe von einer gewissen Helligkeit; aber für das Sehen ist das Schwarz überall das Nichts der Farbe. Das Weiss ist nicht der Gegensatz von Schwarz, nicht blosses Licht, oder blosser Grad. Alle Farben gehen wohl durch Abnahme ihres Grades in Schwarz über; aber roth, gelb, blau bleiben dies auch bei den stärksten Graden und werden nie zu Weiss. Das vollkommen Spiegelnde und das voll-

kommen Durchsichtige sind das Nichts der eigenen Farbe des Gegenstandes. Das Glänzende ist das unvollkommen spiegelnde, das Trübe ist das unvollkommen durchsichtige; deshalb hat beides eine Farbe. Das Tiefe der Farbe bezieht sich auf die vollkommene Deckung des Gegenstandes durch die Farbe; das Reine der Farbe ist das gleichmässige der bestimmten Farbe an allen Stellen.

3) Der Grad der Farben wird dann bestimmter gesehen, wenn die gleiche Farbe dem Licht mehr oder weniger ausgesetzt ist, wie der Schnee im Schatten und im Sonnenlicht daneben. Auch mit der Entfernung des Sehenden vom Gesehenen nimmt der Grad der Farben ab. Das Licht ist der Grad der Farben, so wie das Dunkel das Fehlen dieses Grades. Der Schatten ist der verminderte Grad der Farbe, aber kein Nichts, wie Kant meint. Zu schwache oder zu starke Grade der Farben werden nicht gesehen, wie die blendende Mittagssonne oder die entfernteren Gegenstände in der Dämmerung. Die Unterschiede des Grades können stetig oder springend in einander übergehen; das erstere geschieht z. B. bei der allmähligen Entfernung des Gegenstandes; das letztere bei Verstärkung des Lichtes durch den elektrischen Funken. Der Kampf Göthe's gegen die physikalische Theorie der Farben beruht auf der Verwechslung des Lichtes oder Grades mit dem Weiss, oder der Farbe.

4) Die räumliche Grösse, unterschieden von der Gestalt, wird gesehen; jedes unbefangene Vorstellen zweifelt nicht daran und weiss von keinem aus ihm selbst kommenden Hinzufügen der räumlichen Ausdehnung zu der gesehenen Farbe. Die Grösse dieses Thalers nimmt zu und ab, je nach seiner Entfernung von dem Sehenden, ohne dass die Gestalt desselben sich ändert. Es werden nur zwei Richtungen des Raumes gesehen, d. h. nur Ebenen; die dritte Richtung wird nicht gesehen. Um diese zu sehen, muss die Richtung des Gesehenen geändert werden, entweder durch Bewegung des Gesehenen oder des Sehenden. In einem, aber nicht merkbarem Maasse findet dies schon durch die verschiedene Richtung beider Augen statt. Wo dies nicht möglich ist, wie bei dem Monde, bleibt die Körperlichkeit für das Sehen ungewiss. Zu kleine und zu grosse Gegenstände werden nicht gesehen, wie die Infusionsthierchen, oder die ganze Erde.

5) Die gesehene Gestalt ist nur die Gestalt in der Ebene; die körperliche Gestalt wird nicht gesehen. Die Gestalt kann im Sehen sich ändern, ohne dass die Grösse des Gesehenen sich ändert; so bei einem Dreieck, das ohne Veränderung seiner Höhe und Grundlinie seine Spitze verschiebt. Die meisten gesehenen Gegenstände

ändern im Drehen ihre Gestalt; keine dieser gesehenen Gestalten desselben Gegenstandes ist wahrer als die andere. Ein Ei sieht von dessen Spitze gesehen, rund aus; ein Thaler von der Seite gesehen, hat die Gestalt eines Rechteckes. Das Sehen bemerkt noch Unterschiede in der Gestalt, wo die feinsten Instrumente nicht mehr diese Unterschiede messen können, z. B. in der Aehnlichkeit oder Unähnlichkeit der Lichtbilder. Aehnlichkeit ist Gleichheit der Gestalt bei ungleicher Grösse. Im allgemeinen Dunkel wird Nichts gesehen; aber falsch ist es, wenn von Hegel behauptet wird, dass auch in einerlei Farbe, z. B. im Nebel, sei er weiss oder gelb, nichts gesehen werden könne. Die Farbe und ihr Grad werden auch dann noch gesehen. Das Sehen bedarf zum Sehen einer bestimmten Farbe und ihres Grades nicht des Unterschiedes einer andern Farbe oder eines andern Grades. Der Satz: Omnis definitio est negatio gilt hier nicht.

6) Die Richtung des Gesehenen ist durch die Stellung des Sehenden bestimmt. Der Ort des Gesehenen wird in der Richtung nicht mit gesehen. Ein Stern wird auf das genaueste nach seiner Richtung gesehen, aber seine Entfernung ist damit nicht gegeben.

7) Die Zeitgrösse oder Dauer des Gesehenen scheint dem gewöhnlichen Vorstellen nicht so sicher in dem Sehen enthalten zu sein, wie die früheren Bestimmungen. Indess kommt dieser Schein nur daher, dass in der Regel das Gesehene eine längere Dauer hat als das Sehen. Wo dies nicht Statt hat, fällt auch jener Zweifel. Ein feuriges Meteor in der Luft wird nur durch das Sehen wahrgenommen und dennoch kennt man seine kurze Dauer, die daher nur gesehen sein kann. Bei einer Sonnenfinsterniss wird Anfang und Ende gesehen. Von zwei sich Bewegenden sieht man, dass das eine sich schneller als das andere bewegt, d. h. man sieht die kürzere Dauer der Bewegung für den gleichen Raum. Die Raumgrösse kann durch künstliche Vorrichtungen (Gläser) für den Sehenden vergrössert oder verkleinert werden. Für die Zeitgrösse giebt es kein solches Mittel, ausgenommen die gesteigerte Aufmerksamkeit auf den Zeitverlauf selbst.

8) In der Bewegung des Gesehenen wird nicht blos die Grenze, der Anfang oder der einzelne Ort, den die Bewegung durchläuft, gesehen, sondern die Bewegung selbst, als eine stetige, einen Raum und Zeit ausfüllende Bestimmung. Das Sehen der Bewegung beruht auf der Bewegung des Bildes vom Gegenstande über die Netzhaut des Sehnerven im Auge. Diese kann auch durch die Bewegung des Auges herbeigeführt werden, ohne Bewegung des Gegenstandes; daher die Täuschung über diese, wenn der Sehende

die Bewegung seines Auges nicht kennt oder nicht beachtet. Die wichtigsten Unterschiede in der Bewegung, welche gesehen werden, sind das Gerade und das Krumme, das Schnelle und das Langsame der Bewegung. Es giebt für das Sehen eine Grenze in diesen Bestimmungen, über die hinaus die schnellere oder langsamere Bewegung nicht gesehen wird; so die Bewegung einer abgeschossenen Flintenkugel, die Bewegung des Stundenzeigers an der Uhr und das Wachsen der Pflanzen. Das Gegentheil der Bewegung, die Ruhe, wird gesehen, wenn das Bild auf der Netzhaut des Auges seinen Ort nicht ändert. Es können hier dieselben Täuschungen eintreten.

9) Die Veränderung, welche gesehen wird, kann die Farbe, den Grad, die Grösse, die Gestalt, die Richtung und die Bewegung betreffen, und zwar einzelne oder mehrere dieser Bestimmungen auf einmal. Die Veränderung kann allmählig oder sprungweise erfolgen. Das Sehen der Veränderung besteht nicht blos in dem Sehen dieser Bestimmungen zu einem bestimmten Zeitpunkte und dann wieder derselben in anderer Weise zu einem andern Zeitpunkt; sondern in dem Sehen der Veränderung wird entweder das stetige, eine Zeit ausfüllende der Veränderung gesehen und nur dadurch die Veränderung selbst gesehen, oder es wird der augenblickliche Wechsel oder Sprung aus einer Bestimmung in die andere gesehen. Diese letzte Art von Veränderung sicht man z. B. bei dem plötzlichen Eintritt des Hellen durch einen Blitz in der Nacht, oder bei der durch einen Stoss bewirkten neuen Richtung in der Bewegung eines Körpers. Zu langsame Veränderungen werden nicht gesehen; deshalb sieht man nicht die Veränderung in Farbe, Grösse, Gestalt der Pflanzen bei ihrem Wachsen. Das Gegentheil der Veränderung, das Beharren wird ebenfalls gesehen.

10) Nicht gesehen wird: 1) die Entfernung des Gesehenen vom Sehenden, 2) die körperliche Gestalt des Gesehenen, 3) die Bewegung in der Richtung vom Sehenden zum Gesehenen. Einen Anhalt für die Wahrnehmung der Entfernung nicht allzuweiter Gegenstände giebt die dabei nöthige Veränderung im Innern des Auges, um die Brechung der Lichtstrahlen mit der Entfernung des Gegenstandes zu ändern, und die Muskelbewegung der Augen, um die Kreuzung der Sehachsen beider Augen nach dieser Entfernung zu ändern. Deshalb wird von Manchem, wie Schopenhauer, auch die Entfernung als eine Bestimmung behauptet, welche gesehen werde. Aber wenn auch jene Vorgänge, die den Anhalt dazu geben, zum Theil wahrgenommen werden, so sind sie doch kein Sehen, sondern fallen unter den Sinn des Fühlens. Da die Aenderung der Entfernung eines

Gegenstandes mit einer Aenderung seines gesehenen Farben-Grades und seiner gesehenen Grösse verbunden ist, so giebt das Sehen dieser letzten Bestimmungen der Seele einen Anhalt, um daraus die Entfernung zu schliessen. Aehnlich wird die dritte Richtung im Raum, oder die körperliche Gestalt des Gesehenen aus dem gesehenen Farben-Grade, oder Licht und Schatten abgeleitet. Die lange Uebung hierin verleitet das gewöhnliche Vorstellen dazu, diese Bestimmungen auch als gesehene zu nehmen.

11) Jedes Gesehene gilt dem Sehenden trotz dieser in ihm enthaltenen Unterschiede als Eines, als eine Einheit Unterschiedener. Diese Einheit ist für den Unbefangenen nicht erst von der Seele zu den gesehenen Unterschieden hinzugefügt, sondern sie ist ebenso unmittelbar wie die Unterschiede gegeben und in dem Gesehenen an sich enthalten. Die gespannteste Aufmerksamkeit bemerkt bei dem Sehen nichts von einer solchen, von der Seele selbst ausgehenden, die Unterschiede einigenden Thätigkeit. Jedes Gesehene gilt dem Sehenden als Seiend, und zwar als seiend ausserhalb des sehenden Ich's. Es ist unmöglich, diese Bestimmungen von dem Gesehenen abzuhalten; sie sind ebenso unmittelbar darin enthalten, wie die Einheit. Jedes Gesehene gilt dem Sehenden in all seinen Bestimmungen als gegeben, und nicht als ein von der Seele des Sehenden erst Gesetztes. An den Bestimmungen des Gesehenen ist durch keine Willkür, durch keinen Wunsch etwas zu ändern; sie sind gegeben, so wie sie gesehen werden.

12) Von dem Gesehenen ist das Sehen zu unterscheiden. Das Sehen gilt auf Grund der Selbstwahrnehmung und der Beobachtung an fremden Augen als ein Vorgang in der Seele, begleitet von einem Vorgange in einem Organe des Körpers. Der erstere enthält, so weit die Selbstwahrnehmung darüber Aufschluss giebt, weder ein Thun noch ein Leiden. Man entwickelt bei dem Sehen kein Wollen, keine Kraft und empfindet auch nicht den Druck oder die Wirkung einer fremden Kraft; der Vorgang ist vielmehr ein reines Geschehen, und zwar ein solches, das plötzlich eintritt. Mit dem Aufschlagen der Augen ist das Sehen vollendet. Der Vorgang ist ferner ein einiger; wenn auch verschiedene Zustände in dem Organ oder in der Seele dabei möglicherweise in einander greifen, so weiss doch die Selbstwahrnehmung davon nichts. Das Sehen gilt endlich dem Sehenden als ein nothwendiger Vorgang; es kann, wenn die Augen geöffnet sind, nicht gehindert werden; es stellt sich dar als gebunden an den gesehenen Gegenstand, so dass wenn dieser für das Auge da ist, auch das Sehen eintritt.

13) Das Sehen weiss nichts von seinem körperlichen Organ

und von den, in demselben, bei dem Sehen eintretenden Zuständen. Um hierüber einen Aufschluss zu erhalten, muss ein fremdes Auge zu dem Gegenstande der Beobachtung gemacht werden. Das Organ theilt sich in einen Vorbau und in den Sehnerven. Der Vorbau hat die Einrichtung einer Camera obscura und hat lediglich den Zweck, das Bild des gesehenen Gegenstandes auf die im Innern des Auges ausgebreitete Netzhaut des Sehnerven zu leiten. Dies Bild besteht nach der gegenwärtigen Auffassung der Physik in sehr schnellen Stössen der Aethermolecüle, welche sich in einer Wellenbewegung befinden.

14) Die Netzhaut besteht aus den aufrecht neben einander stehenden Enden einer ausserordentlich grossen Zahl von feinen Nervenfasern, welche, jede Faser in einer besondern Hülle und dadurch von der andern gesondert, sich in das Gehirn bis zu den Sehhügeln fortsetzen und dort in die allgemeine Masse des Gehirns verlaufen, ohne dass ihre Enden bestimmt nachgewiesen werden können. Der Sehnerve jedes Auges tauscht einen Theil seiner Fasern mit denen des andern Auges aus, ehe sie in das Gehirn eintreten. Der Inhalt der einzelnen Nervenfaser ist breiartig und hat die gleichen elementaren Bestandtheile wie das Gehirn. Der Vorgang in dem Sehnerven und in dem Gehirn während des Sehens ist völlig unbekannt. Die schärfsten Beobachtungen und feinsten Instrumente haben keine Veränderung entdecken lassen. Fechner sagt in seiner Psychophysik (II. 378): „Was Anatomie und Physiologie“ „uns von dem innern Getriebe lehrt, das unserm geistigen Treiben“ „unterliegt, ist bisher bei weitem zu unvollständig, um sichere“ „Schlüsse auch nur über das Allgemeinste zu erlauben. Sind es“ „elektrische, chemische, mechanische, so oder so geformte Bewegungen“ „eines ponderabeln oder imponderabeln Mediums? Sagen wir einfach,“ „wir wissen es nicht.“ Man hat allerdings elektrische Ströme in den Nerven neuerlich entdeckt, welche schwächer oder stärker stattfinden, je nachdem der Nerv erregt ist oder nicht. Aber der Zusammenhang dieser Ströme mit dem Sehen ist nicht aufgeklärt. Noch weniger ist bekannt, wie der Uebergang aus diesen letzten Enden des Körperlichen in das Geistige stattfindet und wie das Geistige durch die Zustände des Sehnerven und Gehirns zu einem Sehen bestimmt wird.

15) Wenn ein Gegensatz oder Unterschied zwischen Körperlichem und Geistigem im Menschen angenommen wird, so wird der Uebergang von einem in das andere durch keine noch so grosse Verfeinerung des Körperlichen erklärt; denn der Unterschied zwischen ihm und dem Geistigen oder der Seele wird damit nicht

gemindert. Die Annahme eines elektrischen Stromes oder eines andern feinen Fluidums hebt daher die Schwierigkeit dieses Ueberganges nicht. Soll zur Beseitigung dieser Schwierigkeit der Gegensatz zwischen Körper und Seele fortfallen, so bleibt doch der Unterschied zwischen der Vorstellung, dem Wissen, und dem Körperlichen unvertilgbar und es ist unmöglich, einen solchen Zustand des Körperlichen sich zu denken, der damit dasselbe wäre, was unter Vorstellen und Wissen verstanden wird.

16) Einzelne Vorgänge bei dem Sehen vergrössern noch diese Schwierigkeit. Man hat zwei Augen und sieht nur einfach. Der Austausch der Fasern im Chiasma kann dies nicht erklären. In den beiden Netzhäuten sind correspondirende Punkte, die allein dies einfach Sehen bedingen; fallen die Bilder nicht darauf, so tritt Doppelsehen ein. Dennoch gehen auch diese correspondirenden Fasern, jede isolirt, bis in das Gehirn. Die Bilder auf der Netzhaut sind verkehrt; dennoch werden sie aufrecht gesehen. Die Physiologie hat zwei Erklärungen dafür; die wahrscheinlichere beruht darauf, dass das Sehen die Bilder nicht als Bilder der Netzhaut wahrnimmt, sondern in die Richtung des Gegenstandes durch die Pupille hinaus verlegt, wodurch das Verkehrte sich wieder in ein Aufrechtes verwandelt. Die sorgfältige isolirte Fortführung der einzelnen Fasern nach dem Gehirn spricht für die Ueberleitung der Erregung jeder Faser nach dem Gehirn. Dennoch drehen und ballen sich diese Fasern in ihrem Verlauf nach dem Gehirn in einen formlosen Strang, der ebenso in dem Gehirn sich verliert. Die scharfen Bilder der Netzhaut, welche auf der bestimmten Stellung und Lage der einzelnen Fasern in ihr beruhen, müssen deshalb schon durch den Lauf des Sehnerven zum Gehirn zu Grunde gehn. Das Sehen giebt die stetige Erfüllung des Raumes durch die Farbe und die stetige Begränzung der Gestalt. Dennoch sind die Nervenfasern, als die Vermittler, jede von der andern gesondert und ohne stetige Verbindung; es müsste also das Gesehene mehr die Natur einer Mosaik haben.

17) Jede künstliche Erregung des Sehnerven erzeugt ebenfalls ein Sehen, aber niemals ein Hören, Fühlen oder sonstiges Wahrnehmen. Zu diesen künstlichen Mitteln gehört die Erregung des Sehnerven durch Druck, durch Elektricität und durch narkotische, in das Blut eintretende Stoffe. Auch eine Ueberreizung des Nerven beim natürlichen Sehen hat ähnliche Folgen. Im Allgemeinen wird das, durch solche Mittel erregte Sehen sehr bestimmt von dem natürlichen Sehen unterschieden. Dieses künstlich erregte Sehen ohne Gegenstand wird als Hauptgrund dafür benutzt, dass Einzelnes

oder auch aller Inhalt des Gesehenen nichts Gegenständliches sei, sondern nur ein Zustand des Sehnerven und ein blosses Vorstellen. Die Erörterung dieser und anderer hier angeregten Fragen kann erst später erfolgen.

# Das Hören.

1) Ich höre das Vorüberfahren dieses Postwagens und das Blasen des Postillons. In diesem Hören zeigen sich unterschiedene Bestimmungen. Ich höre das Rasseln des Wagens und die Töne der Melodie; ich höre den Grad dieser Töne; ich höre die Richtung, woher sie kommen; ich höre ihre Dauer, den einen länger als den andern; ich höre auch ihre Veränderung, ihren Wechsel unter einander und ihr allmähliges Verschwinden mit der zunehmenden Entfernung des Wagens. In jedem Gehörten sind diese Bestimmungen und nur diese enthalten, und alle diese Bestimmungen werden gehört. Diese Bestimmungen sind: 1) der Ton, 2) der Grad, 3) die Richtung, 4) die Zeitgrösse, 5) die Veränderung oder das Beharren.

2) Der Ton hat im Vergleich zu den Farben weit zahlreichere Unterschiede. Neben den musikalischen Tönen werden die plötzlichen oder nicht aushaltenden Töne des Knalles, Schalles gehört. Zwischen beiden stehen die Laute der Sprache, und zwar die Selbstlaute, welche den musikalischen Tönen, und die Mitlaute, welche dem Schall näher stehen. Auch der Schall nimmt im Lärm, im Geräusch, in dem Brausen eine Dauer an. Endlich verbinden sich mit diesen verschiedenen Tönen noch besondere, nicht näher durch Worte zu bezeichnende Bestimmungen, wonach derselbe Ton je nach dem Instrumente, die Worte je nach dem einzelnen sprechenden Menschen, oder der Lärm und Schlag je nach den Gegenständen, von denen er ausgeht, verschieden gehört wird. Die musikalischen Töne haben keine solchen vier einfachen Töne, wie die Farben. Die Zahl der Töne von dem tiefsten bis zu dem höchsten ist unbegrenzt, und jeder Ton wird als einfach gehört. Die Mischung der einfachen Töne giebt nicht, wie bei den Farben, die Uebergänge von einem Ton zu dem andern, sondern die musikalische Harmonie, die Consonanzen und Dissonanzen. Die Unterschiede der Instrumente und ihre Mischung geben die Klangfarben. Die Mischung der Selbstlaute und der Mitlaute ergiebt die Sylben der Worte. Im Gesang mischen sich diese mit den musikalischen Tönen.

3) Der Grad oder die Stärke der Töne wird sehr bestimmt ge-

hört, sowohl bei den musikalischen Tönen als bei den andern, und die Musik benutzt fortwährend dieses Hören des Grades. Die Unterschiede des Grades können stetig in einander übergehen, wie das Crescendo in der Musik, die Annäherung eines fahrenden Wagens, oder sie können springend eintreten, wie bei dem plötzlichen Forte in der Musik. Zu schwache oder zu starke Grade werden nicht gehört; die letzten verwandeln die Wahrnehmung in einen Schmerz. Die Stille ist, wie das Schwarz, das Nichts des Grades der Töne.

4) Die Richtung wird nicht so bestimmt gehört, als sie gesehen wird; doch ist sie in dem Gehörten enthalten, wie das Echo zeigt. Bei der geringern Bestimmtheit sind aber Täuschungen leichter als bei dem Sehen.

5) Dagegen wird die Dauer der Töne mit sehr grosser Schärfe gehört, und die Musik beruht zum grossen Theile auf dem scharfen Hören dieser Bestimmung. Auch die Pausen, also die leere Zeit, werden gehört, und sogar ihre Grösse innerlich sehr bestimmt abgemessen. Auch in der Dichtkunst tritt diese Bestimmung in den Versmaassen hervor. Die verschiedene Eintheilung einer Zeitgrösse, verbunden mit den entsprechenden unterschiedenen Graden der Töne giebt den Rhythmus und die Taktarten in der Musik, und die Versmaasse in der Dichtkunst. Durch diese Behandlung der Zeitgrösse und Stärke des Tönenden wird in die Zeit eine Bestimmung eingeführt, welche der Gestalt im Raume entspricht. Die Taktarten, die musikalischen Figuren, die Versmaasse stellen die Gestalten der Zeit vor.

6) Die Veränderung der Töne wird gehört und wird nicht erst durch einen Schluss abgeleitet. Sie trifft den Ton, den Grad und die Richtung, einzeln oder zusammen. Sie kann stetig erfolgen oder springend. Die Veränderung der Laute der Sylben muss springend erfolgen, sonst würde die Unterscheidung der Sylben und die Verständlichkeit des Sprechens aufhören. Auch in der Musik erfolgt die Veränderung der Töne meist springend, und nur selten stetig. Zu langsame Veränderungen werden nicht gehört, sondern es wird der Unterschied erst nach Verlauf einer Zeit bemerkt.

7) Nicht gehört wird die Entfernung des Tones; sie wird nur aus dem Grade geschlossen. Das Gehörte enthält keine räumliche Grösse, keine Gestalt und keine Bewegung. Der Grund davon liegt indess nicht in der Natur des Tones, sondern in der Einrichtung des Organes, des Ohres. Das Ohr entbehrt der Vorrichtung des Auges, wonach die einzelne Stelle des Gegenstandes sich auf einen einzelnen Nerven beschränkt und diese Erregung getrennt zum

Gehirn fortgeht. Wäre dies der Fall, so würde man die Grösse eines Orchesters und die Sitze der einzelnen Spieler nicht blos sehen, sondern auch hören; und man würde die Stille hier und den Ton dort zugleich hören.

8) Trotz der in dem Gehörten enthaltenen Unterschiede gilt dennoch jedes Gehörte dem Hörenden als Eines, als eine Einheit Unterschiedener; ebenso als Seiend, ausserhalb des Hörenden und als ein in all seinen Bestimmungen Gegebenes. Das bei dem Sehen hierzu Bemerkte gilt auch für das Gehörte.

9) Von dem Gehörten unterscheidet sich der Vorgang des Hörens, theils als Vorgang in dem körperlichen Organ, theils als Vorgang im Wissen. Das Hören als dieses letztere enthält dieselben Bestimmungen, wie das Sehen. Es ist ein reines Geschehen, ohne Thun oder Leiden; es ist einfaches Geschehen, für die Selbstwahrnehmung ohne Zusammensetzung; es ist ein plötzliches Geschehen; mit dem Anschlag des Tones ist das Gehörte da und vollendet; es ist endlich ein an den äusserlichen gegenständlichen Ton gebundenes Geschehen, was der Wille weder ohne dem erzeugen, noch bei dem Dasein des Tones verhindern kann.

10) Das körperliche Organ, das Ohr, ist der Vermittler zwischen dem gegenständlichen Ton und dem wahrnehmenden Ich. Es zerfällt in einen Vorbau und in den Gehörnerven. Der Vorbau dient dazu, die Luftwellen, welche den Ton vermitteln, ungeschwächt dem Gehörnerven zuzuführen. Dieser ist innerlich theils in einer wässerigen Feuchtigkeit, theils an den Wänden des Labyrinths und der Schnecke ausgebreitet und empfängt seine Erregung durch die der Feuchtigkeit und den Wänden mitgetheilten Schwingungen. Da jeder Körper diese Schwingungen aufnehmen und mittheilen kann, so ist der Vorbau bei dem Hören nicht so wesentlich wie bei dem Sehen. Man hört auch durch den Mund und durch die Schädelknochen. Der Gehörnerv besteht, wie der Sehnerv, aus einzelnen feinen, gesondert und in Häuten eingeschlossen, zu dem Gehirn fortgehenden Fasern, wo sie sich ohne bestimmtes Ende verlieren. Da die sämmtlichen Fasern durch jeden Ton bei diesem Bau des Organs erregt werden, so fehlt dem Tone die Raumgrösse, die Gestalt und die Bewegung. Der Zustand der Erregung des Gehörnervs und des Gehirns während des Hörens ist unbekannt; ebenso die Art des Ueberganges der Nervenerregungen in das Wissen. Das bei dem Sehen hierüber Bemerkte gilt auch für das Hören.

11) Man hat zwei Ohren, wie zwei Augen, und hört dennoch so einfach, wie man einfach sieht. Die Schwierigkeit der Erklärung

ist dieselbe für das Hören, obgleich sie dem gewöhnlichen Vorstellen weniger auffällig ist, weil die Raumgrösse und Gestalt in dem Gehörten nicht enthalten ist. Man hört mit einem Ohr genau dieselben Bestimmungen, wie mit zwei Ohren, nur der Grad des Gehörten ist geschwächt. Wenn die Erregung des Sehnerven auf Stössen der Aetherwellen und die Farben auf der verschiedenen Schnelligkeit dieser Stösse beruhen, und wenn das gleiche bei dem Hören für die Luftwellen gilt, so ist der Gehörnerv von einer empfänglichern Erregbarkeit als der Sehnerve. Der Gehörnerv kann die achtfache Geschwindigkeit (8 Octaven) noch als Ton vermitteln, während der Sehnerve nicht einmal die doppelte Geschwindigkeit der Schwingungen noch als Farbe sehen macht.

12) Der Gehörnerve ist, wie der Sehnerve, durch künstliche Mittel erregbar und man hört dann ohne gegenständlichen Ton. Doch werden diese innerlichen Töne leicht von den gegenständlichen durch ihre Unbestimmtheit unterschieden. Diese Erscheinungen werden benutzt, um die Gegenständlichkeit der Töne überhaupt zu bestreiten. Keine Erregung des Gehörnerven kann eine Farbe oder eine andere Wahrnehmung als den Ton veranlassen.

# Das reine Fühlen.

1) Mit den Worten: F ü h l e n, G e f ü h l, werden drei sehr verschiedene Zustände der Seele bezeichnet. Einmal bezeichnet Gefühl die Zustände der Lust und des Schmerzes, also gar kein Wissen, kein Spiegeln eines Seienden, sondern ein eignes Sein der Seele, was selbst Gegenstand des Wahrnehmens werden kann. Dann bezeichnet das Wort die Wahrnehmungen zweier verschiedenen Sinne, die hier r e i n e s Fühlen und t h ä t i g e s Fühlen genannt werden sollen. Sie sind der Gegenstand der nachfolgenden Darstellung; ihre Unterscheidung wird aus dieser selbst sich rechtfertigen.

2) Ich fühle das Glatte und Kalte dieses Eisstückes; ich fühle, wie mir eine heisse Thräne über die Wangen rollt; ich fühle die Schärfe dieses Messers, die Rundung des in meiner Hand liegenden Thalers, das Rauhe dieser Wand, die Spitze dieser Nadel, die Hitze in diesem Zimmer. Aus diesen und allen andern Fällen dieses Sinnes ergiebt sich, dass das r e i n G e f ü h l t e die nachstehenden Bestimmungen enthält: 1) die Temperatur, das Rauhe oder Glatte, das Scharfe oder Stumpfe, das Spitzige oder Kulbige. Ein gemeinsames Wort für diese Bestimmungen nach Art des Wortes: F a r b e oder T o n ist nicht vorhanden. 2) Den Grad; 3) die räumliche Grösse; 4) die Gestalt; 5) den Ort; 6) die Zeitgrösse;

7) die Bewegung oder Ruhe, und 8) die Veränderung oder das Beharren. Jede dieser Bestimmungen wird rein gefühlt, keine weiter und jede wird rein gefühlt, und nicht auf andere Art der Seele zugeführt.

3) Die erste Bestimmung des rein Gefühlten sondert sich in zwei Arten, die Temperatur und das Berührte. Die Temperatur sondert sich in das Warme und Kalte. Beide Bestimmungen gelten dem Fühlen als seiende und unterschiedene Bestimmungen; das Kalte wird nicht als eine blos verminderte Wärme und das Warme nicht als blos verminderte Kälte aufgenommen. Das Berührte zerfällt in die genannten sechs Arten, wovon je zwei einen Gegensatz bilden. Diese Arten können auf einen Unterschied in der Gestaltung der Flächen, der Linien und der Spitzen zurückgeführt werden, ähnlich wie die Farben und Töne auf eine Wellenbewegung. Aber so wie Farbe und Ton nicht als solche Bewegung, sondern als ein Eigenthümliches wahrgenommen werden, so wird auch im Glatten und Rauhen, Scharfen, Spitzen u. s. w. eine besondere Bestimmung wahrgenommen, welche mit der Oberflächen-Gestalt bei diesem Sinn nicht zusammenfällt. Temperatur und Berührtes mischen sich bei dem Fühlen; dagegen mischen sich nicht die Unterarten beider mit einander; wo eine solche Mischung im Gegenstande statt haben sollte, wird sie doch nur einfach als verminderte Wärme oder Kälte, als verminderte Glätte u. s. w. gefühlt.

4) Der Grad des Berührten, selbst innerhalb einer und derselben Art, wird z. B. in dem Glatten der Seiden- oder der Baumwollenzeuge gefühlt, ebenso in dem Rauhen feiner und gröberer Wollenzeuge. Die Grade des Warmen und Kalten können stetig oder springend in einander übergehen; der Grad der Wärme steigt stetig bei Annäherung an den warmen Ofen, und springend bei seiner Berührung. An der Grenze des Warmen beginnt das Kalte. Der Nullpunkt ist für das reine Fühlen wechselnd und hängt von der Temperatur der fühlenden Hautstelle ab; die mit dieser gleiche Temperatur wird nicht gefühlt. Dieses Nichtfühlen ist hier im strengen Sinn zu nehmen. Während bei dem Sehen dieses Nichts als schwarz, also scheinbar als eine Farbe gesehen wird, fehlt bei dem reinen Fühlen eine solche Umwandlung des Nichts in den Schein einer Wahrnehmung. Glühend, heiss, warm, lau, kühl, kalt, eiskalt sind Bezeichungen verschiedener Grade der Temperatur. Sehr hohe Grade der Kälte und der Wärme werden nicht wahrgenommen, sondern sind nur Ursachen des Schmerzes. Für das sehr Scharfe und sehr Spitze gilt dasselbe. Zu schwache Grade der Berührung wie die der ruhigen Luft werden nicht gefühlt.

5) Die räumliche Grösse wird gefühlt; man unterscheidet im Dunkeln durch Fühlen den Thaler von dem Groschen, auch ohne alle Bewegung der Finger, welche zu dem thätigen Fühlen gehören würde. Das reine Fühlen hat bei dieser Bestimmung nicht die Schärfe des Sehens. Die Entfernung zweier Zirkelspitzen oder die Länge der Linie zwischen ihnen wird sehr verschieden gross gefühlt an der Zunge, an den Lippen, an der Stirn, an dem Rücken.

6) Die Gestalt wird gefühlt; man unterscheidet demnach auch im Dunkeln die Gestalt der Schlüssel, der auf die Haut geklebten Pflaster. Doch leidet auch die gefühlte Gestalt an Unbestimmtheit. Alle drei Richtungen des Raumes können gleichzeitig gefühlt werden, vermöge der Krümmung der fühlenden Hautstellen z. B. in der Hand, in den Gelenken. Wenn alle Stellen der Haut, als des fühlenden Organes, gleich und gleichzeitig erregt werden, so tritt eine Wahrnehmung ein, welche dem allgemeinen Nebel für das Sehen gleichsteht. So wird das kalte oder das warme Bad, die heisse Stube gefühlt.

7) Der Ort des Berührten oder des Heissen und Kalten wird desshalb gefühlt, weil das Fühlen den Gegenstand nicht, wie das Sehen, von dem Wahrnehmenden hinweg verlegt, sondern unmittelbar an die Stelle des fühlenden Organs. Doch bleibt dieser Ort sehr unbestimmt, weil die Lage der Stellen des fühlenden Organs, der Haut, in dem Fühlen selbst nur unbestimmt enthalten ist. Ist dieser Ort der Haut durch andere Sinne und Wahrnehmungen schon bestimmter bekannt, so nimmt die Berührung dann an dieser grösseren Bestimmtheit Theil. In Folge dieses Umstandes hat die gefühlte Grösse und Gestalt vor der gesehenen den Vortheil, dass sie nicht einem steten Wechsel je nach der Entfernung unterworfen ist.

8) Die Zeitgrösse tritt in diesem Sinn weniger hervor, weil sie selten mit einem Interesse für den Fühlenden verbunden und desshalb die Aufmerksamkeit auf diese Bestimmung nicht gerichtet ist. Wo dieses ausnahmsweise der Fall ist, fühlt man die Dauer, z. B. eines Kusses, eines kalten Luftzuges.

9) Die Bewegung wird aus dem obigen Grunde ebenfalls unbestimmter gefühlt, als gesehen. Sie beruht, wie dort, auf der stetig fortschreitenden Erregung der neben einander liegenden Nervenenden. Das reine Fühlen der Bewegung unterliegt desshalb denselben Täuschungen, wie das Sehen derselben; auch hier können sie auf einer Bewegung des Organes statt des Gegenstandes beruhen.

10) Die gefühlte Veränderung kann die erste Bestimmung den Grad, die Grösse, die Gestalt oder mehreres zugleich betreffen. Sie kann stetig oder springend und plötzlich eintreten.

11) Das reine Fühlen enthält keine Richtung, auch keine Härte, keinen Druck, keine Schwere; diese letzten Bestimmungen sind allein Gegenstand des thätigen Fühlens. In vielen Lehrbüchern der Physiologie wird den rein fühlenden Nerven auch die Wahrnehmung des Druckes zugeschrieben; z. B. in Fick's Physiologie des Menschen, 1860. S. 150; es werden Versuche angeführt, wonach an den Fingerspitzen der Druck von 19½ Unzen von dem von 20 Unzen unterschieden worden ist. Indess ist solches angebliche Gefühl keine reine Wahrnehmung, sondern ein Urtheil, was aus der Art, wie die Erregung auf die innerhalb des Gliedes, insbesondere am Knochen liegenden Nerven eindringt, sich bildet, und wobei namentlich frühere Erfahrungen aus dem thätigen Fühlen benutzt werden, welches letztere allein der Sinn für den Druck und die Schwere ist. Das rein Gefühlte hat mit Ausnahme der Richtung dieselben Bestimmungen, wie das Gesehene; der eine Sinn kann deshalb zur Prüfung des andern benützt werden. Gewöhnlich wird das Fühlen angewendet, wo die Dunkelheit das Sehen hindert.

12) Das rein Gefühlte gilt trotz seiner Unterschiede dem Fühlenden als Ein Gegenständliches was Seiend, und ausserhalb des Fühlenden ist, wenn auch seinen Körper berührend. Es gilt als ein Gegebenes, und nicht als ein erst von dem Fühlenden selbst Gesetztes.

13) Der Vorgang des reinen Fühlens in der Seele gilt dem Fühlenden als ein reines Geschehen, als ein einfaches und plötzliches Geschehen, welches an sein Gegenständliches gebunden ist und dessen Verbindung mit diesem durch das Wollen weder gehemmt noch ersetzt werden kann.

14) Das Organ dieses Sinnes ist über den ganzen Körper und auch über innere Theile desselben verbreitet. Es hat einen Vorbau in der äussern Oberhaut und in der innern Schleimhaut. In diesem sind die Enden der sensiblen Nerven, wenn auch in verschiedener Dichtheit verbreitet. Sie gehen zum Theil unmittelbar in das Gehirn, der grösste Theil aber zunächst in das Rückenmark. Die Isolirung der einzelnen Fasern findet auch hier statt, obwohl nicht ganz vollständig, wie die neusten Untersuchungen gelehrt haben. Ein Theil der Nerven der innern Schleimhaut führen zu dem Nervus sympathicus. Die Wahrnehmungen, welche diese vermitteln, sind äusserst unbestimmt und schwankend, oft kaum unterscheidbar zwischen Schmerz und Wahrnehmung. Hierher gehört die Wahrnehmung der innern Hitze und Kälte bei dem Fieber, die Wahrnehmung der Bewegung der Speisen im Schlunde, im Darm u. s. w. Die Vorgänge in den Nerven, im Rückenmark und Gehirn bei dem Fühlen

sind ebenso unbekannt, wie bei dem Sehen und Hören. Dasselbe gilt für den Uebergang ihrer Zustände in das Wahrnehmen der Seele.

15) Die Nerven dieses Organs sind wie bei dem Sehen und Hören paarig, zu beiden Seiten des Körpers geordnet, aber hier ist die Wahrnehmung gleicher Paare nicht einfach, wie dort, sondern jede Seite giebt eine selbstständige gesonderte Wahrnehmung. Obgleich die Nervenenden hier mehr gesondert und von einander abstehend sind als bei der Netzhaut des Auges, giebt dennoch das reine Fühlen die Bestimmung der stetigen Grösse und der Begrenzung der Gestalt. Ebenso erhält sich die Gestalt, obgleich in dem Fortgang der Nerven zu dem Gehirn und Rückenmark mannigfache Verdrehungen der Fasern untereinander vorkommen. Die Gestalt wird bei dem Fühlen nicht umgekehrt, wie bei dem Sehen, weil das Fühlen das Gefühlte nicht in einen Abstand von dem Organ verlegt. Die Verschiedenheit der gefühlten Grösse je nach dem Orte der fühlenden Haut wird aus der geringeren oder grösseren Dichtheit der Nervenenden von der Physiologie abgeleitet. Die Erregung der Nerven durch die Art der Oberfläche bei dem Glatten und Rauhen ist ausserordentlich grob gegen die Erregung derselben Nerven durch die strahlende Wärme, welche nach der Physik in einer Wellenbewegung des Lichtäthers besteht. Eine solche grobe Erregung der Sehnerven durch Berührung würde gar nicht oder nur als Licht wahrgenommen werden.

Durch die Beweglichkeit der Glieder kann der eigne Körper gefühlt werden und damit Wärme und Kälte an einer Stelle, wenn z. B. die warme Hand die kalte Stirn berührt. Eisen wird kälter gefühlt, als Holz von derselben Kälte nach dem Thermometer. Wenn dies in der schnelleren Wärmeleitung des Eisens seinen Grund hat, so ergiebt sich, dass die Erkältung des fühlenden Organs das Maass für die Kälte des Gegenstandes abgiebt. Dennoch ist die gefühlte Temperatur ein Gegenständliches und wird nicht als die des fühlenden Organes wahrgenommen.

16) Die ersten Bestimmungen des reinen Fühlens gehen leicht aus einem Wahrnehmen in den Zustand der Lust oder des Schmerzes über. Die Berührung einer spitzen Nadel verwandelt sich leicht in einen schmerzenden Stich; die leise gleitende Berührung verwandelt sich leicht in den Kitzel, welcher kein Wahrnehmen mehr ist, sondern eine Lust oder im Uebermaass ein Schmerz. Die Nerven des reinen Fühlens können wie die des Sehens und Hörens durch künstliche Mittel, Elektrizität, krankhafte Zustände erregt werden und geben alsdann die Wahrnehmungen der Temperatur

und der Berührung, wie im gewöhnlichen Falle, obgleich in weit unbestimmterer Weise. Dahin gehört z. B. das prickelnde Stechen in den erstarrten Gliedern, wenn die volle Blutbewegung wieder eintritt, das Gefühl der Kälte bei dem Fieber. Der gesunde Mensch unterscheidet leicht diese künstlich erregten Vorstellungen von den natürlichen Wahrnehmungen.

## Das thätige Fühlen.

1) Ich fühle die Schwere dieser Bleikugel in meiner Hand und ihre Härte; ich fühle den Druck des Sackes Korn auf meiner Schulter; ich fühle den Zug des Seiles, dessen eines Ende ich halte und dessen anderes Ende an den Kahn im Strome befestiget ist; ich fühle die Weichheit des Wachses; ich fühle die Bewegung meiner Hände, meiner Augenlieder, meiner Zunge, das Drehen meines Kopfes, das Ausstrecken meines Beines. Alle diese Wahrnehmungen sind Wahrnehmungen des thätigen Fühlens.

2) Das thätige Fühlen unterscheidet sich von dem reinen Fühlen durch seinen Gegenstand, durch das Organ und durch den Vorgang in der Seele. Der Gegenstand des thätigen Fühlens ist die Kraft im Druck und in der Bewegung; während der Gegenstand des reinen Fühlens die Temperatur und das Glatte u. s. w. ist. Das Organ des thätigen Fühlens sind die Knochen, Muskeln und motorischen Nerven, während das Organ jenes die Haut und die sensiblen Nerven sind; der Vorgang in der Seele bei dem thätigen Fühlen ist kein blosses Aufnehmen, wie bei dem reinen Fühlen, sondern ist mit Wollen verbunden.

3) Das Organ des thätigen Fühlens zerfällt in einen Vorbau und die motorischen Nerven. Der Vorbau besteht in der Hauptsache aus den Knochen, Flechsen und Muskeln der beweglichen Glieder; in einzelnen Fällen fehlen die Knochen, wie bei der Zunge, den Lippen. Die Knochen dienen als Hebel oder als blosse Unterlage, wie bei dem Rückgrat; die Bewegung derselben erfolgt durch die Zusammenziehung und Verkürzung der Muskel, welche ihm mittelst der Flechsen angeheftet ist. Die Muskeln bestehen aus Faserbündeln; jede Faser hat ihre Hülle und ist von den Enden der motorischen Nerven-Fasern umschlungen. Bei ihrer Erregung durch den Nerven verkürzen sie sich, indem sie sich im Zickzack zusammenziehen; diese Verkürzung bewirkt die Bewegung des Knochenhebels und somit des Gliedes. Durch Kugelgelenke und Verkürzung verschiedener Muskeln kann auch eine drehende Bewegung erfolgen. Zur Rückbewegung dient eine andere Muskel, welche die entgegen-

gesetzte Bewegung bewirkt. Die meisten dieser Gelenke sind paarig und die Zahl derselben beträgt an dreihundert im menschlichen Körper.

4) Die Nerven, welche die Verkürzung der Muskeln erregen, dienen nur zu diesem Zweck und vermitteln keinen anderen Zustand; namentlich keine Wahrnehmung einer Berührung und keinen Schmerz; sie heissen motorische Nerven. Ihre Gestalt, Einrichtung und ihre Bestandtheile sind, so weit die Beobachtung bis jetzt gedrungen ist, genau wie die der andern Sinnesnerven. Sie legen sich mit ihren feinen Faserenden an die Fasern der Muskelbündel und gehn in besonderen Hüllen und Strängen nach dem Rückenmark, in das sie auf der Vorderseite des Rückgrates eintreten, während die sensiblen Nerven des Gliedes auf der Rückseite desselben Wirbels eintreten. Im Rückenmark verlaufen sie ohne sichtbares Ende in die Ganglien des Rückenmarkes und theilweise in das Gehirn. Die Veränderungen, welche in diesen Nerven und in dem Rückenmark bei der Erregung der Muskeln vorgehen, sind unbekannt, und mit den feinsten Instrumenten nicht erkennbar. Die elektrischen Ströme, welche man zwischen der Längsseite des Nerven und seinem Querschnitt beobachtet hat, nehmen an Stärke während der Erregung des motorischen Nerven ab. Aber der weitere Zusammenhang dieser elektrischen Vorgänge mit dem Rückenmark ist unbekannt und insbesondere fehlt die Kenntniss und selbst die Vorstellung von dem Uebergange dieser Zustände in ein Wahrnehmen, wie es das thätige Fühlen enthält.

5) Der Vorgang in der Seele bei dem thätigen Fühlen erfordert ein gleichzeitiges Wollen, welches die Erregung des motorischen Nerven und damit die Zusammenziehung der betreffenden Muskel und die mit Kraft erfüllte Bewegung des Gliedes veranlasst, welche dann den Gegenstand des thätigen Fühlens abgiebt. Die Wahrnehmung des thätigen Fühlens ist deshalb, in aller Strenge aufgefasst, eine aus Sinnes- und Selbstwahrnehmung gemischte. Denn die Zusammenziehungen der Muskel ohne Wollen in Krampf geben nicht die Wahrnehmung des Druckes und der Bewegung.

6) Das einzelne, thätig Gefühlte enthält die nachstehenden Bestimmungen: 1) die Kraft ohne oder mit Bewegung; 2) den Grad; 3) die Richtung; 4) die Zeitgrösse; 5) die Veränderung oder das Beharren. Jedes thätig Gefühlte enthält diese fünf Bestimmungen, keines mehr, und jede dieser Bestimmungen wird thätig gefühlt.

7) Die Kraft ohne Bewegung wird gefühlt im Druck und im Zug. Beide sind deshalb nur in der Richtung unterschieden. Die hierbei gefühlte Kraft ist die des fremden Gegenstandes. Die in der Bewegung der eignen Glieder gefühlte Kraft ist zunächst die

der Schwere oder des sonstigen Widerstandes der eignen Glieder; sie kann für das thätige Fühlen ebenfalls als eine fremde Kraft gelten. Aber insofern dieser Widerstand der Muskelkraft nicht gleich steht, sondern von dieser überwogen wird, entsteht die Bewegung des Gliedes, deren Wahrnehmung mithin nicht in der Wahrnehmung eines Druckes besteht, sondern eine besondere Bestimmung ist, die in sich, als bewegende Kraft, wahrgenommen wird. Wenn Druck und Bewegung zugleich gefühlt wird, so ist die fremde Kraft nicht stark genug, die eigne Muskelkraft vollständig aufzuheben. Das Wollen der Seele, welches die Muskelkraft erregt, ist kein Theil der gefühlten Kraft, sondern ist nur das Erregende dieser. Obgleich bei dem Druck die eigne Muskelkraft ebenso wie bei der Bewegung erregt ist, so wird doch sie selbst bei dem Druck nicht, sondern nur die fremde, ihr entgegenstehende Kraft gefühlt. Diese fremde Kraft wird nach den besonderen Umständen als Härte, als Elasticität, als Schwere, als Druck, Stoss, Zug, Rückschlag u. s. w. bezeichnet; in allen ist aber dasselbe, ein Druck, d. h. eine Kraft ohne Bewegung.

8) Der Grad der fremden Kraft wird sehr bestimmt gefühlt; z. B. bei dem Heben eines leichten oder schweren Gegenstandes, bei dem Fühlen der verschiedenen Weichheit oder Härte der Gegenstände. Dieser Grad, wenn er als Druck ohne Bewegung gefühlt werden soll, erfordert eine gleiche Gegenkraft des fühlenden Gliedes. Diese Gegenkraft hat zwei Ursachen; sie ist abhängig von dem Grade des Wollens und von dem durchschnittlichen Grade der Kraft des erregten Muskels. Die Muskelkraft des Armes ist grösser, als die der Hand; die Muskelkraft der Hand ist grösser, als die eines Fingers; die Muskelkraft des rechten Armes ist in der Regel grösser, als die des linken; die Muskelkraft des Armes eines Kindes ist schwächer, als die des Armes eines Mannes. Der gleiche Grad des Wollens erweckt deshalb, wenn er auf den rechten Arm gerichtet ist, eine grössere Muskelkraft, als wenn er auf den linken Arm sich richtet. Aber bei gleicher Muskel ist die erregte Kraft auch verschieden nach der Stärke des Wollens. Wenn man einen Eimer mit Wasser für leer hält, ist die an sich starke Muskelkraft des Armes nicht durch einen genügenden Grad des Wollens erregt und deshalb gelingt das Heben des Eimers nicht; erst wenn der Irrthum bemerkt wird und wenn das Wollen sich verstärkt, wird die Muskelkraft des Armes so erregt, dass die Hebung erfolgt. Im Affekt, bei Feuersgefahr, leisten selbst die Muskeln schwacher Frauen Ausserordentliches. Diese Unterschiede treffen indess nur die seiende Kraft. Wahrgenommen

aber oder gefühlt wird nicht der Grad der Kraft, der aus der Natur der besonderen Muskel hervorgeht, sondern nur der Grad, welcher aus dem unterschiedenen Grade des Wollens hervorgeht; die unterschiedene durchschnittliche Kraft der einzelnen Glieder wird nicht gefühlt, sondern diese wird erst aus dem Unterschied der gehobenen Gegenstände mittelst anderer Sinne abgeleitet. Ist diese Kenntniss erworben, so vermag die Seele den zur Ausführung einer Bewegung oder Hemmung einer Gegenkraft nöthigen Grad des Wollens im Voraus genau abzumessen. Ein auffallendes Beispiel liefert hierzu das Spiel eines fertigen Klavierspielers. Wenn die Seele sich über den Grad der Gegenkraft geirrt hat, entsteht wider Willen keine oder eine zu schnelle Bewegung; so bei dem Heben einer leeren Flasche, die man für voll hält. In der Physik wird die Kraft an der Schnelligkeit der Bewegung und an der Grösse der bewegten Masse gemessen. Dieses Maass gilt für die Muskelkraft nicht. Die gleich langsame Bewegung desselben Gliedes kann mit verschiedenem Grade der Kraft vollführt werden, weil das Wollen dabei mitwirkend eintritt. Die Grade der Kraft können stetig sich ändern oder plötzlich wechseln. Sehr schwache oder sehr starke Grade werden nicht gefühlt. Man fühlt nicht den Druck einer Flaumfeder und nicht den Druck von zehn Centnern.

9) Das Fühlen der Richtung findet sowohl bei dem Druck als bei der Bewegung statt. Es beruht auf der Richtung, in der die als Hebel dienenden Knochen allein sich bewegen können, und bei drehenden Gelenken auf den Unterschieden der wirkenden Muskeln. Zur Hervorbringung einer bestimmten Richtung können auch die Richtungen mehrerer Glieder vereinigt werden. Solche Fälle enthalten eine Mischung der Richtungen nach den Gesetzen der Dynamik. Die bloss gesehene Bewegung giebt keine Vorstellung solcher Mischung. Für das Sehen ist überhaupt die Bewegung eine Bestimmung, welche die Kraft nicht enthält. Das Wesentliche in der gefühlten Bewegung wird daher von dem Sehen bei der Bewegung nicht wahrgenommen; deshalb ist die gesehene Bewegung bei Weitem leerer, als die gefühlte Bewegung. Da dessen ungeachtet auch in der gesehenen Bewegung die Kraft vorausgesetzt wurde, aber diese dem Sehen sich entzog, so entstand, indem man das Sehen mit dem Wahrnehmen überhaupt verwechselte, die Meinung, dass die Kraft etwas Unerkennbares sei; eine Ansicht, die sich überaus befestigt hat. Für das Sehen ist die Kraft nur die unerkennbare Ursache der Bewegung, also ein Anderes als diese; für das Fühlen dagegen ist die Kraft in der Bewegung und diese nur die Verwirklichung der Kraft selbst.

10) Die Kraft wird gefühlt bald als dauernd, bald als augenblicklicher Stoss. Das Tragen eines Korbes erfordert eine dauernde Kraft; um eine Billardkugel zu bewegen, bedarf es nur eines Stosses. Die Bewegung, welche durch einen einmaligen Stoss veranlasst ist, geht gleichmässig fort; die Bewegung, in welcher eine dauernde Kraft enthalten, wird immer schneller. Diese Unterschiede werden gefühlt bei dem sogenannten Ausholen, um zu werfen oder um über einen Graben zu springen. Der Druck erfordert eine dauernde Kraftentwicklung, der Stoss nur eine augenblickliche. Um eine dauernde Kraft der Muskel zu entwickeln, muss das Wollen der Seele die gleiche Zeit andauern, obgleich die Gewohnheit bewirken kann, dass es nicht bemerkt wird. Nur die dem Willen nicht unterworfenen Muskeln der innern Organe sind hiervon frei, gehören aber auch nicht hierher, da sie kein Fühlen vermitteln. Das Herzpochen wird nicht thätig, sondern nur rein gefühlt.

11) Der Zeitpunkt der stossweisen Bewegung wird mit der höchsten Schärfe wahrgenommen und diese Bewegungen dienen zur genauen Eintheilung der Zeitgrösse bis in sehr kleine Theile hinab. Hierher gehört das Taktschlagen, das Tanzen, das Spielen und Singen schneller Passagen im Takt. Es werden hierbei noch Unterschiede wahrgenommen, die wenig mehr als das Dreissigstel einer Sekunde betragen. Bei längerer Dauer der Kraftentwicklung derselben Muskel tritt die Ermüdung ein. Die Ermüdung ist eine Abnahme des Grades der Muskelkraft und eine Veränderung in dem Zustand des motorischen Nerven; sie erfordert ein verstärktes Wollen, um trotzdem die gleiche Wirkung zu erhalten. Die Wahrnehmung der Ermüdung besteht in der Selbstwahrnehmung dieses steigenden Wollens, was sich als nöthig zeigt, um den gleichen Effekt zu erreichen, ferner in der Wahrnehmung eines vom Körper kommenden Begehrens nach Ruhe der Muskel und später in Selbstwahrnehmung eines beginnenden und steigenden Schmerzes.

12) Die Veränderung des thätig Gefühlten trifft hauptsächlich die Richtung und den Grad der Kraft. Sie kann stetig oder springend eintreten. Viele Arten der Körperbewegung enthalten eine solche fortgehende periodische Veränderung; so das Gehen, das Schwimmen, das Reiten, das Schaukeln.

13) Aus dem Vorstehenden erhellt, dass die Kraft, sowohl die fremde, als die eigne der Muskeln, eben so genau und bestimmt durch diesen Sinn dem Wissen gegeben ist, wie die Farbe durch das Sehen und der Ton durch das Hören. Dennoch gilt ziemlich allgemein der Satz in der Physik und in anderen Wissenschaften, dass die Kraft an sich nicht erkannt werden könne, sondern nur

ihre Wirkungen. Zum Theil beruht dies auf einer unzulässigen Ausdehnung dieses Begriffs auf Gebiete, wo ein thätiges Fühlen gar nicht Statt findet. Ob im Geistigen Kräfte vorhanden sind, kann erst bei der Selbstwahrnehmung geprüft werden. Für die durch das thätige Fühlen gegebene Kraft ist der Satz zum Theil dadurch veranlasst, dass der Grad der Kraft nach dem Grade des Wollens bemessen wird und danach scheinbar mit ihm zusammenfällt. Für die Bewegung ist die Kraft nur deshalb zu einem Unbekannten geworden, weil man dabei nur die gesehene und nicht die gefühlte Bewegung im Sinne gehabt hat und weil überhaupt der wichtige Sinn des thätigen Fühlens durch seine Vermischung mit dem reinen Fühlen und mit den Empfindungen der Lust und des Schmerzes nur verworren aufgefasst worden ist.

14) Auf die Frage: Was die Kraft ist? giebt das thätige Fühlen die gleiche bestimmte Auskunft, wie jeder andere Sinn über sein Wahrgenommenes. Es ist auch falsch, den Druck oder die Bewegung nur als Wirkungen und die Kraft als ihre Ursache zu nehmen. In dem Druck und in der Bewegung ist die Kraft zugleich enthalten und gefühlt, sie geht ihnen nicht vorher; vielmehr sind Druck und Bewegung die Formen, in die die Kraft sich kleidet und in denen sie immer enthalten bleibt. Insbesondere ist der Druck gar nicht von Kraft zu trennen; ist, wie jeder bemerkt, die Kraft selbst. Bei der Bewegung scheint dies nur deshalb nicht so deutlich, weil die Bewegung zu ihrer Fortdauer nur eines einmaligen, augenblicklichen Stosses bedarf und damit die Kraft erloschen scheint, während die Bewegung fortgeht. Man meint deshalb hier die Kraft nur als die Ursache der Bewegung fassen zu können; aber jener Stoss bleibt in der Bewegung, so lange sie auch währt, gegenwärtig und wird sofort als Druck empfunden, wenn die Bewegung, selbst nach Jahren, gehemmt werden soll. Der Streit und die Unsicherheit über die Natur der Kraft entsteht hauptsächlich dadurch, dass das Wort Kraft auch auf Beziehungen angewendet worden ist, wo es etwas ganz Anderes bedeutet, als die hier entwickelte, gefühlte Kraft. Man hat zur Erklärung der Einheit der vielen Eigenschaften eines Dinges eine qualitas occulta, eine unerkennbare Kraft, aufgestellt; ebenso hat man zur Erklärung des Zusammenhanges zwischen Ursache und Wirkung den Ausdruck Kraft benutzt. Aber in beiden Fällen ist eine solche Kraft kein Gegenstand der Wahrnehmung, sie ist da nur ein Erzeugniss des schöpferischen Vorstellens. Deshalb ist bei diesem Begriff der Kraft jede weitere Angabe ihrer Bestimmungen unmöglich. Diese von der Seele selbst geschaffene Kraft bleibt etwas Uner-

kennbares, wie in der Lehre der Beziehungen weiter dargelegt werden wird. Die gefühlte Kraft dagegen, die Gegenstand der sinnlichen Wahrnehmung ist, ist durch dieses Fühlen der Seele nicht allein so bekannt, wie Farbe, Ton, Wärme, Geschmack, sondern das thätige Fühlen gilt für die zuverlässigste von allen Wahrnehmungen. Man zweifelt mitunter an der Wahrheit des Gesehenen, des Gehörten, des Geschmeckten, aber nie an dem, was man mit den Händen greift, nie an seinem Gehn und Stehn, d. h. nie an der im Druck und in der Bewegung gefühlten Kraft.

15) Nicht thätig gefühlt wird die Bewegung eines fremden Gegenstandes; sie wird nur aus der gefühlten Bewegung der Glieder geschlossen. Es wird ferner weder eine räumliche Grösse, noch eine Gestalt thätig gefühlt, sondern nur die punktuelle Richtung. Indem aber durch den Bau der Glieder verschiedene Richtungen zugleich gefühlt werden können, kann durch die Bewegung des drückenden Gliedes auch der an verschiedenen Punkten einer Fläche vorhandene Druck zugleich oder hintereinander gefühlt und daraus die Gestalt und Grösse des Widerstand leistenden Körpers geschlossen werden. Die Hand dient vorzugsweise dazu. Die Unterschiede bestimmter Kräfte werden nach den Unterschieden der Glieder und des Körperzustandes im Allgemeinen nicht immer gleich gefühlt. Das thätige Fühlen verbindet sich durch den Bau seiner Organe vielfach mit dem reinen Fühlen. Die Hand mit ihren Bewegungen und mit ihren an den Spitzen rein fühlenden Fingern giebt zugleich die Wahrnehmung des Warmen, Glatten, Harten oder Weichen und Schweren. Die Wahrnehmung des Wässrigen und Luftigen ist eine Mischung der Bestimmungen beider Sinne.

16) Das thätig Gefühlte gilt als ein Gegenständliches, trotz seiner unterschiedenen Bestimmungen; es gilt als seiend, als ausserhalb des Fühlenden und als gegeben; das Wollen tritt hier allerdings mit ein, um die eigne Muskelkraft zu erwecken, aber dies trifft nur die Art der Entstehung, die Vorbereitung des thätigen Fühlens. Für das Fühlen ist trotzdem die Kraft, wenn sie auch von der eignen Seele erweckt ist, eine gegebene, nicht eine durch das Wahrnehmen erzeugte.

17) Der Vorgang des Thätig-Fühlens in der Seele ist wie bei den andern Sinnen, ein reines Geschehen, ein einfaches und plötzliches Geschehen, was an das Gegenständliche gebunden ist und eintreten muss, wenn dieses gegeben ist. Das Wollen, welches dabei gleichzeitig vorhanden ist, dient nur zur Erregung der eignen Muskelkraft, es schafft gewissermassen dasjenige, was den Gegen-

stand des Thätig-Fühlens abgiebt, aber wenn das Wollen dieses Sein veranlasst hat, so kann es das Wahrnehmen nicht hemmen, so wenig wie bei andern Sinnen.

18) Die Vorgänge in dem Körper sind bereits oben entwickelt worden. Obgleich die Muskeln auch mit sensibeln Nerven durchzogen sind, so geschieht doch nicht allein die Erregung der Muskelkraft, sondern auch deren Wahrnehmung nur durch die motorischen Nerven. Die Muskelzusammenziehung kann auch ohne die Nerven, durch Elektricität und Krankheitszustände veranlasst werden; es findet in solchen Fällen wohl eine Bewegung und ein Druck statt, aber er wird nicht thätig gefühlt. Auch die Nerven des Nervus sympathicus geben die Wahrnehmung eines Druckes und einer Bewegung, aber so unbestimmt, dass sie kaum näher bezeichnet werden können. Hunger und Durst sind Zustände des Körpers, welche unmittelbar, d. h. ohne Vermittelung des Wissens, das Begehren nach Essen und Trinken erregen, und erst in diesem Begehren bemerkt werden. Die reinen körperlichen Zustände, welche ihnen zu Grunde liegen, die Leere des Magens, der verminderte Wassergehalt des Blutes wird nicht wahrgenommen; nur das dadurch erweckte Begehren ist Gegenstand der Wahrnehmung und weiter der Schmerz, welchen solche körperlichen Zustände bei längerer Dauer zur Folge haben. Unter Umständen hat das Wollen keine Muskelbewegung zur Folge. Man kann die einzelnen Zehen, die erstarrten Glieder, trotz des Wollens nicht bewegen. Die Arme können einen Druck gegeneinander ausüben; hier fühlt man mittelst eines Armes den Druck des andern. Viele Muskeln sind paarig zu beiden Seiten wie die Augen vertheilt; es findet aber kein einfaches Fühlen unter einem Paare statt. Die Muskelkraft erhält sich noch eine Zeit lang nach dem Tode, ist also nicht dasselbe wie das Begehren und Wollen.

## Das Schmecken.

1) In dem Geschmeckten treten vier Bestimmungen hervor: 1) der Geschmack, 2) der Grad, 3) die Zeitgrösse, 4) die Veränderung oder das Beharren. In jedem Geschmeckten sind diese vier Bestimmungen enthalten, in keinem mehr, und sie werden sämmtlich durch das Schmecken wahrgenommen.

2) Die erste Bestimmung, der Geschmack, besondert sich zu einer reichen Mannigfaltigkeit. Man schmeckt das süsse, das salzige, das saure, das bittre, das herbe, das fette, das geistige. Diese Bestimmungen stellen sich, wie die vier Farben beim Sehen,

als die einfachen dar, aus deren Mischung dann eine Menge anderer hervorgehen. Der Geschmack des Punsches enthält die Mischung des süssen, sauren und geistigen; der Geschmack der Butter die Mischung des fetten und süssen. Indess können durch die Mischung jener einfachen Bestimmungen nicht, wie bei den Farben, alle geschmeckten Unterschiede dargestellt werden, vielmehr bleiben noch Eigenthümlichkeiten, wofür die Sprache keine Worte gebildet hat, und die nach dem Gegenstande, in dem der Geschmack enthalten ist, bezeichnet werden. Der Geschmack der Aepfel, Birnen, Trauben, Kirschen ist eine Mischung von süss, sauer und herbe, aber bei jedem mit eigenthümlichen Bestimmungen verbunden. Die Mannigfaltigkeit im Geschmack ist weit grösser, als die in den Farben, und übersteigt selbst die der Töne. So wie das Durchsichtige das Nichts der Farbe ist, so ist das rein Wässrige das Nichts des Geschmacks.

3) Der Grad wird bei dem Schmecken sehr bestimmt wahrgenommen; es werden die feinsten Unterschiede geschmeckt. Hierauf beruht die Kochkunst, welche neben den richtigen Mischungen hauptsächlich auf die Erreichung der richtigen Grade in den zubereiteten Speisen abzielt. Durch die Veränderung des Grades der einzelnen Bestandtheile wird der Geschmack der Mischungen noch weit mannigfacher. Die unterschiedenen Grade können stetig in einander übergehen wie bei dem allmähligen Verdünnen durch Wasser oder springend an einanderstossen, wie bei dem Trinken von süssen Wein auf ein salziges Gericht. Doch lässt der Vorgang im Organ bei dem Schmecken das plötzliche Eintreten eines Grades weniger scharf erkennen. Zu schwache Grade werden nicht geschmeckt. Zu starke, wie bei dem reinen Alkohol, ebenfalls nicht, sie geben keine Wahrnehmung, sondern werden nur zu Ursachen des Schmerzes.

4) Die Zeitgrösse wird geschmeckt; der Nachgeschmack einer bittern Medizin wird oft sehr lange geschmeckt. Der Vorgang in dem Organ steht einer scharfen Wahrnehmung der Zeitgrösse durch Schmecken hinderlich entgegen. Das Schmecken eines einzelnen Geschmackes stumpft sich bald ab, schneller als bei andern Sinnen. Es findet desshalb bei dem Essen oder Trinken ein steter Wechsel des einzelnen Geniessbaren statt, sowohl dem Grade als dem Geschmack nach. Bei dem Kauen beginnt der Geschmack, steigt im Grade bis zu dem Hinunterschlucken, und nimmt dann ab, bis ein neues Kauen beginnt. Auch wird desshalb zwischen Brot, Fleisch, Gemüse u. s. w. bei dem Essen gewechselt.

5) Die Veränderung oder das Beharren wird geschmeckt, wie das Vorstehende ergiebt. Sie trifft die erste und zweite Bestimmung.

6) Nicht geschmeckt wird die Wärme, Kälte und die Grösse und Gestalt der Speisen, auch nicht das Harte und Weiche. Alle diese Bestimmungen werden zwar bei dem Schmecken gleichzeitig wahrgenommen, aber nicht durch das Schmecken, sondern durch das reine und thätige Fühlen der Lippen, der Zunge, der Mundhöhle und der Kinnbacken. Auch das Angenehme und Unangenehme des Geschmacks wird nicht geschmeckt. Diese Lust und dieser Schmerz ist ein Sein in der Seele, und nur die Wirkung des Geschmacks als Ursache. Diese Lust oder Schmerz wird nur durch Selbstwahrnehmung erkannt, die gleichzeitig mit dem Schmecken des Gegenständlichen stattfindet.

7) Die Lust oder der Schmerz verbindet sich mit den Bestimmungen des Geschmacks in höherem Grade, als bei den frühern Sinnen, so dass die Sprache selbst Worte für Beides gebildet hat: wohlschmeckend, ekelhaft. Bei dem Schmecken tritt deshalb die Wahrnehmung als solche sehr gegen die Gefühle des Angenehmen und Unangenehmen zurück; man will nicht das Gegenständliche wahrnehmen, sondern etwas Wohlschmeckendes geniessen. Aehnliche Verbindungen treten indess auch bei den andern Sinnen ein. Sie sind an sich kein Grund, die Wahrnehmungen dieses Sinnes geringer zu achten. Ein Schmecken, was nur wahrnehmen will, und nicht auf die Lust abzweckt, ist das Kosten.

8) Das Geschmeckte gilt dem Schmeckenden trotz seiner mannigfachen Unterschiede als eines, als seiend, als ausserhalb des Schmeckenden und als gegeben und nicht erst durch das Schmecken erzeugt.

9) Der Vorgang bei dem Schmecken innerhalb der Seele ist, ebenso wie bei den früheren Sinnen, ein reines Geschehen, ein einfaches Geschehen, was plötzlich eintritt und an den gegenständlichen Geschmack gebunden ist, so dass der Wille es weder ohne diesen erzeugen noch bei diesem hindern kann.

10) Der Vorgang in dem körperlichen Organ bei dem Schmecken erfolgt in einem Vorbau und in Nerven. Der Vorbau ist die Mundhöhle mit ihrer beweglichen Zunge und der beweglichen Kinnbacke nebst den Zähnen. Es gehört dazu auch die Schleimhaut, welche alle diese Organe bis auf die Zähne auskleidet. In dieser liegen die Enden der Nervenfasern ausgebreitet, welche in Stoff, Gestaltung und Verlauf mit denen anderer Sinne übereinstimmen. Es wird nur das geschmeckt, was in Wässrigem aufgelöset ist; das Kauen unterstützt diese Auflösung und die Verbreitung über die

schmeckenden Nerven. Die aufgelösten Stoffe dringen durch die Schleimhaut an die Nervenenden und erregen das Schmecken. Wenn auch dieser Vorgang bis hierher als eine mechanische und chemische Auflösung und Verbindung angesehen werden kann, so ist doch diese Auffassung für den Zustand des erregten Nerven und des Gehirnes nicht mehr anwendbar und die Veränderungen hier sind ebenso unbekannt, wie bei den frühern Sinnen. Dasselbe gilt für den Uebergang in das Vorstellen der Seele.

11) Das Organ ist paarig zu beiden Seiten des Mundes geordnet, giebt aber nur einen einfachen Geschmack. Dieser Geschmack ist derselbe, wenn auch nur einzelne Stellen des Organs erregt werden, nur im Grade schwächer. Das reine Wasser wird nicht geschmeckt, obgleich es zu jedem Schmecken unentbehrlich ist. Die Geschmacksnerven können auch durch künstliche Mittel durch den galvanischen Strom, durch Narkotika, durch krankhafte Zustände, erregt werden. Sie geben dann auch die Wahrnehmung des Geschmackes und keine andere Wahrnehmung. Diese künstlichen Erregungen geben indess nur schwankende Bestimmungen und sind leicht von der natürlichen Erregung zu unterscheiden. Bei den Thieren ist dieser Sinn weit schärfer vorhanden; seine Bedeutung liegt bei ihnen, aber weniger in den Wahrnehmungsvorstellungen des Gegenständlichen als in der mit dem Schmecken entstehenden Lust oder Unlust. Diese letztere und nicht die Wahrnehmung des Geschmacks als solchen hält die Thiere von dem Schädlichen ab. Bei dem Menschen hat sich diese Stellung des Sinnes weniger erhalten.

## Das Riechen.

1) Das einzelne Gerochene enthält vier Bestimmungen: 1) den Geruch, 2) den Grad, 3) die Zeitgrösse, 4) die Veränderung oder das Beharren. Jedes Gerochene enthält diese vier Bestimmungen, keines mehr, und sie werden sämmtlich gerochen.

2) Für die erste Bestimmung, den Geruch, sind noch weniger, wie für den Geschmack, gemeinsame und einfache Arten durch die Sprache ausgesondert worden; nur stinkend gehört hierher, hat aber schon eine starke Beimischung von Gefühl im Gegensatz von Wahrnehmung. Die einzelnen Gerüche werden deshalb überall nach den Gegenständen bezeichnet, an denen sie haften; Rosengeruch, Fleischgeruch, Tabacksgeruch. Vermöge der Stellung der Organe wird das Geschmeckte leicht auch gerochen; deshalb wird das Saure, das Fette, das Geistige nicht bloss geschmeckt, sondern

auch gerochen. Die Gemeinsamkeit solcher Bezeichnungen beweist jedoch keine Gleichheit des Wahrgenommenen beider Sinne; im Gegentheil, das Wahrgenommene ist bei beiden völlig unterschieden. Das Nichts des Geruches ist das rein Luftige.

3) Das Riechen des Grades tritt bei starken Gerüchen deutlich hervor. Die unterschiedenen Grade können stetig in einander übergehen. Zu schwache Grade hindern das Riechen überhaupt. Mischungen der einzelnen Gerüche und der Grade sind bei dem Gerochenen vorhanden in den wohlriechenden Oelen, Seifen und Wassern. Die Zeitgrösse wird gerochen; man unterscheidet durch Riechen, ob der Geruch flüchtig ist oder dauernd. Die Veränderung trifft die erste und zweite Bestimmung. Beim Durchgehen eines Blumengartens ändern sich die Gerüche, während der Geruch des Rosenöls im Taschentuche beharrt.

4) Nicht gerochen wird die Wärme, die räumliche Ausbreitung des Gerochenen; zum Wahrnehmen dieses muss die Bewegung oder das thätige Fühlen hinzukommen.

5) Obgleich das Gerochene weit unbestimmter sich darstellt, als das von den andern Sinnen Wahrgenommene, so gilt doch dem Unbefangenen auch bei diesem Sinn das Gerochene trotz seiner Unterschiede als Eines, als seiend und ausserhalb des Riechenden, und als gegeben, nicht erst durch das Riechen erzeugt. Der geistige Vorgang bei dem Riechen hat dieselben Bestimmungen, welche bei den andern Sinnen entwickelt worden sind. Es ist ein reines Geschehen, kein Leiden, kein Thun; es ist ein einfaches, plötzlich eintretendes Geschehen, was an das Gegenständliche, das Gerochene, gebunden ist und ausserhalb der Einwirkungen des Willens liegt.

6) Der Vorgang im Organe geht durch einen Vorbau und die Geruchsnerven. Der Vorbau besteht aus den beiden mit Schleimhaut ausgekleideten Höhlen der Nase; in diesen sind die Enden der Nervenfasern ausgebreitet, deren sonstige Beschaffenheit und Verlauf die gleichen sind, wie bei den anderen Sinnen. Um gerochen zu werden, muss das Gegenständliche den Aggregatzustand des luftförmigen annehmen oder in sehr feinen, kleinen Theilen in der Luft vertheilt sein. Durch das Athmen werden diese an die Schleimhaut der Nasenhöhlen und durch diese an die Nervenenden gebracht. Der Vorgang in den Nerven und in dem Gehirn bei dem Riechen ist ebenso unbekannt, wie bei den andern Sinnen. Ein chemischer Prozess würde auch hier nur bis an die Nerven reichen. Das Weitere bliebe auch bei ihm unerklärt.

7) Die Fähigkeit des Organes, die Wahrnehmung zu ver-

mitteln, ist bei dem Riechen für den einzelnen Geruch noch kürzer dauernd, als bei dem Geschmack. Das Riechen erfolgt überhaupt in Folge der Natur des Athmens nur periodisch, beginnt und endet mit jedem Einathmen und erlischt auch da bald gänzlich, wenngleich der gegenständliche Geruch fortdauert. Das Riechen ist nicht so regelmässig mit dem Fühlen vereint, wie das Schmecken. Deshalb scheint sein Gegenstand viel unbestimmter. Der Verlust dieses Sinnes bei einzelnen Menschen ist häufiger, wie der anderer Sinne; dennoch wird dieser Mangel wenig empfunden, weil dieser Sinn von dem Menschen zur Erkenntniss des Seienden wenig benutzt wird und seine Verbindung mit dem Gefühl der Lust oder des Schmerzes geringer ist, als bei dem Geschmack. Wenn bei einzelnen Menschen Unterschiede in dem Schmecken und Riechen für denselben Gegenstand Statt haben, so trifft dies nicht die Wahrnehmung oder die Bestimmungen dieser, sondern ihre Verbindung mit dem Gefühl; dem einen ist ein Geschmack, Geruch angenehm, welcher dem andern unangenehm ist. Die gegenständlichen Bestimmungen werden dagegen von beiden als gleiche wahrgenommen. Ein Riechen, was nur auf Erkenntniss des Gegenständlichen abzweckt, ist das Schnüffeln. In der Chemie und Mineralogie werden Geschmack und Geruch der einzelnen Körper zur Erkenntniss ihrer physikalischen Eigenschaften benutzt und es wird dabei von dem Angenehmen oder Unangenehmen ganz abgesehen. Der Geruchsnerv kann auch künstlich durch den galvanischen Strom u. s. w. erregt werden und giebt dann einen Geruch und keine andere Wahrnehmung.

# Allgemeines über die Sinne.

1) Die nächste Frage ist: Giebt es noch mehr Sinne? Sie ist von Wichtigkeit, weil die Erkenntniss des ausser uns Seienden auf den Sinnen beruht; sie muss aber verneint werden. Alles, was hierfür geltend gemacht wird, fällt unter die Wahrnehmungen der erörterten sechs Sinne. Man hat einen Vitalsinn, einen Lebenssinn, einen Geschlechtssinn, einen Wahrheitssinn und dergleichen mehr behauptet. Kant in seiner Anthropologie weist dem Vitalsinn die Wahrnehmungen des Warmen und Kalten, des Glatten und Rauhen, auch des Weichen zu; er macht diese Wahrnehmungen zu einem besonderen Sinn, weil dieser, wie Kant sich sonderbarerweise ausdrückt, „das ganze System der Nerven afficirt, während die fünf bekannten Sinne nur die zu gewissen Gliedern gehörenden Nerven afficiren“. Kant kommt zu diesem falschen

Schlusse, weil er ohne Grund das Fühlen auf die Fingerspitzen beschränkt. Auch Benecke nimmt in seiner Psychologie einen Vitalsinn an, und rechnet dahin „die Wahrnehmung des Kalten und Warmen, des Druckes, die Empfindungen in den Verdauungsorganen oder die, welche die Bewegung der Muskeln begleiten.“ Man sieht, dass hier das Verschiedenste durcheinander geworfen ist und keine Wahrnehmungen angegeben sind, welche nicht in den Wahrnehmungen der oben erörterten sechs Sinne schon vollständig enthalten wären.

2) Die Wahrnehmung des eigenen Lebens, so weit nicht Lust- oder Schmerzgefühle damit vermischt werden, besteht nur aus den Wahrnehmungen der sechs Sinne und aus den Selbstwahrnehmungen, so weit sie diejenigen Bestimmungen geben, welche zu dem Leben gerechnet werden. Ein grosser Theil des Lebens, die vegetativen Prozesse fallen gar nicht in die Wahrnehmung, weil sie durch den nervus sympathicus vermittelt werden und die davon in das Gehirn übergehenden Nervenfasern sehr unbedeutend sind. Das Gefühl der Gesundheit, der Kräftigkeit, ist ein Gemisch aus reinem und thätigem Fühlen, verbunden mit Selbstwahrnehmungen. Die Gesundheit an sich ist kein Gegenstand der Wahrnehmung; erst ihre Störung wird als Schmerz oder als Hemmung, als Minderung der Muskelkraft oder der Beweglichkeit der Glieder wahrgenommen. Der Geschlechtssinn ist eine willkürliche Verbindung von Gefühlen der Lust mit Wahrnehmungen einzelner Sinne zu einem angeblichen besonderen Sinn. Aristoteles nimmt einen besonderen Gemeinsinn an, welcher das in allen Sinnen Gemeinsame, d. h. den Raum und die Zeit wahrnehme. Ein Organ dafür hat er nicht nachgewiesen und dieser Sinn ist nur eine begriffliche Aussonderung einzelner Stücke der sechs Sinneswahrnehmungen.

3) Die ersten Bestimmungen sind jedem Sinne eigenthümlich. Dagegen ist der Grad, die Zeitgrösse und die Veränderung allen Sinnen gemeinsam; die Raumgrösse und die Gestalt wird nur von zwei Sinnen, dem Sehen und reinen Fühlen wahrgenommen. Die Richtung im Raum wird durch drei Sinne, das Sehen, Hören und thätige Fühlen wahrgenommen; die Bewegung wird gesehen, rein und thätig gefühlt. Diejenigen Bestimmungen, welche durch mehrere Sinne wahrgenommen werden, erhalten damit für das Vorstellen den Schein einer höhern Gegenständlichkeit.

4) Die ersten Bestimmungen sind das, was gewöhnlich mit Qualität bezeichnet wird, während der Grad, der Raum und die Zeit die Quantität bilden. Qualität und Quantität erschöpfen, wie man sieht, den Inhalt der Sinneswahrnehmungen nicht. Will

man indess alles Andere in diese beiden Begriffe einordnen, so wird die Gestalt und die Richtung mit zu den Beschaffenheits-Bestimmungen zu zählen sein; dagegen sind Bewegung und Veränderung ein Gemisch von Beschaffenheits- und Grössen-Bestimmungen.

5) Bei den, mehreren Sinnen gemeinsamen Bestimmungen können Widersprüche unter den einzelnen eintreten. Die Raumgrösse wird gefühlt und gesehen. Die gesehene Grösse eines Thalers in der Hand nimmt mit der Entfernung ab, während die gefühlte Grösse dieses Thalers sich nicht ändert. Eine Vergleichung der Grössen beider Sinne ist aber nicht ausführbar, weil die gesehene Grösse nach der Entfernung vom Auge sich ändert, und keine Entfernung und somit keine Grösse eines und desselben Gegenstandes vor der andern den Vorzug verdient. Kleine Körper, die man zuerst nur gefühlt hat, wie ausgenommene Zähne, erscheinen dem Sehen kleiner, als man nach dem Fühlen erwartete. Bei der Gestalt können ebenfalls Widersprüche eintreten; man sieht den schief gehaltenen Thaler als ein schmales Oval, während das Fühlen ihn kreisrund fühlt. Auch die Richtung kann widersprechend wahrgenommen werden. Man sieht einen Wagen von links und hört sein Gerassel durch das Echo einer nahestehenden Mauer von rechts. Man fühlt ein Kügelchen zwischen kreuzweis über einander gelegten Fingern in Folge dieser Verkehrung der Richtung der Nerven als zwei. Die weitere Erörterung dieser Widersprüche gehört in die spätere Darstellung der Sinnestäuschungen.

6) Obgleich die Sinneswahrnehmung jede ihrer Bestimmungen als seiend, und ausserhalb der wahrnehmenden Seele giebt, so gelten doch bei entstehendem Zweifel einzelne dieser Bestimmungen der Seele mit mehr Zuverlässigkeit als gegenständlich, wie andere. Am leichtesten ist das Vorstellen bereit die Gegenständlichkeit der Beschaffenheits-Bestimmungen Preis zu geben, und sie als Erzeugnisse des Vorganges im Organe zuzulassen; die Atomistik der modernen Naturwissenschaft hat dazu wesentlich beigetragen. Nur die Kraft wird davon ausgenommen; der Druck, der Stoss, die Bewegung der Glieder gilt der Seele als das Gewisseste in allen Wahrnehmungen. An der Wirklichkeit dessen, was man mit Händen greifen kann, zweifelt Niemand. Ebenso gelten die Gestalt, die Bewegung, die Raum- und Zeitgrösse dem gewöhnlichen Vorstellen in ihrer Gegenständlichkeit für unantastbar. Auf diesen Unterschieden beruht, ohne dass Locke es sich klar machte, seine Eintheilung in ursprüngliche und abgeleitete Eigenschaften: primary, secondary qualities. Kant macht Raum und Zeit zu nothwendigen Vorstellungen; „man kann sich nie vorstellen,“ sagt er, „dass kein

Raum und keine Zeit sei, obgleich man sich ganz wohl denken kann, dass keine Gegenstände darin angetroffen werden." (Kritik der reinen Vernunft, S. 29.) Aber in den Wahrnehmungen der Töne, des Süssen, des Geruchs ist nichts räumliches enthalten; in der Vorstellung der geometrischen Figuren nichts von der Zeit. Jede Bestimmung ist in der vollen Wahrnehmung nothwendig enthalten und jede kann durch Trennen im Vorstellen daraus entfernt werden. Bleibt man bei dem Wahrnehmen allein stehen, so verdient keine Bestimmung eines Sinnes in Bezug auf ihre Gegenständlichkeit einen Vorzug vor der andern.

7) Der Vorgang in der Seele ist bei allen Sinnen der gleiche. Bei keinem Sinne zeigt sich eine Spur von einem Thun und Leiden, von einem Hinzufügen einzelner Bestimmungen aus der Seele zu andern, durch den Gegenstand empfangenen. Der Raum und die Zeit gelten für eben so gegeben, wie die Farbe, der Ton es sind. Die Gründe Kants für die Idealität des Raumes und der Zeit sind auch aus anderen Betrachtungen abgeleitet. Die Einheit des Wahrgenommenen trotz seiner Unterschiede gilt dem Wahrnehmen für ebenso durch den Gegenstand gegeben, wie seine Unterschiede. Es findet darin auch nicht den Widerspruch, der nach Herbart darin enthalten sein soll.

8) Das unbefangene Wahrnehmen hat es nur mit dem Gegenstande zu thun, es weiss weder von den Vorgängen in dem Organe, noch von denen in der Seele und es weiss insbesondere nichts von einer besondern Wahrnehmungsvorstellung, welche die Vermittlerin zwischen dem Ich und dem Gegenstande macht. Je inniger das Wahrnehmen ist, desto mehr ist das Ich nur bei dem Gegenstande und unmittelbar bei diesem. Ich suche meinen Schlüssel und finde ihn; ich sehe ein spannendes Trauerspiel im Theater; ich höre einen Trompeter blasen; ich fühle die Schwere dieses gehobenen Steines; überall ist hier das Ich unmittelbar bei dem Gegenstand und frägt nicht und weiss nicht, wie es zu ihm gekommen ist. Das Wahrnehmen ist kein Beziehen, kein mittelbares Wissen, kein Schliessen; es geht nicht von einer Vorstellung in der Seele aus und bezieht erst diese auf einen Gegenstand ausserhalb, sondern es hat im Wahrnehmen diesen Gegenstand unmittelbar und Nichts als diesen. Erst die Untersuchung des Wahrnehmens selbst und die Vergleichung mit den blossen Vorstellungen führt zu der Annahme einer besondern Vorstellung während des Wahrnehmens, welche das Wissen ausmacht gegenüber dem Sein des Gegenstandes.

9) Viele Wahrnehmungen sind zugleich Ursachen der Lust

oder des Schmerzes, des Angenehmen oder Unangenehmen. Jeder Sinn hat dergleichen. Das Sehen reiner, tiefer, glänzender Farben ist angenehm; trübe, unreine Farben sind unangenehm. Der Klang der Flöte, der besseren menschlichen Stimmen ist angenehm; der Lärm ist unangenehm. Die milde Temperatur, das Weiche, Elastische, Glatte ist angenehm; das Rauhe, Starre unangenehm. Das Gerochene und Geschmeckte ist beinah nie ohne solche Gefühle. Sie entstehen nicht durch den blossen körperlichen Vorgang in dem Sinnesorgan, sondern erfordern zu ihrer Entstehung auch die Wahrnehmung, den geistigen Vorgang. Aber mit diesem verknüpfen sie sich unmittelbar und nicht erst durch eine weitere Folge vermittelnder Vorstellungen von Wirkungen, von weitern Beziehungen. Diese unmittelbare Verbindung der Gefühle der Lust und des Schmerzes mit den Wahrnehmungen bildet ein wichtiges Element in dem Schönen. Man könnte es das sinnlich Schöne nennen; in der einen Kunst ist es überwiegender als in der andern; in der Musik ist es am stärksten enthalten. Diese Verbindung des Wahrnehmens mit dem Gefühl ist an sich für die Wahrheit und den Inhalt der Wahrnehmung, als ein Wissen, ohne Bedeutung; nur insofern dadurch die Aufmerksamkeit oder der Grad gesteigert wird, wirkt diese Verbindung mittelbar auf das Wissen. Die Eintheilung der Sinne in höhere und niedere, welche von dieser Beimischung der Gefühle hergenommen ist, hat deshalb für das Wissen keine Giltigkeit.

10) Die Begriffe von Uebung und Gewohnheit sind bei dem Wahrnehmen der Sinne, als einem blossen Geschehen, ohne Handeln, nicht anwendbar. Bei dem thätigen Fühlen ist die Erzeugung der Bewegung in den einzelnen Gliedern und die Erregung eines bestimmten Grades von Kraft in denselben zu unterscheiden von dem Wahrnehmen dieser Kraft und dieser Bewegung. Jene wird durch Uebung und Gewohnheit erleichtert, aber das Wahrnehmen wird davon nicht berührt und findet bei ungeübten und ungewohnten Bewegungen ebenso bestimmt statt, wie bei andern. Es kann sein, dass bei den kleinen Kindern das Wahrnehmen trotz des Daseins der Organe dafür, nur ein dunkles Empfinden, ohne Gegenständlichkeit ist, und dass diese wesentliche Bestimmung, wodurch das Empfinden sich in Wahrnehmen verwandelt, erst später und allmählig eintritt. Aber alle daraus zu entnehmenden Angriffe gegen das Wahrnehmen, wie es hier dargestellt ist, sind verfehlt, weil der noch unausgebildete Zustand eines Organes vor seiner vollen Entwickelung nichts gegen die Wahrheit des von ihm in seiner Reife Gegebenen beweiset. Die Blinden fühlen und hören

schärfer als die Sehenden; ein Maler sieht in dem Gemälde mehr als ein Laie, ein Virtuos hört in dem Musikstück mehr und bestimmteres als der Ungeübte; der Indianer sieht Spuren von Fusstapfen, wo der Europäer nichts bemerkt. Diese Unterschiede entstehen, so weit sie das Wahrnehmen und nicht andere geistige Vorgänge treffen, nicht aus der Uebung im Wahrnehmen, sondern aus der von Natur vorhandenen feineren Empfänglichkeit und grösseren Schonung des Organes und aus der gesteigerten Aufmerksamkeit, d. h. aus dem Fernbleiben störender fremder Vorstellungen.

11) Die in den früheren Abschnitten dargelegten Bestimmungen der Sinneswahrnehmungen bilden den Inhalt der Welt, so weit sie nicht durch die zweite Art der Wahrnehmung, die Selbstwahrnehmung, gegeben wird. Wird jenes das Körperliche, dieses das Geistige genannt, so kann es in der Körperwelt für uns nichts geben, als jene Bestimmungen. Sie sind der Stoff, aus dem alles Körperliche aufgebaut ist; die Seele kann diesen Stoff zerlegen und verbinden, aber alles körperlich Seiende ist in ihm eingeschlossen. Die Physik und die Philosophie können wohl mit Ueberschreitung des Wahrgenommenen neue Wesen und neue Elemente in die Wissenschaft einführen, um daraus die Eigenschaften des Wahrgenommenen zu erklären, aber selbst dann können sie bei den Bestimmungen, unter denen sie jene Wesen vorstellen, nicht aus den Bestimmungen der Sinne heraus kommen. Die Molecüle z. B. haben Grösse, Gestalt, Bewegung, Kräfte, wenn auch sehr kleine; das Licht, die Wärme, die Elektricität sollen aus den feinsten Molecülen eines Aethers ohne Schwere bestehen, der aber elastisch ist, oder in Wellenbewegung ist; alles Bestimmungen der Sinneswahrnehmung. Es ist nicht allein unmöglich, dergleichen Wesen zu beschreiben, sondern es ist auch unmöglich, sie sich vorzustellen, ohne jene oben entwickelten Bestimmungen der sechs Sinne. Nur wenn diese Bestimmungen mit denen der Selbstwahrnehmung vertauscht werden, wie in den Monaden von Leibnitz und wie in den Störungen und Selbsterhaltungen der einfachen Wesen Herbarts, kann das Vorstellen aus diesem Gebiete heraus kommen; es ist aber dann das Gebiet des Körperlichen verlassen, und in das Gebiet des Geistigen eingetreten. Völlig neue in der Sinnes- oder Selbstwahrnehmung nicht enthaltene Bestimmungen kann auch eine solche Philosophie dabei nicht aufstellen.

# Die Selbstwahrnehmung. Das Wissen.

1) Neben dem Wahrnehmen durch die Sinne findet noch ein anderes Wahrnehmen in dem Menschen Statt, dessen Gegenstand als Ganzes mit dem Wort: Seele, oder Geist bezeichnet werden kann, und zwar als der eigne Geist, die eigne Seele des Wahrnehmenden. Es wird gewöhnlich mit innerer Wahrnehmung, Bewusstsein, Selbstbewusstsein bezeichnet; es soll hier Selbstwahrnehmung genannt werden, um damit in einem Worte seine Gleichheit und seine Ungleichheit mit der Sinneswahrnehmung auszudrücken. Beispiele sind: Ich bin mir bewusst, dass ich jetzt sehe, dass ich jetzt nachdenke, dass ich mich besinne, dass ich componire; ich nehme wahr, wie heiter ich über eine Nachricht bin, wie ich mich fürchte vor dem Examen; ich nehme wahr, wie ich begehre heute in das Theater zu gehen; ich weiss, dass ich den Mann achte, ich bemerke, dass eine bevorstehende Trennung mir Kummer macht.

2) Die Darstellung des Inhalts der Selbstwahrnehmung und der Vorgänge dabei scheint im Vergleich zur Darstellung der Sinneswahrnehmung deshalb leichter, weil das Gegenständliche derselben nicht ausser mir, sondern mein eignes Selbst ist; aber sie wird dadurch weit schwerer, dass zur umfassenden und geordneten Erkenntniss dieser Bestimmungen nicht bloss ein Wahrnehmen, sondern auch eine erhöhte Aufmerksamkeit und ein längeres Festhalten des Wahrgenommenen gehört. Die Zustände der Seele sind aber in einem fortwährenden Fliessen und lassen sich nicht, wie die Farbe, der Ton, die Wärme aus diesem Flusse herausheben und fest machen. Noch hinderlicher ist, dass starke und heftige Zustände der Seele die Aufmerksamkeit und die Beobachtung derselben hindern, und umgekehrt, dass schwache Zustände der Seele durch diese Aufmerksamkeit selbst oder das Bestreben sie zu beobachten zerstört werden. Das Begehren drängt ferner in dem Menschen weit stärker nach dem Wissen des Gegenständlichen ausser ihm, als nach dem in ihm, so dass es eine besondere Anstrengung kostet, die Aufmerksamkeit von jenem auf dieses zu richten.

3) Diese Schwierigkeiten waren es, welche Locke unbewusst veranlassten, die Selbstwahrnehmung „Reflection" zu nennen, im Gegensatz zur Sinneswahrnehmung, die er allein „Sensation" nannte. Reflection, d. h. Zurückbiegung, deutet das Schwierige und Unnatürliche an, was damit der Seele zugemuthet wird. Diese Schwierigkeiten würden nur eine höchst mangelhafte Kenntniss der

eigenen Seelen-Zustände zulassen, wenn nicht doch in einzelnen Menschen der Trieb nach Wissen die Abneigung gegen Selbstbeobachtung überwände und wenn nicht die Erinnerung es möglich machte, Seelenzustände auch dann zu untersuchen, wenn sie nicht mehr sind und die gegenseitige Hemmung ihrer und der Betrachtung damit ausgeschlossen ist. Die Uebung führt durch diese Hülfen dahin, dass selbst starke Zustände noch während ihres Daseins beobachtet werden können.

4) Die geistigen Zustände anderer Menschen sind kein Gegenstand meiner Wahrnehmung; mein Wissen von ihnen ist nie ein unmittelbares, sondern ein mittelbares oder mitgetheiltes. Das mittelbare Wissen von ihnen stützt sich auf die sinnlich wahrnehmbaren Bestimmungen ihres Körpers und ihrer Handlungen. Das Erröthen, das Zittern, das Lachen, das Schreiben geben die Unterlagen zu Schlüssen auf die Seele nach den Gesetzen solcher Verbindungen. Das mitgetheilte Wissen beruht auf der Sprache und dem, was der Andere über seine eignen geistigen Zustände durch Worte aussagt. Beide Wege setzen aber die Selbstwahrnehmung und Kenntniss der eignen Seelenzustände voraus, weil sonst weder die Gesetze noch die Worte verständlich sein würden. Alle Menschenkenntniss beruht sonach zunächst auf der Kenntniss seiner selbst.

5) Die Schwierigkeiten der Erkenntniss des Geistigen treffen indess nur deren dauernde und aufmerksame Beobachtung; die blosse Wahrnehmung derselben, als ein reines Geschehen wird davon nicht berührt; sie geschieht in der Selbstwahrnehmung ebenso leicht und von selbst, wie bei der Sinneswahrnehmung. Keine dieser beiden Arten der Wahrnehmung hat vor der andern ein grösseres Recht auf Wahrheit; in beiden wohnt die gleiche unmittelbare Gewissheit von dem S e i n des Wahrgenommenen, nach allen seinen Bestimmungen. Der Satz des Cartesius: „Cogito, ergo sum," wenn er sagen will: Ich nehme mich wahr als denkend und deshalb i s t dieses Denken und das in ihm mit enthaltene Sein meiner selbst, hat keine grössere Gewissheit, als die Sätze: Ich höre den Ton, also i s t er; ich nehme meinen Schmerz wahr, also i s t er.

6) Der Dualismus von Leib und Seele beruht in seinem letzten Grunde auf diesem Dualismus des Wahrnehmens; die eine Art des Wahrnehmens giebt das Körperliche, die andere das Geistige. Diese Unterschiede kann kein Denken beseitigen und zu einem Gleichen oder Dieselbigen umwandeln; sie können höchstens in eine Einheit verbunden werden, sei es die Einheit der Ursachlichkeit oder eine andere; eine solche Einheit hebt aber diese Unterschiede

nicht auf, sondern erhält sie. Da nun bei den Worten Leib und Seele diese Einheit beider nicht verneint wird, so hat es kein Bedenken, diese Worte zu gebrauchen, um damit die Gesammtheit jenes durch die Sinnes- und durch die Selbstwahrnehmung Gegebenen in ihrem Unterschiede gegeneinander kurz zu bezeichnen, ohne dass deshalb ihre Einheit, sei sie, welche sie wolle, geleugnet werden soll. In diesem Sinne wird auch hier von diesen Worten Gebrauch gemacht werden.

7) Die Darstellung des Inhaltes der Selbstwahrnehmung wird am zweckmässigsten in derselben Weise erfolgen, wie es bei den Sinneswahrnehmungen geschehen ist. Die natürliche Eintheilung des Sinnlichen, welche aus den verschiedenen Organen dafür hervorging, fällt allerdings hier weg, da weder unterschiedene Organe, noch überhaupt Organe bei der Selbstwahrnehmung vorhanden sind. Alle Zustände der Seele fallen unmittelbar in die Selbstwahrnehmung. Die Ordnung und die Aussonderung eines Gemeinsamen in diesen fliessenden, gemischten, schwankenden geistigen Zuständen würde sehr schwer sein, wenn nicht die Beobachtung seit Jahrtausenden schon vorgearbeitet und ihre Ergebnisse zum Theil schon in der Sprache niedergelegt hätte.

8) Danach sondern sich die geistigen Zustände zunächst in drei Hauptarten, welche die deutsche Sprache sehr treffend mit Wissen, Fühlen und Begehren bezeichnet. Die weiteren Bestimmungen werden sich am besten bei jeder dieser Arten anschliessen lassen. Die Antwort, was diese Zustände sind, kann durch keine sogenannte Definition gegeben werden; es ist in diesen Arten das Allgemeine einzelner Zustände bezeichnet, welches sich nicht in weitere Bestimmungen auflösen lässt. Alle Versuche hierzu wechseln nur die Worte, aber nicht die Vorstellungen. Es kann daher der Begriff des Wissens, Fühlens und Begehrens nur durch Beispiele deutlich gemacht werden; doch bedarf es deren hier nicht, da der Sinn dieser Worte aus dem gewöhnlichen Leben so weit genügend bekannt ist, dass die Darstellung sich dem zunächst anschliessen kann.

9) Das Wissen besondert sich zu bestimmteren Arten. Solche sind das Wahrnehmen, das blosse Vorstellen, das bekannte Vorstellen, das gesteigerte Vorstellen, das gewisse Vorstellen und das nothwendige Vorstellen. Dies sind die Wissensarten, d. h. die Unterschiede des Wissens, welche nicht den Gegenstand oder den Inhalt des Wissens treffen, sondern die besondere Weise, wie derselbe Inhalt als gewusster in der Seele sein kann. Weiter kann der Inhalt des Wissens der Bearbeitung der Seele unterliegen. Die hierbei eintretenden Richtungen sind das Trennen, das Vereinen

und das Beziehen desselben. Das Wissen sondert sich ferner in Vorstellungen des Seienden oder in blosse Beziehungen des Seienden. Letztere sind kein Spiegel des Seienden, sondern dienen nur den Zwecken der Ordnung, Uebersichtlichkeit und grösseren Einung innerhalb des Wissens. Ueber dem empfangenen Wissen besteht weiter ein schöpferisches Vorstellen in der Seele, welches in seinen Erzeugnissen das von der Wahrnehmung Gegebene überschreitet. Schliesslich kann das Wissen durch eine Verbindung mit sinnlich Wahrnehmbarem mittheilbar gemacht werden. Daraus entwickelt sich die Sprache und das Urtheil. Da das vorliegende Werk das Wissen zu seinem Gegenstande hat, so erfolgt die weitere Darstellung desselben im Fortgange dieses Werkes.

10) Das Wissen bildet zu den zwei andern Zuständen, zu dem Fühlen und Begehren, einen Gegensatz. An sich muss es allerdings auch als ein seiender Zustand der Seele gelten, wie das Fühlen und Begehren. Es mag dem Wissen irgend ein geistiger Vorgang, ja vielleicht ein Aehnliches, wie Druck, Spannung, zu Grunde liegen; aber so aufgefasst ist das Wissen nicht in seinem Wesen gefasst. Als Wissen, und nur als solches ist es hier zu untersuchen, verbirgt es sein eigenes Sein und macht sich nur zu dem Spiegel eines fremden Seins. Es giebt kein besseres Gleichniss dafür, wie den Spiegel. So wie dieser um so vollkommener ist, je mehr er nicht sich selbst sehen lässt, sondern nur fremdes Sein abspiegelt, so auch das Wissen. Sein Wesen ist dieses reine Spiegeln eines fremden Seins, ohne Beimischung des eignen seienden Zustandes. Ganz anders ist es mit der Lust, dem Schmerz und mit dem Begehren. Diese sind nur seiende Zustände der Seele und enthalten kein Wissen. Lust und Schmerz wird wohl durch Anderes erregt, Begehren ist auf Anders gerichtet; aber sie verschwinden nicht neben diesen Andern, sie sind kein blosser Spiegel dieses Andern, sondern sie sind ein Sein in sich, das nur mit Anderem in Verbindung steht, aber als Sein neben diesem Andern sich erhält, und selbst ein Gegenstand für das Wissen ist.

11) Der seiende Zustand der Seele, welcher ihrem Wissen zu Grunde liegt, oder in Wissen sich umsetzt, ist der Selbstwahrnehmung entzogen; wir kennen das Wissen nur als Wissen, nur als Spiegel eines Andern, sein eignes Sein dabei verhüllend. Alle Hypothesen über dieses Sein des Wissens können nur andere Bestimmungen der Wahrnehmung dazu benutzen, seien es die des geistigen Fühlens und Begehrens, oder die Bestimmungen der Sinneswahrnehmung. So sehen wir, dass der seiende Zustand des Wahrnehmens von Locke als ein Druck behauptet und mit dem

Gehirn in Verbindung gebracht wird. Diese Bestimmung für das Wahrnehmen ist auch von Späteren festgehalten worden. Die geistigen Zustände des Fühlens und Begehrens sind zur Erklärung des Wissens nicht benutzt worden; vielmehr sind umgekehrt diese von Herbart und Andern zu einem Wissen umgewandelt worden. Das Gefühl gilt schon Locke und Hume vielfach als blosses Wissen; bei Hegel geht es ebenfalls in Wissen und Wollen auf. Das Gefühl ist bei Hegel das Werthlose, Unbedeutende, weil es der Allgemeinheit des Denkens unfähig ist. Es bleibt deshalb in der Philosophie Hegels ohne alle Berücksichtigung; diese kennt nur Wissen und Wollen.

12) Alle Zustände des Wissens enthalten als weitere Bestimmungen 1) einen Grad, 2) eine Zeitgrösse und 3) eine Veränderung oder ein Beharren. Der höhere Grad des Wissens ist die Aufmerksamkeit; jener ist nicht die Wirkung dieser, vielmehr ist die Aufmerksamkeit nichts als dieser höhere Grad des Wissens selbst. Ein sehr schwacher Grad bringt das Wissen auf vergleichsweise Nichts herab. Die stärkeren, daneben vorhandenen Vorstellungen lassen jene Vorstellungen von zu schwachem Grade völlig verschwinden, so dass sie auch in der Erinnernng nicht wiederkehren. Die Beobachtung kann natürlich über diese sehr schwachen Grade des Vorstellens keinen Aufschluss geben, weil ihre Schwäche diese Beobachtung unmöglich macht. Herbart und Fechner in seiner Psychophysik haben für diese Zustände den Begriff einer Schwelle des Bewusstseins der Vorstellungen gebildet; unter dieser Schwelle sollen sie zwar Vorstellungen, aber ohne Bewusstsein bleiben. Aber diese Auffassung enthält einen Widerspruch, da Wissen ohne Bewusstsein so viel ist, als ein Wissen ohne Wissen. Man hat deshalb auch den gewöhnlichen Begriff der Vorstellung dabei verlassen müssen. Locke führt im II. Buch Kapitel 1 seiner Untersuchung über den menschlichen Verstand sehr weitläufig aus, dass man kein Denken ohne Bewusstsein annehmen könne; Kant in seiner Anthropologie bestätigt dies, aber was er als Beweis in Beispielen beibringt, passt gar nicht hierher. Nach Kant wäre es eine solche unbewusste Vorstellung, wenn ich weit von mir auf einer Wiese einen Menschen zu sehen mir bewusst bin, obgleich ich seine Augen, Nase u. s. w. zu sehen mir nicht bewusst bin. Kant sagt selbst, dieses Wissen sei ein Schliessen; aber solches mittelbare Wissen und Vermuthen ist trotz seiner Unsicherheit dennoch ein Wissen, was vollständig in das Bewusstsein fällt.

13) Die Zeitgrösse ist in der Regel für die einzelne Vorstellung sehr kurz; selbst bei ruhigem Lauf der Gedanken wird selten die

einzelne Vorstellung länger als eine Sekunde beharren, ohne einer andern Platz zu machen oder sich selbst aufzulösen oder mit andern zu vereinen. Nur wenn das Gefühl oder Begehren sich mit der Vorstellung verbindet, wird ihre Dauer länger. Schnellere Bewegung der Gedanken, bei Erreichung desselben Zieles, gilt für einen grossen Vorzug der Seele. In schwachen, beschränkten Köpfen beharren die einzelnen Vorstellungen weit länger, die Bewegung ist träger. Wahrscheinlich ist auch bei den Thieren die Bewegung der Vorstellungen viel langsamer, als bei den Menschen. Unter Bewegung ist hier nur der Wechsel, die Veränderung, zu verstehen. Die räumliche Grösse, die Gestalt, Richtung, Bewegung sind sämmtlich Bestimmungen, die das Wissen als Zustand der Seele nicht an sich hat.

# Die Gefühle.

1) Die Gefühle, als die zweite Art der Seelenzustände, zerfallen in die Lust und den Schmerz. Weitere Gefühle giebt es nicht. Unter Lust werden hier alle Zustände verstanden, die in ihren Besonderungen als Freude, Genuss, Entzücken, Vergnügen, Seligkeit, als angenehm, süss, reizend, beglückend bezeichnet werden; die Lust ist hier nicht bloss die sogenannte sinnliche Lust, sondern auch der Genuss, der aus der Kunst und Wissenschaft, aus der Ehre, der Liebe, aus den religiösen Vorstellungen u. s. w. hervorgeht. Dasselbe gilt von dem Schmerz. Es werden hier damit alle der Lust entgegengesetzten Zustände der Trauer, der Sorge, des Grames, des Kummers, der Verzweiflung, des Unangenehmen, Peinlichen, Drückenden bezeichnet.

2) Die Gefühle haben ihren Grad, wie die ersten Bestimmungen der Sinneswahrnehmung. Sie können auf einen sehr schwachen Grad herabsinken, so dass sie kaum noch als seiend gelten, und können zu einem so hohen Grad steigen, dass die Gesundheit der Seele und selbst das Leben dadurch zerstört wird. Dies gilt sowohl für die Lust wie für den Schmerz. Das Nichts von beiden ist die völlige Gleichgültigkeit. Lust und Schmerz sind aber beide ein Seiendes; und nicht das Eine nur die Verneinung oder Verminderung des Andern. Es ist eine falsche Auffassung Schopenhauer's, wenn er sagt: (Die Welt als Wille. II. 657) „Nur Schmerz „und Mangel können positiv empfunden werden. Das Wohlsein „hingegen ist bloss negativ.“ Geistreich, aber nicht wahr, sagt derselbe: (daselbst 658) „Die Stunden gehen desto schneller hin, je

„angenehmer, desto langsamer, je peinlicher sie zugebracht werden; „weil der Schmerz, nicht der Genuss, das positive ist, dessen Gegenwart sie fühlbar macht. Ebenso werden wir bei der Langenweile die Zeit inne; bei der Kurzweil nicht. Beides beweiset, dass „unser Dasein dann am glücklichsten ist, wenn wir es am wenigsten „spüren, woraus folgt, dass es besser wäre, es nicht zu haben." Es kann sein, dass der seiende Zustand der Seele, der in den Gefühlen sich offenbart, für Lust und Schmerz nur dem Grade nach sich unterscheidet, aber für die Selbstwahrnehmung sind beide ein unterschiedener, selbstständiger Inhalt, dessen Unterschied nicht auf einen Unterschied in der Grösse zurückgeführt werden kann. Eine blosse Minderung oder Aufhebung des Schmerzes gilt dem gewöhnlichen Vorstellen allerdings oft als eine Lust, wie z. B. die Nachricht von der Besserung eines geliebten Kranken; ebenso gilt die Minderung der Lust oft schon für Schmerz, z. B. die Täuschung einer Hoffnung; aber solche Ausdrücke sind nur falsche Bezeichnungen der Zustände, herbeigeführt durch die Beziehung und Vergleichung des einen Zustandes mit dem andern, wobei irrthümlich der eine Zustand als das unbedingte, nicht als das vergleichsweise geltende Maass genommen wird.

3) Eine längere Beobachtung zeigt, dass die Gefühle der Lust und des Schmerzes nicht ohne Ursachen entstehen. Die Erörterung dieser Ursachen ist für die Natur der Gefühle und folgeweise für die Gebiete der Ethik, Kunst und Religion von der grössten Bedeutung. Vorstellungen werden bekanntlich durch Vorstellungen nach den Gesetzen der sogenannten Ideenassociation hervorgerufen; bei den Gefühlen findet dies nicht in der Weise statt, dass ein Gefühl das andere erweckt. Ihre Ursachen sind andere Zustände des eignen Körpers oder der Seele: namentlich Wahrnehmungen und blosse Vorstellungen. Wenn diese Ursachen nach dem Gemeinsamen geordnet werden, so lassen sich acht Arten von Ursachen der Gefühle aufstellen; sie sollen der Kürze halber nur nach der Lust aufgeführt werden:

1) Die Lust aus dem Leibe.
2) Die Lust aus dem Wissen.
3) Die Lust aus der Macht.
4) Die Lust aus der Ehre.
5) Die Lust aus fremder Lust (Liebe).
6) Die Lust aus dem Bilde der Lust (Schönheit).
7) Die Lust aus der kommenden Lust.
8) Die Lust aus dem eigenen Dasein.

Die Gegensätze für den Schmerz ergeben sich daraus von

selbst. Weitere Ursachen der Lust und des Schmerzes giebt es für den Menschen nicht.

4) Die Lust oder der Schmerz aus dem Leibe entspringen aus Zuständen desselben, die entweder ohne oder mit Wahrnehmungen begleitet sind. Zu den erstern gehört die Lust aus dem Kitzel, aus der Ruhe oder Bewegung, der Schmerz aus dem Kopfe, den Zähnen, dem Unterleib, aus dem Fieber, das Gefühl des Behagens bei voller Gesundheit. Zu den letzteren gehört die früher erwähnte Lust aus den Wahrnehmungen der glänzenden Farben, der sanften Töne, des Weichen und Glatten u. s. w. Die Lust aus dem Essen und Trinken ist eine Mischung aus beiden Arten. Diese Gefühle werden in beiden Fällen durch die Nerven unmittelbar erweckt; im erstern Falle sind es die Nerven des reinen Fühlens allein, die aber hier, wahrscheinlich weil ihre Erregung eine andere ist, keine Wahrnehmung, sondern einen Schmerz oder eine Lust bewirken; im andern Falle sind es die Nerven der übrigen Sinne, oder auch des reinen Fühlens, so weit sie in regelrechter Erregung eine Wahrnehmung damit zugleich den Schmerz oder die Lust erwecken, ohne dass die Lust oder der Schmerz erst durch ein weiteres Vorstellen dabei vermittelt wird.

5) Die Gefühle, die aus den Zuständen des Leibes hervorgehn, sind nur in der Seele, sind nur geistige Zustände, die nur durch die Selbstwahrnehmung erkannt werden. Der sogenannte Sitz der Schmerzen, wie der Zahn- und der Kopfschmerzen, ist nicht der Ort des Gefühls, sondern der Ort, wo die Ursache des Schmerzes sich befindet. Dieser Ort wird gleichzeitig sinnlich wahrgenommen und er wird wegen seiner ursachlichen Verbindung mit dem Schmerz in der Seele im gewöhnlichen Vorstellen zu dem Orte des Schmerzes selbst erhoben. Ist in solchen Fällen das Gefühl kein Schmerz, sondern Lust, so ist diese scheinbare Oertlichkeit schon nicht in solchem Maasse vorhanden. Wäre das Gefühl im Körper, so könnte es bei dem Schlaf, bei der Unaufmerksamkeit nicht aus dem Wissen treten, und es müsste Gegenstand einer Sinneswahrnehmung sein. Die Art der ursachlichen Verbindung zwischen Körperzustand und Gefühlszustand der Seele liegt ausserhalb der Wahrnehmung und kann deshalb aus dieser nicht erklärt, nicht zerlegt, nicht auf ein Allgemeineres zurückgeführt werden. Die Veränderung in den Nerven und der Uebergang in das Geistige ist hier ebenso unbekannt, wie bei dem sinnlichen Wahrnehmen.

6) Diese ursachliche Verbindung zwischen Körper und Gefühl ist eine allgemeingültige, ein Gesetz. Dieses Gesetz wird in seiner

Allgemeinheit nicht dadurch aufgehoben, dass ein und derselbe Gegenstand oder Zustand bei verschiedenen Menschen oder zu verschiedenen Zeiten einmal Schmerz, ein andermal Lust bewirkt. Diese Unterschiede beruhen auf der unterschiedenen und wechselnden Empfänglichkeit der Nerven; sie können ebenfalls auf allgemeine Gesetze zurückgeführt werden. Kant in seiner Anthropologie bestreitet dies; „Was mir angenehm ist,“ sagt er, „ist nicht „Jedermann angenehm. Der Grund davon ist klar, weil Lust oder „Unlust nicht zu dem Erkenntnissvermögen in Ansehung der „Objekte gehören, sondern Bestimmungen des Subjektes sind, also „äussern Gegenständen nicht beigelegt werden können.“ Aber weshalb sollten nicht „Bestimmungen des Subjektes“ ebenso festen und allgemeingültigen Gesetzen unterliegen können, wie die sogenannten Objekte? Spinoza dagegen erkennt in seiner Ethik diese ursachliche Verbindung in vollem Maasse an, wenn er sagt: „Humanas actiones, „affectus, appetitus considerabo perinde ac si quaestio de lineis, planis „aut de corporibus esset; more Geometrico tractare aggrediar.“

7) Es entsteht die Frage, ob die Lust und der Schmerz aus dem Körper, abgesehen von dem Unterschiede des Grades, noch einen Unterschied in sich selbst haben, je nach den verschiedenen Ursachen, aus denen sie entstehen. Man kann fragen: Ist die Lust aus dem Essen dieses Stückes Braten verschieden von der Lust aus dem Trinken dieses Glases Wein? Ist der Zahnschmerz verschieden als Schmerz von dem Kopfschmerz, von dem Leibschmerz? Das gewöhnliche Vorstellen steht nicht an, einen solchen Unterschied zu behaupten. Aber es liegt solcher Anschauung zum grösseren Theile dieselbe Täuschung unter, welche die Lust und den Schmerz selbst in den Körper verlegt. Auch wird dabei das geistige Gefühl nicht genügend von der Wahrnehmung des Gegenstandes, welcher ursachlich auftritt, und von dem Körperzustande getrennt gehalten. Wenn dies geschieht und in möglichst hohem Grade geschieht, so zeigt sich, dass in allen den Lustgefühlen, die aus dem Körper hervorgehen, das bei weitem grössere begriffliche Stück als durchaus gleich gelten muss, dass die Unterschiede derselben nur zu einem geringen Theile in der Lust selbst liegen und hauptsächlich in der Vermengung des Gefühls mit seinen begleitenden Umständen liegen. Dasselbe gilt für den Schmerz aus dem Körper. Daraus erklärt es sich, dass die Lust aus dem Essen und andern Ursachen bekanntlich mit einander verglichen und gemessen werden kann. Man schwankt oft, welcher Lust man den Vorzug geben soll, und misst dabei die einzelnen unter einander ab. Dies wäre unmöglich, wenn diese verschiedenen Lustgefühle nicht zum grössern

Theile ein begrifflich gleiches Stück enthielten, was nur dem Grade nach verschieden ist.

8) Die Lust aus dem Wissen ist die Lust aus der Erkenntniss, aus dem Wissen des Seienden, oder aus der Wahrheit. Aristoteles beginnt seine Metaphysik mit den Worten: „Alle Menschen haben einen angebornen Wissenstrieb. Ein Beweis dafür ist „die Liebe zu den Sinneswahrnehmungen, die man auch ohne ein „bestimmtes praktisches Bedürfniss, um ihrer selbst willen liebt.“ Das Wissen an sich gewährt nur Lust, wenn es Wissen des Seienden ist. Die Erkenntniss, dass man geirrt, dass man das Falsche für seiend, für wahr gehalten hat, ist Ursache des Schmerzes. Der Zweifel ist peinlich, wenn er nicht überwunden werden kann. Soll das Wissen nur als Mittel für einen weiteren Zweck dienen, z. B. für die Macht, für Erlangung eines Amtes, für den Bau eines Hauses, so ist dieses Ziel, und nicht das Wissen selbst die Ursache der Lust; nur wo das Wissen an sich Zweck ist, wirkt es in der hier betrachteten Art. Als diese Ursache der Lust wird das Wissen zu einem Gegenstande des Begehrens. Das Begehren des Wissens des Einzelnen ist die Neugierde, des Allgemeinen die Wissbegierde. Beide begehren das Wissen um seiner selbst willen. Jedes Wahrnehmen gewährt Lust, weil es das Sein giebt. Bei Kindern tritt dies desto deutlicher hervor, je jünger sie sind; später tritt für die gewöhnlichen Wahrnehmungen die Abstumpfung ein, und es tritt dafür die Lust aus dem Trennen des Wahrgenommenen hervor, so wie aus der Auffindung seiner Gesetze. Auf der Lust aus dem Wissen beruht es, dass die Wissenschaften nicht Mittel, sondern Selbstzweck sein wollen; dieser Satz gilt nur für den, der diese Lust aus ihnen hat. Auf dieser Verbindung des Wissens mit der Lust beruht zum grössten Theil das Dasein der Wissenschaften. Hätte man sie nur als Mittel für andere Zwecke gesucht, so würden sie nicht diese Ausdehnung, diesen reichen Inhalt und diese Vollkommenheit erlangt haben. Dem Thiere fehlt diese Lust an dem reinen Wissen beinah gänzlich; nur an jungen Hausthieren zeigen sich Spuren, die bald verschwinden. Dies ist der wahre Grund, weshalb das Wissen der Thiere nicht zunimmt; die Fähigkeiten dazu, selbst für begriffliches Wissen, fehlen ihnen weit weniger, als der Trieb nach Erkenntniss, der durch die Lust am Wissen erst geweckt wird. Deshalb beschränken sie ihr Wissen auf das unmittelbar für sie nützliche und nothwendige.

9) Die Ursache der Lust sind hier die Wahrnehmungen und die blossen Vorstellungen der Seele und nichts körperliches. Ursache und Wirkung liegen beide innerhalb der Seele. Eine Ver-

mittelung durch Organe, wie bei der Lust aus dem Körper, findet hier nicht statt. Der Grund dieser ursachlichen Verbindung zwischen Wissen und Lust kann nicht weiter erklärt und abgeleitet werden. Erst wenn man die Lust zu etwas Anderem macht, wenn man behauptet, sie sei Steigerung der Kraft, oder sie sei das Wesen des Geistes oder dergleichen, kann man mühsam den Schein einer solchen Ableitung gewinnen; aber die Lust ist dann in ein Anderes verwandelt, das diese Folge schon in sich enthält, und es fehlt dabei der Beweis für jene Umwandlung der Lust in ein Anderes. Die Lust aus dem Wissen ist überall dieselbe; ihre Unterschiede liegen nur im Grade. Der Neugierige geniesset im Erfahren seiner Stadtneuigkeit dieselbe Lust, wie der, welcher die Wissenschaften aus reiner Liebe für sie studirt.

10) Die Lust aus der Macht hat zu ihrer Ursache die umgekehrte Ursache der Lust aus dem Wissen. Dort will man das Wissen des Seienden, hier das Sein des Gewussten haben, als Quelle der Lust. Diese Lust darf nicht zu einer Lust aus Erreichung des Begehrten gemacht werden. Begehrt wird jede Ursache der Lust, nicht blos die Macht; hier ist es die reine Verwirklichung des Gewollten, was die Lust bewirkt, selbst wenn das Gewollte bei seiner Verwirklichung in anderer Beziehung nicht eine Ursache der Lust, sondern des Schmerzes ist. Der Eigensinn ist die reinste Darstellung der Lust aus der Macht. Der Eigensinnige besteht oft auf einem ihm Schmerzlichen, blos um seinen Willen zu haben, d. h. um der Lust aus der Macht willen.

11) Diese Lust ist enthalten in jeder Gewalt; in der des Beamten, des Königs; in der Gewalt über den Sclaven, über den Liebhaber; ebenso in dem Gebrauch jeder Maschine, die Gewalt über die Naturkraft giebt; in jedem Schneiden mit einem Messer; in dem Zähmen eines wilden Pferdes; in der Erziehung der Kinder; in der Qual der Thiere durch die Kinder; in jeder Fertigkeit, sei es die eines Virtuosen oder Parlamentsredners oder Seiltänzers. Sie ist ein Hauptbestandtheil der Lust aus dem Turnen, Fechten, Reiten, Schwimmen, Disputiren.

12) Die stete Ausübung einer einmal erworbenen Gewalt stumpft die Lust daraus ab; Kinder freuen sich über ihr Gehen, Erwachsene nicht mehr; der Dilettant in der Kunst empfindet diese Lust in höherem Grade als der Virtuos, obgleich jenes Leistung tief unter der des Virtuosen bleibt und an sich weniger Macht enthält. Bei jedem Kampfe, sei es mit der Natur oder mit dem Menschen, sei es auf geistigem oder körperlichem Gebiet, ist diese Lust ein wesentlicher Bestandtheil des Sieges. Selbst der Zuschauer

theilt diese Lust, wenn er Parthei nimmt. Das lebhafte Interesse, was jeder Kampf auf grossen wie auf kleinen Gebieten in Zuschauern erregt, beruht auf dieser Lust aus der Macht. Kampf ist Entfaltung der Macht im höchsten Grade. Indem nun der Zuschauer Parthei für einen der kämpfenden Theile nimmt, nimmt er Theil an dieser Lust aus der Macht oder an dem Schmerze aus der Ohnmacht und der Niederlage. Durch diese Partheinahme wirkt jene fremde Machtentfaltung ebenso, als wenn es die eigene wäre. Hierauf beruht die Lust an den Kämpfen der Thiere, an den Spielen der Gladiatoren, den Stier- und Hahn-Gefechten, an den Wettrennen, den Kämpfen der Parlamentsredner, den Schlachten zu Wasser und zu Lande.

13) Es ist zur Bewirkung dieser Lust nicht nothwendig, dass das Gewollte *sofort* in Seiendes sich umwandle; es genügt schon die Gewissheit, dass diese Verwirklichung von dem Willen des Fühlenden allein abhängt. Deshalb gewährt der Besitz eines Amtes auch ohne Ausübung schon diese Lust. Daher kommt die Lust aus dem Besitze des Geldes auch vor seiner Anwendung. Der Geiz ist nächst dem Eigensinn die reinste Darstellung dieser Lust; der Geizige zieht die Lust aus der Macht der aus andern Ursachen vor, deshalb sammelt er das Geld, aber giebt es nicht aus.

14) Die Machtlosigkeit ist die Ursache des Schmerzes. Deshalb hat jede Abhängigkeit diese Wirkung. Die Freiheit, als die Verneinung der Abhängigkeit, ist nur Befreiung von dem Schmerze derselben, aber noch nicht selbst eine Ursache der Lust; so wenig wie die Gesundheit als die Freiheit vom Schmerz aus dem Körper, schon eine Ursache der Lust ist. Aber der Contrast mit dem Voraufgegangenen wirkt sehr oft täuschend dahin, dass der verminderte Schmerz vergleichsweise als Lust genommen wird. Auch Schopenhauer sagt richtig: (die Welt als Wille. II., 657.) „Wir werden die drei grössten Güter des Lebens, Gesundheit, Ju- „gend und Freiheit, nicht als solcher inne, so lange, wir sie be- „sitzen, sondern erst nachdem wir sie verloren haben;“ wenn Schopenhauer dann fort fährt: „denn sie sind Negationen,“ so sind sie doch nur Negationen in Bezug auf die *Gefühle*; sie sind keine Gefühle, sondern nur die Bedingungen zur leichteren Erlangung der Lust. Deshalb werden sie fälschlich schon selbst als Lust genommen.

15) Jeder Gehorsam als solcher ist schmerzlich; jede Autorität, auch die innerhalb des Wissens, ist als Beschränkung meiner Macht, unangenehm. Solcher Schmerz kann aber durch die Lust, welche daneben entsteht, überdeckt werden. Daher der freiwillige Gehor-

sam des Liebenden und des Höflings. Je grösser die Schwierigkeiten sind, die sich der Verwirklichung eines Wollens entgegenstellen, desto grösser ist die Macht, die sie überwindet, und desto grösser ist die Lust daraus. Die Lust aus der Macht über Menschen ist deshalb grösser als die aus der Macht über die Natur. Die Lust aus dieser Ursache durchzieht beinahe alle sittlichen Gestaltungen des Lebens und bildet einen wichtigen Theil ihres Inhalts. Bei den Thieren kommen nur Spuren dieser Lust vor; z. B. bei dem Spielen der Katze mit der gefangenen Maus; bei dem Spiel junger Hunde untereinander. Abgesehen von solchen Ausnahmen ist die Macht an sich für die Thiere keine Quelle der Lust, sie benutzen ihre Macht nur als Mittel für andere Lust oder Nothwendigkeit.

16) Die Lust aus der Ehre verbindet sich leicht mit der Lust aus der Macht; aber nur, weil die Macht über Menschen in der Regel auch die Ehre giebt. Die Lust aus dem Körper, die aus dem Wissen und die aus der Macht bedarf keiner Nebenmenschen; dagegen ist die Lust aus der Ehre, so wie die Lust aus fremder Lust ohne das Dasein anderer Menschen unmöglich. Gemeinsam lebende Menschen haben auch gemeinsame Bestrebungen. Wer darin den Andern es zuvor thut, darin hervorragt und als solcher von den Andern anerkannt wird, der hat in diesem Anerkenntniss Anderer seine Ehre und die Lust aus der Ehre. Der Gegenstand, in dem die Hervorragung Statt hat, ist hierbei völlig gleichgültig. Unter Dieben bringt geschicktes Stehlen Ehre und Genuss, unter Studenten das übermässige Trinken, unter Offizieren Geschicklichkeit im Duell, unter Hofleuten die grössere Gewandtheit in Lakaiendiensten, unter Mädchen die Erste im Tanz zu sein. Die Lust aus der Ehre ist trotz dem bei Allen dieselbe. Die Ehre hat durchaus keine Gemeinschaft mit dem Sittengesetz; sie kann mit ihm zusammentreffen, aber dies ist zufällig. Die Ehre verlangt Hervorragung über Andern, das Sittengesetz nur Gleichheit und selbst diese nicht überall; die Ehre beruht in der Anerkennung dieses Hervorragens durch Andere, das Hervorragen allein, ohne Anerkennung giebt keine Ehre; die Sittlichkeit bedarf keiner Anerkennung.

17) Die blosse Gleichheit mit den Andern in Bezug auf die gemeinsamen Bestrebungen wird von den Rechtslehrern die gemeine Ehre genannt; sie ist keine Quelle der Lust; aber das Fallen unter diese Linie ist die Unehre, die Schande, welche zur Ursache des Schmerzes wird. Die Anerkennung der Ehre und Unehre, auf welcher dies Gefühl beruht, kann in der mannigfachsten

Weise erfolgen. Je grösser die Zahl derer ist, von denen sie ausgeht, je höher diese stehen, desto grösser ist der Grad des Gefühls. Eine Ehre im Geheimen giebt es nicht. Das Zeichen der Anerkennung ist gleichgültig; es ist oft nur ein Symbol, welches an das Lächerliche streift, wie Orden, Uniformen, Titel und das gesellige Ceremoniell. Das Bestreben der Moralisten geht dahin, die Ehre in die Sittlichkeit aufgehn zu machen; so dass nur das Sittliche als ehrend gelte. Die Natur des Menschen ist dagegen und es ist deshalb ein unmögliches Unternehmen, obgleich im Einzelnen die Bestrebungen, welche Ehre bringen, sich verändern oder den Geboten der Sittlichkeit sich annähern können; daher die Schwierigkeit, das Duell auszurotten. Die Ehre ist auch nicht dasselbe wie die Achtung, in ihrer strengen Bedeutung; die Achtung ist kein besonderes Gefühl, sondern die Hemmung und Minderung aller Seelenzustände dem Grade nach in Folge eines gegenüberstehenden Uebermächtigen und Grossen. Die Achtung ist die Grundlage des Sittlichen, wie später gezeigt werden wird. Wo das Wissen geschätzt wird, gewährt auch das Hervorragen in diesem Ehre und somit auch die Lust aus der Ehre.

18) Die Gefühle aus der Ehre und Unehre durchziehen beinah jede menschliche Thätigkeit und es wird nicht leicht eine sittliche Gestaltung und ein einzelnes Handeln gefunden werden, was nicht mit dieser Quelle der Lust oder des Schmerzes in Verbindung stände. Das dauernde Ziel aller durch Geist, oder Kraft oder Besitz begünstigten Menschen ist die Lust aus der Ehre und der Macht; all ihr wesentliches Thun ist darauf gerichtet. Alle Menschen sind im hohen Grade empfindlich gegen den Schmerz aus der Unehre. Wenn sie auch über die durchschnittliche Linie der Menschheit sich nicht erheben, so wollen sie doch nicht unter diese herabsinken; es ist lediglich der Schmerz aus der Unehre, Schande, der sie davon abhält.

19) Die Ehre des Einen ist als solche noch keine Ursache des Schmerzes für den Andern; doch kann sie leicht dazu werden, sobald sie die Linie des Durchschnitts verrückt, wenn auch nur für eine bestimmte Gelegenheit, wie bei Festlichkeiten und Gesellschaften. Deshalb haben manche Moralsysteme die Bescheidenheit und die Demuth zu einer Tugend erhoben. Der Bescheidene sucht die Anerkennung seiner Ehre im Interesse des Andern abzulehnen oder zu mildern. Der Demüthige geht noch weiter und nimmt den Schein an, selbst unter dem Durchschnitt zu stehen. Der Genuss des geselligen Umganges besteht in einem seiner wichtigsten Elemente aus der Lust aus der Ehre. Der grösste Theil der ge-

selligen Formen beruht auf einer hiermit zusammenhängenden Unwahrheit; der Zweck derselben ist, dem Andern die äusserliche Anerkennung einer Ehre zu ertheilen, die ihm innerlich nicht gegeben wird; alle höflichen Redensarten sind von diesem Scheine erfüllt. Bei den Thieren sind keine Spuren der Lust aus der Ehre; beim gemeinschaftlichen Reiten zeigt sich bei einzelnen Pferden wohl ein Bestreben, das erste zu sein; dies ist indess nur Wetteifer; die Anerkennung ihres Gleichen fehlt.

20) Die Lust aus fremder Lust ist mit einem verständlicheren Namen das Mitgefühl und die Liebe, welche auch den Schmerz aus fremdem Schmerz umfassen. Die Wahrnehmung der Lust eines Andern wirkt Lust in dem Wahrnehmenden und ebenso die Wahrnehmung des Schmerzes Schmerz. Dies ist die Regel, von der aber durch besondere Umstände Ausnahmen entstehen, welche sie in das Gegentheil verkehren. Uebel, Unrecht, welche von einem Andern erlitten werden, können dahin führen, dass seine Lust dem Andern Schmerz oder umgekehrt gewährt. Hierauf beruht die Vergeltung und die Rache. Eine Verdrehung der Regel ohne solche Gründe ist der Neid, die Bosheit, die Schadenfreude; diese Gefühle beruhen auf einer Entartung der ursprünglichen Natur der Seele. Die Regel kann in ihrer Wirksamkeit gesteigert werden, wenn erhaltene Wohlthaten oder Gemeinsamkeit des Lebens hinzutreten; hierauf beruht die Dankbarkeit und die höhere Liebe aus der Verbindung der Geschlechter, der Familie, des Staats.

21) Jede Art von Lust in dem Einen ist geeignet in dem Andern das Mitgefühl zu erwecken. Je nach der Innigkeit des Verhältnisses kann das Mitgefühl stärker oder schwächer sein, als das Gefühl des Andern, welches die Ursache abgiebt. In der Liebe liegt wesentlich das Begehren nach Gegenliebe; der Grund ist, dass einseitige Liebe die Selbstständigkeit des Liebenden aufhebt, ihn der Macht und Willkühr des Andern unterwirft; dies wird ausgeglichen durch die Gegenliebe. Bei der Geschlechtsliebe treten noch Gefühle aus dem Körper hinzu, welche, wenn auch unbewusst, die Nähe des Andern bedingen und deshalb ist hier das Verlangen nach Gegenliebe am dringendsten.

22) Die Gemeinschaft der Menschen beruht überwiegend auf dieser Lust aus fremder Lust, oder auf dem Mitgefühl und auf der Liebe. Die höhere Produktivität der Arbeit, wenn Mehrere sich verbinden, würde für sich allein diese Gemeinschaft nicht herbeigeführt haben. Die meisten Gestaltungen des gemeinsamen Lebens, wie die Ehe, die Familie, die Nationalität sind von dieser Lust aus fremder Lust getragen. Diese Lust ist noch nicht das sittliche

Element der Gemeinschaft, aber viele Moralsysteme, namentlich das christliche, erheben sie dazu. Die Lust des Andern wird dabei grundsätzlich über die eigene gestellt und so die Liebe dem Egoismus entgegengesetzt. Aber die Lust des Andern ist nicht mehr werth als die eigene; sie sind beide dieselbe Lust und dadurch, dass ich die Lust mir nicht selbst bereite, sondern sie von einem Andern erhalte, kann sie keinen höhern Grad oder Werth erlangen. Da der Andere ebenso zu handeln hat, so erscheint die Liebe in diesem Sinn nur als ein lästiger Umweg; ich koche Dir die Suppe und Du kochst mir die Suppe. In der Liebe, nach ihrer wahren Auffassung liegt wesentlich die eigene Lust aus fremder Lust und deshalb bildet sie gar keinen Gegensatz zu dem Egoismus. — Als Princip eines Moral-Systems ist die Liebe dazu nicht mehr, wie jede andere Lust geeignet. Die Liebe enthält in sich so wenig, wie jede andere Lust eine brauchbare Regel des Handelns; sie ist für sich so einseitig und unvernünftig, wie jede andere. — Die Liebe in besondern Verhältnissen wird die Grundlage besonderer Tugenden; Dankbarkeit, Gastfreundschaft, Gefälligkeit, Wahrhaftigkeit, Höflichkeit, Artigkeit, Feinheit des Benehmens beruhen sämmtlich auf der Lust an fremder Lust. Bei den Thieren ist diese Lust in dem Verhältniss der Eltern zu den Jungen vorhanden, sonst nicht. Nur bei einzelnen Thiergattungen ist diese Lust allgemein und bildet dann die Ursache ihres gemeinsamen Lebens; auf dem Instinkt ruhen nur die besonderen Formen dieser Gemeinsamkeit.

23) Die bisher erörterten Ursachen der Lust und des Schmerzes waren seiende Zustände, Macht, Anerkennung, fremde Lust, oder leibliche Zustände. Die jetzt folgenden Ursachen haben keine solche Wirklichkeit. Die Lust aus dem Bilde der Lust und die Lust aus der kommenden Lust haben es mit keinem Seienden zu thun; es gehört zu dem Wesen der Lust aus dem Bilde der Lust, dass die Ursache eben nur ein Bild und keine volle Wirklichkeit sei. Der bekanntere Name hierfür ist die Schönheit. Die Schönheit ist das Bild der Lust, insofern es Lust erregt. Diese Definition giebt den Gedanken nur sehr roh. Die volle Rechtfertigung kann nur in der Philosophie der Kunst erfolgen; hier ist blos das anzuführen, was zur Erkenntniss der Eigenthümlichkeit dieser Ursache der Lust gehört. Die Schönheit darf nur Bild der Lust sein, nicht Darstellung einer wirklichen Lust; die Wirkung würde dann eine ganz andere sein. Insofern die Kunst auch der Darstellung des Schmerzes nicht entbehren kann, würden die Trauerspiele unerträglich sein, wenn die dabei vorkommenden Morde und andere Verbrechen wirkliche wären. Selbst die kör-

perliche Schönheit des lebenden Menschen ist als Schönheit nur Bild; der menschliche Körper in seiner harmonischen Bildung gilt als das Symbol der Kraft und der Lust. Für die Schönheit, als Bild der Lust ist deshalb die abstrakte Vorstellung, der höhere Begriff kein Material. Die Schönheit hat sich in dem Wahrnehmbaren und bildlich Vorstellbaren zu halten. Selbst die Dichtkunst ist daran gebunden. Als Bild der Lust kann dennoch die Schönheit diese Lust selbst nicht darstellen; die Lust, der Schmerz ist ein Geistiges; für das Bild bleiben nur die Wirkungen des Gefühls auf den Körper und das menschliche Handeln, so weit Beides sinnlich wahrnehmbar ist. Einzelne Zustände in der Natur eignen sich durch ihre Verbindung mit dem Leben ebenfalls zu Bildern des Gefühls.

24) Auf dem Unterschied der Mittel, durch welche das Bild hergestellt wird, beruht die Eintheilung der Künste, wie schon Aristoteles erkannt hat; er fehlte nur darin, dass er als Mittel für die Dichtkunst den Ton ebenso aufstellte, wie für die Musik. Allerdings sind es die Worte, durch die die Dichtkunst ihre Werke darstellt, aber nicht die Laute dieser Worte sind ihr wahres Material, sondern die bildlichen Vorstellungen, welche jene Laute bezeichnen. Die Musik benutzt den Ton, die Malerei die Gestalt und die Farben, die Bildhauerkunst die körperliche Gestalt als Material für ihre Bilder der Lust. Die Dichtkunst hat das Geistige zum Mittel für ihre Bilder; darauf beruht ihre Ueberlegenheit über die andern Künste. Das Bild des Schmerzes ist die Hässlichkeit und als solches ist sie Ursache des Schmerzes. Die Schönheit, obgleich in ihrem Wesen nur Bild der Lust, kann doch das Bild des Schmerzes dabei nicht entbehren. Die höheren Grade der Lust gehen nur aus dem Kampf gegen die Ursachen des Schmerzes hervor; das Bild jener kann deshalb die Darstellung dieses nicht umgehen. Die reine Lust ermattet sehr schnell, und ihr Grad wird durch den Contrast mit dem Schmerze für das vergleichende Urtheil gesteigert. Endlich ist die Wirklichkeit neben der Lust auch mit Schmerzen erfüllt, und wenn das Bild verständlich sein soll, kann aus dem Bilde der Lust das Bild des Schmerzes nicht völlig wegbleiben.

25) Eine der schwierigsten Fragen der Aesthetik, wie weit die Kunst die Natur verlassen dürfe und solle, findet in diesem Prinzip seine Lösung. Als Bild hat das schöne Kunstwerk zunächst der Wirklichkeit sich anzuschliessen; die Wirklichkeit bleibt seine Quelle, weil nur dadurch das, was es giebt, verständlich ist. Aber als Bild der Lust hat das Kunstwerk alles zu beseitigen, was in

der Wirklichkeit mit der Lust in keiner nothwendigen Beziehung steht; nur darf dies nicht auf Kosten der Verständlichkeit geschehen, noch in der Weise, dass ein Bild des Schmerzes, der Schwäche sich daneben einschleicht. In diesen Bestimmungen liegt das Ideale der Kunst und seine Begrenzung. Der menschliche Körper, als Bild der Kraft, könnte z. B. durch übermässige Verstärkungen der Muskeln diese Kraft in höherem Maase darstellen; als Bild der Lust wäre dies folgerecht; aber solche Fleischmasse wäre damit zugleich das Bild der Trägheit, des Ungelenkten, der Unmässigkeit, also ein Bild des Schmerzes, und deshalb hat eine solche Abweichung von der Natur nur einen sehr geringen Spielraum, dessen Innehaltung die klassische Schönheit der Antike bildet, während die Kunstwerke der Egypter, Inder und des Rococo-Geschmacks diese Grenze weit überschreiten und deshalb unschön werden. — Als blosses Bild bewahrt das Kunstwerk seine Macht über die Natur, seine Freiheit, und darin liegt die Heiterkeit der Kunst auch bei der Darstellung des tiefsten Schmerzes. Das Kunstwerk als blosses Bild der Gefühle bewahrt auch dem Zuschauer seine Freiheit, seine Heiterkeit. Die dargestellten Gefühle erzeugen in seiner Seele die ihnen entsprechenden Gefühle, und oft in hohem Grade; dennoch weiss sich der Zuschauer dabei in seiner Freiheit. Darin liegt die ideale Milderung, die durch das nur Bildliche der Darstellung bedingt ist. Hierin liegt auch das Wesen der Illusion. Der Zuschauer muss sich vergessen, er muss dem Bilde eine gewisse Wirklichkeit geben; er darf das Gemälde nicht als bloss gemalte Leinwand, und die Scene des Trauerspiels nicht als ausgelernte Reden von Comödianten nehmen, sie müssen für ihn eine Wirklichkeit werden, aber eine Wirklichkeit, die dennoch keine Wirklichkeit des Seienden ist, und über welche er deshalb die Herrschaft behält.

26) In jedem Kunstwerk ist mit dem Bilde der Lust noch ein sinnliches Element der Lust eng verbunden, dessen früher erwähnt worden ist. Es ruht auf der Lust aus den wahrnehmenden Nerven. In der Dichtkunst ist es das Versmaass, der Reim, der klangvolle Ton der Worte; in der Malerei und in der Bildhauerkunst sind es die sinnlich angenehmen Linien und Farben; in der Musik der sinnliche Reiz der Töne und ihrer Mischungen. In der Dichtkunst tritt dieses sinnliche Element am wenigsten hervor, in der Musik am stärksten; hier wird es für einen grossen Theil der Zuhörer das allein wirksame. Die neuere Musik hat dies Element besonders gesteigert. Die grosse Ausbreitung der musikalischen Kunst beruht auf diesem überwiegend sinnlichen Elemente der Musik. — Die Lust

aus der Schönheit hat nicht die gleiche Bedeutung für die Gestaltungen des Lebens, wie die früher erwähnten. Neben den reinen Kunstwerken, zeigt sich diese Lust in der Art der menschlichen Kleidung, Wohnung, Ausschmückung der Feste, in den Arten des Gehens, Reitens, Tanzens. Der schaffende Künstler geniesst in seinem fertigen und gelungenen Kunstwerk nicht blos die Lust aus der Schönheit, sondern auch die Lust aus der Macht und aus der Ehre. Bei den Thieren zeigt sich keine Spur der Lust aus der Schönheit.

27) Eine fernere Ursache der Lust ist die Vorstellung der kommenden Lust. Die Vorstellung des kommenden Schmerzes wird ebenso die Ursache eines gegenwärtigen und wirklichen Schmerzes. Hier wirkt die blosse Vorstellung, dass eine Lust oder ein Schmerz naht, schon die Wirklichkeit des entsprechenden Gefühles. In der Regel ist das dadurch bewirkte Gefühl in seinem Grade schwächer als das, dessen Vorstellung als Ursache auftritt. Diese Wirkung liegt nicht in der blossen Vorstellung der Ursachen der Gefühle für sich, sondern in dem Wissen, dass diese Ursache kommen, dass die Vorstellung sich in Wirklichkeit umwandeln wird. Je näher dieser Zeitpunkt ist, je sicherer sein Eintreten angenommen wird, desto stärker ist die Wirkung für das gegenwärtige Gefühl. Grosse Ungewissheit im Eintreten oder ein langer Zeitraum von Jahren schwächt den Grad des Gefühles so, dass die Ursächlichkeit als aufgehoben gilt. Deshalb ist der Tod für den Gesunden keine Ursache des Schmerzes. Die Art der Ursache ist dabei gleichgültig. Die Einladung zu einem guten Mittagsessen wirkt ebenso gut gegenwärtige Lust, wie die Nachricht für den Gelehrten, dass er ein seltenes Buch bald erhalten werde, oder für das Mädchen die Nachricht, dass der Geliebte auf dem Wege zu ihr sei.

28) Diese Ursache der Gefühle ist in ihren Wirkungen von ausserordentlichem Umfange; aber sie zeigen sich weniger in den Gestaltungen des gemeinsamen Lebens, als in dem Zustande des Einzelnen. Durch diese wunderbare ursächliche Verknüpfung von Zukunft und Gegenwart geniesst der Mensch sein Leben zwiefach, erst vorausnehmend und dann noch einmal, wenn die Wirklichkeit eintritt. Obgleich dieses für Schmerz wie für Lust gilt, so ist doch für den regelmässigen Zustand der Seele die Vorstellung der Zukunft für die Lust wirksamer, wie für den Schmerz. Die Zukunft wird in der Regel in dem günstigern Lichte angesehn; die in ihr liegende Ursache des Schmerzes wird gar nicht, oder nicht so lebhaft vorgestellt, wie die Ursache der Lust, und

deshalb wirkt auch die Vorstellung des Zukünftigen mehr Lust und weniger Schmerz, als der Wahrheit nach geschehen sollte. Hieraus erklärt sich die häufige Enttäuschung, wenn die Zukunft zur Wirklichkeit geworden ist. Wie schön malt man sich eine Reise aus, und wie sehr wird dann in der Wirklichkeit der Genuss durch die unvermeidlichen kleinen Unannehmlichkeiten derselben verbittert, welche man vorher unterschätzt hat. Die Klugheit, die Vorsicht besteht in der vollen Auffassung der nahenden Dinge nach beiden Richtungen. — Das sittliche Handeln hat an dieser Ursache der Gefühle eine starke Stütze. In der Regel sind die Schmerzen aus einer unsittlichen Handlung grösser als die Lust; die Schmerzen liegen nur in entfernterer Zeit. Kann nun die Vorstellung dieser Schmerzen lebendiger gemacht werden, so wirkt sie schon für die Gegenwart Schmerz und treibt von der Handlung zurück. Dieses ist der Sinn der moralischen Erzählungen und eine Hauptaufgabe der Erziehung. — Die Lust aus der kommenden Lust ist nicht mit dem Begehren naeh der Ursache der Lust zu vermischen. Das Begehren nach dieser Ursache, z. B. nach einem Lotteriegewinn kann vorhanden sein ohne diese Lust, weil die Wahrscheinlichkeit des Eintritts der Ursache zu schwach ist. Das Begehren führt zu dem Handeln und dadurch zur Verwirklichung der Ursache, während die Lust aus kommender Lust das Handeln nicht erweckt.

29) Die Seele verweilt wegen dieser Wirkung gern bei den Vorstellungen kommender Lust und liebt es, die dazu gehörenden Zustände sich ausführlich auszumalen. In allen Plänen für die eigene bessere Zukunft ist diese Lust enthalten, so bald sie einige Wahrscheinlichkeit der Erfüllung in sich tragen. Diese schon wirkliche Lust aus der erst kommenden kann leicht hemmend für das Handeln werden. Indem man schon aus den blossen Vorstellungen die Lust sich verschafft, bedarf man nicht deren Verwirklichung. In dem Luftschlösser-Bauen ist diese Lust enthalten; selbst die Wahrscheinlichkeit wird dabei oft übersprungen. Die Bedingung des Kommens wird dabei durch die Illusion ersetzt, welche der bildlich entwickelten Vorstellung den Schein der Wirklichkeit verleiht.

30) Die bedeutende Stelle, welche diese Ursache der Gefühle im Leben einnimmt, erhellt aus der hohen Bedeutung der Hoffnung, des Trostes, der Zuversicht und ihrer Gegensätze, der Angst, Sorge, Unruhe, Bangigkeit, Furcht. Der grösste Theil des Lebens ist mit diesen Gefühlen erfüllt, welche sämmtlich zu den Gefühlen aus der Vorstellung von kommender Lust oder Schmerz gehören. In einzelnen Naturen überwiegt die trübe Auffassung der Zukunft; es

werden dann die in dieser enthaltenen Ursachen des Schmerzes lebendiger vorgestellt als die der Lust, oder die Wahrscheinlichkeit jener gegen diese überschätzt. Solche Richtung entwickelt sich aus starken Täuschungen, welche man bei seinen Plänen bereits erlebt hat. Hierher gehört auch der Trübsinn, die Verzagtheit, die Melancholie. Der regelmässige Zustand der Seele ist in solchen Fällen, so weit sie nicht aus krankhaften Zuständen des Körpers hervorgehen, in ähnlicher Weise wie bei der Umwandlung der Liebe in Hass durch erlittene Kränkungen und Unglücksfälle in sein Gegentheil umgewandelt. — Die Unruhe ist der andauernde Wechsel von Lust und Schmerz, veranlasst durch den Wechsel in den Vorstellungen kommender Lust und kommenden Schmerzes, welcher aus der Ungewissheit über ein kommendes Ereigniss entsteht. Die Unruhe ist daher noch nicht reiner Schmerz. Sie wird es nur aus einem später zu entwickelnden Grunde. Dem Leichtsinnigen macht die Ungewissheit keinen Schmerz, weil er sich überwiegend darin an die Vorstellung der kommenden Lust hält.

31) Die Erinnerung an vergangene Ereignisse und Zustände, welche mit Lust oder Schmerz verbunden waren, gilt vielfach als eine gleiche Ursache der Lust und des Schmerzes, wie die Vorstellung des Kommenden. Aber mit Unrecht. An sich haben solche Erinnerungen vergangener Zeiten keine Wirkung auf die Gefühle der Gegenwart. Wenn es dennoch geschieht, so fällt die Ursache unter die früher dargestellten. Der Unterschied gegen die Wirkung des Kommenden erhellt schon daraus, dass die Erinnerung vergangener glücklicher Zeiten ebenso oft Schmerz, wie Lust bereitet. Die Erinnerung an den gestorbenen Geliebten ist bald schmerzlich, bald Genuss, je nachdem die Gegenwart dabei festgehalten oder vergessen wird. Im letzten Falle wirkt jede Erinnerung als Illusion, durch eine Täuschung über die Wirklichkeit des Vorgestellten. Im ersten Falle wird nur das Urtheil über die gegenwärtigen Gefühle durch den Contrast geändert. In andern Fällen, wo eine vergangene Lust oder Schmerz aus dem Körper lebhaft vorgestellt wird, tritt eine Wirkung auf die Nerven ein und damit ein Gefühl aus gegenwärtigen Zuständen des Körpers. Wo zu der Erinnerung ein Erzählen oder ein Mittheilen an Andere hinzutritt, liegt oft nur in diesem Mittheilen die Ursache der Lust, weil das Mitgefühl des Hörers erweckt wird, und weil das Erzählen selbst oft die Lust aus der Macht und der Ehre gewährt. — Die Furcht vor dem Tode wird von den alten Philosophen damit widerlegt, dass der Tod das Nichts sei. Aber für den Glücklichen ist das Leben die Bedingung der Lust und die Vorstellung des Aufhörens dieser Bedingung

wirkt deshalb schon hemmend für die gegenwärtige Lust, so wie umgekehrt der Trost aus der Vorstellung vom Ende der Ursache des Schmerzes hemmend auf den gegenwärtigen Schmerz wirkt, oder zu dem Selbstmorde treibt.

32) Diese Ursache der Gefühle hat neben ihrer unmittelbaren Wirkung die wichtige Bedeutung, die plötzlichen Uebergänge in den Gefühlen zu mildern; ähnlich der Dämmerung zu dem Tageslicht. Die Gefahren für die Gesundheit aus dem plötzlichen Eintritt einer hohen Lust oder eines hohen Schmerzes sind bekannt. Feine Naturen scheuen deshalb jede Ueberraschung, selbst die für die Lust.

33) Die letzte Ursache der Lust ist das Dasein überhaupt, oder das Leben. Diese Wirkung des Daseins tritt am deutlichsten hervor, wenn das Leben bedroht ist, und daher diese Ursache der Lust in Gefahr kommt. Es steht dieser Lust kein Schmerz aus dem Gegentheil gegenüber, weil der Tod in seinen Wirkungen auf das Gefühl nicht gekannt ist und weil nach der gewöhnlichen Vorstellung und abgesehen von Religionssätzen der Tod nur als die Verneinung des Lebens oder als das Nichts gilt. Als solches Nichts kann der Tod nicht Ursache des Schmerzes sein und hierauf beruhen die bekannten Gründe der alten Philosophen gegen die Furcht vor dem Tode. Aber der Begriff der Todesfurcht ist bei diesen Ausführungen verfälscht.

34) Die Furcht vor dem Tode ist zum Theil ein Begehren oder deutlicher, ein Verabscheuen, was, wie der Hunger und die Müdigkeit, unmittelbar aus dem Körper entspringt und durch kein besonderes Vorstellen vermittelt ist. Die Todesfurcht ist insoweit instinktartig, d. h. das Verabscheuen des Todes geht für die Seele ohne Vermittlung von Vorstellungen unmittelbar aus dem Körper hervor; wie es ja auch mit der Lust aus dem Körper der Fall ist. Gegen dieses Verabscheuen des Todes kann keine Deduktion helfen, so wenig wie gegen den Hunger oder die Müdigkeit. Die Philosophie predigt insoweit tauben Ohren. Das andere Element in der Todesfurcht ist schon erwähnt; es ist das Wissen, dass mit dem Leben nicht allein die Lust aus dem Dasein, sondern aus jeder Ursache erlischt. Insofern nun die Seele nicht blos den Schmerz von sich abhält, sondern auch nach Lust verlangt, ist es natürlich, dass dieses Aufhören jeder Lust mit dem Tode vergleichsweise als Schmerz genommen wird. Dieser Theil der Todesfurcht fällt in die vorher behandelte Vorstellung der Zukunft als Ursache der Lust und des Schmerzes. Gegen diesen Theil der Todesfurcht lassen sich wohl Gründe für das Denken aufstellen, allein sie haben

keine Wirksamkeit auf das Gefühl. Die Philosophen vergessen, dass Gefühle sich nicht durch Gründe, sondern nur durch entgegenstehende Gefühle bekämpfen lassen. In richtigerer Erkenntniss der menschlichen Natur lassen deshalb die Religionen diese aus dem Nichts des Todes hergenommenen Gründe fallen und bieten dafür in den Vorstellungen eines Lebens im Olymp, im Paradiese, im Himmel zur Rechten Gottes u. s. w., also überhaupt in der Vorstellung einer nach dem Tode kommenden Lust schon dem Lebenden eine Lust, welche die Todesfurcht wahrhaft zu überwinden im Stande ist.

35) Die Lust aus dem Leben wird nur deshalb nicht so mächtig empfunden, weil deren Ursache ohne Aufhören vorhanden ist und wirkt. Diese Lust stumpft sich damit ab. Sie wird damit zur „süssen Gewohnheit des Daseins“ und tritt nur da wieder stärker auf, wo die Ursache derselben in Gefahr stand; nach Krankheiten, nach überstandenen Lebensgefahren, für den zum Tode Verurtheilten nach der Begnadigung. Insoweit Gesundheit und Jugend als selbständige Ursachen der Lust geltend gemacht werden, kann dies nur dadurch geschehen, dass sie das Leben und die Sicherheit seines Besitzes in höherem Grade enthalten. — Wegen der für gewöhnliche Verhältnisse nicht stark hervortretenden Wirkung dieser Ursache der Lust kommt es, dass diese Lust vielfach gering geachtet wird. Man scheut sich deshalb am wenigsten von seinem Tode zu sprechen, wenn man seines Lebens am sichersten ist; aber schon die Fabel lehrt, dass die Wünsche nach dem Tod sich schnell in das Gegentheil verkehren, wenn der Sensenmann erscheint.

36) Vermöge dieser Ursache der Lust bleibt dem Menschen eine solche auch noch in Mitten der grössten Schmerzen und Qualen aus andern Ursachen. Selbst der von Schmerzen gepeinigte Kranke, der von Sorge und Kummer erdrückte Arme hält doch am Leben fest, denn das Dasein allein ist ihm eine Quelle der Lust. Diese Lust ist indess nicht so übermässig, dass sie nicht von entgegengesetzten Schmerzen erdrückt werden könnte; deshalb der Selbstmord, der bei den Thieren nur deshalb fehlt, weil ihnen der Begriff des Todes als Mittel gegen den Schmerz abgeht. Auch der Mensch begeht hierbei oft eine falsche Schätzung, wie die Versuche sich zu retten bei denen zeigen, welche den Tod im Wasser suchten.

37) Zu dieser Ursache der Gefühle sind auch die besondern Zustände innerhalb des Lebens zu rechnen, welche in sich selbst eine gewisse Dauer fordern und deren unnatürliche Verkürzung deshalb als Ursache des Schmerzes auftritt. So verlangen die Gefühle und

die Begehren im Gegensatze zu den schnell wechselnden Vorstellungen eine längere Dauer und jede unnatürliche Abkürzung oder jeder zu schnelle Wechsel wirkt schmerzlich. Deshalb wirken die sogenannten Potpourri's in der Musik, bei welchen aus einer Melodie in die andere, von dem Lustigen zu dem Traurigen schnell und plötzlich übergesprungen wird, peinlich. Ebenso die Melodramen auf dem Theater. Nur da, wo die Empfänglichkeit für das Gefühl durch zu viel Genuss abgestumpft ist, tritt diese Wirkung nicht ein, weil die erweckten Gefühle überhaupt nur schwach bleiben. Selbst der Schmerz will seine Dauer haben und die zudringlichen Versuche des Predigers oder Anderer, ihn abzukürzen, werden peinlich empfunden und zu einer neuen Quelle des Schmerzes. Bei dem Begehren gilt dasselbe. Wenn die Unruhe, die Ungewissheit, als eine besondere Ursache des Schmerzes behauptet wird, so kann dies nur dadurch sein, dass darin der Wechsel des Begehrens und Verabscheuens von Verschiedenem so schnell erfolgt, dass die natürliche Dauer dieser einzelnen Begehren damit gestört ist.

38) Mit diesen acht Ursachen sind alle Ursachen der Gefühle erschöpft. Es giebt keine, die nicht unter eine dieser fiele. Bei einiger Uebung können die verwickelten Verhältnisse des Lebens, so weit sie auf die Gefühle wirken, leicht in diese Ursachen aufgelöst werden. In den meisten Fällen sind mehrere Ursachen zugleich wirksam. In dem Besitz von Geld liegt die Lust aus der Macht und aus der kommenden Lust. In dem Genuss der politischen Freiheit liegt zunächst die Verneinung des Schmerzes der Abhängigkeit und dann die Lust aus der Macht, durch die Ausübung der politischen Rechte; in einzelnen Fällen fügt sich noch die Lust aus der Ehre und andere an. Die Befriedigung der Eitelkeit enthält die Lust aus der Schönheit, der Ehre und der Macht. Die Lust an dem Geheimnissvollen, Wunderbaren, welche bei den Künsten des Taschenspielers, in dem Glauben an Wunderkuren, in den Mysterien der Religionen hervortritt, hat ihre Quelle in der Lust aus dem Wissen, in der Lust aus der vermeintlichen Macht über die Natur, in der Bequemlichkeit, die Mühe der Forschung sich zu ersparen u. dgl. mehr. — Auch die reine Erfüllung der Pflichten, das sittliche Handeln, abgesehen von seinen Folgen, kann sich mit dem Gefühl der Lust verbinden. Diese Lust wird vielfach als eine höhere, edlere Art von Lust geltend gemacht. Auf dieser Lust beruht der bekannte Satz, dass der sittlich Handelnde in diesem Handeln zugleich die höchste Lust geniesse und deshalb keiner weitern Lust bedürfe. Man glaubt mit diesem Satz

das Höchste der Moralität erreicht zu haben. Aber die Religionsstifter, welche die menschliche Natur kannten, waren anderer Meinung. Alle Religionen verheissen deshalb eine besondere Lust für die Pflichterfüllung in der andern Welt. Selbst Kant hielt eine solche besondere Lust als Lohn des sittlichen Handelns noch für unentbehrlich. Diese Frage wird später zur Erörterung kommen; hier ist nur zu bemerken, dass diese Lust aus der reinen Pflichterfüllung sich ebenfalls auflösen und auf die im Vorgehenden erörterten Ursachen der Lust zurückführen lässt. Das wahre sittliche Element liegt dagegen nicht in der Lust, sondern in dem Zustande der Achtung.

39) Keine Lust und kein Schmerz tritt ohne Ursache in die Seele. Diese ursachliche Verbindung unterliegt festen Gesetzen, nicht bloss bei den Gefühlen aus dem Körper, sondern auch bei denen aus den andern Ursachen. Diese Ursachen sind in ihrer Wirkung bedingt von der Empfänglichkeit des Körpers, beziehungsweise der Seele. Dieser Unterschied in der Empfänglichkeit liegt theils in ursprünglichen Unterschieden der Einzelnen, theils in besonderen Vorgängen. Eine allgemeine Regel für alle Ursachen der Lust und des Schmerzes ist ihre abnehmende Wirksamkeit bei deren ununterbrochener Fortdauer; daher die Abstumpfung oder die Nothwendigkeit des Wechsels. Dieser Wechsel gilt zunächst für die Ursachen der Gefühle, dann auch für den Wechsel zwischen Lust und Schmerz. Hierauf beruhen viele Einrichtungen des täglichen Lebens. Mit grossem Scharfsinn ist sowohl für die Stunden der Arbeit, wie für die der Erholung vieles eingerichtet, um die Abstumpfung für die Lust zu beseitigen und um die Abstumpfung für den Schmerz zu erhalten. Man wechselt die Moden, die Gerichte, den Umgang, den Aufenthalt; aber man wechselt nicht in der Arbeit, so weit sie als Last, als Ursache des Schmerzes gilt. Durch die Abstumpfung, die Gewohnheit, vermindert sich für alle Arten der Arbeit der darin liegende Schmerz. Deshalb wenden Tyrannen zur Fortdauer der Qual, der Tortur, einen Wechsel in der Ursache an und lassen selbst Pausen im Schmerz eintreten.

40) Eine besondere Art des Wechsels ist der Contrast, dessen Wesen ist, dass er die Empfänglichkeit über das gewöhnliche Maass steigert. Deshalb werden kleine Schmerzen zwischen die Lust eingeschoben, und auch hierfür ist das tägliche Leben mit den sinnreichsten Einrichtungen durchzogen. Der Reiz der Strapazen, die Gewalt koketter Frauen beruht hierauf. Bei der weit mildern Wirkung des Bildes der Lust oder des Kunstwerkes auf das Gefühl ist es hauptsächlich die Kunst, welche von dem Contrast den aus-

gedehntesten Gebrauch macht. Wo die Wirkung nur durch den Contrast und nicht durch den Inhalt erreicht werden soll, entsteht die Effekthascherei. Die Phalansteren, welche Fourrier an Stelle der vorhandenen Erwerbs- und Genussverhältnisse der bürgerlichen Gesellschaft einführen wollte, beruhen wesentlich auf diesem Prinzip des Wechsels, was Fourrier genau erkannt, aber auch überschätzt hatte. Ueberdem fehlt diesen Phalansteren der Contrast des Schmerzes und darin liegt ihr Abstossendes, abgesehen von andern Unausführbarkeiten. In dem Begriff der Arbeit darf das Element des Schmerzes nicht ganz ausgetilgt werden, wenn sie ihren Werth für den Menschen behalten soll, ganz abgesehen von ihrer Nothwendigkeit. Das Räthselhafte dieser Verbindung kann nur aus dem Wesen des Contrastes und durch die Lust aus der Macht verstanden werden.

41) Die Dauer der einzelnen Gefühle ist nicht zu verwechseln mit ihrer Wiederkehr, wenn ihre Ursache wiederkehrt. Dies letztere ist die Regel, welche nur dann geschwächt wird, wenn die Ursache zu schnell wiederkehrt, ehe die Empfänglichkeit sich ganz wieder hat herstellen können. Ganz verschieden davon ist die Dauer der einzelnen Gefühle an sich. Sie währen im Allgemeinen länger, als die Vorstellungen; während diese schon nach Sekunden wechseln und jede längere Dauer peinlich wird, widerspricht dieser schnelle Wechsel der Natur der Gefühle; je höher ihr Grad ist, desto länger ist ihre Dauer. Selbst Gefühle geringen Grades bestehen Stunden lang und tiefere Gefühle ganze Tage hindurch. Das Gefühl bedarf zu seiner Fortdauer nicht der Fortdauer seiner Ursache; es genügt, dass es einmal erweckt ist, um sich dann selbstständig in der Seele zu erhalten. Selbst für die Gefühle aus dem Körper gilt diese Regel. Jedes Gefühl sinkt aber in seinem Grade mit dem Wegfall der Ursache. Die vorschnelle Unterdrückung eines Gefühls verletzt die Natur der Seele. Hierauf beruht das Widerwärtige der Contraste, wenn sie diese naturgemässe Dauer der Gefühle stören. Nur bei abgestumpfter Empfänglichkeit, wo die Gefühle selbst bei starken Ursachen nur im schwachen Grade entstehen, werden sie ertragen, ja gefordert.

42) Die Gefühle sind von dem Willen nicht unmittelbar abhängig; der Wille kann für sich allein kein Gefühl erwecken, noch aufheben; er kann es nur mittelbar durch die oben dargestellten Ursachen der Gefühle; aber auch diese sind nicht überall dem Willen unterthan.

43) Die Gefühle sind von der Selbstwahrnehmung oder dem Bewusstsein ihrer nicht abhängig. Dies Gesetz hat grosse Schwie-

rigkeit für das Verständniss und noch mehr für seinen Beweis. Im gewöhnlichen Vorstellen gelten Schmerzen, deren man sich nicht bewusst ist, für keine, für nicht seiend; bei den Gefühlen, die durch Wahrnehmungen und Vorstellungen erweckt werden, scheint ebenso dies Wissen um das Gefühl unentbehrlich. Allein die Gefühle gehören zu den seienden Zuständen der Seele und sind keine Vorstellungen, kein blosses Wissen; deshalb kann auch ihr Sein nicht von dem Wahrnehmen desselben abhängig sein. Nur die Erinnerung an Gefühle kann nicht eintreten, wenn ihre Wahrnehmung nicht stattgehabt; deshalb der Schein, dass sie überhaupt kein Sein gehabt, und deshalb die Schwierigkeit, das Sein solcher Gefühle aufzuzeigen Nur aus andern Wirkungen der Gefühle kann ihr Sein in solchen Fällen abgenommen werden. Man leidet an Kopfschmerz während einer geistigen Arbeit. Im Eifer wird zeitweise dieser Schmerz nicht wahrgenommen, oder, wie man gewöhnlich sagt, nicht gefühlt; aber der Schmerz ist dennoch auch in dieser Zeit vorhanden gewesen, denn die Ursache desselben hat nicht aufgehört und die Arbeit ist auch in solchen Zwischenzeiten nur mühsam vorwärts gekommen, weil der Schmerz das Denken gelähmt hat. Am deutlichsten zeigen sich diese Zustände in den sogenannten Stimmungen des Gemüths, wozu auch die Launen gehören. Es sind dies Gefühle, die noch fortdauern, während ihre Ursache nicht mehr besteht, ja nicht bekannt oder vergessen ist, und welche ihre Wirkungen auch dann noch geltend machen, wenn die Seele dieser Gefühle sich nicht mehr bewusst ist. Das Dasein dieser Gefühle wird dann nur an ihren Wirkungen auf die Zustände der Seele, auf die Bewegung ihres Wissens oder auf die Empfänglichkeit für andere Gefühle erkannt.

44) Die Wirkungen der Gefühle sind bedeutend für Körper und Seele. Im Körper wirken sie Zittern, Lachen, Erblassen u. s. w. Geistig wirkt die Lust und der Schmerz bald lähmend, bald stärkend auf die Bewegungen des Vorstellens; in allen Fällen steigt der Grad einer Vorstellung, so wie sich Lust oder Schmerz mit ihr verbindet. Der Schmerz erweckt das Begehren nach Entfernung seiner Ursache.

45) Bei den Gefühlen aus dem Körper ist bereits gezeigt worden, dass die Lust aus dem Körper, mag die Ursache auch verschieden sein, dennoch in der Hauptsache immer dieselbe ist, und eben so der Schmerz. Herbart behauptet das Gegentheil. Er sagt (Lehrbuch zur Psychologie. 99): „Brennen, Schneiden, elektrische „Schläge, böse Zähne erregt seinen eigenen Schmerz, der sich von „den andern unterscheiden lässt, obgleich ein bloss Vorgestelltes,

„das nicht angenehm, noch unangenehm wäre, sich nicht heraus„sondern lässt, vielmehr die Vorstellung und ihr Widriges „nur Eins sind.“ In diesem Schlusssatz liegt seine Widerlegung. Die Wahrnehmung und der Schmerz lässt sich bei dergleichen Zustände allerdings trennen und nur ihre Gleichzeitigkeit macht, dass die Unterschiede der Wahrnehmung mit Unterschieden des Schmerzes vermengt werden. Bei hohem Schmerz, wo die Wahrnehmung der Ursache immer schwächer wird, tritt deshalb die Gleichheit des Schmerzes aus den verschiedensten Ursachen deutlich hervor. Innerhalb der einzelnen Classen der vorgenannten Ursachen der Gefühle wird man eher bereit sein, diese Gleichheit der Gefühle aus einer Art der Ursachen anzuerkennen. Aber es widerspricht dem gewöhnlichen Vorstellen, die Lust aus dem Trinken des Champagners, die Lust aus einem erhaltenen Orden, mit der Lust aus dem Hören einer Symphonie Beethoven's, mit der Lust aus der Liebe zum Vaterlande völlig gleich zu stellen, so dass der Unterschied nur in die Ursachen, nicht in das Gefühl selbst fiele. Dennoch muss diese Gleichheit bis auf einen geringen Unterschied als das Wahre gelten.

46) Schon die Gleichheit der Bezeichnung für die Lust aus sehr verschiedenen Ursachen deutet darauf hin. Diese Gleichheit tritt auch für die Beobachtung deutlich hervor, wenn nur die Unterschiede abgesondert werden, welche nicht zu den Gefühlen gehören, sondern nur an den begleitenden Umständen haften. Im gewöhnlichen Vorstellen ist das Gefühl mit seiner Ursache, mit dem dazu gehörenden Begehren, endlich mit ethischen Bestimmungen zu Einem so eng verbunden, dass die Aussonderung des reinen Gefühls selten vollzogen wird und Unterschiede in jenen zu Unterschieden des Gefühls selbst erhoben werden. Bei Ursachen, die sich sehr ähnlich sind, wird auch das gewöhnliche Vorstellen die Gleichheit der Gefühle nicht leugnen; die Lust aus einem Flötenton ist dieselbe, mag der Ton c oder e sein. Giebt man hier die Gleichheit zu, so ist kein Grund vorhanden, diese Gleichheit nicht auch weiter anzuerkennen, da die Ursachen in ihren Unterschieden stetig aneinander stossen. Wollte man aus dem Unterschiede der Ursache einen Unterschied in dem Gefühle ableiten, so müsste das folgerichtig bis zu dem kleinsten Unterschied gelten und die Seele würde dann der Träger von Millionen verschiedener Gefühle. Das Gefühl als Zustand bleibt vielmehr von seiner Ursache in allen Fällen durch eine unausfüllbare Kluft unterschieden; es kann daher nicht auffallen, wenn der Unterschied in den Ursachen sich nicht gleicherweise in seinen Wirkungen, in den Gefühlen fortsetzt. Endlich werden sehr oft Gefühle aus sehr verschiedenen

Ursachen gegen einander abgeschätzt. Man erwägt, ob man lieber in das Theater gehe oder eine Flasche Wein trinke etc., wenn man zu beiden nicht das Geld hat. In allen Plänen für die Zukunft liegen solche Vergleichungen der Lust aus sehr verschiedenen Ursachen. Dieses Abmessen wäre unmöglich, wenn diese Gefühle, trotz ihrer so verschiedenen Ursachen, nicht an sich nur dem Grade nach verschieden wären, aber nicht der Art nach.

47) Es giebt deshalb in der Hauptsache nur eine Lust und einen Schmerz in der Seele; die Unterschiede bei jedem von ihnen liegen wesentlich nur in dem Grade, und nur zu einem sehr geringen Theile in der Beschaffenheit der Lust und des Schmerzes selbst. Mit diesem Satz verschwindet aus der Seele die scheinbar unendliche Mannigfaltigkeit ihrer Zustände. So wie das Wissen, abgesehen von seinen Ursachen oder Gegenständen, sich nur in wenige Arten theilt, wie später gezeigt werden wird, so auch das Gefühl. Der Zustand der Seele im Wissen und Fühlen ist somit sehr einfach; aller Unterschied kommt nur durch den Grad und die Mischung in die an sich wenig zahlreichen Arten des Wissens und Fühlens. Die Mannigfaltigkeit des Lebens liegt wesentlich nur in den äussern Ursachen, nicht in der Seele.

48) Eine Mischung der Lust mit Lust, des Schmerzes mit Schmerz, kann bei dieser wesentlichen Gleichheit nicht wohl eintreten; tritt zu einer vorhandenen Lust eine neue Lust aus anderer Ursache, so entsteht weniger eine Mischung, als eine Steigerung der Lust. Dagegen kann zwischen Lust und Schmerz eine Mischung Statt finden, und zeigt sich in vielen Fällen. Es tritt dann kein blosses Abziehen des schwächeren von dem stärkeren ein, es bleibt kein blosser Rest des stärkeren, sondern Lust und Schmerz erhalten sich, wie weiss und roth in Rosa und wie die Terz und die Quinte in dem Dreiklang. Auch die Sprache hat dies anerkannt in den Worten: bittere Lust und süsser Schmerz.

49) Die Frage: Was ist die Lust, was ist der Schmerz? ist bis hierher verschoben worden, da erst aus der Kenntniss des Besondern die Kenntniss des Allgemeinen sich bildet. Aber auch hier ist die Antwort in der Weise einer Definition unmöglich. Sie kann in dieser Weise nicht gegeben werden, weil Lust und Schmerz einfache Bestimmungen sind. Der Fragende kann nur auf die Selbstwahrnehmung der eigenen Gefühle verwiesen werden; in dieser allein ist die Erkenntniss, die Antwort zu finden. Alle Definitionen der Gefühle, die man von jeher geboten hat, sind entweder Tautologieen oder Unterschiebungen eines Andern, in der Beziehungsform einer Ursache oder einer Wirkung.

50) Nach Kant's Anthropologie ist Vergnügen die Beförderung des Lebens, Schmerz Hinderniss des Lebens. Hier wird offenbar nur eine Wirkung der Gefühle geboten, statt zu sagen, was sie selbst sind. Die Lust hat oft die Wirkung, das Leben zu befördern, aber sie ist nicht selbst diese Beförderung. Dasselbe geschieht, wenn man die Lust als das Ziel des Begehrens definirt, wie in vielen Lehrbüchern zu finden ist. Herbart und Hegel machen die Gefühle zu einer Art des Vorstellens. Hier wird die Ursache der Gefühle für sie selbst ausgegeben. Hegel hat sich nicht die Mühe genommen, dies weiter zu entwickeln, während Herbart dies in grosser Ausführlichkeit thut. Aber seine Darstellung erreicht nicht den Zweck; auch nach Durchlesung seines grossen Werkes wird man die Lust und den Schmerz selbst fühlen und wahrnehmen müssen, um zu wissen, was sie sind. Lotze in seiner Physiologie der Seele (S. 236) sagt, „dass im Gefühle die Seele das Maass der „Uebereinstimmung oder des Streites zwischen den Wirkungen der „Reize und den Bedingungen des Lebens wahrnehme oder sich „seiner bewusst werde.“ Hier ist ein zwiefacher Fehler. Das Gefühl ist niemals ein Wahrnehmen oder Wissen, vielmehr der stärkste Gegensatz von Wissen; es ist ein Sein und kein Wissen. Sodann ist auch hier die Ursache des Gefühls für das Gefühl selbst gesetzt. Die Uebereinstimmung mag die Lust bewirken, aber sie ist nicht die Lust.

51) In den Gefühlen der Lust und des Schmerzes ist der Kern des Seins und des Lebens des Menschen enthalten. Sie sind die beiden Pole, nach denen sich alle Bewegungen, alles Denken und Wollen desselben richten. Der Schmerz wird geflohen, die Lust gesucht. Alles Handeln, alle Gestaltungen des Lebens und der Gemeinschaft der Menschen haben dieses Ziel. Sie allein sind überall und immer Zweck; alles Andere ist nur Mittel für den Menschen. In der Lust ist das höchste erreicht, was der Mensch erreichen kann. Die Lust ist in sich beruhend, vollendet, frei von jeder Verneinung. Der Einwand, dass sie vergänglich sei, dass sie stets mit Schmerz gemischt sei, kann die Bedeutung der Lust nicht erschüttern; sondern treibt nur zur Bewegung, zu dem Wechsel in den Ursachen.

52) Die Nothwendigkeit, die Ursachen der Lust und des Handelns zu regeln, die Nothwendigkeit, eine geringere gegenwärtige Lust wegen eines grösseren, wenn auch entferntern Schmerzes zu bekämpfen, hat in Verbindung mit religiösen Auffassungen dahin geführt, auch die Lust überhaupt als das Falsche zu bekämpfen. Aber die Gesetze der menschlichen Natur lassen diese Lehren nicht

zur Wirklichkeit werden. Auch die grausamste Ascese hat noch eine Lust, die aus den Martern des Leibes ihr entsteht, und die Religionen, welche die Lust dieser Erde bekämpfen, verlegen nur den Ort der Lust, aber heben diese selbst nicht auf. Die Sittlichkeit und das Recht erhalten ihre Bestimmtheit im Einzelnen oder ihren Inhalt nur aus der Lust und deren mannigfachen Ursachen; das ethische Element, was aus der Achtung hinzutritt, vollendet allerdings erst den Begriff der Pflicht und des Rechts, aber dieses Element hat in sich keinen Inhalt und schmiegt sich je nach den Umständen, dem entgegengesetzten Inhalte an.

## Das Begehren.

1) So wenig das Gefühl definirt werden kann, ebenso wenig kann es das Begehren. Es gehört zu den einfachen elementaren Zuständen der Seele, die nur durch eigene Wahrnehmung erkannt werden können. Alle davon gegebenen Definitionen sind nur Wiederholungen derselben Vorstellung in andern Worten oder bieten ein Anderes, was im besten Falle nur in ursachlicher Beziehung zu dem Begehren stehet. Dagegen kann der Begriff des Begehrens durch Beispiele erläutert und durch Unterscheidung von Verwandtem geschärft werden.

2) Das Begehren ist keine Kraft. Bis hierher kennen wir nur die Kraft aus dem thätigen Fühlen; dieser Kraft wird Niemand das Begehren gleich stellen. Hat man aber Seelenkräfte dabei im Sinne, so kann der Begriff derselben allerdings willkürlich gebildet und auf das Begehren ausgedehnt werden; aber nach dem Muster der sinnlichen Kraft ist dieser Begriff in jedem Falle auf die Bewegungen oder Veränderungen im Vorstellen zu beschränken, welche bestimmte Ziele vermitteln und dem Begehren sich dienstbar zeigen. Hier finden sich die, der sinnlichen Kraft ähnlichen, Erscheinungen der Ermüdung, der Anstrengung, des leichtern oder schwerern Erreichens eines Zieles, je nach der Besonderheit und der Ausbildung des einzelnen Menschen.

3) Das Begehren ist aber selbst bei solcher Annahme einer geistigen Kraft dennoch nicht diese selbst, sondern nur die Ursache, welche diese Kraft erweckt oder in Wirksamkeit setzt, so wie es auch die Ursache für den Eintritt der Muskelkraft ist. Das Begehren selbst ist noch keine Kraft, es steht in der Mitte zwischen der Vorstellung des Zieles und der Kraft. Das Begehren ist oft vorhanden und erreicht doch nichts, weil die Kraft fehlt. Das Begehren hat ein Ziel, einen vorgestellten Zweck; die Kraft wirkt blind. Das

Begehren ist die ewige Unruhe, das stete Wallen und Wogen, während die Kraft gleichmässig, einmal wie allemal sich vollzieht. Die Kraft ist nur die Dienerin, das Werkzeug des Begehrens, wodurch sein Ziel aus dem Vorstellen in das Sein übergeführt wird. In der Philosophie Schopenhauer's wird der Wille mit der Kraft als dasselbe gesetzt; indess unterscheidet Schopenhauer ausdrücklich einen Willen mit Bewusstsein und ohne solches und lässt damit ihren Unterschied wieder zu. Der Wille ist ihm das Kantische Ding an sich. In Folge dieser Dieselbigkeit von Willen und Kraft lässt Schopenhauer da keinen Willen zu, wo er nicht sofort in körperlichen Handlungen sich äussert. Man sieht, dass Schopenhauer in Folge seiner Auffassung die Bedeutung des Wortes: Willen bald erweitern, bald verengern muss, in Vergleich mit dem, was die unbefangene Selbstwahrnehmung als Begehren und Wollen erkennen lässt, auf welchen Inhalt es hier zunächst allein abgesehen ist.

4) Das Begehren ist auch kein Vorstellen. Dieselbe Vorstellung kann bald mit, bald ohne Begehren in der Seele sein. Der Gesättigte hat die Vorstellung der Speise so bestimmt und so stark wie der Hungrige, aber ohne Begehren. Das Begehren ist auch kein Gefühl. Die vorgestellte Ursache des Gefühls erweckt nur das Begehren. Dem Gefühl der Lust geht es voraus und erlischt mit deren Eintritt. Dem Schmerz folgt das Begehren und erlischt mit dessen Aufhebung. Nach Erdmann, einem Schüler Hegel's (Grundriss der Psychologie) ist das Wollen „die Fähigkeit, das Denken „selbstthätig in eine Objektivität zu verwandeln.“ Aber man kann die Fähigkeit haben und doch nicht das Wollen, und umgekehrt. Liegt das Gewicht bei dieser Definition auf dem: „selbstthätig,“ so hat man nur ein anderes Wort für Wille und noch dazu ein falsches. Nach Kant's Anthropologie ist „Begehren die Selbstbe-„stimmung der Kraft eines Subjektes durch die Vorstellung von etwas „Künftigem als einer Wirkung desselben.“ Hier ist die Vermischung des Begehrens mit der Kraft vermieden, aber es ist auch nichts geschehen, als das Wort: Begehren in Selbstbestimmung übersetzt. Nach Kant's Einleitung in die Metaphysik der Sitten (V. 9.) ist das Begehrungsvermögen „das Vermögen durch seine Vor-„stellung Ursache der Gegenstände dieser Vorstellung zu sein.“ Dieses ist nicht zu bezweifeln; das Begehren ist die Ursache zum Handeln, aber damit ist die Natur dieser Ursache nicht gegeben. Statt das Begehren hier zu definiren, sagt Kant blos die Beziehung von ihm aus, dass es die Ursache des Handelns sei; dies ist ebenso, als wenn man den Blitz als die Ursache des Donners, oder den Menschen als die Ursache seines Schattens definiren wollte.

5) Das Begehren geht auf ein Ziel, ein Anderes als es selbst ist. Das Gefühl ist dagegen in sich abgeschlossen, ist das Sein der Seele ohne Beziehung. Bei dem Begehren ist ein Anderes im Vorstellen, was erreicht, verwirklicht werden soll, und dazu wird die Kraft der Muskel oder die Bewegung im Wissen aufgeboten. Das Ziel braucht kein Aeusserliches zu sein, auch Ziele innerhalb der Seele können begehrt werden, z. B. etwas auswendig zu lernen, ein Räthsel zu rathen, ein Gedicht zu machen. Der Begriff des Zweckes wird erst durch das Begehren möglich; der Zweck ist das begehrte Ziel oder die begehrte Wirkung. Die Verwirklichung des Zweckes hebt das Begehren auf. Wo kein Begehren vorhanden ist, da giebt es keine Zwecke, sondern nur Wirkungen. Das Begehren ist nicht bedingt durch die Erreichbarkeit des Zweckes; man kann auch Unmögliches begehren, z. B. die Rückkehr des gestorbenen Kindes, das Fliegen in der Luft. Es giebt auch Zustände, wo man meint, zu begehren, ohne zu wissen, was; dies ist das unbestimmte Sehnen. Diese Zustände sind jedoch vielmehr Gefühle eines Unbehagens, wobei die Mittel zu seiner Beseitigung nicht gekannt werden.

6) Das Begehren wird gewöhnlich in das eigentliche Begehren und in das Verabscheuen eingetheilt; aber Verabscheuen ist Begehren wie jenes und nur das Ziel ist ein anderes: Entfernung, Zerstörung der Ursachen des Schmerzes, während bei dem Begehren das Sein der Ursache der Lust begehrt wird. Die Ursache kann bei dem Entstehen des Begehrens schon wirklich sein, aber nicht mit einer solchen Bestimmung, wie sie das Begehren fordert. Das begehrte Pferd ist, aber das Mein fehlt; dies wird begehrt. Das Begehren hat deshalb keine solche Besonderung in zwei Gegensätze, wie das Wissen in dem Wahrnehmen und blossen Vorstellen und wie das Gefühl in der Lust und dem Schmerz, aber es tritt ein anderer Unterschied nach der Ursachlichkeit ein. Das Begehren ist entweder gebunden an ein Anderes, als seine Ursache, oder es ist frei, tritt ohne Abhängigkeit von solchem Andern ein. Dies letzte ist das grundlose Begehren, was zum Unterschied das freie Wollen genannt werden soll, während Begehren nur von dem gebundenen Begehren gebraucht werden wird.

7) Das Begehren und das freie Wollen hat seine Grade. Das stärkere wirkt eine stärkere Erregung der Kräfte, wie schon bei der Muskelkraft gezeigt worden. Dies gilt auch für die Bewegung im Wissen. Die Stärke des Begehrens hängt von seinen Ursachen ab. Die Stärke des freien Wollens ist ebenso frei und von nichts

abhängig, wie das freie Wollen selbst. Die Erfahrung lehrt, dass das Begehren im gesunden Zustande der Seele niemals eine Stärke gewinnen könne, welche der freie Wille nicht überbieten und überwinden könnte. Die Ausnahmezustände gelten als Krankheitszustände der Seele und bilden die Unzurechnungsfähigkeit.

8) Die Ursachen des Begehrens liegen hauptsächlich in den Vorstellungen. Nur einzelne Begehren werden, wie eine Klasse der Gefühle, durch Zustände des Körpers unmittelbar und ohne Hülfe von Vorstellungen erweckt. Dies sind die bekannten Zustände des Hungers, Durstes, der Müdigkeit, der Wollust. Auch das neugeborne Kind hat dergleichen Begehren, ohne die dazu gehörenden Vorstellungen. Später scheint diese Unmittelbarkeit solcher Begehren zu verschwinden, weil die Vorstellungen aus der Erfahrung sich vermittelnd eindrängen. — Jede Vorstellung einer Ursache der Lust oder der Aufhebung einer Ursache des Schmerzes erweckt das Begehren nach ihrer Verwirklichung. Dies ist das Grundgesetz. Liegt solche Ursache in einer zeitlichen Reihe nicht als das erste, so ist sie der Zweck und die vorhergehenden sind die Mittel, die zwar ebenfalls begehrt werden, aber nicht um ihrer selbst willen. Dadurch erklärt es sich, dass selbst eine Ursache des Schmerzes begehrt werden kann, wenn sie als Mittel einer grössern Lust in solcher Reihe liegt. — Der Instinkt unterscheidet sich vom verständigen Handeln lediglich durch die Unkenntniss des Zweckes. Bei dem Instinkt geht das Begehren nur auf die Mittel, ohne ihre ursachliche Verbindung mit dem Ziele zu wissen; aber Begehren ist auch bei ihm vorhanden und dadurch ist er unterschieden von den organischen Kräften der Pflanzen und des Leibes, die zweckmässig wirken, aber ohne Vermittelung durch das Begehren. Das Wunderbare des Instinkts liegt nicht in der Kunst seiner Werke, darin wird er von der organischen Kraft jeder Pflanze weit überboten; sondern in dem Umstand, dass das schmerzliche vollführt wird, ohne Kenntniss der diesen Schmerz ausgleichenden, im Zwecke enthaltenen Lust. Der Instinkt bildet die Zwischenstufe zwischen der organischen Kraft und dem bewussten Begehren.

9) Bei der grossen Mannigfaltigkeit der Ursachen der Lust und bei der Beschränktheit der dem Begehren zu Gebote stehenden Kräfte zeigt die Selbstwahrnehmung einen daraus hervorgehenden, beinah ununterbrochenen Kampf der mehreren Begehren gegen einander. Entweder liegen in der Reihe der Folgen vor oder hinter dem Zweck noch Ursachen des Schmerzes, oder die mehreren Begehren hemmen einander dadurch, dass die von dem einen in Anspruch genommenen Kräfte dem andern entzogen werden. In

diesem Kampfe gewinnt das stärkere Begehren und dasjenige Begehren wird das stärkere, dessen Ursache oder Zweck am lebendigsten vorgestellt wird, oder dessen Zweck in kürzester Frist erreicht werden kann, oder dessen Lust die grössere dem Grade nach ist, welcher Grad zu einem grossen Theile von der unterschiedenen Empfänglichkeit für die besonderen Ursachen der Lust bedingt ist. Bei dieser Verwickelung der wirkenden Ursachen ist die Entscheidung schwer zu berechnen, selbst für den, in dessen eigener Seele der Kampf statt hat.

10) Während des Kampfes sind beide Begehren vorhanden, aber eines hemmt das andere in seiner Wirkung auf die Kräfte. So wie eines diese Wirkung auf die Kräfte erlangt, ist der Kampf beendet. Der Kampf kann sehr lange währen, Tage, Monate, Jahre lang, natürlich dann mit Unterbrechungen, z. B.: ein Testament zu machen, sich scheiden zu lassen. Wo der freie Wille nicht zuletzt eintritt und die Entscheidung giebt, sind es gewöhnlich äussere Umstände, welche den Sieg des einen Begehrens bestimmen und oft dem im Anfange schwachen Begehren zu dem Siege verhelfen. Der Mensch würde unter diesem fortwährenden und vielfach dem Zufall Preis gegebenen Kampfe der Begehren sehr leiden, wenn nicht die Sitte und die Gewohnheit in dem regelmässigen täglichen Verlauf des Lebens die Wege schon gebahnt und die bestimmte Entscheidung schon vorgezeichnet hätte. Eine zu grosse Freiheit im Leben ist deshalb für die meisten Menschen eine Last, wie bei pensionirten Beamten sich zeigt. Hierauf beruht die Macht des Beispiels; man folgt ihm, weil man sich damit die eigene Prüfung zwischen den Begehren erspart und voraussetzt, die Erfahrung habe schon für den Weg des Beispiels entschieden. Auch die Regelmässigkeit des täglichen Lebens, welche so leicht sich zur Gewohnheit ausbildet, hat in der Last des ewigen Abwägens und Entschliessens ihren Grund. Man empfindet dies auf Reisen oder unter Verhältnissen, wo diese Regelmässigkeit unterbrochen ist. Selbst die Verbrecher lieben die Regelmässigkeit. Jeder Dieb hat seine besondere Art Diebstähle, von denen er nur ungern abweicht.

11) Anders gestaltet sich der Kampf des Begehrens mit dem freien Willen. Da dieser in seinem Eintreten und in seiner Stärke von keinem Andern bedingt ist, so wäre auch jede Regel über seinen Eintritt oder über die Entscheidung ein Widerspruch. Nur so viel giebt die Selbstwahrnehmung, dass der freie Wille sich jederzeit erheben kann, und dass er jedes Begehren im Streit überbieten und damit unterdrücken kann. Dieser Wille wird gewöhnlich als Willkühr zwar anerkannt, aber unterschieden von dem wahren freien

Willen, der durch das Sittengesetz sich bestimme. Aber man räumt gleichzeitig ein, dass auch für diese Bestimmung des Willens durch das Sittengesetz keine Nothwendigkeit gelten dürfe, sondern nur ein Anreiz, ein Motiv. Solcher Reiz enthält indess einen Widerspruch: eine Ursache, die wirkt und auch nicht wirkt, zwingt und nicht zwingt. Dieser Widerspruch ist nur zu überwinden durch Festhaltung des freien Willens, als eines völlig grundlosen. Der Anreiz fällt dann vollständig unter die Nothwendigkeit, wirkt auf das Begehren, und wird nur durch das gleichzeitige Sein eines freien Willens zum Motiv, zum Reiz, womit also gesagt ist, dass die Nothwendigkeit des Begehrens jederzeit vom freien Willen gebrochen werden kann. Nur bei Festhaltung des Willens als völlig Bestimmungslosen erscheint die That solchen Willens als die eigene That des Willens oder des Ich's. Jede Bestimmung durch eine Ursache beschränkt dieses Mein der That. Eine Freiheit, die, wie in der Auffassung Hegels, mit Nothwendigkeit handelt, wenn sie auch nur ihr eigenes Gesetz vollzieht, widerspricht der unabweisbaren Forderung, dass die That die meine sei; in dieser Freiheit Hegels entwickelt sich auch der Baum, der auch nur nach seinem Gesetze wächst. Der Wille, der frei ist, darf nur wollen, weil er will, d. h. grundlos; einen Mittelweg giebt es nicht.

12) Der Entschluss bezeichnet dieses Eintreten des freien Willens, der in seiner Uebermacht jedes entgegenstehende Begehren unterdrückt. Der Sieg zwischen mehreren Begehren wird nicht als Entschluss bezeichnet, sondern als ein Nachgeben dem stärksten Motive. Im Entschluss liegt das Wissen der Freiheit. Das Wählen ist ebenso ein Zeichen der Freiheit. Der Kampf zwischen den treibenden Motiven allein ist kein Wählen; die Seele ist bei jenem Kampfe noch ohne freien Willen; erst dadurch dass neben diesen der Nothwendigkeit unterliegenden Begehren noch eine grundlose Macht des Willens in der Seele enthalten ist, wird jener Kampf ein Wählen, d. h. ein Abwägen der Motive mit dem Wissen, dass jedes von dem freien Willen durchbrochen werden kann. Da der freie Wille jedes Begehren hemmen kann, so gilt deshalb auch die durch die Nothwendigkeit des Begehrens gewirkte That dennoch als frei. — Der wirkliche Eintritt des freien Willens ist seltener, als gewöhnlich angenommen wird. Das Leben ist für jeden Einzelnen von Jugend auf in den meisten Wegen und Richtungen des Handelns schon durch Sitte und Beispiel gebahnt und das Begehren treibt in diese Wege, ohne den freien Willen zu brauchen. Es sind nur Ausnahmen, wo der freie Wille wirksam auftritt. — Obgleich das Handeln des Einzelnen hiernach nicht mit Gewissheit zu be-

rechnen ist, obgleich die Nothwendigkeit des Begehrens und der ursachliche Fortgang jederzeit durch den freien Willen durchbrochen werden kann, so wird doch in der Entwickelung des Handelns der Völker, in ihrer Geschichte, die Nothwendigkeit als allein bestimmend aufgestellt. Diese Nothwendigkeit könnte nur dadurch sich rechtfertigen und nur dadurch mit der Freiheit des Einzelnen bestehen, dass die von dem freien Willen ausgehenden Handlungen der Einzelnen sich in der grossen Zahl der Einzelnen gegen einander aufhöben; ähnlich wie der Zufall in andern Gebieten durch die grosse Zahl der Fälle sich wieder zur Regel umgestaltet und der Berechnung unterliegt. Es bliebe dann nur die Nothwendigkeit des Begehrens, welche in der Geschichte der Völker wirkte.

13) Freies Wollen und Begehren sind, abgesehen von der Ursachlichkeit des letztern, dasselbe. Die Mittel, durch welche sie die Verwirklichung ihrer Zwecke erreichen, sind für beide dieselben. Diese Mittel sind ausserordentlich beschränkt und einfach. Das Begehren und Wollen kann unmittelbar nur ein zwiefaches bewirken: nach dem Körper hin die Erregung der motorischen Nerven, welche dann den Mechanismus der Muskeln erwecken; nach dem Geistigen hin die Verstärkung des Grades der gerade gegenwärtigen Vorstellungen. Ein anderes Mittel steht ihnen beiden nicht zu Gebote. Das Begehren und Wollen hat also keine unmittelbare Macht, Vorstellungen zu erzeugen oder zu beseitigen, keine Macht Gefühle zu wecken, zu unterdrücken oder in ihren Graden zu ändern. Aber durch die Verstärkung des Grades der Vorstellungen kann es mittelbar diese Ziele erreichen. Um sicher ein Ziel durch das Begehren zu erreichen, ist eine genaue Kenntniss der ursachlichen Verbindung der Vorstellungen und Gefühle nöthig. Das Begehren und Wollen kann die Erweckung der Muskelkraft und die Verstärkung der Vorstellungen auch auf eine spätere Zeit verschieben, ohne deshalb seine Natur zu verlieren. Der Kampf des Begehrens und des freien Willens kann Tage, Monate vor der Ausführung statt finden und entschieden werden. Der Entschluss steht dann fest; das obsiegende Begehren verschwindet dann auch auf eine Zeit lang aus der Seele, um zu der richtigen Zeit wieder einzutreten und die Kräfte zu wecken. Schopenhauer verkennt dies, wenn er sagt (Die Welt als Wille. I, 120): „Willensbeschlüsse, „die sich auf die Zukunft beziehen, sind blosse Ueberlegungen der „Vernunft über das, was man dereinst thun wird, nicht eigentliche „Willensakte.“ — Zu dieser falschen Behauptung war er freilich durch sein Prinzip genöthigt, wonach „jeder wahre Akt eines

Willens sofort auch eine Bewegung seines Leibes ist," wobei er weiter ganz übersieht, dass das Ziel des Willens rein geistig bleiben kann, z. B. ein Räthsel zu rathen; etwas auswendig zu lernen; sich auf einen Namen zu besinnen.

14) Das Begehren hat seine Zeitgrösse. Es gleicht darin den Gefühlen im Gegensatze zu den Vorstellungen. Als Regel gilt, dass das Begehren so lange dauert, bis sein Zweck erreicht ist. Es entspringt aus der Vorstellung dieses Zweckes, der Ursache der Lust; aber es ist in seinem Verlauf selbstständig, und ruft diese Vorstellung wieder zurück, wenn sie auf eine Zeit verschwunden ist. Ein Begehren kann auch vor Erreichung seines Zweckes verschwinden, wenn es von einem stärkeren Begehren unterdrückt wird. Zeigen sich bei einer Ursache der Lust in der Reihe der Mittel und Folgen des Zweckes ebenso viele oder noch mehr Ursachen des Schmerzes, so kommt es in den meisten Fällen dieser Art gar nicht zu dem Entstehen und zu dem Kampfe der Begehren. Solche Ursachen gehen dann ohne alle Wirkung an dem Begehren vorüber. Hieraus erklärt es sich, wesshalb eine grosse Zahl solcher Vorstellungen im Laufe des täglichen Lebens auf das Begehren ohne Wirkung bleibt; weshalb der arme Hungrige am Bäckerladen gleichgültig vorüber geht. In einzelnen Fällen entsteht ein Begehren, aber so schwach, dass seine Wirkung auf das Handeln nicht eintritt. Diese sind die leeren oder frommen Wünsche, die Luftschlösser.

15) Jedes Begehren wächst in seinem Grade, wenn die Vorstellung seines Zieles sich erhält und dennoch die Verwirklichung des Zieles nicht eintritt. Jedes Begehren wächst ferner um so mehr in seinem Grade, je öfter ihm nachgegeben worden ist. Nur wenn Hülfen von entgegenstehenden Begehren kommen, kann dieses Wachsen gehemmt werden. Durch die Individualität, welche die Empfänglichkeit für bestimmte Arten der Lust steigert, ist auch das Begehren für d i e s e l b e Ursache der Lust dennoch bei den Einzelnen verschieden. Auf der aushaltenden Dauer bestimmter Begehren beruht der C h a r a k t e r des Einzelnen. Die grossen Charaktere in der Geschichte sind dies nur durch diese Ausdauer in dem Begehren ihrer grossen Ziele und durch die Festigkeit, womit sie verfolgt wurden d. h. womit sie von den entgegenstehenden Begehren sich nicht besiegen liessen. Die einzelnen Leidenschaften entwickeln sich aus der verschiedenen Empfänglichkeit oder dem wiederholten Siegen ihres Begehrens über die Gegner. Die Erziehung, so weit sie nicht das Wissen, sondern den Charakter zum Gegenstand hat, kann nur durch Veränderung der Empfänglichkeit

für bestimmte Ursachen der Lust unterstützend bei dem Kampfe der Begehren des zu Erziehenden wirken. Weitere Mittel hat sie nicht; auf den freien Willen hat sie gar keinen Einfluss, wie der Begriff desselben von selbst ergiebt.

16) Jedes Begehren hat als solches eine Wirkung auf das Vorstellen. Alle Vorstellungen, welche seinen Zweck und die Mittel dazu zum Inhalte haben, steigen durch das Begehren zu einem höheren Grade und wirken dann weiter auf Wiederkehr, Trennung, Verbindung, Beziehung dieser Vorstellungen. Auf die vorhandenen Gefühle wirken die Begehren abschwächend. Der ewig Speculirende kommt nicht zu dem Genuss. Die richtige Mitte zwischen Genuss der Gegenwart und Sorge für die Zukunft ist, wenn man die Sitte verlässt, schwer zu finden.

17) Das freie Wollen im Gegensatz des gebundenen Begehrens ist hier einfach so dargestellt worden, wie die aufmerksame Selbstwahrnehmung es giebt. Indess erheben sich dagegen Schwierigkeiten, welche von jeher den Anhalt für die Leugnung des freien Wollens gebildet haben. Dahin gehört, dass das freie Wollen, im Vergleich zu dem gebundenen Begehren, als blosse Verneinung der Ursachlichkeit des Begehrens nicht in das Wahrnehmen fallen könne; dass sich bei dem freien Willen immer noch Beweggründe auffinden lassen, welche ihn in gleicher Weise wie das Begehren gebunden darstellen; endlich, dass das blosse Können, wenn der Wille sich nicht wirklich geltend macht, als blosse Möglichkeit nicht wahrzunehmen sei. Daraus wird abgeleitet, dass wo der Willen sich nicht äussert, er auch nicht vorhanden gewesen, sondern die Handlung völlig in der Nothwendigkeit erfolgt sei.

18) Die Aushülfe gegen diese Angriffe, wonach der Wille zwar nicht frei, aber nur an das Sittengesetz gebunden zu nehmen sei, ist bereits oben abgewiesen. Die Erschöpfung des Begriffs des freien Willens kann hier noch nicht erfolgen; es ist hier nur die Aufgabe, den Inhalt der Selbstwahrnehmung unverändert und unverfälscht darzulegen. Danach ist die Freiheit des Willens im strengen, hier festgehaltenen Sinne unzweifelhaft in dem Bewusstsein gegeben. Auch Hegel hat keinen anderen Beweis dafür. „Jedes Selbstbewusstsein," sagt er in seiner Philosophie des Rechtes, „weiss sich als Allgemeines, als die Möglichkeit von allem „Bestimmten zu abstrahiren." Ebenso sagt Cartesius (Princ. phil. I. §. 41): „Libertatis autem et indifferentiae, quae in nobis est, nos ita „conscios esse, ut nihil sit, quod evidentius et perfectius comprehen„damus." Nur so weit jene Angriffe die Möglichkeit solcher Selbstwahrnehmung leugnen, sind sie hier zu berühren. Die reine Ver-

neinung der Ursachlichkeit wäre allerdings als ein Nichts nicht wahrnehmbar. Aber diese Verneinung kommt erst durch die Beziehung auf das gebundene Begehren in die Vorstellung des freien Willens. Für sich ist die Freiheit nur ein bejahender Inhalt und der Wahrnehmung durchaus zugänglich. Nur die Gewohnheit, die Freiheit als Verneinung der Ursachlichkeit zu fassen, erzeugt den Schein des Gegentheils. Aehnlich ist es mit dem Bewusstsein, dass man jedes Begehren durch den freien Willen hätte hemmen können, wenn es auch nicht geschehen ist. Diese Macht konnte allerdings in solchem Falle, als nicht eingetreten, nicht wahrgenommen werden, aber die Wahrnehmung früherer Fälle giebt dafür den nächsten Anhalt; ähnlich dem Wissen, dass man ein Gewicht heben kann, wenn es auch nicht geschieht. Der freie Wille in der Hegel'schen Philosophie ist „die Selbstbestimmung des Ich, „in Einem sich als das Negative seiner selbst, nämlich als bestimmt, „beschränkt zu setzen und bei sich, d. h. in seiner Identität mit sich „und Allgemeinheit zu bleiben oder in der Bestimmung sich nur mit „sich selbst zusammenzuschliessen.“ Wenn man diesen Inhalt seines erkünstelten dialektischen Gewandes entkleidet, so enthält er das Begehren (das besondere) und den freien Willen (das allgemeine) und das Wissen, dass jedes einzelne Begehren von dem freien Willen überwunden werden kann; also genau den Inhalt der Selbstwahrnehmung, wie er hier aufgeführt worden ist. Die wahren Schwierigkeiten werden dagegen bei Hegel gar nicht berührt und hinter einer gewaltsamen Zurückführung des Wollens auf das Denken verhüllt.

19) Die Unterscheidung zwischen niederem und höherem Begehren ist unbegründet. Die Beschaffenheit der Zwecke des Begehrens trifft die Natur des Begehrens nicht, sondern liegt ausserhalb desselben. Die Mittel des Vorstellens, des Ueberlegens, des Gedächtnisses stehen dem angeblichen niedern Begehren so gut zu Dienste, wie dem höheren Begehren und dem freien Wollen. In dem Begehren oder Wollen steht sich der Räuber, der die volle Börse fordert, mit dem, der sich in den Strom stürzt, um ein Kind zu retten, und mit dem, der seiner Leidenschaft des Trunkes entsagt, völlig gleich.

20) Das Begehren haben auch die Thiere; ob das freie Wollen, ist nicht zu entscheiden. Da die Ursachen ihrer Gefühle weit beschränkter, als bei dem Menschen sind, so hat auch ihr Begehren nicht die Mannigfaltigkeit der menschlichen Zwecke. Ein grosser Theil des Begehrens der Thiere fällt innerhalb der Instinkte, wo die Mittel ohne Kenntniss des Zweckes begehrt werden. Der In-

stinkt ist auch bei dem Menschen wirksam; nach der Geburt am stärksten; von da ab mit dem Alter abnehmend, aber nie ganz verschwindend. Dagegen wächst mit dem Alter die Gewohnheit. Während der Instinkt nur die Mittel, nicht den Zweck kennt, kennt umgekehrt die Gewohnheit nur den Zweck und nicht die Mittel. Durch häufiges Wiederholen entwickelt sich ein Mechanismus nicht bloss im Körper, sondern auch im Vorstellen, welcher die Mittel zu dem allein vorgestellten Zweck ohne Bewusstsein und Begehren durchläuft.

# Die Mischzustände der Seele.

1) Mit dem Wissen, Fühlen und Begehren sind alle einfachen Zustände der Seele erschöpft. Es giebt keine andern neben ihnen. Alle weitere Mannigfaltigkeit entsteht nur aus der Vereinung dieser einfachen Zustände oder aus deren Unterschieden im Grade. Bei dieser Auffassung löst sich die auf den ersten Blick so unerschöpfliche Fülle der Seelenzustände zu einer überraschenden Einfachheit. Nur die zwei ersten dieser Zustände theilen sich in Gegensätze; in Wahrnehmen und blosses Vorstellen; in Lust und in Schmerz. Aller weiterer Unterschied, mit Ausnahme des Grades, trifft nicht diese Zustände, sondern ihre Ursachen oder Gegenstände. Selbst die Vereinung dieser Elemente führt deshalb zu keiner grossen Mannigfaltigkeit. Der Schein einer solchen entspringt nur daraus, dass diese Zustände mit den Unterschieden der Aussenwelt, aus denen sie hervorgehen, im gewöhnlichen Vorstellen fest vereint gehalten werden.

2) Die Seele ist in jedem Zeitpunkt ihres wachen Seins zugleich wissend, fühlend und begehrend. Aber die Grade dieser Zustände gegen einander sind ausserordentlich verschieden, und daher entsteht der Schein, als wenn in einzelnen Zeitpunkten das eine oder andere dieser Elemente fehlte. Die Frage, ob im Schlafe diese Zustände fortdauern, ist aus der Selbstwahrnehmung, mit Ausnahme des Traumes, nicht zu beantworten; sie hat aber für die Lehre des Vorstellens und Erkennens keine Bedeutung. Locke hat sich ohne Noth mit dieser Frage viel beschäftiget, weil man zu seiner Zeit annahm, dass die Seele nur im Denken bestehe, dieses mithin nie, auch nicht im Schlafe, aufhören dürfe. — Die Seele kann als Wissende Wahrnehmungen und blosse Vorstellungen, als Fühlende Lust und Schmerz zugleich haben; als Begehrende im Kampf mit mehreren Begehren sich befinden. In dem Zustande, der für die Natur der Seele sich als der regelmässige darstellt, ist der Grad der drei einfachen Zu-

stände so gemässigt, dass keiner in die andern störend eingreift. Als Abweichungen von diesem regelmässigen Zustande gelten die Affekte und Leidenschaften.

3) Die Bewegung im Wissen würde ohne das Gefühl ein regelloser Wechsel ohne Ziel, ein Chaos sein. Erst das Gefühl giebt dem Wissen den Halt und die Ordnung, indem es durch Verstärkung einzelner Vorstellungen Mittelpunkte setzt, um die sich die dazu gehörenden Vorstellungen ordnen und anfügen können. — Das Begehren würde ohne Gefühl gar nicht eintreten; nur die Beziehung auf Lust und Schmerz schafft einen Zweck für das Begehren. Ohne Gefühl giebt es kein Begehren und das freie Wollen ohne Gefühl ist ein leeres Spiel. — So bildet das Gefühl den Kernpunkt aller Zustände der Seele. Das Gefühl bestimmt alle Bewegungen und alle Richtungen im Wissen, Begehren und Handeln. Ohne Gefühl wären selbst die Wissenschaften unmöglich. — Die Zustände der Seele gleichen dem Sonnensystem. Die Gefühle bilden den Mittelpunkt, nach dem die Anziehung oder Abstossung sich richtet; die Vorstellungen sind die zerstreuten Elemente; das Begehren giebt ihnen den Stoss, die erste Bewegung und ruft die nach dem Mittelpunkt ziehenden Kräfte wach.

4) Diese Bedeutung des Fühlens und Wollens im Gegensatze zu dem Wissen war es, welche Schopenhauer trieb, trotz seines strengen Idealismus dennoch den Willen und die Gefühle als das Reale festzuhalten und von dem Idealismus auszunehmen; freilich auf Kosten der Consequenz. „Was uns," sagt er (S. 117, die Welt als Wille. I), „zum Forschen antreibt, ist, dass es uns nicht genügt „zu wissen, dass wir Vorstellungen haben, dass sie solche und solche „sind, und nach diesen und jenen Gesetzen zusammenhängen. Wir wollen „die Bedeutung jener Vorstellungen wissen. Wir fragen, ob diese „Welt nichts weiter als Vorstellung sei, in welchem Falle sie wie ein we- „senloser Traum, wie ein gespensterhaftes Luftgebilde an uns vorüber- „ziehn müsste, nicht unserer Beachtung werth." Jene Bedeutung, nach der er verlangt, ist ihm der Wille und das Gefühl. Da aber diese auch nur durch Wahrnehmung erkannt werden, so kann freilich Schopenhauer die Ausdehnung des Idealismus auf sie nicht anders ausschliessen, als dass er in Bezug auf diese Objekte „eine ganz verschie- „dene, keiner andern zu vergleichende Weise des Bewusstseins, eine „ganz heterogene Erkenntniss," anzunehmen genöthiget ist. (S. 122, 123 daselbst.) Dies ist eine Willkür und Inconsequenz, die ihn gegen seinen Idealismus überhaupt hätte bedenklich machen sollen.

5) Die Affekte und Leidenschaften sind beide Mischungen von Gefühlen und von Begehren höheren Grades. Durch diesen höheren

Grad wird das Vorstellen in seiner natürlichen Bewegung gestört und in ihren Dienst gezogen. In den Affekten ist das Gefühl das stärkere, in den Leidenschaften das Begehren. Deshalb haben Leidenschaften eine längere Dauer. Im Uebrigen lassen sich weder von der Gattung, noch von den Arten dieser Zustände bestimmte Definitionen geben, da sie aus dem regelmässigen Zustande nur durch allmählige Uebergänge sich abtrennen, und Affekte in Leidenschaften wie umgekehrt sich auflösen.

6) Die Affekte lassen sich am richtigsten nach ihren Gefühlen ordnen; es giebt Affekte der Lust und Affekte des Schmerzes. Die ersteren entstehen bei dem plötzlichen Eintreten der Ursache einer hohen Lust; die Nachricht, das grosse Loos gewonnen zu haben, das Jawort eines geliebten Mädchens, das glücklich bestandene Examen erregen solche Affekte. Diese Affekte sind nur mit schwachen Begehren verbunden. Der Affekt der Lust macht sich vielmehr in Sprüngen, Singen, Jubeln und ähnlichen absichtslosen Bewegungen Luft. Anders die Affekte des Schmerzes wie Zorn, heftiger Aerger, Wuth. Sie haben allerdings ähnliche Aeusserlichkeiten, aber sie sind mit einem starken Begehren verbunden, was auf Strafe, Schmerz des Urhebers gerichtet ist. Unter Heftigkeit eines Menschen versteht man seine leichte Empfänglichkeit für Affekte, während ruhige Naturen durch dergleichen Ursachen nur schwach erregt werden.

7) Die Leidenschaften, in denen das Begehren überwiegt, ordnen sich nach diesen, und zwar nach den Arten der Ursachen der Lust, welche begehrt werden. Auf die Ursache der Lust aus dem Körper geht die Gefrässigkeit, die Trunksucht, die Wollust, die Faulheit, die unstäte Sucht nach Wechsel, nach Bewegung, sei es Reisen oder Herumtreihen und Vagabondiren. Auf die Lust aus dem Wissen geht die Wissbegierde und die Neugierde, wenn diese Begehren dauernd geworden, und einen hohen Grad erlangt haben; Büchermanie, Klatschsucht. Göthe's Faust ist ein Beispiel der Leidenschaft des Wissens. Auf die Lust aus der Macht geht die Herrschsucht, die Streitsucht, der Geiz; auch die Gefallsucht und Koketterie. Auf die Lust aus der Ehre geht die Prunksucht, die Ehrsucht, die Gefallschaft. Auf die Lust aus der Schönheit geht die Leidenschaft für die Kunst, die Kunstmanie; auf die Lust aus fremder Lust geht die leidenschaftliche Liebe, die Schwärmerei der Religionsstifter und Missionaire. Auf die Lust aus kommender Lust geht die Speculationswuth, die Projektenmacherei, das leidenschaftliche Spiel. Die Eifersucht gehört nicht zu den Leidenschaften, sondern zu den Affekten des Schmerzes, hervorgehend aus der über-

triebenen Sorge, die Liebe des Andern durch Nebenbuhler zu verlieren; sie ist Schmerz aus kommendem Schmerz und verbindet sich nur mit heftigen Begehren, wenn ein bestimmter Nebenbuhler erkannt wird. — Grosse Zwecke, wobei grosse Schwierigkeiten entgegentreten, bedürfen eines starken und dauernden Begehrens, was die Leidenschaft in gutem Sinne erzeugt.

8) Die Lust ist bei den ausgebildeten Leidenschaften in keinem erheblichen Grade vorhanden; die häufige Wiederkehr der gleichen Ursachen bewirkt hier Abstumpfung. Dennoch wird die Leidenschaft dadurch nicht geschwächt; sie sucht dabei zwar die sinkende Lust durch Steigerung der Ursachen zu heben, aber bald vergeblich. Das Begehren hat bei solchen alten Leidenschaften seine Macht nicht aus der Höhe der Lust, sondern aus seinen wiederholten Siegen über die entgegenstehenden Begehren. Gerade hierin liegt das Unnatürliche und Widerwärtige solcher Leidenschaften; dem grossen einmaligen Sünder verzeiht man, aber dem verstockten fortwährenden Sünder nicht, weil er selbst keinen nennenswerthen Genuss mehr von seinem Sündigen hat.

# Der Zustand der Achtung.

1) Die Darstellung des Inhaltes der Selbstwahrnehmung hat bis jetzt noch keine Bestimmung berührt, an der die Grundlage der Sittlichkeit sich erkennen liesse. Dennoch muss diese in der Seele enthalten und der Selbstwahrnehmung erkennbar sein. Was man moralisches Gefühl nennt, ist hiezu unzureichend, weil dies Gefühl erst die Wirkung und das Ergebniss der sittlichen Regeln ist und nicht ihre Grundlage. Die Lust, welche das sittliche Handeln als solches gewährt, ist dazu unzureichend, weil diese Lust sich auf die früher dargestellten Ursachen der Lust zurückführen lässt und das Wesen der Sittlichkeit überhaupt nicht aus der Lust hervorgeht.

2) Die Quelle der Sittlichkeit, ihrer Form nach, und getrennt von ihrem Inhalte, liegt vielmehr in einem Seelenzustand, der im allgemeinen hier *Achtung* genannt werden soll. Achtung ist kein Gefühl, kein Begehren, kein Wissen, sondern sie ist ein Zusammen aller dieser elementaren Zustände, insoweit sie durch die Wahrnehmung einer grossen, der Seele gegenüber stehenden Macht auf einen so niedrigen Grad herabgedrückt sind, dass ihre gewöhnliche Einwirkung auf einander gehemmt ist. Zu diesen Zuständen der Achtung, die ihre verschiedenen Grade haben, gehört die Scheu, die Scham, das Staunen, die Verwunderung, die Ehrfurcht, die An-

dacht; die Wirkungen des Erhabenen, des Heiligen, der Majestät auf die Seele. In allen diesen Zuständen tritt kein besonderes Gefühl oder Begehren hervor; im Gegentheil die Seele fühlt sich wie gelähmt, wie geleert; die vorhandenen Gefühle und Begehren sinken tief und wirken nicht mehr auf das Vorstellen ein; die vorhandenen Vorstellungen weichen und machen der einen Platz, welche die Wahrnehmung dieser Grösse und Macht enthält.

3) Die Grösse der Macht hat diese Wirkung sowohl als grosse Macht in der Natur wie in Menschen und deren Werken. Der Anblick mächtiger Gebirge, stürzender Lawinen, der Donner des Gewitters haben diese herabdrückende und lähmende Wirkung auf die Seele, ebensowohl wie der Anblick der Pyramiden, wie das Hören eines Kanonendonners, wie die Majestät der Könige in ihrem Glanze und die Macht eines Volkes, das in einzelnen Momenten als eine grosse Gewalt sich erhebt. Ueberall ist es die Achtung, welche hier die Wahrnehmenden erfüllt. Als lebendige Träger dieser Grösse und Macht treten in der Familie für die Kinder die Eltern und Lehrer hervor; im Volke die Könige, die Obrigkeit; in der Kirche die Priester als die Stellvertreter des allmächtigen Gottes. Die Achtung gilt dann nicht blos dem Sein dieser lebendigen Träger der Macht, sondern auch ihrem Willen. Die Achtung ist keine Furcht, keine Angst vor dem aus dem Mächtigen drohenden Uebel; vielmehr ist sie die unmittelbare Wirkung des Anblicks der Macht, ohne alle weitere Ueberlegung; die Wahrnehmung der Macht als solche lähmt die Macht und die Zustände der eigenen Seele und dieser gesunkene Grad ihres Seins ist die Achtung.

4) Durch die Achtung wird das Wollen des Geachteten zu einem Sollen für den von der Achtung Getroffenen. Vermöge dieser Achtung, dieser Niederbeugung des eigenen Selbst, der eigenen Gefühle und Begehren wird das Wollen des Geachteten zu dem Bestimmungsgrund für das eigene Handeln; die eigenen Triebe und Gefühle schwinden, an deren Stelle treten das Begehren und Wollen des Mächtigen oder Geachteten. Es genügt in solchem Zustand die Erkenntniss des Wollens des Geachteten; dieses fremde Wollen erhält durch die Achtung die gleiche Wirksamkeit, wie sie das eigene Begehren hat. In der Achtung vergeht gewissermassen das eigene Selbst und verliert sich in die Persönlichkeit des Geachteten, so dass dessen Wollen als das eigene Wollen gilt und das eigene Selbst bestimmt. Dieser Zustand ist bald mehr, bald weniger vollständig entwickelt und an sich verschiedener Grade fähig.

5) Dies ist der Kern des sittlichen Elementes im Handeln. Sein Wesen liegt in der Achtung des Gebots des fremden Wol-

lens. Dies Gebot wirkt nicht durch Gründe, nicht durch die Lust, welche es in Aussicht stellt, nicht durch den Schmerz, mit welchem es droht; es ist auch nicht der eigene freie Wille, der es zufällig zu seinem Inhalt macht. Das sittliche Handeln geschieht weder aus Begehren, noch aus freiem Willen, sondern in Achtung vor der fremden Macht und deren Gebot. Alle sittlichen Gebote sind deshalb ihrem Wesen nach für den, an den sie ergehen, sachlich grundlos (absolut), jede Rechtfertigung ihrer aus sachlichen Gründen greift ihr Wesen an.

6) Das Handeln aus Achtung oder das sittliche Handeln ist, wie diese Darlegung ergibt, kein freies Handeln. Es ist vielmehr ebenso in der Ursachlichkeit und Nothwendigkeit befangen, wie das Begehren und dessen Vollzug. Das fremde Gebot wirkt mit Nothwendigkeit die Folge, die Handlung in dem, der die Achtung davor in sich trägt. Die Achtung hat aber ihre Grade, wie das Begehren. Beide können auch miteinander in Widerstreit gerathen und an sich hat keines die Uebermacht über das Andere; nur der freie Wille bleibt über beide der mächtigere. Dadurch allein gilt auch das Handeln aus Achtung zuletzt als ein freies. Das sittliche Handeln kann durch Begehren gehemmt werden, wenn entweder die Achtung nicht im hohen Grade sich entwickelt, oder wenn ein sehr starkes Begehren nicht völlig durch sie zur Hemmung gekommen ist.

7) Auf der sachlichen Grundlosigkeit der sittlichen Gebote für den Handelnden beruht auch das Wesen der Autorität. Deren Wollen gilt nicht um der Gründe willen, sondern um der Person willen. Für das gewöhnliche Vorstellen bleibt diese Verbindung des sittlichen Gebots mit der Hoheit des Gebieters immer gültig; nur eine sehr weit entwickelte wissenschaftliche Vorstellungsweise versucht das Gebot von der Person des Gebietenden völlig zu lösen und zu behaupten, dass das Gebot um seiner selbst willen befolgt werden müsse. Aber da in eine solche, völlig grundlose Regel jeder Inhalt willkürlich gelegt werden kann, so muss eine solche Auffassung für den Inhalt der sittlichen Regel nach einer andern Grundlag esuchen; dabei geräth sie entweder in einen leeren Formalismus oder sie fällt in die Glückseligkeitslehre zurück, der sie entgehen wollte.

8) Die Befolgung des sittlichen Gebotes um seiner selbst willen wäre in diesem strengen Sinne die Vernichtung der Sittlichkeit. Im gewöhnlichen Vorstellen hat indess dieser Ausspruch einen andern Sinn. Es wird damit nur gemeint, dass die Nützlichkeit oder die Lust nicht als sein Zweck und als die Quelle seiner Gültigkeit auf-

gestellt werden dürfe. Die Gewalt der sittlichen Gebote beruht bei dem Einzelnen, wenn er auch sich dessen nicht mehr klar bewusst ist, auf Erziehung, Beispiel und auf dem allgemeinen Anerkenntniss ihrer durch den Stamm, die Genossenschaft, das Volk. Weil zuerst die Eltern und die Lehrer es gewollt, weil später die Träger der Staats- und Kirchengewalt es gebieten, weil das Volk in allen seinen Schichten es will und durch sein eigenes Handeln vollführt und anerkennt, deshalb gilt das sittliche Gebot dem Einzelnen, deshalb achtet er es und aus dieser Achtung fliesst die Macht desselben über den Einzelnen. Man sagt wohl: ich handle so, ich muss so handeln, weil es meine Pflicht ist; aber diese Pflicht und ihre Macht ist sie nur als dieses Ergebniss jener Gewalten, wenn auch dieser Zusammenhang dem Einzelnen abhanden gekommen ist.

9) So wenig das sittliche Gebot für den es Achtenden der sachlichen Gründe bedarf, ja dadurch an seiner Würde verlöre, so sehr hat doch dieses Gebot an sich seine sachlichen Gründe, wenn auf seine Entstehung und Ausbildung in den Trägern der Macht zurückgegangen wird, von denen es ausgeht. In diesen Trägern, sei es der Vater, der Stammesälteste, der Priester, der Lehrer, der Fürst, die Stimme des Volkes, ist dieses Gebot in seiner Entstehung nur Mittel zur Lust, eine Nützlichkeits- oder Klugheitsregel; mag der Zweck des Gebietenden nun die Lust seiner allein, oder Mehrerer oder Aller sein; mag sie auf alle Arten der Ursachen der Lust oder nur auf einzelne derselben gehen. Die sittliche Natur nimmt das Gebot erst an in seinem Uebergang zu denen, welche es mit Achtung empfangen. Je grösser die Achtung, die Autorität, desto schneller wird aus der Nützlichkeitsregel ein sittliches Gebot; je länger der Zeitraum, in dem die Regel schon in Uebung ist, desto fester ist ihre sittliche Natur und desto mehr liegt ihre Macht nicht in der Nützlichkeit, sondern in der Achtung, mit der sie, als eine grundlose, als der Wille Gottes, oder des Königs, oder des Volkes überliefert und empfangen wird. — Der Inhalt der sittlichen Regel steht daher mit ihrer sittlichen Natur in durchaus keiner Verbindung. Das entgegengesetzte kann sittliche Regel werden und ist es geworden. Jeder Inhalt ist sittlich, so wie er auf diejenige Autorität sich stützt, deren Gebote von den Andern mit Achtung empfangen werden.

10) Die Fortbildung des Inhaltes der sittlichen Regeln hat deshalb da, wo die Autorität erschüttert ist, ihre Schwierigkeit und wird unmöglich, wo diese völlig aufhört. Es können dann zwar genau dieselben Regeln und dieselbe Ordnung bestehen, aber sie

bestehen dann nicht als sittliche, sondern als Nützlichkeitsregeln. Ihre Macht ist allerdings dann schwankender, weil dann die sachlichen Gründe von Jedem geprüft und von Jedem in Zweifel gestellt werden können. Hierauf beruht es, dass in Zeiten von Staats-Erschütterungen und Umwälzungen das sittliche Element im öffentlichen Recht herabsinkt. Auch eine weitläufige öffentliche Diskussion über die Nützlichkeit eines Gesetzes vor dessen Sanktionirung, wie sie manche Staatsformen enthalten, dient nicht zur Stärkung des sittlichen Elementes der Gebote, deren Wesen für den Pflichtigen das Grundlose bleiben muss. Aehnliches gilt für Verhältnisse, wo die sittlichen Regeln im schnellen Wechsel neben oder nach einander sich folgen.

12) Die von Hegel behauptete Entwicklung des Inhaltes der sittlichen Regel oder der Freiheit aus sich selbst ist ebenso, wie seine dialektische Entwicklung der logischen Begriffe, eine Täuschung, ein Spiel, das nur deshalb so leicht gelingt, weil die Begriffe und der Inhalt schon vorher fertig und bekannt sind. Eine leichte Aehnlichkeit genügt dann, um den Schein der Entwickelung hervorzubringen. Die wirkliche Fortbildung der sittlichen Regeln und Gestaltungen hat von jeher solcher philosophischen Entwickelung gespottet.

13) Die Erschütterung und Schwächung des sittlichen Elementes im Handeln der Menschen hat nicht die Gefahren, welche gemeinhin davon gefürchtet werden. Da die Regeln des Rechts und der Sitte gegenwärtig wesentlich auf die Lust Aller als Ziel hinauslaufen, und da Jahrtausende daran gearbeitet haben, die besten Wege zur Erreichung dieser Lust zu finden, so gehört auch für den Einzelnen nur eine geringe Ueberlegung dazu, um zu erkennen, dass das Verlassen dieser festgestellten Wege in der Absicht, damit schneller für sich zur Lust zu kommen, auf die Länge nur zu dem Gegentheil führt; wie es ähnlich dem ergeht, der die seit Jahrhunderten gebahnten Heer-Strassen wegen ihrer Krümmungen verlässt und geradeaus gehend sich bald in Abgründe verliert. Die Erkenntniss der Nützlichkeit der sittlichen Gebote bildet deshalb für das Gefüge der menschlichen Gesellschaft einen immer noch genügenden Halt, wenn auch das sittliche Element derselben gelockert ist. Nur wo die Verhältnisse sich so geändert, dass der Inhalt auch kein nützlicher mehr ist, da stürzt allerdings mit dem Fallen der Achtung, oder des sittlichen Elementes, das ganze Gebäude.

14) Das Weitere über diese grossen Fragen gehört in die Philosophie des Rechts. Hier kommt es nur darauf an, das Gerüste und die Mächte, auf denen das Sittliche innerhalb der Seele ruht, so dar-

zulegen, wie es sich der Selbstbeobachtung darbietet. — Die sittlichen Elemente haben danach ihre Quelle in dem Zustande der Achtung; die Achtung ist nichts besonderes neben dem Wissen, Fühlen und Begehren, sondern sie ist nur die Herabdrückung derselben im Grade mit der daraus folgenden Wirksamkeit des fremden Mächtigen auf die eigenen Kräfte und das eigene Handeln. — Das sittliche Handeln ist deshalb kein Jenseits der Wahrnehmung; vielmehr fällt es für den Handelnden selbst bis auf die geringsten Bestimmungen in seine Wahrnehmung. Die Handlung, so weit sie körperlich geschieht, fällt in die Sinneswahrnehmung; so weit sie den Zustand der Achtung und die Wirkung dieser auf die Kräfte enthält, fällt sie vollständig in die Selbstwahrnehmung. Ein jeder weiss genau, was in seinem einzelnen Handeln ihn bestimmt; ob das Begehren, ob das freie Wollen, ob die Achtung vor dem sittlichen Gebot, und er weiss dies nur auf Grund seiner Selbstwahrnehmung.

14) Der Gegensatz, das Fremde, welches dem sittlichen Gebot, in seinem Ausgehen von der Autorität, für den Handelnden anhaftet, verliert sich zunächst durch die Gleichmässigkeit solchen Handelns in allen Einzelnen der Familie, des Stammes, des Volkes. Mit der hinzukommenden Erkenntniss ihrer sachlichen Wahrheit, ihrer besten Erreichung der Lust, fällt dann das sittliche Handeln mit dem eigenen Begehren in eins; beide haben dann das gleiche Ziel und der Gegensatz, die Fremdheit, ist verschwunden. Dies ist der wahre Sinn jenes Satzes, dass der Mensch erst in dem sittlichen Handeln zu seiner Freiheit kommt.

15) Die Tugend ist diese Einheit des sittlichen Handelns mit dem Begehren. Sie kann unbewusst sein, hervorgehend aus einer natürlichen Richtigkeit des Begehrens; sie kann auch das Ergebniss der Erkenntniss dieser Einheit sein. Vor dieser Erkenntniss ist das sittliche Gebot die Pflicht, welche dem Begehren entgegensteht. Eine falsche Ausdehnung ihres Unterschiedes dem Ursprunge nach kann zu einer Auffassung führen, wonach das Wesen der Pflicht in diesen Gegensatz gegen das Begehren und die Lust gesetzt wird. In Verbindung mit dem ebenso übertriebenen Begriff der Freiheit ist dies die Auffassung von Kant und Fichte.

16) Auf den Zuständen der Achtung beruht auch ein grosser Theil des Inhalts der Religionen. Ihre Gestalten, welche zunächst aus der Furcht und der Unwissenheit hervorgehen, stützen sich im Fortgang der Bildung auf die Achtung. Indem die Gottheit mit den Attributen der höchsten Macht und Grösse umkleidet wird, entstehen die Zustände der Andacht, der Anbetung, als die höchsten

Grade der Achtung und die Religion gewinnt eine innige Verbindung mit der Sittlichkeit. Die Griechen kamen bei ihrem vorwiegenden Sinn für Schönheit von dieser Entwickelung des Gottesbegriffes ab und die Religion blieb daher bei ihnen ohne die Macht und die Verbindung mit dem sittlichen Leben, wie sie bei den orientalischen und christlichen Völkern besteht.

## Die Selbstwahrnehmung als Vorgang.

1) In den vorgehenden Abschnitten ist der Inhalt der Seelenzustände, so weit er in die Wahrnehmung fällt, dargelegt worden. Im Vergleich mit dem Inhalt der Sinneswahrnehmungen nehmen die Zustände des Wissens, Fühlens und Begehrens die Stelle der stofflichen Bestimmungen ein. Es zeigt sich ferner, dass bei allen diesen Zuständen ein Grad, eine Zeitdauer und ein Beharren oder eine Veränderung vorhanden ist, womit der Inhalt der Selbstwahrnehmung abschliesst.

2) So wie bei dem Gegenstand der Sinneswahrnehmung trotz seiner unterschiedenen Bestimmungen derselbe dem Wahrnehmen als *Eines* gilt, das *seiend*, *ausser* der Seele und *gegeben* ist, ebenso gilt auch der wahrgenommene Zustand der Seele trotz seiner Unterschiede als *Einer*. Diese Einheit ist nicht von dem Selbstwahrnehmen erst geschaffen; diese Einheit gilt als Einheit des Zustandes, die ihm gegenständlich innewohnt. Der Zustand gilt weiter als *seiend*. Dies Sein des Wahrgenommenen hat aber durchaus keinen höheren Werth, keine höhere Gewissheit wie das Sein, welches die Sinneswahrnehmung giebt. Cartesius, mit seinem „Cogito, ergo sum," übersah dies: er glaubt, die Selbstwahrnehmung gebe eine höhere Gewissheit. Kant, welcher die Kategorien allgemein für eine Form des Verstandes erklärt hatte, die den Dingen an sich nicht anhaften, blieb auch für die Selbstwahrnehmung consequent und kam so zu dem erschreckenden Resultate, dass man sich selbst nicht kenne, auch nicht erkennen könne, so wenig wie die Dinge ausser sich. Schopenhauer, welcher Kant in seinem Idealismus folgte, blieb dennoch vor dem Willen und den Gefühlen stehn und dehnte die Idealisirung auf sie nicht aus. Er musste deshalb, um sein Princip zu retten, eine doppelte und verschiedene Art der Erkenntniss aufstellen, die er aber in ihrer Bestimmtheit und ihren Unterschieden zu entwickeln ausser Stande war. Auch Fichte, der folgerechteste Idealist, musste vor dem Ich einen Halt machen und hier ein Sein neben dem Wissen zulassen. — Ganz abgesehen von diesen bedenklichen Versuchen ist hier festzuhalten,

dass nach der natürlichen Auffassung die Selbstwahrnehmung Sein und Einheit ihres Gegenständlichen mit der gleichen Gewissheit giebt, wie die Sinneswahrnehmung.

3) Ebenso nimmt die Selbstwahrnehmung ihr Gegenständliches als gegeben und nicht erst durch das Wahrnehmen erzeugt. — Aber während die Sinneswahrnehmung ihren Inhalt ausserhalb der Seele verlegt, nimmt ihn die Selbstwahrnehmung als in der Seele und zwar, als in der eignen Seele, welche wahrnimmt. — Hier entsteht für das Denken eine Schwierigkeit. In jedem Wahrnehmen ist die Trennung zwischen Wahrnehmendem und Wahrgenommenem enthalten; ohnedem ist es kein Wahrnehmen mehr; diese Trennung ist ihm wesentlich. Dass das Wahrgenommene ein Geistiges sei, ist mit diesem Begriff verträglich; aber die Bestimmung, dass dieses Gegenständliche und Geistige vereint sei mit dem Wahrnehmenden zu einem Ich, diese Bestimmung enthält eine Aufhebung jener Trennung. Das Wahrnehmende und das Wahrgenommene sollen danach Ein und Dasselbe sein, während die Natur des Wahrnehmens ihre Trennung fordert. Fichte hat diese Schwierigkeit am schärfsten hervorgehoben. Hegel hat sie nur scheinbar durch die Identität von Sein und Wissen beseitigt. Die weitere Erörterung derselben kann indess erst in der Lehre vom Ich erfolgen.

4) Die Selbstwahrnehmung als ein Geschehen, im Gegensatz zu seinem Inhalt hat dieselben Bestimmungen wie das sinnliche Wahrnehmen. — Sie ist, wie dieses, ein reines Geschehen, kein Thun und kein Leiden; von solchen Gegensätzen zeigt sich nichts in der Selbstwahrnehmung. Das Festhalten ihres Inhalts, die aufmerksame Beobachtung desselben kostet allerdings Anstrengung und führt zu dem Schein einer dabei vorhandenen Thätigkeit; aber diese liegt nicht in der Wahrnehmung an sich, sondern in der von dem Begehren ausgehenden Verstärkung der Vorstellungen und ihrer weitern Behandlung im Denken. Sie ist auch ein einfaches und plötzliches Geschehen, was an das Sein seines Gegenständlichen gebunden ist und ohne dieses nicht erfolgen kann.

5) Bei den Sinneswahrnehmungen konnte das Wahrnehmen gehemmt werden, durch Schliessung der Organe, oder allgemeiner dadurch, dass der Gegenstand von dem Organe entfernt wurde. Die Seele war deshalb nicht genöthigt, die Wahrnehmungen durch die Sinne ohne Unterbrechung in sich aufzunehmen. Anders verhält sich dies bei der Selbstwahrnehmung. Hier ist kein Organ der Vermittler und es giebt kein Mittel, die Selbstwahrnehmung zu hemmen. Die Selbstwahrnehmung geht ohne Unterlass fort; ja

es muss angenommen werden, dass überhaupt die Selbstwahrnehmung kein solcher Vorgang in der Seele ist, der erst willkürlich zu dem gegenständlichen Zustande der Seele hinzutritt oder auch nicht hinzutritt. Vielmehr ist jeder Zustand der Seele seiner Natur nach von dem Wissen seiner durchdrungen und untrennbar damit geeint. Mit dem Entstehn der Lust, des Schmerzes, des Begehrens, des Wollens, des Denkens ist auch das Wissen von demselben als Wahrnehmung vorhanden; jedes Sein der Seele hat zugleich seinen Spiegel in ihr.

6) Bei der Einfachheit der Seelenzustände führt dies zu keiner übergrossen Fülle von gleichzeitigen Selbstwahrnehmungen. Aber daneben fliessen zugleich die Quellen der Sinneswahrnehmung. Es häuft sich damit ein reicher Stoff gleichzeitig in dem Wissen der Seele und gemäss ihrer Natur kann nur einzelnes davon in stärkerem Grade bestehen, während das andere so schwach im Grade wird, dass es ohne Wirkung auf die weitere Bewegung der Vorstellungen bleibt und selbst sich für die Wiederkehr (Erinnerung) nicht erhalten kann. Nur jene stärkeren Vorstellungen gelten deshalb als allein in dem Bewusstsein vorhanden, obgleich sie es nur in höherem Grade, als die andern sind; und nur diese stärkern allein bestimmen den Fortgang des Vorstellens und fallen unter die Gesetze der Erinnerung. — In der Regel sind wir, als Wahrnehmende, mit den Gegenständen ausser uns beschäftigt, und selbst, wo sie mit starken Seelenzuständen in ursachlicher Verbindung stehen und von diesen begleitet sind, ist dennoch die Aufmerksamkeit immer auf das ausser uns, nicht auf das in uns gerichtet, d. h. die Vorstellungen der äussern Gegenstände haben den stärkeren Grad. Bei einem Feuer, bei einem Sturm auf der See ist man von den heftigsten Gefühlen und Wollen erfüllt und dennoch ist die Wahrnehmung immer nur auf das Aeusserliche, auf das Feuer, auf den Sturm, und was damit zusammenhängt, gerichtet. Dennoch bleibt die Erinnerung an die hierbei stattgehabten Zustände der Seele lebhaft und dauernd, dies zeigt, dass neben der Wahrnehmung des Aeusserlichen immer eine Selbstwahrnehmung statt hat und dass selbst schwache Grade der Selbstwahrnehmung genügen, um später als Erinnerung wiederkehren zu können.

## Allgemeines zur Selbstwahrnehmung.

1) Da mit der Sinnes- und Selbstwahrnehmung der Stoff alles Gegebenen abschliesst, und der Inhalt der Selbstwahrnehmung in dem gewöhnlichen Vorstellen weniger klar entwickelt ist, als der

der Sinneswahrnehmung, so scheint es am Ort, noch Einzelnes zur Erläuterung dem Vorstehenden anzufügen.

2) Zunächst tritt die Frage auf, ob neben dem Wissen, Fühlen und Begehren auch noch Kräfte in der Seele vorhanden sind. Die Selbstwahrnehmung giebt unmittelbar keinen Zustand der Seele, in dem eine Kraft, wie die bei dem Fühlen des Druckes, gegeben wäre. Das Sein von Seelenkräften ist daher nicht anzunehmen, oder der Begriff dieser Kraft muss ein anderer sein. In den Gefühlen zeigt sich keine Spur irgend einer Kraft; es sind in sich beruhende, einfache, nicht weiter zu bestimmende Zustände der Seele, die, wenn sie auch mit Wirkungen auf den Körper und die Seele verbunden sind, dennoch diese Wirkungen nicht durch besondere Kräfte nach Art der Muskelkräfte oder in einer ähnlichen Weise herbeiführen. Begehren und Wollen sind ebenfalls, wie gezeigt worden, keine Kräfte, sondern nur Erwecker von Kräften oder von Bewegungen im Vorstellen. Der einzige Ort für die Kräfte bliebe daher das Vorstellen. Bei den Vorgängen im Vorstellen, welche die Sprache mit Scharfsinn, mit Urtheil, mit Witz, mit Phantasie, mit Gedächtniss u. s. w. bezeichnet, zeigen sich Unterschiede sowohl nach Zeit und Umständen für eine und dieselbe Seele, als nach den verschiedenen Seelen. Es zeigt sich ferner eine Abhängigkeit dieser Vorgänge von dem Begehren und Wollen; das stärkere Wollen hat eine schnellere oder bessere Erreichung des Zieles innerhalb des Vorstellens zur Folge; endlich zeigen sich dabei die der Muskelkraft entsprechenden Zustände der Anstrengung und der Ermüdung.

3) Diese Umstände zusammengenommen haben zur Annahme von Kräften oder Vermögen der Seele geführt. Indess wird die spätere Darstellung im Abschnitt von dem Seelenvermögen ergeben, dass besondere Kräfte in der Seele nicht zugelassen werden können, und dass diese Aehnlichkeiten in anderer Weise zu erklären sind. Wenn dessenungeachtet in diesem Werke mitunter von Kräften oder Thätigkeiten der Seele gesprochen wird, so geschieht es nur zur Abkürzung des Ausdrucks. In Wahrheit sind darunter nur die Bewegungen und das zeitlich sich Folgen der Vorstellungen zu verstehen, welche ohne besondere Vermittlung von Kräften nach bestimmten Gesetzen sich vollziehen und auf welche, wie auf die Muskelkräfte, das Begehren und Wollen durch die Steigerung des Grades eine unmittelbare Einwirkung hat. Gegen die Annahme besonderer Kräfte zur Hervorbringung dieser Reihenfolge der Vorstellungen nach Art der durch Muskelkraft verursachten Bewegungen sprechen schon bei oberflächlicher Betrach-

tung erhebliche Unterschiede in diesen beiden Arten. Die Bewegung oder zeitliche Folge der Vorstellungen, selbst nach einem festen Ziele hin, geschieht sehr oft auch ohne alle Anregung des Begehrens und Wollens wie von selbst, während die Kraft in den dem Willen unterworfenen Muskeln sich nur auf dessen Anregung entwickelt. Ferner sind die Muskelkräfte und die daraus hervorgehenden Bewegungen unbedingt dem Willen gehorsam, während die Bewegung des Wissens sehr oft dem Willen seinen Dienst versagt. Mein Arm hebt sich ohne Ausnahme, wenn ich will, aber die Rückkehr einer bestimmten Vorstellung, das Trennen und Vereinen der Vorstellungen entzieht sich nur zu oft dem Dienst des Willens. Trotz dem heftigsten Begehren, trotz aller Anstrengung versagt das Gedächtniss seinen Dienst, kann der Dichter nichts schaffen, der Richter nicht den Fall zerlegen und das passende Gesetz finden.

4) Die Seelen der einzelnen Menschen zeigen mannigfache Unterschiede gegen einander. Diese Unterschiede treffen alle Bestimmungen der Seele. In dem Einen überragt die Schärfe des Wahrnehmens, in dem Andern das Gedächtniss oder der Scharfsinn, oder das schöpferische Vorstellen; in jedem sind zwar Lust und Schmerz, aber die Empfänglichkeit für die Ursachen derselben ist bei den Einzelnen verschieden. Der Eine zieht das Wissen, der Andere die Macht und die Ehre, der Dritte die fremde Lust, der Vierte die Lust aus dem Körper den übrigen vor. Die Empfänglichkeit ändert sich auch in dem Einzelnen nach Alter und anderen Umständen. Treten solche Veränderungen in derselben Person plötzlich und in starkem Maasse ein, so hat man Mühe an der Identität der Person festzuhalten und selbst derjenige, in dem die Veränderung vorgegangen ist, kennt sich kaum wieder. Die Unterschiede in dem Begehren, in der Empfänglichkeit für die Achtung sind nicht minder gross.

5) Nach dem gewöhnlichen Vorstellen sind diese Unterschiede theils ursprünglich der Natur der einzelnen Seele angehörig und haben sich in dieser nach eignen Gesetzen entwickelt; theils sind sie die Wirkung äusserer Umstände und fremder Einwirkung. Auf die ursprünglichen Unterschiede beziehen sich die Begriffe der Anlage, der Fähigkeit, des Talents, des Temperaments; jene drei treffen die Unterschiede des Wissens, dieses die Unterschiede des Fühlens und Begehrens. Je nach der Erregbarkeit und der aushaltenden Dauer des Fühlens und Begehrens können vier Temperamente gebildet werden, die aber wenig Werth haben, weil schon innerhalb desselben Menschen das Fühlen und Begehren nach

Unterschied der einzelnen Ursachen und Ziele die verschiedenen Temperamente aufzeigt.

6) Die aus den äussern Einwirkungen hervorgehenden Unterschiede der Seele treten am stärksten im Wissen hervor. Der Inhalt desselben und seine richtige und leichte Handhabung ist das Ergebniss eigener Thätigkeit und fremder Hülfe. Das von Andern mitgetheilte Wissen ist in gegenwärtiger Zeit der weitaus überwiegendste Theil des gesammten Wissens des Einzelnen. — Im Vergleich mit dem Wissen sind die von aussen bewirkten Unterschiede im Fühlen und Begehren der Einzelnen unbedeutend.

7) Als die wichtigste, hier wirksame Ursache erscheint die Erziehung und der Umgang; jene unterscheidet sich von diesem nur durch die Absicht. Bei der Erziehung ist die Hervorbringung von dergleichen Unterschieden geradezu das Ziel. Die Wirkung der Erziehung ist für das Wissen am stärksten; geringer bei dem Fühlen und Begehren. Das Wissen kann durch die Sprache mitgetheilt werden; aber das Fühlen und Begehren ist nicht mittheilbar. Auch die feste Verbindung der Gefühle und Begehren mit ihren Ursachen und Wirkungen liegt ausserhalb der Einwirkung der Erziehung; alles was sie vermag, ist, die Empfänglichkeit für einzelne Ursachen der Gefühle zu ändern, die Grade des Begehrens durch Erregung entgegenstehender Begehren zu mindern und die Achtung vor den Urhebern der sittlichen Gebote durch thätiges Beispiel und andere Mittel zu verstärken. Der Umgang hat keine anderen Mittel wie die Erziehung für seinen Einfluss auf die Seele; sie gelten hier aber nicht als Mittel, weil ihre Wirkung nicht sein Zweck ist.

8) Auf die von aussen bewirkten Unterschiede der Seele beziehen sich die Begriffe der Cultur und Bildung. — Bildung ist weniger ein grösseres Wissen als eine besondere Empfänglichkeit und feinere Empfindlichkeit für einzelne Ursachen der Lust und des Schmerzes. Bei dem Gebildeten herrscht im Allgemeinen eine grössere Empfindlichkeit, während der Ungebildete einer stärkeren Anregung bedarf. Bei dem Gebildeten ist die Empfänglichkeit für die Lust aus dem Wissen, aus der Ehre, aus der Schönheit und aus der Vorstellung der kommenden Lust stärker; während der Ungebildete mehr für die Lust aus dem Körper, aus der Macht und Gegenwart empfänglich ist. Im Umgang zeigt sich die feinere Empfindlichkeit des Gebildeten vorzüglich in seiner Lust aus fremder Lust; daher seine Vermeidung von Allem, was den Andern verletzt, und seine scharfe Erkenntniss der Unterschiede in den Persönlichkeiten mit der daraus hervorgehenden unterschiedenen Behandlung des Einzelnen, während der Ungebildete sich nur in den

gröberen auf den Durchschnitt berechneten Formen des Umganges und der Höflichkeit ohne Rücksicht auf Individualität bewegt. — Im Kinde sind die ursprünglichen Unterschiede der Seele überwiegend, in dem Alter die abgeleiteten.

9) Der Unterschied der Menschen von sonst und jetzt ist nach Ausweis der Geschichte nicht erheblich. Das Wissen als ein der Ansammlung fähiger Vorrath ist gewachsen, und zwar das Wissen des Besonderen ebenso wie des Allgemeinen; aber das Wissen der einzelnen Menschen ist nicht in diesem Verhältniss gewachsen. Der Einzelne benutzt die entdeckten Naturgesetze, die Ergebnisse der Wissenschaft, die erfundenen Instrumente und Maschinen, aber die Summe seines Wissens ist deshalb wenig grösser als früher. Im Fühlen und Begehren ist offenbar der Unterschied gegen sonst noch geringer; die Ursachen der Gefühle sind genau dieselben geblieben, nur in der Empfänglichkeit für einzelne dieser Ursachen haben sich Unterschiede entwickelt. Auch die Zustände der Achtung haben sich im Durchschnitt nicht verändert und das sittliche Handeln des Einzelnen hat deshalb nicht zugenommen. Die gesteigerte Kenntniss der Natur und der Seele und die daraus hervorgegangene geschicktere Behandlung der Naturkräfte und die zweckmässigere Gestaltung des menschlichen Verkehrs haben auch die Wege, die der Einzelne zu wandeln hat, bequemer gemacht und die Ausschreitungen daraus erschwert. Deshalb hat äusserlich betrachtet das sittliche Handeln im Lauf der Zeit sich gesteigert; aber in Wahrheit ist es nur die gestiegene Erkenntniss, dass das sittliche Gebot auch der zuverlässigste Weg zur Lust ist; deshalb hält sich auch der blos klug Handelnde jetzt mehr innerhalb der Gebote der Sittlichkeit.

10) Die Geschichte der Völker hat denselben treibenden Kern, wie das Leben des Einzelnen, nehmlich die Gefühle. Alle Entwicklungen und grossen Umgestaltungen in der Geschichte der Völker beruhen auf einer allgemeinen Aenderung der Empfänglichkeit für bestimmte Arten der Lust. Dies führt zu gemeinsamen veränderten Begehren und zur Vereinigung der Kräfte für die Erreichung der neuen Ziele, welche als die neue Quelle der Lust in Geltung getreten sind. Das gesteigerte Wissen dient dabei nur zur Verbesserung der Mittel für diese Ziele. Das ethische Element verschwindet in diesen Bewegungen der Massen völlig; es wird dabei nur als Vorwand und Mittel benutzt. Das Volk in solchem gemeinsamen Handeln ist selbst jene gewaltige Macht, jene Majestät, welche wohl den Einzelnen mit Achtung erfüllt, aber nicht selbst davon erfüllt werden kann, da ihm nichts Grösseres gegenübersteht.

11) Ein geschichtlicher Fortschritt der Menschheit zeigt sich nur im Wissen, und in den von diesem abhängenden Folgen. Das von dem Einzelnen erworbene Wissen ist mittheilbar und geht deshalb als Wissen überhaupt mit seinem Tode nicht unter. Aber die Entwicklung des Einzelnen nach der Seite seines Fühlens, Begehrens und sittlichen Handelns ist nicht, wie das erworbene Wissen, übertragbar; die mühsamsten Errungenschaften in diesem Gebiete gehen mit dem Tode des Einzelnen völlig unter; jeder muss diese Wege von vorne beginnen. Es ist deshalb natürlich, dass der Einzelne hierin jetzt nicht weiter kommt, wie früher. Die Einflüsse der Erziehung sind, wie gezeigt worden, nur gering und werden durch den oft entgegengesetzten Einfluss des Verkehrs und Umganges noch geringer. — Das gesteigerte Wissen führt aber zu einer gesteigerten Macht über die Natur und zu einer Auffindung besserer Formen für die Gemeinsamkeit des Lebens. Diese besseren Formen gewähren die Lust schneller, sicherer und mit geringerem Schmerz in den Mitteln. Aber wichtiger noch ist jener Fortschritt der Gestaltungen des gemeinsamen Lebens, welcher aus der Erkenntniss hervorgeht, dass die Lust des einen in keinem ausschliessenden Gegensatz zu der Lust des andern steht. Die schon von Natur der Seele inwohnende Lust an fremder Lust wird alsdann von hemmenden Fesseln befreit und auf ihr ruhend, entwickelt sich als Grundlage der sittlichen Formen der Grundsatz der gleichen Lust für Alle, welche in der neuesten Geschichte als „Freiheit, „Gleichheit, Brüderlichkeit" ausgesprochen worden ist.

12) Das Endergebniss ist hiernach, dass der geschichtliche Fortschritt der Menschheit nur in dem gesteigerten Wissen und in der gesteigerten Lust besteht, während in den Kräften, in dem Begehren, in dem freien Wollen, in dem sittlichen Handeln und in deren Verhältniss zu einander niemals ein Fortschritt stattfindet. Das Ziel, wohin der Fortschritt gerichtet ist, kann nach dem Obigen für alle Ewigkeit kein anderes sein, als die Steigerung der Lust.

13) Die Darstellung der Zustände und Bestimmungen der Seele ist in diesen Abschnitten nur an der Hand der Selbstwahrnehmung erfolgt. Was sie bietet und giebt ist einfach, ohne Aenderung genommen und zusammengestellt worden. — Der Durst des Wissens und einzelne dabei hervortretende Schwierigkeiten haben indess weiter getrieben; man hat noch ein zweites Sein hinter dem Gegebenen gesucht; das vermeintliche wahre Sein, oder das Ding an sich, zu dem das von der Wahrnehmung gegebene nur die Erscheinung sein soll. Dies Sein des Körperlichen und der Seele hinter ihrer vermeintlichen Erscheinung hat bisher den Hauptinhalt

der Philosophie gebildet. Es ist indess vor Allem nöthig, die volle Kenntniss des Inhaltes der vermeintlichen Erscheinungen zu gewinnen, ehe zu jenem andern Sein, das ausserhalb der Wahrnehmung liegen soll, der Weg angetreten werden kann.

14) Mit den von der Sinneswahrnehmung und Selbstwahrnehmung dem Wissen gelieferten Bestimmungen ist der Inhalt des Seienden, ist die ganze Welt, so weit wir von ihr wissen können, erschöpft. Alles was die Seele für die Erkenntniss des Seienden ihrerseits dabei noch thun kann, ist die Bearbeitung dieses von der Wahrnehmung Gegebenen. Diese Bearbeitung zerfällt in das Trennen, Vereinen und Beziehen dieses Gegebenen. Aber der Inhalt des Seienden wird damit nicht vermehrt, sondern im Dienste des Wissens vereinzelt oder verbunden, nur um leichter und tiefer in das Sein eindringen zu können. Wird das so Bearbeitete näher untersucht, so zeigt sich, dass es von Anfang ab schon in dem Wahrgenommenen enthalten war.

# Das bildliche Vorstellen.

1) Die Sinnes- oder Selbstwahrnehmungen liefern der Seele den Stoff sowohl, wie die Formen des Gegenständlichen. Es giebt Nichts in der Welt, was in einer andern Weise, als in den von der Wahrnehmung empfangenen Bestimmungen vorgestellt werden könnte. In den kühnsten Gebilden der Dichter und den tiefsten Abstraktionen der Philosophen, die alle Wahrnehmungen verächtlich von sich weisen, finden wir nichts als dieselben Bestimmungen des Wahrgenommenen, wie sie in den frühern Abschnitten dargelegt worden sind, nur in anderer Verbindung und Trennung. Allerdings hat die Seele auch ein schöpferisches Vorstellen, und selbst in einzelnen beschaffenheitlichen Grundbestimmungen kann sie damit Bestimmungen bilden, die ihr in der Wahrnehmung bis dahin noch nicht gegeben waren. Aber solche Bestimmungen gelten der Seele nicht als ein Seiendes, und ihre Bedeutung tritt gegen den empfangenen Stoff gänzlich zurück.

2) Während der Seele in dem Wahrgenommenen ein reiches Material gegeben ist, verhält sie sich zu diesem nicht immer nur empfangend. Es zeigt sich eine mannigfache Bearbeitung dieses Gegebenen innerhalb der Seele und die Ergebnisse dieser Arbeit nehmen oft eine so besondere Natur an, dass sie in einen Gegensatz zu dem Wahrgenommenen gerathen, der von dem gewöhnlichen Vorstellen sowohl wie von der Wissenschaft oft missverstanden und zu einer völlig irrigen Auffassung dieser Ergebnisse geführt hat.

3) Das nächste, was die Seele mit dem Inhalte der Wahrnehmung beginnt, ist seine Befreiung aus den Mächten des Seins. Dies geschieht durch die Umsetzung des wahrgenommenen Inhalts in einen bildlich bloss vorgestellten. Ich sehe diesen Menschen; er biegt um das Haus und verschwindet mir aus den Augen; dennoch schwebt mir sein Bild noch vor, mit den Farben, der Gestalt, der Grösse, die ich zuvor gesehen hatte. Die Töne einer gehörten Melodie treten ein andermal so deutlich in mir hervor, dass ich sie singen, in ein Wahrzunehmendes umsetzen kann; die Freude, die ich am verflossenen Weihnachtsfeste gehabt, kann ich mir noch heute, nach Monaten, deutlich vorstellen. Dies gilt von den Wahrnehmungen aller Sinne und von jedem Inhalt der Selbstwahrnehmung; kein Gegenstand dieser Wahrnehmungen kann sich dem bildlichen Vorstellen entziehn. — Die bildliche Vorstellung bedarf keiner Zwischenzeit zwischen ihr und dem Wahrnehmen. Ich sehe dieses brennende Licht; ich schliesse die Augen; sofort ist die bildliche Vorstellung dieses Lichts in mir; ich öffne die Augen und die bildliche Vorstellung verschwindet wieder in der Wahrnehmung.

4) Der Unterschied der bildlichen Vorstellung gegen die Wahrnehmung liegt nicht in dem geringeren Inhalte, nicht in dem schwächeren Grade, sondern nur in dem Einen, dass nur die Wahrnehmung, nicht aber die bildliche Vorstellung, das Sein ihres Inhalts giebt. Darin allein sind sie unterschieden, und daran allein unterscheidet sie das Ich. Die bildlichen Vorstellungen sind in den meisten Fällen allerdings schwächer im Grade, ärmer im Inhalt, aber dies ist ihnen nicht wesentlich. Wenn durch besondere physiologische Umstände, im Traume, im Irrsinn die bildliche Vorstellung auch das Sein giebt, so gilt sie der Seele als Wahrnehmung, und der Irrthum muss aus Anderem festgestellt werden. Hume im II. Abschnitt seiner Untersuchung über den menschlichen Verstand setzt den Unterschied zwischen Wahrnehmung und bildlicher Vorstellung lediglich in den höhern Grad der Stärke und Lebhaftigkeit jener. Er vermischt auch dabei den Schmerz und die Lust mit der Wahrnehmung derselben. Er sagt: „In einer Anwandlung von Zorn wird einer ganz anders affizirt, als derjenige, der sich „diese Gemüthsbewegung blos vorstellt. — Dies bestreitet Niemand; aber es handelt sich hier nicht um den Unterschied zwischen Gefühl (Lust und Schmerz) und Wissen, nicht um den Unterschied von Sein und Wissen, sondern um den Unterschied in den beiden Arten des Wissens, um den Unterschied zwischen der Wahrnehmung und blossen Vorstellung.

5) Allerdings findet sich auch in dem bildlichen Vorstellen die

Bestimmung des Seins. Ich kann mir einen Vogel mit einem Menschenkopf vorstellen, aber ich weiss dabei, dass solch Vorgestelltes kein Sein hat. Ich trenne hier das Sein von dem Vorgestellten. Umgekehrt stelle ich mir den weggegangenen Freund vor und weiss, dass er noch lebt, *ist*. Hier habe ich auch ohne Wahrnehmung die Vorstellung des Seins und verbinde sie mit dem Bilde meines Freundes. Wenn dessenungeachtet der Unterschied von Wahrnehmung und bildlicher Vorstellung in dem *Sein* liegt, so erhellt, dass das von der Wahrnehmung gegebene Sein mehr als Vorstellung ist, dass dies Sein sich nicht blos auf das Vorstellen, sondern auf ein Anderes stützt, und dieses Andere kann nur eine *Empfindung* sein, die am verständlichsten in dem Bilde einer Berührung, eines Druckes vorgestellt werden kann. Bei dem Wahrnehmen stösst das Ich auf das fremde Sein; es hat nicht blos eine Vorstellung davon, sondern auch eine Empfindung; eine *seiende* Bestimmung des Ich vereint sich hier mit dem blossen Wissen der Seele und bildet zusammen die Wahrnehmung. In der bildlichen Vorstellung ist genau derselbe Inhalt, wie in der Wahrnehmung, aber jene Empfindung, jene *seiende* Bestimmung der Seele fehlt, und deshalb hat diese Vorstellung, dieses Bild, wenn es auch noch so treu ist, nicht die Berührung seines Gegenstandes und nicht die Gewissheit von dessen Dasein.

6) Das Sein der Wahrnehmung wird, zum Unterschied des bloss vorgestellten Seins, oft das *wirkliche* Sein genannt. Indess ist mit diesem Wort innerhalb des blossen Vorstellens kein Unterschied gesetzt. Sein oder wirkliches Sein, wenn davon nur gesprochen wird, wenn sie nur *vorgestellt* werden, sind dasselbe. Im Vorstellen giebt es nur *ein* Sein, und dies ist das vorgestellte Sein der Wahrnehmung, das vorgestellte *wirkliche Sein*. Da innerhalb des Seins selbst es keine zwei Arten desselben giebt, so kann auch innerhalb des blossen Vorstellens es deren nicht zwei Arten geben Der Unterschied des vorgestellten Seins von dem wahrgenommenen Sein betrifft nicht die Natur des Seins, sondern den *Weg*, auf dem es erreicht werden kann. Nur das Wahrnehmen erreicht das Sein; das blosse Vorstellen kann es nicht erreichen, es kann nur sein *Bild* in sich aufnehmen; aber es kann nie *es selbst* geben; dieses ist nur allein der Wahrnehmung möglich.

7) Die Wahrheit dieser Auffassung tritt von selbst durch eine eingehende Vergleichung des Wahrnehmens und des bildlichen Vorstellens heraus; sie kann nicht anders bewiesen werden; jeder wird sie in sich finden, wenn er versteht, beide Zustände rein zu erfassen

und begrifflich zu trennen. — Nur bei dieser Auffassung des bildlichen Vorstellens ist der ontologische Beweis von dem Dasein Gottes zu widerlegen. Es giebt allerdings Gesetze, oder allgemeine Verbindungen Unterschiedener, so dass wenn das Eine ist, auch das Andere sein muss; und mit Hülfe solcher Gesetze kann auch an das Sein des Einen das Sein des Andern geknüpft oder daraus abgeleitet werden. Aber dies gilt immer nur innerhalb ein und desselben Gebietes, entweder des blossen Vorstellens oder des Seins; und diese Gesetze sind unbrauchbar, um damit aus dem Kreise des Vorstellens in den Kreis des Seins hinüberzugelangen. Wenn ich ein vollkommenes Wesen mir vorstelle, so mag ich vermöge des Begriffes von Vollkommen genöthigt sein, auch das Sein diesem vollkommenen Wesen beizulegen, aber dieses Folgern bewegt sich nur im blossen Vorstellen, und das Sein, was ich ihm beilege, ist auch nur das vorgestellte Sein. Anselm sagt zwar, das wirkliche Sein sei noch mehr als das bloss vorgestellte Sein, und deshalb folge aus der vorgestellten Vollkommenheit auch das wirkliche Sein. Aber der Fehler Anselms liegt in diesem: Noch mehr; das wirkliche Sein ist nicht: noch mehr; d. h. ich kann im Vorstellen und Denken überhaupt nicht mehr erreichen, als dieses vorgestellte Sein; es ist damit schon das wirkliche Sein der Wahrnehmung vorgestellt und gemeint; aber dieses wirkliche Sein selbst fehlt dem blossen Vorstellen, weil dieses und der Weg zu dem wirklichen Sein nur durch die Wahrnehmung gewonnen werden kann; weil das Vorstellen auch in seiner höchsten Steigerung nie diesen Weg ersetzen kann. Der Unterschied zwischen dem Sein der blossen Vorstellung und des Wahrnehmens ist unsagbar, er ist kein Mehr oder Weniger, er liegt gar nicht innerhalb des Vorstellens und Wissens, sondern in dem Unterschied zwischen Wissen und Empfinden; erst mit diesem Empfinden, mit dem Wahrnehmen ist das wirkliche Sein erreicht; erst dadurch erfüllt sich die vorher nur bildliche, wenn auch noch so getreue Vorstellung in allen ihren Bestandtheilen mit diesem Gefühl der Berührung, was allein die Offenbarung des fremden Seins enthält.

8) Kant und Herbart haben den ontologischen Beweis Anselms damit zu bekämpfen gesucht, dass sie das Sein nicht als Prädikat eines Dinges gelten lassen. Kant bedient sich sogar des sonderbaren Ausdruckes: Sein sei kein reales Prädikat. Kant fährt dabei fort: „Das Wirkliche enthält nichts mehr als das blos mögliche; 100 wirkliche Thaler enthalten nicht das Mindeste mehr, „als 100 mögliche.“ Hier erkennt man wohl, was Kant meint, aber sein Ausdruck ist unrichtig. Innerhalb des blossen Vorstellens ist

jedenfalls das Sein eine dem übrigen Inhalt hinzufügbare oder davon trennbare Bestimmung (Prädikat). Die Vorstellung: das grosse Loos gewonnen zu haben, ist vollkommen bestimmt und scharf; es fehlt ihr nur die Bestimmung des Seins; kommt die Nachricht von dem Collecteur, dass ich gewonnen habe, so ist die nunmehrige Vorstellung durch die Bestimmung des Seienden allerdings bereichert. Die Nachricht, dass mein irrthümlich für todt geglaubter Freund noch lebt, fügt der Vorstellung des Freundes die Bestimmung des Seins hinzu. Innerhalb des Vorstellens ist deshalb das Sein ein wirkliches Prädikat der Dinge, was ihnen genommen oder gegeben werden kann. Innerhalb des Seins dagegen ist es natürlich kein Prädikat mehr, denn das Sein ist überhaupt dann die Bestimmung, innerhalb deren sich alles bewegt, und die Grundlage von allem; in jeder einzelnen Bestimmung ist dann das Sein von selbst enthalten. Da nun Anselm seinen Beweis innerhalb des Vorstellens beginnt, so kann er nicht damit angegriffen werden, dass das Sein kein Prädikat der (vorgestellten) Dinge sei; innerhalb des Vorstellens ist dies allerdings der Fall und Anselm kann nur damit widerlegt werden, dass er auch mit seinem vorgestellten wirklichen Sein nicht aus dem Kreis des Vorstellens herauskommen kann; dass das Sein auf diesem Wege nicht erreichbar ist.

9) Welcher Zustand der Seele dem bildlichen Vorstellen im Gegensatz zu dem Wahrnehmen zu Grunde liegt, ist in der Selbstwahrnehmung beider nicht gegeben. Vermöge der Natur des Wissens, welches sein Sein hinter den abgespiegelten Inhalt Anderer verhüllt, ist auch der seiende Unterschied seiner Arten nicht erkennbar. Ein solcher Unterschied muss allerdings vorhanden sein, denn woran sollte sonst die Seele sie von einander getrennt halten; aber es ist vergeblich ihn durch Bestimmungen aus der Sinneswahrnehmung erfassen zu wollen.

10) Die Bedeutung der bildlichen Vorstellung für das Wissen der Seele ist nicht hoch genug anzuschlagen. Ohne sie wären wir in unserm Vorstellen denselben Mächten, wie im Sein unterworfen. Wir hätten nur Wahrnehmungen; mit dem Gegenstande verschwänden die Vorstellungen, das Vergangene wäre auch aus der Seele verloren, das Gedächtniss, die Erinnerung überhaupt unmöglich. Mit der bildlichen Vorstellung ist daher die Seele erst Herr über den ihr einmal gegebenen Inhalt; er gehört dann ihr allein und das Sein mit seinen Gewalten hat über diesen Inhalt keine Macht mehr. Aristoteles sagt in seiner Metaphysik, Kap. 1: „Von „Natur haben die Thiere das Vermögen der sinnlichen Wahr-„nehmung; aus der sinnlichen Wahrnehmung erzeugt sich bei einem

„Theile derselben Erinnerung, bei andern nicht; weswegen auch die „ersteren verständiger und gelehriger sind, als die letztern, die keine „Erinnerung haben. — Dem Menschen erwächst die Erfahrung aus „der Erinnerung in der Art, dass die Summe von Erinnerungen an „gleichartige Vorgänge am Ende den Werth einer gemachten Er- „fahrung erhält.“ — Unter Erinnerung meint hier Aristoteles die bildliche Vorstellung.

## Das Trennen im Vorstellen.

1) Die erste Behandlung des von der Wahrnehmung Empfangenen durch die Seele ist das Trennen desselben: sein Ergebniss sind die Trennstücke. Das Trennen kann sich an der Wahrnehmung so gut, wie an der bildlichen Vorstellung vollziehen.; es wird zur Abkürzung deshalb nur eines genannt werden. Das Trennen ist kein wirkliches Trennen, wie es geschieht bei dem Spalten des Holzes, bei dem Rupfen der Gänse, beim Amputiren der Glieder. Das Trennen als ein Thun der Seele und in der Seele vollzieht sich nur an der Vorstellung oder Wahrnehmung, und seine Trennstücke sind nur im Vorstellen getrennt, während der Gegenstand in seinem Sein unverletzt bleibt. Aber dennoch ist das Trennstück seiend, so gut wie das Ganze, aus dem es getrennt worden; als Theil des Ganzen muss es auch an dem Sein des Ganzen Theil haben. Das Trennstück ist das Gegenständliche der Trennvorstellung.

2) Dies Trennen geschieht in vierfacher Weise. Die erste ist das theilende Trennen. — Es ist die Nachahmung des wirklichen Trennens. Diesen Baum trenne ich in seinen Stamm, seine Zweige, seine Blätter; diesen Hund in Kopf, Rumpf, Beine und Schwanz. Die Erde trenne ich in die nördliche und südliche Halbkugel; am Himmel trenne ich den Thierkreis; dies Musikstück trenne ich in seine Takte, die Weltgeschichte in Perioden, den Tag in Stunden und Minuten.

3) Dies Trennen vollzieht sich dadurch, dass die Theile räumlich oder zeitlich auseinander vorgestellt werden, sei es auch nur getrennt durch eine feine Linie. Das Aneinander, das Stetige muss aufgehoben werden; damit ist die Trennung vollzogen. Das Trennen kann aber auch dadurch vollzogen werden, dass die übrigen Stücke, mit Ausnahme eines, aus dem Vorstellen verschwinden und nur dies eine bleibt; seine Trennung von den Andern ist dann ebenfalls erreicht Diese Art des Trennens kann von dem Begehren dadurch bewirkt werden, dass die Stärke eines Stückes dem

Grade nach sehr erhöht, d. h. die Aufmerksamkeit darauf gesteigert wird. Die Trennstücke dieses theilenden Trennens sind die Theile und ihre Vorstellungen die Theilvorstellungen. — So unbedeutend diese Thätigkeit der Seele erscheint, so wichtig ist sie dennoch als Grundlage für viele Wissenschaften. Die Geometrie, Astronomie, Geographie, Chronologie wären ohne sie nicht vorhanden. Aber für alles Beobachten liefert dies Trennen die wichtigste Hülfe, indem es durch Isolirung des zu Untersuchenden und Beseitigung des Andern erst die Möglichkeit der Beobachtung gewährt. Der Physiolog könnte die Muskelbewegung nicht beobachten, wenn er stets die Vorstellung des ganzen Körpers und aller seiner Theile bei dem Beobachten in der Seele gegenwärtig haben müsste.

4) Die zweite Art des Trennens ist das eigenschaftliche Trennen. Von diesem Trennen hat bereits bei der Lehre der Wahrnehmung Gebrauch gemacht werden müssen. Alle jene Bestimmungen, in welche das Gesehene, das Gehörte, das Selbstwahrgenommene u. s. w. aufgelöst worden sind, sind durch das eigenschaftliche Trennen des einen Wahrgenommenen gewonnen worden, und sind die eigenschaftlichen Trennvorstellungen. Dies Trennen kann noch weiter gehen, als dort geschehen ist. Aus Raum und Zeit kann das Stetige, aus den Gestalten der Kreis dadurch getrennt werden.

5) Das Trennen vollzieht sich hier so, dass das Ineinander dieser Bestimmungen aufgehoben und jede in dieser Beziehung von einander gesondert vorgestellt wird. Es bleiben dann die sämmtlichen eigenschaftlichen Bestimmungen in dem Vorstellen gesondert, etwa in der Weise, wie sie bei dem Anhören einer Definition in der Seele sich häufen, ehe ihre Vereinigung geschehen ist. Das Trennen kann aber auch in der Weise sich vollziehen, dass sämmtliche obige Bestimmungen bis auf die eine, auf deren Trennung es abgesehen ist, aus dem Vorstellen verschwinden, wie bei dem theilenden Trennen. Das eigenschaftliche Trennen, in der einen oder andern Weise, ist der Seele schwerer, wie das theilende Trennen. Die Seele hat Mühe, die einzelnen Bestimmungen, wie z. B. Gestalt und Grösse aus einander zu bringen, oder eine ganz zu vergessen, und nur die andere festzuhalten. Da dies nur durch Verminderung des Grades geschehen kann, so hat solches Trennen selbst seine Grade und wird selten vollständig ausgeführt; die meisten Menschen bleiben bei einem Vorstellen stehen, was die zu entfernenden Bestimmungen nur zu einem schwächeren Grade herabbringt, im

Vergleich zu der, welche das Trennstück bilden soll. Die Uebung erleichtert dieses Trennen sehr; jedem gelingt es in den Gebieten am leichtesten und vollständigsten, wo er zu solchem Trennen täglich genöthigt ist. So sieht der Lehrer der Mathematik in seinen geometrischen Figuren nichts als die Bestimmungen der Grösse und Gestalt; Farbe, Zeit, Ruhe u. s. w. sind beseitigt; so sieht der Chemiker nur den Stoff, Eisen, Thon; die Gestalt bemerkt er nicht. Bei dem Lesen sieht jeder nur die Gestalt der Buchstaben, nicht ihre Grösse; wenn man das Buch zumacht, wird es schwer sein, die Grösse der Lettern anzugeben. — In der Entfernung der Sterne von einander sieht man die reine Raumgrösse; in den Pausen der Musik hört man die reine Zeitgrösse. — Das eigenschaftliche Trennen ist nur im Vorstellen möglich, nicht im Sein; aber dennoch entspricht der eigenschaftlichen Trennvorstellung ein seiendes Trennstück, eine seiende Eigenschaft im Gegenstande.

6) Die Bedeutung dieses Trennens für das Wissen überhaupt liegt auch hier in der Möglichkeit, die Aufmerksamkeit auf einzelne Eigenschaften zu verstärken. Dann ist dieses Trennen der erste Uebergang zu dem Allgemeinen. Die getrennten Eigenschaften sind zwar noch Eigenschaften dieses Einzelnen, aber sie finden sich zum Theil schon genau so in Anderen; die Gestalt des Kreises, das reine Roth, der bestimmte Grad ist in allen Einzelnen derselbe. Das eigenschaftliche Trennen ist die Vorarbeit für das spätere begriffliche Trennen; da, wo es aufhört, nimmt das begriffliche Trennen seinen Anfang.

7) Die dritte Art des Trennens ist das entmischende Trennen. — Schon in der Lehre der Wahrnehmung ist bemerkt worden, dass die ersten Bestimmungen jedes Sinnes sich bald als einfach, bald als aus diesen gemischt dem Wahrnehmen darstellen. Diese Bestimmung des Gemischten beruht auf dem entmischenden Trennen. Wäre dieses nicht, so würde die Mischung, ebenso wie die einfachen, als einfach gelten. Die gemischten Farben in dem Spektrum gelten in der Physik so einfach wie die andern; die Geschwindigkeit der Wellenbewegung des Aethers ist nur eine andere. Dennoch nimmt sie das Sehen als gemischt und das Weiss als einfach, obgleich dies nach der Physik die gemischteste Farbe von Allen ist. Mischungen für das Hören sind die Harmonie in der Musik, die Sylben der Worte im Sprechen; für das reine Fühlen das Kalte, Glatte des Eises, das Rauhe, Warme des thönernen Ofens; für das thätige Fühlen die zu einer Bewegung sich mischende Bewegung der mehreren Glieder des Armes; für das Schmecken beinahe alle gebräuchlichen Gerichte; für das Riechen die Räucherpulver; für die Selbst-

wahrnehmung die Mischung von Lust mit Schmerz; die Mischung von mehreren sich unterstützenden Begehren; die Affekte und der Leidenschaften. Auch die Gestalt unterliegt dem entmischenden Trennen.

8) In der Mischung sind die Elemente in einer stärkern Vereinung als dem blossen Ineinander der Eigenschaften. Bei der Mischung kommt zu dem Ineinander der Elemente noch eine tiefere Durchdringung derselben, wodurch ein jedes der Elemente nicht die Selbstständigkeit behält, wie sie bei den Eigenschaften trotz ihres Ineinander noch vorhanden ist. Deshalb ist das entmischende Trennen an sich schwieriger, wie das eigenschaftliche Trennen. Die Trennstücke jenes werden Elemente genannt. — Das Trennen geschieht ganz in der Weise, wie es bei dem eigenschaftlichen Trennen dargelegt worden ist. Die Elemente sind nichts Neues für das Vorstellen, vielmehr die eigenschaftlichen Trennstücke, die die zweite Art des Trennens ergiebt. Nur bei der Gestalt ist es anders. Aus der körperlichen Gestalt werden durch das entmischende Trennen die Flächen und die Ecken, aus der Flächen-Gestalt die Linien und Winkel, aus der Gestalt der Linie der Punkt getrennt.

9) Die entmischten Trennstücke oder Elemente sind nicht blos im Vorstellen, sondern sind auch im Gegenstande; sie haben ein Sein so vollständig, wie der Gegenstand, aus dem sie, wenn auch nur im Vorstellen, ausgesondert worden sind. Dies gilt nicht blos für die einfachen ersten Bestimmungen, für Farben, Töne u. s. w. sondern auch für die Elemente der Gestalt, für Flächen, Linien, Winkel, Punkte. Das gewöhnliche Vorstellen sowohl wie die Wissenschaft nehmen bei den Elementen der Gestalt das Gegentheil an; sie behaupten, dass diese Elemente kein Sein haben, sondern nur im Vorstellen enthalten sind. Aber dem widerspricht schon die Natur der Vorstellung. Sie kann nicht bestehen ohne ein Gegenständliches; sie ist nur das Bild eines solchen und kann nicht sein ohne diesen. Hat nun der volle Gegenstand als wahrgenommener ein Sein, so muss auch jedes besondere, was in diesem Gegenstande enthalten und durch irgend ein Trennen, wenn auch nur geistig, ausgesondert vorgestellt wird, an diesem Sein Theil nehmen. Solches Trennen, was sich nur geistig vollzieht, kann das Sein des Gegenstandes nicht zerstören. Die Trennvorstellungen geben das Bild eines einzelnen Stückes, aber da die Trennung nur im Vorstellen am Gegenstande vollzogen wird, so trifft die Trennung zwar den Inhalt des Gegenstandes, aber sie zerstört nicht sein Sein.

10) Alle Bedenken hiergegen gelten nur für das in Wirk-

lichkeit getrennte und abgesonderte Sein solcher Elemente. Ein solches wird hier nicht behauptet, sondern nur ein Sein dieser Elemente bei der blos geistig vollzogenen, blos vorgestellten Trennung ihres Gegenstandes. Es ist dieses kein Wortstreit. Es ist von der höchsten Bedeutung für die weitere Entwicklung, ob solche Trennstücke nur als Vorstellungen behandelt werden, deren Inhalt kein Wirkliches anzeigt, oder ob die volle Wirklichkeit und das Sein des Inhaltes bei ihnen ebenso gilt, wie bei dem ganzen Gegenstande. — Bei dem ersten Trennen, bei dem theilenden Trennen hat das gewöhnliche Vorstellen kein Bedenken, das Sein des Theiles als eine Folge des Seins des ganzen Gegenstandes gelten zu lassen, obgleich der Kopf des Menschen in wirklicher Trennung vom Leibe sein früheres Sein auch verliert. Was man hier gelten lässt, muss aus dem gleichen Grunde für jedes andere Trennen des Gegenstandes ebenfalls gelten; denn jedes Trennen zerstört nur die Verbindung, aber nicht das Sein. Auch das eigenschaftliche und entmischende Trennen nimmt dem Gegenstande nichts von seinem Sein, sondern löst nur eine besondere Verbindung seiner Unterschiede, die dabei unverändert an dem Sein des Ganzen Theil nehmen. Nur eine wirkliche Trennung könnte hierüber Zweifel veranlassen; eine solche möchte vielleicht das Sein mit angreifen; aber ein Trennen im Vorstellen hat in seinem Thun nicht diese zerstörende Wirkung auf das Sein.

11) Daraus folgt weiter, dass die eigenschaftlichen und elementaren Trennstücke eines wahrgenommenen Gegenstandes ebenfalls wahrgenommen werden. So gut, wie aus der bildlichen Vorstellung alle anderen Stücke bis auf die Farbe, die Grösse, die Gestalt oder eine andere Bestimmung entfernt werden können, so gut kann dies auch bei einer Wahrnehmung geschehen; und der Umstand, dass in der Mehrzahl der Fälle diese Trennung nicht vollständig ausgeführt wird, erschüttert nicht die Wahrheit des Satzes. Einzelne Beispiele sind schon oben gegeben. An der Fläche sieht man nicht blos die Fläche, sondern auch ihr Ende, die Linie; sie ist in der Wirklichkeit allerdings nicht lösbar von der Fläche, sie hat in der Wirklichkeit kein abgetrenntes Sein, aber dies hindert nicht, in der Wahrnehmung diese Linie sich besonders, oder für sich vorzustellen und die Wahrnehmung auf dieses Stück allein zu beschränken. Dasselbe kann mit dem Ende der Linie, dem Punkte geschehen. Die reine Aussonderung des Winkels hat für den Anfänger ihre Schwierigkeiten; die Schüler können nur nach und nach die Grösse der Schenkel davon getrennt halten aber durch Uebung wird es ihnen fortschreitend leichter und ist

die Trennung einmal gelungen, so sind sie vollkommen im Stande, auch das Sehen auf das Sehen des reinen Winkels zu beschränken und alle anderen Bestimmungen, die dem noch anhaften, durch Herabdrückung ihres Grades bei dem Sehen entfernt zu halten.

12) Alle Zweifel gegen die seiende Natur der Grenzen, sei es Fläche, Linie, oder Punkt, entspringen aus der stetigen Natur des Raumes und aus der hieraus sich ergebenden Folge, dass ein und derselbe Punkt bei der Berührung Theil der einen und der andern Grösse oder Gestalt ist. Mittelst der verneinenden Beziehung kann dann derselbe Punkt, der erst als ein Sein gilt, auch zugleich als ein Nichts behauptet werden, je nachdem der Punkt auf das Andere bezogen wird oder nicht. Diese Beziehungen treffen aber nicht das Sein, sondern sind nur Formen des Wissens, wie später dargelegt werden wird.

13) Beispiele des entmischenden Trennens im Wahrnehmen liefert der Maler, welcher in den feinsten Nuancen sieht, wie viel von dieser und von jener Farbe darin enthalten ist; der Musikdirektor, welcher in dem Gesammtton des Orchesters hört, welcher Musiker falsch spielt; der Koch, welcher bei dem Kosten schmeckt, ob dem Gericht noch Salz oder Zucker fehlt; der Seelenbeobachter, welcher in seinem Zorn die elementaren Bestimmungen von Fühlen, Wollen und Wissen wahrnimmt. — Die Bedeutung des entmischenden Trennens ergiebt sich aus diesen Beispielen. Es ergänzt das eigenschaftliche Trennen. Ohne entmischendes Trennen wäre insbesondere die Erkenntniss unmöglich, dass die sämmtlichen Worte einer Sprache sich auf einige zwanzig elementare Laute zurückführen lassen. Die jetzige Schriftsprache verdankt deshalb nur dem entmischenden Trennen ihr Dasein.

## Das begriffliche Trennen.

1) Die letzte Art des Trennens des Vorgestellten ist das begriffliche Trennen; seine Ergebnisse sind die Begriffe und die bildlichen Reste. Es überragt in seiner Wichtigkeit und Bedeutung für Leben und Wissenschaft die frühern Arten des Trennens, und das Gebiet, auf dem es Anwendung findet, ist nicht blos die Wahrnehmung und bildliche Vorstellung, worauf die früheren Arten des Trennens sich beschränkten, sondern es umfasst auch das Beziehen und die Einheitsformen des Seienden; es ist Nichts in dem Wissen und Nichts in der Welt, was nicht dem begrifflichen Trennen unterworfen werden kann.

2) Das eigenschaftliche Trennen liefert dies Rosa dieser Blume,

dies Grün dieses Blattes; das entmischende Trennen liefert das einfache Roth, Gelb und Blau. Damit ist ihr Thun zu Ende; weiter können sie nicht. Aber das begriffliche Trennen trennt jedes dieser Stücke von Neuem in das ihnen allen Gemeinsame der Farbe und in einen Rest, welcher den eigenthümlichen Unterschied der einzelnen Farben bildet und hier als bildlicher Rest bezeichnet werden wird. Das begriffliche Trennen sondert aus dem Ton dieser Violine und dieser Flöte, aus diesen höheren und tieferen Tönen den Ton an sich und die zu jedem gehörenden bildlichen Reste. Aus den unterschiedenen Buchstabenlauten werden die Begriffe der Selbst- und Mitlauter, aus diesen der Begriff des artikulirten Lautes, aus diesen der Begriff des Tons durch das begriffliche Trennen ausgeschieden. Aus dem Sauren, Süssen, Herben wird der Geschmack an sich, aus dem Geruch dieser Rose, jener Nelke, dieses Aases wird der Geruch an sich getrennt. Aus dem Wahrnehmen und bildlichen Vorstellen wird der Begriff des Wissens, aus der Lust und dem Schmerze der Begriff des Gefühles, aus dem Begriff des Wissens, Fühlens und Begehrens von Neuem der Begriff des Geistigen durch dieses Trennen ausgesondert.

3) Aus den verschiedenen Dreiecken auf dieser Tafel wird das begriffliche Dreieck ausgesondert, was in jedem dieser Dreiecke auf der Tafel enthalten ist, neben den bildlichen Resten, wodurch diese einzelnen sich von einander unterscheiden. Aus dem Begriffsstück des Dreiecks und Vierecks, Fünfecks u. s. w. wird von Neuem das Vieleck getrennt; aus diesem die Gestalt überhaupt. Aus der Grösse dieser Preussischen Elle und jener Sächsischen Elle wird der Begriff der Elle, aus der bestimmten Grösse aller einzelnen Menschen die begriffliche Grösse des Menschen durch dieses Trennen ausgesondert; ebenso aus der bestimmten Gestalt aller einzelnen, in die Wahrnehmung gekommener Menschen die begriffliche Menschengestalt. Aus den bestimmten Graden der Muskelkraft dieser Pferde wird der begriffliche Grad der Pferdekraft, aus den bestimmten wahrgenommenen Zeitgrössen des Lebens dieser Menschen die begriffliche menschliche Lebensdauer getrennt; aus der gleichmässigen Bewegung dieser Billardkugel und der beschleunigten Bewegung dieses fallenden Steines wird der Begriff der Bewegung, aus den unterschiedenen Veränderungen dieses versengenden Papieres, jener welkenden Blume, und der dort untergehenden Sonne wird die begriffliche Veränderung ausgetrennt. Aus dem Hören, Sehen u. s. w. wird der Begriff der Sinneswahrnehmung ausgesondert; aus dieser und der Selbstwahrnehmung der Begriff der Wahrnehmung überhaupt; aus dieser das reine Wissen. Aus dem Begriffe

der Farbe, der Töne u. s. w. sondert sich der Begriff des sinnlich Gegenständlichen, aus den Begriffen des Wissens, des Fühlens, des Begehrens, der Begriff des Geistigen. Aus beiden sondert sich der Begriff des Gegenständlichen überhaupt, des Dinges und des wirklichen Seins.

4) Diese Beispiele waren nöthig, um die Bedeutung der Begriffe nach allen Richtungen hin sich zu vergegenwärtigen. Die meisten Untersuchungen über Begriffe leiden zunächst an dem Mangel, dass sie die Prüfung ihrer Ergebnisse an vereinzelten Fällen vorgenommen und daraus vorschnell vermeintliche allgemeingültige Gesetze abgeleitet haben.

5) Aus den vorstehenden Beispielen wird zunächst hervorgehen, dass die Begriffe in den Einzelvorstellungen enthalten sind und dass sie daraus durch ein ähnliches trennendes Verfahren, wie die früheren Trennvorstellungen, gewonnen werden. Der Begriff Farbe schwebt nicht über dem Roth, Blau, Grün, Rosa u. s. w.; diese gehören nicht unter den Begriff Farbe, sondern die begriffliche Farbe als solche ist in jedem einzelnen Roth, Blau u. s. w. enthalten; sie bildet ein Stück der ganzen Vorstellung. Der Begriff des Dreiecks schwebt ebensowenig über den einzelnen, auf der Tafel verzeichneten Dreiecken, sondern ist als ein Stück derselben in jedem einzelnen Dreieck enthalten. Woher sollten die begrifflichen Vorstellungen kommen, aus welcher andern Quelle sollten sie hervorsprudeln, und doch dabei für die Einzelvorstellungen die Wahrheit vermitteln? Die Begriffe enthalten das Gemeinsame in allen Einzelnen, welche zu ihm gehören, das in allen diesen Einzelnen Gleiche; daneben bleibt der Unterschied des Einzelnen als bildlicher Rest; durch Vereinung des Begriffes mit dem bildlichen Rest kommt die Einzelvorstellung wieder zu Stande.

6) Dem Begriffe, als einer Vorstellung, entspricht eben so genau ein Trennstück in dem Gegenstande, wie der Wahrnehmungsvorstellung der ganze Gegenstand. Die Begriffe sind eben so genaue Bilder eines Seienden, wie die Wahrnehmungen und bildlichen Vorstellungen es sind. Dieses begriffliche, seiende Stück des Gegenstandes kann in der Wirklichkeit zwar aus dem ganzen Gegenstande nicht so abgesondert werden, wie das Blatt von dem Baume oder wie der Kopf von der Fliege; aber er hat das gleiche Sein, wie das Blatt und der Kopf. Die Trennung des Gegenstandes in das begriffliche Stück und den bildlichen Rest kann allerdings nur im Vorstellen geschehen, aber so wie im Vorstellen ein Schnitt die bildliche Vorstellung in diese zwei Stücke trennt, so ist dieser Schnitt auch das Bild eines Schnittes in dem Gegenstande selbst und auch

dieser wird damit in zwei Stücke gesondert vorgestellt, welche das eine dem Begriff, das andere dem bildlichen Rest entsprechen.

7) Die Vereinigung des begrifflichen Stückes und des bildlichen Restes in der Einzelvorstellung ist zunächst ein Ineinander wie bei der Vereinung der Eigenschaften und Elemente; aber sie ist dies in stärkerer Art. Schon in der Mischung war die Selbstständigkeit der Elemente erschüttert, ihre Wahrnehmbarkeit durch eine Art von Trübung erschwert, welche sich über die Elemente verbreitete, die Unterschiede derselben abschwächte, dafür aber die Einheit verstärkte. So ist auch der Begriff und der bildliche Rest noch inniger geeint und ihre besondere Wahrnehmbarkeit dadurch erschwert. Die Eigenthümlichkeit dieser Einung gegenüber der Einung durch Mischung kann nicht näher angegeben werden; nur das eigene Vorstellen und Trennen kann diese Unterschiede der Seele zuführen. Im Allgemeinen kann die begriffliche Einung nur als die innigste bezeichnet werden. In der Mischung, z. B. in dem Rosa, leuchten die Elemente immer noch hindurch; aber das Begriffsstück Farbe und der entsprechende bildliche Rest sind in dem Rosa, wie in jeder anderen einzelnen Farbe weit mehr verhüllt und folgeweise ihre Austrennung für die Seele auch schwieriger.

8) Während das theilende, eigenschaftliche und entmischende Trennen seine Thätigkeit vollbringen kann, ohne neben dem zu Trennenden noch ein Anderes im Vorstellen zu haben, ist das begriffliche Trennen der Seele ohne ein solches Anderes nicht wohl möglich. Der tiefere Grund dafür liegt darin, dass überhaupt die Begriffsbildung in ihrer Richtung völlig frei ist, während das eigenschaftliche und entmischende Trennen bestimmt abgegrenzte Trennstücke bereits in der Wahrnehmung gegeben erhält, die es nur auszulösen hat. Aus diesem Dreieck kann ich das begriffliche Dreieck oder die begriffliche Gestalt oder das begriffliche Ding austrennen, ohne durch die Natur dieses gesehenen Dreiecks in der Richtung dieses begrifflichen Trennens irgend behindert oder durch natürliche Unterschiede geleitet zu sein. Später wird dies noch deutlicher dargelegt werden. Damit sonach das begriffliche Trennen überhaupt in Thätigkeit komme und eine Richtung erhalte, nach welcher die Trennung zu vollziehen ist, muss der Seele ein Anderes daneben geboten sein, was durch die Vergleichung mit dem Ersten ihr diese Richtung bestimmt.

9) Gäbe es bloss das einfache Roth für das Auge und keine Farbe weiter, so würde der Begriff Farbe nie daraus abgetrennt worden sein; er würde darin enthalten gewesen sein, aber seine Auslösung aus der Einheit des Roth wäre unterblieben; die Seele hätte keinen Anhalt gehabt für

die Richtung, in der das begriffliche Trennen zu vollführen wäre. Dagegen wären die Begriffe des Wahrgenommenen, des Gegenständlichen, des Seienden auch dann aus dem Roth gesondert worden, weil in dieser Richtung ein Anderes vorhanden war. Die Seele trennt den Begriff Farbe nur deshalb, weil noch andere besondere Farben neben dem Roth ihr geboten sind. Die Betrachtung dieser verschiedenen Farben führt zu der Wahrnehmung eines in ihnen allen enthaltenen Gemeinsamen; dieses Gemeinsame giebt die Richtung des Trennens und durch sein Vollziehen tritt dies Gemeinsame, der Begriff Farbe, aus seiner Einheit mit den bildlichen Resten in den einzelnen Farben heraus. Es zerfällt dann das bestimmte Roth in zwei Stücke, in das begriffliche Stück Farbe und in den bildlichen Rest, durch welchen es gerade das bestimmte Roth ist. Für die bildlichen Reste hat die Sprache keine Worte gebildet.

10) Der Vorgang bei dem begrifflichen Trennen ist derselbe, wie bei dem eigenschaftlichen oder entmischenden Trennen; es kommt nur darauf an, die einenden Bestimmungen im Vorstellen zu beseitigen, was auf zweierlei Art geschehen kann: durch Lösung des Trennenden oder durch Beseitigung des einen Stückes aus dem Wahrnehmen oder Vorstellen vermittelst der verstärkten Aufmerksamkeit auf das andere. Bei der innigern Einheit dieser Stücke hat das begriffliche Trennen grössere Schwierigkeiten und seine Vollendung gelingt selten; in der Regel bleibt selbst bei Gebildeten das andere Stück mehr oder weniger stark noch in dem Vorstellen und trübt die Reinheit des ersten. Auf diesen Umstand stützt sich die bekannte Behauptung, dass die Begriffe nicht bloss nicht wahrgenommen, sondern auch nicht vorgestellt werden können, und ähnliches.

11) Aber die begrifflichen Stücke des Einzelnen werden nicht bloss bildlich vorgestellt, sondern auch wahrgenommen; nur ein Sein und Wahrnehmen derselben in wirklicher Trennung von den bildlichen Resten findet nicht Statt; deshalb geschieht dieses Trennen nur geistig, trifft aber doch den Gegenstand und seine Stücke. Sowie der ganze Gegenstand in die Wahrnehmung fällt und Sein hat, so sind auch die durch das begriffliche Trennen gewonnenen Stücke desselben immer Trennstücke des Gegentandes und nehmen an dessen Sein Theil; sie sind seiend, wie der ganze Gegenstand. — Bei der Schwierigkeit, die bildlichen Reste von dem Begriff, und umgekehrt, im Vorstellen abzuhalten oder daraus zu entfernen, ist auch hier Uebung unentbehrlich, um die Trennung in einem höhern Grade zu erreichen.

12) Diese Uebung bildet die Bedingung des Philosophirens, das wesentlich in den oberen Begriffen sich bewegt und vorzugsweise für die Sicherheit und Reinheit seiner Ergebnisse dadurch zu sorgen hat, dass in diese Begriffe sich nicht ungehörige Stücke des Einzelnen einmischen. Mit Recht sagt Hegel in seiner Encyclopädie: „Eine Seite dessen, was man die Unverständlichkeit der „Philosophie nennt, bezieht sich auf die Unfähigkeit, die an sich „nur Ungewohntheit ist, abstrakt zu denken, d. h. reine Gedanken „festzuhalten und sich in ihnen zu bewegen." — Es wird genügen für die so allgemein bestrittene Wahrnehmbarkeit der Begriffe auf einzelne Beispiele hinzuweisen, wo schon das gewöhnliche Vorstellen diese Wahrnehmbarkeit stillschweigend anerkennt, weil das tägliche Leben da zur Uebung des begrifflichen Trennens in einzelnen Richtungen geführt hat.

13) Jeder sieht in den Gesichtszügen von Geschwistern ihre Aehnlichkeit. Diese gesehene Aehnlichkeit ist nur ein begriffliches Stück; denn eine völlige Gleichheit der Gesichtslinien wird dabei von Niemand behauptet. In demselben A-Ton der Violine und Flöte wird, wenn diese Töne einander folgen und die Aufmerksamkeit nur auf die Höhe des Tones gelenkt ist, der A-Ton an sich oder der begriffliche A-Ton gehört, getrennt von den bildlichen Resten, mit denen er als Violin-A-Ton und als Flöten-A-Ton vereint ist Wird umgekehrt die Aufmerksamkeit nur auf den Unterschied der beiden Instrumente gerichtet, so hört man nur die bildlichen Reste; der begriffliche Ton ist dann im Grade so gesunken, dass er aus dem Wahrnehmen wie verschwunden scheint. Beim Essen von Trauben und nachher von Ananas wird das begriffliche Süsse in beiden geschmeckt, denn ein anderes Süss, als das begriffliche, haben diese Früchte nicht gemein. In mehreren einzelnen Ellipsen wird der Begriff Ellipse schon von dem Knaben gesehen, wenn auch das Verhältniss der grossen zur kleinen Achse in ihnen verschieden ist. Wenn einmal der Begriff Dreieck bei dem Schüler sich gebildet hat, so sieht er ihn auch in solchen Dreiecken, deren besondere Gestalt ihm bis dahin noch nicht vorgekommen war; er erkennt sofort sie als Dreiecke; d. h. er sieht in ihnen das begriffliche Stück: Dreieck neben dem besonderen bildlichen Rest. Jedermann hat das unmittelbare Bewusstsein von seinem Ich, d. h. er nimmt es in sich wahr; dennoch ist das Ich, wie später gezeigt werden wird, nur ein begriffliches Trennstück der Seele.

14) Schwebte der Begriff nur über dem Einzelnen, so ist gar nicht zu erklären, wie auch Einzelnes, das noch nicht wahrgenom-

men worden ist, als zu dem Begriffe gehörig erkannt werden könne. Man schmeckt das begriffliche Süsse in der Melone, auch bei der ersten Melone, die man in seinem Leben isst. Alles sogenannte Subsummiren des Einzelnen unter Begriffe ist nur das Wiedererkennen des begrifflichen Stückes in dem Einzelnen und solches ist nur möglich, wenn die begriffliche Vorstellung einen wirklichen, seienden Theil des seienden Gegenstandes abbildet, der als solcher in der Wahrnehmung mit enthalten ist und in der Wahrnehmung erhalten bleibt, wenn auch die Seele den bildlichen Rest aus ihrem Vorstellen beseitigt.

15) Der Streit über die Natur der Begriffe zieht sich durch die Philosophie aller Zeiten. Plato gab ihnen ein Sein, aber in eminentem Sinne (ὄντως ὄν). Ihr Sein im Einzelnen ging ihm dadurch verloren. Aristoteles war der Ansicht, dass das Denken (νοειν, θεωραν) ohne bildliche Vorstellung (φαντασμα) nicht möglich sei. Durch das ganze Mittelalter hindurch geht der Streit, ob die Begriffe ein Sein haben oder nur ein Vorstellen sind; er bestimmt die Gegensätze der Realisten und Nominalisten. Mit Cartesius überwiegt der Nominalismus. Hume leugnet sogar die blosse Vorstellbarkeit der Begriffe; er meint, Begriffe seien nur verdunkelte Vorstellungen der Einzeldinge. Kant bleibt bei der Annahme, dass die Begriffe über den Einzeldingen stehen; dass sie blosse Functionen des Verstandes seien, wodurch das Mannigfaltige der Anschauung zur Einheit verbunden wird. — In seiner Kritik der reinen Vernunft sagt er: „Die Erkenntniss ist entweder Anschauung oder „Begriff. Jene bezieht sich unmittelbar auf einen Gegenstand, „dieser mittelbar vermittelst eines Merkmals, was meh„reren Dingen gemeinsam sein kann.“ — Aber, kann man Kant hier fragen, was ist dies Merkmal? Ist es nicht wieder ein Begriff? Kann man bei solcher völliger Fernhaltung des Begriffs von diesen Dingen darin ein Mittel finden, die Dinge zu erreichen? Nur, wenn die Begriffe seiende Trennstücke in den Dingen darstellen, können sie das Sein wiedergeben.

16) Herbart sagt: (Einleitung in die Philosophie § 35.) „Es „ist von Wichtigkeit, sich wohl einzuprägen, dass Begriffe weder „reale Gegenstände, noch wirkliche Akte des Denkens sind. Der „erste Irrthum herrschte in den Pythagoreischen und Platonischen „Schulen, in welchen die Figuren, Qualitäten und Zahlen geradehin „zu den Elementen gerechnet wurden. Es entstand eine grosse „Verwunderung, wie ein einzelner Begriff sich mehreren mittheilen „könne.“

17) Fichte sagt: (Die Bestimmung des Menschen, II. 172.)

„Alles, was da ist, ist durchgängig bestimmt. Ich denke allerdings „unbestimmte Gegenstände und mehr als die Hälfte meines Denkens „besteht aus dergleichen Gedanken. Ich denke den Baum über-„haupt; hat dieser Blätter oder nicht? Wie gross ist er? Zu „welcher Gattung gehört er? Alle diese Fragen bleiben unbeant-„wortet und mein Denken ist hierüber unbestimmt. Nun spreche „ich diesem Baum überhaupt das wirkliche Dasein ab, „eben darum, weil er unbestimmt ist." — Diese Unbestimmtheit ist aber, wie gezeigt werden wird, nur eine falsche Auffassung des Begriffes; er ist nur dann unbestimmt, wenn er zur Bezeichnung des Einzelnen benutzt wird. Aber als reiner Begriff ist er durchaus nicht unbestimmt und es fallen damit die daraus gegen das Dasein seines Gegenständlichen hergenommenen Gründe.

18) Nach Schelling ist die Wahrnehmung „ein Akt, von dem „der Geist selbst nicht weiss, dass er sein Akt ist." In der bildlichen Vorstellung wird dieser Akt frei wiederholt, deshalb ist „das ganze Gebilde nichts weiter, als eine Gestaltung meiner vor-„stellenden Thätigkeit. — Der Begriff ist die Vorstellung von der „Thätigkeit, mit welcher ich das Objekt, die Anschauung zu Stande „bringe. Im Begriff habe ich eigentlich die Thätigkeit in abstracto „bezeichnet, abgetrennt von der durch sie produzirten Anschauung. „— Der Seitenblick auf meine Thätigkeit im Urtheilen ist der Be-„griff." — Diese Auffassung ist durch den Idealismus Schellings getrübt. Aber man sieht wenigstens so viel, dass Schelling dem Begriffe eine geringere Realität in seinem Sinne, als der Wahrnehmung beilegt.

19) Hegel zuerst giebt dem Begriffe das Sein zurück; aber durch Hegel's Identität des Wissens und Seins verliert dieser Satz wieder seine hohe Bedeutung. Nach Hegel (Encyclopädie § 163.) enthält der Begriff die Momente der Allgemeinheit, der Besonderheit und der Einzelheit. Der Begriff kann nur als Einzelnes sein, aber diese Weise zu sein, hebt seine Allgemeinheit nicht auf „Wenn von Begriff gesprochen wird," heisst es dort, „so ist es ge-„wöhnlich nur die abstrakte Allgemeinheit, welche man dabei vor „Augen hat, und der Begriff pflegt dann auch wohl als allgemeine „Vorstellung definirt zu werden. Das ist die Weise, wie der Ver-„stand den Begriff auffasst, und das Gefühl hat Recht, wenn es „solche Begriffe für hohl und leer, für blosse Schemen und Schat-„ten erklärt. Nun aber ist das Allgemeine des Begriffs nicht bloss „ein gemeinschaftliches, welchem gegenüber das Besondere seinen „Bestand für sich hat, sondern vielmehr das sich selbst Besondernde

„(Specificirende) und in seinem Anderen in ungetrübter Klarheit bei „sich bleibende."

20) Man sieht, dass Hegel besonders gegen die Abtrennung des Allgemeinen von dem Besonderen auftritt, und mit Recht; das Allgemeine, das Begriffliche, ist in jedem Besonderen und Einzelnen enthalten und bildet einen Theil desselben, ist eben so seiend wie das Ganze. Das Weitere, worin Hegel von der hier gegebenen Auffassung abweicht, gehört mehr zur Methode seiner Darstellung, als dass es die Sache trifft. Die Lebendigkeit, das sich Besondern des Allgemeinen ist eine Zuthat, die jenem Hauptsatze keinen Eintrag thut, wenn sie auch wegbleibt. Die Identität des Einzelnen mit dem Besonderen und Allgemeinen, welche sich durch die Philosophie Hegel's überall hindurchzieht, gehört zwar zu den Grundbestimmungen derselben, aber man kann sagen, dass sie dem sonst wahren Inhalt jener Sätze keinen Abbruch thut, weil sie ein Unmögliches vom Denken fordert, was von Keinem geleistet werden kann und deshalb von selbst bei Seite bleibt.

21) Es ist nicht unwahrscheinlich, dass Hegel zu seiner speculativen Auffassung des Begriffes durch die psychologischen Schwierigkeiten gekommen ist, welche sich dem Austrennen und Festhalten der reinen begrifflichen Stücke der Dinge in der Seele entgegenstellen. Weil im Vorstellen dem Begriffe die bildlichen Reste des Einzelnen sich mehr oder weniger deutlich anhängen, nicht von ihm weichen wollen, bald schwächer, bald stärker neben dem Begriffe in das Vorstellen mit eintreten, so entsteht im Vorstellen des Begriffes jene Unruhe, jene Bewegung, welche Hegel zu einer Eigenthümlichkeit des Begriffes erhebt, und welche dann leicht dahin führen kann, in das begriffliche Stück des Gegenstandes dieses „Uebergreifen über sich selbst, dieses Besondern" zu legen, während es in Wahrheit nur ein Vorgang in der Seele ist, der um so mehr verschwindet, je mehr die Uebung in Abtrennung und Fernhaltung der bildlichen Reste steigt.

22) Hiermit hängt zusammen, dass Hegel das philosophische Wissen, das Wissen, was sich in Begriffen bewegt, dem gewöhnlichen Vorstellen als eine besondere Art des Wissens gegenüberstellt. „Indem die Bestimmtheiten," sagt Hegel in der Encyclopädie, § 3, „des Gefühls, der Anschauung, des Begehrens, des Willens u. s. w., „insofern von ihnen gewusst wird, überhaupt Vorstellungen genannt „werden, so kann im Allgemeinen gesagt werden, dass die Philo„sophie Gedanken, Kategorien oder näher Begriffe an die „Stelle der Vorstellungen setzt. — Gefühl, Anschauung, Bild und „so fort, sind insofern die Formen solchen Inhaltes, welcher ein

„und derselbe bleibt, ob er gefühlt, angeschaut, vorgestellt u. s. w. „oder ob er ganz unvermischt gedacht wird." — Hierauf ist zu sagen, dass das Wissen der Begriffe als Wissen dasselbe ist, wie das Wissen, was in der Wahrnehmung enthalten ist; sie sind in der Art des Wissens nicht unterschieden. Wohl aber ist der Inhalt beider verschieden, indem die Begriffe das Einzelne nicht in der ganzen Fülle wie die Wahrnehmung oder bildliche Vorstellung, sondern in eigenthümlicher Trennung geben. Nur erst, nachdem Hegel in den Begriff den Widerspruch, das Unmögliche gelegt hatte, war er genöthigt, das philosophische Vorstellen dem gemeinen Vorstellen gegenüberzustellen.

23) In den Lehrbüchern der Logik wird das Unterscheidende der Begriffe gegenüber den bildlichen Vorstellungen des Einzelnen, bald in die Unbestimmtheit jener, bald in die Allgemeinheit, bald in die Nichtwahrnehmbarkeit gesetzt. — Die Begriffe gelten für unbestimmt, weil, wenn sie zur Bezeichnung des Einzelnen benutzt werden, die nähere Bestimmung und die Beifügung des bildlichen Restes der Willkühr des Hörenden überlassen bleibt. „Ein Mensch ist heute morgen überfahren worden." Hier hat man die Wahl, ob man sich ihn gross oder klein, als Frau oder Mann näher vorstellen will. — Aber diese Unbestimmtheit hängt jeder Trennvorstellung an, nicht blos den Begriffen, insofern sie zur Bezeichnung eines Gegenstandes benutzt wird, der mehr enthält, als die Trennvorstellung giebt. Sie liegt nicht in dem Begriff, sondern in der Art seiner Benutzung. An sich ist der Begriff so bestimmt, wie die Wahrnehmung dieser Rose, wie das Hören dieses Glockentones; ja man kann sagen, dass er bestimmter ist als die Vorstellung des Einzelnen; denn die Grenze seines Insalts ist schärfer gezogen, während die Wahrnehmung des Einzelnen niemals alle einzelnen Bestimmungen desselben erreicht; ich sehe heute in demselben Baume mehr als gestern, und morgen wieder weniger.

24) Die Allgemeinheit des Begriffes für mehrere Einzelne ist allerdings eine Folge seiner Bildung; aber auch dieses Kennzeichen ist ihm nicht eigenthümlich. Das bestimmte Grün dieses Blattes ist offenbar noch vielen andern Blättern dieses Baumes gemeinsam, und doch ist es kein Begriff; ebenso die bestimmte Gestalt des Blattes. Die Gestalt des Kreises ist in allen gesehenen Geldstücken dieselbe, nur die Grösse, nicht die Gestalt ist dabei verschieden; dennoch ist der Kreis kein Begriff. Umgekehrt, wenn einmal die Richtung des begrifflichen Trennens gefunden ist, kann der Begriff auch aus einem einzigen Gegenstande ebenso bestimmt ausgesondert werden, wie aus vielen. Der Begriff einer Rose würde bleiben als

Vorstellung und als Gegenständliches, wenn auch alle Rosen in der Welt bis auf eine verschwänden.

25) In der Regel gilt der Begriff als einer im Gegensatze zu den vielen Einzelnen, unter ihm enthaltenen. Aber es ist dies nur eine Folge der im Begriffe erfolgten Absonderung des Ortes in der Zeit und im Raume. Der gegenständlichen Begriffs-Stücke sind so viele, als der Einzelnen, in welcher sie enthalten sind. In jedem Menschen steckt der Begriff Mensch als ein wirklich seiendes Stück, so seiend wie sein Herz und seine Leber; in jedem einzelnen Dreieck ist das begriffliche Dreieck als ein seiendes Stück enthalten. Da aber diese vielen Begriffs-Stücke sich von einander nur durch die Verschiedenheit ihres Ortes unterscheiden, diese Orte aber für die weitere Benutzung des Begriffes gleichgültig sind, so wird auch diese Bestimmung im Vorstellen davon abgetrennt, und die Begriffe als Vorstellungen fallen dann nothwendig in eine zusammen, denn es fehlt aller weiterer Unterschied, um sie gesondert zu halten. Dieses ist die Auflösung des von Herbart und auch von Plato viel erwähnten Räthsels, wie der eine Begriff sich Mehreren mittheilen könne.

26) Die Behauptung, dass die Begriffe nicht wahrnehmbar seien, ist bereits widerlegt worden. Die Wahrnehmung des ganzen Gegenstandes enthält auch die Wahrnehmung des begrifflichen Stückes, als seines Theiles; es kommt nur darauf an, diesen Theil des Wahrgenommenen für das Wissen von dem Rest zu sondern. Dies geschieht durch den geistigen Schnitt, der in dem wahrgenommenen Ganzen mittelst des begrifflichen Trennens geführt wird. Die Begriffe, selbst die höchsten, werden nicht blos gesehen, sondern auch gehört, gefühlt, geschmeckt, gerochen oder durch Selbstwahrnehmung wahrgenommen. — Obgleich hiernach weder das Unbestimmte, noch das Allgemeine, noch das Nichtwahrnehmbare als das Kennzeichen des Begriffes aufgestellt werden kann, so wird doch die Vorstellung, welche den Gegensatz zu den Begriffen bildet, in diesem Werke als die bestimmte, oder die einzelne, oder die anschauliche bezeichnet werden müssen, da die Sprache kein anderes verständliches Wort dafür bietet.

27) Das eigenthümliche der Begriffe, im Gegensatz zu den frühern Trennvorstellungen, beruht auf der Eigenthümlichkeit des begrifflichen Trennens. Dieses kann nicht zerlegt, nicht definirt, nicht durch andere Vorstellungen der Seele geboten werden; jeder muss durch eigene Ausführung des begrifflichen Trennens die Vorstellung dieser Eigenthümlichkeit sich verschaffen; einen andern Weg giebt es nicht. Nur äusserliches lässt sich in dieser Beziehung

beibringen; so ist es dem begrifflichen Trennen eigenthümlich, dass es immer nur zwei Trennstücke liefert, während die andern Arten des Trennens nicht so beschränkt sind. Auch stehen der Begriff und der bildliche Rest sich weit schärfer als Gegensätze gegenüber, wie die Theile, Eigenschaften und Elemente des Wahrgenommenen.

28) Die wichtigste Eigenthümlichkeit ist, dass die Richtung des Trennens bei dem begrifflichen Trennen oder die Richtung des geistigen Schnittes an sich völlig unbestimmt ist und von der Willkühr des Trennenden abhängt. Der Mensch pflegt allerdings von dieser Willkühr nicht oft Gebrauch zu machen; aber es ist wichtig, wenigstens diese Macht festzustellen. So gut wie aus den vier einfachen Farben, weiss, roth, gelb, blau, der Begriff Farbe ausgetrennt worden ist, konnte er auch nur aus roth und gelb getrennt werden. Zwischen diesen ist offenbar mehr gemeinsames, als zwischen allen vier Farben, und wenn daher das gemeinsame von jenen zweien allein als Farbe, als begriffliches Stück ausgesondert wird, so muss dann dieser Begriff ein anderer, ein seinem Inhalte nach reicherer werden, als der jetzige Begriff der Farbe. So kann aus den verschiedenen rechtwinkligen Dreiecken der Begriff des Dreiecks ausgesondert werden, und enthält dann mehr, wie der gewöhnliche Begriff Dreieck; hier ist diese Sonderung auch in der Geometrie in dem Begriff des rechtwinkligen Dreiecks geschehen. Wenn jemand in seinem Leben nur die 3 Schaafe in seines Vaters Stall gesehen hat, so ist ihm der Begriff der Schaafgestalt, den er aus diesen Dreien sich gebildet, offenbar ein viel anderer als der Begriff: Schaafgestalt, der aus allen Schaafen überhaupt abgeleitet ist. Der Begriff des Süssen ist für den, der nur süsses Obst kennt und keinen Zucker, offenbar ein anderer als das, was jetzt mit süss bezeichnet wird. Es steht nichts entgegen, dass nur aus zwei Einzelnen, dieser Rose und dieser Nelke ein Begriff ausgesondert wird, der hier, wenn er mit Blume bezeichnet wird, einen viel reichern Inhalt haben würde, als im gewöhnlichen Sinn.

29) Das begriffliche Trennen ist also nach der Fülle seines Inhaltes durchaus nur von dem Trennenden abhängig; d. h. die Richtung desselben ist willkührlich und hängt von der Zahl und Verschiedenheit der Einzelnen ab, die damit umfasst werden sollen. — Wenn das Trennen in dieser beliebigen Weise im Leben nicht geschieht, so liegt der Grund nur darin, dass dergleichen Begriffe keinen Werth für den Trennenden haben, sie erscheinen als nutzlose Spielereien, und sollen deshalb hier Spielbegriffe genannt werden. Ihnen gegenüber stehen die wahren Begriffe, welche die Natur selbst dadurch als wahre anerkennt, dass sie zwei solcher

wahren Begriffe in Verbindung hält, d. h. dass diese Begriffe die Glieder eines Naturgesetzes darstellen. Alle Begriffsbildung erscheint so lange als eine willkührliche, als Spiel, als die gebildeten Begriffe sich nicht zu Gliedern eines Gesetzes eignen, das in dem Sein Gültigkeit hat.

30) Alles Beobachten des Seienden bewegt sich lediglich in diesem begrifflichen Trennen. Die unterschiedenen Einzelnen in den Versuchen und in den Vorgängen der Natur werden beobachtet, d. h. sie werden nach dieser und nach jener Richtung hin versuchsweise so lange von dem Beobachter begrifflich getrennt, bis sich endlich ein Zusammenhang, ein für alle Einzelnen gültiger Zusammenhang zweier Trennstücke findet, d. h. bis solche Begriffe sich zu Gliedern eines Gesetzes der Natur oder des Seienden verbinden lassen. Die Veränderung der Versuche hat lediglich den Zweck, das begriffliche Trennen auf die wahre Richtung zu bringen. — Keppler hatte 27 Jahre nach den Begriffen gesucht, die in der Bewegung der Planeten sich zu Gliedern eines Gesetzes eigneten. Das Treffen der wahren, zu Gesetzen sich eignenden Begriffe fällt in das schöpferische Vorstellen und wird dort ausführlich erörtert werden.

31) Diese Freiheit im Trennen hat neben dem begrifflichen auch noch das theilende Trennen. Dieser Apfel kann in tausend verschiedenen Weisen in Stücke getheilt werden; aber auch hier sind diese Stücke nur Spiel, wenn sie für das Sein des Ganzen keine Bedeutung haben, d. h. nicht die Grundlage zu Gesetzen bilden. Deshalb ist die Theilung des Apfels in Schaale, Fleisch, Kerne kein Spiel, sondern eine wahre Theilung.

32) Die Begriffsbildung ist bis jetzt nur an einzelnen eigenschaftlichen Stücken dargelegt worden. Sie zeigt sich aber im gewöhnlichen Vorstellen noch in einer andern Weise, deren Ergebnisse die sogenannten empirischen Begriffe sind. In dem Begriff der Rose habe ich nicht blos ihre Farbe, oder ihre Gestalt begrifflich getrennt, sondern die einzelnen Rosen sind nach allen ihren Bestimmungen und dabei ohne Zerstörung ihrer Einheit begrifflich getrennt und daraus ist der Begriff der Rose erlangt worden. Der Begriff Mensch, der Begriff Vertrag ist ebenso in allen seinen Bestimmungen begrifflich getrennt. Diese empirischen Begriffe sind scheinbar das Erste für das gewöhnliche Vorstellen; aus ihnen sondern sich scheinbar erst die einfachen Begriffe. Aber in Wahrheit ist die Begriffsbildung aus den einfachen eigenschaftlichen Vorstellungen das erste; und nur nachdem diese begriffliche Trennung auf alle Bestimmungen des Gegenstandes ausgedehnt worden ist,

werden diese wieder in gleicher Art wie die sinnlichen Eigenschaften zu einem begrifflichen Gegenstande vereint. Dieser Gang in der Arbeit der Seele tritt allerdings nicht deutlich hervor, aber er ist unvermeidlich.

33) Im Leben ist der empirische Begriff vorherrschend, in der Wissenschaft, namentlich wenn sie über die blosse Ordnung des Einzelnen in Gattungen und Arten hinausgeht, der aus den eigenschaftlichen Bestimmungen abgeleitete einfache Begriff. Im Uebrigen bietet der empirische Begriff nichts besonderes. Die Unterschiede des „a priori" und „a posteriori", welche sich an diese Arten bei Kant anknüpfen, werden später geprüft werden.

34) Den bildlichen Resten, im Gegensatz zu dem Begriffe, hat das Leben und die Wissenschaft von jeher wenig Aufmerksamkeit zugewendet. Es fehlen dafür sogar die Worte. Die Sprache hat aus natürlichen Gründen nur Worte entweder zur Bezeichnung der Begriffe oder zur Bezeichnung der vollen Einzeldinge gebildet; letzteres sind die Eigennamen, jenes die Worte im gewöhnlichen Sinne. — Nach Hegel (Phänomenologie. II. 84) ist es die göttliche Natur der Sprache, das Einzelne, als Wahrgenommenes, nicht sagen zu können. „Das sinnliche Dieses, was genannt wird, ist der „Sprache, die dem Bewusstsein des Allgemeinen angehört, unerreich-„bar." — Darauf ist zu erwidern, dass nur die begrifflichen Worte das Einzelne nicht erreichen, wohl aber die Eigennamen, die auch zur Sprache gehören. Das Verhältniss des Gebiets der Eigennamen zu dem der begrifflichen Worte ist wechselnd, nicht durch die Natur der Sprache, sondern durch Anderes bestimmt. Wenige Menschen, die nahe beisammen leben, haben eine viel grössere Zahl von Eigennamen, ja sie könnten der begrifflichen Worte zur Noth entbehren. Auch begriffliche Worte werden in solchem Falle zu Eigennamen. Mit Hund wird unter Hausgenossen der Hund dieses Hauses, nicht der begriffliche Hund bezeichnet.

35) Für die Bezeichnung des Einzelnen ist die begriffliche Natur der gewöhnlichen Worte kein Vorzug, sondern ein Mangel, von dem man tagtäglich zu leiden hat. Dieser Mangel ist so wenig göttlicher Natur, wie Hegel meint, dass Götter nur in Eigennamen zu einander reden würden. Aber die menschliche Seele, in ihrer Unfähigkeit die grosse Zahl dieser Eigennamen zu fassen und zu behalten, ist genöthigt, die Worte auf das Gemeinsame von Vielen zu beschränken. Damit fiel die Möglichkeit, das eigenthümliche des Einzelnen, d. h. die bildlichen Reste durch Worte mitzutheilen; sie können nur durch Aufzeigung, durch Wahrnehmung gegeben und erlangt werden.

36) Die Kunst, welche sich der Worte zu ihren Werken bedient, die Dichtkunst, hat davon viel zu leiden. Ihr Wesen geht auf volle bildliche Vorstellungen; nur diese geben vollkommene Bilder der Lust; aber die Sprache bietet ihr dazu nur begriffliche Worte, die die Natur des Einzelnen, des Bildlichen abgestreift haben. — Wie oft muss der Dichter dies Eigenthümliche als unbeschreiblich, als unsagbar, als mit Worten unerreichbar erklären. Schlechte Poeten finden allerdings vieles schon unbeschreiblich, wo der wahre Dichter noch begriffliche Worte hat, ihnen näher zu kommen. Selbst im täglichen Leben hört man diese Klage: bei Beschreibung einer Gegend, eines Gesichts, eines Anzuges kann das Beste, diese bildlichen Reste nur als unbeschreiblich, als einzig, als ganz eigenthümlich ausgesagt werden; oder es heisst: das muss man selbst sehen, selbst hören; es ist nicht wiederzugeben.

37) Diese Fälle zeigen, dass die bildlichen Reste keineswegen von dem Vorstellen unbeachtet bleiben. Jeder Einzelne hat sie so lebendig in seiner Seele, wie die Begriffe und an diesen bildlichen Resten erkennt er allein das Einzelne wieder. Der Vater erkennt seinen Sohn an seiner Aussprache der Worte; dieses Erkennen ruht nicht auf dem begrifflichen Stück dieser Laute, dieser Worte, sondern auf den bildlichen Resten. Durch das Hören und Wiedererkennen der bildlichen Reste in dem Blöken der einzelnen Mutterschaafe findet jedes Lamm unter Hunderten seine Mutter. — Begriffe können auch aus Begriffen, nicht blos aus Einzeldingen durch wiederholtes begriffliches Trennen gebildet werden; das, was bei solchen wiederholten begrifflichen Trennungen abgesondert wird, ist kein bildlicher Rest in dem bisherigen Sinne, es sind in der Regel selbst Begriffe; das nähere hierüber kann erst in der Lehre vom Erkennen gegeben werden.

38) Im gewöhnlichen Vorstellen und in den Wissenschaften gilt vieles als Begriff, was es im strengen Sinn nicht ist. Die Vorstellungen: Roth, der Kreis, die Kugel, der Raum, die Zeit, die Wärme, die Kälte, die Kraft, das Begehren, gelten gewöhnlich für Begriffe, während doch diese Vorstellungen nicht durch das begriffliche Trennen, sondern durch das eigenschaftliche Trennen gewonnen worden sind. Die Kreisgestalt ist in allen Kreisen dieselbe; aller Unterschied dabei trifft nicht den Kreis, nicht die Gestalt, sondern nur die Grösse. Eine einfache Farbe, wie roth, und selbst eine Mischfarbe, wie rosa, grün ist überall dieselbe; die Unterschiede dabei treffen nicht die Farbe, sondern den Grad. Raum und Zeit sind einfach, nur einmal vorhanden; schon Kant

rechnet sie nicht zu den Begriffen. Kraft, Wärme, Begehren sind Vorstellungen, wie der Kreis, welche in jedem Einzelnen unverändert sich gleich bleiben und nur in dem Grade den Unterschied annehmen. — Ueberall sind es hier nicht bildliche Reste, sondern Bestimmungen aus andern eigenschaftlichen Gebieten, welche den Unterschied herbeiführen. Dies Kennzeichen ist entscheidend.

39) Die Wahrnehmbarkeit der begrifflichen Trennstücke gilt nicht blos für das Gebiet der sinnlichen Gegenstände, sondern auch für die Gebiete des Rechts, der Sitte, der Kunst und der Religion. Schon in dem Abschnitt der Selbstwahrnehmung ist gezeigt worden, wie die sittliche, so wie die unsittliche einzelne Handlung von dem Handelnden in all ihren Bestimmungen wahrgenommen werde. Nicht bloss das äusserliche Handeln fällt in die Sinne, sondern auch das innere dabei, der Zustand des Begehrens sowohl, wie der Achtung vor dem sittlichen Gebot, oder das Herabsinken des eigenen Fühlen und Begehrens, das Erfülltsein von der Gewalt des Gebietenden; auch diese Wirkung auf das eigene Handeln fällt vollständig in die Selbstwahrnehmung. Der Abschluss irgend eines Vertrages, so wie dessen Erfüllung fällt auch nach seiner rein rechtlichen Seite in die Selbstwahrnehmung der Vertragsschliessenden. Entweder ist es das Begehren, das Interesse, was das innerliche Complement zu der äusserlichen Handlung abgiebt, oder es ist das Bewusstsein des Rechtsgebots, was die Erfüllung vorschreibt, oder vermöge der Achtung vor diesem Gebot, die Handlung bestimmt. Alle diese innerlichen Zustände fallen so sicher und bestimmt in die Selbstwahrnehmung, wie die Schreibfeder, in die Sinneswahrnehmung, mit der der Vertrag unterschrieben wird.

40) Wenn dies von der einzelnen Rechtshandlung gilt, so gilt es auch von den begrifflichen Stücken, aus welchen die Rechts- und Sittengebote sich zusammensetzen. Die Rechtsbegriffe sind nur Trennvorstellungen aus den Vorstellungen der einzelnen vollen und wahrnehmbaren Rechtshandlungen; wenn diese letztern als Einzelne wahrnehmbar sind, so sind es auch die in ihnen enthaltenen begrifflichen Stücke, deren Vorstellungen als Begriffe den Inhalt des Rechts und der Sittlichkeit bilden. — Das Gleiche gilt für die Begriffe und Gesetze des Schönen. Das einzelne Kunstwerk fällt vollständig in die Wahrnehmung, sowohl nach seiner sinnlichen Seite, als nach seiner Wirkung auf die Gefühle und das Denken. Die Wissenschaft des Schönen ist aus den einzelnen Kunstwerken ebenso abgeleitet, wie die Naturwissenschaft aus den einzelnen Ge-

genständen der Natur; die volle Wahrnehmbarkeit des einzelnen Kunstwerkes gilt deshalb auch für die Begriffe der Aesthetik.

41) Der Inhalt der Religionen ist ein Gemisch aus Vorstellungen von Einzelnem, welche auf dem schöpferischen Vorstellen beruhen, und aus Bestimmungen, welche dem Gebiet der Ethik und Naturwissenschaft entnommen sind. Die dargelegte Wahrnehmbarkeit der letztern wird natürlich durch Aufnahme in die Religion nicht aufgehoben. Die Einzelgestalten und das einzelne Geschehen, welche den wesentlich religiösen Inhalt enthalten, werden allerdings nicht wahrgenommen; weder Jupiter, noch Osiris, noch der Gott und die Engel der christlichen Religion werden wahrgenommen; aber wahrnehmbar sind sie sämmtlich, so weit sie Bestimmungen des Seienden in sich enthalten und keine blossen Beziehungen, wie die ins Unendliche gesteigerten Eigenschaften des christlichen Gottes. Diese Bestimmungen sind auch sämmtlich aus der Wahrnehmung abgeleitet. Das Gesetz der Wahrnehmbarkeit gilt deshalb auch für den Inhalt der Religionen.

42) Es giebt sonach kein Gebiet, sei es auch scheinbar noch so weit der Wahrnehmung entrückt, was nicht dennoch sich lediglich in dem von der Wahrnehmung gegebenen Stoffe bewegte und was nicht selbst in seinen höchsten und feinsten Begriffen innerhalb des Wahrnehmbaren sich hielte. Auch die erhabensten und verfeinertsten Begriffe des menschlichen Wissens aus allen Gebieten des Seins enthalten in ihrem Stoff und Inhalt nichts Anderes, als was gesehen, gehört, gefühlt, geschmeckt, gerochen oder innerlich wahrgenommen werden kann.

43) Die Bedeutung des begrifflichen Trennens für das Wissen wird zwar allgemein anerkannt, aber weniger bestimmt erkannt. Die Sprache und die Wissenschaften sind nur durch das begriffliche Trennen möglich. Die Sprache, wo sie die Eigennamen verlässt, dient nur zur Bezeichnung von begrifflichen Vorstellungen. Die unendliche Zahl der unterschiedenen Einzelnen zwingt zu dieser Beschränkung. Selbst die Umwandlung und Auflösung des Gegenstandes in einzelne eigenschaftliche Bestimmungnn lässt die Zahl dieser Bestimmungen noch viel zu gross; nur das begriffliche Trennen, indem es die bildlichen Reste beseitigt, vermag diese Unendlichkeit so zu mindern, dass die menschliche Seele nun im Stande ist, die Zahl dieser begrifflichen Vorstellungen mit Lauten zu verbinden und im Gedächtniss die Verbindung festzuhalten.

44) Auch bei den Wissenschaften hat es zunächst den Anschein, dass sie nur der beschränkten Fassungskraft der Seele ihr Entstehen verdanken. Die Wissenschaften bilden bekanntlich aus

der unerschöpflichen Menge des Einzelnen in ihren betreffenden Gebieten zunächst Gattungen, Arten und Unterarten, anscheinend nur zu dem Zweck, die weniger bedeutenden Unterschiede des Einzelnen zu entfernen, und der Seele durch Beschränkung des Inhalts die Möglichkeit seines Erfassens, seines Ueberblickes zu gewähren. Aber solches blosse Ordnen führt nur zu Spielbegriffen. Die Nothwendigkeit der Wissenschaften, ganz abgesehen von der Beschränktheit der menschlichen Seele, liegt in dem merkwürdigen Umstand, dass in der Natur und in dem geistigen Gebiet, so weit es uns erreichbar ist, nicht Einzelnes mit Einzelnem verbunden ist, sondern Begriffliches mit Begrifflichem oder Eigenschaftlichem.

45) Nicht dieser einzelne Stein, als Ganzes, ist mit diesem Fallen, noch diesem einzelnen Ort als Ganzes verbunden; sondern nur das begriffliche Stück Stoff in diesem Stein ist verbunden mit dem begrifflichen Stück: Bewegung nach dem Mittelpunkt der Erde in diesem einzelnen Falle. Nicht das Scheinen der Sonne an diesem Tage und Orte als Ganzes ist verbunden mit der Erhebung des Quecksilbers in diesem einzelnen Thermometer als Ganzes, sondern nur das begriffliche Stück, die Temperatur in diesem Sonnenschein, ist verbunden mit dem begrifflichen Stück: Ausdehnung in dieser Quecksilbersäule. Nicht die Verleihung dieses Ordens mit seinem rothen Bande als Ganzes ist verbunden mit der Freude in diesem Beamten, der ihn erhält, als Ganzes, sondern das begriffliche Stück: Ehre in dieser Verleihung ist verbunden mit der allgemeinen Lust in der Freude dieses Beamten. Nur die begrifflichen Stücke in all diesen Beispielen gehören zusammen und stehen mit einander in ursachlicher Verbindung.

46) Aus dieser begrifflichen Natur der verbundenen Stücke folgt von selbst ihre Allgemeinheit für jeden einzelnen, diese Begriffe enthaltenden Fall, mit andern Worten: es folgt daraus die Allgemeinheit der Gesetze der Natur und der Seele. Die feste Verbindung der Einzeldinge beruht nicht auf ihrer Besonderheit, auf ihren bildlichen Resten, sondern auf den begrifflichen, in ihnen enthaltenen Stücken; diese hat die Natur mit einander verbunden, und deshalb allein sind auch die Einzeldinge mit einander verbunden. — Der wahre Zweck der Wissenschaften ist daher nicht jenes Ordnen, jenes Zurückführen auf Gattungen und Arten, was nur zu leicht zu Spiel-Begriffen führt, sondern das Auffinden jener begrifflichen Stücke in dem Einzelnen, welche die Glieder von Gesetzen sind. Ohne das begriffliche Trennen wäre dies unmöglich.

47) Dagegen ist es eine Ueberschätzung der begrifflichen Vor-

stellungen, wenn in der Hegel'schen Philosophie der Begriff als das allein Wahre und Geltende aufgestellt wird. Wenn auch durch die elastische Natur des Speculativen im Hegel'schen Begriff das Einzelne damit nicht ausgeschlossen ist, so ist dieses Einzelne in dieser Philosophie doch nur gültig in seiner Identität mit dem Allgemeinen oder Begriffe. Hegel ist dadurch genöthigt, sowohl auf dem Gebiete der Natur als des Rechts eine Menge Bestimmungen für unwahr, für zufällig, für werthlos zu erklären, weil sie in seinen Begriff nicht mit eingehen, so z. B. die republikanische Staatsform, gegenüber seinem Begriffe des Staates, der bekanntlich auf die altliberale constitutionelle Form hinausläuft. Während Hegel darauf ausging, den Dualismus des Wissens und Seins aufzuheben, hat er dafür einen Dualismus des Begrifflichen und Zufälligen in dem Seienden eingeführt, der weit bedenklicher ist. Denn bei der Unbestimmtheit des begrifflichen Trennens nach der Richtung, in der es vollzogen werden kann, schleicht sich nur zu leicht hier die Willkühr ein und die Grenze zwischen Begrifflichem und Zufälligem beruht dann auf dem Belieben dessen, der den Begriff bildet.

48) Einen Beleg hierfür bildet der berühmte Satz Hegels: „Was „vernünftig ist, das ist wirklich und was wirklich ist, das ist ver„nünftig." — „Wenn ich vom Wirklichen gesprochen habe," heisst es in seiner Einleitung zur Rechtsphilosophie, „so wäre von selbst „daran zu denken, in welchem Sinne ich diesen Ausdruck gebraucht, „da ich in einer ausführlichen Logik die Wirklichkeit von dem „Zufälligen genau unterschieden habe. — Wenn der Verstand sich „mit seinem Sollen gegen triviale, äusserliche und vergängliche „Gegenstände, Einrichtungen, Zustände u. s. w. wendet, die etwa „für eine gewisse Zeit, für gewisse Kreise eine grosse relative „Wichtigkeit haben mögen, so mag er wohl Recht haben; aber die „Klugheit hat Unrecht, sich einzubilden, mit solchen Gegenständen „und deren Sollen sich innerhalb der Interessen der philosophischen „Wissenschaft zu befinden. Diese hat es nur mit der Idee zu thun, „welche nicht so ohnmächtig ist, um nur zu sollen und nicht wirk„lich zu sein, und damit mit einer Wirklichkeit, an welcher „jene Gegenstände, Einrichtungen, Zustände u. s. w. nur die ober„flächliche Aussenseite sind."

49) Dies klingt erhaben und gross; wüsste man nur, woher jene Ideen und Wirklichkeiten im Sinn Hegels ihren Inhalt und ihre Grenze gegen das Zufällige, Oberflächliche herbekommen. Trotz aller Identität von Sein und Wissen müssen doch diese Ideen und Begriffe, wenn sie auch für sich seiende geistige Wesen sind,

dennoch in die einzelne menschliche Seele eintreten und in dieser ihre Bestimmtheit und Grenze geltend machen gegenüber dem Belieben oder dem Unverstand solcher einzelnen Seele. Es muss also für diese ein Anhalt gegeben werden zur Innehaltung dieser Grenze. Es ist leicht, die Begriffe aus dem reichen Vorrath tausendjährigen Denkens auszusuchen, nach einer Art von Verwandtschaft an einander zu fügen und dies mit vornehmer Miene für die Entwickelung der Begriffe aus sich selbst auszugeben; aber wenn die Entstehung und Natur der Begriffe ohne Vorurtheil untersucht wird, so zeigt sich, wie nur das einzelne Seiende und die Wahrnehmung desselben ihre Grundlage bildet und wie die Aussonderung des Begrifflichen aus diesem ebensowohl zu unwahren als zu wahren Begriffen in dem oben entwickelten Sinne führen kann. Deshalb hat kein Begriff in der einzelnen Seele, selbst in der gelehrtesten, und nur in dieser Form kennen wir die Begriffe, das Recht, sich gegen die Wahrnehmung des Einzelnen zu wenden, und deren Bestimmungen für zufällig, für unwahr zu erklären, bloss weil sie mit dem Begriffe nicht übereinstimmen.

50) Kein Seiendes ist zufällig, oder unwirklich und werthlos; jedes Wahrgenommene, Gegenständliche ist, hat Sein. Das Wissen hat dies Sein zu achten und nach den begrifflichen Stücken in ihm, die als Glieder eines Gesetzes zu einander gehören, zu suchen; es hat kein Recht, es deshalb als werthlos bei Seite zu werfen, weil es von vergänglichem Bestande oder sich in die bis jetzt vorhandenen Begriffe nicht völlig einfügen lässt. Auch das Böse hat Sein; hat seine Gesetze, nach denen es aus dem Seienden sich ableitet; das Wissen hat das Böse nicht damit zu bekämpfen, dass es ihm das Sein durch eine künstliche Beschränkung des Begriffes von Sein abspricht. Das Böse spottet solcher vornehmen Philosophie; auch wenn es von dieser unter das Zufällige oder Nicht-Seiende geworfen worden, bleibt es trotz dem eine wirkliche Macht. Das Wissen hat vielmehr im Sein der Natur und der Seele die Bestimmungen zu suchen, die jenem Sein des Bösen entgegengestellt werden können, und damit den Weg zu zeigen, wie das Böse in Wahrheit aus dem Sein gebracht, oder am Entstehen gehindert werden kann.

51) Am grössten ist die Unklarheit über die Natur der Begriffe bei Schopenhauer. Einmal (§ 9 die Welt als Wille.) nennt er sie „eine eigenthümliche, von den anschaulichen Vorstellungen toto „genere verschiedene Klasse, die allein im Geist des Menschen „vorhanden ist.“ — „Nur denken, nicht anschauen lassen sie sich „und nur die Wirkungen, welche der Mensch durch sie hervorbringt,

„sind Gegenstände der eigentlichen Erfahrung.“ Eine Seite weiter sagt er dagegen: „Obgleich also die Begriffe von den anschaulichen „Vorstellungen von Grund aus verschieden sind, so stehen sie doch „damit in einer nothwendigen Beziehung, ohne welche sie nicht „wären, und welche Beziehung ihr ganzes Wesen und Dasein aus- „macht. Die Begriffe sind Vorstellungen von Vorstellungen.“

52) In der Abhandlung von der vierfachen Wurzel vom Grunde nennt Schopenhauer die Begriffe wieder: „abgezogen aus „anschaulichen Vorstellungen; sie büssen bei diesem Prozess die „Anschaulichkeit ein. Die Bildung des Begriffes geschieht über- „haupt dadurch, dass von dem anschaulich Gegebenen Vieles fallen „gelassen wird, um dann das Uebrige für sich allein denken zu „können.“ — Hier tritt Schopenhauer der wahren Natur der Begriffe ganz nahe; hätte er dies fest gehalten, so konnte er nie darauf kommen, die Begriffe für „toto genere verschieden“ zu erklären, ihr Wesen nur in der Beziehung zu suchen. — Nur aus dieser völligen Unklarheit konnten dann Behauptungen hervorgehen, wie die (§ 28 der Wurzel vom Grunde) „Das Denken, oder das Ope- „riren mit Begriffen bedarf entweder der Worte oder der Phantasie- „Bilder; ohne eines von Beiden hat es keinen Anhalt, aber Beide „zugleich sind nicht erfordert.“

53) Ein Laut oder Wort kann wohl mit einer Vorstellung durch häufiges Wiederholen so innig für das Gedächtniss verbunden werden, dass der Laut die Vorstellung herbeizieht und umgekehrt; aber der Laut kann die Vorstellung nie ersetzen und auch nie das mindeste zu ihrer Klarheit und Bestimmtheit beitragen. In keinem Falle kann dieser Laut in seiner Wirkung auf den Begriff mit den Phantasiebildern, den bildlichen Vorstellungen gleichgestellt werden; aus diesen entwickelt sich der Begriff, aber nie aus dem Laute.

54) Nach Schopenhauer hat der Begriff im Gegensatz zur Wahrnehmung neben der Sprache und Wissenschaft noch ein Drittes als Wirkung: „die Besonnenheit,“ das „überlegte planmässige Handeln.“ Es heisst (§ 9. die Welt als Wille.): „Dieses neue, „höher potenzirte Bewusstsein, dieser abstrakte Reflex alles Intuitiven „im nicht anschaulichen Begriffe der Vernunft ist es allein, das dem „Menschen jene Besonnenheit verleiht, welche sein Bewusstsein so sehr „von dem des Thieres unterscheidet und wodurch sein ganzer Wandel „auf Erden so ganz verschieden ausfällt von dem seiner unvernünf- „tigen Brüder.“ (§ 8. ebendaselbst.)

55) Es wäre allerdings vortrefflich, wenn die begrifflichen Trennvorstellungen als solche zureichten, den Menschen besonnen

zu machen. Da das Wissen aller Menschen beinahe gänzlich in Begriffen sich bewegt, so wäre bei solcher Wirkung nicht abzusehen, woher die Unbesonnenheit kommen sollte. In Wahrheit kann man trotz der entwickeltsten und umfassendsten Kenntniss der Begriffe sowohl aus dem Gebiet der Natur als der Moral, dennoch sehr unbesonnen handeln; denn die Besonnenheit ruht auf dem Gefühle, auf dem Begehren, auf dem Gedächtniss und nicht auf dem begrifflichen Trennen. Bei einer mässigen Stärke jener kann die Seele das Ziel, den Zweck ihres Wollens in seiner ganzen Fülle sich vergegenwärtigen, so wie Alles, was mit diesem Ziel räumlich oder zeitlich verknüpft ist; während bei stärkeren Graden des Fühlens und Begehrens diese Bewegung im Vorstellen der Seele gehemmt wird und eine Menge Nebenumstände und Folgen jenes Zieles nicht in das Wissen treten, d. h. übersehen werden. Je vollständiger dieses Ziel vorgestellt wird, je mehr also die begriffliche Vorstellung desselben in eine reichere, die Wirklichkeit erschöpfende, also in eine anschaulichere Vorstellung umgewandelt wird, desto grösser ist die Besonnenheit. Wir sehen also, dass die Besonnenheit mit dem begrifflichen Trennen nicht die mindeste Verbindung hat.

56) Mit dem begrifflichen Trennen ist die Reihe der trennenden Thätigkeiten des Vorstellens erschöpft. Ueber die Begriffe hinaus giebt es keine Trennvorstellungen noch höherer Art; sie sind die äussersten Trennstücke, in die das Einzelne aufgelöst werden kann.

57) Die Kant'sche Philosophie stellte zwar noch ein Höheres, als den Begriff auf, die Idee, aber sie ist nur die falsche Folge einer falschen Eintheilung der wissenden Seele im Verstand und Vernunft. Nach Kant sind die Begriffe Erzeugnisse des Verstandes, die Ideen Erzeugnisse der Vernunft. Die Vernunft soll das Vermögen des Unbedingten sein; die Idee soll „ein Begriff aus „reinen Begriffen sein, der die Möglichkeit der Erfahrung übersteigt.“ (K. d. r. V. 273.) Aber das Unbedingte, das Absolute ist nur eine Beziehungsvorstellung, eine Verneinung des Bedingten; sie wird in der Lehre von den Beziehungen ihre weitere Erklärung finden. Die einzelnen Ideen, die Kant später beibringt, als: die Seele, die Welt, Gott, sind lediglich Begriffe und zum Theil nicht einmal dies. Ihr Besonderes liegt in den Bestimmungen der Substanz, des All, des Unendlichen, welche sämmtlich Beziehungen sind und als solche weniger Sein enthalten, als die niedrigste Wahrnehmung.

58) In der Hegel'schen Philosophie sind die Ideen die Einheit des Begriffs und der Objectivität, oder die Einheit des Wissens und

des Seins. Für das Wissen enthalten sie also keine höhere Stufe, über den Begriff hinaus; sie sind nur eine Verbindung des Seins mit dem Begriffe; ihre Untersuchung gehört in die Lehre vom Erkennen.

# Das Vereinen im Vorstellen.

1) Dem Trennen steht das Vereinen des Vorgestellten, als sein Gegentheil, gegenüber. Das Vereinen bedarf des Getrennten, um es vereinen zu können; doch ist nicht nöthig, dass dies Getrennte erst durch die Seele getrennt worden sei; auch das wahrgenommene Einzelne kann vereint werden. — Das Vereinen, als Gegensatz des Trennens, theilt sich wie dieses in vier Richtungen. Bei den drei ersteren derselben können die Trennstücke die Form des Einzelnen oder auch die Form des Begrifflichen haben und in beiden Formen vereint werden.

2) Das Vereinen kann zunächst eine Wiederherstellung des eben erst Getrennten sein. Als solches wäre allerdings Beides ein überflüssiges, sich gegenseitig aufhebendes Thun; aber das Vereinen ist auf dieses reine Wiederaufheben einer erfolgten Trennung nicht beschränkt, es kann sich auf Trennstücke ausdehnen, deren Einheit der Seele zuvor noch gar nicht in der Wahrnehmung gegeben worden ist, und es erlangt erst da seine Wichtigkeit für das Wissen und für das Leben.

3) Die erste Art des Vereinens ist die, welche die Theile durch das räumliche und zeitliche Aneinander zur Einheit eines Einzelnen vereint. Wer die zerstreuten Blätter und Staubfäden einer Rose im Vorstellen wieder aneinanderfügt und die Rose dadurch als Eine wiederherstellt, der vollführt dies Vereinen. Ebenso der, welcher die einzelnen Töne einer Melodie nach Anleitung des Notenblattes im Vorstellen zu dieser einen Melodie vereint; wer die einzelnen Kleidungsstücke zu einem Anzuge vereint; wer die in der Beschreibung gegebenen einzelnen Theile einer Feuersbrunst, das Aufgehen der Flamme, ihr Weitergreifen, die Mittel des Löschens und das Einstürzen der Häuser zu einem Ereigniss vereint.

4) Die Vereinung dieser Theile im Vorstellen zu einem Gegenständlichen kann, wie bei dem Trennen, in zwiefacher Weise geschehen. Entweder sind die Theile schon im Vorstellen als Einzelne vorhanden, und es kommt nur darauf an, sie durch Aufhebung des räumlichen oder zeitlichen Getrenntseins in eine Einheit zu verwandeln; oder die Theile treten nach und nach in das Wissen und

fügen sich sofort nach ihrem Eintritt dem schon Vorhandenen durch Berührung an.

5) Dies Vereinen der Theile kann vielfach auch im Sein ausgeführt werden; solchem wirklichen Vereinen geht aber allemal das Vereinen im Vorstellen voraus; jenes ist nur die Verwirklichung des Vorgestellten. So vereint der Baumeister die Steine, die Balken, die Thüren, die Fenster, das Dach durch Aneinander zu einem Hause, nachdem er vorher diese Einheit im Vorstellen vollführt und zunächst nur in der Bestimmung der Gestalt auf dem Papiere dargestellt hat. So vereint der Schneider die Tuchstücke, der Schuhmacher die Lederstücke, der Böttcher die Holzstücke zu einem Kleid, Schuh und Fass: überall ist das Vereinen im Vorstellen vorangegangenen; das Vereinen im Sein wäre ohnedem unmöglich oder ein Zufall. Durch das Aneinander der Zeit werden das Fortgehen, das Laden der Gewehre, das Schiessen und Forttragen des Wildes zu einer Handlung, der Jagd, vereint. Bei jedem Planmachen geschieht ein solches zeitliches Aneinanderfügen einzelnen Geschehens.

6) Die zweite Art des Vereinens ist die Vereinigung eigenschaftlicher Bestimmungen zu Einem Gegenstande. — Der Töpfer vereint in dieser Weise mit der Masse (Grösse) des Thons die Gestaltung durch Drehen; er vereint dann mit diesen Eigenschaften die Härte durch Brennen und endlich die Glätte und die Farbe durch die Glasur. Der Färber vereint mit dem Stoffe oder dem Weichen und Grossen die Farbe durch die färbenden Mittel und die Gestalt durch Druck der Muster. Der Violinspieler vereint mit der Farbe, Gestalt und der Spannung (Zugkraft), der Saite den Ton durch den Violinbogen. Der Koch vereint mit dem Wasser als Stoff und Raumgrösse das Süsse durch Auflösung des Zuckers oder das Warme durch Kochen oder das Kalte durch Eis. Der Billardspieler vereint mit der weissen harten Kugel die Bewegung und die Richtung durch den Stoss und durch eine besondere Art des Stosses, Schnepper, trennt er diese Bewegung aus der einen Kugel und vereint sie mit einer andern Kugel, so dass die stossende sofort mit dem Stosse ruht.

7) In diesen und ähnlichen Fällen wird allerdings das Vereinen in der Wirklichkeit nicht immer mit reinen eigenschaftlichen Bestimmungen ausgeführt, sondern es liegt ihm ein Vereinen von Theilen, Stoffen zu Grunde. Aber für die Wahrnehmung verschwindet die Körperlichkeit dieser Theile und Stoffe, sie nimmt nur die vereinigten eigenschaftlichen Bestimmungen wahr; und im Vorstellen vollzieht sich dieses Vereinen nur in eigenschaftlichen Bestimmungen.

8) Wenn die Beschreibung eines Gegenstandes oder einer Begebenheit nach ihren eigenschaftlichen Bestimmungen bei dem Zuhörer ihren Zweck erreichen soll, so ist dies nur durch das eigenschaftliche Vereinen der gegebenen Bestimmungen möglich, welches Vereinen der Zuhörer in sich vollziehen muss. Dasselbe ist bei dem Lesen nöthig, wenn es nicht ohne Sinn bleiben soll. Die Flüchtigkeit, der Leichtsinn im Anhören oder Lesen solcher Beschreibungen, Erklärungen besteht in dem Unterlassen dieser vollen Vereinung der dargebotenen Bestimmungen.

9) Bei allen Plänen, bei allen Zielen, seien sie klein oder gross, die erst verwirklicht werden sollen, findet das Vereinen nach Theilen und Eigenschaften statt. Dadurch erhalten diese Pläne, diese Ziele ihre Deutlichkeit und Vollständigkeit. Wer sich ein Haus bauen will, bedenkt sich dessen Grösse, Gestalt, Farbe, Material, Eintheilung, und indem eine dieser Bestimmungen nach der andern in die Seele tritt und sich den schon vorhandenen anfügt, entsteht zuletzt die Vorstellung des *einen* Hauses, wie es im Plane ist. Wer eine Reise nach Italien machen will, wählt unter den verschiedenen Wegen dahin, unter den Orten, die er dort sehen will, vertheilt die Zeiten und gelangt so endlich durch Vereinung dieser einzelnen Theil- und eigenschaftlichen Bestimmungen zu der vollen Vorstellung der *einen* Reise, die er im Sinne hat. Wer ein Instrument, eine Maschine zusammensetzen will, sucht unter den verschiedenen Mitteln für den Zweck, *vereint* diese Mittel und prüft, ob das Ganze den Zweck erreicht, oder ob noch Weiteres damit verbunden, oder schon Vereintes davon wieder getrennt werden muss. Das Vereinen verbindet sich in solchen Fällen vielfach mit dem schöpferischen Vorstellen, dessen Darstellung später erfolgen wird.

10) Das eigenschaftliche Vereinen vollzieht sich in ähnlicher Weise, wie das Vereinen der Theilstücke; nur ist die bindende und einende Bestimmung hier nicht die Berührung, das räumliche und zeitliche *Aneinander*, sondern das *Ineinander*. Die Farbe, die Gestalt, die Grösse, die Zeit, die Bewegung u. s. w. müssen *ineinander* sein, einander *durchdringen*, wenn eine Einheit derselben entstehen soll, und diese einzelnen eigenschaftlichen Bestimmungen müssen aus ihrer Trennung im Vorstellen heraus in dieses durchdringende Ineinander gebracht und vorgestellt werden; geschieht dies, dann ist aus diesen Trennstücken *ein* Einzelnes, *ein* Gegenstand geworden.

11) Das Vereinen hat, wie das Trennen, seine Grade; in vielen Fällen gelangt es nicht zur Vollendung, sondern wird durch den Eintritt neuer Vorstellungen gehemmt oder völlig beseitigt. Dies

gilt für alle Arten des Vereinens. Bei flüchtigem Lesen eines Romans wird die Vereinung der darin vorkommenden Trennstücke einer Beschreibung nur höchst mangelhaft vollzogen. Solch Vereinen kann auch wegen der Menge der dargebotenen Bestimmungen lästig oder zu schwer werden. Deshalb sind ausführliche Beschreibungen von Gegenden und Trachten und Kunstwerken, wie sie z. B. in den englischen Romanen vorkommen, immer lästig. Der Maler, der eine solche Beschreibung in ein Wahrnehmbares, in ein Bild, umsetzen soll, hat dies Vereinen am vollständigsten zu vollziehen.

12) Das eigenschaftliche Vereinen ist die alleinige Grundlage für die Vorstellung des einzelnen Dinges, der einzelnen Gegenstände. In solchen werden stets eigenschaftliche Bestimmungen mehrerer Sinne vorgestellt. In dieser Bleikugel ist das gesehene Grauweiss der Farbe, die gesehene Kugelgestalt, die rein gefühlte Glätte und Kälte, die thätig gefühlte Härte und Schwere und der gerochene Bleigeruch enthalten. Keine Sinneswahrnehmung bietet eine Vereinung solcher Bestimmungen verschiedener Sinne; die Einheit dieser Bestimmungen ist nie der Seele durch Wahrnehmung unmittelbar gegeben, sondern sie entspringt lediglich aus dem Vereinen der Seele, welche diese Bestimmungen verschiedener Sinne ineinander fügt und damit zu Einem Gegenstande erhebt. Es geschieht, weil theils die einzelnen Sinne, theils ein vermittelndes Wissen ihr zeigt, dass diese Bestimmungen sämmtlich im Sein dieselbe Stelle des Raumes und der Zeit einnehmen. Diese Dieselbigkeit der Stelle nöthigt sie, alle darin enthaltenen Bestimmungen, als zu Einem Gegenstand gehörend, zu nehmen. Wenn dieses der Fall ist, so erklärt sich leicht der angeblich metaphysische Satz, dass zwei Körper nicht einen Raum einnehmen können. Natürlich; denn der Seele gelten alle Bestimmungen eines Raumes nur für einen Körper.

13) Auch Bestimmungen der Sinnes- und Selbstwahrnehmung werden durch diese zwei Arten des Vereinens zu einem Gegenstande vereint. Hierauf allein beruht der so überaus wichtige Begriff der menschlichen Handlungen. Dieser besteht zu einem Theile aus einem Wissen und Begehren und zu einem andern Theile aus einem sinnlich - wahrnehmbaren Sprechen oder sonstigen Bewegen der Glieder. Beides schliesst sich zeitlich genau aneinander und das Wissen und Begehren erhält sich auch noch in dem körperlichen Handeln und ist mit solchem auch durch das zeitliche Ineinander geeint. Keine der beiden Arten des Wahrnehmens allein kann die Vorstellung einer menschlichen Handlung geben; die Ein-

heit ihrer Bestimmungen ruht von Anfang ab nur auf dem Vereinen der Seele. Die Dieselbigkeit der Stelle in Zeit und Raum ist für sie der Grund, diese Bestimmungen als eine Einheit zu nehmen; sie ist zugleich der Grund, weshalb diese Einheit nicht bloss im Vorstellen, sondern auch im Sein, im Gegenstande selbst ist.

14) Die dritte Art des Vereinens ist das mischende Vereinen der Elemente. — So wie die Seele in einzelnen Farben, Tönen, Bewegungen, Geschmäcken und Gerüchen deren Mischung und als deren Gegensatz die einfachen Bestimmungen durch sich selbst erkennt und so wie sie vermag, die Elemente aus den Mischungen im Vorstellen zu sondern, so kann sie umgekehrt gegebene Elemente innerhalb ihres Vorstellens mischend vereinen und das Ergebniss, diese Einheit sich vorstellen, ohne dass sie dazu der Hülfe der Wahrnehmung bedarf. Die Vereinung ist hier mehr, als ein blosses Ineinanderschieben, es muss auch die Trübung der Elemente hinzu vorgestellt werden, welche der Mischung wesentlich ist und der Mischung oft den Schein einer einfachen Bestimmung giebt. — Das mischende Vereinen ist deshalb der Seele schwieriger, wie das frühere Vereinen; die Trübung der Elemente ist ein Thun, was besonders hinzukommen und nur durch eine besondere Thätigkeit gewonnen werden kann.

15) Die Mischung von blau und roth, von gelb und roth u. s. w. kann die Seele sich vorstellen, auch wenn sie diese Mischung noch nie wahrgenommen hat. Der Componist stellt sich die Mischung einzelner Töne als Harmonie- und Klangfarbe vor, noch ehe er dieses Vereinen der Töne gehört hat; der Knabe mischt die gegebenen Laute und trifft den Ton des Wortes, wenn er auch das Wort noch nie zuvor gehört hat. Der Maschinenbauer mischt die Richtungen und Bewegungen der Kräfte, noch ehe die Maschine im Gange ist; der Koch mischt im Vorstellen das Sauere, Süsse und Geistige und bestimmt nach dieser seiner Vorstellung die Schmackhaftigkeit des Punsches; der Verfertiger wohlriechender Seifen mischt die verschiedenen Gerüche; der Dichter mischt die Seelenzustände des Wissens, der Lust, des Schmerzes und des Begehrens zu Affekten und Leidenschaften, die ihm selbst in dieser Mischung noch nie im Leben vorgekommen sind; der Erzieher mischt verschiedene Zustände der Seele zur Vorstellung des Charakters, den er seinem Zögling durch Erziehung beibringen will.

16) Dasselbe mischende Vereinen zeigt sich thätig bei der Entwickelung einer Gestalt aus den gegebenen Elementen der Linien, Winkel, Flächen und Ecken. Aus einem gegebenen Winkel und zwei Linien ist die Seele im Stande, die daraus hervorgehende

bestimmte Gestalt des Dreiecks durch mischendes Vereinen dieser Elemente rein im Vorstellen sich zu bilden; es ist nicht nöthig, diese Vereinung auf der Tafel aufzuführen und erst durch Hülfe der Wahrnehmung die Vorstellung des durch die gegebenen Elemente bestimmten Dreiecks zu erlangen. Aus der Angabe über Länge, Breite und Höhe eines Hauses kann die Seele sich die Gestalt bilden, ohne das Haus gesehen zu haben. Aus den Gleichungen für die Abscissen und Ordinaten krummer Linien ist die Seele rein in ihrem Vorstellen im Stande, sich die Gestalt dieser Linien zu entwickeln, ohne dass die Hülfe des Sehens und Messens nöthig wäre. Aus den Elementen der Bewegung der Planeten und ihrer Monde kann die Seele sich diese Bewegungen selbst und ihre Wirkungen auf die Erleuchtung der Monde bildlich entwickeln, ohne je ein Planetarium gesehen zu haben. Dieses Vereinen der Elemente der Gestalt ist für die Entwickelung der Geometrie und Astronomie von der grössten Bedeutung.

17) Diese Beispiele ergeben weiter, dass zur vollen Erreichung der Mischung im Vorstellen die Uebung nöthig ist. Der Maler erreicht die Einheit der Elemente im Vorstellen mit Leichtigkeit für die Farben, der Componist für die musikalischen Töne, der geübte Knabe für die Wortlaute, der Mathematiker für die geometrischen Gestalten, während in den ihnen fremden Gebieten jeder nur schwer und mangelhaft diese Einheit gewinnt, und noch weniger diese Einheit ihm die wahrgenommene Einheit einer Mischung zu ersetzen im Stande ist.

18) Dies mischende Vereinen eilt gewissermaassen der Wahrnehmung voraus und je vollkommener es erfolgt, desto mehr stimmt die bloss vorgestellte Mischung mit der später wahrgenommenen Mischung überein. Dies gilt indess von jeder Art des Vereinens und bei der Mischung ist das Ergebniss nur deshalb auffallender, weil die Einheit hier inniger ist und den Schein einer einfachen und neuen Bestimmung annimmt.

19) Die letzte Art des Vereinens ist das begriffliche Vereinen. Es ist im Gegensatz zu dem begrifflichen Trennen zunächst eine Vereinung des Begriffs mit dem bildlichen Reste, wodurch das Einzelne wieder entsteht, was vorher begrifflich getrennt worden war. Da die bildlichen Reste nicht mittheilbar sind, so muss der Vereinende sich diese Reste selbst aufsuchen. Dies geschieht z. B. bei dem sogenannten Arrangement eines für das Klavier geschriebenen Musikstücks für das Orchester. Der Künstler hat hier in seinem Vorstellen die einzelnen Töne, Melodien und Harmonien des einen Klaviers mit den bildlichen Resten der Violinen, Flöten,

Hörner u. s. w. zu vereinen, wodurch diese Töne zu Violin- und Flötentönen werden, und zu prüfen, welche dieser Instrumentaltöne geeignet sind, um den Charakter des Musikstückes, seiner Melodien und Harmonien zu bewahren. — Aehnliches geschieht, wenn der Lehrer zum Beweis eines geometrischen Lehrsatzes ein Dreieck auf die Tafel zeichnet. Dies Dreieck ist nicht das begriffliche Dreieck des Lehrsatzes, sondern ein bestimmtes dadurch, dass der Lehrer einen bildlichen Rest mit dem Begriff vereint hat. Auch hierbei ist oft eine verständige Wahl unter den bildlichen Resten zu treffen. — Wenn der Maler zu der Scene eines Gedichtes das Bild entwirft und malt, wenn der Schauspieler seine Rolle auf der Bühne darstellt, so fügt er zu den Begriffen des Gedichtes, des Trauerspiels die bildlichen Reste, wodurch diese Begriffe in ein Einzelnes, einfach Sichtbares sich verwandeln. Hierher gehört ferner das Aufsuchen von Beispielen und Gleichnissen zu begrifflichen Vorstellungen; eine Thätigkeit, die in der Schule geübt wird.

20) Auch hier muss die Vereinung im Vorstellen der Vereinung in der Wirklichkeit vorausgehen, wenn es ein menschliches Handeln bleiben und nicht in einen blossen Zufall ausarten soll. — Die Vereinung des Begriffs mit dem bildlichen Rest ist noch inniger, wie die Mischung der Elemente. Dennoch erscheint hier dieses Vereinen leichter, einmal, weil der Vereinende die bildlichen Reste sich selbst auswählt und dann, weil die begrifflichen Stücke in den meisten Fällen nicht völlig rein vorgestellt werden, sondern ihnen der bildliche Rest, wenn auch in schwächerem Grade, schon anhängt.

21) Die andere Art des begrifflichen Vereinens ist die Grundlage der empirischen Begriffe. Das Wesen dieser besteht, wie früher erwähnt, darin, dass sie keine Vereinung von Begriff und bildlichem Rest darstellen, sondern eine Vereinung von Theilen, Eigenschaften oder Elementen, aber all diese Stücke in der begrifflichen Form. In der Vorstellung des Begriffs Mensch ist nicht diese Grösse, nicht diese Gestalt, nicht dieses Wissen, nicht dieser Kopf und dieser Leib vereint, sondern die begriffliche Grösse, die begriffliche Gestalt, das begriffliche Wissen, der begriffliche Kopf, der begriffliche Leib des Menschen ist durch An- und Ineinander zu einer Einheit verbunden, die damit den empirischen Begriff des Menschen darstellt. Viele Beispiele in dem vorgehenden waren zum Theil schon solche begriffliche Vereinungen. Alles Vereinen von Bestimmungen, die von Andern mittelst der Sprache empfangen werden, ist nur ein solches Ver-

einen von Begriffen, da die Worte nur begriffliche Vorstellungen bezeichnen.

22) Es kommt auch häufig vor, dass bei dem begrifflichen Vereinen ein Theil der Trennstücke nicht bestimmt, sondern dem Belieben dessen, der vereinen soll, überlassen wird. Dieser Fall wird in der Sprache durch den Artikel: Einer ausgedrückt. „Ein Mensch ist heute von einem Dache gefallen.“ In solcher Mittheilung ist nicht der begriffliche Mensch, das begriffliche Dach gemeint, sondern ein wirklicher, einzelner Mensch und ein bestimmtes Dach. Dennoch wird nur das begriffliche Stück von Beiden in der Mittheilung geboten und die Hinzufügung der bildlichen Reste, die diese Begriffe zu einer Einzelnvorstellung umwandeln sollen, ist dem Belieben des Hörers überlassen, weil diese Reste für den Zweck der Mittheilung ohne Bedeutung sind. Ist dieses nicht der Fall, so sagt man: der N. N. ist heute von dem Dache des Hauses No. x. der N. N. Strasse gefallen. Bei der Erzählung, „dass in Lappland es eine besondere Art von Hunden giebt,“ wird dem Hörer die Besonderung dieser Gattung durch Vereinung der entsprechenden begrifflichen Stücke überlassen. In der Bildung von allen Beispielen zu Begriffen, die nicht in Vorzeigung eines Exemplares bestehen, sondern nur mit Worten gegeben werden, sind nur mehrere Begriffe zu einem Begriffe geeint.

23) Die Bedeutung des Vereinens leuchtet aus den vorstehenden Beispielen bereits genügend hervor. — Alle sprachliche Mittheilung der Vorgänge und der Ereignisse durch Worte wäre ohne das Vereinen nutzlos. Mit Ausnahme der Eigennamen bezeichnen alle Worte nur Trennstücke der Gegenstände und Ereignisse. Jeder Gegenstand, jedes Ereigniss muss, um es einem Andern durch die Sprache mittheilen zu können, in solche Trennstücke aufgelöst werden, wofür Worte in der Sprache vorhanden sind; nur diese Trennvorstellungen werden durch die Worte in dem Hörer und Leser erweckt und es muss nun erst das Vereinen dieser vereinzelten Stücke zu Einem Gegenstand, Einem Ereigniss in der Seele des Hörers sich vollziehen, ehe das erreicht ist, was der Erzählende bei seiner Mittheilung beabsichtigte. Wäre dieses Vereinen nicht möglich, so bliebe eine solche Mittheilung ein wüster, sinnloser Haufen von Stückwerk, völlig ungeeignet die Vorstellung zu erwecken, die der Erzählende hat und die nur aus der Einung dieses Stückwerks hervorgehen kann.

24) Alle Pläne, alle Zwecke und Ziele sind bei ihrem ersten Auftreten in der Seele nur in sehr einfachen Bestimmungen da; nur die Hauptsache ist klar; aber die Unzahl unvermeidlicher

Nebenumstände, die vielfachen Mittel, die erst zu dem Ziele führen, die vielerlei Hindernisse, die der Erreichung sich entgegenstellen, alles dies ist zunächst gar nicht, oder nur in unzureichenden Bestimmungen in der Seele. Dennoch erfordert die Erreichung des Zieles die volle Vergegenwärtigung aller dieser in der Wirklichkeit hinzutretenden Bestimmungen; ohnedem wäre alles Handeln dem Zufall preisgegeben. Aber diese volle Erfassung der kommenden Wirklichkeit ist nur durch das Vereinen der Seele möglich; nur dies giebt dem Plane, dem Ziele die Klarheit, welche zeigt, ob es erreichar ist oder nicht, ob es der Mühe lohnt oder nicht, ob es innerhalb des Sittlichen sich bewegt oder nicht.

## Die Einheitsformen und das Einzelne.

1) In der Darstellung des Trennens und Vereinens sind schon die Bestimmungen beiläufig erwähnt worden, welche die einende Natur in sich enthalten. Die Wichtigkeit dieser Bestimmungen erfordert deren besondere Darstellung. — In dem Wahrgenommenen ist der unterschiedene Inhalt und seine Einheit von selbst, ohne Zuthun der Seele, gegeben. Es lag bei Darstellung der Wahrnehmung kein Grund vor, diese Einheit auszusondern. Aber bei dem Vereinen der Seele, wo das Vorstellen diese Einheit selbst hervorbringen soll, wird diese Frage von Bedeutung.

2) Die vier Richtungen des Trennens und des Vereinens zeigen, dass vier Bestimmungen vorhanden sind, welche durch ihren Eintritt diese Einheit der Unterschiedenen hervorbringen. Diese vier Einheitsformen sind: 1) das Aneinander in Raum und Zeit, oder auch nur in der Zeit, das Neben und Nach; 2) das Ineinander in Raum und Zeit, oder nur in der Zeit, die Durchdringung; 3) das Ineinander der Mischung; 4) das Ineinander des Begriffs und des bildlichen Restes im einzelnen Gegenstande. — Diese vier Formen der Einheit sind nicht willkürlich von der Seele erdacht, sondern sie sind nur die Copien der Einheit, welche auch im Sein die Unterschiede vereint. Die Seele hat sie nur aus der Wahrnehmung ausgesondert und benutzt sie nur in gleicher Weise wie die Natur, zur Einung ihrer bloss vorgestellten Unterschiede.

3) Weshalb ist dieser Baum trotz seiner vielen Unterschiede, der Wurzeln, des Stammes, der Zweige, Blätter und Blüthen dennoch ein Baum für uns? Weil alle diese Stücke stetig aneinder stossen, sich berühren, aneinander sind. So wie eine Blüthe abfällt, ein Zweig abbricht, d. h. die Berührung aufhört, hört für

dieses Stück die Einheit mit dem Baume auf. — Eine Kraft zum Festhalten der Theile aneinander ist zu dieser Einheit nicht nöthig. Das Wasser in diesem Glase ist Eins durch das Aneinander, trotz seiner völligen Beweglichkeit; die Wolken, der Regenbogen ist für das Sehen Ein Gegenstand, obgleich die Theile durch keine wahrnehmbare Kraft gehalten werden. Vielmehr ist die Kraft, als Druck und Bewegung, selbst eine Bestimmung, die der Einung bedarf. — Durch das Aneinander der Zeit sind die Minuten zur Stunde, die Stunden zur Einheit des Tages geeint; ebenso die sich folgenden Töne zu einer Melodie, die sich folgenden Zustände einer Seele zu einem Affekt. Hier ist nirgends die Spur, ja nur die Vorstellbarkeit einer Kraft, die dieses Aneinander des zeitlich sich Folgenden zusammen kettete.

4) Es erhellt, dass die einende Wirkung bei diesem Aneinander in der Stetigkeit des Raumes und der Zeit beruht. Zu dieser Stetigkeit kann indess noch eine Steigerung aus der Allmähligkeit der Veränderungen hinzutreten. Die helle Wolke mit ihrem blendenden Weiss berührt für das Sehen den blauen Himmel; im Regenbogen ist auch diese Berührung der Farben, aber es ist noch der allmählige Uebergang der einen Farbe in die andere. Ein Ton, ein Geschmack kann ebenso allmählig in einen andern übergehen, anstatt dass die Unterschiede schroff aneinander grenzen. Die Einheit der einander berührenden Unterschiede ist nun zwar ohne Rücksicht auf diese Allmähligkeit durch die blosse Berührung begründet; aber diese Einheit wird gesteigert, wenn zu dieser Stetigkeit des Raumes oder der Zeit noch die Stätigkeit der stofflichen Unterschiede hinzutritt. Deshalb erscheint der Regenbogen mehr Ein Gegenstand, wie die helle Wolke mit dem daran stossenden blauen Himmel. In der Natur herrscht beinahe durchgehend neben der Stetigkeit des Raumes und der Zeit auch diese Stetigkeit der Uebergänge.

5) Inniger als durch das Aneinander erscheint die zweite Einheitsform, das Ineinander der Eigenschaften. Die Grösse, die Gestalt, die Farbe, der Grad, die Zeitgrösse, die Bewegungen dieses Blattes sind nur dadurch sämmtlich dies eine Blatt, dass sie einander durchdringen, jede da ist, wo auch die andere ist, dass sie Ineinander sind. Auf dieser Form beruht die Einheit des Harten und Schweren dieser Bleikugel mit ihrer Gestalt und Farbe; Härte und Schwere sind Druck, also Kraft. Hier ist die Kraft nicht das Einende, sondern selbst ein Unterschied, der der Einung bedarf; fällt die Bleikugel, so wird ebenso die Kraft als Bewegung nur durch das Ineinander mit dem Grau und der Kugel-

gestalt des Bleies geeint. Wenn bei dem Stoss die Bewegung eine Kugel verlässt und in die andere übergeht, ist es nur das Auseinander der Bewegung und der andern Bestimmungen der ersten Kugel, so wie das folgende Ineinander der Bewegung und der anderen Bestimmungen der zweiten Kugel, was diese Bewegung nicht mehr mit der ersten, sondern mit der zweiten Kugel zu einem Gegenstande eint. — Ebenso sind das gleichzeitige Wahrnehmen, Vorstellen, Fühlen und Begehren durch das Ineinander zu einer Seele geeint.

6) Das blosse Ineinander der Zeit, das Zugleich genügt als einende Bestimmung, wo die zu einenden Bestimmungen das Räumliche nicht enthalten. So einen sich Töne, Geschmäcke, Gerüche durch das blosse Zugleich. Die Seele ist für die Selbstwahrnehmung durch den Gegensatz des Ausser ihr, welchen ihre Sinneswahrnehmung enthält, selbst im Raum, wenn auch nur punktuell. Für die Einung der Seelenzustände zu einer Seele ist daher das blosse Zugleich nicht hinreichend.

7) Noch inniger ist die Einheitsform der Mischung. Hier tritt zu dem blossen Ineinander noch das Besondere hinzu, welches gleichnissweise als eine Trübung der Elemente, der zu vereinenden Bestimmungen bezeichnet werden kann, aber in seiner Besonderheit nicht durch Anderes beschrieben, sondern nur durch Wahrnehmung erkannt werden kann. — Bei den Elementen der Gestalt scheint das Ineinander nicht vorhanden zu sein. Allerdings nimmt jede Linie und jeder Winkel dieses Dreiecks einen besonderen Ort ein, aber das Ineinander ihrer kommt dennoch in der Gestalt zum Vorschein. Die Gestalt ist überall, wo diese Elemente sind, sie umfasst alle drei Linien und alle drei Winkel; während die Elemente zunächst nur durch Aneinander, durch Berührung geeint sind, ist ihre Mischung dennoch ein Ineinander der Gestalt selbst mit ihren Elementen; und deshalb gehört die Einheit der Gestalt nicht zu der Einheitsform der Theile, sondern zur Einheitsform der Mischung. Sie enthält eine ähnliche Trübung der Elemente, wie sie das Weisse und Rothe im Rosa, der Grundton mit der Terz und Quinte im Dreiklang zeigt.

8) Die begriffliche Einheitsform ist die innigste; in ihr ist das Ineinander der Trennstücke und ausserdem ein so starkes Zurücktreten der Selbstständigkeit dieser Trennstücke, dass für das reine Wahrnehmen diese Unterschiede völlig verschwinden.

9) Es entsteht die Frage: Was ist das, was in diesen vier Formen die Einheit erzeugt, in welcher Bestimmung ist zuletzt diese Einheit zu suchen? ist nicht jedenfalls eine Kraft nöthig, um im

letzten Grunde die Vereinzelung aufzuheben und die Einheit der Unterschiedenen zu Stande zu bringen? — Hierauf ist zu erwidern, dass die Untersuchung nicht weiter zu führen ist, als hier geschehen. Jene vier Formen sind die letzten Bestimmungen, bis zu denen diese einende Macht verfolgt werden kann; es kann kein weiteres, höheres, als Grund oder Ursache oder Kraft ausgesondert werden, was den letzten Kern dieser Einheit enthält. — Die Einung ist durchaus nicht als Kraft vorzustellen; dazu liegt kein Grund vor. Das Wahrgenommene, aus dem diese Einheitsformen entlehnt sind, und in dem sie ebenso, wie bei dem Vereinen der Seele, die Einung bewirken, enthält nichts von einer solchen Kraft, und für das Ineinander des Raumes und der Zeit ist selbst die Vorstellung einer Kraft, nach Art der thätig gefühlten, nicht möglich. — Das Einende dieser Formen liegt in den eigenthümlichen Bestimmungen des Raumes und der Zeit. Der Raum und die Zeit, die der Philosophie nur als das Trennende, als das wüste Aussereinander gelten, zeigen vielmehr für die unbefangene Auffassung sich als eine Bestimmung, die nicht blos trennen, sondern auch vereinen kann, und zwar das letztere durch das An- oder Ineinander des Vereinzelten. Bisher haben beide nur als die „principia individuationis" gegolten.

10) Nicht die Seele ist es, die diese Einheit den wahrgenommenen Unterschieden aufdrückt; diese Einheit wäre dann keine Einheit des Gegenstandes; vielmehr ist das Stetige und das Dieselbige des Raumes und der Zeit das, was die Einheit vollbringt, und deshalb ist diese Einheit gegenständlich, wirklich, seiend, nicht bloss vorgestellt. Die Seele ist so wenig Grund dieser Einheit, dass sie selbst erst diese Einheitsformen von dem Sein entlehnen muss, um in ihren Vorstellungen die Einheit ihrer vorgestellten Unterschiede zu erreichen. — Herbart sagt sehr richtig (I. 259): „In die Begriffe von Seelenvermögen mischen sich die Erklärungen, „welche wir hinzudenken und der Wahrnehmung unvermerkt unter- „schieben. Dahin gehört Kants Voraussetzung, dass zur Verbin- „dung des gegebenen Mannigfaltigen eigene Handlungen des Ge- „müthes, mithin Seelenvermögen nöthig seien, während die Er- „fahrung nur das schon verbundene, aber niemals eine „ganz rohe, formlose Materie des Gegebenen, noch we- „niger eine Handlung des Verbindens des noch form- „losen Stoffes zu erkennen giebt."

11) Diese Einheit der Unterschiede ist keine Einerleiheit; sie vertilgt nicht die Unterschiede, sondern sie vereint sie nur zu Einem. In dem reinen Aneinander, räumlich oder zeitlich, wird die Selbstständigkeit dieser Unterschiede am wenigsten durch

die Einheit geschwächt oder erschüttert. Die Vorstellung des Ineinander schwächt schon mehr diese Selbstständigkeit der einzelnen Bestimmungen, indess geschieht dies noch in so geringem Maasse, dass diese Schwächung die sofortige Erkennbarkeit der besondern Bestimmungen nicht aufhebt; die Schwächung ist mehr eine Schwächung des Grades im Vorstellen, als eine gegenständliche der Unterschiede. Bei der Mischung und der begrifflichen Einung ist die Abschwächung der Selbstständigkeit und der Wahrnehmbarkeit der Trennstücke stärker, aber auch hier verschwindet sie nicht vollständig, und die Einheit ist nur Einheit dadurch, dass sie diese Unterschiede in sich aufgehoben und noch erkennbar enthält. — Die Einerleiheit ist das Gegentheil dieser Einheit; in ihr ist aller Unterschied völlig ausgetilgt oder vielmehr nie vorhanden gewesen; sie ist deshalb weder Einheit noch Unterschied.

12) Der Gegensatz der Einheit ist die Vereinzelung. Das Einzelne ist der Unterschied in seiner Trennung, ohne Vereinung mit Andern. Die Bedingung der Vereinzelung liegt im Gegentheil der Vereinung; die Stetigkeit oder die Dieselbigkeit der Stelle in Raum und Zeit muss für die Unterschiedenen aufgehoben werden; durch dieses Trennen entsteht das Einzelne. Es ist gleichgültig, ob die Vereinung oder die Trennung als das erste im Vorstellen gesetzt wird.

13) Die Wahrnehmung durch das Sehen hat ursprünglich keine Trennung, kein Einzelnes in seinem Gesehenen. Das Kind sieht alle Unterschiede innerhalb seines Gesichtsfeldes als Eines, als Einheit, weil alles stetig an einanderstösst; selbst das Schwarz gilt dem Sehen des Kindes nicht als Nichts, sondern als Farbe, ist nicht trennend, sondern vereinend. Das Einzelne in dem Gesehenen bildet sich erst nach und nach. Mit dem Wechsel der Richtung des Auges oder des Gesehenen ändert sich bald diese Stetigkeit, bald nicht. Das Haus und der Wald dahinter sind zunächst eins; bis mit dem Wechsel der Stellung ein Anderes sich zwischen sie schiebt. So gilt später der Seele nur das im Sehen als Eines, was die Stetigkeit trotz der Aenderung der Richtung bewährt. Die Wolken sind so einzelne, bis sie zusammen fliessen; die Wassertropfen einzelne, bis sie zusammen treten. Alles, was in der Bewegung seine Stetigkeit behält, gilt als Eines oder Einzelnes gegenüber dem, dessen Stetigkeit bei der Bewegung aufhört. Das Hören nimmt die Stille nicht als gegenständlich; deshalb sind die Töne schon durch das unmittelbare Hören einzelne, wenn die Stille oder die Pausen sie trennen. Aehnliches gilt für die übrigen Sinne. — Das Einzelne ist nur Einzelnes durch die Trennung, durch das Nicht An- und Ineinander mit Andern; aber an sich

kann es Unterschiede in sich selbst haben, und es ist alsdann eine Einheit der in ihm durch An- und Ineinander vereinten Unterschiede und zugleich ein Einzelnes durch das Nicht An- und Ineinander der von ihm getrennten Unterschiede.

14) Neben den obigen vier seienden Einheitsformen giebt es keine weiteren. Es ist auch der Seele unmöglich, noch andere Einheitsformen ausser diesen vier zu erfinden, und zur Einung zu benutzen. Alles in der Welt, sei es körperlich, sei es geistig, kann, wenn es als seiende Einheit vorgestellt werden soll, nur in einer dieser vier Formen vorgestellt werden. Es ist von Wichtigkeit, sich dieses klar zu machen und jenes Spiel mit vermeintlichen neuen Einheiten, welches Wissenschaften und Philosophie so gern treiben, auf seine wahre Bedeutung zurückzuführen. Was man vorbringt, sind keine neuen Formen neben jenen, sondern nur verworrene und nebelhafte Vorstellungen, Gemische von Stücken jener vier Einheiten; insbesondere unklare Gemische von Einheit und Einerleiheit oder von Einheit und den Formen der Verbindung oder der verbindenden Beziehung, deren Natur in den folgenden Abschnitten dargestellt werden wird.

15) Sehr abweichend von dem hier Vorgetragenen sind die Ansichten Kant's. Nach Kant ist die Einheit des Mannigfaltigen in einem Gegenstande nur die eigne That der wahrnehmenden Seele. „Das Mannigfaltige der Vorstellungen kann in einer An„schauung gegeben werden,“ sagt er (K. d. r. V. 95.), „die bloss „sinnlich, d. h. nichts als Empfänglichkeit ist und die Form dieser „Anschauung kann a priori in uns liegen. Allein die Verbin„dung (conjunctio) eines Mannigfaltigen kann niemals durch die „Sinne in uns kommen, denn sie ist ein Aktus der Spontaneität „der Vorstellungskraft, des Verstandes. Wir können uns nichts „als ein Objekt verbunden vorstellen, ohne es vorher selbst ver„bunden zu haben.“

16) Für Kant war dieser letzte Satz so über allen Zweifel erhaben, dass er einen Beweis, eine Rechtfertigung gar nicht für nöthig gehalten hat. Sollte diese Stelle eine solche sein, so erkennt man doch leicht, dass sie sich im Kreise dreht. Nachdem einmal die Wahrnehmung in ein leidendes Aufnehmen (Receptivität), und in ein thätiges Verbinden (Spontaneität) von Kant aufgelöst worden war, folgte schon aus dem gebrauchten Worte: Verbindung die Thätigkeit, die dann natürlich nur in dem Subjekte gesucht werden konnte. Aber dieser Schluss fällt, wenn diese Trennung des Wahrnehmens falsch ist.

17) Die einende Natur des Verbindens hat Kant sehr ausführlich

(K. d. r. V. § 16. 17.) untersucht, da sie ihm die Grundlage für die vermeintliche subjektive Natur der Kategorien abgab. Er führt diese Einheit darauf zurück, „dass das: Ich denke alle meine „Vorstellungen müsse begleiten können, denn die mannigfaltigen „Vorstellungen, die in einer Anschauung gegeben werden, würden „nicht insgesammt meine Vorstellungen sein, wenn sie nicht insge- „sammt zu meinem Selbstbewusstsein gehörten.“ — Diese schwerfällige Tautologie wird jedermann einräumen; aber dadurch, dass verschiedene Bestimmungen zugleich von mir vorgestellt werden, sind sie noch nicht geeint; ich kann sie auch als getrennt zugleich vorstellen, so kann ich einen Hasen, einen Schuss und einen Hund zugleich vorstellen; diese drei Vorstellungen sind sämmtlich von dem: Ich denke begleitet, aber deshalb doch nicht eine.

18) Kant fühlt selbst, dass dieser Umstand nicht hinreicht und er geräth in dem Bestreben, die Natur der Vereinung zu erklären, zu der Annahme eines dreifach potenzirten Bewusstseins. Er sagt: „Die durchgängige Identität der Apperception eines Mannigfaltigen „enthält eine Synthesis;“ (das heisst doch: die Identität des Wissens ist schon eine Synthesis) „und ist nur durch das Bewusstsein dieser Syn- „thesis möglich“ (das heisst also: jene Identität des ersten Wissens ist nur möglich durch das Bewustsein dieses Wissens.) „Also nur da- „durch, dass ich ein Mannigfaltiges in ein Bewustsein verbinden kann, „ist es möglich, dass ich mir die Identität des Bewusstseins in dieser „Vorstellung selbst vorstelle,“ d. h. mit andern Worten: die Verbindung besteht in einem Wissen, dessen Identität gewusst wird, und wo das Wissen dieser Identität des Wissens wieder gewusst wird. Es ist kein Grund abzusehen, weshalb Kant nicht noch zu höheren Potenzen fortschreitet; aber schon diese drei genügen, um zu erkennen, dass auf diese Weise der Begriff der Einheit der Unterschiede nie erreicht werden kann, weil er sich mit jeder höhern Potenz weiter hinaufschiebt.

19) Diese falsche Auffassung der Einheit der Dinge ist die Grundlage der Kant'schen Philosophie. Nur dadurch wurde es ihm möglich, nachdem er schon das räumliche und zeitliche der Gegenstände für subjektive Formen erklärt hatte, auch die Begriffe für dergleichen subjektive Zuthat zu erklären; von der Realität blieb dann nur das unerkennbare Ding an sich übrig. Aber schon Herbart hat darauf aufmerksam gemacht, dass diese Hypothese Kants nicht einmal zureicht, die Erfahrung zu erklären und daraus abzuleiten. Denn wie kommt es, dass das Ding an sich, was ich als Billardkugel hier sehe, durchaus nur diese runde Gestalt, nur diese weisse Farbe, diese bestimmte Grösse zulässt, dass es in seinen Stössen an die zweite Kugel nur als Ursache und nicht

als Wirkung sich fassen lässt? Wenn all diese Bestimmungen und Kategorieen mit dem Dinge an sich nichts zu schaffen haben, so ist diese Festigkeit und Gleichmässigkeit der Wahrnehmung der Kant'schen Erscheinung ganz unbegreiflich. Gehen diese Kategorien nur von dem Subjekt aus, so ist dieses in der Wahl derer, die es einem Dinge an sich anlegen will, nicht gebunden; es giebt dann keine Festigkeit und Gleichmässigkeit in der Wahrnehmung; hat dagegen das Ding an sich irgend einen Einfluss darauf, der diese Wahl des Subjekts ausschliesst, so folgt unvermeidlich die Objektivität dieser Bestimmungen.

20) Herbart erkennt sehr richtig, dass wenn man die Wahrnehmung als Schein setzt, das wahre Wirkliche jedenfalls so von der Philosophie gegeben werden muss, dass der Schein daraus mit Bestimmtheit abgeleitet werden kann. — Seine Philosophie ist nun im Vergleich zu der von Kant nur eine andere Hypothese für das Wahrgenommene, was ihm ebenfalls nur als Erscheinung gilt oder als Schein, der seine Ursache in einem nicht wahrnehmbaren Wirklichen hat. Herbart glaubt zu dieser Hypothese genöthigt zu sein durch die Widersprüche, welche die Wahrnehmung enthält. Zu diesen rechnet er das Ding mit mehreren Merkmalen. „Bei „solchem Dinge ist,“ sagt Herbart (Einleitung in die Philosophie, S. 150) „die Rede von Einem, also nicht von Vielem, das blos in „eine Summe sich zusammenfassen, aber zu keiner Einheit sich „verschmelzen lässt.“ — „Aus der Forderung, das Ding solle die „vielen Merkmale besitzen, entwickelt sich gar ein Widerspruch. „Das Besitzen, Haben muss doch am Ende dem Dinge als eine „Bestimmung seines Was zugeschrieben werden. Es ist eben so „vielfach und eben so verschieden, als die Eigenschaften, welche „besessen werden. Es ist folglich eben so wenig fähig zur Antwort „auf die einfache Frage zu dienen: Was ist das Ding? Diese „Frage stösst jede Vielheit aus, mit der man sie würde beseitigen „wollen. Können wir das vielfache Besitzen von vielen Eigen„schaften nicht auf einen einfachen Begriff zurückführen, der sich „ohne allen Unterschied mehrerer Merkmale denken lässt, so ist der „Begriff von dem Dinge mit vielen Merkmalen ein widersprechen„der Begriff, der einer Umarbeitung im Denken entgegen sieht, „weil er aus dem Gegebenen stammend, nicht kann verworfen werden.“

21) Es kann hier Herbart darin beigetreten werden, dass mit dem Haben, Besitzen der vielen Eigenschaften der Widerspruch nicht gehoben wäre, wenn er an sich vorhanden wäre. Aber ein solcher Widerspruch ist in der Vorstellung des Dinges, oder der Einheit von unterschiedenen Bestimmungen durchaus nicht ent-

halten. Diese Einheit ist eben keine Summe, zu der sie Herbart herabdrücken will, sie ist vielmehr nur diese, nicht weiter zu definirende Einheit, welche die Unterschiede nicht vertilgt, vielmehr ihrer bedarf, und die eben aus der Vereinung dieser Merkmale hervorgeht. Es wäre sonderbar, wenn ein Begriff, der so alt ist, wie das Menschengeschlecht, und von jedem Menschen stündlich gebraucht wird, wenn ein solcher Begriff einen Widerspruch enthielte, ohne dass die eindringende geistige Thätigkeit, welche die Sprache und die vielen in ihr befestigten Vorstellungen geschaffen hat, diesen Widerspruch nicht sollte bemerkt haben, obgleich doch nichts die Seele mehr abstösst als der Widerspruch. Diese Einheit ist nicht die Eins, welche die Vielheit verneint; es ist auch nicht die Einerleiheit, welche den Unterschied verneint, sondern sie ist die Einheit, welche die Unterschiede erhält und dennoch zu einer Einheit umwandelt. Nur die Eins und das Einerlei würden den Widerspruch enthalten, wenn man vieles Unterschiedene in sie verlegen wollte.

22) Während Herbart zu vorschnell einen Widerspruch zu finden meinte, wo keiner vorhanden ist, geht Hegel den entgegengesetzten Weg. Er setzt überall den nackten, kahlen Widerspruch und sieht gerade darin die Wahrheit. Die Einheit Hegels ist nicht bloss die Einheit unterschiedener, sondern die Einheit sich widersprechender Bestimmungen. — „Das Denken als Verstand," sagt Hegel (VI. 147.), „bleibt bei der festen Bestimmtheit und der Un- „terschiedenheit derselben gegen andere stehen. Das dialektische „Moment ist das eigne sich Aufheben solcher endlichen Bestimmungen „und ihr Uebergehen in ihre entgegengesetzten; das speculativ „oder positiv vernünftige fasst die Einheit der Bestimmungen „in ihrer Entgegensetzung auf, das Affirmative, das in ihrer Auf- „lösung und in ihrem Uebergehn enthalten ist. Das Vernünftige „ist nicht einfache, formelle Einheit, sondern Einheit unter- „schiedener Bestimmungen."

23) Diese letzten Worte würden mit der oben gegebenen Auffassung stimmen, wäre nicht mit diesen Worten vielmehr die Einheit des sich Widersprechenden gemeint. Darin liegt der Kernpunkt der Hegel'schen Philosophie; die Einheit Unterschiedener hat das gewöhnliche Vorstellen nie geleugnet. Es ist eine fortwährende, durch die Hegel'sche Philosophie hindurchgehende falsche Beschuldigung des sogenannten Verstandes, dass er nur das abstrakt identische, d. h. das Einerlei mit Vertilgung des Unterschiedes kenne. „Formelle oder Verstandes-Identität", heisst es (VI. 230.) „ist „diese Identität, insofern an ihr festgehalten und von dem Unter-

„schiede abstrahirt wird.“ In dem Festhalten des Identischen wird vielmehr nur der Widerspruch abgewehrt, aber nicht die Einheit Unterschiedener geleugnet.

24) Jenes Speculative Hegels als die Einheit angeblich bloss Unterschiedener, wird in den unmittelbar folgenden Sätzen für eine Einheit erklärt, „in der das Subjektive und Objektive nicht nur „identisch, sondern auch unterschieden sind.“ — „Das Vernünftige „besteht darin, die Entgegengesetzten als ideelle Momente in „sich zu enthalten.“ Und die ganze Entwickelung der Logik Hegels hält diese Einheit des Widersprechenden als Grundbedingung ihrer Begriffe fest. In seiner Encyclopädie finden sich neben vielen andern, die Sätze: „Werden ist Einheit des Sein und „des Nichts. — Im Dasein ist die Bestimmtheit eins mit dem Sein „als Negation, mit Grenze, Schranke. — Das Fürsichsein ist das „Eins und zugleich die Repulsion des Eins, das Setzen vieler Eins. „Die Quantität ist ebensowohl diskret als continuirlich. — Der Be„griff ist die Einheit der Allgemeinheit, Besonderheit und Einzel„heit; diese Momente können aus dem Begriff nicht abgesondert „werden: im Begriff ist ihre Identität gesetzt.“ — Diese Beispiele werden genügen, um zu zeigen, dass die Einheit Hegels die Einheit Widersprechender und nicht die Einheit Unterschiedener ist.

25) Es muss zugegeben werden, dass diese Einheit der Hegelschen Philosophie eine neue Art der Einheit ist, welche über die oben dargestellten Arten der Einheit hinausgeht. Aber ehe noch die Frage nach ihrer Wahrheit zu stellen ist, tritt die Frage auf: Ob diese Einheit im Vorstellen, im Denken möglich sei? Ob das Denken vermöge, sein Grundgesetz, die Unmöglichkeit des Widerspruchs, selbst zu nichte zu machen und das sich Widersprechende als Einheit wirklich zu fassen? Hegel selbst erkennt, „dass es das „härteste sei, was dem Denken zugemuthet werden könne;“ aus demselben Grunde bekämpft er die bekannten Grundgesetze des Denkens, und bestreitet ihre Wahrheit.

26) Obgleich alle Schriften Hegels der fortlaufende Versuch sind, diese Einheit des Widersprechenden als denkbar und als die Wahrheit darzulegen, so ist doch jedes gesunde Denken sich dieser Unmöglichkeit bewusst und wo man dennoch das Gegentheil zu erreichen meint, straft sich diese Gewaltsamkeit und diese unnatürliche Behandlung des Denkens damit, dass Alles zerfliesst, und dass nur die Willkühr für solches Denken übrig bleibt, um die Grenzen zu ziehen, den Inhalt zu formen, die Unterschiede zu mengen, wie es gerade beliebt. — Dieser Begriff der Einheit Widersprechender ist allein genügend, der Hegel'schen Philosophie allen Ein-

fluss auf das Leben und die Wissenschaft zu nehmen; denn beide können der Bestimmtheit nicht entbehren und können nicht bestehen, wenn die Denkbarkeit des Widerspruchs behauptet und von dem Hörer gefordert wird.

# Die Verbindungen.

1) Zwischen Geeintsein und Getrenntsein zeigt die Wahrnehmung noch einen Zustand, der hier mit Verbindung bezeichnet werden soll. In der Verbindung sind mehrere Einzelne, Ungeeinte vorhanden, aber das thätige Fühlen nimmt einen Druck wahr, wenn es diese Einzelnen noch weiter, als sie es sind, von einander entfernen will, und unter Umständen eine Bewegung, welche diese Einzelnen näher zu einander treibt, bis sie durch Berührung zu einer Einheit werden.

2) Beispiele sind: Die hängende Kugel, wenn ich sie weiter von dem Boden entfernen will; das aus der Ferne von dem Magnet angezogene Eisen; der Apfel, der, vom Zweig sich lösend, zur Erde fällt. Diese Vorstellung ist dann auf andere Fälle übertragen worden, wo dieser Druck oder Zug nicht unmittelbar wahrgenommen werden kann; so für die Verbindung der Wolken, des Luftkreises mit der Erde; für die der Planeten mit der Sonne; ebenso für die in der Physik angenommenen Moleküle oder Atome, insofern sie als die Elemente der wahrnehmbaren Körper gelten.

3) Das, was die Einzelnen so verbindet, ist die Kraft, dieselbe Kraft, welche Gegenstand des thätigen Fühlens ist; denn das Wesen dieser Verbindung, der Druck gegen die entfernende Richtung und die annähernde Bewegung bei dem Aufhören der Hemmung enthalten diese Kraft als das Gemeinsame in sich.

4) Bei der ersten Einheitsform, dem stetig sich Berührenden ist die Kraft als einende Bestimmung nicht möglich, weil in solchem Stetigen nirgends der Unterschied Einzelner vorhanden ist, welche als Stützpunkt für die Kraft dienen könnten. Erst mit der Auflösung des wahrnehmbaren und stetig zusammenhängenden Körpers in unwahrnehmbare, kleinste Moleküle verwandelt sich das Stetige des Wahrgenommenen in getrennte Einzelne, zwischen denen nun statt der stetigen Einheit die Verbindung der Einzelnen (Moleküle) durch Kraft eintritt. Die Frage, ob die aus dem wahrnehmharen Körper entfernte Stetigkeit nicht dennoch für die Moleküle, als Raumgrössen, wenn auch kleine, bleibe, hat die Naturwissenschaft wenig beachtet. Sie muss bejaht werden, so wie man den Molekülen eine Gestalt und Ausdehnung beilegt.

5) Bei einem schärferen Untersuchen zeigt sich dann, dass zur Darstellung wahrnehmbarer Körper die Moleküle nicht bloss mit anziehenden, sondern zugleich mit abstossenden Kräften vorgestellt werden müssen, und dass die Grösse und Gestalt dieser Moleküle völlig entbehrt werden können; blosse Punkte, als Stützpunkte der Kräfte genügen. Auf diese Vorstellung ist die Materie von Kant in seiner Metaphysik der Naturwissenschaft zurückgeführt.

6) Im gewöhnlichen Vorstellen werden Einzelne auch dann für verbunden genommen, wenn ein wahrnehmbarer Gegenstand die bindende Kraft für sie enthält; so ist der Hund mit seiner Hütte durch die Kette, das Schiff mit dem Meeresboden durch die Ankerketten, das Pferd mit dem Wagen durch die Stränge verbunden, obgleich im strengen Sinne hier eine Einheit und keine Verbindung behauptet werden könnte. — Es wird von diesem Begriff der Verbindung im Leben und in der Wissenschaft viel Gebrauch gemacht; er ist indess für das Vorstellen so einfach, dass eine weitere Erörterung desselben hier nicht nöthig ist. Am wichtigsten wird diese Vorstellung in ihrer erwähnten Anwendung auf Hypothesen, die über die Wahrnehmung hinausgehen und dazu dienen sollen, die verschiedenen in die Wahrnehmung fallenden Zustände aus *einer* Grundauffassung zu erklären und abzuleiten.

7) Die Verbindung gilt zunächst nur für räumlich Getrenntes und nur für sinnlich wahrnehmbare Gegenstände, weil nur da die verbindende Kraft gefühlt werden kann. Für Einzelnes, was zeitlich getrennt ist, wie das Aufgehen der Sonne heute und morgen, für die einzelnen, sich folgenden Schläge der Uhr fällt eine Kraft, welche sie nach Art des räumlich Getrennten, in diesen bestimmten Zeitabständen festhielte, nicht in die Wahrnehmung; ja sie scheint unmöglich, weil das erst Kommende und Vergangene nicht *ist* und deshalb auch nicht mit dem Gegenwärtigen durch Kraft verbunden sein kann. Die *bindende* Kraft ist hier von der Seele in eine *erzeugende* Kraft umgewandelt worden, welche die Grundlage der Ursachlichkeit oder der Verbindung zwischen Ursache und Wirkung bildet. Diese erzeugende Kraft hat mit der gefühlten Kraft nichts Gemeinsames; sie ist ein bloses Geschöpf der Seele und gehört desshalb zu den Beziehungen, wo sie weiter untersucht werden wird.

8) Die Seele ist zwar der Verbindung durch die gefühlte Kraft nicht unterworfen; aber es tritt statt dieser Kraft bei ihr eine andere Bestimmung mit einer entsprechenden Wirkung ein; dies ist das *Begehren*. Es giebt deshalb auch eine *Verbindung der Seele*, mit Körpern oder mit andern Seelen, welche auf dem *Begehren*

derselben beruht und welche der Wahrnehmung ebenso erreichbar ist, wie die Verbindung durch die Kraft. -- Beispiele sind: Das Heimweih, die Anhänglichkeit des Bauers an sein Gut, des Matrosen an sein Schiff, des Musikers an sein Instrument, des Gelehrten an seine Bibliothek, des jungen Mädchens an ihre Geschmeide. In diesen Beispielen ist eine Verbindung der Seele mit Körperlichem durch Begehren enthalten. Beispiele der Verbindung der Seelen mit Seelen durch Begehren sind: Die gemeinsame Arbeit zu einem Ziele, die Freundschaft, die Liebe; weiter die Ehe, die Familie, die Gemeinde, der Staat.

9) Die verbindende Bestimmung ist hier das Begehren; dies erweckt die Kräfte des Körpers und das Denken der Seele, um die äusserliche Verbindung zu erhalten oder zu verstärken. Diese Verbindung kann zunächst zwischen Menschen und leblosen Gegenständen statt haben, wie in dem Heimweh. Wenn auch diesem sich Beziehungen zu Menschen einmischen können, so ist es doch in seiner Reinheit nur das Begehren nach dem Lande, dem Boden, den Bergen der Heimath, so wie bei dem Seemann das Begehren nach der See und dem Sein auf der See. Das Begehren wirkt hier wie die Kraft bei den rein körperlichen Verbindungen; es tritt jeder weiteren Entfernung des Menschen von dem begehrten Gegenstande entgegen, und treibt, wenn die entgegenstehenden Kräfte beseitiget sind, zu der Vereinung mit dem Begehrten.

10) Dieselbe Form der Verbindung findet statt, wenn das Begehren nicht auf einen blossen Gegenstand, sondern auf einen andern Menschen gerichtet ist; wie in der einseitigen Liebe der Mutter zu ihrem Säugling, des Verliebten ohne Gegenliebe; in der Anhänglichkeit des Sclaven an seinen Herrn. Die Wirkungen sind genau dieselben; das Begehren hemmt jede weitere Entfernung und treibt nach möglichster Nähe, wie das Käthchen von Heilbronn zeigt.

11) Diese Form der Verbindung gewinnt aber erst dann ihre volle Innigkeit, wenn das Begehren zwischen den Seelen gegenseitig wird; die Kräfte, im Dienste des beiderseitigen Begehrens, sind dadurch verdoppelt. Auch hier geht die Wirkung auf Hemmung jeder Entfernung, auf möglichste Nähe. Eine Einheit kann indess aus solcher Verbindung nie werden, da weder ein An- noch ein Ineinander unterschiedenen Seelen möglich ist; nur die Nähe ihrer Körper kann bis zur Berührung getrieben werden, welche Bestimmung indess nicht immer in dem Begehren der Seelen enthalten ist. Die Nähe der Seelen, welche das Wesen dieser Verbindung ist, enthält allerdings die Nähe ihrer Körper, aber doch nur

als Mittel für die Nähe der Seelen; desshalb gehören zu diesen Mitteln auch andere, wie der briefliche Verkehr.

12) Das Begehren, auch wo es als Ursache der Verbindung der Menschen auftritt, ist, wie überall, nur auf die Ursachen der Lust und die Entfernung des Schmerzes gerichtet; aber indem in der Nähe eine oder mehrere solcher Ursachen erkannt sind, geht das Begehren auf diese Nähe und wirkt die Verbindung, die ihrer Bedeutung wegen hier besonders hervorzuheben war.

13) Die wichtigste Form der Verbindung von Allen ist die wo das Begehren nicht, wie bisher, durch Annäherung der Körper die Seelen verbindet, sondern wo es die Menschen verbindet dadurch, dass die Begehren der Einzelnen nach demselben Ziele gerichtet sind. Gefühlte oder mechanische Kräfte, die auf dasselbe Ziel gerichtet sind, fallen in die Form der Vereinung; die sämmtlichen Gewichte in der Wagschale vereinen sich zu einer ziehenden Kraft. Aber Begehren verschiedener Seelen widerstehen solcher Vereinung; es gestaltet sich in solchem Falle die Form zu der der Verbindung. — Die verbindende Bestimmung liegt hier nicht in dem Trieb zur Annäherung, sondern in der Einheit und Dieselbigkeit des Zieles Es kann bei dieser Form das Gegentheil geschehen, dass die verbundenen Menschen sich äusserlich von einander entfernen, und die Verbindung besteht doch. Die verbindende Macht, welche in der Dieselbigkeit des begehrten Zieles liegt, kann nicht weiter erklärt und auf ein Tieferes zurückgeführt werden; die Wissenschaft kann nur diese Thatsache aufnehmen und anerkennen. Die unmittelbar verbindende Wirkung dieser Grundlage kann man leicht an sich selbst bemerken; man kann dem Andern gut sein, ihn lieben, achten; aber wenn wir Beide etwas Gemeinsames unternehmen, spürt man, wie ganz anders auf einmal die Verbindung geworden ist.

14) Zunächst gehören hierher die Fälle der gemeinsamen Arbeit für Herstellung desselben Werkes, mag jeder ein Gleiches oder ein Verschiedenes dabei thun. Bei dem gemeinsamen Ziehen eines Schiffes thut jeder ein Gleiches; bei dem Segeln eines Schiffes thut der Matrose, der Steuermann und der Kapitain jeder ein Anderes, aber für dasselbe Ziel. Diese Form der Verbindung der Menschen durch die sogenannte Theilung der Arbeit gehört zu der ausgebreitetsten und sie steigt mit jedem Fortschritt der Gewerbe. Auf dieser Form beruht die Verbindung in der bürgerlichen Gesellschaft im Gegensatz zu der Verbindung im Staate.

15) Die Wissenschaft der bürgerlichen Gesellschaft, die Volkswirthschaft hat als Ziel die möglichst grösste Menge der Genuss-

mittel mit der möglichst wenigsten Arbeit; ihre Richtung geht nur auf die Natur und selbst wo Dienste des Menschen ihr Ziel sind, ist es nur das Körperliche darin, was sie verlangt. Die in dieser Wissenschaft entwickelte Verbindung der Menschen ist nur Mittel zum Zweck; dieser Zweck bleibt der Genuss des Einzelnen; die Verbindung ist nicht selbst Zweck oder Lust. Das bindende Band könnte deshalb in diesem Gebiete loser scheinen, als in dem Gebiete der Sittlichkeit, wo die Verbindung selbst der Zweck wird. Doch ist dies nur Schein, weil die bindende Kraft in beiden Gebieten sich nicht vergleichen und messen lässt. Die Festigkeit des auf dem Begehren ruhenden Bandes der bürgerlichen Gesellschaft ist überaus gross; die Geschichte zeigt, dass zu Zeiten das sittliche Band des Staates, ja der Familie tief erschüttert war, während die Verbindungen der Gesellschaft jedem Angriffe widerstanden. Diese Verbindungen haben die Gewalt einer Naturkraft erhalten, nachdem der Einzelne jetzt nur den kleinsten Theil seines Bedarfs an Nothwendigen und Nützlichen durch sie allein gewinnen kann.

16) Die Wirkung dieser in der bürgerlichen Gesellschaft enthaltenen Verbindung geht dahin, den Einzelnen in der bestimmten körperlichen oder geistigen Thätigkeit zu erhalten, welche ihm zugefallen ist. Obgleich das Begehren des Einzelnen hierbei nur auf seinen eignen Vortheil, nur auf den Erwerb von Gütern für sich gerichtet ist, so wirkt diese Verbindung dennoch auch erhöhend auf seine Empfänglichkeit für die Lust aus der Lust der Arbeitsgenossen und entwickelt damit ein Element, was diese Verbindung aus gemeinsamer Arbeit einer sittlichen Verbindung nähert.

17) Die andere Form ist da, wo das Ziel zwar auch durch gemeinsame Kraft erreicht werden soll, aber dieses Ziel nicht im Erwerb, sondern in andern Gütern besteht, oder in der Verbindung selbst schon als Zweck enthalten ist. Hierher gehört als eine Klasse: die Ehe, die Familie, die Gemeinde, die Kirche, der Staat, die Staatenverbände; als zweite Klasse: die Verbindungen zu einzelnen Zwecken der Geselligkeit, der Kunst, der Wissenschaft, der Religion und Sittlichkeit, wie Kartenspiel, Casino's, Akademien, Bibelgesellschaften, Missions-Vereine, Mässigkeits-Vereine. In der ersten Klasse ist die Verbindung theils an sich Zweck, die Nähe der Menschen ist eines der Ziele; theils ist das gemeinsame Ziel allumfassend; keine Richtung des Lebens, keine Thätigkeit, geistig oder körperlich, ist davon ausgeschlossen; die Ehe, die Familie, die Kirche, der Staat erfassen ihre Mitglieder nach allen Seiten, umfassen den ganzen, vollen Menschen und diese Gestalten sind um

so mächtiger und fesselnder, je mehr das ganze Leben des Einzelnen, alle Ziele und Richtungen desselben in diese Verbindungen fallen. Eine Ehe ist schon erschüttert, wenn die Ehegatten besondere Ziele, wenn auch im Kleinen, verfolgen. Die andere Klasse dieser Verbindung hat nur Einzelnes als Zweck, oder die Verbindung selbst bleibt nur Mittel.

18) Eine mittlere Form der Verbindung ist die des Vertrages, welche sowohl den Verbindungen zu gemeinsamer Arbeit, als den sittlichen Verbindungen hinzutreten kann. Man hat die Verbindung des Vertrages in neueren Zeiten vielfach überschätzt und alle andern Verbindungen der Menschen, namentlich auch die Ehe und den Staat auf diese Form zurückführen wollen. Aber die Grundlagen dieser Verbindungen, so wie der bürgerlichen Gesellschaft und der Theilung der Arbeit ruhen tiefer; die Vertragsform bestimmt dabei nur Einzelnes, so weit jene Formen es dem Belieben des Einzelnen freigeben. Die umfassenden Ziele der Ehe, der Kirche, des Staats, die Naturnothwendigkeit der Theilung der Arbeit und der Vertheilung des Produkts geht weit über die Willkühr der Vertragsform hinaus, welche nur das zufällige Zusammentreffen der Begehren zweier zu einem Ziele darstellt, welches der ausschliesslichen Macht dieser Einzelnen unterworfen ist.

19) In der Vertragsform kann zweifelhaft erscheinen, ob beide Contrahenten wirklich dasselbe wollen. Ohne solches identische Ziel fiele der Begriff der Verbindung hinweg. Der Käufer will allerdings nur die Sache, der Verkäufer nur das Geld. Allein da keines gesondert, sondern die Sache nur gegen das Geld, und das Geld nur gegen die Sache erlangt werden kann, so ist das, was beide im Vertrage wollen, ein und dasselbe, und deshalb ist der Vertrag eine aus dem Begehren desselben Zieles hervorgehende Verbindung.

20) Mit diesen Formen sind die aus dem Begehren hervorgehenden Verbindungen der Menschen erschöpft. Auch diese Verbindungen enthalten nichts Unwahrnehmbares; ihr Inhalt und alle ihre Bestimmungen fallen in die Sinnes- oder Selbstwahrnehmung. Der am Heimweh leidende weiss durch Selbstwahrnehmung, was ihm fehlt; die Liebe der Mutter zum Kinde fällt vollständig in die Selbstwahrnehmung und ebenso die Verbindung durch das Begehren eines gemeinsamen Zieles; denn sie besteht nur aus diesem Ziel, und aus dem Begehren desselben, und beides ist wahrnehmbar, wenn auch jeder Einzelne das Begehren nur so weit wahrnimmt, als es in seiner Seele enthalten ist. — Deshalb ist nicht blos der einzelne Vertrag, sondern auch die einzelne Ehe und Familie, der einzelne

Staat so vollständig wahrnehmbar, wie der Stein, den ich in meiner Hand halte.

21) Allerdings sind diese Gestaltungen des Lebens, so weit sie hier nur, als auf dem Begehren ruhende Verbindungen dargestellt worden sind, in ihrem vollen Inhalte noch nicht erschöpft; das eigentlich Sittliche liegt jenseit des Begehrens nach Lust, in den Zuständen der Achtung vor dem Gebote der Autorität. Aber auch diese Bestimmungen fallen unter die Wahrnehmung, wie früher gezeigt worden ist. Nicht blos die einzelne Ehe, der einzelne Staat, sondern auch der Begriff der Ehe, des Vertrages, des Staates sind wahrnehmbar; denn die begriffliche Trennung aus dem wahrnehmbaren Einzelnen hebt, wie früher gezeigt worden ist, die Wahrnehmbarkeit des begrifflichen Stückes nicht auf.

22) Die Formen der Verbindung, welche den Gegenstand dieses Abschnittes bilden, werden im gewöhnlichen Leben und selbst in den Wissenschaften vielfach zu den Vereinungen, zu den Einheiten Unterschiedener gerechnet. Die Einheit der Ehegatten, der Staatsbürger, der Gesellschaftsglieder sind Ausdrücke, die man jede Stunde hören und lesen kann. Es hat kein Bedenken, den Gebrauch des Wortes Einheit auch in einem solchen weiteren Sinne zuzulassen, sofern nur in Fällen, wo es darauf ankommt, die wesentlichen Unterschiede der wahren Einheit gegen die blosse Verbindung festgehalten werden.

23) Die Einheit der Menschen, der Ehegatten, der Bürger, von der tagtäglich gesprochen wird, ist offenbar keine Einheit, wie die der Zweige und Blätter eines Baumes, des Rumpfes und der Glieder eines Menschen, keine Einheit wie die der Grösse, Gestalt und Farbe einer Blume, keine Einheit wie von roth und weiss im Rosa. Weder die Körper noch die Seelen der, eine solche Einheit bildenden Menschen können in einander gebracht, noch auch nur so vorgestellt werden. Solche Einheit muss also wesentlich eine andere sein, und man muss diesen Unterschied festhalten, wenn man nicht der Gefahr ausgesetzt bleiben soll, Bestimmmungen der wahren Einheit auch auf sogenannte Einheiten der Menschen zu übertragen, die in Wahrheit nur Verbindungen sind, welche auf dem Begehren ruhn.

24) Ein anderer, hierher gehörender Begriff ist der Geist der Zeit, der Geist eines Volkes, der Geist der Menschheit. Man kann fragen, was ist dieser Geist? wo steckt er? welche Macht hat er? Welches sind seine Thaten? Woher kommt seine Macht? — Die Antwort liegt in den vorstehenden Erörterungen. Der Zeitgeist ist die Gleichheit der Ansichten der Einzelnen in bestimmten herr-

schenden Fragen und die aus solcher Gleichheit hervorgehende gleiche Richtung des Begehrens der Einzelnen auf Erreichung des in diesen Ansichten ausgesprochenen Zieles. Der Zeitgeist ist kein Geist für sich, neben den Geistern der Menschen; er besteht nur aus dem Begehren und Wollen der Einzelnen, was durch die Richtung nach einem Ziele in eine Verbindung getreten, und in solcher Verbindung allerdings eine Macht entfalten kann, der nichts widersteht. Wenn die gleichen Ansichten der Einzelnen sich mehr im Gebiet der Betrachtung halten, ohne Einfluss auf ihr Begehren, so ist auch der Zeitgeist schwach. Oft aber kommt die vermeintliche Schwäche desselben daher, dass ein Zeitgeist in Fragen behauptet wird, wo er in Wahrheit nicht besteht.

25) Insofern die Verbindung als ein Mittelzustand zwischen Einheit und Trennung dargestellt worden ist, kann in solcher Verbindung statt des Elementes der Einheit auch das der Trennung hervorgehoben werden. Zwei Körper in bestimmten Entfernungen werden durch die Kraft des Druckes und der Bewegung zur Annäherung getrieben und sind insofern verbunden. Aber wenn diese Annäherung dennoch nicht erfolgt, so zeigt die Wahrnehmung einen Gegendruck, welcher jener Annäherung widersteht, und welcher die Trennung vergrössern würde, wenn jener erste aufhörte. In jeder Verbindung ist deshalb sowohl ein Streben nach Einung, wie ein Streben nach Trennung. Da indess die Trennung des Einzelnen in der Verbindung schon gesetzt ist, so gelangt dieses Element der Trennung zu keiner besonderen Geltung im Vorstellen. Nur bei mathematischen und philosophischen Constructionen der Materie aus Voraussetzungen, die jenseit der Wahrnehmung liegen, wird die Berücksichtigung dieser trennenden Kraft von Wichtigkeit.

26) In den Verbindungen der Seele durch Begehren findet dieselbe Auffassung Platz. Wenn der am Heimweh leidende Mensch dennoch nicht nach seinem Vaterlande eilt, so sind es andere Begehren, die jenem hemmend entgegenstehen. Wenn der Soldat sich von seiner Frau und Kindern trennt, so sind es andere, trennende Begehren, welche das in der Familienliebe enthaltene verbindende Begehren überbieten. Wenn die Einheit der Lebenszwecke für die Ehegatten aufhört, so verwandelt sich die Verbindung in eine Trennung. In der Verbindung der Ehe, der Familie, des Staates ist die Stärke des bindenden und des trennenden Begehrens im steten Schwanken und das Band bald loser, bald fester. In der Ehescheidung, in der zeitweisen Auflösung des Staates durch Revolution hat das trennende Begehren das verbindende nicht bloss geschwächt, sondern völlig aufgehoben. Auch in den Verbindungen

zu vereinzelten Zwecken zeigt sich ein ähnliches Schwanken in der Stärke der Verbindung. Verbindungen, wo die Gemeinsamkeit des Zieles für einen Einzelnen aufhört, sind für diesen keine Verbindung mehr, wenn sich auch äusserlich die Formen einer solchen noch eine Zeit lang erhalten. Der Zwang des bürgerlichen Rechts und die Strafe haben den Zweck, diesen Schwankungen des Begehrens entgegenzutreten und seine Dauer durch verstärkende Begehren zu sichern.

27) Die Verbindung ist eine seiende Bestimmung; denn sie wird wahrgenommen. Die Körper werden durch Kräfte, die Seelen durch Begehren verbunden; hier ist sowohl das Verbundene, wie das Verbindende ein Seiendes. Aber so wie die Seele die seienden Einheitsformen des An- und Ineinander auch in ihrem Vorstellen benutzen kann, um innerhalb dieses vorgestellte Unterschiedene zu Einem vorgestellten Gegenstand zu vereinen, so können auch die seienden Verbindungsformen, die Kraft und das Begehren von der Seele in ihrem bildlichen Vorstellen benützt werden, um Unterschiedene als Verbundene vorzustellen; insbesondere macht das schöpferische Vorstellen der Seele von diesem Mittel einen ausgedehnten Gebrauch.

## Das Beziehen des Vorgestellten.

1) Die bisher betrachteten Arten der Vorstellungen hatten das Gemeinsame, ein Bild des Seienden zu geben, nur das Seiende und Gegenständliche der Seele zuzuführen. Bis hierher hatte der bekannte Satz seine Gültigkeit: „Nihil est in intellectu, quod non fuerit prius „in sensu," wenn unter sensus nicht blos die Sinnes-, sondern auch die Selbstwahrnehmung verstanden wurde. Aber das im Lauf der Zeit entwickelte und von einem Geschlecht dem andern überlieferte Wissen enthält noch einen Bestandtheil, der sich keineswegs als ein Bild des Seienden ankündigt. Dieser Theil ist das Beziehen.

2) Das Beziehen ist nicht zu definiren. Für den, der es bereits kennt, kann man sagen, es enthält ein Unterscheiden, Ordnen, Zusammenfassen des Gegenständlichen, was bloss den eigenen Zwecken der wissenden Seele dient und das Sein des Gegenstandes in keiner Weise berührt. Obgleich das Beziehen eine gewisse Aehnlichkeit mit dem Verbinden und Abstossen im Sein hat, so fehlt doch den Beziehungen alle Gegenständlichkeit; sie wollen selbst nichts Seiendes vorstellen, sondern das Seiende nur innerhalb der vorstellenden Seele zur schärfern und leichtern Erkenntniss unter gewisse Gesichtspunkte bringen. Dies alles soll keine Definition sein, son-

dern nur ein Versuch, die Beziehung für den, der sie schon kennt, zu erläutern und ihren Eigenthümlichkeiten näher zu treten.

3) Wenn auch einzelne Arten dieses Beziehens einander näher stehen, als andere, so können sie doch nicht in feste Klassen geordnet werden; noch weniger kann eine aus der andern abgeleitet oder eine Nothwendigkeit ihrer bestimmten Zahl und Eigenthümlichkeit dargelegt werden. Die Untersuchung hat sie vielmehr in der Sprache und dem Vorstellen einfach aufzusuchen; eine tiefere Ableitung wird sich als vergeblich erweisen. Beziehungsformen finden sich schon in den ältesten Urkunden, welche die Geschichte aufbewahrt hat, und zwar in derselben Vollständigkeit, wie die Gegenwart sie besitzt. Es bleibt zweifelhaft, ob eine Vermehrung ihrer Arten mit dem Fortschreiten des Wissens durch spätere Geschlechter Statt finden kann. Die Zahl der Beziehungsformen ist nicht erheblich; obgleich der einzelne Forscher nicht volle Gewissheit haben kann, sie alle aufgefunden zu haben, so ist doch das Gebiet der Sprache nicht so ausgedehnt, um nicht der Wahrheit nahe kommen zu können.

4) Die in dem Vorstellen der Menschen gegenwärtig vorkommenden Beziehungsformen sind: 1) das Nicht, das verneinende Beziehen; 2) das Und, das sammelnde Beziehen; 3) das Oder, das tauschende Beziehen; 4) das Gleiche, das vergleichende Beziehen; 5) die Zahl, das zählende Beziehen; 6) das Alle, das umfassende Beziehen; 7) das Ganze der Theile; 8) die Substanz der Accidenzen; 9) die Ursache der Wirkungen; 10) das Wesen und das Unwesentliche; 11) die Form und der Inhalt; 12) das Aeussere und das Innere; 13) die Beziehungen der Orte und Richtungen im Raume und in der Zeit; 14) der Grund und die Folge.

5) Die Bedeutung und der Gebrauch dieser Beziehungen ist so gross, dass eine abgesonderte und eindringende Betrachtung derselben zu den wichtigsten Aufgaben der Philosophie gehört. Das gewöhnliche Vorstellen sowohl, wie die Wissenschaften sind mit diesen Beziehungen so erfüllt, dass nicht ein einzelner Satz oder Gedanke aufgestellt werden kann, der neben den Vorstellungen des Seienden nicht auch eine Beziehung enthielte. Alles Vorstellen ist damit getränkt, die Beziehungen sind mit Vorstellungen des Seienden oft so fest verbunden, dass die Sprache für beide nur ein Wort oder bloss anzufügende Sylben gebildet hat. Viele Abwege in der Philosophie haben ihren Grund in der mangelhaften Erkenntniss dieser Beziehungen und in ihrer Verwechslung mit den Vorstellungen des Seienden. Die Dialektik Hegel's und sein Aufzeigen

vermeintlicher Widersprüche in dem Seienden beruht hauptsächlich darauf, dass er die Beziehungen wie Vorstellungen des Seienden behandelt. Dadurch ist es ihm leicht, Widersprüche aufzuzeigen; aber sie verschwinden, wenn die Beziehungen aus ihrer Verkennung auf ihren wahren Sinn zurückgeführt werden.

# Das Nicht.

1) Das Nicht kann nicht wahrgenommen werden und ist in keinem Seienden enthalten. Jedes Seiende, was von irgend einer Sinneswahrnehmung oder Selbstwahrnehmung geboten wird, zeigt nur Bestimmungen auf, die in sich selbst bestehen und keines Andern bedürfen. Das Nicht kommt zu dem Sein erst durch das Wissen hinzu; erst wenn das Wissen ein Seiendes auf ein anderes bezieht, entspringt das Nicht; dann wird durch dieses Beziehen das Eine das Nicht des Andern. Das Roth dieser Rose, bezogen auf die Blätter ihrer Zweige, ist nicht das Grün dieser Blätter; der Ton dieser Flöte ist nicht der Ton jener Stimme; das Süsse ist nicht das Salzige; die Lust ist nicht der Schmerz; das Wissen ist nicht das Wollen. Ueberall sind zwei Bestimmungen, an denen das Nicht sich entwickelt; die eine wird durch dieses Beziehen zu dem Nicht des Andern. Die Natur des Nicht ist nicht weiter darzulegen; das Nicht kann nicht aufgelöst, nicht definirt werden; um es zu kennen, giebt es nur den Weg, es selbst zu gebrauchen.

2) Im Leben wird das Nicht nach einer zwiefachen Richtung benutzt; in der einen wird damit ein Vorstellen von dem Sein abgehalten, in der Andern wird ein Sein vom Vorstellen abgehalten. Mit andern Worten: Man gebraucht im Leben das Nicht nur, um ein falsches Wissen in Beziehung zu einem Gegenstande, oder um ein falsches Sein in Beziehung zu einem Wollen zu bezeichnen. Man sagt: Dein Bruder kommt heute nicht; das Instrument ist nicht gestimmt; der König ist nicht todt. Solche Verneinungen werden im Leben nur ausgesprochen, wenn ein Vorstellen vorhanden ist, welches meint, der Bruder komme, das Instrument sei gestimmt, der König sei todt. Ich selbst gebrauche gegen mein eignes Vorstellen dies Nicht, wenn mein Wahrnehmen es widerlegt. Beispiele zur anderen Richtung sind: Brich diese Rose nicht ab; heirathe dieses Mädchen nicht; mache keinen Lärm; ich will nicht nach Berlin gehen. Hier ist die Vorstellung als die begehrte und gewollte das Herrschende und Bestimmende und das Sein, welches ihr nicht entspricht, wird verneint. Auch in dieser Richtung

wird das Nicht nur gebraucht, wenn das falsche Sein befürchtet wird, oder schon eingetreten ist.

3) In allen diesen Fällen des Lebens liegt dem Gebrauch des Nicht eine bejahende oder seiende Bestimmung zu Grunde, mit welcher die vorgestellte oder gewollte durch nicht in Beziehung gebracht wird. Der Bruder ist zu Haus, das Instrument ist gestimmt, der König lebt. Dies sind die seienden Bestimmungen, mit denen die andern: Der Bruder ist abwesend, das Instrument ist verstimmt, der König ist todt, in Beziehung gestellt und letztere als das Nicht der ersteren erklärt werden. Ebenso bei dem Wollen. Die Einheit der Rose mit ihrem Stock ist die eine bejahende Bestimmung, auf diese wird die andere, das Brechen der Rose durch Nicht bezogen. — Die Grundlage für das Nicht in beiden Richtungen ist die Beziehung zweier Gegenständlichen, wovon das eine als das Nicht des Anderen erklärt wird. Das Leben weicht nur insoweit von der Schule ab, als es von diesem Nicht nur Gebrauch macht, wenn für das Eine das Andere sich eindrängen will, sei es im Erkennen oder im Wollen.

4) Die weitere Entwickelung im Denken hat die Anwendung des Nicht über diese Fälle ausgedehnt. Indem man die abstossende Natur des Nicht für sich betrachtete, hielt man nur an diesem Abstossen als solchem fest, ohne die andere bejahende Bestimmung, auf die das Nicht sich seiner Natur nach bezieht, hinzuzunehmen. Das Roth ist nicht das Gelb; hier ist das Nicht in seiner vollen Beziehung auf zwei seiende Bestimmungen. Wird aber das Roth fallen gelassen, so bleibt nur das Nicht-Gelb, ein reines Verneinen, Vernichten des Gelben, ohne das Andere. Ein solches Etwas: Nicht-Gelb ist damit wesentlich verschieden von dem Roth, und sein Umfang ist viel weiter; jedes Seiende, jedes irgend Vorzustellende, welches von dem Gelb verschieden ist, ist ebenso wie das Roth ein Nicht-Gelb. Der Umfang dieses Nicht-Gelben ist nicht zu ermessen, ist unendlich.

5) Das Denken geht indess noch weiter; das Nicht-Gelb kann auch gefasst werden als das reine Verneinen des Gelben, ohne damit eine andere bejahende Bestimmung überhaupt oder ein Etwas zu bezeichnen. In dieser äussersten Form ist dann das Nicht-Gelb als gegenständlich nicht vorzustellen; denn jede Vorstellung von Etwas hat einen Inhalt, sei er auch noch so verdünnt und verfeinert. In dieser rein verneinenden Form ist dann nur das Beziehen selbst, als Thätigkeit der Seele, ausgesprochen; die Seele hat es dann mit keinem Gegenständlichen mehr zu thun, sondern bezeichnet ihr eignes Thun, das Verneinen an sich, in seiner An-

wendung auf ein besonderes Gegenständliche, das Gelb. – Der wichtigste Begriff, den das Nicht in dieser Form darstellt, ist das Nichts; das Verneinen des Etwas, ohne damit ein bejahendes mittelbar zu bezeichnen. Das Nichts ist deshalb nicht gegenständlich vorzustellen; es ist nur die reine Thätigkeit des Beziehens durch Nicht in seiner Anwendung auf den allgemeinsten Begriff des Seienden, das Etwas.

6) Es giebt sonach drei verschiedene Bedeutungen des Nicht. In dem strengsten Sinn ist das Nicht-Gelb nur die Bezeichnung des Beziehens allein, des Aufhebens, des Verneinens, ohne irgend ein Gegenständliches zu befassen. In dem andern Sinne ist das Nicht-Gelb die Bezeichnung eines Etwas auf dem Umwege der Verneinung. In diesem bejahenden Sinne kann das damit gemeinte Etwas von geringerem oder weiterem Umfange sein, je nachdem dabei die Verneinung des Gelben mehr oder weniger vollständig geschieht. Dies ergiebt den bekannten Unterschied des Conträren und Contradictorischen. Das Nicht-Gelb, wenn das Nicht dabei nur auf dem bildlichen Rest des Gelben beschränkt, aber auf die Farbe als solche nicht ausgedehnt wird, ist das Conträre, d. h. jede andere Farbe, nur nicht gelb, aber immer eine Farbe und nichts Anderes. Wird das Nicht bei dem Nicht-Gelb auf den ganzen ungetrennten Inhalt das Gelb ausgedehnt, so entsteht das Contradictorische, welches dann Alles andere in der Welt bezeichnet, mit Ausnahme des Gelb, also auch süss, Ton, Kraft, Mord, Seele, Gott u. s. w. — Was hier in dem Beispiel des Nicht-Gelb dargelegt worden, gilt für jede Verbindung des Nicht mit der Vorstellung eines Seienden.

7) Der Umfang des Conträren bleibt schwankend, weil aus dem Nichtgelb nicht zu entnehmen ist, wie weit die Verneinung den Inhalt des Gelb entfernen soll. Gewöhnlich wird der nächste Gattungsbegriff, hier die Farbe festgehalten; aber ein solcher ist nicht überall leicht erkennbar und an sich kann die Verneinung auch bis zum sinnlich Wahrnehmbaren ausgedehnt werden, womit dann nur das Geistige, als das gemeinte Bejahende bliebe.

8) Nachdem das Nicht-Gelb als die Bezeichnung eines Seienden eingeführt worden, kann das Nicht von neuem darauf angewendet werden. Es entsteht dann aus dem Nicht-Gelb ein Nicht-Nicht-Gelb. Dieses Nicht-Nicht-Gelb ist dann wieder das ursprüngliche Gelb, die einfache bejahende Bestimmung, wie sie von Anfang war. Was sonst weiter in solchem Nicht-Nicht-Gelb angezeigt ist, ist kein neuer Inhalt, kein Gegenständliches, welches dem Gelb hinzugetreten wäre, sondern eine im Denken

erfolgte und wieder aufgehobene Verneinung. Für die Erkenntniss des Seienden hat deshalb das Nicht-Nicht-Gelb, so wie jede andere doppelte Verneinung einer bejahenden oder seienden Bestimmung keine Bedeutung; nur für das Denken ist sie vorhanden, indem damit ein doppeltes, sich aufhebendes Beziehen angezeigt ist, was in der Bewegung des Wissens seine Stelle fordern kann. Denn so schwerfällig und spitzfindig auch diese doppelte Verneinung bei dem ersten Anblick erscheint, so macht doch schon das gewöhnliche Vorstellen davon Gebrauch. Man sagt: „der Mann ist nicht un-„geschickt,“ dies ist nicht dasselbe, wie: der Mann ist geschickt. Mit der ersten Form wird einem Vorstellen, dass der Mann ungeschickt sei, entgegen getreten; in der zweiten Form wird nur die seiende Eigenschaft bezeichnet, ohne Rücksicht darauf, was der Andere gedacht hat.

9) Auf dem Nicht beruht der Widerspruch. Im Sein ist kein Widerspruch; wenn er bei dem Wahrnehmen in einzelnen Fällen sich zeigt, so wird er in das Wahrnehmen als Wissen verlegt und von dem Sein fern gehalten. Erst das Beziehen führt zu dem Begriff des Widerspruchs. Das verneinende Beziehen bedarf zweier Gegenständlichen, um sich entwickeln zu können; das Eine ist dann das Nicht des Andern. Wird dagegen dieses Verneinen auf dasselbe Etwas, auf eine und dieselbe Bestimmung angewendet, so entsteht der Widerspruch: das Roth ist das Nicht-Roth; der Ton ist der Nicht-Ton; die Lust ist die Nicht-Lust, das Sein ist das Nicht-Sein. Dies ist der wahre und richtige Begriff des Widerspruches. Der Widerspruch kann nicht durch rein bejahende Bestimmungen ausgesprochen oder vorgestellt werden, weil er kein Seiendes ist. Der Widerspruch kann das Nicht nicht entbehren. Die Formel A = A ist entweder kein Ausdruck des Gesetzes des Widerspruchs, oder soll sie es sein, so muss das = so viel wie: identisch heissen; in dem Identischen steckt aber die doppelte Verneinung.

10) Die gewöhnlichen Definitionen des Widerspruches begehen den Fehler, den Widerspruch nur in die Form der Verbindung mehrerer Prädikate mit einem Subjekt zu verlegen, und sie sind deshalb genöthigt, die Bestimmung der Zeit als wesentlich mit hinzuzunehmen. Die alte Formel: Es ist unmöglich, dass etwas zugleich sei und auch nicht sei, wird deshalb mit Recht von Kant angegriffen. (K. d. r. V. 140.) „Der Satz des Widerspruches,“ sagt Kant, „als ein blos logischer Grundsatz, darf seine Aussprüche „gar nicht auf blosse Zeitverhältnisse einschränken.“ Aber die Formel, welche Kant dafür giebt, ist nur eine scheinbare Be-

seitigung der Zeitbestimmung. Sie lautet: „Keinem Dinge kommt „ein Prädikat zu, welches ihm widerspricht.“

11) Zunächst ist gegen diese Formel, welche doch die Definition vertreten soll, einzuwenden, dass sie den Begriff des Widersprechens in sich aufgenommen hat, ohne ihn zu erläutern. — Diese Formel Kants klingt nun so, als wäre sie frei von der Zeitbestimmung; aber einem Dinge, als dem leeren Subjekte, widerspricht nie ein Prädikat; der Widerspruch kommt erst, wenn in dem Dinge schon Prädikate enthalten sind, die dem neuen widersprechen, und der Widerspruch ist also auch nur dann vorhanden, wenn das neue Prädikat zu einer Zeit dem Subjekte beigegeben wird, wo das alte Prädikat in ihm noch enthalten ist; das Zugleich der sich widersprechenden Prädikate ist also auch in der Kant'schen Formel unentbehrlich. Sein Beispiel zeigt dies deutlich. Es lautet: „Kein ungelehrter Mensch ist gelehrt.“ Dies ist offenbar dasselbe, wie: Kein Mensch ist zugleich ungelehrt und gelehrt; das eine Prädikat hat bei Kant nur die Stelle des Adjektivs des Subjektes bekommen, was für das Wesen des Urtheils ganz gleichgültig ist. In beiden Sätzen ist der Mensch das Subjekt und ungelehrt oder gelehrt sind die Prädikate. Auch ein ungelehrter Mensch kann gelehrt werden; der Widerspruch ist also nur bei der Gleichzeitigkeit der Prädikate vorhanden.

12) Dieser Mangel beider Formeln entspringt aus dem erwähnten Umstand, dass man den Widerspruch in der Form von Prädikaten eines Subjektes ausdrückt; damit ist nicht allein diese Form genöthigt, das Zugleich als Bedingung des Widerspruches aufzunehmen, sondern der Begriff des Widerspruches selbst wird damit verfälscht. In sofern unter Nicht-roth nur contradictorische Bestimmungen, wie weich, riechend, gross, verstanden werden, verträgt sich sogar das Roth und Nicht-Roth zu gleicher Zeit in einem Subjekte. Die Rose ist in diesem Sinn zugleich roth und nicht-roth, d. h. roth und auch weiss, riechend, gestaltet, gross u. s. w.; selbst roth und nicht-roth als conträr, als weiss kommt ihr zu, in ihrer Mischfarbe von Rosa. — Hätte Kant die Bestimmungen des Widersprechenden sich sorgfältiger entwickelt, so würde er gefunden haben, dass Widersprechen ein zweideutig Wort ist und einer eignen strengen Definition bedarf, die er zu geben verabsäumt hat.

13) Herbart erkennt diesen Mangel. Er sagt (I. 81.): „Entgegengesetzte können auf mancherlei Weise beisammen sein. Wo es „erlaubt ist, eine Summe anzunehmen, da kann diese Summe ein „Solches und ein Anderes enthalten und der gemeine Sprachgebrauch wird dieses oft so ausdrücken: Dieses Ding ist ein

„Solches und auch ein Anderes; so: dieses Kleid ist roth und blau; „diese Speise ist süss und sauer; dieses Ereigniss ist zugleich er- „freulich und traurig. Hier bewirkt selbst der conträre Gegensatz „keinen Widerspruch. Es kommt alles auf die Art der Einheit an, „welche gefordert wird."

14) Wir sehen, wie hier die vermeintliche allgemeine Unmöglichkeit des Widerspruchs auf einen sehr kleinen Kreis zusammenschrumpft, dessen Grenzen nicht einmal bestimmt angegeben werden können. Die Formeln, die Herbart selbst bietet, sind die bedenklichsten von Allen. Er sagt (Ebendaselbst): „Zu merken ist nur, „dass zu einem Widerspruch genaue Identität des einander Wider- „sprechenden erfordert wird." Aber die beiden sich Widersprechenden sind es ja gerade nur dadurch, dass sie nicht identisch sind. Vorher sagt Herbart: „Entgegengesetztes ist nicht einerlei; diese „Formel heisst der Satz des Widerspruchs." Aber was ist Entgegengesetzt? Herbart giebt nur die bekannte Erklärung von Conträr und Contradictorisch. Und was ist einerlei? Nach Herbart lautet also der Widerspruch: das Roth und das Nicht-Roth sind einerlei, während er in seinem wahren Ausdruck lautet: das Roth ist das Nicht-Roth. Das „einerlei" ist eine schwülstige und zweideutige Zuthat, welche von diesem wichtigen Satze ebenso fern gehalten werden muss, wie die Zeitbestimmung.

15) Herbart bringt dann auch die bekannte positive Formel: A=A, den sogenannten Satz der Identität und sagt, er sei mit jenem gleichgeltend. Aber das Zeichen = bedeckt nur die Gleichheit von A und A. Dies ist viel zu wenig. Auch die verschiedensten Dinge haben ein Stück, worin sie einander gleich sind; daher gilt auch der Satz: A=B mit demselben Rechte. Herbart verbessert auch diese Formel A=A sofort, indem er sagt: „A=A; eigentlich A ist nicht gleich non A." Hier ist anerkannt, dass ohne Nicht der Widerspruch nicht gedacht werden kann, also auch nicht der Nicht-Widerspruch, oder die Dieselbigkeit (Identität). Der Satz: Alles ist mit sich identisch, verhüllt nur sprachlich das Nicht; identisch gehört zu den Begriffen, die eine doppelte Verneinung enthalten.

16) Hegel hat die Natur des Nicht als reine Beziehung, die kein Sein abbildet, völlig verkannt; er nimmt überall die verneinenden Beziehungen als Bestimmungen des Seienden; auf diesem Grundirrthum beruht seine ganze Auffassung der Welt und der Wahrheit. Weil durch das Beziehen der Seele ein Seiendes auch als das Nicht eines Andern vorgestellt werden kann, ist ihm das Nicht ebenso seiend und dem Gegenstand innewohnend, wie die

bejahenden Bestimmungen. Es war dann ein leichtes, in jedem Gegenstand den Widerspruch aufzuzeigen und damit die dialektische Entwickelung des abstrakten oder Verstandes-Begriffes zu dem speculativen Begriff in Scene zu setzen.

17) Deshalb enthält schon die erste Abtheilung der Hegel'schen Logik die Lehre vom Sein das Nichts, und die Lehre vom Wesen, welche diejenigen Bestimmungen darlegen soll, welche hier Beziehungen genannt werden, muss das Nichts aus dem Sein übernehmen und kann nur Unbedeutendes zufügen. — „Das reine Sein," sagt Hegel (VI. 165.), „ist sowohl reiner Gedanke als das unbe-„stimmt einfache Unmittelbare. Dieses reine Sein ist die reine Ab-„straktion, damit das absolut Negative, welches, unmittelbar ge-„nommen, das Nichts ist."

18) Welche Häufung der verschiedensten Vorstellungen in diesen wenigen Zeilen, um das Sein und das Nichts zu erklären! Das Sein, welches jeder Trennung in Unterschiede, jeder Definition unzugänglich ist, welches nur allein durch die Wahrnehmung erreicht werden kann, wird hier durch drei Bestimmungen definirt, die alle weit verwickeltere Vorstellungen und Beziehungen enthalten und deshalb zu nichts weniger geeignet sind, als das Sein zu erklären. Unbestimmt, unmittelbar kündigen sich schon dem Ausdruck nach als Negationen, als Beziehungen an, somit als das Gegentheil von Sein. Einfach wird in der Regel ebenfalls als Beziehung genommen, als Untheilbar; aber selbst als bejahend ist es eine Bestimmung, welche das Sein mit vielem Andern, mit roth, mit gerade, mit süss, mit Lust, Schmerz, Begehren gemein hat, und was das Sein in seiner Eigenthümlichkeit nicht kennzeichnet. Solche Definitionen können nur von dem Sein abführen und ein Verschwommenes, Nebelhaftes an die Stelle der klaren Vorstellung vom Sein setzen.

19) Aber das Sein ist nach Hegel, gleich darauf auch „die „Abstraktion, das absolut negative, und damit das Nichts." — Vielmehr wird nur die Vorstellung des Sein's durch Abstraktion aus reicheren Wahrnehmungen gewonnen, das Sein ist der abstrahirte Gegenstand, aber nicht die Abstraktion. Das Sein ist in jedem Wahrgenommenen eine feste, in sich beruhende Bestimmung, welche besteht, mag das Vorstellen sie durch Abstraktion (Trennen) aus dem Reichthum des Wahrgenommenen aussondern oder nicht. Dem Sein wird also hier ein Thun des Vorstellens untergeschoben; offenbar nur, um die Brücke zu dem Nichts zu gewinnen, das allerdings nur im Denken ist.

20) Um dahin zu kommen, muss indess die Abstraktion sich

bei Hegel nochmals in das absolut negative verwandeln. In diesem ist allerdings das Nicht schon enthalten, aber Abstrahiren, Trennen ist noch kein Verneinen. Das Trennen löst nur die Einheit, das einende Band der seienden Bestimmungen, welche demohngeachtet bejahend verharren. Nur wenn das Beziehen hinzukommt, und dieses die eine Bestimmung für das Nicht der Andern erklärt, tritt das negative ein, von dem in dem Trennen noch keine Spur enthalten ist.

21) Auf diese Weise gelangt Hegel allerdings aus dem Sein zu dem Nichts und zu der Identität von Beiden; aber welche Bestimmung in der Welt gäbe es wohl, die in dieser Weise behandelt, nicht in alles Andere verwandelt werden könnte. Diese Weise zu entwickeln gleicht auf ein Haar der Weise früherer Philologen, welche, um die Abstammung eines Wortes aus einem völlig verschiedenen zu beweisen, nur nach und nach die einzelnen Buchstaben veränderten, bis selbst aus Esse Nihil dem Laute nach geworden war. Die wahre Bedeutung des Nichts und seine Stellung zu den Vorstellungen des Seienden wird dabei völlig bei Seite gelassen. Der ganze Zweck besteht bei Hegel nur darin, ein Entstehen, eine Entwicklung des Nichts aus dem Sein zu gewinnen und die sogenannte dialektische Bewegung, das vermeintliche Umschlagen des Bestimmten in sein Gegentheil aufzuzeigen; alles übrige gilt als Nebensache und kann bei der Willkührlichkeit und Gewalt, mit der den einzelnen Begriffen das Verschiedenste untergeschoben wird, überhaupt nicht zu Tage kommen.

22) In der Hegel'schen Lehre vom Wesen kehrt das Nichts als Unterschied zurück. Hegel sagt (VI. 229. 232.): „Das Wesen „scheint in sich, ist nur Beziehung auf sich, nicht als unmittelbar, „sondern als reflectirt; — Identität mit sich. — Das Wesen ist „nur Schein in sich, als es die sich auf sich beziehende Negativität, „somit Abstossen seiner von sich selbst ist; es enthält also wesent„lich die Bestimmung des Unterschieds.“ — Man bemerkt leicht, dass mit: Scheinen in sich, reflectiren ganz dasselbe gemeint ist, wie mit Beziehung, und dass Hegel hier überhaupt die Beziehungen in dem oben dargelegten Sinne meint. Die Darstellung geräth aber in Schwierigkeiten, weil Hegel das Nicht in der Lehre der Beziehungen nicht vorweg stellt, sondern mit der Identität beginnt, die doch nur das doppelte Nicht ist, und ohne jenes als Grundlage nicht verstanden werden kann. Nach Hegel soll der Unterschied sich aus der Identität entwickeln, während doch umgekehrt diese erst der verneinte Unterschied ist.

23) Hegel benützt diese Stelle zum Angriff gegen den Satz des

Widerspruches. Er sagt (VI. 230): „Der Satz der Identität lautet „demnach: Alles ist mit sich identisch; A=A. — Dieser Satz, „statt ein wahres Denkgesetz zu sein, ist nichts, als das Gesetz des „abstrakten Verstandes. Die Form des Satzes widerspricht ihm „schon von selbst, da ein Satz auch einen Unterschied zwischen „Subjekt und Prädikat verspricht, dieser aber das nicht leistet, was „seine Form fordert. Kein Bewusstsein denkt nach diesem Gesetz; „das Sprechen: ein Planet ist ein Planet, der Geist ist ein Geist, „gilt mit Recht für albern."

24) Es ist hier zuzugeben, dass das gewöhnliche Sprechen und Urtheilen sich nicht in solchen identischen Sätzen bewegt. Aber Niemand hat dies behauptet, vielmehr ist dieser Satz nur ein anderer Ausdruck für das Gesetz des Widerspruchs. Diese Form ist nicht correkt, weil sie das Nicht beseitigt, welches der Widerspruch nicht entbehren kann; aber statt diesen Mangel anzugreifen, wendet sich Hegel gegen das Gesetz selbst, und will dieses damit bekämpfen, dass er die Verschiedenheit von Subjekt und Prädikat im gewöhnlichen Urtheil dagegen aufstellt. Allein das ist, die Copula, im Urtheile bedeutet keine Identität, sondern nur die Einheitsform für die Unterschiede des Subjektes und Prädikats. In der Lehre vom Urtheil wird dies näher nachgewiesen werden.

25) Hegel kommt hier auch auf den Satz des ausgeschlossenen Dritten. Er sagt (VI. 238.): „Dieser Satz ist der Satz des bestimm„ten Verstandes, der den Widerspruch von sich abhalten will, und „indem er dies thut, denselben begeht. A soll entweder + A oder „— A sein, damit ist schon das Dritte, das A ausgesprochen, wel„ches weder + noch — ist und das ebensowohl auch als + A „und als — A gesetzt ist." — Hier wird von Hegel mit grosser Kühnheit das Conträre dem Contradictorischen eines Prädikats untergeschoben. Das Gesetz spricht ausdrücklich und in allen Lehrbüchern der Logik nur von contradictorischen Prädikaten, also von + A und nicht + A; während Hegel das Gesetz auf das conträre + A und — A beschränkt, wo dessen Gültigkeit noch von Niemand behauptet worden ist. Unter dem Nicht + A ist das unbestimmte A mit enthalten und damit fällt der ganze Beweis Hegels.

26) Die sogenannten Denkgesetze: A = A, A ist nicht nicht-A und: A ist entweder A oder nicht-A, sind alle drei nur verschiedene Ausdrücke des Gesetzes von dem Nichtsein des Widerspruches, von denen zu wünschen wäre, dass sie sich auf den einfachsten Ausdruck beschränkten: „Das sich Widersprechende ist nicht." Jede andere Fassung stört die Bestimmtheit des Gedankens. — Dieser

Satz hat eine zwiefache Bedeutung, die schon Aristoteles in seiner Metaphysik erwähnt: er gilt für das Wissen und gilt auch für das Sein. — Das sich Widersprechende kann nicht als Eines gedacht werden und das sich Widersprechende hat als Eines kein Sein. — Das Weitere hierüber gehört in die Lehre vom Erkennen, wo dieser Satz als der zweite Fundamentalsatz der Wahrheit auftreten wird.

27) Ganz verschieden von dem Satze des Widerspruchs ist die Frage, welche Bestimmungen zu einem Gegenstande im Vorstellen vereint werden können. Es ist schon erwähnt worden, dass in dieser Beziehung Roth und Nichtroth vereint werden können, wenn unter Nichtroth ein Seiendes verstanden wird. In dieser Stange Siegellack ist Roth mit Nichtroth, d. h. mit Gestalt, Grösse, Schwere, Härte vereint. Nur Roth und Nichtroth, letzteres als reines Verneinen des Roth lassen sich nicht vereinen. Der Widerspruch ist nur in diesen Fällen vorhanden; er kann dann auch vorgestellt werden als das Vereinen und Nicht-Vereinen derselben Bestimmung. Wie weit im Uebrigen die Natur einzelner Bestimmungen ein Vereinen zulässt, kann nur aus der Wahrnehmung abgeleitet werden. Durch Aneinander ist Alles vereinbar; durch Ineinander der grösste Theil der Bestimmungen der Sinneswahrnehmung. Eine Ausnahme bilden die meisten Bestimmungen der Gestalt; das Runde kann nicht mit dem Eckigen durch Ineinander vereint werden. Ebenso können unterschiedene Orte im Raum und in der Zeit nicht durch Ineinander vereint werden; ein Gegenstand kann nicht zugleich hier und dort sein, nicht zugleich vergangen und zukünftig.

28) Das Speculative der Hegel'schen Philosophie ist keine blosse Vereinung von Unterschiedenem; sondern die Vereinung von Widersprechendem; deshalb ist das Denken desselben unmöglich. „Das Unendliche,“ heisst es z. B. (VI. 185.), „ist ewig „aus sich heraus und ewig auch nicht aus sich heraus.“ „Der „Grund ist die Einheit der Identität und des Unterschiedes, die „Reflexion in sich, und Reflexion in Anderes ist“ u. s. f.

29) Das Nicht ist von so häufigem Gebrauche im Vorstellen, dass sich eine Reihe von Vorstellungen und Worten gebildet hat, in denen das Nicht mit einem bestimmten Seienden fest verknüpft erscheint. — Die nächste Vorstellung dieser Art ist das Nichts, das Nicht des Etwas. Wegen seiner rein aufhebenden Natur kann, wie erwähnt, das Nichts nicht gegenständlich vorgestellt werden. — Kant hat eine Tafel des Nichts nach Ordnung seiner Kategorien entworfen und hat danach vier verschiedene Arten des Nichts aufgestellt. (K. d. r. V. 251). Die erste Art ist „das Nichts, als „Begriff ohne Gegenstand, wie hypothetisch angenommene

„neue Grundkräfte; ein Begriff ohne anzugebende Anschauung.“ Allein jeder Begriff muss sich aus Bestimmungen der Wahrnehmung aufbauen; er kann nur daher seinen Inhalt entnehmen und seine Anschauung ist deshalb allemal anzugeben; wie auch das Beispiel zeigt. Dagegen macht der Umstand, dass kein Sein gefunden wird, was solchen Begriffen entspricht, ihn noch nicht zu einem Nichts; sondern nur zu einer blossen Vorstellung. Das zweite Nichts ist „die Negation, ein Begriff von dem Mangel eines „Gegenstandes, wie Schatten, Kälte.“ Hier ist die reine Verneinung gemeint, wie sie das wahre Nichts enthält; die Definition ist richtig, aber die Beispiele sind schlecht gewählt. Schatten und Kälte sind beides Gegenstände der Wahrnehmung, also ein Seiendes; nur erst das Beziehen auf ein Anderes kann das Nichts in sie hineinbringen. Das dritte Nichts soll „der leere Raum, die leere Zeit“ sein; aber diese sind ebenfalls seiende Bestimmungen und beide machen ihre seiende Natur dem, der sie als Nichts behandeln will, sehr erkennbar; z. B. in der Entfernung und dem Vergangenen. Das vierte Nichts Kants ist „der sich widersprechende Begriff.“ Aber das wahre Nichts ist nicht der Widerspruch, sondern nur die Verneinung des Etwas.

30) Gegen alle solche Eintheilungen des Nichts ist zu sagen, dass zunächst das Nichts, als das Nicht Etwas, in sich so einfach ist, wie das Etwas. Aber da jede weitere Bestimmung, jedes reichere Gegenständliche zugleich ein Etwas bleibt, so kann es allerdings so viel Nichts geben, als Besonderungen des Etwas; wie denn bei der Lehre von der Wahrnehmung schon das Nichts der Farbe, des Tones, des Geschmackes, des Begehrens u. s. w. erwähnt worden ist.

31) Das Andere ist das Nicht Dieses. So lange das Beziehen der Seele wegbleibt, giebt es nur Diese; das Nicht ist nicht in ihnen und kommt auch durch das Beziehen nicht in sie; das Andere, wozu ein Dieses durch das Beziehen auf ein zweites Dieses gemacht wird, haftet dann Diesem, als Seienden, nicht an, sondern liegt nur im Denken. Deshalb ist jedes Dieses, wenn im Denken bezogen, zugleich ein Anderes in Bezug auf die übrigen Dieses, ohne dass damit ein Widerspruch in das Seiende gebracht wird.

32) Hegel sagt ganz richtig (VI. 186.): „Etwas ist in seinem „Verhältniss zu einem Andern selbst schon ein Anderes gegen dasselbe,“ aber unrichtig ist es, wenn er daraus die Identität beider als Seiender folgert und sagt: „somit geht etwas in seinem Uebergehen in Anderes nur mit sich selbst zusammen und diese Beziehung ist die wahre Unendlichkeit.“ — Auch hier zeigt sich

die Unterschiebung ganz anderer Begriffe, um den gewünschten neuen Begriff zu gewinnen. Das Uebergehen ist etwas ganz Anderes, als das Beziehen. Uebergehen drückt eine seiende Veränderung, ein Werden aus, während das Beziehen nur im Denken statt hat und das Sein völlig unberührt lässt. Die seienden Dieses bleiben daher trotz dem Hinzutritt der Beziehung als Andere, dennoch das, was sie sind, sie gehen nicht in einander über, und es kann weder eine schlechte, noch eine wahrhafte Unendlichkeit dabei herauskommen, sondern nur ein endloses Spiel des Beziehens, was das Sein nicht berührt.

33) Der Unterschied ist dasselbe wie die Verneinung des Etwas; der Unterschied hält blos an der Beziehung durch Nicht fest, an dem Thun der Seele, ohne das Etwas selbst in irgend einer Bestimmtheit mit vorzustellen. Der Anfang und das Ende sind zunächst seiende, in die Wahrnehmung fallende Bestimmungen der räumlichen und zeitlichen Grösse. Indem ich die Grösse dieser Elle sehe, sehe ich auch ihren Anfang und ihr Ende und beides ist ohne alle Beziehung auf ein Anderes; indem ich diesen Ton höre, höre ich auch seine bestimmte Dauer, wie seine bestimmte Höhe, seinen Anfang und sein Ende, ohne der Beziehung auf einen andern Ton zu bedürfen. Aber vermöge der stetigen Natur von Raum und Zeit berührt sich das Dieses und das Andere; es ist nichts Trennendes im Raume oder der Zeit zwischen ihnen; das Ende des Dieses, ist der Anfang des Andern. Das Ende des Dieses wird deshalb zu einem Nicht des Dieses, wenn es auf das Andere bezogen, als Anfang des Andern genommen wird, und umgekehrt. Auch hier kommt in die bejahende Bestimmung des Anfangs und Endes die Verneinung nur durch das Beziehen und haftet nicht an dem Sein, sondern ist nur im Denken. — Der Punkt ist der Anfang und das Ende der Linie, die Grenze ist der Anfang und das Ende der Fläche, sie sind ein Seiendes, als Trennstücke ihrer Linie oder Fläche; sie sind ein Nichts, bezogen auf die andere berührende Linie oder Fläche.

34) Für die Beschaffenheits-Bestimmungen, wie roth, Kreis, Ton, Schall, sauer, glatt, warm, Lust sind diese Begriffe von Anfang, Ende, Grenze nicht in Gebrauch; nur die mit ihnen vereinte Raum- oder Zeitgrösse ist in solchem Falle gemeint. Die unterschiedenen Beschaffenheiten berühren einander nicht, und liegen nicht stetig an einander. Deshalb hat die Bestimmtheit jeder einzelnen weniger den Schein einer gleichzeitigen Verneinung, wie der Anfang und das Ende im Raume. Die Farbe, die Gestalt, der Ton wird in seiner Bestimmtheit wahrgenommen, ohne dass es eines

Andern dazu bedürfte. Auch im dichtesten Nebel, wo nichts gesehen wird, als Nebel, sieht man doch das Grau dieses Nebels und den Grad dieses Graus. Auch wenn es keine anderen Gestalten, wie Kugeln gäbe, würde dennoch die Kugelgestalt wahrgenommen werden, und wenn es nur einen einzigen Ton in der Welt gäbe, so würde das Ohr ihn dennoch in seiner Bestimmtheit, Höhe und Grad, hören.

35) Die Beschaffenheitsbestimmungen enthalten in ihrer wahrgenommenen Bestimmtheit daher nur Bejahendes, Seiendes und der Satz des Spinoza: „Omnis definitio est negatio" ist durchaus unwahr. Um die Bestimmtheit eines Tones, einer Kugelgestalt. eines Süssen wahrzunehmen, bedarf man keines Andern daneben. Aber die Seele kann solche seiende Bestimmtheit in eine Beziehung im Denken umwandeln. Sie kann sich zwei Bestimmungen gleichzeitig vorstellen und indem sie eine auf die andere bezieht, die Bestimmtheit der Einen als ein Nicht der Bestimmtheit der Andern auffassen. Von dem Satze des Spinoza: „Omnis definitio est negatio" ist dann nur so viel richtig, dass jede seiende Bestimmung durch das Beziehen als eine Verneinung vorgestellt werden kann.

36) Das Unendliche ist das Nicht endliche, die Verneinung des Endes, der Grenze. Der Gegenstand selbst wird nicht verneint, nur seine Grenze. Dieser Begriff hat zunächst seine Anwendung auf Raum und Zeit. Indem bei dem bestimmten Raume oder der bestimmten Zeit die Grenze verneint wird, geschieht es nach der Natur von Raum und Zeit, dass beide sich ausdehnen müssen; das Unendliche derselben ist also die Ausdehnung ohne Ende. Ausdehnung ist nun eine durchaus bejahende Bestimmung, sie kann bildlich vorgestellt werden; aber nicht das: ohne Ende; deshalb kann auch die Unendlichkeit nicht bejahend oder bildlich vorgestellt werden. Man kann wohl im Vorstellen eine bestimmte Grösse vermehren; aber man kommt damit nur zu einem Grösseren, aber nicht zu einem Grossen ohne Ende. Nur ein Vermehren ohne Ende würde dies geben; aber das Ergebniss, das Fertige dieses Thuns enthielte damit sein Ende und das Unendliche in der bildlichen Vorstellung enthielte somit den Widerspruch.

37) Hegel hat deshalb mit Recht diese Versuche der Dichter und Philosophen, das Unendliche durch Vergrössern zu erreichen, für etwas Langweiliges erklärt, weil es im Vergleich zu seinem Ziele nicht von der Stelle kommt. Aber deshalb ist dies Unendliche als Ausdehnung ohne Ende noch kein Unwahres. Es ist ein mit einer Beziehung verbundenes Seiendes, und nur wegen dieser verneinenden Beziehung, die ihm anhängt, nicht bildlich vorstellbar.

Der Einwand Hegels, dass ein solches Unendlicbe selbst nur ein Endliches sei, weil das Endliche neben ihm erhalten bleibe, seinen Gegensatz bilde, übersieht die Natur des Raumes und der Zeit. In dem unendlichen Raume sind alle endlichen Räume wirklich enthalten, und in der unendlichen Zeit alle endlichen Zeiten; das Endliche ist auch in diesem angeblich schlechten Unendlichen nicht neben, sondern in ihm enthalten, weil es nur einen Raum und eine Zeit giebt. Hegel hat diese Begriffe von einer ganz falschen Seite angegriffen.

38) Das angebliche wahre Unendliche der Hegel'schen Philosophie, das „Für sich sein", oder „dass das Uebergehen des „Etwas, in seinem Uebergehen in Anderes, nur mit sich selbst „zusammengeht," ist dagegen gar nichts Seiendes, sondern die reine Seelenthätigkeit des Beziehens in der Verdoppelung, die doppelte Negation. Solch Thun innerhalb der Seele mag seinen Werth für die Schärfe und Uebersicht der Gedanken haben, aber das Sein bleibt davon ganz unberührt.

39) Die Unendlichkeit in ihrer Anwendung auf Grössen hat nur da ein besonderes Interesse, wo die besondere Art der Grösse dem Wahrnehmen keine Bestimmung in ihr selbst bietet, die als Grenze derselben aufträte oder benutzt werden könnte. Solcher Art sind Raum und Zeit. Alle Grenze ist bei ihnen nur durch andere Bestimmungen, Farbe, Härte, Wärme u. s. w. herbeigeführt; für den reinen Raum und die reine Zeit sucht dagegen das Wahrnehmen vergeblich nach einer Grenze in ihnen selbst. Deshalb kann die Vorstellung der Unendlichkeit von dem Raum und der Zeit nicht abgehalten werden; der Raum, die Zeit muss mit der Bestimmung: ohne Ende sich auszudehnen, vorgestellt werden; es ist dies nicht etwa ein blosses Belieben der Seele; vielmehr nöthigt der kleinste wahrgenommene Raum, die kleinste wahrgenommene Zeit dazu. Denn da die Seele für sie in ihrem Wissen keine Bestimmung hat oder finden kann, welche als Grenze des leeren Raumes, der leeren Zeit dienen könnte, so folgt, dass selbst der kleinste Raum, die kleinste Zeit, getrennt von dem vorgestellten Inhalt, die Seele zwingt, die Unendlichkeit des Raumes und der Zeit für ihr Vorstellen anzunehmen.

40) Anders verhält es sich mit der Gradgrösse; diese ist in sich selbst begrenzt; jede Farbe, jeder Ton, jede Kraft, jede Temperatur hat in sich selbst ihren bestimmten Grad, dessen Grenze nicht durch Anderes erst gegeben ist. Sie sind deshalb treffend: intensive Grössen bezeichnet worden. Daher kann das Unendliche wohl auch auf die Gradgrösse angewendet werden, aber der

einzelne wahrgenommene bestimmte Grad führt nicht mit Nothwendigkeit auf diese Unendlichkeit.

41) Dasselbe gilt noch mehr von der Zahlgrösse. Auch hier ist jede endliche Zahl in sich selbst begränzt, nicht durch die höhere; deshalb kann die Unendlichkeit der Zahlgrösse wohl vorgestellt werden, aber sie ist nicht schon durch die endliche Zahl mit Nothwendigkeit gegeben. Dazu kommt, dass die Zahl selbst kein Sein, sondern nur ein Beziehen ist. Jene oben dargelegte Nothwendigkeit, im Vorstellen den Raum und die Zeit als unendlich gelten zu lassen, ist von jeher als ein Beweis für die wirkliche Unendlichkeit des Raumes und der Zeit benutzt worden. Aber ein solcher Schluss ist unstatthaft. Aus dem Umstande, dass die Seele in ihrem Wissen keine Grenze für den Raum und die Zeit hat, folgt nicht, dass auch in der Wirklichkeit eine solche nicht bestehen könne. Sie kann sein, sie fehlt nur in unserm Vorstellen, und deshalb können nur wir kein Ende für Raum und Zeit finden.

42) Ausserhalb der Grösse wird das Unendliche vom gewöhnlichen Vorstellen nicht angewendet; man spricht von keinem unendlichen Gelb, von keinem unendlichen Ton oder Vokal, von keinem unendlichen Sauren, von keinem unendlichen Wahrnehmen, Begehren u. s. w.; wobei festzuhalten ist, dass auch der Grad hierbei schon als abgetrennt gedacht werden muss. Diese Beschaffenheiten haben die Grenze ihrer Natur nach an sich, welche bei ihnen Bestimmtheit genannt wird. Die Unendlichkeit auf diese Beschaffenheiten angewendet, kann nur die Unbestimmtheit werden; diese Unbestimmtheit würde aber die einzelne Beschaffenheit völlig zerstören, während die Unendlichkeit bei der Grösse sie nicht unbestimmt macht, sondern nur ausdehnt. Deshalb gilt der Begriff des Unendlichen nur für die Grösse. Die Unendlichkeit des Begriffes bei Hegel beschränkt sich allerdings nicht auf die Grösse; aber sein Wesen ist nur die Einheit von Widersprechendem, die Allgemeinheit, die zugleich Besonderheit und Einzelheit ist, und auch zugleich nicht ist. (VI. 320.) Solchen Begriff zu fassen, ist unmöglich; das Denken desselben bleibt ein Spiel mit Worten, oder mit Vorstellungen, die sich einander folgen, aber nie zu einer Vorstellung vereint werden können.

43) In dem Gebrauche der verneinenden Beziehungen ist eine Vorsicht nöthig, weil die Sprache nicht immer parallel mit dem Vorstellen geht. Eine grosse Zahl bejahender oder seiender Bestimmungen werden sprachlich als Verneinungen ausgesprochen, und umgekehrt. Die Sprache gebraucht für das Nicht die Anhänge-

sylben: un, los; z. B. Unwahr, Unsterblichkeit, vermögenslos. Eine Verstärkung des Nicht ist das: sondern; das: Du, nicht ich, wird verstärkt in: Nicht ich, sondern Du. — Bei allen Zweitheilungen einer Gattung kann die conträre Verneinung der einen zur Bezeichnung der andern dienen. Nicht krumm bezeichnet gerade; nicht krank gesund; nicht oben unten; nicht Christ den Heiden. Das Sprechen macht den ausgedehntesten Gebrauch von diesen Umschreibungen; namentlich dann, wenn die Wirkung der bejahenden Bezeichnung auf das Gefühl gemildert werden soll. Um jemand nicht zu erschrecken, sagt man: Dein Kind ist nicht wohl, statt: es ist krank. Eine Menge der feinsten Wendungen der Umgangssprache beruht auf dieser mildernden Wirkung der Verneinung.

44) Bei Eintheilungen einer Gattung in drei und mehr Arten ist diese Benutzung des Nicht zu solcher Umschreibung nicht anwendbar. Hierauf beruhen die Betrachtungen des Aristoteles in seinen Kategorieen, ob etwas ein Gegentheil habe. Die Grösse hat nach ihm kein Gegentheil, aber das Relative (πρός τι). „Tugend," sagt er, „ist das Gegentheil von Schlechtigkeit, Wissenschaft „von Unwissenheit." „Jedoch," fährt er gleich fort, „findet nicht „bei Allem, was relativ ist, eine Gegentheiligkeit statt, so hat das „doppelte kein Gegentheil, ebensowenig das Dreifache." Aristoteles bricht hier ab, ohne den Grund davon anzuführen; er liegt einfach in dem oben Bemerkten. Die einzelnen Zahlen haben kein Gegentheil, weil der Andern oder der Gegentheile zu viele sind, deshalb auch nicht das Doppelte, das Dreifache u. s. w.; denn diese gehn mit den Zahlen ohne Ende fort. Aehnlich verhält es sich bei den andern Bestimmungen, wo das Gegentheil fehlt.

45) Die Bedeutung des verneinenden Beziehens für das Wissen zeigt sich nach zwei Richtungen. Einmal dient es zur Schärfung der Vorstellungen und Begriffe. Erst dadurch, dass ähnliche und verwandte Bestimmungen zwar vorgestellt, aber als das Nicht auf jene bezogen werden, erhalten jene die volle Bestimmtheit, welche die Natur des Wissens fordert. Hierauf beruht das Unterscheiden, was im Leben und in der Wissenschaft so nöthig ist. Der Inhalt des Gewussten wird damit nicht bereichert, aber seine Grenze wird deutlicher, indem sie nicht bloss bejahend, sondern auch als das Nicht des Andern vorgestellt wird. Je ähnlicher zwei Vorstellungen oder Begriffe sind, desto nöthiger wird das Nicht für die Erkenntniss ihrer Bestimmtheit. Diese Hülfe des Nicht bezieht sich, wie man sieht, nur auf das Wissen; das Sein des Gegenstandes wird davon nicht im mindesten betroffen Die Natur des Beziehens

ist nur das Reinigen, Schärfen, Ordnen der Vorstellungen als solcher; sie dienen nur der Beschränktheit der menschlichen Seele; ein Gott könnte der Beziehungen entbehren.

46) Die andere grosse Bedeutung des Nicht ist die Vernichtung des Falschen. Ohne Nicht könnte kein unwahres Wissen anders entfernt, kein falsches Wollen anders gehemmt werden, als durch Wahrnehmung oder durch ein anderes Wollen. Um den Eltern, die ihren Sohn in Amerika gestorben glauben, ihren schmerzlichen Wahn zu nehmen, gäbe es ohne das Nicht kein Mittel, als den lebendigen Sohn ihnen zuzuführen. Ohne das Nicht könnte das naschende Kind nur durch Festhalten vom Naschen abgehalten werden. Bei so beschwerlichen Mitteln würde ohne das Nicht das Falsche zu einer Masse und Grösse anwachsen, welche das Wahre erdrücken würde. Das Sein kann von dem Nicht nicht verletzt, vernichtet werden, wohl aber das Vorstellen. Das Falsche weicht dem einfachen Nicht. Ein neuer Beweis, dass das Nicht sich nur im Vorstellen bewegt und nur dort Macht und Bedeutung hat.

# Das Und.

1) Die Beziehung durch Und bildet gewissermassen den Gegensatz zur Beziehung durch Nicht. Während dieses trennend bezieht, ist das Und ein sammelndes Beziehen. — Das Und kann so wenig wahrgenommen worden, wie das Nicht. Man sieht wohl die Einzelnen, welche durch Und bezogen werden, aber das Und selbst nicht. Die Form der Vereinung, das An- und Ineinander kann wahrgenommen werden, sie ist eine Bestimmung des Raumes und der Zeit, aber das Und stellt nichts dergleichen Gegenständliches vor; das Entfernteste, die Sonne und dieser Stein, Adam und Napoleon können durch Und bezogen werden. Das Und ist desshalb nur ein Beziehen innerhalb der Seele, was die bezogenen Gegenstände gar nicht berührt; diese bleiben genau dieselben, mögen sie durch ein Und bezogen vorgestellt werden oder nicht.

2) Das Und kann nicht definirt werden; es ist ein einfaches Beziehen, was nur durch eigenen Gebrauch erkannt werden kann. Nur durch Beispiele kann es erkennbar gemacht werden. Es bedarf zu seiner Anwendung, wie das Nicht, getrennter Einzelner, welche durch das Und zwar bezogen, aber nicht verbunden oder vereint werden. Die durch Und bezogenen Einzelnen bleiben im Sein so getrennt, wie vorher. Der Beziehung durch Und kann sich nichts entziehen, so wenig, wie der Beziehung durch Nicht. — Die

Sprache hat für diese Beziehung neben dem Und, das Auch und das Mit. Das Mit wird indess auch für Vereinungen gebraucht. Man sagt: Der Mensch mit diesem Kopfe; aber nicht der Mensch und dieser Kopf. — Das Und kann mit Nicht verbunden werden, d. h. beide Beziehungen können zugleich angewendet werden; die Sprache bezeichnet dieses doppelte Beziehen mit ohne. Die Mutter ohne das Kind, ist die Verneinung der Beziehung: Die Mutter und das Kind.

3) Der Werth des sammelnden Beziehens ist nicht so gross, als der des verneinenden Beziehens. Das Und dient nur zur Abkürzung des Vorstellens und könnte allenfalls ganz entbehrt werden, ohne dass in dem Wissen und seiner Bewegung irgend eine erhebliche Lücke eintreten würde. Das Und vereinfacht das Urtheilen und Beschreiben, indem es mehrere Urtheile mit demselben Subjekt und verschiedenem Prädikat, oder mehrere Urtheile mit demselben Prädikat und verschiedenem Subjekte, zu einem Urtheil vereinfacht. Carl und Wilhelm und Ernst sind krank; ohne Und hätte man drei Urtheile bilden müssen, um denselben Gedanken auszudrücken. Ebenso für: Carl ist krank und müde und blass. — Personen von mangelhafter Bildung benutzen das Und auch für die Bezeichnung der ursachlichen und anderer Beziehungen und Verbindungen; ein Mangel, der ihren Mittheilungen die bildliche Deutlichkeit nimmt und sie schwerfällig macht.

# Das Oder.

1) Die dritte Beziehung, durch Oder, bildet gleichsam die Mitte zwischen dem Nicht und dem Und. Nicht trennt, Und sammelt; Oder hat von jedem etwas; es schliesst die Einzelnen, welche es bezieht, von einander aus, wie das Nicht, aber dennoch gibt es ihnen auch eine Verbindung, die bei Urtheilen in dem gemeinsamen Prädikat oder Subjekt deutlich heraustritt. — Das Oder ist in keinem Seienden enthalten; es ist kein Gegenstand der Wahrnehmung; das Oder will kein Bild eines Seienden sein. Das Oder ist nur ein Beziehen innerhalb der Seele. — Das Oder bedarf deshalb der mehreren und getrennten Einzelnen, um sich entwickeln zu können; in dem Einen giebt es kein Oder, wie kein Und und kein Nicht.

2) Das Besondere und Eigenthümliche seiner Beziehung ist auch bei dem Oder nicht zu definiren; man kann es nur dem Andern in Beispielen aufzeigen und ihm so den Anlass geben, diese Beziehung selbst in sich zu vollführen, und damit das Oder

kennen zu lernen. Während das Und ganz gleiche Mehrere beziehen kann, ist bei dem Oder dies nicht der Fall. Das Oder bedarf der Unterschiede in den Einzelnen, die es bezieht, deshalb hat es von der Natur das Nicht an sich; aber es erklärt diese Unterschiede zugleich für unerheblich, deshalb hat es auch von der Natur des Und. Hegel hätte es deshalb in seiner Weise für die Wahrheit des Und und Nicht erklären können, wie er das Werden für die Wahrheit von Sein und Nichts erklärt. Indess ist für eine Auffassung, welche sich den Gegenstand nicht durch eine vorgefasste Methode trüben lässt, klar, dass das verbundene Und und Nicht, das Und-nicht, das Ohne, aber nicht das Oder ist.

3) Die Beziehung durch Oder kann sich mit der durch Alle verbinden; dann entsteht das Entweder, Oder; damit ist bezeichnet, dass alle vorhandene Oder der Vorlage erschöpft sind. In dieser Form, aber nur in dieser, ist das Oder der Umweg zur Wahrheit. Wenn die Wahrheit in einem der Oder enthalten ist, und nur ungewiss, in welchem, so führt der Beweis der Unwahrheit der Uebrigen zur Wahrheit des letzten Oder. — Ohne diese Verbindung mit Alle kann das Oder ohne Ende fortgehn, ebenso wie das Und und das Nicht. Ein gleichzeitiges Beziehen durch Und und durch Oder kann nicht Statt haben; ebensowenig ein solches durch Oder und Nicht. Im Oder steckt bereits etwas vom Und und Nicht; deshalb ist die Verbindung mit demselben nicht ausführbar.

4) Die Wahrheit ist in dem Oder nur erst unvollständig erreicht. Die bisherigen Beziehungsformen geben drei Urtheile: A, nicht B, ist krank; A und B ist krank; A oder B ist krank. — In diesen drei Urtheilen sind die zwei ersten für sich genügend zur Bezeichnung des Seienden; aber nicht das Dritte. Hierin liegt die besondere Natur des Oder. — Wegen dieser Natur des Oder ist ein Mensch mit vielen Oder noch lästiger, als ein Mensch mit vielen Und.

5) In der Wissenschaft ist das Oder nur ein Mittel, zur Wahrheit zu gelangen, aber noch nicht selbst Ausdruck der Wahrheit. Wo es benutzt wird, ist es ein Zeichen, das die Wissenschaft noch nicht die Natur des Gegenstandes erschöpft hat oder dass die Begriffe noch mit Unnützem beladen sind. Die Beispiele kann man als die Oder des Begriffs ansehen. Plato fängt die meisten seiner Dialoge mit der Erläuterung der Begriffe durch Oder an. — Im Leben ist dagegen das Oder sehr in Gebrauch; theils wegen der grossen Unbestimmtheit der hier benutzten Begriffe,

theils um den abstrakten Begriff durch das anschauliche Beispiel zu ersetzen und damit die volle Trennung und Festhaltung des reinen Begriffes sich zu ersparen; eine Thätigkeit, zu welcher das gewöhnliche Vorstellen nur ungern sich entschliesst.

# Das Gleiche.

1) So wie das Nichts mit dem Und und dem Oder eine gewisse Verwandtschaft hat, so findet dasselbe unter den Beziehungsformen des Gleich, der Zahl und des Alle Statt. Die Zahl und das Alle braucht Gleiches, um es zählen oder umfassen zu können; dagegen verlangt das Nicht und das Oder Ungleiches. Für das Und ist die Gleichheit wenigstens unerheblich; das Und bezieht Alles, mag es Gleich sein oder nicht. Die Wichtigkeit dieser drei neuen Beziehungen übertrifft beinahe die des Nicht. So wie das Nicht, so durchziehn auch diese Beziehungen ununterbrochen das gewöhnliche Vorstellen. Die Fragen nach der Gleichheit, nach der bestimmten Menge, nach der Allgemeinheit treten ohne Unterlass in dem Vorstellen auf.

2) Das Gleiche scheint auf den ersten Blick eine seiende Bestimmung der Dinge. Man sagt: Dies Blatt ist jenem gleich; diese Gleichheit scheint den Blättern inne zu wohnen, wie das Grün und die Gestalt. Aber das Gegentheil erhellt schon daraus, dass das Gleich ohne mehrere Einzelne nicht zu Stande kommen kann, während das Blatt grün, gross, gestaltet, sich bewegend u. s. w. ist, ohne dazu eines Andern zu bedürfen. Ferner kann Ein und dasselbe zu derselben Zeit gleich und auch nicht gleich sein, je nach demjenigen, mit dem es verglichen wird. Das Blatt ist gleich, in Bezug auf das andere Blatt; es ist ungleich, in Bezug auf die Blüthe daneben; bei seienden Bestimmungen wäre dies ein Widerspruch und unmöglich. Hieraus erhellt die beziehende Natur des Gleich; es ist nichts Seiendes in den Dingen, sondern nur ein Beziehen derselben in der Seele. Das Gleich ist reine Beziehung, aber kein Bild des Seienden.

3) Das Gleich ist jedoch keine willkürliche Bestimmung, die nach Art der Kant'schen Kategorieen dem Dinge an sich nur wie ein Rock übergezogen wird, ohne allen Zusammenhang mit den näheren Bestimmungen des Dinges. Das Gleich ruht vielmehr auf diesen seienden Bestimmungen, als seiner Grundlage; es kann sie nicht ausser Acht lassen, es wird durch diese seienden Bestimmungen selbst bestimmt; diese Besonderung des Seienden gestattet auch nur die Anwendung besonderer Beziehungen. Auf diesem Zusammenhange

beruht die Wahrheit der Beziehungen. Ihre Wahrheit ist nicht die der Vorstellungen des Seienden; sie sind keine Bilder eines solchen und ihre Uebereinstimmung ist nicht die eines Bildes; aber da ihre besondere Anwendbarkeit durch die Natur der Dinge bedingt ist, so haben sie in dieser Bedingtheit ihre Wahrheit. Sie sind ein reines Thun innerhalb der Seele, aber dennoch ein Thun, was auf die Natur der Dinge Rücksicht nimmt, davon bestimmt wird, und deshalb haben sie Theil an der Wahrheit und sind kein reines Spiel der Phantasie. Deshalb bedarf alles Beziehen der mehreren Einzelnen und wenn das Nicht sich gegen ein einziges Einzelne wenden will, entspringt die Unmöglichkeit des Widerspruches.

4) Das Gleiche ist kein Gegenstand der Wahrnehmung. Mit dem Gleichen ist noch gar kein Inhalt geboten, wie mit dem Roth oder Warm; dass ein Ding gleich ist mit einem Andern, ist keine Inhaltsangabe. Die seiende Bestimmung, die Gestalt dieser zwei Bleikugeln, das Wohlriechende dieser zwei Blumen sind nicht selbst das Gleiche, sondern sind nur die Bestimmungen, welche dem Beziehen der Seele die Anwendung des Gleich möglich machen. Indem sowohl der Geruch der beiden Blumen, wie die Gestalt der beiden Kugeln, für gleich, also für dasselbe erklärt werden, erhellt, dass das Gleich nicht den Inhalt bezeichnen kann, der ja in diesen beiden Fällen verschieden ist. Das Gleich ist so wenig zu definiren, wie die frühern Beziehungen; alle Versuche bewegen sich nur in anderen Worten.

5) Wird die Beziehung durch Nicht mit der durch Gleich verbunden, so entsteht das Ungleich. Das Gleich mehrerer Einzelnen kann sich nie über alle Bestimmungen derselben erstrecken, sonst wären sie nicht mehrere, sondern nur Eins. Wenigstens der Ort oder die Richtung muss sie unterscheiden. Deshalb ist das Gleiche nie ohne das Ungleiche; das Ungleiche schützt allein das Gleiche vor dem Zusammenfallen in das Identische oder in die Dieselbigkeit. Das Identische oder Dieselbige kann in sich selbst Unterschiede enthalten, aber als Eines und Dasselbe wird bloss das Ganze als solches in ihm festgehalten. Als solches ist es nothwendig mit sich dasselbe; sonst wäre der Widerspruch da.

6) Es ist der durchgehende Fehler Hegel's, das „Identische „des sogenannten Verstandes" als das Einerlei, was keinen Unterschied habe, zu behaupten Mit Hülfe dieser Verfälschung führt er seinen Kampf gegen den Verstand, der dann nicht schwer ist; aber das unbefangene Vorstellen hat nie behauptet, dass das Identische nicht den Unterschied in sich enthalte; nur den Widerspruch kann es nicht in dasselbe einlassen; und trotz jener Unter-

schiede kann es völlig Gleich mit sich selbst sein, indem, wie bei zwei übereinander gelegten congruenten Dreiecken, jede unterschiedene Bestimmung in ihm die andere deckt. — Die Gleichheit der Gestalt bei Ungleichheit der Grösse wird in der Geometrie Aehnlichkeit genannt. Im gewöhnlichen Vorstellen nennt man schon Gestaltungen ähnlich, wo diese volle Gleichheit der Gestalt nicht da ist, wie in der Aehnlichkeit der Gesichtszüge.

7) Das Ungleiche liegt bei den Beschaffenheitsbestimmungen der Dinge nicht innerhalb derselben Beschaffenheit; es muss aus einer andern entnommen werden. Das Roth hat das Ungleiche nicht in sich; erst durch den Hinzutritt anderer Farben oder Grade wird es ungleich, erst dadurch wird es rosa, lila, orange. Der Selbstlauter A hat das Ungleiche nicht in sich, sondern durch andere Selbst- und Mitlaute, die sich mit ihm vereinen, wird er zu ä, zu au, zu ba. Dagegen haben die Grössenbestimmungen der Dinge das Ungleiche in sich selbst; das Grosse kann ungleich werden, ohne eine andere Bestimmung als das Grosse herbeizunehmen. Die Sprache bezeichnet, wegen dieses wichtigen Unterschieds, das Ungleiche der Grösse mit besonderen Worten, mit Mehr und Weniger, mit Grösser und Kleiner. Das für beide bezogene Grössen geltende Ungleiche ist damit bestimmt zu einem Mehr des Einen und zu einem Weniger des Andern. Mehr und Weniger sind untrennbar; wo das Eine ist, ist auch das Andere. — Bei der Häufigkeit dieser Beziehungsart hat die Sprache zur Bezeichnung dieses Mehr noch eine besondere Beugung der Beiworte gebildet, den Comparativ und Superlativ; grösser, am grösssten; stärker, am stärksten. Der Superlativ ist eine Verbindung des Mehr mit dem Alle; das grösste ist das grösser für Alle.

8) Das Wesen der Grösse ist hiernach, dass sie das Ungleiche innerhalb ihrer selbst bilden kann; dass keine Bestimmung ausserhalb des Gebietes der Grösse nöthig ist, um das Ungleiche in ihr hervorzubringen. Das, was den Unterschied in der Grösse macht, ist selbst nur die Grösse. Das Mehr der einen Linie ist selbst nur eine Linie, wie die erste; das Mehr dieses Dreiecks gegen jenes ist selbst nur eine Flächengrösse, nicht die Gestalt oder die Lage oder die Farbe. Das Mehr der Zeitgrösse eines Tages ist von dem Weniger der Zeitgrösse einer Stunde nur durch eine Zeitgrösse unterschieden. Dasselbe gilt für die Grad- und die Zahlgrösse.

9) Man kann diese Eigenthümlichkeit der Grösse, das Ungleiche innerhalb ihrer selbst zu erzeugen, zu einer Definition derselben zu benutzen. Aber eine solche Definition ist dennoch unzu-

reichend, die volle Natur der Grösse der Seele zuzuführen. Es ist immer nur ein Einzelnes, wenn auch Eigenthümliches, was damit von der Grösse geboten wird; als solches ist es nicht im Stande, den Begriff der Grösse so voll zu geben, wie er aus der wahrgenommenen Raum-, Zeit- und Gradgrösse ausgesondert wird. Jeder erkennt, dass eine solche Definition nur den Gegenstand kennzeichnet, aber nicht alle seine Merkmale, seinen ganzen Inhalt bietet.

10) Die Geometrie definirt die Grösse als das, was vermehrt oder vermindert werden kann. Diese Definition meint jene Eigenthümlichkeit, aber in den gebrauchten Worten ist sie nicht für sich herausgehoben; deshalb klingt sie leicht wie Tautologie. Hegel wirft ihr dies vor; denn vermehren sei keine Definition von Grösse. Hegel selbst definirt die Grösse dann folgendermassen (VI. 196): „Die Quantität ist das reine Sein, dem die Bestimmtheit nicht mehr „als eins mit dem Sein selbst, sondern als aufgehoben oder gleich„gültig gesetzt ist."

11) Zunächst ist das Gleichgültige hier ein sehr zweideutiger Ausdruck, indem er das Gefühl des Vorstellenden herbeizieht. Im Allgemeinen wird auch hier jene Eigenthümlichkeit der Grösse von Hegel gemeint; sein Ausdruck ist aber noch mangelhafter, als in der geometrischen Definition der Grösse, denn der Begriff Grösse ist so bestimmt, wie jede andere Beschaffenheit und auf dieser Bestimmtheit beruht ihr Unterschied gegen die anderen Eigenschaften der Dinge. Diese Bestimmtheit kann auch die Grösse nie aufgeben; diese ist ihr nie gleichgültig; denn sonst bliebe sie heine Grösse. Aber die weitere Bestimmung, wie gross, wie klein die einzelne Grösse sei, dies ist allerdings der begrifflichen Grösse, der Quantität, gleichgültig, weil sie trotz dieser weiteren Besonderung in allem als dieselbe begriffliche Grösse sich erhält. Indem Hegel nur dies aussagt, hat er also durchaus nichts Eigenthümliches von der Grösse geboten. Auch die Farbe, die Gestalt ist gleichgültig gegen ihre Besonderung zu roth, gelb, zu rund, zu einem Dreieck, und diese Bestimmtheiten sind nicht mehr eins mit dem Begriff, wie die bestimmte einzelne Grösse mit der begrifflichen Grösse oder mit der Quantität. — Vielmehr kann die Eigenthümlichkeit der Grösse im Vergleich zur Qualität nur, wie oben geschehen, dadurch bezeichnet werden, dass das Ungleiche innerhalb ihrer selbst entsteht, während bei der einzelnen Beschaffenheit die Ungleichheit von Aussen herankommt.

12) Indem aller Unterschied der einzelnen Grössen selbst wieder eine Grösse ist, entsteht dadurch die Möglichkeit, dieses Mehr

und Weniger zu messen; während Beschaffenheiten, weil ihnen diese Eigenthümlichkeit fehlt, nicht gemessen werden können. Nicht das Roth kann vermehrt werden, wie Hegel (VI. 197) behauptet, sondern nur sein Grad oder seine Raumgrösse (Extension, Intension). Das Messen beginnt mit einem theilenden Trennen des zu Messenden in Theile gleicher Grösse; das Ungleiche wird durch solches Theilen in mehrere Gleiche verwandelt und diese Gleichen werden dann gezählt, oder: das Messen verwandelt die Ungleichheit seiender Bestimmungen in eine Ungleichheit der Zahl; deshalb kann diese Ungleichheit auch durch die Zahl allein bezeichnet werden; das Weitere folgt bei der Zahlbeziehung.

13) Dem Beziehen durch Gleich kann sich nichts entziehen. Alles in der Welt und in der Seele, im Sein und im Wissen kann miteinander verglichen werden und selbst die grössten Gegensätze können in Gleiches und Ungleiches aufgelöst werden. Solches Vergleichen ist eine Uebung der Seele, welche nicht bloss in der Schule getrieben, sondern auch im Leben fortgesetzt wird.

14) Der grösste Werth des vergleichenden Beziehens liegt in seiner Vorbereitung des begrifflichen Trennens. Das begriffliche Trennen ist nicht allein in der Richtung seines Trennens der einzelnen Sache völlig unbestimmt, sondern der Seele fehlt selbst die Fähigkeit, das Einzelne begrifflich zu trennen, wenn nicht das vergleichende Beziehen mit einem Andern ihr zu Hülfe kommt. Indem dieses das Gleiche und Ungleiche durch Beziehen herausstellt, ist erst damit dem begrifflichen Trennen der Weg und die Art gezeigt, wie das Trennen zu vollziehen ist; erst dann ist die Seele im Stande, den Begriff auch aus dem Einzelnen zu sondern. Solcher Begriff ist aber dann nicht mehr das Gleiche des Beziehens; er ist vielmehr ein selbstständiges, seiendes, wahrnehmbares Stück aus dem einzelnen, seienden und wahrgenommenen Gegenstande, der, so wie jede andere seiende Bestimmung, keines Anderen zu seinem Sein bedarf; während das Gleiche nur ein Beziehen Mehrerer im Denken bleibt. Der Begriff entspringt aus dem Vergleichen, er erhält dadurch seine Grundlage und das begriffliche Trennen seine Richtung; aber der Begriff ist nicht das Gleiche. — Obgleich die Begriffe daher nicht das Gleiche sind, so wären doch alle Begriffe, alle Sprachen, alle Wissenschaften ohne das vergleichende Beziehen unmöglich.

15) Bei dem Gleich tritt der Unterschied der Seins-Urtheile gegen die Beziehungs-Urtheile zuerst deutlich hervor. — Das Urtheil, dessen Natur später näher dargelegt werden wird, verbindet in seiner bekanntesten Form zwei Gegenständliche durch ein

Drittes, die Copula. Diese Copula ist entweder eine seiende Einheitsform oder nur eine Beziehungsform. Der Stein ist schwer, der Mensch hat einen Kopf, die Mutter ist traurig; hier sind Subjekt, Prädikat und Copula seiende Bestimmungen, ein Gegenständliches, was in die Wahrnehmung fällt. Dagegen hat das Urtheil: das Kind ist gleich seiner Mutter in seiner Copula keine seiende Bestimmung, sondern das Gleich, eine Beziehung, die nur im Denken ist. Das Eigenthümliche der Beziehungs-Urtheile liegt in der Copula.

16) Die meinen Lehrsätze der Geometrie und Zahlenlehre bestehen nur in solchen Urtheilen der Gleichheit. Solche Sätze geben keine seiende Bestimmung, sie sagen nichts Seiendes von ihren Gegenständen aus, sondern nur die Beziehung der Gleichheit. Solche Beziehung hat keinen Werth für die Erkenntniss des Seienden; aber sie hat einen Werth für das Wissen und das Leben. Eine grosse Menge von Dingen hat in ihrer einzelnen Besonderheit oder mit ihren bildlichen Resten keine Bedeutung für die Menschen. Es kommt nur auf die Art, das Begriffliche in ihnen an, und deshalb ist nur der Unterschied der Grösse innerhalb jeder Art von Interesse. Die Rechtswissenschaft nennt sie fungible Sachen. Bei diesen Dingen, wo innerhalb der bestimmten Art nur die Grösse von Interesse ist, tritt deshalb nur die Frage nach dem Gleich hervor, nach dem Mehr oder Weniger. Diese Beziehung wird in den Verhältnissen des Lebens die Hauptsache und zu deren Beantwortung sollen die Lehrsätze jener Wissenschaften dienen.

17) Wesentlich bei dem Vergleichen ist, dass es erschöpfend geschehe. Die blosse Angabe, einzelner Gleichheiten oder Ungleichheiten in den bezogenen Gegenständen ist bald geschehen; aber die Erschöpfung dieser Beziehung verlangt eine grössere Anstrengung. Auf diesen erschöpfenden Vergleichen beruht die Vollständigkeit der Begriffe, die aus mehreren Einzelnen ausgetrennt werden. Ohne solche Vollständigkeit bleiben die Begriffe zu allgemein, zu inhaltleer; erst, wenn Alles Gleiche in dem Begriff eingegangen ist, trifft er in vollem Umfange die Natur seines Einzelnen. Im Anfang der Wissenschaften sind die meisten Begriffe mit diesem Fehler behaftet; der Fortschritt der Wissenschaften beruht mit im Fortschritt der erschöpfenderen Fassung der Begriffe als Glieder von Gesetzen.

18) Das System der Botanik von Linné nahm nur die Staubfäden und Anderes Einzelne in den Begriff der Arten; solche Artbegriffe bleiben unzureichend, um die volle Natur der betreffenden Pflanzen darzulegen. Die neuen Systeme nehmen die Begriffe der

Arten viel umfassender. Die neuere vergleichende Anatomie und Physiologie hat wesentlich das Ziel, die Begriffe erschöpfender zu geben, indem die Begriffe aus einer erweiterten Zahl von Einzelnen abgeleitet, welche den wesentlichen Inhalt des Begrifflichen leichter erkennen lassen. Die Regeln der alten Sprachlehrer hielten sich in ihren Begriffen an so viel Zufälliges, Aeusseres, mit Verabsäumung des Wesentlichen, dass die Glieder ihrer Regeln höchst mangelhaft blieben, und diese Regeln von zahlreichen Ausnahmen durchlöchert werden mussten. Mit der Verbesserung der Begriffe in den neuern Sprachlehren haben diese Ausnahmen erheblich abgenommen.

19) In der Logik werden Begriffe, die man nur unterscheiden kann, klar genannt; die, deren Merkmale oder deren Inhalt man angeben kann, deutlich. Das Unterscheiden wäre nur das Beziehen durch Nicht; die Angabe des Gleichen und Ungleichen in ihnen fällt unter keine dieser zwei Bestimmungen. Dennoch ist dieser Fall im Leben der häufigste, aber der von der Logik am wenigsten beachtete.

# Die Zahl.

1) Die Bedeutung der Zahlen, ihr Gebrauch, ihre Unentbehrlichkeit ist allgemein bekannt. Es erscheint deshalb schwer für das gewöhnliche Vorstellen, die Zahlen als Nichts Wirkliches zu nehmen und sie wie die bis jetzt betrachteten Beziehungen des Nicht, Und, Oder und Gleich als ein blosses Thun in der Seele zu nehmen. Eine reiche, grosse Wissenschaft, mit der höchsten Gewissheit ausgestattet, ist aus den Zahlen erbaut; dies scheint unmöglich, wenn die Zahlen ein blosses Spiel des Denkens, ohne Gegenständlichkeit sind. Aber man wird dennoch die nur beziehende Natur der Zahlen anerkennen müssen; die Kennzeichen der Beziehung sind auch bei ihnen vollständig vorhanden.

2) Die Zahl bedarf, wie die früheren Beziehungen, mehrerer Einzelnen. Das Einzelne, was durch die Zahl erfasst wird, wird dadurch in seinem Sein nicht berührt, nicht verändert, aber auch durch Zahlen nicht erkannt. Wenn ich von mehreren Gegenständen auch weiss, dass sie 5 sind, so weiss ich damit von ihren seienden Bestimmungen noch gar nichts; es kann diese Fünf Pferde, Bäume, Federn, Kinder beziehn, und dennoch bleibt die Zahl 5 richtig. Derselbe Gegenstand kann bald zur 2, bald zur 3, bald zu einer andern Zahl gehören, ja zu verschiedenen Zahlen zu gleicher Zeit, je nachdem ich ihn bald mit jenen 2 Federn oder jenen 3 Messern zusam-

menzähle. Wenn die Uhr schlägt, so höre ich wohl die Töne, die Schläge, aber nicht die Zahl. Um diese zu wissen, muss ich die Schläge zählen, und so sie in meinem Denken auf einander beziehen. Die Zahl haftet also nicht als eine seiende Bestimmung an dem Gegenstande, sondern ist nur im Denken, nur eine Beziehung. — Die Eins ist noch keine Zahl, sondern nur die Bezeichnung des Gegenstandes, insofern er die Unterlage der Zahlbeziehung ist. Auch Pythagoras rechnete, nach Angabe des Aristoteles in seiner Metaphysik (I. 5) die Eins nicht zu den Zahlen, sondern liess die Zahlen aus der Eins entstehen.

3) Um die Einzelnen durch die Zahl beziehen, d. h. zählen zu können, bedarf es einer Gleichheit derselben; nur das gleiche Einzelne kann gezählt werden, nicht das Ungleiche als solches. Je grösser die Gleichheit, wie bei den Stücken einer Geldsorte, ist, desto leichter zählen sie sich. Das Zählen setzt mithin das Beziehen durch Gleich als Unterlage voraus. Aber die Natur der Zahlbeziehung ist wie man leicht erkennt, eine andere als das Gleich. Sie verbindet in ihrem Beziehen stärker als das Vergleichen, das Zählen scheint eher dem Beziehen durch Und gleich zu stehen; aber das Und bezieht auch Ungleiches, wie einzelne Ereignisse; z. B. er studirte und machte sein Examen und heirathete. Auch macht das Und keinen Abschluss in seinem Sammeln, es hat keine bestimmte Grenze, während diese Grenze der Zahl wesentlich ist. Das Beziehen durch die Zahl ist deshalb ein eigenthümliches; es kann weder definirt, noch in seiner Besonderheit weiter erklärt werden; auch hier ist das eigne Zählen, d. h. die Anwendung dieser in der Seele der Anlage nach vorhandenen Beziehungsform das alleinige Mittel, die Natur der Zahl kennen zu lernen.

4) Vermöge der der Zahl innewohnenden Bestimmtheit ist die Zahl für jedes verschiedene Mehr eine Andere und es giebt von der 2 angefangen, so viele verschiedene Zahlen, als sich die bezogenen Mehreren um Eins vergrössern lassen. Da nun Alles, auch das bloss Vorgestellte, gezählt werden kann, so folgt, dass keine Zahl die grösste ist; dass immer noch eine grössere als sie gebildet werden kann, und dass die einzelnen Zahlen, die sich am nächsten stehen, nur um eine Einheit von einander verschieden sind. Ein geringerer Unterschied, als um eine Einheit, ist nicht möglich; aber jeder Unterschied innerhalb der Zahl ist selbst wieder eine Einheit oder eine Zahl, deshalb sind die Zahlen Grössen. Der Unterschied fällt innerhalb ihrer selbst und wird durch Gleiches (Zahlen) hervorgebracht. Von den seienden Grössen, dem Raume,

der Zeit, dem Grade unterscheidet sich die Zahl durch ihre springende (diskrete) Natur, im Gegensatz der Stetigkeit jener. Da die Eins nicht getheilt werden kann, so ist jede Zahl schon von ihrer nächsten durch eine unausfüllbare Kluft geschieden, während zwischen bestimmten seienden Grössen der Unterschied ein solcher ist, der allmählig, stetig, ohne Sprünge zunimmt.

5) Das Beziehen mehrerer durch die Zahl bedarf dazu nicht eines Zeitverlaufs, wie Kant, Herbart und Schopenhauer behaupten. Wenn die mehreren getrennten Einzelnen da sind, und das Wissen die Richtung auf diese Beziehung nimmt, so ist die Zahl als solche Beziehung eben so plötzlich da, wie die Beziehung durch Nicht, durch Und, Oder und Gleich. Wenn ich die drei Thaler auf dem Tisch liegen sehe, so ist die Zahl 3 sofort in der Seele; wenn ich die Menschen dort beisammen stehen sehe, und die Frage nach ihrer Zahl bei mir eintritt, so ist die 4 sofort in der Seele; es bedarf keiner Zeit dazu. — Dasselbe gilt auch von jeder grösseren Zahl; es genügt überall zur Entstehung der Zahl die Wahrnehmung oder bildliche Vorstellung der Einzelnen und die Richtung auf die Zahlbeziehung im Wissen. Keine Zahl bedarf zu ihrer Entstehung einer andern, und namentlich nicht der niedern Zahlen. Die 5 kann vorhanden und im Gebrauch sein, ohne dass die 3 und 4 desshalb bekannt sein muss; es hat Völker gegeben, denen nur die niedrigsten Zahlen in der Reihenfolge bekannt waren, von höheren aber nur einzelne, wie das Dutzend, die Mandel, das Schock, das Hundert.

6) Nach der gewöhnlichen Ansicht entspringt die Zahl nicht in der hier vorgetragenen Weise, sondern durch Zählen von 1 ab der Reihe nach fort bis zu der betreffenden Zahl und eine Folge dieser Ansicht ist, dass die Zahl ohne die Zeitgrösse nicht zu Stande kommen könne, ja dass die Zahl, wie Kant sagt, das wahre Bild, oder Schema der Zeit sei. Aber solche Behauptung enthält an sich den Widerspruch. Um zählen zu können, müssen die Zahlen schon gebildet und vorhanden sein und zwar schon in der vollständigen, um je eins steigenden Reihe. Das Zählen hat auch gar nicht den Zweck, erst die Vorstellung dieser Zahlen zu erzeugen, sondern nur den Zweck, den Ort dieser Zahl in der Zahlenreihe und ihr Verhältniss zu der als Maass üblichen Zahl zu vermitteln.

7) Im gewöhnlichen Vorstellen hat sich die gegenwärtige regelmässige Zahlenreihe so tief eingeprägt, dass man eine Zahl nicht genau zu kennen meint, wenn nicht auch ihr Ort in dieser Reihe gekannt ist. Ebenso ist durch das dekadische System jede grössere Zahl nur als ein Produkt von der als Maass geltenden Zehn mit

den übrigen Einern gekannt; jede andere Vorstellung derselben Zahl erscheint unbestimmt, ja unverständlich. Beides ist aber nur Folge der Gewohnheit, die Zahlen nur in diesen bestimmten Formen vorzustellen. Die Bestimmtheit einer Zahl ist weder von ihrem Namen, noch von dem Ort in der Zahlenreihe, noch von ihrem Verhältniss zur Zehn abhängig; diese Bestimmtheit ist allein durch die seienden Einzelnen gegeben, welche durch die Zahl bezogen werden. Wenn ich viele einzelne Thaler auf dem Tisch liegen sehe, so ist auch ihre Zahl in meinem Vorstellen bestimmt damit gegeben, selbst wenn ich nicht weiss, ob die Zahl 24 heisst, oder ob sie in der Reihe der Zahlen nach 23 und vor 25 steht, und ob sie zweimal so gross ist wie zehn und noch vier Einheiten mehr.

8) Dieses Alles sind für die Zahl äusserliche Umstände, von denen ihre Bestimmtheit nicht abhängen kann. Die Zahl, als Vorstellung, muss wie jede andere, von ihrem Worte und ihrem schriftlichen Zeichen unabhängig sein; sie besteht als Vorstellung in voller Bestimmtheit, wenn man auch weder ihr Wort, noch ihr Verhältniss zu andern Zahlen kennt. Dieser Satz ist nur die Folge der allgemeinen Natur jeder Vorstellung, jedes Wissens, welches nothwendig schon da sein muss, ehe man es bezeichnen und auf Anderes beziehen kann. Jedes Wegnehmen eines Thalers, und jedes Hinzulegen eines Thalers ändert in meiner Vorstellung die Bestimmtheit der Zahlbeziehung, wenn ich sie auch nicht nennen kann.

9) Man kann einwenden, dass eine solche Zahl nicht erkennen lasse, wenn ein Thaler heimlich weggenommen worden sei; z. B. baare 23 Thaler könne man durch blosses Sehen nicht von 24 Thalern unterscheiden. Indess ist dies für ein geübtes Sehen und Zahlbeziehen nicht so allgemein zu behaupten, und dieser Mangel wird auch durch das Zählen nicht ersetzt. Auch wenn ich durch Zählen die Zahl als die 24 ermittelt habe, bleibt mir dennoch das heimliche Wegnehmen eines Thalers so unbemerkt, wie vorher. Auch bei dem Sehen der bestimmten Grösse und der Gestalt werden kleine Aenderungen nicht bemerkt; eine geringe Aenderung der kleinen Achse gegen die grosse in der Ellipse wird von dem Sehen nicht bemerkt, obgleich Niemand die Bestimmtheit der gesehenen Grösse und Gestalt der Ellipse bestreiten wird. Dasselbe gilt für die Zahl-Beziehung der gesehenen einzelnen Thaler.

10) Das Zählen hat nicht den Zweck, die Bestimmtheit der Zahlenbeziehung erst festzustellen, sondern es dient nur dazu, ihren Ort in der regelmässigen Zahlenreihe und ihr dekadisches Verhältniss zu finden. Durch die Feststellung dieser Beziehungen steigt nur die Beziehungsbestimmtheit der Zahl; man weiss dann

sofort, *wie* die 24 sich zur Zehn und zu den niedern und höheren Zahlen *verhält*, wie viel sie *mehr* oder weniger ist; aber das Alles sind Beziehungen und nicht Bestimmungen der 24 an sich. Allerdings sind diese Fragen des *Verhältnisses* bei der Zahl meist die Hauptsache im Leben; deshalb entsteht die Meinung, dass ohne die Bestimmtheit dieses Verhältnisses auch die Zahl für sich noch unbestimmt sei.

11) Jene Zahlen, wie sie *ohne Zählen* durch die Zahlbeziehung auf ihre mehreren *gegebenen* Einzelnen gewonnen werden, sind die *einfachen* Zahlen. Jede, auch die grösste Zahl, ist nothwendig in ihrem Ursprunge und Wesen eine einfache Zahl. Den einfachen Zahlen gegenüber stehen die *geformten* Zahlen, welche sich auf zwei Grundformen, die Summe und die Differenz zurückführen lassen. In diesen wird die Zahl nicht mehr als Zahl von *Einheiten* vorgestellt, sondern gleichsam als Zahl von *Zahlen*. Bei der Summenform werden diese Zahlen in der Form des Mehr, bei der Differenzform in der Form des Weniger vorgestellt. Summe und Differenz sind die Elemente der *geformten* Zahlen; sie bilden durch ihr selbsständiges Hervortreten im Vorstellen die Unterlage der geformten Zahlen.

12) Es liegt nahe, die geformten Zahlen als Zahlen von einfachen Zahlen zu bestimmen, während die einfachen Zahlen als Zahlen von *Einheiten* erklärt werden. Aber in der einfachen Zahl sind die bezogenen Elemente sich sämmtlich gleich, sind sämmtlich *Eins*; bei den geformten Zahlen können die Elemente auch *ungleich* sein. Ferner ist bei der einfachen Zahl die Beziehung der Elemente oder Eins weit *inniger*, als bei der geformten Zahl, wo diese Elemente mehr auseinander fallen, folglich in ihren Unterschieden hervortreten und nur durch die Beziehung von *Mehr* oder *Weniger* die verbindende Beziehung verhalten. Deshalb ist jene Definition unrichtig. Allerdings ist die Beziehung, welche bei den geformten Zahlen die Verbindung der Elemente bewirkt, auch eine Zahlbeziehung, aber doch eine viel losere, als bei den einfachen Zahlen; *deshalb* ist die Gleichheit ihrer Elemente nicht nöthig und deshalb treten diese Elemente für sich stärker hervor.

13) Weiter kann der Begriff der geformten Zahl nicht entwickelt werden. — Aus dieser Natur der geformten Zahlen erklärt sich das Hervortreten ihrer Elemente bei ihrer schriftlichen oder mündlichen Darstellung; in der Schrift sind besondere Zeichen gebildet worden, welche diese Elemente der geformten Zahlen und ihre Beziehung sichtbar machen. Nachdem dies sich festgestellt hatte, konnte man diese Form auch auf die Einheiten der einfachen Zahlen ausdehnen;

die 3 konnte nunmehr vorgestellt werden als die geformte Zahl $1 + 1 + 1$. Die oben dargelegte Natur der einfachen Zahl widerspricht dieser Umwandlung nicht; sie ist aber an sich leere Form, da die einfache Zahl diese Beziehung weit inniger schon enthält. Nur in Verbindung mit andern geformten Zahlen kann sie Bedeutung erlangen. Wenn die Elemente der geformten Zahl ungleich sind, so heisst die geformte Zahl Summe oder Differenz im engern Sinne; wenn sie gleich sind, so heisst die Zahl: Produkt oder Quotient; wenn auch die Zahl der gleichen Elemente gleich ist mit der Zahl des einzelnen Elements, so wird die Zahl Potenz oder Wurzel genannt.

14) Jedes Zahlensystem beginnt mit einfachen Zahlen; die Unterschiede der einzelnen Systeme beruhen nur auf der Grenze dieser einfachen Zahlen. Im dekadischen System bildet die Zehn diese Grenze; grössere Zahlen werden nicht mehr als einfache behandelt, sondern als Summen von Zehn und Einern. Durch Schule und Leben ist der einzelne Mensch so sehr an sein Zahlensystem gewöhnt, dass ihm die Vorstellung höherer einfacher Zahlen gar nicht möglich scheint. Dennoch muss festgehalten werden, dass auch höhere Zahlen zunächst einfach sind, so einfach wie die 5 und die 3; nur Rücksichten der leichteren Handhabung sind es, welche dahin geführt haben, diese Zahlen immer nur als Produkte der Zehn vorzustellen. In einzelnen Fällen zeigt sich auch noch die einfache höhere Zahl. In der Mandel, im Schock werden die Zahlen 15 und 60 einfach vorgestellt, und nicht als dekadisch getheilt; wenigstens kann dies geschehen. Umgekehrt werden dekadische Zahlen wie 11, 13, 17, u. s. w. noch einfach vorgestellt, trotz ihrer dekadischen Form und Benennung.

15) Die Wissenschaft der Zahlen hat es nur mit geformten Zahlen zu thun; mögen sie als allgemeine, mittelst Buchstaben, oder als bestimmte, mittelst der Ziffern vorgestellt werden; die einfachen Zahlen sind nicht Gegenstand der Arithmetik. Der Unterschied, der sich der Zahl-Wissenschaft darbietet, ist nur der Unterschied der Grösse der Zahlen, und der Unterschied ihrer Form. Ein anderer ist nicht vorhanden. Alles Rechnen hat es deshalb nur mit der Aufgabe zu thun, die gegebene Form einer Zahl in eine andere geforderte Form umzuwandeln, und zwar entweder ohne Veränderung ihrer Grösse, oder ohne Veränderung ihrer Gleichung. Im letzten Falle kann Form und Grösse der Zahl geändert werden, aber die Gleichung muss erhalten bleiben. In beiden Fällen ist die neue Form die Hauptsache; nur die Schranke, innerhalb deren sich die Lösung zu bewegen hat, ist verschieden. Die Lösung des ersten

Falles ist der Gegenstand der Analysis, die des zweiten Falles Gegenstand der Algebra und der gemeinen Rechnungsarten. — Die Null ist keine Zahl, sondern nur ein Mittel, die Stelle einer Ziffer zu bezeichnen, insoweit von dieser Stelle nach den Regeln der Zahlenschrift ihr Werth abhängig ist. Die Null ist das Nichts der Zahl.

16) Die Umwandlung der höhern einfachen Zahlen in die dekadische oder eine andere Form findet sich bei allen Völkern. Sie hat hauptsächlich die Wirkung, dass jede Zahl damit zugleich ihr Verhältniss an der als allgemeines Maass geltenden Grundzahl angiebt. Dadurch wird die Zahl dem Vorstellen gewissermaassen erst verständlich. Eine spätere, wenn auch noch wichtigere Folge dieser Umformung ist die Möglichkeit mit ihnen zu rechnen.

17) Gegenüber den bestimmten und eigentlichen Zahlen hat das Vorstellen auch unbestimmte Zahlen. Die Worte: einige, mehrere, viele, eine Menge, wenige bezeichnen solche unbestimmte Zahlen. In ihnen ist die Zahlbeziehung enthalten, aber ohne feste Grenze; jede dieser unbestimmten Zahlen hat einen Spielraum für mehrere bestimmte Zahlen, die unter sie fallen. Wegen dieser Unbestimmtheit sind diese Zahlbeziehungen kein Gegenstand der Rechnung und der Wissenschaft überhaupt; nur das Leben benützt sie in Fällen, wo die Bestimmtheit der Zahl ohne Bedeutung für den vorliegenden Fall ist. — Die Buchstaben in der Algebra und Analysis bezeichnen zwar auch unbestimmte Zahlen, aber diese unbestimmte Zahlen enthalten einen andern Begriff. Unter dem Buchstaben wird in jedem Falle eine bestimmte Zahl vorgestellt; nur die Grösse derselben bleibt unbestimmt; ihre Eigenschaft der Bestimmtheit ist damit nicht aufgehoben; aber bei dem Einige, Viele ist nicht bloss die Grösse unbestimmt, sondern solche Zahl hat überhaupt die Bestimmtheit nicht und soll sie auch in der Anwendung auf den einzelnen Fall nicht bekommen.

18) Die wichtigste Bedeutung der Zahl liegt in ihrer Anwendbarkeit zum Messen aller anderen Grössen. Es ist bereits dargelegt worden, dass die Grösse nur dadurch Grösse ist, dass sie den Unterschied der einzelnen Grössen innerhalb ihrer selbst erzeugt, durch Mehr und Minder; während bei den Beschaffenheiten der Unterschied sofort zu einem Ungleich in der Beschaffenheit umschlägt. Daraus folgt die Messbarkeit der Grössen, denn der Unterschied der einen von der andern ist nur eine Grösse, wie sie selbst. Nur deshalb ist bei der Grösse ein Theilen in gleiche Theile möglich. Wird eine bestimmte Grösse für die Theilung benutzt, und danach die Grösse der Theile bestimmt, so ist solche

Grösse das Maass. Die gleichen Theile, nachdem sie durch das Maass abgegrenzt worden, bilden eine Mehrheit, welche durch die Zahl bezogen werden kann; das Messen schliesst mit der Angabe dieser bestimmten Zahl, deren Einheiten die Maassgrösse vorstellen. Kleinere Theile als das Maass können damit nicht gemessen werden, sondern erfordern ein kleineres Maass.

19) Auf diesem Messen beruht der Begriff des geometrischen Verhältnisses der seienden Grössen, insbesondere der Linien. Das Verhältniss zweier Linien bezeichnet dies Mehrfache der einen von der Andern. Dieses ist der einfachste Fall. An ihn fügt sich der Fall, wo beide Linien durch eine dritte gemessen werden und ihr Verhältniss zu einander auf dem vorgenannten einfachsten Verhältniss derselben zu ihrem Maasse beruht. Der dritte und letzte Fall des Verhältnisses ist der, wo das Maass in die zu messende Linie nicht aufgeht. Kann dies durch Verkleinerung des Maasses erreicht werden, so fällt dieser dritte Fall damit unter den zweiten; kann es durch keine noch so weit gehende Verkleinerung des Maasses erreicht werden, so nennt die Geometrie solches Verhältniss zweier Linien incommensurabel, unmessbar; wie z. B. das Verhältniss des Durchmessers zum Umring des Kreises, oder das Verhältniss der Zeitgrösse der Umdrehung der Erde um ihre Achse zu der Zeitgrösse ihres Umlaufs um die Sonne.

20) Das Wesen des Verhältnisses aller Grössen bleibt hiernach immer das Vielfache der einen von der Andern, also eine Zahlbeziehung. Das Verhältniss seiender Grössen, wie Raum, Zeit, Grad, kann nur in Zahlen vorgestellt werden. — Verhältniss ist selbst nur Beziehung und es ist natürlich, dass es deshalb nur in Zahlen vorgestellt werden kann. Die fortwährende Umwandlung der seienden Grössen, d. h. des Raumes, der Zeit, des Grades in Zahlverhältnisse hat ihren tieferen Grund darin, dass die Sprache nicht für jede einzelne bestimmte Grösse dieser Arten ein besonderes Wort hat bilden können; es sind deren zu viel. Man hat sich deshalb auf die Bezeichnung einzelner bestimmter Grössen beschränkt, und alle andern dann durch Zahlbeziehung auf diese bezeichnet; jene sind dadurch zu den bekannten Maassen des Pfundes, der Elle, des Quarts u. s. w. geworden.

21) Die bestimmte Länge dieses Stückes Leinwand kann ich wohl sehen, aber ich kann diese bestimmte Länge Niemand, der sie nicht sieht, geradezu, ohne Beziehung, mittheilen. Um dies zu erreichen, bedarf es einer festen, beiden Theilen durch Wahrnehmung zugänglichen und bekannten Grösse, des Maasses und der Angabe des Verhältnisses des Maasses zur Leinwand in Zahlen. Dies ist der

allein mögliche Weg der Mittheilung bestimmter seiender Grössen ohne die Wahrnehmung derselben. Dies gilt für seiende Grössen jeder Art. Auch die bestimmte Zeitgrösse, die bestimmte Gradgrösse kann nur in dem Zahlenverhältniss zu einem festen und bekannten Maasse für die Andern bezeichnet werden. Rosa kann als Mischung von roth und weiss, ein Geschmack als Mischung von sauer und süss, der Zorn als eine Mischung von Schmerz und Begehren bezeichnet werden; da ist keine Zahl, kein Verhältniss für die Bezeichnung der reinen Beschaffenheitsbestimmung nöthig; die bestimmte Grösse dagegen, die nicht gerade das Maass selbst ist, kann sprachlich nur durch die Zahlbeziehung mitgetheilt werden.

22) Aber selbst wo die Wahrnehmung einer seienden Grösse gegeben ist, verlangt die Seele dennoch daneben die Angabe ihres Verhältnisses zu dem Maasse in Zahlen. Ich sehe diesen Thurm, ich habe damit seine bestimmte Höhe durch Wahrnehmung; dennoch entsteht in mir die Frage nach seiner Höhe in Fussen. Umgekehrt, hat die Seele bloss das Maass und das Zahlenverhältniss, so verlangt sie nach der Wahrnehmung der Grösse; man will den Münster in Strassburg seiner Höhe wegen sehen, obgleich man seine Höhe in der Zahl von Fussen schon auf das Genaueste kennt. Das Sehen der Grösse ist trügerisch, die Grösse wechselt mit der Entfernung. Deshalb verlangt die Seele nach einem Sichereren; im Maass und der Zahl wird ihr dies geboten; aber es ist nicht die gesuchte Grösse selbst, sondern ein Anderes; deshalb verlangt die Seele wieder nach der Wahrnehmung jener. Der Unterschied zwischen Maass und Gemessenem steigt mit der Grösse der Verhältnisszahl und die Seele verliert zuletzt die Fähigkeit, sich die Vorstellung des Gemessenen bildlich durch Vereinen zu erzeugen. Deshalb ist die bildliche Vorstellung der Meile durch ihr Maass, 24,000 Fuss, schon unmöglich; noch mehr die Entfernung der Himmelskörper von einander. Man holt dann andere Hülfsmittel herbei, welche grosse Entfernungen in anderer Weise bildlich darstellen, wie schnelle Bewegungen; so sagt man, die Entfernung der Sonne von der Erde ist so gross, dass eine abgeschossene Kanonenkugel fünfundzwanzig Jahre Zeit braucht, um von einer zur andern zu gelangen.

23) Nach Kant (K. d. r. V. 133) ist die Zahl „das reine Schema „der Grösse. Sie ist eine Vorstellung, die die successive Addition „von Einem zu Einem zusammenfügt und dadurch die Zeit selbst „erzeugt.“ — Auch Schopenhauer (Die Welt als Wille, 64) nennt die Zahlen „zeitliche Grössen“. — Beide nehmen die Zahl als ein Werden, als ein in der Zeit erfolgendes Entstehen, durch Zäh-

len von eins zu eins. Nach dieser Ansicht wären sehr grosse Zahlen beinahe unmöglich, denn eine Million wird nicht leicht Jemand von eins zu eins sich durch Zählen bilden. Man kann wohl auf diese Art eine Zahl zur Vorstellung bringen, aber es ist nicht der alleinige Weg. Die Vorstellung einer Zahl, selbst einer grossen, bedarf keines Zeitraumes zu ihrer Entstehung; sie ist im Vorstellen so plötzlich und bestimmt da, wie die Wahrnehmung oder Vorstellung eines Menschen, einer Begebenheit. Diese Täuschung über die Nothwendigkeit der Zeit für die Zahl kann leicht entstehen, wenn die einzelnen zu Zählenden nicht räumlich, sondern zeitlich getrennt sind, wie die Schläge der Thurmuhr. In solchen Fällen kann allerdings die richtige Zahlbeziehung erst am Ende, bei dem letzten Schlag eintreten; aber auch hier ist sie in Wahrheit alsdann plötzlich da; die Zwölf der Mittagsuhr ist erst mit dem letzten Schlage da und vorher noch gar nicht.

24) Nach Hegel (VI. 203) ist die Zahl „das Quantum in „seiner Entwickelung und vollkommenen Bestimmtheit.“ Es sind dies unbestimmte, vieldeutige Bezeichnungen, die die wahre Natur der Zahl als eines blossen Beziehens völlig unberührt lassen. Weiter sagt Hegel (daselbst 203): „Die Zahl hat als ihr Element das „Eins, nach dem Moment der Diskretion die Anzahl, nach dem „der Continuität die Einheit in sich.“ Die Zahl ist die Einheit von „Anzahl und Einheit“. Nummeriren ist „die Zahl überhaupt „machen; ein Zusammenfassen von beliebig vielen Eins.“ — Hegel hat hier mit Recht die Zeit nicht herbeigezogen und nicht für ein Element der Zahl erachtet; im Uebrigen hat die Darstellung den Mangel seiner Methode überhaupt; der dialektischen Entwickelung zu Liebe wird das Eindringen in die Natur des Gegenstandes vernachlässigt. Das Wesen der geformten Zahlen und die Aufgabe des Rechnens ist darin nicht dargelegt. Am gewaltsamsten ist seine Herbeiziehung der Continuität in die Zahl. „Die „Continuität der Quantität ist das Eins als dasselbe der vielen „Eins, die Einheit.“ Hier wird die begriffliche Einheit oder Gleichheit des Einzelnen in der Zahl mit dem Begriff der Continuität gleichgestellt, während das Stetige gerade den Gegensatz zu dieser begrifflichen Einheit mehrerer Einzelnen bildet. Das Stetige kennt keine Einzelnen, nur in dem Begriffe sich Gleichen; es ist Eines von Anfang bis zu Ende.

25) Die weitere Erkenntniss der zur Zahl gehörenden Begriffe gehört in die Philosophie der Mathematik. Dorthin gehört auch die Darstellung des Unendlichen, so weit es der Rechnung unterworfen wird. Hier ist nur zu bemerken, dass die Zahlgrösse,

im Unterschied von der seienden Grösse, die Unendlichkeit bloss nach einer Seite hin hat, nach dem unendlich Grossen hin. Die 2 oder selbst die 1 als kleinste Zahl enthalten das unendlich Kleine nicht. Das unendlich Kleine der Rechnung bezieht sich lediglich auf seiende Grössen und kann in Zahlen nur durch das Verhältniss endlicher zu unendlich grossen Zahlen dargestellt werden.

26) Das Wesen der Rechnung des Unendlichen liegt darin, dass sie das Nichts in der Zahlform des Etwas darstellt, mittelst der Zahlform des Etwas (z. B. des Verhältnisses der Abscisse zur Ordinate), da wo es an das Nichts grenzt. Dadurch werden Gestaltungen einander ähnlich und durch Rechnung eine ableitbar aus der andern gemacht, welche ohne diese Umwandlung des Etwas in Nichts kein Maass für einander enthielten. Bei diesem Begriff des Mathematisch-Unendlichen, als des Nichts, erhellt, dass seine Weglassung bei der Summirung zu endlichen Grössen die Genauigkeit der Rechnung nicht aufheben kann, was bei dem Begriff seiner, als einer Grösse, sei sie auch noch so klein, der Fall sein müsste.

27) Die durch Wahrnehmung gegebenen Grössen des Raumes, der Zeit, des Grades sind ein Mittleres; nach beiden Seiten lassen sie das Unendliche zu, durch Vermehren und durch Vermindern. Wenn bei der Zahl dies nur im Vermehren statt hat, so ist dieses ein Beweis mehr für die Natur der Zahl als reiner Beziehung im Denken. Das Einzelne als Eins ist untheilbar; deshalb fehlt bei den Zahlen in ihrer einfachen Gestalt das unendlich Kleine.

28) Die Vorzüge der Zahlgrösse im Vergleich zu den drei seienden Grössen-Arten liegen in drei Umständen: in der vollen Bestimmtheit der einzelnen Zahlen; in der vollen Erkennbarkeit dieser Bestimmtheit ohne der Wahrnehmung zu bedürfen; in der vollen Erkennbarkeit des Verhältnisses der einzelnen Zahlen zu einander. Erst durch das Messen nehmen die seienden Grössen an diesen Vortheilen Theil.

29) Das Bestreben der neuern Naturforschung geht auf Umwandlung aller Beschaffenheits-Bestimmungen in Grössen und Zahl-Bestimmungen. Die specifische Schwere wird auf die unterschiedene Zahl gleicher Moleküle in gleichem Raum zurückgeführt; die Farben und die Töne werden in ihren Unterschieden auf Unterschiede in der Zahl der Schwingungen des Aethers oder der wägbaren Körper zurückgeführt. Für das Warme, für das Elektrische und für das Magnetische ist die Forschung noch im Suchen nach solchen Grössen-Bestimmungen. Abgesehen von der Wahrheit dieser Umwandlungen an sich, liegt der Weg und die Versuchung dazu

in der oben entwickelten Natur der Zahlen und übrigen Grössen-Arten; nur Grössen unterliegen der Rechnung. Die Gestalt, obgleich beschaffenheitlicher Natur, hat man als solche bestehen lassen, weil man verstanden hat, sie auch ohne Umwandlung ihrer Natur der Rechnung zu unterwerfen. So weit diese nicht geradezu möglich war, hat man, wie bei vielen krummen Linien, durch die Funktionen der Abscissen und Ordinaten sie ebenfalls auf Grössen zurückgeführt. Die übrigen Beschaffenheiten widerstehen solcher Art der Messung; deshalb hat man sie in reine Grössen im Vorstellen umgewandelt und damit ist das Ziel, die Bestimmtheit, das Exakte erreicht worden.

# Das Alle.

1) Das Beziehen durch Alle gleicht dem Beziehen durch die Zahl in so weit, als es, wie die Zahl, die mehreren Einzelnen umfasst, auch eine gewisse Gleichheit derselben fordert; aber diese Gleichheit ist im Alle nicht so unbedingt und so hervortretend, wie in der Zahl, und das Alle schliesst jedes weitere Einzelne neben sich aus, innerhalb des Gebiets, auf das es als Beziehung sich erstreckt, während die Zahl dies unentschieden lässt. Die beziehende unwirkliche Natur des Alle wird nach den Erörterungen über die Zahl weniger bedenklich erscheinen. Das Alle ist nie ein Bild des Seienden, keine seiende Bestimmung der Dinge und kein Gegenstand der Wahrnehmung. Ob ein Mensch zu dem Alle gehört, kann man ihm nicht ansehen und anfühlen; die Gegenstände bleiben was sie sind, ob sie durch das Alle auf einander bezogen werden oder nicht; das Alle kann jedes mögliche umfassen, ohne dabei sich selbst irgend ändern zu müssen. — Während die Zahl in unbeschränkt viele bestimmte Zahlen sich sondert, ist das Alle immer und überall dasselbe. Es hat keine Besonderung, obgleich die Einzelnen, welche es bezieht, der Zahl nach viele oder wenige sein können.

2) Die grösste Bedeutung dieser Beziehung liegt in ihrer Fähigkeit, das Unendliche der Einzelnen zu erfassen. Mit der Zahl ist dies unmöglich. In dem: „Alle Menschen“ ist die unendliche Menge der einzelnen mit einem Griffe erfasst; der Einzelnen, die schon gewesen sind, die jetzt sind und in der endlosen Zukunft noch sein werden. Es wäre unmöglich, diese Unendlichkeit zu fassen, wäre nicht diese Beziehung durch Alle der Seele gegeben. — Diese Unendlichkeit der Einzelnen ist aber dem Alle nicht nothwendig. Es kommt auf die Grenze an, die für das Beziehen durch Alle gezogen ist. Ist solche Grenze diese Stube, in

der drei Menschen sind, so hat das: Alle Menschen (dieser Stube) nur drei Menschen zu seinem Inhalt. Das Alle steigt mit dem Ausdehnen der Schranke; alle Menschen in diesem Hause, in dieser Stadt, in diesem Lande, auf der Erde gegenwärtig, auf der Erde für alle Zeit.

3) Das Alle wird im Leben weit mehr für solche beschränkte Gebiete benutzt; dagegen dient es als Bezeichnung der Unendlichkeit in den Wissenschaften. Hier ist der Gebrauch in diesem Sinne so häufig, dass das Vorstellen noch eine andere Form dieses Alle entwickelt hat. Der Mensch und alle Menschen, das Dreieck und alle Dreiecke gelten in der Wissenschaft für gleichbedeutend; d. h. auch die erste Form ist eine Bezeichnung des Alle. Der Mensch ist hier das begriffliche Stück, befreit von der Besonderung durch den Ort im Raum und Zeit; damit fallen alle sich gleiche begriffliche Stücke der einzelnen Menschen in einen Begriff zusammen; sie sind mit Wegnahme dieser Ungleichheit identisch, nicht zu unterscheiden. Im Sein muss aber das begriffliche Stück einen Ort einnehmen und alle Urtheile und Gesetze, welche ihre Glieder als seiende voraussetzen, müssen damit diesen Ort zulassen. Dadurch wird der Begriff der Seele wieder Bezeichnung der einzelnen begrifflichen Stücke, die in allen Einzelnen enthalten sind, und mit: Der Mensch, das Dreieck in solchen Sätzen ist deshalb in Wahrheit gemeint: Alle einzelnen begrifflichen Menschen, alle einzelnen begrifflichen Dreiecke. Die Worte: der Mensch, das Dreieck sind hier keine besondere Vorstellung, sondern nur eine andere Sprachweise.

4) Das Alle ist auch in den Vorstellungen enthalten, welche sprachlich mit Jeder, Keiner, Niemand, Nie bezeichnet werden. Jeder ist das Alle, mit dem Accent auf den Einzelnen im Alle; im Alle sind die Einzelnen in die Gesammtheit zurücktretend. Durch die Verneinung des Alle, im conträren Sinne, entsteht das Keiner und Niemand. Sie sind nicht das contradiktorische: Nicht Alle, welches wie das: Einige nichts von dem: Alle an sich hat. Aber Keiner ist nie ohne Alle; was bejahend von Allen gilt, soll durch Keiner verneinend von Allen gelten.

5) Das Alle mit einer seienden Bestimmung oder einer Eigenschaft verbunden, giebt das Allgemeine, d. h. eine Bestimmung die in allen Einzelnen enthalten ist. Die Ausdehnung solches Allgemeinen ist abhängig von der Ausdehnung des Alle selbst. Wird das Alle nur auf diese Stadt beschränkt, so ist auch die Bestimmung der christlichen Religion als allgemeine der Einwohner, nur die allgemeine für diese Stadt. In den Wissenschaften wird das

Allgemeine in seiner vollen Unbeschränktheit genommen. In dem Allgemeinen der Sätze liegt das Kennzeichen des Wissenschaftlichen. Das Allgemeine lässt keine Ausnahme zu; die Ausnahme zerstört es. Jeder Satz einer Wissenschaft, der noch Ausnahmen hat, zeigt, dass die Wissenschaft noch nicht den richtigen Begriff für die Glieder solcher Sätze gefunden hat; dass sie noch unvollkommen ist.

6) Das Sprüchwort: „Keine Regel ohne Ausnahme" bezeichnet nur den Standpunkt der Wissenschaft, wo ihr die Auffindung der vollkommen richtigen Begriffe für die Glieder der Regel noch nicht gelungen ist; aber nicht die Unmöglichkeit, die in der Mathematik längst durch die That widerlegt ist. Der Satz: Exceptio firmat regulam bezieht sich auf das Gebiet des Rechts, wo der Wille des Einzelnen die Regel durchbrechen kann; indem der Wille dies als eine Ausnahme anerkennt, erkennt er die Regel selbst damit an. Die Allgemeinheit sittlicher Regeln ist nur innerhalb des Gebiets der Sittlichkeit und für dieses aufgestellt; die Macht der Willkühr wird damit aber nicht verneint; deshalb ist solche Willkühr und ihr Handeln gegen die Regel keine wirkliche Ausnahme.

7) Das Bestreben der Wissenschaften und das Wesen ihres Fortschrittes besteht in dem Kampf gegen die Ausnahmen ihrer Regeln. Die Seele geht von der Annahme aus, dass im Sein die Verbindung begrifflicher Stücke ohne Ausnahme gelte und dass, wenn der Erkenntniss die Auffindung dieser ausnahmslosen Verbindungen noch nicht gelungen ist, dies nicht in dem Sein, sondern in dem Wissen seinen Grund habe, also in der mangelhaften Aussonderung der begrifflichen Stücke, welche vom Wissen als die Glieder des Gesetzes gesetzt worden sind. Ist hierbei die Wahrheit nicht vollständig getroffen, so muss natürlich das Sein noch Ausnahmen von solcher nicht völlig wahren Regel behalten; erst wenn die begriffliche Trennung genau und scharf die Stücke im Sein trifft und sondert, welche in dem Sein in Verbindung stehn, erst dann ist die Regel ohne Ausnahme. Die Geschichte jeder Wissenschaft zeigt die fortschreitende Verminderung der Ausnahmen ihrer Regeln, vermittelst der Berichtigung der Begriffe, die die Glieder bilden.

8) Das Allgemeine hat in der Philosophie keinen andern Sinn, als in den besonderen Wissenschaften. Auch Kant kennt es nur in dem hier entwickelten Sinne. In seiner Einleitung zur Kritik der reinen Vernunft (K. d. r. V. 3) benutzt er dass Allgemeine zu einem Kennzeichen des Wissens a priori. „Wird ein Urtheil in „strenger Allgemeinheit gedacht, d. i. so dass gar keine Ausnahme

„als möglich verstattet wird, so ist es nicht von der Erfahrung „abgeleitet, sondern schlechterdings a priori gültig.“ Erfahrung giebt nach Kant niemals strenge Allgemeinheit, sondern nur comparative, so dass es eigentlich heissen muss: „so viel wir bis jetzt „wahrgenommen haben, findet sich keine Ausnahme.“

9) In diesen Sätzen liegt der Keim der Kantischen Philosophie. Sein transcendentaler Idealismus, welcher das Ding an sich für unerkennbar hält, und alle seine Bestimmungen in der Wahrnehmung und im Denken nur für Zuthat der erkennenden Seele erklärt, ist aus der Schwierigkeit entsprungen, welche in dem Dasein solcher allgemeinen Urtheile gegeben war, die doch nach Kant aus keiner Erfahrung abgeleitet werden konnten. Was blieb da übrig, als ihre Quelle in die erkennende Seele zu verlegen? Kant beging hier zwei Fehler. Einmal nahm er das Dasein solcher allgemeinen Gesetze auch ausserhalb der Mathematik als feststehend an, während hier dergleichen nicht vorhanden sind, wenn man nicht Tautologien (analytische Urtheile) dazu rechnen will; sodann verkannte er die Natur der Sätze der Geometrie und Arithmetik und nahm zu vorschnell an, dass die Erfahrung die Unendlichkeit der einzelnen Fälle in diesem Gebiete nicht erschöpfen könne. Dies ist aber der Fall in Folge der fliessenden Natur der einzelnen Gestalten und vermöge der nur beziehenden, nicht seienden Natur der Zahlen; wie in der Lehre vom Erkennen gezeigt werden wird. Dadurch ist es in diesen Wissenschaften möglich, streng allgemeine Gesetze auch durch die Erfahrung zu erreichen. Bei einer solchen Auffassung fällt das ganze Fundament der Kant'schen Philosophie; denn die Nothwendigkeit, neben der Erfahrung noch eine andere Quelle für die Erkenntniss des Seienden zu suchen, ist dann weggefallen und die, der Wahrnehmung innewohnende Nothwendigkeit des Seins ihrer Bestimmungen bleibt unerschüttert.

10) Das Allgemeine der Hegel'schen Philosophie weicht erheblich von der hier gegebenen Darstellung ab. Hegel selbst erklärt den Begriff des Allgemeinen als den Kernpunkt der Philosophie. Das Allgemeine ist nach Hegel „ein thätiges Allgemeine,“ ein „beherrschendes Allgemeine,“ „was das Besondere regiert“. „Es ist mit den Sinnen nicht zu fassen.“ „Das Allgemeine existirt „nicht äusserlich als Allgemeines; die Gattung als solche lässt sich „nicht wahrnehmen; die Gesetze der Bewegung der Planeten sind „nicht am Himmel geschrieben; das Allgemeine hört und sieht „man nicht; es ist nur für den Geist.“ (VI. 41.) „Das Allgemeine „ist das mit sich Identische ausdrücklich in der Bedeutung, „dass in ihm zugleich das Besondere und Einzelne enthalten sei.“

(VI. 323.) „Das Allgemeine ist nicht bloss ein Gemeinschaftliches, welchem gegenüber das Besondere seinen Bestand für sich „hat, sondern das sich selbst Besondernde (Spezifizirende) und in „seinem Anderen in ungetrübter Klarheit mit sich selbst bleibende. „— Das Allgemeine in dieser Bedeutung ist ein Gedanke, von dem „gesagt werden muss, dass es Jahrtausende gekostet hat, bevor er „in das Bewusstsein der Menschen getreten ist." (VI. 321.) — Es sind zwei Bestimmungen, in denen der Unterschied dieses Allgemeinen gegen das Allgemeine in der oben gegebenen Auffassung enthalten ist. Das Allgemeine ist nach Hegel nicht bloss im Wissen, sondern seiend, thätig, ein objektiver Gedanke; und: das Allgemeine ist in spekulativer Einheit mit dem Besondern und Einzelnen.

11) So scheinbar gross diese Unterschiede auch sich stellen, so hat das bestimmte (natürliche, verständige) Denken, im Gegensatz zu dem sogenannten vernünftigen spekulativen Denken Hegels darauf zu erwidern, dass beide, den Unterschied ausmachenden Bestimmungen auch von ihm, dem bestimmten Denken, gekannt seien; dass das Thätige sowohl, wie das Besondere und Einzelne ihm wohl bekannt sei, und dass es Beides in dem Seienden als vereint mit dem Allgemeinen anerkennt; nur die Identität derselben bestreitet das bestimmte Denken. Es ist auch in Wahrheit nicht abzusehen, welcher Vortheil aus solcher gewaltsamen Identität für die Erkenntniss des Seienden gewonnen werden soll; im Gegentheil, je mehr des Denken seine Bestimmtheit abstreift und sich gewaltsam gegen seine eigene Natur wendet, um so bedenklicher wird seine Fähigkeit, das Seiende zu erkennen. Die Identität von Sein und Wissen ist leicht ausgesprochen; sie führt aber in der Erkenntniss des Inhaltes des Seienden nicht einen Schritt weiter; immer ist es der subjektive Geist, der mit seinem Wissen an das Sein herantreten und mühsam und mit Ausdauer die Natur des Seins erforschen muss. Jene vorausgesetzte Identität seines Wissens mit dem Sein hilft ihm nicht einen Zoll weiter als demjenigen, der ohne diesen Satz mit seinem Wissen an das Sein herantritt; das Sein offenbart sich wahrscheinlich dem letzteren leichter und bereitwilliger, als dem erstern.

12) In Wahrheit ist dieser Satz nur ein anderer, dunklerer Ausdruck für die schon dem natürlichsn Vorstellen innewohnende Ueberzeugung, dass das Sein von dem Wissen erfasst, erreicht und durchdrungen werden kann; dass das Wissen ein Wissen des Seienden ist. Die Möglichkeit dieses Satzes, eine Erklärung, wie das Wissen das Sein erreichen kann, ist durch jene Identität

beider nicht im mindesten mehr als früher gewonnen; denn diese Identität muss daneben zugleich den Unterschied beider zulassen und damit ist die Frage in ihrer alten Schwierigkeit geblieben. Die Allgemeinheit Hegels hat seit ihrer Einführung nichts zum Fortschritt der Wissenschaften beigetragen. Keine schwierige Frage hat damit aufgehellt, kein Gesetz schärfer gefasst werden können. Gerade diejenige Wissenschaft, bei der dies am ersten hätte erwartet werden können, die Wissenschaft von der Seele, oder von dem subjektiven Geist, nach Hegels Ausdrucksweise, ist durch die Einführung der Hegel'schen Methode eher verdunkelt als erhellt worden.

# Die Orts-Beziehung.

1) Die nun folgenden vier Beziehungen des Orts, des Ganzen, der Ursachlichkeit und der Substantialität haben ein Gemeinsames an sich. Während bei den früher erörterten Beziehungen die einzelnen Bezogenen schon im Sein getrennt waren, haben die Einzelnen, welche durch diese Beziehungsformen bezogen werden, vielfach ein An- und Ineinander, was sie für das Sein zu einem Gegenstande vereint. Die Anwendung des Beziehens wird bei ihnen erst möglich, nachdem das Einzelne aus dieser Einheit, wenn auch nur im Vorstellen, getrennt worden ist. Erst mit dieser Trennung können sie Gegenstand der obigen Beziehungen werden. Dieser Umstand giebt diesen Beziehungen leicht den Schein, als wären sie das Bild einer seienden Vereinsform.

2) Jeder Gegenstand des Sehens, reinen und thätigen Fühlens hat eine Raumgrösse. Diese Grösse ist eine stetige, und damit eine Einheit. Aber im Vorstellen können einzelne Theile ausgetrennt und für sich vorgestellt werden, indem die stetige Verbindung derselben mit den Uebrigen im Vorstellen unterdrückt wird; namentlich dann, wenn ein Beschaffenheits-Unterschied zu Hilfe kommt. So können die einzelnen Fenster eines Hauses, die einzelnen Blätter eines Baumes, die Theile einer Maschine, für sich, getrennt vorgestellt werden. Diese Theile nehmen dann verschiedene Orte ein, sind nicht mehr ein stetiges Ganze und werden damit Gegenstand der Beziehung, welche die Lage, die Richtung, die Oertlichkeit zu ihrem Inhalte hat. Indem von den mehreren Orten einer zur Grundlage genommen wird, entsteht die Beziehung des Neben, welche sich nach den drei Grundrichtungen des Raumes zu sechs besonderen Beziehungen entwickelt, zu dem: Vorn, hinten, links, rechts, oben, unten. Bildet nicht ein Ort, sondern die

Grenzlinie einer Gestalt die Grundlage des Beziehens, so entsteht die Beziehung: Drinnen und draussen, in und aus. Da die Richtungen durch zwei Punkte oder durch Linien bestimmt werden, so sind auch die Richtungen diesem Beziehen unterworfen; die Richtung wird mit Rücksicht auf den Ort, von dem sie ausgeht, bezeichnet, als eine Richtung nach vorn, hinten, nach hinein, hinaus u. s. w.

3) In den Zeitgrössen entwickeln sich in gleicher Weise getrennt vorgestellte Orte; da die Zeit nur mit einer Richtung vorgestellt wird, so giebt es bei ihr nur ein Beziehen durch Vor und Nach, wobei der Ort der Gegenwart, das Jetzt als Grundlage gilt. Aber die Zeit hat auch das Zugleich; das Bild einer Linie ist deshalb auf sie nicht genau anwendbar, sie gleicht vielmehr einem breiten Bande, an dem die Dinge auch neben einander Platz haben und dadurch nicht bloss vor und nach, sondern auch neben einander abrollen; dies zeitliche Neben ist das Zugleich. Die Richtung der Bewegung in der Zeit ist dagegen nur eine; die Neben rollen alle parallel und mit gleicher Geschwindigkeit. Für die Richtung in der Zeit giebt es nur zwei; eine in die Zukunft und eine in die Vergangenheit. Mit diesen sechs räumlichen und drei zeitlichen Ortsbeziehungen sind die Grundformen dieses Beziehens erschöpft; weitere Besonderungen bestehen nur aus Mischungen derselben.

4) Die nur beziehende und nicht seiende Natur dieser Orts-Beziehungen ist leicht erkennbar. Der einzelne Ort in Raum und Zeit ist seiend, aber das Neben und das Nach oder Zugleich wohnt ihm nicht inne; dazu bedarf es noch eines andern Ortes; erst durch diesen wird diese Bestimmung möglich. Derselbe Ort ist zu gleicher Zeit Vor und Nach, Oben und Unten, je nach dem Ort, auf dem das Beziehen fusst; dies wäre ein Widerspruch und unmöglich, wenn diese Bestimmungen ein Seiendes aussagten. Diese einzelnen Begriffsformen passen für jeden beliebigen Ort, ohne irgend dabei ihre Natur zu ändern; sie sind deshalb kein Bild eines Seienden, sondern nur Geschöpfe der Seele d. h. Beziehungen.

5) Die einzelnen Orte und Richtungen sind in sich bestimmt, wahrnehmbar und bildlich vorstellbar. Aber so wie die einzelnen bestimmten Grössen wegen ihrer unendlichen Menge nicht alle mit Worten bezeichnet werden konnten, sondern dies auf wenige, die Maasse, beschränkt werden musste, so kann auch aus gleichem Grunde die Mittheilung der meisten Orte und Richtungen nur durch Beziehung geschehen. Die einzelnen Richtungen und Orte, welche ich sehe und fühle, sind für mein Wahrnehmen durchaus bestimmt

und von einander unterschieden. Aber als solche Orte und Richtungen sind sie im leeren Raume, in der leeren Zeit nicht festzuhalten und andern mittheilbar zu machen. Erst die Erfüllung des Raumes und der Zeit macht sie erkennbar. Aber auch in diesem erfüllten Raum und Zeit werden nur einzelne Orte und Zeitpunkte als solche feste, allgemein bekannte bezeichnet; alle übrigen Orte können deshalb nur durch Beziehung auf diese festen Orte und Zeitpunkte bezeichnet werden.

6) Dadurch entspringt die Meinung, als wenn *jeder* Ort und *jede* Richtung nur Beziehung sei und kein Seiendes. Diese Ansicht wird dadurch bestärkt, dass man auch für jene *festen* Orte eine Beziehung als die Bedingung ihrer Erkenntniss verlangt. Da diese Beziehung nicht gegeben werden kann ohne einen neuen Ort, so scheint sich eine Reihe ohne Ende zu entwickeln und ein in sich *bestimmter* Ort, eine *in sich bestimmte* Richtung unmöglich zu sein. Dies gilt aber nur für die Bezeichung derselben durch die Form der Beziehung; das *Sein* des bestimmten Ortes ist davon nicht abhängig. Der Ort, wo ich bin, ist für mich ein durchaus und in sich bestimmter, wenn ich ihn auch für Andere nur durch Beziehung bezeichnen kann. Der Ort der Sonne, Christi Geburt sind *wirkliche Orte für sich* in Raum und Zeit. Aber durch andere Orte ist ihre Bezeichnung nur mittelst der Beziehung möglich. Deshalb darf aber die seiende Natur der Orte und Richtungen an sich nicht bestritten werden.

7) Herbart übersah diesen Unterschied. Indem er bemerkt, dass der einzelne bestimmte Ort durch eine in sich beruhende, das Sein treffende *Bezeichnung* gewöhnlich nicht erkennbar gemacht werden kann, leugnete er das *Sein* der Unterschiede selbst; ja Raum und Zeit wurden ihm damit zu reinen Beziehungen, zu einem Nicht-Seienden; denn wenn die Orte und Richtungen Nichts sind, so kann auch der Raum und die Zeit nicht Etwas sein. In dieser falschen Auffassung Herbarts liegt einer von den Keimen, aus denen sich seine Auffassung der Welt entwickelte, als eines raum- und zeitlosen Beisammen von Wesen, die nur durch Störungen und Selbsterhaltungen mit einander in Verbindung stehn, und durch solche Selbsterhaltung allein die Erscheinungen des Raumes, der Zeit, so wie der Dinge mit vielen Merkmalen und der Ursachen mit ihren Wirkungen herbeiführen.

8) Das Leben macht fortwährend von diesen Ortsbeziehungen Gebrauch; es hat sich deshalb in der Sprache eine grosse Zahl von bestimmteren Worten dafür gebildet. *Dort* und *hier* ist ein entfernteres Neben; *diesseit* und *jenseit* ist das Neben, durch eine

Linie oder Fläche (Fluss, Meer, Kanal) getrennt. Fort ist die Richtung nach einem andern Ort überhaupt. Nirgends ist die Verneinung jedes Orts. Heute, morgen, gestern ist das Jetzt mit dem Vor und Nach in bestimmter Tagesentfernung; sonst, ehedem, bald, einst sind das Vor und Nach mit unbestimmter Entfernung. Niemals ist die Verneinung jedes Orts in der Zeit. Das An ist das Neben und Nach mit Berührung; es ist durch die Berührung das Bild der seienden Vereinung; nur das Trennen im Vorstellen kann es als Beziehung aufrecht erhalten. Durch ist so viel als: In mit Aussen durch Bewegung verbunden. Während, indem, unterdess, inzwischen sind nähere Bestimmungen des Zugleich.

9) Kant sagt in seiner Kritik der reinen Vernunft (160.): „Die „drei Modi der Zeit sind: Beharrlichkeit, Folge und Zugleich „sein.“ Von diesen fallen die zwei letzteren unter die hier behandelten Beziehungen. Die Beharrlichkeit scheint dagegen keine Beziehung; und als blosse Dauer oder Zeitgrösse betrachtet, ist sie auch nur eine Bestimmung des Seienden, welche beliebig gross, ja ohne Ende vorgestellt werden kann. Aber die Beharrlichkeit ist nicht bloss Zeitgrösse, sondern eine solche, welche einen Wechsel, ein Vor und Nach neben sich, oder zugleich hat. Der Mond beharrt, indem seine erleuchtete Oberfläche wechselt; die Pflanze beharrt, während ihre Farbe, Grösse, Gestalt, Weichheit, Glätte, Geschmack, Geruch wechseln. Die Beharrlichkeit ist also eine seiende Zeitgrösse in ihrer Beziehung auf den zugleich statt habenden Wechsel an oder in ihr. Hieraus erhellt, dass das Wort: Modus einen völlig unklaren Begriff bezeichnet. Später nennt Kant (daselbst 165.) die Modi Arten der Zeit und dann wieder Verhältnisse der Zeit und gleich darauf sagt er: „Das Zugleichsein ist „kein Modus der Zeit, als in welcher gar keine Theile zugleich, „sondern alle nach einander sind.“ Diese Unklarheiten und Widersprüche sind eine Folge davon, dass Kant die Vorstellung des Seienden von den Beziehungen des Seienden nicht getrennt hielt und die Natur Beider mit ihren tiefgreifenden Unterschieden sich nicht klar gemacht hatte.

# Das Ganze.

1) Bei der Beziehung durch das Ganze werden die mehreren Einzelnen, welche zu einem Ganzen bezogen werden, die Theile genannt. Die Beziehung selbst liegt nicht in diesen Theilen, sondern in dem Ganzen; da indess die Einzelnen nur Theile genannt

werden, weil die Beziehung des Ganzen auf sie angewendet ist, so bezeichnet der Theil auch schon diese Beziehung, und deshalb sind die Theile nie ohne das Ganze und das Ganze nie ohne die Theile, Sätze, die nur Tautologieen sind. Beispiele sind: Das Heer als das Ganze der Soldaten, die Flotte als das Ganze der Schiffe, der Wald als das Ganze der Bäume, die Geistlichkeit als das Ganze der niedern und höhern Kirchendiener, die Landwirthschaft als das Ganze der einzelnen dabei vorkommenden Geschäfte, das Volk als das Ganze der einzelnen Bürger, das Siebengestirn als das Ganze der bekannten sieben Sterne.

2) In allen diesen Fällen sind getrennte Einzelne vorhanden, welche das Ganze bezieht. Das Ganze ist keine seiende Bestimmung; denn man sieht nur die einzelnen Soldaten, man sieht nur die einzelnen Sterne; ihre Gruppirung, d. h. ihre Beziehung zu einem Ganzen ist nur im Denken und willkührlich. Das Ganze ist immer dasselbe, ändert sich in seiner Natur nicht, und ist dennoch auf die verschiedensten Gegenstände anwendbar. Hieraus erhellt zur Genüge seine beziehende Natur. Es können in einzelnen Fällen und in einzelnen der obigen Beispiele noch andere Bestimmungen vorhanden sein, welche verbindend auf die Einzelnen wirken und damit vielleicht auch eine seiende Verbindung durch Kraft oder Begehren begründen; aber als Ganzes genommen, wird von diesen seienden Verbindungen abgesehen; die Einzelnen gelten in dem Ganzen nur als Einzelne, die lediglich im Vorstellen zu dem Ganzen bezogen sind.

3) Stuart Mill verwechselt in seinem System der Logik die Verbindungen mit den Beziehungen. Er führt (I. 80.) als Beispiele der Relation an: Herr und Diener, Schuldner und Gläubiger, Sachwalter und Client. Aber diese Worte drücken keine Beziehung zwischen diesen Personen aus, sondern ein Vertrags- oder Rechtsverhältniss, d. h. eine auf der Gleichheit des Begehrens ruhende Verbindung derselben, wie in dem Abschnitt von den Verbindungen gezeigt worden ist. Als Verbundene können sie natürlich nicht getrennt werden, und die verschiedene Stellung der Einzelnen in solchen Verbindungen giebt ihnen einen besondern Namen. Aber das Band, was hier verbindet, ist ein Seiendes, das Begehren; deshalb ist hier keine Beziehung vorhanden.

4) Missbräuchlich kann die Beziehung des Ganzen auf seiende Vereinungen bezogen werden. So kann man den Kopf, Rumpf, die Arme und Beine das Ganze des Körpers nennen, die Seele und den Körper das Ganze des Menschen. Aber der Gebrauch solcher Beziehungsformen statt der Einheitsformen ist nur das

Zeichen der Trägheit oder Unbeholfenheit, welche, statt den Gegenstand in seiner bildlichen Bestimmtheit zu bezeichnen, sich mit ungenügenden Allgemeinheiten behilft.

5) Das Und sammelt, wie das Ganze; aber es zieht die Einzelnen nicht zusammen; das Ganze thut dies und ist damit ein verbindendes Beziehen. Die Zahl und das Alle sind auch solche verbindende Beziehungen, wie das Ganze, aber sie erreichen es nicht in dieser Stärke. Im Uebrigen haben solche Vergleiche nur geringen Werth für die Erkenntniss der besonderen Natur dieser Beziehungsform. Sie kann so wenig, wie die früheren definirt werden; nur die Ausübung derselben gewährt ihre Kenntniss. — Inbegriff ist ein anderes Wort für diese Beziehungsform.

6) Das Ganze, obgleich nur Beziehung, hat dennoch, wie die früheren Beziehungen, eine seiende Grundlage, auf welcher seine Anwendbarkeit beruht, und welche seine Wahrheit bildet. Diese Grundlage ist hier entweder die zeitliche oder räumliche Nähe, oder die Annäherung zur Gestaltung, oder die seiende Verbindung durch Kraft oder Begehren, oder die Dieselbigkeit des Zweckes. — Die Bedeutung dieser Beziehung erscheint geringer, als die der früheren; in der Wissenschaft wird weniger Gebrauch von ihr gemacht. Sie dient, wie das Und hauptsächlich zur Abkürzung der Mittheilung von Vorstellungen und hat in dieser Beziehung ihren unersetzbaren Werth. Eine grosse Menge von Gedanken und Anordnungen würde gar nicht auszusprechen sein, wenn die Sammelbegriffe der Armee, des Regiments, des Volkes, des Waldes, der Gestirne u. s. w. nicht vorhanden wären.

7) Hegel behandelt das Ganze als Verhältniss, das heisst als Beziehung. Dennoch sagt er darüber (VI. 267.): „Das unmittelbare Verhältniss ist das des Ganzen und der Theile, und der Inhalt ist das Ganze und besteht aus den Theilen (der Form), dem Gegentheile seiner. Die Theile sind von einander verschieden und sind das Selbstständige. Sie sind aber nur Theile in ihrer identischen Beziehung auf einander, oder insofern sie zusammengenommen das Ganze ausmachen. Aber das Zusammen ist das Gegentheil und Negation des Theils." Ferner (VI. 269): „Das Verhältniss des Ganzen und der Theile ist das unmittelbare, daher das gedankenlose Verhältniss und Umschlagen der Identität mit sich in die Verschiedenheit. Es wird vom Ganzen zu den Theilen, und von den Theilen zu dem Ganzen übergegangen und in einem der Gegensatz gegen das Andere vergessen, indem jedes für sich das eine mal das Ganze, das andere mal die Theile als selbstständige Existenz genommen wird. Oder indem die Theile in dem Gan-

„zen und dieses aus jenen bestehen soll, so ist das eine mal das „eine, das andere mal das andere das Bestehende und ebenso „jedesmal das andere desselben das Unwesentliche.“

8) Wer der oben gegebenen Darstellung dieser Beziehungsform gefolgt ist, wird mit Leichtigkeit die Irrthümer in dieser Auffassung Hegels erkennen. Indem Hegel die Natur des Beziehens übersieht, und seine Gegensätze zu seienden Bestimmungen der Dinge erhebt, mussten sie ihm zu Widersprüchen sich gestalten. Auch hier geht Hegel auf das leichtfertigste mit den Begriffen um. Niemand behauptet die Selbstständigkeit der Theile; sie sind vielmehr nur Theile durch ihr Verhältniss zu dem Ganzen; Theil ist nichts als ein anderer Name für diese Beziehungsform. Das Ganze, das Zusammen ist nicht das Gegentheil, die Negation, sondern die Beziehung der Theile. Das Ganze wird nicht über den Theilen, und diese werden nicht über dem Ganzen vergessen, sondern vielmehr beide können nur vorgestellt werden in gemeinsamer Beziehung auf einander. Das Bestehn des Ganzen und der Theile ist keine Bezeichnung eines seienden Zustandes, sondern eines beziehenden Denkens. — Mit diesen einfachen Bemerkungen fällt der ganze Angriff Hegels gegen die angebliche Gedankenlosigkeit des bestimmten Denkens.

# Die Ursachlichkeit.

1) Die Beziehungsform der Ursachlichkeit ist die weitaus wichtigste und verbreitetste von allen. Ursache und Wirkung sind die Einzelnen und Getrennten, welche durch die Ursachlichkeit auf einander bezogen werden, wie die Theile durch das Ganze. Die Sprache hat hier den Namen der Beziehungsform nur an die Bezogenen geknüpft, und für die Beziehungsform selbst kein Wort gebildet. Für die genauere Darstellung ist indess ein besonderes Wort erforderlich und das Wort Ursachlichkeit soll hier dazu benutzt werden. Die Einzelnen werden bei der Ursachlichkeit mit verschiedenen Worten bezeichnet, während die Mehreren des Ganzen sämmtlich als Theile bezeichnet werden; der Grund ist, dass die ursachliche Beziehung auf einem seienden Unterschied dieser Einzelnen beruht. In der Ursachlichkeit sind die Einzelnen ein Vor und Nach, wie bei der Ortsbeziehung; sie werden auch verbindend bezogen, wie in dem Ganzen; aber die Eigenthümlichkeit der Ursachlichkeit wird durch jene Beziehungen nicht erreicht.

2) Ursache und Wirkung sind zunächst zeitlich getrennt, ein Vor und ein Nach; die Ursache geht der Wirkung zeitlich voraus.

Diese Zeitbestimmung der Einzelnen ist zu ihrer ursachlichen Beziehung unentbehrlich und es ist falsch, wenn Herbart die Zeitbestimmung aus dieser Beziehung ganz entfernen will. Das gleichzeitige Neben Einzelner kann nie ursachlich bezogen werden. Das zeitliche An-einander der Ursache und Wirkung, oder ihre Berührung, hebt die Zeitbestimmung des Nach nicht auf, wie Herbart meint.

3) Die Ursachlichkeit erfordert weiter zu ihrer Anwendung die Allgemeinheit dieses Vor und Nach oder der Ursache und Wirkung. Wenn ein Einzelnes als Ursache gelten soll, so muss die Wirkung jedesmal ihm folgen; eine einzige Ausnahme würde die Anwendung dieser Beziehung unmöglich machen.

4) Bei diesen zwei Bedingungen der Ursachlichkeit blieb Kant stehen und glaubte, sie damit erschöpft zu haben. Die Ursachlichkeit ist ihm (K. d. r. V. 178): „Etwas in einem vorhergehenden Zu„stande, worauf ein Anderes jederzeit folgt, das ist nach einer Regel „folgt; so dass sich erstens diese Regel nicht umkehren kann und „zweitens dass das Andere unausbleiblich und nothwendig folgt." Mit Recht ist dagegen von Herbart und Schopenhauer geltend gemacht worden, dass Kant in dieser Definition der Ursache noch ein wesentliches Stück übersehn habe.

5) Schopenhauer sagt (Wurzel, 82): „Ich muss gegen alles „Dieses anführen, dass Erscheinungen sehr wohl auf einander fol„gen können, ohne aus einander zu folgen." Als Beispiel führt er die Folge von Tag und Nacht und die Töne einer Melodie an. Herbart sagt (I. 69): „Gesetzt, man nehme wahr, dass auf das An„schlagen des Stahls an den Kiesel ein Funke erfolgt, so hat man „höchstens die Zeitfolge, aber nicht den nothwendigen Zusam„menhang der Ursache mit der Wirkung wahrgenommen, nicht „das Eingreifen des Wirkenden in das Leidende." Auch im gewöhnlichen Vorstellen gilt die Ursache und Wirkung für mehr, als ein blosses allgemeines Vor und Nach. In der Ursachlichkeit liegt noch ein Drittes, was ihre Eigenthümlichkeit als Beziehung enthält, dies ist das Entstehn der Wirkung aus der Ursache, nicht blos nach der Ursache. Deshalb gilt die Nacht nicht für die Ursache des Tages, deshalb gelten die Schläge des Pendels einer Uhr nicht für die Ursache ihrer Bewegung, obgleich diese Einzelnen allgemein mit einander zeitlich als Vor und Nach verbunden sind. Die Ursache muss die Wirkung erzeugen, aus sich selbst entwickeln.

6) Hiermit ist die ursachliche Beziehung so weit dargelegt, als es überhaupt geschehen kann. Ihr Wesen, die Erzeugung der Wirkung aus der Ursache kann nicht weiter in unterschiedene Be-

stimmungen getrennt werden. Die Ursachlichkeit kann deshalb nicht definirt werden; jeder Versuch bringt nur andere Worte für dieselbe Vorstellung. Dieses Erzeugen ist keine Bestimmung, die in dem Sein statt hat, die das Bild eines Seienden wäre, sondern sie ist eine reine Beziehung, welche nur im Denken stattfindet. Das Erzeugen kann nicht wahrgenommen werden; man sieht wohl ein Werden, aber kein Werden aus einem Andern. Das Eine kann gleichzeitig vergehen, wenn das Andere entsteht, aber auch dann wird kein Werden aus einem Andern wahrgenommen. Das Erzeugen und Erzeugtwerden ist eine Zuthat der Seele, die nur in dem Denken selbst entspringt. Das Werden aus einem Andern ist deshalb nur Beziehung eines zeitlich Folgenden auf ein Vorgehendes. Was wahrgenommen werden kann, ist nur die zeitliche Folge des einen auf das andere; aller andere Inhalt der Ursachlichkeit ist Beziehung, in der diese Vor und Nach als Einzelne von dem Denken erfasst werden.

7) Dies Erzeugen bildet allein die eigenthümliche Bestimmung der ursachlichen Beziehung; das Allgemeine, was sich noch in der Ursachlichkeit findet, ist nur das äusserliche Kennzeichen für die Anwendung der Erzeugungsbeziehung und kann entbehrt werden, so wie die Erzeugung gilt. Weil dies Erzeugen nicht in die Sinne fällt, so wendet die Seele diese Beziehung erst an, nachdem sie die Verbindung als eine allgemeine erkannt hat. Die Allgemeinheit ist zwar selbst Beziehung, aber die Anwendung dieser Beziehung geschieht leichter, es liegt ihr ein wahrnehmbares, sich wiederholendes Sein zu Grunde, und deshalb wird sie als Kennzeichen für die Ursachlichkeit benutzt.

8) Wenn die Seele in einzelnen Fällen trotz der Allgemeinheit der zeitlichen Verbindung Einzelner dennoch die Ursachlichkeit, die Erzeugung eines aus dem Andern nicht anwendet, wie z. B. bei Tag und Nacht, so liegt der Grund darin, dass in solchen Fällen neben diesem Einzelnen noch ein Drittes vorhanden ist (die Sonne), welches mit ihnen in gleicher zeitlicher Verbindung steht und welches sich als die Ursache von Beiden darstellt. Ohne Sonne würden Tag und Nacht unzweifelhaft als Ursache und Wirkung gelten. Zwei Ursachen können sich verbinden und durch ihren periodischen Wechsel auch einen Wechsel in ihren Wirkungen hervorbringen; z. B. die Sonne und die Umdrehung der Erde in Tag und Nacht, weiter der Mond und die Umdrehung der Erde in Ebbe und Fluth. Die Wirkungen wechseln dann periodisch und regelmässig; aber sie gelten die eine nicht als Ursache der

Andern, weil ihre ursachliche Verbindung mit einem Dritten aus andern Umständen erkannt ist.

9) Kant behauptet sonderbarer Weise von der Erzeugung das Umgekehrte, dass sie nur empirisch, d. h. durch Wahrnehmung erkannt werden könne. Er sagt (K. d. r. V. 184): „Wie es mög-„lich sei, dass auf einen Zustand in einem Zeitpunkte ein entge-„gengesetzter im andern folgen könne, davon haben wir a priori „nicht den mindesten Begriff. Hierzu wird die Kenntniss wirklicher „Kräfte erfordert, welche nur empirisch gegeben werden kann." Darauf ist zu entgegnen, dass vielmehr die Wahrnehmung uns über diese Erzeugung völlig im Stich lässt; es ist nur das Denken, welches diese Beziehung in sich bildet; auch die erzeugenden Kräfte sind nur eine Einbildung.

10) Es ist eine sehr verbreitete Vorstellung, dass geometrische und andere Figuren durch die Bewegung eines Punktes erzeugt werden. Die Erzeugung der Linie durch Bewegung des Punktes scheint sogar wahrnehmbar. Aber die Bewegung enthält in solchen Fällen die Figur schon in sich, nur zeitlich, während sie nachher auf dem Papiere unzeitlich oder räumlich ist. Das Erzeugte, die Figur, war schon in der Bewegung vollständig enthalten, denn sonst hätte die Bewegung die Figur nicht zu Stande bringen können. Die Bewegung musste dieselbe bestimmte Richtung, wie sie die Linien der Gestalt enthalten, in sich haben; und wenn die Figur nach der Bewegung übrig bleibt, so bleibt sie es nur als ein Trennstück aus dem Ganzen der Bewegung; sie ist kein durch die Bewegung erst Erzeugtes. Dies gilt auch für die durch das Begehren geleitete Bewegung; hier ist die bestimmte Bewegung schon in dem Vorstellen enthalten und geht aus diesem in die Handbewegung über.

11) Die Erzeugung in der organischen Welt ist von jeher mit Eifer und mit den feinsten Instrumenten gesucht worden. Aber noch hat Niemand sie wahrgenommen; alles, was gesehen worden ist, ist Stoff (Ausgedehntes mit Kraft) und Bewegung, Wachsen, Werden; aber kein Werden aus einem Andern, keine Erzeugung. Der Schmerz des Göthe'schen Faust ist, dass er die Erzeugung und das Innere der Natur nicht wahrnehmen könne. Er hätte sich sagen sollen, dass Beides unmöglich ist, weil Beides nur Beziehungen der Seele und nichts Seiendes bezeichnet. — Wäre das Erzeugen ein Seiendes, so müsste dies Sein mindestens da in die Wahrnehmung fallen, wo keine grobe Beschaffenheit des Organes hindernd im Wege steht, also innerhalb der Seele selbst, wo alles von der Selbstwahrnehmung durchdrungen wird. Hier sagt man

allerdings: die Vorstellung des Zuckers erzeugt das Begehren danach; die Vorstellung des kommenden Ballfestes erzeugt die Lust; aber genauer betrachtet, giebt auch die Selbstwahrnehmung in diesem und allen ähnlichen Fällen nur die Zeitfolge, nicht die Erzeugung. Die aufmerksamste Selbstbeobachtung lässt wohl erkennen, wie der Vorstellung sofort das Begehren oder die Lust folgt, aber ein besonderes Erzeugen der Lust aus der Vorstellung ist auch hier nicht wahrzunehmen.

12) Man sagt: das Prisma erzeugt das Farbenspektrum; aber in Wahrheit sieht man nur das Glasprisma und die Farben dahinter, das eine folgt dem andern, aber ein Erzeugen der Farben aus dem Durchgehen des einfachen Lichtstrahles durch das Prisma kann man nicht sehen. Die Physik behandelt deshalb das weisse Licht nicht als die Erzeugerin, sondern als die Mischung der Farben; sie sind von Anfang ab in dem Weiss enthalten. — Die Vorstellung des Erzeugens ist so allgemein gebräuchlich, wie die der Ursachlichkeit, und es ist dagegen nichts zu erinnern, sofern nur dabei festgehalten wird, dass dieses Erzeugen eben nur ein anderer Ausdruck für die Ursachlichkeit ist und kein Sein, sondern nur eine Beziehung des Denkens anzeigt.

13) Als Beziehung fordert die Ursachlichkeit mehrere Einzelne. Ursache und Wirkung, als diese Einzelnen, sind nicht dasselbe; jedes bezeichnet ein nicht bloss zeitlich sich Folgendes, sondern auch in andern Bestimmungen unterschiedenes Gegenständliche. — Hegel bestreitet dies. Er sagt (VI. 304): „Es ist kein Inhalt „in der Wirkung, der nicht in der Ursache ist.“ — „In der Wir- „kung ist erst die Ursache wirklich und Ursache. Die Ursache „ist daher an und für sich causa sui.“ — „Auch in der endlichen „Ursache und deren Vorstellung ist diese Identität in Anschauung „des Inhaltes vorhanden; der Regen, die Ursache, und die Nässe, „die Wirkung, sind ein und dasselbe existirende Wasser.“

14) In der grossen Logik (IV. 227) sagt Hegel weiter: „So ist „die Ursache dieser Farbe ein Färbendes, ein Pigment, welches „ein und dieselbe Wirklichkeit ist, das einemal in der ihm äusser- „lichen Form eines Thätigen, d. h. mit einem von ihm verschiede- „denen Thätigen äusserlich verbunden, das anderemal aber in der „ihm eben so äusserlichen Bestimmung einer Wirkung. Die Ursache „einer That ist die innere Gesinnung in einem thätigen Subjekt, „die als äusseres Dasein, das sie durch die Handlung erhält, der- „selbe Inhalt und Werth ist. Wenn die Bewegung eines Körpers „als Wirkung betrachtet wird, so ist die Ursache derselben eine „stossende Kraft; aber es ist dasselbe Quantum der Bewegung,

„das vor und nach einem Stoss vorhanden ist; dieselbe Existenz, „welche der stossende Körper enthielt und dem gestossenen mit- „theilte; so viel er mittheilt, so viel verliert er selbst." — „Die Wir- „kung enthält daher überhaupt nichts, was nicht die Ursache ent- „hält. Umgekehrt enthält die Ursache nichts, was nicht in ihr „Wirkung ist. Die Ursache ist nur Ursache, in so fern sie die „Wirkung hervorbringt und die Ursache ist nichts, als diese Be- „stimmung, eine Wirkung zu haben, und die Wirkung nichts, als „die, eine Ursache zu haben."

15) Diese letzten Sätze bezeichnen richtig die Natur der Ursachlichkeit, als einer Beziehung Mehrerer, in welcher das Einzelne nothwendig des andern Mitbezogenen bedarf, um selbst ein Bezogenes zu sein. Aber daraus folgt nicht im Mindesten die Identität oder volle inhaltliche Gleichheit der mehreren Bezogenen; vielmehr wird durch deren seiende Unterschiede die Anwendbarkeit der einzelnen Beziehungsformen bedingt.

16) Die Beispiele Hegels beweisen auch sämmtlich das Gegentheil seiner Behauptung. Der Regen und die Nässe des Bodens enthalten zwar beide dasselbe Wasser; aber dies ist nicht der *volle* Inhalt derselben. Im Regen ist das Wasser in der *Luft* und in *Bewegung*; in der Nässe ist es *am Boden* und in *Ruhe*. Die *Bewegung* des Wassers im Regen ist die Ursache und sein *Ankommen* am Boden die Wirkung. *Dies* sind die Ursache und Wirkung, aber nicht das nebenbei in jedem enthaltene identische Wasser. Dasselbe gilt für das Malen. Die *Farbe* im Pinsel des Malers ist nicht die Ursache der Farbe auf der Leinwand; sondern das *Malen*, die thätige Bewegung des Malers ist die Ursache, dass diese Farbe an den bestimmten Ort auf die Leinwand gelangt. Schon das gewöhnliche Vorstellen nennt den Maler und nicht die Farbe als die Ursache des Gemäldes.

17) Der Stoss als Ursache ist wesentlich von der Bewegung als seiner Wirkung verschieden. Der Stoss selbst ist keine Bewegung; er ist nur Berührung und Druck; selbst wenn der Stoss von einem sich bewegenden Körper ausgeht, ist doch der Stoss ein anderes als die Bewegung; er ist augenblicklich, punktuell, während die Bewegung nie ohne eine Zeitgrösse sein kann. Im Stoss ist für einen Augenblick Ruhe. Die dadurch bewirkte Bewegung ist daher von ihrer Ursache, dem Stosse, gänzlich verschieden. Die Wahrnehmung zeigt, dass durch den Stoss der stossende Körper an Bewegung verliert; aber selbst wenn diese Bewegung als identisch mit der in dem gestossenen Körper beginnenden Bewegung genommen wird, so ist nicht die Bewegung im ersten Körper die Ursache

ihres Uebergangs in den zweiten, sondern die Berührung, der Druck oder Stoss ist diese Ursache, und somit bliebe Ursache und Wirkung auch hier völlig verschieden.

18) Nur die Gewohnheit macht, dass man in dieser allgemeinen Verbindung so ganz verschiedener Dinge nichts auffallendes mehr findet. An sich könnte die Wirkung auch eine andere sein, ohne Widerspruch herbeizuführen, wie schon Hume bemerkt. „Lassen „sich nicht," sagt er (Untersuchungen. 60.) „hundert andere Erfolge „dieser Ursache denken? Wäre es nicht möglich, dass beide Ku- „geln nach dem Stoss in absoluter Ruhe blieben? Könnte nicht die „erste in gerader Linie zurückgehen, oder nach einer gewissen „Richtung von der zweiten abspringen? Diese Voraussetzungen sind „vollkommen möglich und denkbar." — Gewiss würde man, wenn diese Voraussetzungen allgemein statt hätten, sie eben so natürlich finden, wie jetzt die Bewegung als Wirkung des Stosses. In den anziehenden und abstossenden Kräften der neueren Physik wird übrigens der Stoss ganz ohne vorgehende Bewegung vorgestellt; der Magnet stösst den gleichnamigen Magneten ab; d. h. die Abstossung des ersten bewirkt die Bewegung des zweiten, und dieser Stoss des ersten geschieht ohne vorgängige Bewegung seiner selbst.

19) In der menschlichen Handlung ist die Ursache das Begehren oder Wollen, als Zustand der Seele. Seine Wirkung ist die sinnlich wahrnehmbare Bewegung des Körpers. Beides ist so stark unterschieden, als ein Unterschied nur gedacht werden kann. Erst in der Vereinigung beider zu einer Handlung wird das Geistige zum Inhalte und das Körperliche zur Form; sie verlieren aber so bezogen, die Beziehung von Ursache und Wirkung zu einander; sie sind dann ein Gleichzeitiges.

20) Die Ansicht Hegels von der Identität der Ursache und Wirkung beruht auf dieser hier unzulässigen Benutzung der Begriffe von Inhalt und Form. Der Unterschied zwischen Ursache und Wirkung wird von Hegel wohl bemerkt, aber durch Herabdrückung zur Form zur Nebensache gemacht, gegen das Gleiche in ihnen, was als das vermeintliche allein wesentliche, damit zu deren Inhalte erhoben wird. Aber bei der Ursachlichkeit ist vielmehr der Unterschied das Wesentliche, wie schon aus der verschiedenen Benennung Beider erhellt.

21) Die Bestimmung, dass die Ursache zeitlich der Wirkung vorgehen müsse, wird von Herbart bestritten. Er meint, so lange die Wirkung nicht da sei, sei auch das Erstere noch keine Ursache; es sei erst Ursache in dem Moment wo die Wirkung eintrete, und damit seien Beide gleichzeitig. Allein es ist schon oben bemerkt worden, dass

diese Auffassung nur zur Berührung Beider führt; in dem Punkt der Zeit, wo die Ursache aufhört, beginnt die Wirkung. Da nun Beide ein Gegenständliches für sich sind, was seine Ausdehnung in der Zeit hat, so ist die gewöhnliche Auffassung vollkommen richtig, dass die Ursache der Wirkung vorhergeht. Ueberdem giebt es Dinge, die ursachlich verbunden werden, selbst ohne zeitliche Berührung, wie Blitz und der erst später folgende Donner. Die Physik schiebt zwischen Beide zwar die Wellenbewegung der Luft ein; aber das ursachliche Beziehen bedarf solcher nicht; auch ehe man diese Wellenbewegung als Ursache des Donners kannte, wurden Blitz und Donner ursachlich verbunden. Die Meinung Herbarts ist daraus hervorgegangen, dass er die Ursachlichkeit als eine seiende Bestimmung genommen hat. Dann treibt das Bestreben, die Erzeugung sich als möglich vorzustellen, dazu, mindestens die Berührung von Ursache und Wirkung in der Zeit zu fordern.

22) Kant kommt auf ähnliche Bedenken bei dem warmen Ofen, als Ursache der warmen Stube, und dem Grübchen im weichen Kissen, als Wirkung der darauf liegenden Bleikugel. (K. d. r. V. 182.) Er lässt sich dadurch verleiten, eine Gleichzeitigkeit von Ursache und Wirkung zuzugeben. „In dem Augenblicke, da die Wirkung zuerst „entsteht, ist sie mit der Causalität ihrer Ursache jederzeit zugleich, „weil, wenn jene einen Augenblick vorher aufgehört hätte zu sein, „diese gar nicht entstanden wäre." Dennoch kehrt er gleich darauf zu seiner frühern Meinung zurück. „Die Zeit zwischen der Causalität „der Ursache und deren unmittelbaren Wirkung kann verschwindend „(sie also zugleich) sein, aber das Verhältniss der einen zu der andern „bleibt doch immer der Zeit nach bestimmbar." Das heisst also: die Ursache ist eigentlich zugleich mit der Wirkung, aber dennoch ist sie nicht zugleich.

23) Diese Schwierigkeiten fallen mit dem Begriff der Berührung hinweg, und entspringen auch bei Kant nur daraus, dass er an der seienden, wenn auch empirischen Natur des Erzeugens festhält; denn wäre sie ihm nur Beziehung, also nur im Denken, so könnte eine Zwischenzeit zwischen Ursache und Wirkung ihm gar keine Schwierigkeit veranlassen. Die Fortdauer der Ursache nach angefangener Wirkung ist keine Gleichzeitigkeit Beider; so weit die Unterschiedenen gleichzeitig sind, stehen sie in keiner Ursachlichkeit zu einander. Die warme Stube in diesem Augenblicke ist nicht die Wirkung des warmen Ofens in demselben Augenblick, sondern desselben aus einer vorhergegangenen Zeit.

24) Die Erfahrung zeigt, dass Einzelnes nicht blos in der zeitlichen Form des Nach einander allgemein verbunden ist, sondern

dass auch in der Form des Neben einander dasselbe statt hat. Die Lehrsätze der Geometrie sind sämmtlich Beispiele dieser Art. Im Dreieck sind zwei gleiche Seiten allemal mit zwei gleichen Winkeln verbunden; im Kreise ist der Centriwinkel allemal mit einem halb so grossen Peripheriewinkel verbunden; die Parallellinien sind allemal mit der Gleichheit der Wechselwinkel verbunden. In der Naturwissenschaft ist die Aufstellung der wesentlichen Merkmale eines Thieres, einer Pflanze, einer Steinart, so weit diese Merkmale neben einander oder zugleich sind, nur eine Aufstellung von Gesetzen über Bestimmungen, die gleichzeitig, neben einander bestehen. So heisst es: das Athmen der Fische ist verbunden mit Kiemen; oder: die Kristallisation des Eises ist mit dem Octaeder verbunden.

25) Diese festen und allgemeinen Verbindungen Unterschiedener neben einander fallen nicht unter die Beziehung der Ursachlichkeit, weil das Erzeugen auf die Gleichzeitigkeit sich nicht anwenden lässt. Nur wenn die geometrischen Figuren als in der Zeit, durch Bewegung eines Punktes, entstehend vorgestellt werden, kann solche Verbindung Unterschiedener den Schein eines zeitlichen Nach einander annehmen, und damit die Anwendung der Ursachlichkeit möglich machen; die aber auch dann nur Schein ist, weil die Gestalt schon in der Bewegung enthalten ist.

26) Die Naturwissenschaften gehen in ihrer gegenwärtigen Richtung darauf aus, die Unsachlichkeit in der Natur auf eine einzige Form zurückzuführen, auf die des Stosses und der Bewegung, oder umgekehrt. Der Stoss wird dabei entweder als Berührung vorgestellt, oder als anziehende oder abstossende Kraft, und die Einzelnen, an welchen diese Bestimmungen sich vollziehen, sind die Körper in ihren kleinsten Elementen, die Moleküle. In der Wellenbewegung wird die Bewegung durch Stoss und Gegenstoss zu einer oscillirenden gemacht; die Form der Ursachlichkeit ist aber dadurch nicht geändert. Auf diese Form der Ursachlichkeit, Stoss und Bewegung der Moleküle werden sowohl die mechanischen, als die physikalischen Vorgänge der Farben, Töne, Temperaturen, Elektricität und Magnetismus, so wie die chemischen und organischen Vorgänge zurückgeführt. Wo dies noch nicht erreicht ist, ist wenigstens die Beobachtung und Forschung auf dies Ziel hin gerichtet. In Folge vieler Entdeckungen in der Physiologie, wird diese Form der Ursachlichkeit auch für die organischen Körper als die alleinige behauptet und damit die sogenannte Lebenskraft beseitigt.

27) Es liegt diesem Bestreben theils der Reiz der Vereinfachung des Wissens zu Grunde, theils die Meinung, dass die Ursachlichkeit

nur in dieser Form verständlich und erklärlich sei, während das Entstehen von Beschaffenheiten als solchen aus andern Beschaffenheiten oder aus Grössen dem Vorstellen schwierig, ja unmöglich sei. Aber es ist schon gezeigt worden, dass der Zusammenhang zwischen Ursache und Wirkung in der Form von Stoss und Bewegung nicht begreiflicher ist, als in jeder andern Form. Nur die Gewohnheit und die Möglichkeit sie als Grösse der mathematischen Auffassung und Berechnung zu unterwerfen, lässt die Form des Stosses und der Bewegung als die verständlichere erscheinen und jeder andern vorziehen.

28) Folgt man dieser Auffassung, so gilt in der äusseren, sinnlich wahrnehmbaren Natur nur diese eine Form der Ursachlichkeit. Es bleiben dann dieser gegenüber bei Hinzutritt des geistigen Geschehens nur noch drei andere Formen übrig, mit denen alsdann alle Ursachlichkeit in der Welt erschöpft ist. Diese Formen sind: die Ursachlichkeit zwischen Körperlichem als Ursache und Geistigem als Wirkung; die Ursachlichkeit zwischen Geistigem als Ursache und Körperlichem als Wirkung und endlich die Ursachlichkeit zwischen Unterschiedenen innerhalb des Geistigen allein. — Zu der ersten Klasse gehören die sinnlichen Wahrnehmungen und das, durch körperliche Zustände erweckte Gefühl und Begehren. In der sinnlichen Wahrnehmung ist der körperliche Gegenstand Ursache und die Wahrnehmungsvorstellung, das Wissen der Seele, die Wirkung. In dem Stechen, Schneiden, Brennen der Haut, im Hunger, in der Müdigkeit ist dieser Vorgang im Körper die Ursache, der Schmerz oder das Begehren in der Seele die Wirkung.

29) Zur zweiten Klasse, wo das Geistige die Ursache, das Körperliche die Wirkung ist, gehören die willkührlichen Bewegungen und einzelne andere Vorgänge. So wirkt die Schaam, als Seelenzustand, die Röthe in den Wangen; der Schreck die Blässe und das Zittern; das Begehren die Zusammenziehung der Muskel.

30) Zu der dritten Klasse, wo Ursache und Wirkung beide in das Geistige fallen, gehören die Wirkungen des Vorstellens auf das Gefühl oder Begehren und umgekehrt. Die Wahrnehmung der Töne einer Melodie wirkt Lust. Das Wissen von der Krankheit des Kindes wirkt Schmerz. Der Schmerz einer Beleidigung wirkt die Steigerung der Vorstellungen, welche die Veranlassungen enthalten; ebenso wirkt er auf das Begehren nach Genugthuung. In der Erinnerung wirkt eine Vorstellung die Wiederkehr der andern.

31) Nimmt man die obige Form des Stosses und der Bewegung innerhalb der Körper-Welt hinzu, so lässt sich alle Ursachlichkeit auf die vorbenannten vier Formen zurückführen,

ausser denen keine weiter vorhanden sein können. — Diese Zusammenstellung derselben ergiebt, dass die eine dieser Formen nicht verständlicher ist als die andre. Das Merkwürdige und Wunderbare einer so festen und ausnahmlosen zeitlichen Folge ganz verschiedener Bestimmungen ist in der einen Form so gross, als in der andern, und keine bietet mehr als die andere eine Hülfe, diese Folge zu erklären und zu verstehen. Das Bestreben, die Ursachlichkeit zu verstehen, trieb Hegel zur Behauptung der Identität von Ursache und Wirkung, womit er allerdings diese Schwierigkeit beseitigte, aber, wenn er Recht hätte, auch die Ursachlichkeit selbst zerstört haben würde. — Das Auffallende einer solchen ausnahmlosen und ewigen Verbindung Unterschiedener in der Natur und in der Seele hat von jeher den Menschen beschäftigt und getrieben, nach einer Erklärung zu suchen. Man hätte sich sagen sollen, dass diese Erklärung gerade dieser Unterschiede wegen unmöglich sei; und dass wenn sie gelänge, damit die Unterschiede aufhören würden, Unterschiede zu sein. Denn alle Erklärung ist entweder Tautologie oder Vernichtung des Unterschiedes, wie später gezeigt werden wird.

32) Der Materialismus geht darauf aus, von den erwähnten vier Grundformen der Ursachlichkeit die drei letzten in die erste, als die alleinige umzuwandeln. Der Materialismus will auch die Ursachlichkeit im Geistigen so wie die zwischen Geistigem und Körperlichem auf die e i n e Form von Stoss und Bewegung zurückführen. Da nach dem Vorstehenden diese letzte Form nicht verständlicher ist als die andern, so erscheint von diesem Standpunkte aus der Materialismus ein überflüssiges Unternehmen.

33) Eine andere Schule meint in der dritten Form, wo der Wille als Ursache und die körperliche Bewegung der Glieder als die Wirkung auftritt die allein verständliche Form der Ursachlichkeit zu besitzen; und sie führt die übrigen Formen auf d i e s e zurück. Dahin gehören viele englische Schriftsteller und auch Schopenhauer. Da indess bei dieser dritten Form die Unterschiede der Ursache und der Wirkung als Einzelner noch weit grösser sind, als bei der ersten Form, so ist kein Grund abzusehen, weshalb diese Form verständlicher sein soll. Der Schein kommt nur daher, dass bei dem Begehren auch schon die V o r s t e l l u n g der Wirkung vorhanden ist; man meint, das S e i n dieses Vorgestellten sei dann eine natürlichere Folge; man meint hier eine w i r k l i c h e Erzeugung vor sich zu haben. Aber Wissen und Sein sind die grössten Unterschiede, die möglich sind, wenn sie auch gleichen Inhalt haben.

34) Cartesius erkannte richtig, dass die ursachliche Verbindung

Unterschiedener in jeder Form gleich wunderbar und unerklärlich sei; deshalb holte er die Erklärung aus der Allmacht Gottes und verwandelte die Ursachen in die sogenannten „causas occasionales“, d. h. in ein Sein, was in sich machtlos, nur für Gott die Veranlassung wird, ihm die Gelegenheit giebt, die Wirkung durch seine Allmacht daran zu knüpfen.

35) Leibnitz änderte diese Ansicht des Cartesius nur in so fern, als er die Uebereinstimmung des ursachlichen Geschehens mit dem göttlichen Willen und seiner Allmacht ein für allemal in der „prästabilirten Harmonie“ behauptete, so dass Gott nicht erst bei jedem einzelnen Fall die Wirkung anzuknüpfen braucht. „On ne saurait concevoir“, sagt Leibniz, „une action réciproque de la matière et „de l'intelligence l'une sur l'autre“; man habe daher nur die Wahl zwischen der Gelegenheits-Ursache der Cartesianer oder seiner prästabilirten Harmonie, nach welcher kein innigerer Zusammenhang zwischen Wollen und Gliedbewegung besteht, als zwischen zwei gleichgestellten Uhren.

36) In der Zeit des Cartesius und Leibniz mochte die Allmacht Gottes als ein genügender Erklärungsgrund gelten, aber für das reine Denken ist die Allmacht nur ein anderer Ausdruck für die Unverständlichkeit oder Unbegreiflichkeit der ursachlichen Verbindung Unterschiedener. — Später hat man den Begriff der Kraft, der sie binden soll, aus Gott herausgenommen und zu einem Selbstständigen erhoben. Dieser Begriff hat allgemeine Verbreitung in Wissenschaft und Leben gefunden. Man hat damit in die Ursache noch eine besondere Kraft gelegt, welche eigentlich allein die Wirkung vermitteln soll.

37) Dieser Kraftbegriff ist wesentlich verschieden von der Kraft, welche als Druck und Bewegung von dem thätigen Fühlen wahrgenommen wird, und welche damit ein durchaus sinnliches, seiendes und bestimmtes Ding ist. Die Kraft aber, welche die Wirkung aus der Ursache vermittelt, wird ausdrücklich für übersinnlich erklärt; sie selbst soll in keiner Weise erkannt werden können, sondern nur ihre Aeusserung, die eben in der Wirkung aus der Ursache besteht. Alle Lehrbücher der Physik beginnen mit dieser Erklärung. In der Müller-Pouillet'schen Physik heisst es: „Auf dem Wege der Erscheinung können wir zu der Kenntniss „der Gesetze des äusseren Zusammenhangs der Erscheinungen ge„langen, wenn uns auch der innere Zusammenhang, die Natur der „Kräfte ganz und gar unbekannt ist.“ — Schopenhauer sagt: (Die Welt etc. I. 116.) „Ueber das innere Wesen irgend einer Erschei„nung erhalten wir durch das blosse Gesetz nicht den mindesten Auf-

„schluss; dies wird Naturkraft genannt, und liegt ausserhalb des „Gebiets der aetiologischen Erklärung. — Die Kraft selbst, die sich „äussert, das innere Wesen der nach jenem Gesetz eintretenden Er„scheinungen, bleibt ihr ewig ein Geheimniss.“

38) Nach Schopenhauer ist es nun Aufgabe der Philosophie das zu leisten, was die Naturwissenschaften nicht vermögen; die Philosophie soll jene Kraft, jenes innere Wesen uns aufschliessen, und Schopenhauer selbst giebt eine solche Lösung. Wenn sie indess näher besehen wird, so zeigt sich, dass sie nichts Anderes ist, als die bekannte sinnliche, durch thätiges Fühlen gegebene Kraft und das durch die Selbstwahrnehmung gegebene Begehren und Wollen. Beide sind für Schopenhauer ein und dasselbe, nämlich der Wille. Der Wille in diesem Sinne ist ihm der Schlüssel zu jenen Wundern der Erscheinungswelt. Aber statt diese Behauptung nun weiter zu entwickeln, zu zeigen, wie nun damit aus dem Reiben die Wärme, aus dem Stoss die Bewegung, aus dem Wollen die Muskelzusammenziehung hervorgeht, lässt es Schopenhauer bei jenen abstrakten Sätzen bewenden. Der Wille ist ihm das Kant'sche Ding an sich. Während Kant consequent auch das Ding an sich, was der eigenen Seele zu Grunde liegt, ihr selbst für unerkennbar erklärt, macht Schopenhauer, der im Uebrigen den Kant'schen Idealismus festhält, für den Willen eine Ausnahme. Für diesen soll eine ganz aparte Erkenntniss ausserhalb der Kategorieen vorhanden sein, wodurch dieser Wille an sich erkannt werde. Die Schwierigkeit, die Welt der Erscheinungen in ihrer Bestimmtheit aus dem Idealismus Kants abzuleiten, ist natürlich damit nicht gemindert und selbst die Aeusserung des Willens, als des Dinges an sich, fällt bei Schopenhauer wieder in die Erscheinung und ist nicht die Sache selbst. Es liegt auf der Hand, dass mit solcher Auffassung auch die Schwierigkeiten der ursachlichen Verbindung nicht im mindesten gelöst sind.

39) Hegel hat vollkommen Recht, wenn er über den Kraftbegriff sagt (VI. 270.): „Man pflegt zu sagen, dass die Natur der „Kraft selbst unbekannt sei und nur ihre Aeusserung erkannt werde. „Einestheils ist die ganze Inhaltsbestimmung der Kraft eben „dieselbe als die der Aeusserung; die Erklärung einer Erscheinung „aus einer Kraft ist deswegen eine leere Tautologie. Was unbe„kannt bleiben soll, ist also in der That nichts, als die leere Form „der Reflexion in sich, wodurch allein die Kraft von der Aeusse„rung unterschieden ist — eine Form, die ebenso etwas wohl be„kanntes ist. Diese Form thut zu dem Inhalte und zu dem Ge„setze, welche nur aus der Erscheinung allein erkannt werden sollen,

„im geringsten nichs hinzu. Auch wird überall versichert, es solle „damit über die Kraft nichts behauptet werden, es ist also nicht ab-„zusehen, warum die Form von Kräften in den Wissenschaften ein-„geführt worden ist.“

40) Alles dies ist durchaus wahr für die Kraft, die für die Erklärung der ursachlichen Verbindung aufgestellt worden ist; aber es findet keine Anwendung auf die Kraft, die als Druck und Bewegung gefühlt wird, und die selbst ein sinnliches Gegenständliches ist. Indem Hegel Beides zusammenwirft, wird seine Darstellung wieder unwahr. — Die gefühlte Kraft ist so sehr eine seiende Bestimmung, dass sie selbst wieder jener geheimnissvollen ursachlichen Kraft bedarf, um mit dem Stoffe nach jener Auffassung für immer verbunden zu sein; denn diese ursachliche unerkennbare Kraft ist nur erfunden, um diese Verbindungen Unterschiedener zu erklären. Deshalb bedarf es nach dieser Auffassung wieder einer besonderen Kraft, um die Entstehung der Muskelkraft durch den Willen zu erklären, und ebenso einer besonderen unerkennbaren Kraft, um die Erregung des Gedächtnisses oder des Urtheilens durch das Begehren zu erklären. — Es ist von Wichtigkeit, diese von einander völlig verschiedenen Begriffe und Bedeutungen des Wortes Kraft stets gegenwärtig zu halten.

41) Kant kennt diese Schwierigkeit, in welche die Vorstellung des Erzeugens verwickelt, nicht, da er Ursache und Wirkung nur als eine Regel der blossen Zeitfolge annimmt. Auf die Frage, weshalb nun die Seele die Beziehung der Ursachlichkeit auf solche Fälle anwende, giebt er eine höchst sonderbare Antwort. Er sagt (K. d. r. V. 170.): „Ich nehme wahr, dass zwei Zustände auf einander „folgen; ich verknüpfe also zwei Wahrnehmungen in der Zeit. Ver-„knüpfung ist kein Werk des Sinnes, sondern eines Vermögens der „Seele. Diese kann nun diese Zustände auf zweierlei Art verknüpfen, „so dass der eine oder der andere vorgeht Damit diese Willkühr „ausgeschlossen werde, muss das Verhältniss zwischen beiden Zu-„ständen so gedacht werden, dass dadurch als nothwendig bestimmt „wird, welcher derselben vorher, welcher nachher, und nicht umge-„kehrt müsse gesetzt werden.“

42) Aber diese Nothwendigkeit, welche nach Kant die Objektivität bedingt, geht nach ihm nicht von dem Objekte aus, sondern von der wahrnehmenden Seele. Die Seele macht sich selbst erst diese Regel, diese Nothwendigkeit, um dann sagen zu können: Wegen dieser Nothwendigkeit, wegen dieser Regel ist das Vor und Nach objektiv und nicht blos subjektiv. In dem Dinge an sich ist nach Kant auch nicht das Mindeste von einer Zeitbestimmung ent-

halten; diese kommt aus der Form des inneren Sinnes, ist also nach Kant eine subjektive Zuthat. Damit aber das Spielen mit den Formen dieser Zuthat nicht subjektives Spiel bleibe, macht sich nach Kant die Seele in der Kategorie der Causalität selbst eine Nothwendigkeit zurecht, welche ihr diese Willkühr nehmen und dem Vor und Nach damit Objektivität geben soll. Aber eine Nothwendigkeit, die ich mir selbst auferlege, ist keine Nothwendigkeit. Bei den successiv gesehenen Theilen eines Hauses ist die Folge nach Kant subjektiv, ich kann die Reihenfolge auch umkehren; bei den successiv gesehenen Orten eines schwimmenden Schiffes ist diese Folge objektiv. Weshalb? Weil nach Kant die Seele eine Regel, eine Nothwendigkeit braucht, um die Willkühr auszuschliessen, oder die Folge objektiv zu machen. Aber weshalb spiegelt sie sich diese Nothwendigkeit gerade bei dem Schiffe und nicht bei dem Hause vor. Das Ding an sich kann in beiden Fällen den Grund nicht abgeben. Ist nicht dieser ganze Begriff einer Nothwendigkeit, welche die Seele ihrer Wünsche nach Objektivität wegen sich selbst erst auferlegt, ein reiner Widerspruch?

43) Als Resultat hat sich hiernach ergeben, dass die regelmässige Folge von Unterschiedenen weder durch den Begriff des Erzeugens noch durch den Begriff einer Kraft, noch durch ein Bedürfniss der Seele nach Objektivität des Vor und Nach erklärt oder erläutert, oder dem Wissen verständlicher gemacht werden kann. Das allein Seiende in der Vorstellung von Ursachen und Wirkungen ist die zeitliche Folge des einen Einzelnen auf das andere Einzelne. Diese Einzelnen und ihre Folge sind Gegenstände der Wahrnehmung, sind deshalb wirklich. Das allgemeine dieser Folge ist als Beziehung schon eine Zuthat der Seele. Es ist richtig, die Wahrnehmung zeigt uns, dass die begrifflichen Stücke in Einzelnen nicht blos einmal, sondern so oft sie wiederkehren, wieder in dieser Form mit einander verbunden sind; aber die Auffassung dieser vielen Fälle geschieht nur durch die Beziehungsformen des Gleich und Alle und ist in dieser Vergleichung unter einander schon reines Beziehen der Seele.

44) Ebenso ist der innere Zusammenhang zwischen dem Einzelnen vor und dem Einzelnen nach nicht wahrzunehmen und überhaupt nur Einbildung. Das seiende Band, was Beide bindet, ist nur das Aneinander der Zeit; ein weiteres Band durch Erzeugung, durch Kraft, besteht nicht. Alles weitere, sei es: Erzeugung, Kraft, innerer Zusammenhang, Allmacht Gottes, prästabilirte Harmonie, sind nur Worte für dieselbe Vorstellung, die kein Seiendes, Wahrnehmbares giebt, sondern nur Beziehung ist.

Jeder Versuch, dieser Vorstellung ein Seiendes unterzulegen, ist unmöglich; die Wahrnehmung bietet in all ihren Bestimmungen keinen Anhalt und selbst das freie schöpferische Vorstellen der Seele kann es nicht über blosse Worte bringen, die, wenn sie näher besehen werden, nur die Wiederholung der ursachlichen Beziehung in anderen Ausdrücken sind. Die unterschiedenen Einzelnen in der Ursachlichkeit *sind*, sie sind *nach* einander, sie sind dies auch in *allen* Fällen, die in die Wahrnehmung bis jetzt gefallen sind; dieses ist alles, was wir über das Seiende der Ursachlichkeit wissen. Das *Warum* kann wohl für die niederen Regeln in den allgemeineren oder höheren Regeln gegeben werden; aber für diese letzteren ist das *Warum* der zeitlichen Folge ihrer Glieder unerklärlich. Es ist unerklärlich, weshalb die Körper sich anziehen, weshalb der Stoss die Bewegung zur Folge hat, weshalb der Schmerz das Begehren nach Entfernung seiner Ursache zur Folge hat, weshalb das Begehren die Zusammenziehung der Muskeln bewirkt. Jeder Versuch solcher Erklärungen bewegt sich in Tautologien oder in unbegründeten Gleichnissen.

45) Es bleibt auffallend, dass das Wissen von jeher so eifrig nach dem „*Warum*“ der *zeitlichen* Verbindung Unterschiedener, d. h. der Verbindung von Ursache und Wirkung gesucht hat, während das „*Warum*“ der räumlichen Verbindung unbeachtet geblieben ist. Diese Verbindung Unterschiedener in den geometrischen Lehrsätzen ist an sich so wunderbar, wie die zeitliche. Dass das Quadrat der Hypotenuse den Quadraten der Katheten gleich ist, ist so wunderbar, als dass dem Stoss die Bewegung, der Vorstellung des Zweckes das Begehren danach folgt. Dass das Gold mit der 19-fachen Schwere von Wasser gleichen Umfangs verbunden ist, dass die Farben des Regenbogens immer in derselben Weise sich folgen, dass der Körper des Hundes immer mit 4 Füssen vereint ist, alle solche allgemeine Verbindungen der Unterschiede des *Neben* sind ebenso wunderbar, als die Unterschiede des Vor und Nach in ihrer Verbindung als Ursache und Wirkung.

46) Die *Beweise* für die geometrischen Verbindungen oder Lehrsätze sind nur Ableitungen aus höhern oder allgemeinern Sätzen, aus den Axiomen; sie erklären also das Wunderbare der Verbindung nicht, so wenig wie das Wunderbare der Verbindung der Schwere mit dem Körperlichen durch die Zurückführung dieser Verbindung auf das allgemeine Gesetz der Gravitation verschwindet. — Trotz der Gleichheit der Fälle hat dennoch das gewöhnliche Vorstellen sich bei der Verbindung der *gleichzeitigen* Unterschiede

beruhigt; nur einzelne Philosophen sind weiter gegangen, was später berührt werden wird.

47) Hume hat in seiner „Untersuchung über den menschlichen Verstand“ die Beziehungsform der Ursachlichkeit bekämpft, und die in ihr liegende Verbindung für blosse Gewohnheit erklärt. Er ist deshalb heftig angegriffen worden; wenn man indess seine Darstellung genauer verfolgt, so seigt sich, dass er selbst vielleicht wider Wilfen mehr geleugnet hat, als er wollte und für seine Aufgaben nöthig hatte.

48) Hume kam auf die Frage, „was es eigentlich für eine Be„schaffenheit mit derjenigen Evidenz habe, welche uns von einem „wirklichen Dasein und einer Thatsache über das Zeugniss der Sinne „und die Erinnerung des Gedächtnisses hinaus, überzeugt?“ (Hume, 51.) Hume stellt hier die Frage nach dem Grunde des mittelbaren Wissens. Von dem was ich sehe, höre, fühle, habe ich die Gewissheit durch das Wahrnehmen; aber eine Menge Thatsachen stehen ausserhalb meiner Wahrnehmung und ich nehme sie doch für eben so gewiss. Ich weiss, dass die Sonne am Himmel steht, selbst wenn sie von Wolken verhüllt ist und ich sie nicht sehen kann. Hume suchte nach der Grundbedingung des mittelbaren Wissens. „Alles Raisonnement,“ sagt er (Hume, 52), „über That„sachen scheint sich auf die Beziehung von Ursache und Wirkung „zu gründen. Nur allein durch Hülfe dieser Relation können wir „über die Gränzen der Gewissheit der Sinne und des Gedächt„nisses hinausgehn.“

49) Unter Ursachlichkeit meint Hume hier auch die Verbindungen des räumlichen An-einander und In-einander, oder die gleichzeitigen; wie sein Beispiel mit der Hitze und dem Licht, als „beigeordnete Wirkungen des Feuers“ zeigt. Bis hierher ist der Gedankengang Hume's vollkommen richtig. Solch mittelbares Wissen kann nur auf Regeln sich stützen, welche eine allgemeine Verbindung Unterschiedener, sei es durch Neben oder Nach enthalten. Hume fährt nun fort: „Wollen wir über das „Wesen dieser Evidenz von Thatsachen zu einer befriedigenden „Einsicht kommen, so müssen wir untersuchen, auf welche Weise „wir die Kenntniss von Ursache und Wirkung erlangen. „— Wir erhalten diese Kenntniss in keinem Falle durch Schlüsse „a priori, sondern lediglich durch die Erfahrung, wenn wir nämlich „finden, dass gewisse Objecte nach einer beständigen Regel ver„knüpft sind.“ „Ursache und Wirkung werden nicht durch die Ver„nunft, sondern durch die Erfahrung erkannt. — Denn die Wir„kung ist von der Ursache durchaus verschieden und sie kann

„folglich nicht in dem Begriff der letzteren aufgefunden werden.“ (Hume, 59.) „Ein Mensch müsste den höchsten Scharfsinn besitzen, wenn er ohne vorgegangene Kenntniss in den Wirkungen „der Hitze und der Kälte, durch blosses Denken entdecken sollte, „das Eis sei eine Wirkung der Kälte und der Krystall ein Produkt der Hitze.“ (Hume, 65.)

50) Hier zeigt sich schon der Anfang des Irrthums in Hume's Auffassung der Ursachlichkeit. Es ist etwas Anderes, der Begriff der Ursache und Wirkung überhaupt, die Vorstellung dieser Beziehungsform, und etwas Anderes, die Erfahrung, welche Zustände in dem wirklichen Geschehen unter diese Beziehungsform gebracht werden sollen. Dieses letztere kann offenbar a priori, vor der Erfahrung, nicht gesagt werden; die Seele muss erst ein Vor und ein Nach durch Wahrnehmung gegeben erhalten, ehe sie sich die Frage vorlegen kann, ob sie auf solches, durch die Wahrnehmung ihr gebotene Vor und Nach die Ursachlichkeit anwenden, ob sie das eine als die Ursache, das andere als die Wirkung erklären soll. Hume vermischt nun aber in den obigen Sätzen schon diese verschiedenen Fragen und beginnt, auch die Ursachlichkeit selbst, als Beziehungsform, aus der Wahrnehmung mit abzuleiten. Dass dies ihm nicht gelingen kann, ist aus der obigen Darstellung klar.

51) Ursachlichkeit ist nur eine Beziehungsform innerhalb der Seele, stellt kein Seiendes vor und kann nicht wahrgenommen werden; alles, was die Wahrnehmung bietet, ist bloss die zeitliche Folge Einzelner, und vieler Einzelner, welche die Seele als gleich erkennt. Dieses ist aber noch keine Ursachlichkeit, weil in dieser Folge der Vielen noch die volle Allgemeinheit und die Erzeugung des Einen aus dem Andern fehlt. Wenn also Hume später nachweist, dass die Wahrnehmung vieler gleicher Vor und Nach noch durchaus keine Allgemeinheit für alle Fälle gebe, so hat er hierin vollkommen Recht; aber Unrecht, wenn er dann weiter folgert, dass deshalb überhaupt die Verbindung von Ursache und Wirkung nicht auf Allgemeinheit in der Sache, sondern auf Gewohnheit des Wahrnehmenden beruhe.

52) Hume sagt: „Deshalb entspringt dieser Uebergang des „Gedanken von der Ursache zur Wirkung aus keinem Schlusse, „sondern schreibt sich lediglich von der Erfahrung und Gewohnheit her.“ (Hume, 118.) „Alle Folgerungen aus den Erfahrungen „sind daher Wirkungen der Gewohnheit und nicht des Denkens.“ (Hume, 92.) Diese Gewohnheit entspringt nach Hume lediglich aus der öftern Wiederholung der Wahrnehmung von ähnlichen Gegenständen mit ähnlichen Folgen, und Hume stellt diese Ge-

wohnheit auf völlig gleiche Stufe mit der sogenannten Ideen-Assoziation. Für diese hat er vorher drei Gesetze aufgestellt: 1) die Aehnlichkeit, 2) die Verbindung (Contiguity) in Raum und Zeit und 3) die Ursache und Wirkung. (Hume, 47).

53) Hume zeigt dann in vielen Beispielen, dass die Vorstellungen, welche auf Grund dieser Gesetze sich erweckten, eine viel stärkere Lebhaftigkeit besässen, als blos erdichtete Vorstellungen; er führt diese Lebhaftigkeit auf eine Empfindung zurück und schliesst: „Es ist keinem Zweifel ausgesetzt, dass die Causalität „eben den Einfluss hat, als die Verhältnisse der Aehnlichkeit und „der Verbindung im Raum und in der Zeit.“ (Hume, 115). „Dies „ist das Verfahren des Verstandes bei allen Schlüssen über Existenz „von Thatsachen. Der Uebergang von einem, den Sinnen gegen„wärtigen Gegenstande giebt der damit durch Gewohnheit ver„bundenen Vorstellung in allen Fällen mehr Stärke und Dauer.“ (Hume, 119.)

54) Hier sehen wir den Irrthum Hume's zur vollständigen Entwickelung gelangt. Jene Verwechselung zwischen Ursachlichkeit an sich und der Berechtigung, sie schon nach Wahrnehmung weniger Fälle anzuwenden, treibt ihn zuletzt dahin, die Ursachlichkeit selbst zu leugnen und sie auf gleiche Stufe mit den Verbindungen von Vorstellungen zu setzen, die auf der Ideen-Assoziation beruhen. Zu diesem zu weit getriebenen und falschen Schluss lag für Hume gar keine Nothwendigkeit vor. Seine ursprüngliche Frage war: Was berechtigt den Menschen, von wenigen einzelnen Fällen, die er als ähnlich in ihren Folgen wahrgenommen hat, eine allgemeine Regel für alle ähnliche Fälle zu bilden, und solche Regel für wahr zu halten?

55) So sagt Hume: „Das Brod, was ich vordem ass, gab mei„nem Körper Nahrung; folgt nun aber daraus, dass auch anderes „Brod zu anderer Zeit Nahrung geben muss? Diese Folge scheint „auf keine Weise nothwendig zu sein.“ (Hume 70.) „Die Verknüpfung „zwischen beiden Sätzen ist nicht anschaulich, es ist noch ein Mit„telbegriff nöthig, der der Vernunft erst diese Folgerung mög„lich machen muss, wenn sie auf Schlüssen beruht.“ (Hume 71.) „Wir erwarten, dass ein Körper, der an Farbe und Bestand dem „Brode ähnlich ist, auch dem Körper eben dieselbe Nahrung geben „werde. Allein dieses Verfahren des Verstandes bedarf einer Er„klärung.“ (Hume 78.) „Es ist kein Schluss der Vernunft, von „scheinbar ähnlichen Ursachen ähnliche Wirkungen zu erwarten.“ (Hume 83.) „Gleichwohl findet der Mensch sich immer genöthigt, „diesen Schluss zu machen und sollte er auch überzeugt sein,

„dass der Verstand keinen Antheil daran habe, so würde er doch „fortfahren, auf diese Art zu denken. Es muss also ein anderes „Prinzip vorhanden sein, welches diesen Schlussakt bestimmt, und „dieses Prinzip ist die Gewohnheit oder Fertigkeit." (Hume 90.)

56) Hier zeigt Hume treffend, dass für die Anwendung der Ursachlichkeit auf Grund der Wahrnehmung einiger Fälle auf alle kein Beweis, kein Obersatz angegeben werden könne, aus dem sie zu folgern sei. Aber anstatt uns zu sagen: deshalb ist die Anwendung der Ursachlichkeit auf das Seiende nur Gewohnheit, sagt Hume: deshalb ist die Ursachlichkeit selbst nur eine Gewohnheit der Gedankenverbindung. Hierin liegt der Fehlschluss Hume's. Die Beziehungsform der Ursachlichkeit besteht in der Seele als eine, die einfach in sich die Allgemeinheit und die Erzeugung ihres Nach aus dem Vor enthält; dieser Inhalt kann aus der Ursachlichkeit nicht beseitigt werden, ohne sie selbst zu zerstören; wohl aber kann die Anwendung dieser Beziehungsform auf das Seiende in Zweifel gestellt und nach dem Grunde dafür gefragt werden.

57) Diese letzte Frage will Hume eigentlich allein untersuchen und nur in dem Eifer, ihre Lösung zu erreichen, geht Hume unabsichtlich zu weit und greift den Begriff der Ursachlichkeit selbst an. — Diese Frage nach dem Rechte zur Anwendung dieser Beziehungsform auf das Seiende fasst dann Hume auch noch zu beschränkt. Hätte er ihre nur beziehende Natur erkannt und festgestellt, so hätte er damit auch von selbst bewiesen, dass die Ursachlichkeit keine seiende Bestimmung der Dinge ist, sondern nur ein Kleid, welches die Seele den Dingen für die Zwecke ihres Wissens anlegt.

58) Auch wenn man die Gewohnheit, worauf Hume die Sache zurückführt, nur als Gewohnheit der Anwendung oder als Grund für die Anwendung der Ursachlichkeit auffasst, bleibt diese Erklärung bedenklich. Die Gewohnheit Vorstellungen zu verbinden, trägt in sich keine Nothwendigkeit, die Seele kennt sie nur als Gewohnheit, d. h. als die thatsächliche Verbindung von Vorstellungen; die Ursachlichkeit hat aber von Anfang ab die Untrennbarkeit ihres Vor und Nach an sich, welche keiner Gewohnheit anhängt. — Ferner ist eine der stärksten Gewohnheiten in Verbindung von Vorstellungen sicherlich die, welche bei der Sprache statt hat; mit dem Laute ist auch die Vorstellung der Sache da, aber dennoch führt diese Gewohnheit zu keiner Ursachlichkeit zwischen beiden; ebenso nicht bei der Folge von Tag und Nacht, bei der Folge

der einzelnen Töne einer noch so oft gehörten Melodie. Dies zeigt, dass die Anwendung der Ursachlichkeit mehr fordert, als die blosse Gewohnheit, zwei Vorstellungen zugleich oder hintereinander zu haben. Die Seele hat bei der Ursachlichkeit eine sachliche Verbindung zwischen dem Vor und Nach im Auge. Wenn diese bei den einzelnen Wahrnehmungen nach einer andern Richtung hin führt, wie z. B. bei dem Tag und der Nacht auf die Sonne, so wird zwischen diesem Vor und Nach die Ursachlichkeit nicht angewendet.

59) Dessenungeachtet ist die von Hume aufgeworfene Frage von grosser Bedeutung. Was treibt die Seele, diese Ursachlichkeit mit ihrer Allgemeinheit und ihrem Entstehen des Nach aus dem Vor schon nach Wahrnehmung weniger solcher Folgen anzunehmen? Die Antwort Hume's lautet: „Die Gewohnheit, oder „deutlicher, das wiederholte Beisammensein der Vorstellung des „Vor und Nach in der Seele.“ Allein dieses genügt nicht, wie schon die obigen Beispiele zeigen. Die Seele unterscheidet sehr bestimmt eine Gedankenfolge, welche bloss auf dem häufigen Zugleichsein dieser Gedanken in ihr beruht, von einer Folge der Dinge selbst. Sie hat viele auf Gewohnheit beruhende Gedankenfolgen, ohne ihre Gegenstände als Ursache und Wirkung zu nehmen. Wenn also die Seele die Beziehungsform der Ursachlichkeit auf die Dinge anwendet, so erklärt sie damit bestimmt, dass sie die Folge und die Verbindung sachlich nehme und in die Dinge selbst verlege. Ebenso genügen zwei bis drei Fälle der Seele, um die Ursachlichkeit anzunehmen, während solche geringe Zahl offenbar für die Gewohnheit der Gedankenverbindung nicht ausreicht.

60) Deshalb reicht die Gewohnheit nicht einmal zu, die Anwendung der Ursachlichkeit auf das Seiende zu erklären, wie Hume meint. Vielmehr müssen für die so schnelle Bereitwilligkeit der Seele, diese Beziehungsform anzuwenden, andere Gründe vorhanden sein. Diese sind offenbar sehr dringender Art und sie beruhn auf dem stärksten Begehren des Menschen, auf dem Trieb sich zu erhalten. Wollte der Mensch erst warten, bis alle Fälle eines Naturgesetzes oder auch nur eine sehr grosse Zahl durch die Wahrnehmung festgestellt wäre, ehe er die Wahrheit solcher Ursachlichkeit annähme und danach sein Handeln einrichtete, so müsste der Mensch schon in der ersten Woche verhungern und verdursten. Denn die Wirkung der Speisen ist ihm nur aus wenigen Fällen bekannt; sie könnten ja im nächsten Falle wie Gift wirken! Dessenungeachtet zögert der Mensch keinen Augenblick, sein Brod zu verzehren. Der Mensch dürfte nicht aufstehn, denn wer bürgt ihm,

dass die Verbindungen und Folgen in der Bewegung der Glieder auch für den nächsten Fall noch gelten? Dass nicht die Knochen brechen und die Flechsen reissen? Er dürfte sich in keinen Nachen wagen, denn woher will er wissen, dass das Wasser diesen Nachen auch diesmal tragen werde?

61) Ohne Vertrauen auf die Allgemeinheit der Regeln, selbst wenn erst wenige Fälle durch Wahrnehmung erkannt sind, wäre der Mensch verloren; er muss die allgemein geltende Verbindung oder die Ursachlichkeit nicht allein nach einigen Proben für wahr halten, sondern diesen Glauben auch durch das Wagniss seines Lebens in jeder Stunde bethätigen. — Diese Nothwendigkeit und nicht die Gewohnheit ist der nächste und stärkste Grund für die Anwendung der Ursachlichkeit auf das Geschehen. Der Mensch kann nicht anders, wenn er leben und bestehen will.

62) Ein weiterer Grund liegt in dem Begehren nach Macht über die Natur. Diese Macht ist nur durch Kenntniss allgemeiner Regeln möglich; nur dadurch kann die Natur genöthigt werden, dem Menschen zu dienen. Deshalb ist der Mensch schon nach wenigen Beobachtungen mit dem Gesetze da und verfährt danach. Dieser Drang nach Regeln ist so mächtig, dass selbst eine noch so oft erlittene Täuschung bei dem gewöhnlichen Menschen nicht im Stande ist, die falsche Regel zu verdrängen. Die Wetterregeln, die sympathetischen Mittel für Krankheiten beweisen dies.

63) Endlich hat die Erfahrung, dass von vielen angenommenen Gesetzen bisher noch niemals eine Ausnahme bemerkt worden, nach und nach zu der Annahme geführt, dass in der Natur jede Veränderung nach Gesetzen erfolge und dass es nur darauf ankomme, sie zu finden. Gilt solche Gesetzlichkeit einmal als das Wesen der Natur, so ist die Annahme von Regeln auf Grund einiger Wahrnehmungen um so mehr gerechtfertigt.

64) Dieses sind die Beweggründe der Seele, weshalb sie ihren Begriff der Ursachlichkeit in die Natur überträgt, schon nach wenigen Beobachtungen die Allgemeinheit voraussetzt und ihr Handeln danach einrichtet. Für die Wissenschaft reichen allerdings diese Gründe nicht zu. Für diese bleibt die weitere Frage nach der Grundlage für die Anwendung der Ursachlichkeit. Diese Frage wird in dem spätern Abschnitt von dem Erkennen des Allgemeinen zur Erörterung kommen. Hier wird es genügen das Wesen der Ursachlichkeit und die Gründe für ihre Anwendung im Leben gegen Hume genügend in's Licht gestellt zu haben.

65) Der Werth der Ursachlichkeit ist in dem Vorstehenden schon angedeutet. Er muss nach der grossen Verbreitung dieser

Beziehung innerhalb des gewöhnlichen Vorstellens und innerhalb der Wissenschaften sehr gross angenommen werden. Es muss indess hier zwischen zwei Bestandtheilen dieser Beziehung unterschieden werden. Die Ursachlichkeit enthält die Beziehung aus der Erzeugung und der Allgemeinheit. Die eine folgt nicht aus der andern; jede ist eine für sich bestehende Gedankenbildung. Es könnte bei einem Apfelkerne angenommen werden, dass derselbe den aus ihm erwachsenden Baum erzeuge, ohne dass daraus folgte, dass nun auch alle anderen Apfelkerne dieselbe Wirkung haben würden.

66) In dem Erzeugen als dem einen Bestandtheil der Ursachlichkeit liegt die Allgemeinheit noch nicht; umgekehrt ergiebt sich aus der Allgemeinheit derselben Folge für alle Fälle noch nicht die Erzeugung. Kant und selbst gegenwärtig Stuart Mill in seinem „System der Logik" kennt die Ursache nur als die allgemeine Folge und lässt den Begriff der Erzeugung ganz bei Seite.

67) Nun zeigt sich, dass der Werth der Ursachlichkeit weit mehr auf der Allgemeinheit als auf der Erzeugung der Folge beruht. Die Allgemeinheit ist es hauptsächlich, welche dieser Beziehungsform die grosse Bedeutung für das Wissen und Handeln giebt; denn nur durch sie ist überhaupt das Handeln und die Wissenschaft möglich. Die Erzeugung könnte aus dieser Beziehungsform wegbleiben, und die auf der Allgemeinheit ruhende Bedeutung würde nicht erschüttert werden.

68) Der Werth der Erzeugung ruht dagegen mehr in der innigeren Einung zwischen Ursache und Folge, welche damit gewonnen wird. Die blosse Einheitsform des zeitlichen Aneinander allein genügt der Seele nicht. Diese Einung scheint ihr zu lose, zu äusserlich; der Gegensatz zwischen Ursache und Wirkung bliebe dann zu stark, und die Folge derselben zu unbegreiflich. Deshalb zeigt sich von jeher bei dieser Begriffsform das Bestreben, ein Drittes einzuschieben, was diesen schroffen Gegensatz der Ursache und Wirkung vermittelt und der Seele verständlicher macht. Darauf beruht die Annahme der Kraft, welche diese Vermittlung übernimmt, und darauf beruht die Annahme einer Erzeugung der Wirkung aus der Ursache, welche selbst der einfachste Mensch nicht fallen lassen mag. Kraft in diesem Sinne und Erzeugung sind beides nur Gebilde der Seele, welche diesem Zwecke des Wissens dienen. — Hierin besteht der Werth dieser Beziehungsform. Die Allgemeinheit derselben dient der Wissenschaft und dem Handeln; die Erzeugung dient dem tieferen Wissen, dem Bestreben nach einem Verständniss dieser wunderbaren Verbindung.

69) Die Sprache ist mit dieser Beziehungsform so nach allen Richtungen erfüllt, dass auch zur Bezeichnung des Seienden das Wort: Ursache nicht vermieden werden kann, ohne den Ausdruck schwerfällig und unverständlich zu machen. Es haben deshalb in diesem Werke auch da die Worte: Ursache und Wirkung benutzt werden müssen, wo an sich nur die zeitliche Folge seiender Unterschiede gemeint ist. Der aufmerksame Leser wird dies leicht erkennen und in solchem Sprachgebrauch keinen Widerspruch mit der oben gegebenen Darstellung finden.

70) Die Beziehungsform der Ursachlichkeit ist bei ihrer grossen Bedeutung zu mehreren Unterarten ausgebildet worden. Die wichtigsten davon sind der Zweck mit seinen Mitteln, die Wechselwirkung und die Bedingung mit ihrem Bedingten. Auch den Erkenntnissgrund und seine Folge könnte man hierher rechnen; aber da die in dieser Form Bezogenen kein Seiendes, sondern nur Vorstellungen sind, so ist die Darstellung dieser Beziehungsform zweckmässiger mit der Lehre von den Arten des Wissens zu verbinden.

71) Der Zweck und das Mittel ist die gleiche Ursachlichkeit, wie sie bisher dargestellt worden ist. Unter Zweck wird aber ein Doppeltes verstanden; einmal die mit Begehren verbundene blosse Vorstellung des Zweckes und zweitens ein Seiendes, der verwirklichte Zweck. Zwischen beiden liegt das Mittel. So entstehen hier zwei ursachliche Beziehungen; die eine des Begehrens des Zweckes als Ursache und die Anwendung der Mittel als Wirkung; die andere: die Anwendung der Mittel als Ursache und der verwirklichte Zweck als Wirkung. In dieser Weise gesondert, ist die Beziehungsform des Zweckes genau die Beziehungsform der Ursachlichkeit, nur verdoppelt; es liegt nicht der mindeste Grund vor, eine besondere Beziehungsform dafür aufzustellen, oder sie, wie Hegel und Trendelenburg thun, zu einer weit über der Causalität stehenden besonderen Kategorie zu erheben.

72) Nur wenn die beiden unterschiedenen Bedeutungen des Zweckes vermengt und als eins genommen werden, kommt ein ganz besonderes Wunderbares heraus, wo Ein und Dasselbe erst Ursache und hinterher wieder Wirkung ist. Solche Vermischung giebt dann wieder vortreffliche Gelegenheit, diese Beziehungsform in ein nebelhaftes und geheimnissvolles Dunkel zu hüllen und allerlei dialektische Entwicklung hinein zu legen. Dieses Alles verschwindet aber, wenn man festhält, dass bei der doppelten Ursachlichkeit, welche der Zweck enthält, die erste Ursache ein blosses Vorstellen und Begehren ist, also ein Zustand in der Seele, der völlig ver-

schieden ist von dem verwirklichten Zweck, welcher ein Sein ausserhalb derselben darstellt.

73) Hegel sagt von dem Zweck (VI. 376.): „Die Ursache gehört der noch nicht enthüllten, der blinden Nothwendigkeit an. „Der Zweck dagegen ist gesetzt, als in ihm selbst die Bestimmt-„heit, oder das, was dort noch als Anderssein erscheint, die Wirkung „zu enthalten, so dass er in seine Wirklichkeit nicht übergeht, son-„dern sich erhält; er bewirkt nur sich selbst und ist am Ende, „was er im Anfange, in der Ursprünglichkeit war.“ — Hier zeigt sich dieses Spiel mit Widersprüchen, die man sich selbst erst dadurch bereitet, dass man das Begehren des Zweckes mit dem ausgeführten Zweck als ein und dasselbe setzt. Vermengt man diese Unterschiede nicht, so fällt der spekulative Begriff zusammen und es bleibt bei der gemeinen verständlichen Ursachlichkeit, wie sie früher dargelegt worden. — Allerdings bleibt es unklar, wie die Vorstellung des Zweckes das Begehren erwecken, und wie das Begehren die Bewegung der Glieder erwecken kann, aber diese Räthsel liegen schon in der Ursachlichkeit, sie sind schon oben besprochen worden; der Zweck bringt hier nichts Neues hinzu.

74) Da die Zweckbeziehung von einem Vorstellen und Begehren ausgeht, so folgt, dass sie nur bei dem Dasein einer Seele möglich ist; ohne eine Seele, oder ein Wesen, das ein Vorstellen und Begehren in sich hat, ist diese Beziehungsform unmöglich. Man kann deshalb allenfalls die Ursachlichkeit mit Hegel die blinde nennen, und den Zweck die wissende; indess sind solche Bezeichnungen bedenklich, weil das Wissen selbst schon die erste Ursache mit bildet, und nur als Bestandtheil der ersten Ursache in der Zweck-Beziehung auftritt; es begleitet nicht die doppelte Ursachlichkeit der Zweckbeziehung durch alle ihre Momente und ist deshalb kein Beiwort, keine Eigenschaft der ganzen Zweckbeziehung, wie in jenem Ausdruck liegt. Die ursachliche Verbindung der Mittel ist oft eine lange Reihe von Ursachen und Wirkungen und da herrscht dieselbe Blindheit, wie bei der einfachen Ursachlichkeit.

75) Damit das Handeln unter die Zweck-Beziehung gebracht werden kann, muss die Seele die Kenntniss der Gesetze haben, nach denen das Einzelne in dem Sein zeitlich sich folgt. Ohne solches Wissen ist das zweckmässige Handeln unmöglich. Die Zweckbeziehung erfordert deshalb einmal Seelen und zweitens die Kenntniss der Gesetze durch diese. Deshalb ist innerhalb der unbeseelten Natur allein die Zweckbeziehung nicht anwendbar. Wenn dessenungeachtet die Betrachtung vieler Vorgänge und vieler Ge-

stalten, namentlich der organischen in der Natur eine solche Verbindung in ihnen aufzeigt, welche der von der menschlichen Seele in ihrem zweckmässigen Handeln enthaltenen Beziehung gleicht, und dabei doch die Seele, welche diese Verbindung geleitet haben könnte, nicht in die Wahrnehmung fällt, so ist die Lösung dieses Räthsels von jeher eine Haupt-Aufgabe für den menschlichen Geist gewesen.

76) Die am nächsten liegende Lösung war die, einen, der menschlichen Seele im Vorstellen und Wollen ähnlichen, nur in beidem mächtigern Geist anzunehmen, welcher nach Art der menschlichen Seele die zweckmässigen Gestaltungen der Welt zunächst im Vorstellen gehabt und dann diese Vorstellung durch seinen Willen verwirklicht hat. Da die kunstvollen Gebilde der Natur dasjenige weit übertreffen, was der Mensch an zweckmässigen Werken bilden kann, so wurde das Wissen und die Macht dieses Geistes auf einen sehr hohen Grad erhoben und zuletzt zur Allweisheit und Allmacht gesteigert. Die Zweckmässigkeit der Natur und der Seelen selbst, als seiender Wesen, war damit in verständlicher Weise erklärt. Diese Auffassung herrscht innerhalb der Religionen; sie ist aber auch in das philosophische Wissen übergegangen und der teleologische Beweis von dem Dasein Gottes ist eine Anwendung dieser Ansicht.

77) Es zeigte sich indess, dass diese Auffassung auf andern Seiten in Schwierigkeiten verwickelte. Man bemerkte, dass neben dem Zweckmässigen auch viel Unzweckmässiges in der Welt sich vorfand, allgemein das Uebel und das Böse, und man war genöthigt, jenen Geist auch für den Urheber dieses anzunehmen, oder andere Aushülfen zu suchen, wie die Annahme eines bösen Geistes neben jenem, oder das theilweise Erheben der menschlichen Freiheit und Macht über die Allmacht jenes Geistes. — Noch weitere Schwierigkeiten entstanden, wenn man versuchte, jenen Geist in einer bestimmteren Weise sich zu gestalten und vorzustellen.

78) Es entwickelt sich deshalb frühzeitig eine zweite, jener entgegengesetzte Ansicht, wonach diese Zweckmässigkeit der Natur auf keinen Geist, sondern auf den Zufall als Ursache zurückgeführt wurde. Der Einwand, dass die Verbindung der Stoffe und Kräfte zu einzelnen Körpern und Organismen in der Natur zu verwickelt und kunstvoll erscheine, um aus dem Zufall erklärt werden zu können, wurde damit beseitigt, dass der Verbindungen des Zufalls so unendlich viele seien, dass auch sehr zweckmässige darunter vorkommen könnten; man begegnete diesem Einwand mit der Unendlichkeit der möglichen Combinationen.

79) Später als die Entdeckungen der Geologie hinzugekommen

waren, und nachdem die Begriffe der künstlichen und natürlichen Züchtung der Arten der Pflanzen und Thiere aufgestellt worden waren, hat man versucht diesen Begriff des Zufalls bestimmter zu entwickeln. Man bemerkte, dass die Organismen in einer steten Abhängigkeit von der sie umgebenden unorganischen Natur stehen, dass sie mit den Veränderungen dieser sich ebenfalls ändern und man kam zu der wichtigen Erkenntniss, dass von den vielen Combinationen des Zufalls immer nur die sich dauernd erhalten können, welche mit den in ihrer Umgebung vorhandenen Kräften und Bildungen in der für sie günstigsten Stellung sich befanden.

80) Der Begriff des Zufälligen in der Natur hat damit eine höchst wichtige Verbesserung erhalten. Es ist damit die Schwierigkeit beseitigt, wie verhältnissmässig so viel zweckmässiges in der Natur angetroffen wird. Aus der blossen Unendlichkeit der Combinationen erklärt sich dies nicht, wohl aber dann, wenn die unzweckmässigen Bildungen des Zufalls sich nicht so sicher erhalten können. Diese Auffassung hat ausserdem den Vortheil, dass das Unzweckmässige, wo es sich findet, nicht gegen ihr Prinzip verstösst.

81) Indess zeigten sich auch bei dieser Auffassung der Natur Schwierigkeiten. Sie entsprangen aus der Frage, wo diese Auffassung die Grenze für die ursprünglich gegebenen Elemente setzen soll, aus deren zufälliger Verbindung das Zweckmässige entstehe. Beschränkt sie sich, wie der Materialismus, auf den Stoff und die elementaren anziehenden und abstossenden Kräfte, so kann eine unendliche Zahl von Combinationen dieser Elemente mit vielen zweckmässigen darunter zwar nicht abgeleugnet werden, aber in dem Organischen und in dem Geistigen sind Bestimmungen vorhanden, welche ihrer Ableitung aus blossen Verbindungen solchen Stoffes und solcher anziehenden Kräfte widerstehn. Der neuere Materialismus von Moleschott, Büchner u. s. w. behauptet dies zwar, aber er ist nicht im Stande diese Ableitung irgend wie zu rechtfertigen und auf bestimmte Begriffe und Gesetze zurückzuführen. Das Geistige, wie Wissen, Fühlen, Begehren ist so wesentlich von Stoff und Kraft verschieden, dass es unmöglich ist, jenes als blosse Verbindung dieser zu nehmen.

82) Setzt dagegen diese Auffassung, um diesen Schwierigkeiten auszuweichen, auch Lebenskräfte und Seelen als ursprüngliche Elemente, so ist damit die Zweckmässigkeit, welche aus der zufälligen Verbindung der Elemente erklärt werden sollte, schon in diese Elemente selbst verlegt. Denn die Lebenskraft der Pflanze ist schon selbst die zweckmässige Leitung der Stoffe und elementaren Kräfte, sie ist potentia dasselbe, was die Pflanze actu ist. Diese Auffassung

widerlegt damit sich selbst; um die Zweckmässigkeit zu erklären, muss sie dieselbe schon voraussetzen, und es handelt sich dann bei dieser Auffassung nur noch um einen Streit über Mehr oder Weniger. In diesem Mehr oder Weniger bewegt sich auch nur die berühmte Auffassung des Engländer Darwin über die Entstehung der Arten der Organismen. Er wagt nicht die Ableitung des Organischen aus dem Unorganischen; selbst innerhalb des Organischen setzt er noch eine Anzahl ursprünglicher Arten; endlich bleibt das Geistige der Organismen, die Seele von seiner Entwicklung der Arten ausgeschlossen. So interessant seine Beobachtungen und seine Grundgedanken sind, so ist doch deshalb seine Schrift über die Arten der Organismen keine Lösung der Frage über die Zweckmässigkeit der Natur überhaupt.

83) Eine dritte Lösung der Frage geht dahin, dass weder ein mächtiger Geist, noch der Zufall die Ursache der Zweckmässigkeit in der Natur sei, sondern dass diese Zweckmässigkeit das Ursprüngliche, das Erste sei. So bei Plato, dessen Ideen die Zweckmässigkeit ihrer Unterschiede in sich haben und sie dem Einzelnen mittheilen. Plato leitet die Zweckmässigkeit in diesen Ideen nicht weiter ab; sie sind ihm das Erste. So auch der Pantheismus in seinen mannigfachen Arten. Er verlegt den Gott der Religion in die Welt hinein; die Welt ist ihm eins mit diesem Gott. Der Begriff Gottes musste dabei grosse Veränderungen erleiden. Er verwandelte sich in der verständlichsten Art des Pantheismus in die zweckmässig wirkende Kraft; damit wurde dem Gott die Freiheit genommen; er wirkt mit Nothwendigkeit, wenn auch nur mit einer innern.

84) Spinoza nennt diese Kraft Substanz, Hegel Begriff oder Idee; und Beide geben ihr als Attribut das Denken. Diese Ansicht empfiehlt sich durch ihre scheinbare Einfachheit, durch die Entfernung des Dualismus von Welt und Gott. Für die hier allein vorliegende Frage der Zweckmässigkeit der Natur giebt sie aber in Wahrheit keine Lösung. Die Zweckmässigkeit ist danach, weil sie ist. Die Entwickelung des Begriffes bei Hegel trägt das zweckmässige ihrer schon in sich; diese Entwickelung ist bei Hegel eine dem Begriff von Natur innwohnende Bestimmung; er muss sich entwickeln und er kann sich auch nicht anders entwickeln, als es geschieht, weder logisch noch in der Natur; er ist bei Hegel auch immer zugleich entwickelt und nicht entwickelt; an sich und an und für sich.

85) Nach alledem ist wohl eine Bewegung bei Hegel, aber sie ist von Anfang ab bestimmt und ihr Ablauf ist im Grunde un-

wesentlich, potentia ist sie schon in dem An sich verhanden. Damit ist also die Zweckmässigkeit als das Ursprüngliche, als das von Anfang ab vorhandene gesetzt. — Diese dritte Auffassung ist daher in keinen Fall eine Erklärung der Zweckmässigkeit. Das Interesse geht auf eine Ableitung dieser Zweckmässigkeit der Natur, statt dessen wird sie als das Erste behauptet. Anstatt eine Erklärung zu bieten, verbietet man das Verlangen nach einer solchen.

86) Das ist wohl bequem, aber solche Philosophie kann nicht darauf rechnen, dass der menschliche Geist sich auf lange ihren Aussprüchen unterwirft. Der Trieb nach einer Lösung wird von Neuem sich regen und jenes Verbot nicht achten. — Alles was sonst für Erklärung der Zweckmässigkeit in der Natur beigebracht worden ist, bewegt sich nur innerhalb dieser drei Auffassungen. Es ist meist ein unklares Suchen nach einer Vermittelung oder eine Mischung dieser Auffassungen; aber bei deren Gegensätzen bleibt solche Vermittelung unmöglich. Entweder: Gott oder Zufall oder die Zweckmässigkeit als das Erste; andere Wege giebt es nicht.

87) Die Wechselwirkung ist so wenig, wie der Zweck, eine neue Beziehungsform gegenüber der Ursachlichkeit. Sie ist der höchst einfache Gedanke, dass ein Einzelnes zunächst als Ursache ein zweites zur Folge hat, und dass dann dieses zweite ein drittes zur Folge hat, was aber wegen seines Zusammenhanges mit dem Erstern als ein Gegenstand mit diesem gilt. Nur durch diese Vereinung unterschiedener Einzelner zu einem Gegenstand tritt bei der Wechselwirkung der Schein hervor, als könnte ein und dasselbe zugleich Ursache und Wirkung in derselben Beziehung sein; eine Annahme, die bei der, der Ursachlichkeit innewohnenden Zeitfolge einen Widerspruch enthalten würde. Die verdauenden Organe bereiten das Blut und die Lunge reinigt dieses Blut; ein Organ unterhält das andere, aber nicht in der Bestimmung der Gleichzeitigkeit; sondern die Erhaltung des einen zu diesem Zeitpunkt ist die Ursache der Erhaltung des andern zu einem späteren Zeitpunkt.

88) Jedes Organ ist Ursache einer besonderen Wirkung auf die andern; diese Wirkung tritt aber in ihnen erst nach der Ursache ein; weil aber die Ursachlichkeit zwischen Organen dauernd und stetig besteht, so hat es den Schein, als wenn das eine Organ als Wirkung zugleich Ursache des andern wirkenden Organs wäre. Dieses wäre wie gesagt ein Widerspruch und ist nicht der Fall. Allerdings ist die erste Bildung und Entstehung solcher von einander abhängenden Organe in dieser Weise der Ursachlichkeit nicht

möglich; die Lunge kann das reine Blut nicht erzeugen, ehe sie nicht selbst reines Blut in ihren Adern hat. Deshalb geschieht bekanntlich die erste Entstehung solcher von einander abhängenden Organe in anderer Weise. Die Bildung des Embryo im Mutterleibe giebt ein Beispiel davon.

89) Kant hat aus der Wechselwirkung eine selbstständige Kategorie neben der Ursachlichkeit gebildet, aber er wurde dazu nur genöthigt durch die Ableitung seiner Kategorieen von den in der Logik aufgeführten Formen der Urtheile. Dort wird das disjunctive Urtheil neben dem hypothetischen aufgeführt; und es ist auch richtig, dass das Oder des disjunctiven Urtheils eine ganz andere Beziehung ist, als die Begründung des hypothetischen Urtheils. Aber die Wechselwirkung hat mit diesem Oder nichts zu thun. Die Gemeinschaft, welche nach Kant die Wechselwirkung enthalten soll, ist auch schon zwischen Ursache und Wirkung enthalten. Diese Gemeinschaft ist nichts anderes als die oft erwähnte Verbindung von Ursache und Wirkung durch die Zeitfolge. Das Oder hat aber keine solche bindende Natur, vielmehr das Gegentheil; es ist eine trennende Beziehung gleich dem Nicht. Die Ableitung der Wechselwirkung aus dem Oder ist deshalb eine gewaltsame, die nur dem Systeme zu Liebe bei Kant erfolgt, weil einmal für das Oder eine reale Kategorie geschafft werden muss.

90) Bei Hegel wird die Wechselwirkung als besondere Kategorie nur benutzt, um einen dialektischen Uebergang zu dem Begriff zu gewinnen. Der in ihr nur scheinbar enthaltene Widerspruch wird von Hegel eifrig erfasst und zu einem wirklichen erhoben. Er sagt (VI. 301.): „Die in der Wechselwirkung als unterschieden festge- „haltenen Bestimmungen sind an sich dasselbe, die eine Seite ist „Ursache wie die andere. — Die Nichtigkeit der Unterschiede ist „nicht nur an sich, sondern die Wechselwirkung ist selbst dies, jede „der gesetzten Bestimmungen auch wieder aufzuheben und in die „entgegengesetzten zu verkehren."

91) Da der Widerspruch in den Begriffen zu der dialektischen Entwickelung Hegels gehört, so war dies nicht anders von ihm zu erwarten; im Ganzen ist damit natürlich für die Aufklärung und das Verständniss der Sache nichts gewonnen. Wenn die Spartanische Verfassung und die Spartanischen Sitten, die er als Beispiel der Wechselwirkung anführt, nur so von dem bestimmten Denken erklärt würden, wenn das eine nur aus dem andern abgeleitet würde, so hätte Hegel freilich Recht; denn es bliebe dann die Frage nach dem Grunde (Ursache) von Beiden unbeantwortet. Diesen Grund zu suchen und zu geben, hält sich das bestimmte, verstän-

dige Denken auch für verpflichtet, und indem es dies, wie bekannt, thut, leistet es dasselbe, wie der Hegel'sche Begriff, ohne sich deshalb in Widersprüche einhüllen zu müssen.

92) Der Begriff der Bedingung gehört auch zur Ursachlichkeit. Im Sein zeigt sich die Wirkung einer Ursache niemals rein; Beides sind begriffliche Stücke, die mit andern, ebenfalls in ursachlicher Verbindung stehenden Stücken erst zu einem vollen Einzelnen sich vereinen. Deshalb sind viele Ursachen zugleich wirkend und die eine Wirkung ist das Ergebniss dieser vielen Ursachen. Der Wind ist so die Ursache der Bewegung der Windmühle; aber es bedarf dazu auch der schiefen Stellung der Flügel, der Festigkeit des Holzes, der Drehung der Welle, des festen Standes der Mühle. Der Samen ist die Ursache der Pflanze; aber es gehört dazu auch ein passender Boden, Wärme, Luft, Feuchtigkeit und die nöthigen mineralischen Salze. Jedes dieser andern Stücke tritt hier als mitwirkend auf und nimmt Theil am Hervorbringen der Folge.

93) In dieser verbundenen Wirksamkeit mehrerer Ursachen zu einer Wirkung liegt der Keim zu der Beziehung von Bedingung und Bedingtem. Sie entsteht dann, wenn von den mehreren eingreifenden Ursachen die eine vorzugsweise als die thätige, oder wichtigere, oder letzte genommen wird; dann fallen die andern unter die Beziehung der Bedingung. Von den mehreren wirkenden Ursachen wird diejenige zur Bedingung, welche für die Wahrnehmung weniger thätig hervortritt, mehr die stoffliche Unterlage für die thätigern Ursachen abgiebt. Dagegen ist die besonders als thätig hervortretende Ursache dann die Ursache im engeren Sinne. So gilt bei einem Springbrunnen die drückende Kraft des Wassers als die Ursache, die Festigkeit und Dichtheit der Röhren als die Bedingung; so gilt bei dem Schuss das Pulver als die Ursache, die Kanone als die Bedingung. Da diese Unterscheidung des Gegenständlichen schwankend und selbst willkührlich ist, so ist es auch der Unterschied zwischen Ursache und Bedingung.

94) Die Bedingung kommt auch innerhalb des Rechtes vor, und hat da die gleiche Bedeutung. Die Bedingungen eines Vertrages sind die sachlichen Unterlagen, die Thatumstände, auf denen der Wille als das Thätige sich entfalten soll; ohne diese Unterlage soll er nicht wirkend auftreten. Die Bedingungen bringen den Vertrag nicht zur Existenz und Erfüllung, aber sie sind der sachliche Stoff, auf die der Wille fussend die Wirkung, die Vertragserfüllung zur Folge hat.

95) Die mit der Ursachlichkeit verwandte Beziehungsform der

Begründung wird später nach den Wissens-Arten dargestellt werden, ohne die sie nicht wohl verständlich ist. — Es bleibt daher nur übrig, einige Begriffe zu erörtern, in denen die Ursachlichkeit der wesentliche Inhalt ist. Es gehört hierher die Causa sui von Spinoza. Obgleich er von diesem Begriff in seinem System keinen grossen Gebrauch macht, so ist doch dieser Begriff von Späteren festgehalten und für ein Bedeutendes ausgegeben worden. — Die Causa sui ist in dem Sinne, in dem hier die Ursachlichkeit dargelegt worden ist, ein Widerspruch. Ursache und Wirkung sind unterschieden; sie folgen sich in der Zeit; das Wissen fügt noch die Erzeugung der Wirkung aus der Ursache hinzu. Nach alledem ist es unmöglich, dass ein und dasselbe die Wirkung oder die Ursache seiner selbst sein könne; beides ist derselbe Widerspruch.

96) Dis verständlichste Auffassung der Causa sui ist noch die, wonach mit derselben die Abhängigkeit des dabei Vorgestellten verneint sein soll. Es soll damit verneint sein, dass es überhaupt eine Wirkung sei; es soll keine Ursache haben. Eine solche Verneinung der Ursachlichkeit ist ohne Widerspruch und verständlich; aber es ist falsch, diese Verneinung so auszusagen, dass die Ursachlichkeit beibehalten und Ursache und Wirkung in Ein und Dasselbe verlegt werden. Damit entsteht der Widerspruch und das Undenkbare.

97) Indess versteht Spinoza etwas ganz Anderes, als das Unbedingte unter Causa sui. Er sagt: „Unter Ursache seiner selbst „verstehe ich das, dessen Wesen das Dasein enthält oder dessen „Natur nur als Seiend vorgestellt werden kann." Trotz dieser sehr mangelhaften Ausdrucksweise versteht man doch, dass Spinoza damit den bekannten Gedanken des Anselmus und Cartesius wiederholen will, nämlich die Ableitung des wirklichen Seins aus dem blossen Vorstellen. Anselm behauptet: Es giebt einen Gedanken, aus dem, als Gedanken, folgt, dass sein Gegenstand auch wirklich sei. Dasselbe will Spinoza mit seiner Causa sui sagen. Indess ist die Benutzung der Beziehungsform der Ursachlichkeit für diesen Zweck schlecht geeignet. Auch hat Anselm von ihr bei seinem Beweise keinen Gebrauch gemacht.

98) Weiter sind diese Definitionen Spinoza's mangelhaft. Obgleich er deren zwei giebt, so sagen sie beide nicht, was er sagen will. Er will sagen, dass die blosse Vorstellung allein der genügende Erkenntnissgrund für das wirkliche Sein seines Vorgestellten sei. Statt dessen sagt er: „Cujus natura non potest concipi „nisi existens." Auf dieses concipi kommt es aber nicht an,

sondern auf das wirkliche Sein. Man kann sich recht wohl einen Inhalt vorstellen, und es kann dieser Inhalt auch als seiend vorgestellt, ja beides kann in nothwendige Verbindung gebracht werden; aber damit kommt man nicht über das Vorstellen hinaus, während es Anselm und Spinoza darum zu thun ist, das wirkliche Sein, nicht das bloss vorgestellte Sein des Inhaltes zu beweisen.

99) Die andere Definition Spinoza's: „Cujus essentia involvit „existentiam," ist ebenso mangelhaft. Denn diese lässt wieder das Vorstellen ganz bei Seite und folgert nur aus der seienden Wesenheit die seiende Wirklichkeit. In der ersten Definition kommt Spinoza von dem Vorstellen nicht zu dem Sein; in der zweiten kommt er von dem Sein nicht zu dem Vorstellen und doch liegt der Kern des Begriffes von Causa sui darin, dass mit dem bloss vorgestellten Sein das wirkliche Sein als verknüpft nachgewiesen werde. Dieses war der grosse Gedanke Anselm's.

100) Aristoteles giebt in seiner Metaphysik (I. 3) vier Arten der Ursachen. Er sagt: „Der letzten Ursachen giebt es vier. Die „eine nennen wir Wesen und Begriff, denn das Warum wird „auf den Begriff zurückgeführt. Ursache und Prinzip ist aber in „erster Reihe das Warum. Als zweite Ursache setzen wir die Ma„terie und das Substrat; als dritte die bewegende Ursache, als „vierte die der letztern gegenüberstehende Zweckursache und das „Gute, welches das Ziel aller Erzeugung und Bewegung ist."

101) Von dieser Eintheilung datirt die Eintheilung der Scholastiker in causas formales, materiales, efficientes und finales. Diese Eintheilung ist aber ohne Werth und auch in der neuern Philosophie verlassen. Wenn man auf die Frage: Warum? mit dem Begriff antwortet, so giebt man keine Ursache, sondern den Erkenntnissgrund. Wenn ich frage: Warum fällt dieser Stein? und man antwortet: Weil in dem Begriff des Körpers die allgemeine Anziehung enthalten ist, so ist dies der Erkenntnissgrund, aber nicht die Ursache.

102) Die zweite Art gehört auch nicht zur Ursachlichkeit. Die Bildsäule besteht aus Stein, aber dieser Stein ist nicht ihre Ursache. In der fertigen Bildsäule wird gar kein Geschehen, keine Zeitfolge vorgestellt. Man kann deshalb einzelnes von ihr weder als Wirkung, noch als Ursache auf einander beziehen. Das Einzelne in seinen gleichzeitig bestehenden Unterschieden fällt unter die Begriffe von Theilen, Eigenschaften, Elementen und begrifflichen Stücken, oder unter den Begriff von Accidenz und Substanz, aber niemals unter den Begriff der Ursachlichkeit. Die beiden

letzten Arten bei Aristoteles sind allein wahre Ursachen, aber sie haben auch keinen Unterschied gegen einander, wie an dem Zweck oben gezeigt worden ist; deshalb ist die ganze Eintheilung des Aristoteles theils falsch, theils überflüssig.

# Die Substantialität.

1) Diese Beziehungsform ist dem gewöhnlichen Vorstellen und den besonderen Wissenschaften nicht so geläufig, wie die Ursachlichkeit. Selbst in Stuart Mill's System der Logik, London, 1863, wird die Ursachlichkeit in einem besonderen Kapitel von achtzig Seiten behandelt, während der Substanz nur hier und da beiläufig gedacht wird. Im Leben hört man hundertmal von Ursachen und Wirkungen sprechen, aber kaum einmal von Substanzen und Accidenzen. Statt dessen spricht man von den Dingen und ihren Eigenschaften, womit jene eigenschaftlichen Bestimmungen gemeint werden, wie sie in der Lehre von der sinnlichen Wahrnehmung aufgeführt worden sind. Diese Vorstellungen der Eigenschaften sind aber Vorstellungen eines Seienden und keine Beziehungen.

2) Das Ding wird im gewöhnlichen Vorstellen von seinen Eigenschaften unterschieden. Es hat diese Eigenschaften, oder es ist roth, süss, hart, klug, lustig u. s. w. Es entsteht also die Frage: Wird dieses Ding neben seinen Eigenschaften wahrgenommen? Die Antwort ist: Nein. Man kann das Ding nicht für sich sehen, hören oder innerlich wahrnehmen; man hat immer nur eigenschaftliche Bestimmungen als den Inhalt jeder sinnlichen und Selbstwahrnehmung. Wo ist also das Ding, wenn es nicht wahrgenommen wird und was ist es? Man kann antworten: Das Ding ist nur die Summe oder das Ganze seiner Eigenschaften; man kann auch sagen: Das Ding steckt im Innern, hinter seinen Eigenschaften; es ist das Unsichtbare, was diesen Eigenschaften den Halt und die Festigkeit ihrer Verbindung gewährt. Diese beiden Antworten sind die geläufigsten im gewöhnlichen Vorstellen und sie sind auch die Grundlage, auf der die Beziehungsform der Substanz sich gebildet hat.

3) Nach der Darstellung dieses Werkes ist das Ding dasselbe, wie seine eigenschaftlichen, durch die Wahrnehmung gegebenen Bestimmungen, aber es ist nicht die blosse Summe dieser Bestimmungen, sondern diese Bestimmungen mit der Einheitsform des An- oder In-einander, wodurch diese mehrere Eigenschaften erst zu einem Dinge werden. Das Ding ist nicht ausserhalb seiner Eigenschaften, es ist auch nicht hinter ihnen, nicht ein unerkenn-

bares Innere, sondern es ist dasselbe, wie seine sämmtlichen Eigenschaften; es ist aber auch nicht ein blosser Haufe dieser Eigenschaften, sondern diese in der Einheitsform, wodurch sie erst zu einem Dinge werden. An dem Dinge ist daher alles seiend; seine Eigenschaften sowohl wie seine Einheitsform. Die Wahrnehmung allein ist seine Vermittlerin für die wissende Seele.

4) Die Wahrnehmung fügt dem Dinge nichts hinzu; sie nimmt es so, wie es ist, unverändert; darin besteht ihre Wahrheit; sie ist zugleich Empfindung, Berührung der seienden Seele mit dem seienden Gegenstande; darin liegt die Gewissheit von dem Sein des Dinges, von dem Sein seiner Eigenschaften und seiner Einheitsform, so weit sie durch die Wahrnehmung gegeben werden. Insbesondere ist die Einheitsform keine Zuthat der Seele, sondern ein seiender Theil des Dinges, wie seine Eigenschaften; deshalb kann die Seele diese Einheitsform nicht nach Gefallen wechseln, sie ist gebunden durch die Wahrnehmung, welche wieder durch den Gegenstand bestimmt ist und deshalb nur Seiendes von ihm in Wissen umsetzt.

5) Bei solcher Auffassung zeigt sich keine Spur von einer Beziehungsform. Man sieht zunächst nicht ab, weshalb man sich bei dieser einfachen Auffassung des Seienden nicht beruhigt hat, weshalb man nach künstlichen Beziehungen daneben gesucht hat. Indess hat sich der Begriff des Inwohnens, der Inhärenz, für die stärkere Einung des Dinges mit seinen Eigenschaften in ähnlicher Weise gebildet, wie der Begriff der Erzeugung für das in der Zeit sich regelmässig folgende Vor und Nach bei der Ursachlichkeit. Sowie man bei der Ursachlichkeit mit der allgemeinen Folge des Nach hinter dem Vor sich nicht begnügte, sondern die Vorstellung einer Erzeugung desselben hinzuthat, so hat man auch bei dem Dinge mit seinen Eigenschaften bei der Einheit aus der Berührung der Theile und der Durchdringung der Eigenschaften eines Dinges sich nicht begnügt, sondern noch die Vorstellung einer Inhärenz der Eigenschaften hinzugenommen, um die Einheit des Dinges und seiner Eigenschaften höher zu steigern. Damit war man bei der Substanz und ihren Accidenzen angelangt.

6) Insbesondere trug dazu die Wahrnehmung bei, dass die Eigenschaften nicht einzeln für sich angetroffen werden, sondern dass überall, wo die Wahrnehmung eines Seins oder eine Selbstwahrnehmung eintritt, allemal auch die sämmtlichen Bestimmungen beisammen sind, welche früher dargelegt worden sind. Da weder das Roth der Rose abgesondert für sich gesehen wird, noch der Grad, noch die Grösse, noch die Gestalt, noch die Zeitdauer, noch die Bewegung, noch die Veränderung für sich und getrennt,

so entwickelte sich der Begriff der Unselbstständigkeit dieser Bestimmungen. Man nahm an, keine könne für sich bestehen (substare) und wenn keine dies kann, so kann es auch ihre Summe nicht; es muss also ein Besonderes neben diesen Eigenschaften vorhanden sein, was diesen Mangel der Unselbstständigkeit ersetzt, was in sich die Selbstständigkeit enthält (Substantia) und damit jene unselbstständigen Eigenschaften stützt, trägt und ihnen den Halt zum Sein giebt.

7) Damit war das zweite Merkmal der Substanz gebildet, sie war nicht blos das inniger Einende jener unterschiedenen Eigenschaften, sie war nunmehr auch das allein Selbstständige in dem Dinge.

8) Aber auch damit war der Begriff der Substanz noch nicht vollendet. Die Erfahrung zeigte, dass die Eigenschaften eines Dinges wechseln; dass es sich verändert; ja es kamen Fälle vor, wo sich alles verändert hatte und doch an der Dieselbigkeit des Dinges nicht gezweifelt werden konnte. Die kleine keimende Pflanze gilt als dasselbe Ding mit dem späteren, breiten Busch der blühenden Aster. Es schien deshalb nothwendig, neben diesem Wechsel, der auf alle Eigenschaften sich ausdehnen kann, ein Bleibendes zu haben, an dem diese Veränderungen vorgehen und was allein durch seine Dauer die Dieselbigkeit des Dinges verbürgt.

9) Wenn schon bei den sinnlich wahrnehmbaren Dingen dies nöthig, so schien ein solches Beharrliche noch viel mehr bei dem durch Selbstwahrnehmung gegebenen Wesen nöthig, welches die Seele genannt wird. Hier ist der Wechsel im Wissen, Fühlen und Begehren grösser und schneller als in irgend einem sinnlichen Dinge; trotz dieses reissenden Wechsels ist aber bei keinem Dinge die Dieselbigkeit augenscheinlicher, wie bei der Seele. Jeder trägt das Wissen von der Dieselbigkeit seiner Seele durch sein ganzes Leben in sich.

10) Damit bildete sich das dritte und letzte Merkmal der Substanz, das Beharrliche, was von einem Wechsel seiner Eigenschaften nicht berührt wird, und trotz des Wechsels die Dieselbigkeit des Dinges sichert. — Man hatte damit einen sehr bestimmten Begriff der Substanz gewonnen; sie war das Einende, Selbstständige und Beharrliche in jedem Dinge. Die Eigenschaften werden dieser Substanz gegenüber zu den Accidenzen, die das Viele, das Unselbstständige und das Wechselnde in dem Dinge darstellten.

11) Insofern unter Accidenzen nur jene eigenschaftlichen Bestimmungen verstanden wurden, blieben sie nach wie vor wahrnehmbar

und seiend. Aber die Substanz, obgleich eine sehr bestimmte Definition von ihr gegeben werden konnte, fiel nicht in die Wahrnehmung. Man konnte wohl das An- und In-einander der Eigenschaften wahrnehmen, aber jene höhere Einheit der Substanz war nicht zu sehen; auch das Selbstständige war nicht zu erkennen, und eben so wenig das Beharrliche; alles was mit der Wahrnehmung zu erreichen war, waren immer nur Eigenschaften oder Accidenzen.

12) Dennoch wurde an dem Sein der Substanz festgehalten, ja, als man dazu fortschritt, das durch die Wahrnehmung Gegebene als das Unwahre, Nicht-Seiende zu behaupten, wurde die Substanz gerade dadurch um so mehr ein Seiendes, als sie nur durch das Denken sollte erkannt werden können.

13) Nachdem man einmal der Fesseln der Wahrnehmung sich entledigt hatte, war das Denken nun ungehindert, die Substanz noch weiter auszubilden. Spinoza erfand die Attributa der Substanz; „id quod intellectus de substantia percipit, tanquam ejus essentiam „constituens“ und die Modi der Substanz, oder die affectiones „id quod in alio est, per quod etiam concipitur.“ — Auf diese Weise wurde die Substanz in Wesentliches und Unwesentliches eingetheilt. Dann folgen bei Spinoza die Sätze: „Substantia prior „est natura suis affectionibus; una substantia non potest produci ab „alia substantia; ad naturam substantiae pertinet existere; omnis „substantia est necessario infinita; substantia est indivisibilis; praeter „Deum nulla dari neque concipi potest substantia“, u. s. w.

14) Alle diese Sätze werden dabei in mathematischer Methode bewiesen. Die Irrthümer in diesen Beweisen werden später aufgezeigt werden. Hier kommt es nur darauf an, zu zeigen, wie leicht der Seele es wird, einen Begriff synthetisch zu erweitern, wenn sie einmal die Erfahrung verlassen hat. — Während die Substanz bei Spinoza sich in die Alles umfassende, Alles in sich tragende Gottheit verwandelt hat, so dass kein Sein neben ihr noch bestehen kann, ist die Substanz nach der richtigen Auffassung überhaupt nichts Seiendes, sondern nur eine Beziehungsform der Seele, gleich der Ursache, mit der sie viel Uebereinstimmendes hat.

15) Bei der Ursache als Beziehungsform liegen auch seiende Unterschiedene vor, und eine Zeitfolge derselben; an diese seienden Bestimmungen knüpft die Seele die Beziehung des Allgemeinen und der Erzeugung, und bildet damit die Ursachlichkeit. Bei der Substanz liegen ebenso seiende Unterschiede in den verschiedenen Eigenschaften des Dinges vor und ein An- und In-einander Sein dieser Eigenschaften; an diese seienden Bestimmungen knüpft die

Seele die Beziehung der Substanz, als des Einenden und Tragenden der Eigenschaften und bildet daraus die Beziehungsform der Substantialität. Bei beiden Formen ist der Seele die Einheit der Unterschiedenen durch blosse Zeitfolge oder durch blosse Berührung und Durchdringung nicht genug; sie bringt deshalb die Erzeugung und das Inhäriren oder Inwohnen herbei, um eine höhere Einheit zu gewinnen. Bei beiden Formen wird dann noch ein beharrliches hinzugenommen; bei der Ursachlichkeit in der Allgemeinheit solcher Erzeugung oder in der erzeugenden Kraft; bei der Substantialität in der ewigen Dauer der Substanz. Die genaue Uebereinstimmung in der Bildung beider Formen ist unverkennbar. Ist die Ursachlichkeit nur Beziehung, so wird auch die Substantialität es nur sein.

16) So wie die Erzeugung eine Vorstellung ist, deren Gegenständliches nicht wahrgenommen, ja nicht einmal bildlich vorgestellt werden kann, so ist auch die Inhärenz eine gleiche, deren Gegenstand weder wahrgenommen, noch bildlich vorgestellt werden kann. Bei dem besten Willen ist ein Ding, in dem die Eigenschaften wohnen, ein Ding, was sie eint und festhält, nicht als ein Seiendes vorzustellen. Alles, was die Seele dazu bieten kann, sind immer nur eigenschaftliche Bestimmungen und diese fallen unter die Accidenzen. Selbst der Begriff der gefühlten Kraft ist dazu nicht hinreichend.

17) Aber wohl hat man, um die Verbindung zwischen Substanz und Accidenzen näher zu bestimmen, denjenigen Begriff der Kraft dazu benutzt, welcher in ähnlicher Weise bei der Ursachlichkeit zum Bindemittel gemacht worden ist. Solche bindende Kraft, die auch mitunter das substantiale der Substanz genannt worden ist, ist aber nur ein vergeblicher Versuch, die Inhärenz verständlicher zu machen. Das Wort: Kraft hilft dazu so wenig, wie es dazu helfen konnte, die Erzeugung der Wirkung aus der Ursache zu verstehen. Die Erfinder erklären sie selbst für das Unerkennbare.

18) Die Schwierigkeiten des Substanzbegriffes, sobald er als Begriff eines Seienden genommen wird, hat Herbart gut dargelegt. Er sagt (IV. 106.): „Die gewöhnliche Schwachheit oder Sorglosigkeit des Menschen lässt hier die eine Hälfte des Gedankens fahren „über der andern. Die Accidenzen oder Attribute, sagt man, wohnen in der Substanz. Wie soll das zugehen? Das wissen wir nicht; „verlangen es auch nicht, zu wissen. Was ist denn die Substanz? „das wissen wir nicht, wollen es auch nicht wissen. Aber ihr wisst „sehr gut, dass ihr vieles vor Augen habt, welches nicht Eins,

„ist. Dieses Viele der Merkmale sollt ihr als Eins setzen in allen „Fällen, worin die Merkmale gegeben sind als ein Ding. — Es ist „nun nicht genug zu sagen: Substantia est prior natura suis affectio- „nibus. Die Substanz mag früher sein, aber wir wissen nichts von „ihr. Unser Recht, sie zu setzen, ist nur durch die Merkmale ge- „geben und unsere Setzung soll deshalb eins bleiben mit der „Setzung der Merkmale. Es seien n Merkmale gegeben; wir „setzen die Substanz dazu, das giebt n+1 Positionen. Aber dies „ist falsch. Die Anzahl der Positionen soll, wie die Aufgabe liegt, „sich nicht vermehren. Die n Positionen sollen selbst eine werden. „Dies kann aber nicht geschehen. Es ist widersprechend.“ Ferner (IV. 120): „Was ist denn nun das unmittelbar Gesetzte? Wir können „leicht antworten, es ist die Einheit der Complexion der Merkmale. „Nichts weniger, hören wir einwenden, das Ding ist keine Summe „von Merkmalen, sondern es hat diese Merkmale. Also, sagen wir, „ist das Ding doch wohl ein Gedankending. Denn das Ding ohne „Merkmale welches hier vorausgesetzt wird, damit es erst hinter- „her die Merkmale annehmen, sich gleichsam damit bekleiden, „sie nunmehr haben und besitzen könne, ist offenbar kein gegebenes „Ding. Das Gegebene ist das Empfundene und dessen Form; „sonst durchaus gar nichts.“

19) Während Herbart hier die Schwierigkeiten des Substanz-begriffes überzeugend darlegt, verfehlt er doch selbst den rechten Weg zu ihrer Lösung. Er glaubt die Lösung nur zu finden in einer Umwandlung der Substanz in Causalität. Er sagt: „Keine „Substantialität ohne Causalität; es giebt gar keine Attribute, als „Correlate der Substanz, denn wie viele sinnliche Merkmale, so „viele Ursachen.“ Herbart sucht dann dies mit seiner Theorie von einfachen Wesen und deren Störungen und Selbsterhaltungen in Uebereinstimmung zu bringen. Wir können ihm hierin zur Zeit nicht folgen; es ist auch für die hier vorliegende Frage nicht nöthig. Im Allgemeinen ist diese Einschiebung der Ursachlichkeit in die Substanz nichts Neues, wie Herbart meint. Der Begriff der unerkennbaren Qualität oder Kraft ist schon dasselbe; aus solchem sind schon von Andern die Eigenschaften des Dinges abgeleitet worden; Herbart ist nur neu, insofern er diesen Begriff der Kraft genauer zu bestimmen sucht, während er bis dahin für unerkennbar erklärt wurde.

20) Auch Schopenhauer führt die verschiedenen Eigenschaften des Dinges auf „qualitates occultae“ zurück, „auf Urkräfte, welche „bei aller Erklärung stets übrig bleiben werden, und den Grund zur „Erscheinung seiner Eigenschaften abgeben.“ (Die Welt. I. 145.

147.) — Die wahre Auflösung der Schwierigkeiten des Substanzbegriffes liegt näher; sie ist oben gegeben worden. Schon ihre Aehnlichkeit mit der Ursache musste erkennen lassen, dass wenn bei jener die Erzeugung nichts Seiendes darstellt, auch bei dieser die Inhärenz nur eine Beziehung ist, eine reine Form des Denkens in der Seele, um das durch die Wahrnehmung Gegebene in einen innigern Zusammenhang zu bringen.

21) Bei dieser Auffassung ist es nothwendig, dass die Substanz nicht wahrgenommen werden kann; dass auch bildlich keine Vorstellung von ihm gegeben werden kann. — Solcher Versuch ist eben so unmöglich, als wenn man das Nicht sich als ein Seiendes bildlich vorstellen wollte. Für die Beziehungen ist dies überhaupt unmöglich. Deshalb die Schwierigkeit, wohin man die Substanz bringen soll, wenn man sie als ein Seiendes annimmt; ob hinter die Merkmale, ob selbstständig neben oder zeitlich vor ihnen; ob noch ein substantiale oder eine Kraft ausser ihr nöthig, um die Eigenschaften mit ihr zu verbinden. — Alle diese Fragen fallen hinweg, wenn festgehalten wird, dass das Seiende allein die Eigenschaften sind, und die Substanz nur ein Gebilde der Seele ist, was sie aus sich selbst hinzufügt, um die Einheit zu erhöhen, aber ohne damit ein neues Seiendes neben den Eigenschaften hinstellen zu wollen.

22) Herbart nimmt Anstoss an der Vielheit der Eigenschaften, welche der Einheit des Dinges widersprächen. Aber er verkennt die Natur der Einheitsformen, welche gerade bewirken, dass diese Vielheit, ohne unterzugehn, sich zu einer Einheit umwandelt. Einheit ohne Unterschiede wäre Einerleiheit; die Einheit ohne Unterschiede ist unmöglich und ihre ganze Bedeutung liegt darin, dass sie diese Vielheit der Unterschiede in die Einheit des Dinges umwandelt, ohne dabei diese Unterschiede zu zerstören. Die Berührung und die Durchdringung der Eigenschaften sind die Bestimmungen, welche diese einende Macht in sich tragen. Sie führen die Einheit herbei, ohne deshalb als ein Höheres, als eine Substanz sich den Eigenschaften gegenüber zu stellen; vielmehr sind sie selbst, als Bestimmungen des Räumlichen, ein Seiendes, was sich mit den Eigenschaften vereint und in dieser Einung die Einheit des Dinges erreicht. Alle jene Wunder der Substanz, jene einenden, tragenden Kräfte, welche ihr beigelegt werden, sind in jenem An- und In-einander der Eigenschaften schon enthalten; es bedarf keines Weiteren; der Begriff der Substanz ist für den völlig überflüssig, der die Natur dieser einenden Formen erkannt hat.

23) Die Unselbstständigkeit der einzelnen Eigenschaften ist nur aus der Wahrnehmung abgeleitet, welche jene eigenschaftlichen Bestimmungen

eines Sinnes immer beisammen aufweiset. Es kann nie eine Wahrnehmung durch das Auge oder Ohr gefunden werden, wo nicht jene acht eigenschaftlichen Bestimmungen des Sehens, oder jene fünf des Hörens mit einander vereint wären. Daraus hat man gefolgert, dass die einzelnen dieser Bestimmungen überhaupt nicht für sich bestehn können, und dass ein Anderes diesen Mangel ergänzen müsse.

24) Aber diese Folgerung ist nicht richtig. Schon innerhalb der Wahrnehmung sind Fälle gegeben, wo einzelne Eigenschaften von einem Gegenstande auf den andern übergehn. Die Bewegung dieser Billardkugel geht zur Hälfte, ja unter Umständen auch ganz in die andere von ihr gestossene über. Die Wärme dieses Eimers Wasser geht auf den andern Eimer kalten Wassers zur Hälfte über, wenn sie gemischt werden. Dieses Uebergehn zeigt schon die Selbstständigkeit dieser Eigenschaften.

25) Ferner folgt aus der angeblichen Unselbstständigkeit der einzelnen Eigenschaften nicht, dass diese nicht aus deren Vereinung hervorgehen könne; vielmehr zeigt die Wahrnehmung diese Selbstständigkeit in der Vereinung ihrer. So wie das einzelne Gewehr eines Soldaten für sich hingestellt, sich nicht erhalten kann, aber fünf gegeneinander gelehnt sich erhalten und stützen, so findet ähnliches auch bei den Eigenschaften statt. Ihre blosse Vereinung giebt ihnen die der einzelnen fehlende Selbstständigkeit.

26) Das Ding ist also in Wahrheit nichts Anderes, als die in ihrer Einheitsform vereinten Eigenschaften; die Summe der Eigenschaften mit ihrer, den Raumesbestimmungen entlehnten Einheitsform. Dadurch ist es eines, trotz seiner vielen Eigenschaften, und dadurch ist es selbstständig, trotz der Unselbstständigkeit der einzelnen Eigenschaften.

27) Hegel giebt in seiner Phänomenologie (II. 84.) eine ausführliche Erörterung des Dinges mit seinen Eigenschaften. Auch er bemüht sich, darin Widersprüche aufzufinden und so den Begriff aus dem Sein in das Denken und dann aus dem Denken wieder in das Sein zu treiben, gleich einem Wilde, was von dem Jäger verfolgt, aus einem Versteck in den andern flieht. Diese vermeintlichen Widersprüche entspringen indess, bei näherer Betrachtung nur aus einer Verwechslung der Beziehungsformen mit den Begriffen des Seienden.

28) Hegel sagt zunächst ganz richtig vom Salz (II. 86.): „Alle „die vielen Eigenschaften des Salzes sind in einem einfachen hier, „worin sie sich also durchdringen; keine hat ein anderes hier als „die Andere, sondern jede ist allenthalben in demselben, worin die

„andere ist; und zugleich, ohne durch verschiedene Hier geschieden „zu sein, affiziren sie sich in dieser Durchdringung nicht." — Anstatt indess in dieser Durchdringung schon die volle Einheit des Dinges und seiner Eigenschaften anzuerkennen, leitet Hegel in dem folgenden Satze die Einheit vielmehr von der Unterscheidung dieser Eigenschaften gegen andere ab, die andern Dingen angehören. Er sagt: „Die Unterscheidung der Eigenschaften, insofern sie eine „ausschliessende, Anderes negirende ist, fällt also ausserhalb des „Dinges." (II. 87.) „und dieses ist daher nicht nur ein Auch, „gleichgültige Einheit, sondern auch Eins, ausschliessende Einheit."

29) Hier zeigt sich die Verwechslung der Beziehungsform des Unterschiedes mit einer seienden Eigenschaft. Der Unterschied „fällt nicht ausserhalb des Dinges," sondern ist die Beziehung des Dinges zu einem Zweiten durch Nicht. Diese Unterscheidung liegt nur in der Seele, nicht in dem Dinge; die Selbstständigkeit und Einheit desselben wird davon nicht berührt. Die Bestimmtheit ist zunächst der Begriff eines Seienden; sie kann aber durch Beziehung im Denken die Unterlage der Negation abgeben.

30) Hegel fährt in ähnlichen Verwechslungen fort und sagt (II. 91.): „Ich nehme das Ding als Eins gewahr; wenn in der „Bewegung des Wahrnehmens etwas dem Widersprechendes vor„kommt, so ist dies als meine Reflexion zu erkennen. Es kommen „nun in der Wahrnehmung auch verschiedene Eigenschaften vor, „welche Eigenschaften des Dinges zu sein scheinen; allein das Ding „ist Eins und von dieser Verschiedenheit, wodurch es aufhörte, „Eins zu sein, sind wir uns bewusst, dass sie in uns fällt." — Hier treffen wir auf den gleichen Einwurf wie bei Herbart. Die Vielheit der Eigenschaften soll mit dem Eins sich nicht vertragen. Das Eins ist aber ein Begriff, der gar nicht hierher, sondern zur Zahlbeziehung gehört; nur die Einheit des Dinges ist vorhanden, und diese verträgt sich, wie gezeigt, sehr wohl mit der Vielheit der Eigenschaften.

31) Hegel sagt weiter (II. 94.): „die verschiedenen Dinge sind „für sich gesetzt und der Widerstreit fällt in sie so gegenseitig, dass „jedes nicht von sich selbst, sondern nur von dem andern ver„schieden ist. Jedes ist eben hiermit selbst als ein Unterschie„denes bestimmt und hat den wesentlichen Unterschied von den Andern an ihm." — Hier bemerkt man, wie der Widerspruch dadurch vorbereitet wird, dass die Beziehungsform des Unterschiedes, als ein Seiendes, dem Dinge innewohnendes, genommen wird.

32) Hegel fährt fort (II. 95.): „die Bestimmtheit des Dinges „ist nun so bestimmt, dass das Ding dadurch im Gegensatze mit

„Andern ist, aber sich darin für sich erhalten soll. Ding aber, „oder für sich seiendes Eins ist es nur, insofern es nicht in dieser „Beziehung auf andere steht, denn in dieser Beziehung ist vielmehr „der Zusammenhang mit Andern gesetzt und Zusammenhang mit „Andern ist das Aufhören des Für sich seins; — das Ding geht „also durch seine wesentlichen Eigenschaften zu Grunde."

33) Es kann nicht leicht eine Stelle Hegels schlagender zeigen, zu welchen Verkehrtheiten eine Betrachtung gelangt, welche die Natur der Beziehungsformen verkennt und sie als seiende Bestimmungen der Dinge behandelt. Ein Meer von Widersprüchen ist dann unvermeidlich. Der ganze Abschnitt über die Wahrnehmung in der Phänomenologie Hegels ist nichts als eine fortdauernde Anwendung dieses Kunstgriffes. Es ist gerade das Wesen der Beziehungsform, dass sie Mehrerer bedarf, dass sie gleichsam zwischen diesen Mehreren schwebt und dass sie zu keiner Eigenschaft des Einzelnen so Bezogenen gemacht werden kann.

34) Es ist also völlig verkehrt, wenn Hegel behauptet, dass das Eins seine Natur verliere, wenn es in Beziehung mit andern trete. Jede Zahl ist die Widerlegung davon. Denn sie zählt die mehreren Eins, die trotz dieser Zahlbeziehung Eins bleiben. Deshalb verliert kein Ding sein Eins-sein, seine Selbstständigkeit dadurch, dass es von Andern unterschieden wird, dass es in Gegensatz mit ihnen gestellt wird. Der Gegensatz oder Unterschied ist nur Verneinung und durch solche Beziehungsform wird die Einzelheit des Dinges nicht berührt. Diese Einzelheit, dies Getrenntsein von andern Dingen ist ein Seiendes. Das natürliche Vorstellen hat viel Mühe sich in solcher Darstellung, wie sie Hegel hier bietet, nur zurecht zu finden; es hat den Instinkt, dass eine Verdrehung der Begriffe hier statt habe, wenn es auch den Fehler aufzuzeigen nicht vermag.

35) In der oben entwickelten Substanz war noch ein Drittes, das Beharrliche. Diese Bestimmung entspricht der Zeitfolge, welche in der Ursachlichkeit enthalten ist. Beides ist eine seiende, in die Wahrnehmung fallende Bestimmung, und liegt als solche ausserhalb der Beziehungsform. Aber als solches wahrnehmbare Beharrliche wird in dem Dinge nicht die Substanz gesehen, sondern einzelne Eigenschaften in Rücksicht auf andere. Bei der Veränderung eines Dinges ändern sich nicht mit einem Male alle Eigenschaften desselben, sondern die Veränderung geht immer nur an einer oder einigen vor, während andere immittelst beharren. Dieses Beharren ist aber kein Beharren ohne Ende, sondern nur ein Beharren in Bezug auf die vergehenden Eigenschaften. — Später kommt das Vergehen auch an jene Eigenschaften, welche beharrt

hatten, und die Rolle des Beharrens an die, welche für jene eingetreten sind.

36) Die Beständigkeit und die Dieselbigkeit des Dinges beruht daher nicht auf irgend einer bestimmten Eigenschaft, welche während seiner ganzen Dauer beharrt, sondern darauf, dass die Veränderung immer nur an einzelnen Eigenschaften vor sich geht, während andere für diese Zeit beharren. Es kann so kommen, dass ein Ding mit der Zeit alle seine Eigenschaften verändert hat und dennoch als dasselbe Ding gilt. Die Dieselbigkeit geht hier an dem Faden derjenigen Eigenschaften fort, welche während einer bestimmten Veränderung anderer, beharren. Deshalb tritt ein Zweifel an der Dieselbigkeit eines Dinges erst dann ein, wenn alle in die Wahrnehmung fallenden Eigenschaften sich auf einmal verändern. Man sagt dann nicht, das Ding hat sich verändert, sondern es ist untergegangen und ein neues ist an seine Stelle getreten. Eine solche Auffassung wird bei einzelnen chemischen Vorgängen angewendet. Wenn Schiess-Pulver angezündet wird, so sagt man nicht, das Ding (Pulver) hat sich verändert, ist Rauch und Gas geworden, sondern das Pulver ist verschwunden und an dessen Stelle sind Rauch und Gas getreten. Nur wenn die Chemie mit Hülfe der atomistischen Voraussetzungen zeigt, dass nicht alle Eigenschaften im Pulver verschwunden sind, dass die Moleküle desselben mit ihrer Schwere und Ausdehnung auch in dem Rauch und den Gas-Arten geblieben sind, kann das dieser Auffassung folgende Wissen auch bei solchem Vorgange den Begriff der Veränderung anwenden.

37) Man sieht, dass dieser Begriff der Beharrlichkeit von Widersprüchen frei ist. Er bedarf weder einer geheimnissvollen Substanz, welche allein die Beharrlichkeit des Dinges vermittelte, noch nöthigt dieser Begriff, irgend eine Eigenschaft als unveränderlich, unzerstörbar für ewige Zeiten anzunehmen. Selbst in dem Begriffe des Stoffes ist nichts enthalten, was seine Unvergänglichkeit fordert. Sowohl die Ausdehnung, als der Widerstand (Druck) und die Schwere können vergehen; in diesen Begriffen liegt nichts, was sie unvergänglicher machte, als Farbe, Ton, Geschmack, Gestalt.

38) Nachdem man indess die Substanz gebildet hatte zur Einung und Tragung der Eigenschaften des Dinges, war es natürlich, dass man dieser Substanz auch das Beharren zutheilte, im Gegensatz zu den vergänglichen Eigenschaften. Dieser Begriff steigerte sich später so, dass man die Substanz, auch abgesehen von ihrer Verbindung mit den Eigenschaften, für ein Solches erklärte, was ein unendliches Beharren enthalte, also ohne Anfang und ohne Ende sei, und dessen Quantum weder vermehrt noch vermindert werden

könne. Kant hat dies zu einem a priori feststehenden Grundsatz des reinen Verstandes erhoben. (K. d. r. V. 164.)

39) Während die Philosophie bis Kant das Wesen der Substanz mehr in das Einen und Tragen der Eigenschaften verlegt hatte, hob Kant als solches nur die Beharrlichkeit hervor. Es erklärt sich dies aus seiner Auffassung der Zeit, als der Vermittlerin zwischen der reinen Kategorie und der Erscheinung. Kant sagt (K. d. r. V. 164.): „Die Zeit für sich kann nicht wahrgenommen wer-„den. Folglich muss in den Gegenständen der Wahrnehmung, d. h. „den Erscheinungen das Substrat anzutreffen sein, welches die Zeit „überhaupt erfüllt und an dem aller Wechsel oder Zugleich-sein „durch das Verhältniss der Erscheinungen zu demselben in der „Apprehension wahrgenommen werden kann. Es ist aber das Sub-„strat alles Realen die Substanz."

40) Hierauf ist zu erwidern, dass, wenn auch die leere Zeit oder die Zeit allein nie für sich angetroffen wird, sondern immer ein sie Erfüllendes dabei ist, so ist doch die Wahrnehmung des Wechsels und des Zugleichseins durchaus nicht bedingt von dem daneben vorhandenen Dasein eines Beharrenden; vielmehr wird beides für sich wahrgenommen und kann auch nur so die ihm zugehörende Vorstellung in der Seele erzeugen. So wie das Anderssein oder der Wechsel im räumlichen Nebeneinander für sich wahrgenommen wird, so auch im zeitlichen Nebeneinander.

41) Um den Wechsel der Farben im Spektrum zu sehen, bedarf man keiner sich gleichbleibenden Farbe, die neben den wechselnden hinliefe; ebenso wird man den zeitlichen Wechsel dieser Farben für sich sehen, wenn man das Spektrum hinter einer Spalte bewegt und für den vor der Spalte stehenden die Farben sich zeitlich folgen lässt. Die neue Farbe ist dem Wahrnehmen eine für sich bestimmte und schon durch das Beziehen auf die vorige eine andere; damit ist die Wahrnehmung des Wechsels gegeben, ohne dass ein unverändert Beharrendes nöthig wäre. Dasselbe gilt für das Zugleichsein. Das Zugleich ist von selbst gegeben, wenn die Wahrnehmung zweier in dieselbe Zeit trifft; ein drittes Beharrendes ist dazu nicht nöthig und würde für das Zugleich jener keine Bedeutung haben.

42) Die Annahme Kants, dass man Wechsel und Zugleich nicht wahrnehmen könne ohne das Dasein eines Beharrenden, ist daher unrichtig; damit fällt schon seine weitläufige Ausführung von der Nothwendigkeit einer Substanz in den Erscheinungen. — Noch deutlicher zeigt sich dies in dem Hören der Töne. Wenn ich in einer Melodie die Töne wechseln höre, so höre ich nicht gleich-

zeitig daneben einen andern beharrenden Ton; jener Wechsel allein wird gehört und ist dadurch Wechsel, dass in der stetigen Folge der Zeit eine neue Bestimmtheit eintritt, welche die Seele als eine unterschiedene gegen die vorgehende erkennt.

43) Jener Meinung Kants liegt eine Verwechslung mit dem Satze zu Grunde, dass die Zeitgrösse ohne ein Beharrliches nicht gemessen werden könne, ein Satz, der richtig, aber mit dem Satz von Kant nichts zu thun hat. Um die Zeit zu messen, muss sie in einer gleichmässigen Bewegung beobachtet werden; die gleichen Theile des Raumes gelten dann für gleiche Zeittheile; es ist dabei ein fester (beharrender) Anfangspunkt nöthig, auf den die Bewegung bezogen und wonach die Grösse des durchlaufenen Raumes gemessen werden kann. Aber das Erkennen des blossen Wechsels bedarf solches Beharrenden nicht; die Beziehung des Folgenden auf das Vergangene ist schon dieses Unterscheiden und die Erkenntniss des Wechsels.

44) Kant sagt weiter (K. d. r. V. 165.): „Unsere Apprehension „des Mannigfaltigen ist jederzeit successiv und also immer wechselnd. „Wir können also dadurch allein niemals bestimmen, ob dieses „Mannigfaltige, als Gegenstand der Erfahrung, zugleich sei oder „nach einander folge, wo von ihr nicht etwas zu Grunde liegt, was „jederzeit ist d. i. etwas Bleibendes und Beharrliches, von welchem „aller Wechsel und Zugleichsein nichts als so viele Arten sind, wie „das Beharrliche existirt. Nur in dem Beharrlichen sind also Zeit-„verhältnisse möglich.“

45) Es ist richtig, dass die Wahrnehmungen in der Zeit fortgehen, und dass deshalb auch das Zugleichseiende, so weit es nicht in eine und dieselbe Wahrnehmung fällt, nur nach einander wahrgenommen werden kann. Aber um das gegenständliche Zugleich trotz dem zu gewinnen, benutzt die Seele kein Beharrendes daneben, was ihr gar nichts nützen würde. Auch dies könnte ja nur successiv gesehen werden, wenn man ein Anderes, nicht in denselben Gesichtskreis fallendes mit ihm vergleichen wollte; sondern die Seele kehrt mit ihrem Wahrnehmen zurück; findet sie das zuerst Gesehene wieder und zeigt sich dieses wiederholt so, so gilt der Seele deshalb ein solches nacheinander Wahrgenommene als zugleich seiend.

46) Ein grosses Haus kann ich, davor stehend, nicht mit einem Blick übersehen; um die letzten Fenster links zu sehen, muss ich die Fenster rechts aus dem Sehfeld treten lassen. Die Wahrnehmung der Fenster ist also successiv; und deshalb ist auch kein Halt da, für das Zugleichsein aller Fenster. Aber indem ich mich nun wieder rechts wende, die ersten Fenster da wieder an ihrem alten Platz sehe und dies wiederholt sich so findet, so gelten mir deshalb

alle Fenster als zugleich seiend. Was sollte mir ein Beharrliches helfen, was neben diesen Fenstern bestände, z. B. ein Baum? Wenn auch der Baum in der Mitte stände und in beiden Gesichtsfeldern sich befände, so wäre mir dies wohl ein Zeichen, dass der Baum beharrte, aber für das Beharren der Fenster daneben wäre daraus nichts abzunehmen; nur die Rückkehr im Wahrnehmen ist das alleinige Mittel, dies Zugleich festzustellen.

47) Kant verkennt ganz die Natur der Zeit, wenn er meint, nur an dem Beharrlichen seien die Zeitverhältnisse möglich. Es ist dasselbe, als wenn man behaupten wollte, das Aufhören einzelner Linien und das Neben-einander fortgehen anderer Linien im Raume sei nur wahrzunehmen möglich an einer ohne Ende und unverändert fortgehenden Linie. So wie der Wechsel und das Neben im Raume für sich wahrgenommen werden kann, so auch in der Zeit, da beide hierin völlig übereinstimmen. Man könnte mit gleichem Rechte das Entgegengesetzte behaupten, dass das Beharrliche nur durch den Wechsel erkannt werden könne; ja diese letzte Behauptung würde viel mehr Schein für sich haben.

48) Ueberhaupt ist festzuhalten, dass die Zeit, wenn auch nur im Verein mit andern Bestimmungen, doch als Zeit immer nur durch sich selbst wahrgenommen wird, und dass keine andere Bestimmung, weder Farbe, noch Ton, noch Geschmack, noch Gestalt etwas dazu beitragen kann, die Zeit und deren Eigenschaften wahrzunehmen. Die Zeit wird mit jenen Bestimmungen vereint wahrgenommen, aber sie sind keine Vermittler dabei. Die Zeit und ihre Natur sind so völlig von den andern Bestimmungen verschieden, dass die Wahrnehmung der Zeit durch nichts Anderes vermittelt und vorbereitet werden kann. Deshalb wird auch die Stetigkeit der Zeit, ihre Bewegung, und die eine Richtung dieser nur an ihr selbst wahrgenommen. Um den steten Fortgang der Zeit in der einen Richtung wahrzunehmen, bedarf es weder des Beharrens noch des Wechsels einer Farbe, eines Tones u. s. w., vielmehr sind auch Beharren und Wechsel nur aus der Zeit erst hervorgehende Bestimmungen; sie werden von Farbe, Ton u. s. w. nur ausgesagt, wenn diese mit der Zeit sich vereint haben.

49) Ich erkenne die Dauer, das Beharren dieses Baumes nicht an seiner Farbe, oder an seiner Gestalt, oder an seinem Stamme, oder an seiner Festigkeit, sondern dies Beharren ist der Zeitablauf selbst, der mit jenen Bestimmungen vereint ist und der erst ihnen den Begriff der Beharrlichkeit ertheilt. Es muss die Wahrnehmung des Beharrenden, oder der Zeitdauer besonders in der Seele geschehen, um durch seine Verbindung mit einer Farbe, Gestalt oder Ton solche andere Bestimmung für beharrlich erklären zu können.

So wenig wie aus der Farbe die Gestalt abgeleitet werden kann, so wenig die Dauer; alles dies sind selbstständige, in die Wahrnehmung fallende Bestimmungen, welche sich wohl mit einander vereinen, aber wo keine die andere erst möglich macht.

50) Dasselbe gilt selbstverständlich für den Wechsel in der Zeit. Erst dadurch, dass eine andere Farbe, ein anderer Ton sich mit einer folgenden Zeit vereint, wird der Wechsel der Farben, der Töne. Nicht der Unterschied der Farben oder Töne für sich macht den Wechsel; der stetige Fortgang der Zeit ist ohnedem schon in der Wahrnehmung und nur durch die Vereinigung jener Unterschiede mit den sich folgenden Zeiträumen entsteht der Wechsel. Die Zeit an sich hat nur stetigen Fortgang, keinen Wechsel. Wechsel entsteht, wenn in diesem stetigen Fortgange Unterschiede der Farben, Töne eintreten und sich mit ihm einen.

51) Es ist also völlig falsch, den Wechsel aus dem Beharren, oder das Beharren aus dem Wechsel ableiten zu wollen und das eine zur Bedingung des Andern zu machen. Beide treten völlig unabhängig von einander in die Wahrnehmung, je nachdem mit dem stetigen Fortgang der Zeit sich ein Unterschied in einer andern Bestimmung verbindet oder die andere Bestimmung sich als solche unverändert erhält.

52) Es ist durchaus unrichtig, wenn Kant sagt (K. d. r. V. 165): „Die Beharrlichkeit drückt überhaupt die Zeit aus, als das beständige Correlativum alles Daseins der Erscheinungen, alles Wechsels „und aller Begleitung. Denn der Wechsel trifft die Zeit nicht, „sondern nur die Erscheinungen in der Zeit." — Ebenso gut kann man sagen: das Beharrliche trifft die Zeit nicht, sondern nur die Erscheinungen in der Zeit. Die Zeit an sich ist weder beharrlich noch wechselnd; beides sind Begriffe, welche durch die Vereinigung der Zeit mit andern Bestimmungen, wie Farbe, Ton, Wärme, Geschmack, Lust u. s. w. entstehen. Je nachdem mit einer Zeitgrösse dieselbe gleiche Bestimmung geeint wird, oder Unterschiede derselben mit Theilen dieser Zeitgrösse, entsteht erst das Beharrende oder der Wechsel. Nicht die Zeit beharrt, sondern die Farbe, der Ton; nicht die Zeit wechselt, sondern die Farbe oder der Ton.

53) Wird der Wechsel als an einem Dinge vor sich gehend vorgestellt, so entsteht dadurch die Vereinigung von beharrenden Eigenschaften mit wechselnden Eigenschaften, und die Sprache sagt dann: das Ding ändert sich. Insofern das Beharrende hier den Halt abgiebt, hat daher Kant ganz recht zu sagen (K. d. r. V. 168): „Alles, was sich verändert, ist bleibend, nur sein Zustand wechselt." Kant hätte um so mehr Bedenken tragen sollen, die Substanz zur

Bedingung der Wahrnehmbarkeit der Veränderung zu machen, als die Substanz in seinem Sinne gar nicht wahrgenommen werden kann. Denn alles, was in die Sinne fällt, gehört auch nach Kant nur zu den Accidenzen der Substanz. Er sagt: „Die Bestimmun- „gen einer Substanz, die nichts anderes sind, als besondere Arten „derselben zu existiren, heissen Accidenzen.“ Aber die Substanzen können nach Kant nicht entstehen und nicht vergehen; sie können nicht vermehrt oder vermindert werden. Solche Bestimmungen schliessen alle Wahrnehmbarkeit der Substanz aus. Es ist also nicht zu begreifen, wie dennoch nach Kant die Substanzen zur Wahrnehmung des Wechsels und des Zugleich nöthig sein sollen. Sie können ja der Wahrnehmung nichts nützen, weil sie nur Gedankendinge sind, an denen die Sinne keinen Halt haben.

54) Kant will endlich die Ewigkeit der Substanzen damit beweisen, dass er sagt: „Nehmet an, dass etwas schlechthin anfange „zu sein, so müsst ihr einen Zeitpunkt haben, in dem es nicht war. „Woran wollt ihr aber diesen heften? wenn nicht an demjenigen, was „schon da ist. Denn eine leere Zeit, die vorherginge, ist kein Gegen- „stand der Wahrnehmung.“ (K. d. r. V. 169.)

55) Darauf ist zu erwidern, dass, wenn auch in keiner Wahrnehmung nur die leere Zeit enthalten ist, dennoch die Wahrnehmung der Zeit nur auf ihr selbst beruht und nicht auf dem, was sie erfüllt. Insofern nun Kant unter Substanz nur die neben dem Wahrnehmenden vorhandenen Substanzen versteht, ist auch eine Wahrnehmung der leeren Zeit zulässig, wie sie z. B. in der Wahrnehmung der Pausen in der Musik, und zwischen den Schlägen der Thurmuhr statt hat; diese leere Zeit braucht an nichts geheftet zu werden; der Anfang der spätern Erfüllung wird ebenso für sich wahrgenommen; das allein Wahre ist, dass die leere Zeit kein Mittel bietet, sie zu messen, d. h. den Anfang der eintretenden Erfüllung durch einen Punkt in der leeren Zeit zu bestimmen.

56) Kant will dem Begriff der Substanz nur Gültigkeit für die Erscheinungen einräumen, nicht für die Dinge an sich. Dieser Unterschied trifft indess die Natur des Substanz - Begriffes nicht; deshalb waren die Mängel der Kant'schen Auffassung hier darzulegen. — Wenn nun Kant die Nothwendigkeit und Gültigkeit dieses Begriffes für die Erfahrung aufzuzeigen sich bemüht, so ist seine Begründung höchst sonderbar.

57) Ist das Ding an sich raumlos und zeitlos und hat es auch mit allen Kategorieen nichts zu thun, wie Kant behauptet, so folgt unzweifelhaft, dass diese Kategorieen nur der Erscheinung angehören. Aber wie kommt die Seele dazu, auf ein Mannigfaltiges, was die

Sinne bieten, nur eine bestimmte Kategorie und keine andere anzuwenden? Die Antwort Kants lautet hier so, wie bei der Kategorie der Ursache. Trotzdem, sagt er, dass die Seele es nur mit ihren eigenen Phantasien zu thun hat, und nie das Wesen und die Natur der Dinge an sich erkennen kann, so will sie doch neben ihrem blossen Spiel der Gedanken auch eine Objektivität haben, ein Seiendes. Dies kann sie nur erreichen dadurch, dass jenes Spiel beseitigt, dass an dessen Stelle die Nothwendigkeit eintritt, der Zwang, das Mannigfache so und so bestimmt zu fassen und nicht anders. Erst an diesem Zwange erkennt die Seele, dass sie es mit Seiendem und nicht mit Spielen ihrer Phantasie zu thun hat. Woher soll aber diese Nothwendigkeit kommen, wenn das Ding an sich auf der einen Seite und die Kategorieen mit Raum und Zeit auf der andern Seite durch eine unüberschreitbare Kluft von einander geschieden sind, und letztere blos Geschöpfe der eigenen Seele sind?

58) Die sonderbare Antwort Kants auf diese Frage ist: diese Nothwendigkeit kommt von der Seele selbst. Weil sie eine solche Objektivität zu haben wünscht, und diese nur durch den Zwang zu erreichen ist, so legt sie sich selbst diesen Zwang auf. So bringt sie dieses bunte Mannigfache der Sinne in eine nothwendige Zeitfolge, um es von der blossen Folge der Vorstellungen in der Seele zu unterscheiden, und benutzt dazu den Begriff der Causalität; und so bringt sie auch zu diesem Mannigfachen ein Beharrendes, damit der Wechsel als ein Wechsel im Sein und nicht bloss als ein Wechsel im Vorstellen genommen werde.

59) Ganz abgesehen von der Brauchbarkeit solchen Mittels liegt das Unmögliche solcher Operation darin, dass ein Zwang, eine Nothwendigkeit, die man sich freiwillig auferlegt, ein Widerspruch ist. Es wäre eine Nothwendigkeit, die von dem Belieben abhinge. Die Sache gliche dem Verfahren eines Trunkenboldes, der, um sich zu bessern, sich die Nothwendigkeit zu Hause zu bleiben dadurch auferlegte, dass er sich einbildete, die Stube sei verschlossen. Er braucht solche Nothwendigkeit, um sich von seiner Leidenschaft zu heilen, wie der Mensch nach Kant eine solche braucht, um Objekte zu gewinnen; beide machen sich, um diesen Wunsch zu erreichen, die Nothwendigkeit selbst zurecht. Hätten diese beiden Nothwendigkeiten wirklich dieselbe Grundlage, so würden die Objekte der Seele wahrscheinlich so wenig vorhalten, wie jene Einbildung von der verschlossenen Stubenthüre bei dem Trunkenbolde.

69) In der Logik von Hegel tritt die Substanz als *Verhältniss* auf; insoweit ist ihr Charakter als Beziehung erkennbar gemacht. Im übrigen gewährt die Darstellung Hegels von der Natur

dieser Beziehungsform keine Aufklärung. Hegel sagt (VI. 300): „Die absolute Identität des Verhältnisses der Substantialität und „Accidentalität mit sich ist die Substanz als solche, die als Noth- „wendigkeit die Negativität dieser Form der Innerlichkeit ist, also „sich als Wirklichkeit setzt, aber eben so die Negativität dieser „Aeusserlichkeit ist, nach welcher das Wirkliche als Unmittelbares „nur ein Accidentelles ist, das durch diese seine blosse Möglichkeit „in eine andere Wirklichkeit übergeht; ein Uebergehen, welches die „substantielle Identität als die Formthätigkeit ist."

61) Wer aus solcher Darstellung die Substanz kennen lernen wollte, wäre übel berathen; die Möglichkeit eines annähernden Verständnisses derselben ist nur bei dem vorhanden, der diesen Begriff schon genau inne hat. Etwas verständlicher lautet die darauf folgende Stelle: „Die Substanz ist hiermit die Totalität der Accidenzen, „in denen sie sich als deren absolute Negativität d. i. als absolute „Macht und zugleich als den Reichthum alles Inhalts offen- „bart. Dieser Inhalt ist aber nichts, als diese Mannifestation selbst, „indem die in sich zum Inhalt reflektirte Bestimmtheit selbst nur „ein Moment der Form ist, das in der Macht der Substanz über- „geht. Die Substantialität ist die absolute Formthätigkeit und die „Macht der Nothwendigkeit, und aller Inhalt nur Moment, das allein „diesem Prozesse angehört; das absolute Umschlagen der Form und „des Inhalts in einander." — Wer den bisherigen Erörterungen gefolgt ist, kann bei diesen Sätzen wenigstens errathen, dass die „Substanz als Totalität der Accidenzen" die Einheit bezeichnen soll, in welcher sie die Eigenschaften zu einem Dinge verbindet. Ebenso soll wahrscheinlich unter „absolute Negativität, absolute Macht, Reichthum alles Inhalts" das Tragende und Selbstständige der Substanz gegenüber der Unselbstständigkeit der Accidenzen angedeutet sein. Weiter ist aber das Verständniss dieser Stelle auch nicht zu bringen.

62) Durch die Prüfung dieser verschiedenen Ansichten wird die Wahrheit der in diesem Werke vorgetragenen Auffassung sich mehr befestigt haben. Die Substanz mit ihren Accidenzen ist nur eine Beziehungsform, aufgestellt im Interesse des Wissens, insbesondere zur Gewinnung einer innigeren Einung als sie die seiende Einheitsform der Eigenschaften der Seele bietet. Das Beziehende der Substanz liegt wesentlich in diesem einenden, die Accidenzen tragenden Elemente; für diesen Gedanken liegt durchaus kein Seiendes vor; es ist auch nicht möglich, diesen Gedanken ein bildliches Sein unterzulegen. Aber daneben hat diese Beziehungsform eine seiende Unterlage an den unterschiedenen Eigenschaften und an

deren An- und Ineinander, so wie in dem Beharren einzelner neben dem Vergehen und Entstehen andrer. Diese seienden Elemente bilden die Unterlage der Substantialität. Wird die Substantialität entfernt, so bleibt das Ding mit seinen Eigenschaften, welche Vorstellung nur Bild des Seienden ist. Das Ding ist dabei die Gesammtheit der Eigenschaften, aber geeint durch das An- und Ineinander. Auch die Veränderung des Dinges ist ein Begriff des Seienden; er beruht auf dem Beharren einzelner Eigenschaften, während andere vergehen und entstehen. Dieser Begriff ist frei von Widerspruch.

63) Die Beziehungsform der Substantialität ist hauptsächlich durch die Philosophie aufgestellt und in Umlauf gebracht worden. Wenn sie in dem gewöhnlichen Vorstellen auftritt, so geschieht es mehr aus Missverstand des Begriffes: Ding. Ohne genügende Kenntniss der Einheitsformen glaubt man das Ding von seinen Eigenschaften unterscheiden zu müssen. Als blosse Summe der Eigenschaften ist das Ding offenbar nur mangelhaft gefasst; und da man nicht darauf kam, dass die einende Form in dem An- und Ineinander der Eigenschaften gegeben sei, so suchte man diese Einheit entweder in der vorstellenden Seele und kam so auf die Auffassung Kants, oder man war genöthigt, das Ding von den Eigenschaften zu trennen und in dasselbe die besondere einende und tragende Kraft der Eigenschaften zu legen; damit war man bei der Substanzbeziehung angekommen, wie sie in der Metaphysik vor Kant galt.

64) Die Schwierigkeiten dieses Begriffes wurden von Kant und Herbart dargelegt; und jeder suchte eine künstliche Lösung in seiner Art. Aber man bedarf dazu keines Idealismus; diese Schwierigkeiten verschwinden von selbst, wenn man erkennt, dass die Substantialität nur Beziehung im Denken ist, und dass im Sein nur die Eigenschaften mit ihren Einheitsformen bestehen.

65) Selbst in der Philosophie ist die Substanz nicht von so grosser Bedeutung wie die Ursachlichkeit. In denjenigen Systemen, wo sie in grösserer Geltung auftritt, bei Spinoza und Hegel, hat die Substanz mehr die Bedeutung des Wesens, oder der Vergeistigung des durch die Sinne gegebenen Seienden mittelst des Begriffes. Die Substanz ist da die beginnende Identität von Sein und Wissen. Bei Spinoza sind Sein und Wissen noch die beiden Attribute der einen Substanz, bei Hegel aber sind sie zur vollen Identität ihrer fortgebildet.

66) Plato kennt den Begriff der Substanz noch gar nicht; die ουσια des Aristoteles ist etwas anderes; sie ist als πρωτη ουσια das einzelne Ding in unserer Bedeutung, ohne alle Accidenzen; und als

δευτεραι ουσιαι sind damit die Art- und Gattungsbegriffe der Einzeldinge gemeint. Indess hat Aristoteles durch seine Begriffe von ὑποκείμενον und dem, was von diesem ausgesagt wird, den Anlass zur Ausbildung des Substanzbegriffes gegeben.

# Die Wesentlichkeit.

1) Das Wesentliche eines Gegenstandes hat das Unwesentliche neben sich. Beide sind untrennbar, wie das Gleich und Ungleich. Während die meisten der bisher betrachteten Beziehungen mehrere Einzelne zur Unterlage hatten, ist hier nur ein Gegenstand die Unterlage; die Mehreren, welche durch wesentlich bezogen werden, sind hier Trennstücke des einen Gegenstandes. Es muss deshalb dieser Beziehung das Trennen in einer der vier Arten vorhergehn.

2) Das Wesentliche und das Unwesentliche kann nicht wahrgenommen werden; man sieht wohl die Trennstücke, aber nicht, ob sie wesentlich sind oder nicht. Dasselbe Trennstück eines Gegenstandes kann bald wesentlich, bald unwesentlich sein, je nach dem Interesse, was hier eintritt. Das Wesentliche sagt keine seiende Bestimmung von dem Gegenstande aus; wenn ich etwas blos für wesentlich erkläre, so ist noch kein Anhalt gegeben, was dieses Etwas im Sein darstellt. — Hieraus erhellt die blos beziehende Natur des Wesentlichen; es ist nur eine Weise, ein Gegenständliches im Wissen zu stellen und zu ordnen.

3) Der Grund, weshalb die Trennstücke eines Gegenstandes als wesentliche und unwesentliche gesondert und bezogen werden, liegt nicht in dem Gegenstande, sondern in dem Gefühl oder Begehren der diese Beziehung anwendenden Seele. Deshalb fällt und steigt die Summe des Wesentlichen an einem Gegenstande mit dem Interesse daran. Einem Verliebten ist beinah alles wesentlich an seinem Mädchen; ebenso einem Maler an einem Raphael'schen Gemälde. Für den, der nur auf das Seiende ausgeht, ist alles wesentlich; oder vielmehr für ihn ist diese Beziehung nicht anwendbar. Im Sein an sich giebt es kein Wesentliches und Unwesentliches; erst das Wissen bringt es hinein, auf der Unterlage des Gefühls und Begehrens.

4) Bei Mehreren, die eine Reise unternehmen, kann das Wesentliche derselben für jeden ein Anderes sein; für den Einen ist die Erreichung des Endziels das Wesentliche der Reise; für den Andern die Wirkung auf seine Gesundheit; für den Dritten der Genuss der Natur; für den Vierten der Genuss der Kunstwerke;

für den Fünften das Treffen eines Freundes. Derselbe silberne Pokal gelangt nach und nach in den Besitz mehrerer Personen; dem Ersten ist das Wesentliche an ihm, dass er ihn vom Könige geschenkt erhalten; dem Zweiten seine Schönheit; dem Dritten, dass er ein Familien-Erbstück ist; dem Vierten, der in Noth geräth, sein Geldwerth.

5) Ueberall bei dieser Beziehungsform ist es das Interesse, welches bestimmt, wohin das Wesentliche unter den Trennstücken und Beziehungen des Gegenstandes gelegt werden soll; der Rest ist dann das Unwesentliche; das Interesse besteht aber aus Gefühl und Begehren.

6) Im gewöhnlichen Vorstellen herrscht die Ansicht, dass mit dem Wesentlichen gerade das Gegentheil bezeichnet werde, das, was zur Sache gehöre, ohne alle Rücksicht auf die dabei betheiligte Person und deren Neigungen. Das Wesentliche fällt dann mit dem Begriff zusammen; alles, was zu dem Begriff des Gegenstandes gehört, ist wesentlich; das andere unwesentlich. In der Rechtswissenschaft werden neben den „Essentialibus negotii," die „naturalia" und „accidentalia" unterschieden; beide letztere bilden das Unwesentliche, je nachdem es in der Mehrzahl der Fälle vorhanden ist oder nicht.

7) Solche Einführung des Begriffes als Unterlage des Wesentlichen ist keine Widerlegung des Satzes, dass das Wesentliche auf dem Interesse des Beziehenden beruht. Der Begriff einer Sache ist selbst ein wandelbares und sein Inhalt kann für dieselbe Sache beliebig bestimmt werden. Der Begriff des Goldes ist für den Bergmann ein anderer als für den Mineralogen, für den Chemiker ein anderer als für den Nationalökonomen. In dem Golde sind alle die begrifflichen Trennstücke enthalten, welche von jenen in ihre Begriffe aufgenommen worden sind; jeder von ihnen hat nur eine andere Auswahl getroffen, weil das Ziel und das Prinzip seiner Wissenschaft ein anderes ist. Der Begriff ist deshalb bei der Beziehung des Wesentlichen nur ein anderes Wort für das Interesse, welches den Einzelnen in der zeitweiligen Auffassung der Sache bewegt.

8) Der Begriff führt nur deshalb scheinbar zu einer festen Unterlage für diese Beziehungsform, weil zuvor die bestimmte Wissenschaft als die allein für den Fall geltende anerkannt ist. Innerhalb dieser bestimmten Wissenschaft wird der Begriff ihrer Gegenstände ein bestimmter und damit auch eine feste Unterlage für das Wesentliche; aber dieses geschieht nur deshalb, weil eben damit jede andere wissenschaftliche oder persönliche Auffassung des Gegenstandes von vornherein als ausgeschlossen gesetzt worden ist.

Diese Ausschliessung kann aber selbst nur durch das Interesse bestimmt werden.

9) Bei dieser Auffassung, wo das Ziel der besondern Wissenschaft mit dem Interesse zusammenfällt, enthalten natürlich die Begriffe der Wissenschaft nur das Wesentliche ihrer Gegenstände, und die bildlichen Reste des Einzelnen werden das Unwesentliche. Dennoch fällt die Beziehungsform nicht mit dem Begriffe zusammen; der Begriff und die bildlichen Reste sind immer selbstständig; sie sind jedes für sich das Bild eines Seienden; das Wesentliche und Unwesentliche drückt aber nur die Beziehung zwischen beiden und zu dem Interesse des Beziehenden aus. — Hegel sagt in seiner Logik richtig (VI. 228.): „dass das Wesentliche ohne das „Unwesentliche nicht sein könne, und dass es das Unwesentliche „als seinen eignen Schein in sich habe."

10) Der Grund für die Entwicklung dieser Beziehungsform und damit ihre Bedeutung für das Wissen liegt in dem Umstande, dass das Gefühl und Begehren eines Menschen niemals auf den einzelnen Gegenstand in seiner ganzen Fülle und Bestimmtheit gerichtet ist. Die Bedeutung eines Gegenstandes, einer Handlung oder Begebenheit für die Seele liegt in einzelnen Theilen oder Wirkungen oder sonstigen Beziehungen der Sache. Zur Bezeichnung dessen hat sich die Beziehungsform des Wesentlichen gebildet.

11) Hegel benutzt den Begriff des Wesens zur Bezeichnung der Beziehungsformen überhaupt. Seine zweite Abtheilung der Logik ist die Lehre vom Wesen im Gegensatze zur Lehre vom Sein, als der ersten, und der Lehre vom Begriff als der letzten Abtheilung. Es wäre richtiger gewesen, wenn Hegel für Wesen, Beziehung oder Verhältniss gesetzt hätte. In dem Worte: Wesen liegt eine solche Ausdehnung auf alle Arten der Beziehungen nicht und Hegel ist deshalb genöthigt, über diese natürliche Bedeutung des Wortes hinaus zu gehen.

12) Hegel sagt (VI. 224.): „Wenn wir vom Wesen sprechen, „so unterscheiden wir davon das Sein als das Unmittelbare und „betrachten das Sein im Hinblick auf das Wesen als einen blossen „Schein." — Man kann dieser Auffassung nicht beistimmen. Die Begriffe des Unmittelbaren und der Vermittlung gehören nicht hierher; diese werden überhaupt von Hegel in einem viel zu ausgedehnten und dabei oft schwankenden Sinne gebraucht. Der Begriff des Mittelbaren gehört in die Beziehungsform der Ursachlichkeit, und näher in die der Mittel und des Zweckes. Da der Zweck nicht durch den blossen Willen verwirklicht werden kann, da das Wollen dazu nur durch die Zwischenglieder der Reihe, d. h.

durch die Mittel gelangen kann, so bildet sich aus diesem Verhältniss der Begriff des Mittelbaren. Der Zweck ist nur mittelbar von dem Willen zu erreichen; aber die Bewegung der Gliedmaassen ist dem Willen unmittelbar unterthan; die etwa auch hierbei vorhandene Vermittlung tritt nicht in das Wissen und wird deshalb von diesem nicht beachtet.

13) Dieser Begriff wird dann von dem Gebiete des Wollens auf das Wissen ausgedehnt; seine Bedeutung ist aber hier nur durch jene bei dem Wollen verständlich. Indem das Wahrnehmen die Sache dem Wissen giebt, ohne dass der Seele hierbei die dazwischen liegenden Mittelglieder bekannt sind, gilt das Wahrnehmen für das unmittelbare Wissen. Alles Wissen dagegen, was nicht in dieser Weise geradezu den Gegenstand erreicht, sondern aus dem Wissen eines Andern abgeleitet und gewonnen wird, ist vermittelt oder mittelbares Wissen. Dazu gehören aber nicht die Trennvorstellungen und insbesondere nicht die Begriffe; denn diese sind in Bezug auf ihren Gegenstand so unmittelbar, wie die Wahrnehmung und unterscheiden sich von ihr nicht durch die Art, wie sie ihren Gegenstand der Seele zuführen, sondern nur durch die stückweise Vorstellung des Gegenstandes. Die Begriffe sind nur ein Stück der Wahrnehmung, aber unmittelbares Wissen, wie diese. Jedes Wissen dagegen, was auf eine Verbindung sich stützt, ist ein mittelbares, sei die Verbindung eine einzelne oder allgemeine. Wenn ich im Winter das Fenster öffne und die Luft mich anweht, so weiss ich die Kälte unmittelbar; wenn ich aber nur durch das verschlossene Fenster den Thermometer unter Null sehe, so weiss ich diese Kälte nur mittelbar.

14) Die Beziehungsformen geben kein Bild eines Seienden, wie die Wahrnehmung und der Begriff; deshalb ist im strengen Sinne die Eintheilung in mittelbares und unmittelbares Wissen auf sie nicht anwendbar; insofern jedoch in diesen Formen das Gegenständliche ohne Dazwischenkunft eines andern Wissens auf einander bezogen wird, können sie zu dem unmittelbaren Wissen gezogen werden. Insoweit diese Beziehungsformen aber immer ein Gedoppeltes enthalten, wo das eine Glied von seinem Gegensatze bedingt ist, kann das einzelne Glied der Beziehungsformen als durch das andere vermittelt angesehen werden. Dieses zeigt, dass die Begriffe des Mittelbaren und Unmittelbaren, von welchen Hegel einen sehr ausgedehnten Gebrauch macht, hierbei nicht weiter führen.

15) Obgleich diese Begriffe in der Hegel'schen Philosophie auf jeder Seite vorkommen, so schwankt dennoch bei ihm deren Bedeutung. In der Regel hat Mittelbar bei Hegel nicht den oben

entwickelten Sinn, sondern bezeichnet das Allgemeine. -- So sagt Hegel in seiner Phänomenologie (II. 76.): „Das Jetzt erhält „sich wohl, aber als ein solches, das nicht Nacht und auch nicht „Tag ist, oder als ein Negatives überhaupt. Dieses sich erhaltende „Jetzt ist also nicht ein unmittelbares, sondern ein vermittel„tes, denn es ist als ein sich erhaltendes dadurch bestimmt, „dass Anderes, nehmlich der Tag und die Nacht nicht ist. So „wenig Tag und Nacht sein Sein ist, ebensowohl ist es auch Tag „und Nacht. Ein solches Einfaches, das durch die Negation ist, „nennen wir ein Allgemeines."

16) In dieser Stelle ist Vermittelt und Allgemeines als dasselbe gesetzt. Dies Allgemeine ist das Begriffliche unserer Darstellung. Die Widersprüche in dieser Stelle Hegels kommen nur dadurch hinein, dass Hegel sich nicht die Mühe giebt, die bildlichen Reste eines Gegenstandes, nach Absonderung seines begrifflichen Stückes, hervorzuheben und scharf zu bestimmen. Statt dessen spricht er von Tag und Nacht, was das Jetzt sein soll und auch nicht sein soll. Die einfache Wahrheit, frei von allen Widersprüchen, ist, dass das Jetzt das begriffliche Stück in beiden, in Tag und in Nacht ist, und dass daneben die bildlichen Reste von Tag und Nacht bleiben, welche zu dem Jetzt hinzugefügt, wieder das Besondere, den Tag oder die Nacht ergeben.

17) Diese Stelle der Phänomenologie ist wichtig für die Erkenntniss der Hegel'schen Dialektik; an ihr kann man deutlich sehen, wie Hegel dazu gelangt, den Widerspruch herauszufinden und an ihm, als der Wahrheit, festzuhalten. Die hier zuerst auftretende Ausdrucksweise Hegels für die Unterscheidung des Begriffes und seines bildlichen Restes geht von da ab durch alle seine Werke hindurch. Anstatt durch diese Unterscheidung die Sache in ihrer Einfachheit zu erhalten, verharrt Hegel von nun ab dabei, das begriffliche Stück mit den in dem Einzelnen beiherspielenden bildlichen Resten durch den härtesten Widerspruch zu bezeichnen „als ein Allgemeines, was weder Dieses noch Jenes ist, ein „Nichtdieses und ebenso gleichgültig auch Dieses wie Jenes ist; „was durch sein Anderssein gar nicht affizirt ist."

18) Es wird später in der Beurtheilung des Hegel'schen Begriffes der Entwickelung diese Frage wieder aufgenommen werden. Hier interessirt nur die Frage der Beziehung und des Mittelbaren. Wenn mittelbar hiernach bei Hegel gleich gilt mit allgemein, so ist schwer zu verstehn, wie dennoch der ganze erste Abschnitt seiner Logik, die Lehre vom Sein, eine so grosse Zahl von Begriffen, oder von Allgemeinheiten darstellen kann, ob-

gleich das Sein von Hegel für das Unmittelbare, durch nichts Vermittelte erklärt wird (VI. 165.). Aber schon das Sein selbst ist nur durch Vermittelung im Sinne Hegels zu gewinnen; es ist unzweifelhaft ein Allgemeines und dennoch soll die Unmittelbarkeit sein wesentlichstes Kennzeichen sein. Man ersieht, dass die Worte: Mittelbar und Unmittelbar in sehr verschiedenem und schwankendem Sinne von Hegel benutzt werden.

19) Hegel sagt: „Wir betrachten das Sein in Hinblick auf das „Wesen als blossen Schein.“ Vielmehr ist das Unwesentliche in Hinblick auf das Wesen der blosse Schein. Indem das Interesse sich nur auf das Wesentliche richtet, gilt nur dieses ihm als seiend; das Unwesentliche wird nicht bemerkt und scheint gar nicht da zu sein.

20) Hegel sagt weiter: „Der Standpunkt des Wesens ist über„haupt der Standpunkt der Reflexion. Wenn wir über einen Gegen„stand reflektiren oder nachdenken, so gilt der Gegenstand nicht „in seiner Unmittelbarkeit, sondern wir wollen denselben als vermittelt wissen“ (VI. 224.). Aber Nachdenken bezeichnet auch die Bildung der Begriffe des Seienden; es geht weit über die Beziehungsformen hinaus. Es ist ferner ein schiefer Ausdruck, „einen Gegenstand, den man schon unmittelbar weiss, noch ver„mittelt wissen zu wollen.“ Solches wäre eine sehr überflüssige Thätigkeit; hat man das Ziel unmittelbar erreicht, so wird man nicht nach Mitteln verlangen, um es durch diese noch einmal zu erreichen. Man kann wohl neben dem unmittelbaren Wissen eines Gegenstandes nach dem fragen, was mit ihm in Beziehung steht, z. B. nach seiner Ursache, nach seiner Wirkung, nach seinem Gleichen; aber in solchem Fragen geht das Wissen auf ein Anderes und der Gegenstand selbst ist nicht wieder das Ziel des mittelbaren Wissens, sondern nur der Halt für das Wissen eines Andern.

21) Wenn Hegel den Ausdruck: „Alle Dinge haben ein We„sen,“ so erklärt, „dass sie nicht wahrhaft das sind, als was sie sich „unmittelbar erweisen“ (VI. 224), so ist unter Wesen vielmehr hier der Begriff gemeint, nach Absonderung der bildlichen Reste. Solcher Begriff kann dann sehr verschieden sein, je nach der Wissenschaft, in die der Gegenstand gezogen wird. Der Gegensatz liegt nicht, wie Hegel will, in der Unmittelbarkeit und in der Vermittelung, sondern in dem Unterschiede des begrifflichen Stückes eines Dinges von seinem bildlichen Rest. Dieser erfolgt aber durch Trennen, nicht durch Vermitteln.

22) Wenn Gott das höchste Wesen und die Menschen endliche Wesen genannt werden, so ist in solchem Ausdruck die be-

ziehende Natur des Wortes Wesen gegen den Begriff zurückgetreten. Wesen ist hier die Uebersetzung von Ουσια und Essentia, hängt mit dem Sein zusammen, und bezeichnet hier das Seiende. In diesem Sinne gebraucht es Kant, wenn er frägt (K. d. r. V. 28): „Was sind nun Raum und Zeit? Sind es wirkliche Wesen? Sind „es Bestimmungen oder auch Verhältnisse der Dinge?" Hegel will den Gebrauch der deutschen Sprache, das Perfectum vom Zeitwort: Sein mit gewesen zu bezeichnen, von der Natur des Wesens als Beziehungsform ableiten: „Dasjenige, was vergangen ist, wird des„halb nicht abstrakt negirt, sondern nur aufgehoben und damit zu„gleich conservirt." (VI. 225.) Indess ist es wohl richtiger das Substantiv: Wesen von dem Zeitwort abzuleiten; in dem Perfect wird bekanntlich die vergangene Zeit als gegenwärtig behandelt, es ist eine Vereinigung von Gegenwart und Vergangenheit; damit ist das Perfectum das Bild des Dauernden, Beharrenden, der Substantia, Ουσια und deshalb war dessen Umwandlung in ein Substantiv: Wesen eine passende Bezeichnung für Substantia. Die beziehende Bedeutung ist hierbei zurückgetreten.

23) Da das Wesentliche in seiner Anwendung auf die mehreren Seienden durch das Interesse, oder allgemeiner, durch das Gefühl und Begehren der Seele bestimmt wird, so geräth diese Beziehungsform damit in Verwandtschaft mit den Begriffen des Werthes und des Nutzens. Diese Begriffe mit ihren beiwörtlichen und zeitwörtlichen Sprachformen gehören zu den verbreitetsten und am häufigsten auftretenden des gewöhnlichen Vorstellens. Schätzen, nützlich, schädlich, werthlos, benutzen und eine grosse Zahl von Verbindungs-Worten zeugen davon. Beide Begriffe gehören zu der Beziehungsform der Ursachlichkeit und ruhen auf der Lust. Alles, was in der Reihe seiner zeitlichen Folgen eine Lust enthält, hat damit einen Werth oder einen Nutzen und hat es nur allein durch diese Wirkung auf die Lust. Da in der Erreichung der Lust der Kern des Lebens und das Treibende für alles Thun enthalten ist, so bildet die Lust das Endziel des Wollens und Begehrens. Beide Begriffe erhalten indess durch die verschiedene Richtung ihrer Anwendung abweichende Bedeutungen.

24) Da die Lust kein Aeusserliches ist, so wird, obgleich sie selbst das Ziel ist, doch der Zweck im gewöhnlichen Vorstellen auf die äusserlichen Mittelglieder der zeitlichen Reihenfolge bezogen, welche diese Lust zur Folge haben. Mein Zweck ist z. B. eine Reise, der Bau eines Hauses, der Besuch bei jener Dame; aber das eigentliche Ziel bei diesen Dingen ist nur meine Lust. — Mit dieser Verschiebung des Zieles auf Aeusserliches verschieben sich auch

die Begriffe des Werthes und des Nutzens; sie gelten dann von dem, was mit diesem äusserlichen Ziele in ursachlicher Verbindung steht. Eine Thätigkeit ist nützlich, weil sie Geld einbringt, weil sie die Kenntnisse vermehrt, und diese Ziele als Mittel der Lust gelten.

25) Das Nützliche wird oft in Gegensatz zu dem Angenehmen gebracht. Aber in Wahrheit gehen sie beide auf die Lust; ihr Untersehied liegt nur darin, dass die Lust dem Angenehmen schneller und meist ohne weitere Vermittelung folgt; während die Lust aus dem Nützlichen weiter hinaus liegt. Ein feines Hemd ist angenehm, ein grobes, aber festes nützlich; nicht weil letzteres nicht auch die Lust vermittelt, sondern weil sie nicht so nahe liegt. Das grobe Hemd hält länger, erspart die Ausgabe für ein neues und das ersparte Geld? — dient anderer Lust.

26) Der Werth wird mehr auf die Ursachlichkeit für die Lust aus der Schönheit und aus dem Wissen des Allgemeinen bezogen. Ein Kunstwerk, ein wissenschaftliches Werk ist werthvoll; man bemerkt indess leicht, dass die Grundlage von Werth und Nutzen die gleiche ist. Innerhalb der Ethik erhält der Begriff Werth die Beziehung auf die Achtung als die formale Grundlage des Sittlichen. Jedes Handeln hat Werth, insoweit es die sittliche Regel vollführt. Hier tritt die Verwandtschaft mit dem Wesentlichen hervor, vermittelt durch den Begriff. Alles, was innerhalb des wissenschaftlichen Begriffes fällt, ist damit wesentlich und hat darin seinen Werth. — Bei diesen in einander laufenden Bedeutungen erklärt es sich, wie nicht blos in dem gewöhnlichen Vorstellen, sondern selbst innerhalb der besonderen Wissenschaften und der Philosophie die Worte: Wesen, Begriff, Werth verwechselt werden; wozu bei Hegel noch das Substantielle kommt, was er in gleichem Sinne gebraucht und mit jenen häuft.

# Form und Inhalt.

1) Form und Inhalt sind zweideutige Worte; sie sind zunächst eine Beziehungsform; aber sie werden auch zur Bezeichnung des Seienden gebraucht. Form ist dann so viel als Gestalt, Inhalt so viel als die stoffliche Raum- oder Zeiterfüllung; so wird von dem Inhalt der Geschichte gesprochen, von der Form eines Hutes. Wo diese Worte ein Seiendes bezeichnen, sind sie leicht daran zu erkennen, dass sie selbstständig auftreten und die Form nicht des Inhaltes, oder umgekehrt bedarf. Als Beziehung sind sie dagegen beide untrennbar.

2) Das Eigenthümliche dieser Beziehungsform ist so wenig, wie

bei den früheren Beziehungen durch eine Definition zu geben; es hat eine Verwandtschaft mit den Begriffen der Gestalt und des Stoffes, aber die Beziehungsform geht über diese Begriffe hinaus, und bezeichnet dabei nicht die seiende Gestalt, den seienden Stoff, sondern nur eine diesen Bestimmungen ohngefähr nachgebildete Beziehung beider zu einander. Die Mehreren, welche dadurch bezogen werden, sind, wie bei dem Wesentlichen, Trennstücke desselben Gegenstandes; die Unterlage der Trennung wird aber hier nicht durch die Wirkung auf das Gefühl gegeben, sondern die Trennung vollzieht sich in einer ohngefähren Aehnlichkeit mit Gestalt und Stoff.

3) So unterscheidet man bei einer Rede, bei einem Vertrage, Form und Inhalt, obwohl beide keine Gestalt im eigentlichen Sinne haben. Die Anwendung dieser Beziehungsform kann ferner wiederholt erfolgen, wie auch bei früheren Beziehungen der Fall war. Bei einem Vertrage gilt zunächst die Willenserklärung als der Inhalt, die Art der Erklärung, ob mündlich, schriftlich, gerichtlich, als die Form. Jener Inhalt trennt sich aber von Neuem; die Gedanken, Vorstellungen sind dann der Inhalt, die Sprache, ob deutsch, lateinisch, die Form. Auch die Gedanken können von neuem in Inhalt und Form gespalten werden, insofern ihr Kern von den zu dessen Bezeichnung benutzten bildlichen Vorstellungen und Redewendungen unterschieden wird. — So ist die Trauung die Form der Eingehung der Ehe. Aber diese Trauung zerfällt in einen Inhalt und eine Form; je nachdem sie in der Kirche oder im Hause geschieht; der reine geistliche Akt, der dann der Inhalt ist, zerfällt von Neuem in Inhalt und Form, je nach dem Ritus der Protestanten oder Katholiken u. s. w.

4) Das Gebiet für die Anwendung dieser Beziehung sind vorzugsweise die menschlichen Handlungen und Werke; die sinnlichen Gegenstände weniger, da hier die seienden Bestimmungen der Gestalt und des Stoffes dafür auftreten. Nur wo ein Geistiges sich mit einem Sinnlichen vereint, bildet sich das Gebiet für diese Beziehungsform. Auch innerhalb der blossen Vorstellung findet sie Anwendung. So sind in den vorgehenden Abschnitten dieses Werkes die Beziehungen nach ihrer F o r m unterschieden, wobei die allgemeine Eigenschaft des Beziehens den Inhalt bildet. So ist bei der Zahl 24 die bestimmte, damit bezeichnete Vielheit der Inhalt; ihre Vorstellung in Zehnern und Einheiten ist die Form.

5) Als Beziehung bezeichnet Form und Inhalt nichts Seiendes; man weiss noch nichts von der seienden Natur eines Gegenständlichen und seiner Eigenschaften, wenn es nur als Form, oder nur als

Inhalt bezeichnet ist. Beide können die Rolle wechseln; oder eines von Beiden kann sich wieder in Beides spalten. Dies alles beweiset, dass Form und Inhalt in diesem Sinne nur Beziehungen im Vorstellen sind, aber nicht die Bilder eines Seienden.

6) Die Beziehung durch Form und Inhalt erhält dadurch eine Verwandtschaft mit der Beziehung durch Wesentlich, dass die Trennstücke jener mit dem Gefühl in Verbindung gebracht werden. Gewöhnlich wird der Inhalt als das angesehen, worauf es ankommt, was interessirt. Damit wird der Inhalt zu dem Wesentlichen, was sich ebenfalls auf das Interesse stützt, und die Form zu dem Unwesentlichen. Beide Beziehungsformen werden deshalb mit einander verwechselt oder als gleichbedeutend angewendet, selbst innerhalb der Wissenschaft und Philosophie.

7) Es ist indess nur zufällig, wenn das Interesse sich an den Inhalt heftet; es kann ebenso oft an die Form sich binden und dann wird die Form das Wesentliche und der Inhalt unwesentlich. Bei den Aufgaben der Analysis kommt es auf die Umwandlung der Form einer gegebenen Funktion an; der Inhalt, oder die bestimmte Grösse dieser Funktion in Zahlen ist unwesentlich. Bei einem Vertrage wird die schriftliche Form wesentlich, wenn die Klagbarkeit, d. h. die Begründung der Vertragsrechte davon abhängig ist. Bei der Reise von dem Dorfe nach der Stadt ist die Art, wie sie geschieht, zu Pferde, die Form, die Reise selbst der Inhalt; aber für den leidenschaftlichen Reiter wird jene Form zu dem Wesentlichen der Reise.

8) Hegel hat bei der Darstellung dieser Beziehungsform ihre beziehende Natur nicht streng festgehalten und die Form mit Gestalt verwechselt, wodurch seine Darstellung in ganz fremde Gebiete abschweift. Er sagt (VI. 264.): „Bei dem Gegensatze von Form „und Inhalt ist wesentlich festzuhalten, dass der Inhalt nicht form„los ist, sondern ebensowohl die Form in ihm selbst hat, als sie „ihm ein Aeusserliches ist. Es ist die Verdoppelung der Form „vorhanden, die das eine mal als in sich reflektirt der Inhalt, das „andere mal als nicht in sich reflektirt, die äusserliche dem Inhalt „gleichgültige Existenz ist. An sich ist hier vorhanden das abso„lute Verhältniss des Inhalts und der Form; nämlich das Umschla„gen derselben in einander; so dass der Inhalt nichts ist als das „Umschlagen der Form in Inhalt, und die Form nichts als das „Umschlagen des Inhalts in Form.“

9) In diesen Sätzen wird zunächst die Untrennbarkeit von Form und Inhalt behauptet, ein Satz, der aus der Natur des Beziehens von selbst folgt. Dagegen wird der besondere Inhalt dieser

Beziehungsform nicht erläutert. Es wird nur in der gewohnten dialektischen Weise sowohl die Identität als die Nicht-Identität von Form und Inhalt behauptet, ein Satz, der abgesehen von seiner Unverständlichkeit zur Erkenntniss der Besonderheit dieser Beziehungsform nichts beiträgt. — Die Ausdrücke des: „reflektirens," des „umschlagens," die doch nur bildlich gelten können, werden in ihrer Bedeutung gar nicht erläutert, so dass dem Vorstellen des Lesers die verschiedensten Auffassungen frei gelassen bleiben. Nebenbei tritt auch die Verwechslung mit der Beziehung des Wesentlichen hervor, was in den Worten: äusserliche, gleichgültige Existenz sich kennbar macht, da diese Worte auf das Interesse anspielen.

10) In den Zusätzen zu dieser Stelle der Hegel'schen Logik wird der Satz ausgeführt, dass Inhalt und Form sich nicht gleichgültig gegen einander verhalten, dass der Inhalt sich selbst seine Form bestimme, dass bei dem Kunstwerk die Schönheit gerade in der poetischen Ausführung (Form) des zu Grunde liegenden Gedankens (Inhalts) besteht; dass die Philosophie sich von den Wissenschaften gerade dadurch unterscheide, „dass bei diesen der Inhalt „nicht als durch die ihm zu Grunde liegenden Gedanken von innen „heraus bestimmt gewusst wird, dass Form und Inhalt somit ein„ander nicht vollständig durchdringen, wohingegen in der Philoso„phie diese Trennung wegfällt" (VI. 266.).

11) Darauf ist zu entgegnen, dass diese Sätze, abgesehen von ihrer Wahrheit oder Unwahrheit, nicht in die Lehre der Beziehungen gehören, weil deren Natur zu ihrer Begründung nicht hinreicht. Jene Sätze geben Gesetze des Seienden innerhalb der Kunst und Wissenschaft; die Beziehungen sagen aber von der Natur des Seienden nichts aus; man kann nur ihre Untrennbarkeit behaupten. Wenn auch das Seiende in seinen Bestimmungen nur Eines ist, und jede einzelne Bestimmung von der andern bedingt ist, so kann diese Einheit das Denken nicht hindern, es durch das Beziehen in Form und Inhalt zu trennen; aber es fällt diesem Beziehen nicht ein, damit Gesetze des Seienden über die Abhängigkeit derjenigen Bestimmungen aufstellen zu wollen, welche auf diesem Wege gesondert und auf einander bezogen werden. Jene Sätze Hegels erweisen sich übrigens als solche, die in voller Strenge nicht festgehalten werden können; auch an dem vollendeten Kunstwerk bleiben Aeusserlichkeiten, welche in ihrer letzten Bestimmtheit von dem Inhalt nicht bedingt sind. Jener Unterschied der Philosophie gegen die besonderen Wissenschaften ist nur ein anderer Ausdruck für die dialektisch-spekulative Darstellung Hegels und für die angeb-

liche Identität von Sein und Wissen. Bei solcher Identität ist es nur Tautologie, dass das Wissen (die Form) von dem Sein (Inhalt) bestimmt sei.

## Inneres und Aeusseres.

1) Die Beziehungsform des Innern und Aeusseren scheint auf den ersten Blick mit der des Inhalts und der Form zusammenzufallen; indessen ist der Grund, von dem die Theilung des einen Gegenstandes bei dieser Beziehung ausgeht, nicht das Interesse, wie bei dem Wesen, nicht etwas der Gestalt ähnliches, wie bei der Form und dem Inhalt, sondern die Erkennbarkeit des Gegenstandes. Alles, was sofort in die Sinne fällt, was leicht wahrzunehmen ist, bildet das Aeussere des Gegenstandes; alles andere desselben, was nicht so einfach zu erfassen ist, was gewissermassen hinter diesem Aeusserlichen verborgen sich hält, bildet das Innere desselben. Die Scheidung des Gegenstandes kommt hier also von dem Wissen her. Das so Geschiedene auf einander bezogen, als Aeusseres und Inneres, bildet die Grundlage dieser Beziehungsform.

2) So unterscheidet man an einem Menschen sein Aeusseres und sein Inneres. Jenes kann jeder wahrnehmen; es sind seine Züge, seine Gestalt, sein Benehmen; dieses sind seine Gedanken, seine Gefühle, seine Grundsätze. Das Aeussere eines Hauses ist das, was die Wahrnehmung bietet, wenn man davor steht; um das Innere zu kennen, muss man eindringen. Das Aeussere einer Pflanze ist das, was man an ihr wahrnimmt, ehe sie zerlegt und zersetzt ist; nicht blos ihre Gestalt, auch ihre Farbe, ihre Härte, ihr Geruch und Geschmack. Das Innere liegt hinter der Sinneswahrnehmung und offenbart sich nicht so ohne Mühe. Um es zu erreichen, wird die Pflanze mechanisch und chemisch zerlegt; es werden ihre innern Stoffe und Gebilde damit den Sinnen blos gelegt.

3) Werden diese Stoffe und Gebilde dann nicht mehr als das Innere zu dem früheren Aeussern festgehalten, sondern geschieht es, dass sie als ein Gegenstand für sich genommen werden, so entwickelt sich von neuem diese Beziehung von Innerm und Aeusserm. Das so blos gelegte Innere der Pflanze, ihre Gefässe, ihr Mark, ihr Saft, der nun durch die Sinne wahrgenommen werden kann, stellt sich damit selbst als ein Aeusseres dar, und das dazu gehörende Innere liegt hinter diesem Aeussern. Wenn nun auch dieser Pflanzensaft abermals zerlegt und seine Bestandtheile aufgezeigt werden, so wiederholt sich dennoch auch dann jene Beziehung. Es sind

abermals nur die Sinne, welche dieses Innere der Seele zuführen; es fällt unter den Begriff des Aeussern; das Innere weicht von neuem zurück.

4) So zeigt sich, dass diese Beziehungsform zu einer unendlichen Reihe sich entwickelt, wobei das Innere, wenn man es erreicht hat, sich in das Aeussere umwandelt. Anfänge zu einer solchen Reihe haben sich schon bei der Beziehung von Form und Inhalt ergeben. Das, den Sinnen blos gelegte Innere wird damit zu einem Aeussern. Wird nun statt der Wahrnehmung die Erkenntniss überhaupt zur Grundlage dieser Beziehungsform genommen, so wird das Innere damit zu dem Unerkennbaren und Unerreichbaren überhaupt.

5) Wenn der Dichter die Klage erhebt:

„In's Innere der Natur
„Dringt kein erschaffener Geist"

so ist auf diese Klage einfach zu antworten, dass der Mensch selbst die Schuld davon trägt; es ist sein Spiel mit dieser Beziehungsform. Hat er das Innere erreicht, so gilt es ihm nur als ein Aeusseres und das Innere muss damit zu dem Unerreichbaren werden. Der Klagende gleicht dem Knaben, der sich quält das Ende seines Schattens zu erreichen; mit jeder Erreichung des Ortes schiebt er selbst das Ende weiter hinaus.

6) Göthe will den Satz damit widerlegen, dass er sagt: „Das „höre ich sechzig Jahre wiederholen, und fluche drauf, aber ver- „stohlen; — Natur hat weder Kern noch Schaale, Alles ist sie mit „einem Male;" aber diese Widerlegung trifft nicht zu. Es mag sein, dass die Natur Alles mit einem Male ist, aber das Erkennen des Menschen, worauf jene Klage sich bezieht, kann nicht Alles in der Natur mit einem Male erreichen; es muss mit der Schaale beginnen; für das Erkennen ist eine Schaale der Natur vorhanden; diese ist das Erste und diese hat das Erkennen zu überwinden; das Innere liegt nicht mit einem Male ausgebreitet da.

7) Der wahre Trost kann nicht aus der Natur des Seienden, des Gegenstandes und der Einheit aller seiner Bestimmungen entnommen werden, sondern er muss aus der Natur des Beziehens geholt werden. Es zeigt sich dann, dass jenes unerreichbare Innere das eigne Geschöpf der Seele ist, von dem im Sein nichts zu finden ist. Im Sein ist weder Aeusseres noch Inneres; nur das Wissen bringt den Unterschied herbei und es trägt allein die Schuld, wenn es das erkannte Sein nur als ein Aeusseres gelten lässt. Hegel giebt einen andern Trost. Er sagt (VI. 276.): „Es hätte vielmehr „heissen müssen, eben dann, wenn dem Geist das Wesen der Natur

„als Inneres bestimmt ist, weiss er nur die äussere Schaale.“ — Diese Wendung stützt sich auf die Unzulässigkeit dieser Beziehungsform überhaupt, insoweit das Sein damit erfasst werden soll. Hegel macht daher, wie Göthe, die Einheit des Gegenstandes gegen das trennende Beziehen der Seele geltend. Aber dieses Beziehen hat seine guten Gründe; es kann als eine, auf das Ordnen innerhalb der Seele ausgehende Thätigkeit nicht mit der Einheit des Seienden widerlegt werden; vielmehr muss seine Anwendung zugelassen und nur deren wahre Bedeutung aufgezeigt werden, woraus dann von selbst der Trost sich ergiebt. Es ist ein täuschendes Spiel was das Wissen mit sich selber treibt; es gleicht den Täuschungen der Sinne bei dem Wahrnehmen.

8) Auch Herbart hat sich durch dieses Spiel täuschen lassen. Er sagt bei Darstellung der höhern Skepsis (I. 66.): „Wir glauben „die Körper wahrzunehmen, als ausgedehnt nach Länge, Breite, „Dicke. Allein gesehen und gefühlt haben wir nur die Oberflächen. „Wie nun, wenn nichts dahinter wäre? — Wollen wir das Innere „aufbrechen, aufschneiden, so kommt eine neue Oberfläche zum „Vorschein und wieder eine neue, falls wir auch diese durchdringen „wollen, um in das Innere zu gelangen. Das Solide entzieht sich „immer den Sinnen.“ — Was hier Herbart Oberflächen nennt, ist die Beziehung als Aeusseres. Wird der Gegenstand zerschnitten, um in das Innere zu dringen, so bieten die Stücke wieder nur Oberflächen, also abermals Aeusseres, aber nur wenn dabei die frühere Beziehung vergessen und die neue Oberfläche als ein Besonderes behandelt wird; nehme ich sie aber in Beziehung auf die alte Oberfläche, so ist sie in Wahrheit das Innere zu jener und dann den Sinnen erreichbar gemacht. Nur ein Missverständniss in der Anwendung dieser Beziehungsform kann das Innere ode das Solide für unerreichbar den Sinnen erklären.

9) Hegel behandelt diese Beziehungsform in seiner Logik mit grosser Ausführlichkeit, aber anstatt bei der reinen Beziehung zu bleiben, geht er auf seiende Bestimmungen über, welche, wenn auch im gewöhnlichen Vorstellen damit vermengt, doch in der Philosophie getrennt gehalten werden sollten. Insbesondere behandelt er das Innere als das Geistige, als die Absicht; das Aeussere als das Körperliche, als die äusserliche Handlung, und ergeht sich in Betrachtungen über den sittlichen Werth Beider, welche offenbar nicht in die Lehre der Logik und der Beziehungsformen insbesondere gehören.

10) Hegel sagt (VI. 275.): „Das Aeussere ist fürs erste derselbe „Inhalt als das Innere. Was innerlich ist, ist auch äusserlich vor-

„handen und umgekehrt. Die Erscheinung zeigt nichts, was nicht „im Wesen ist und im Wesen ist nichts, was nicht manifestirt ist. „— Was nur ein Innerliches ist, ist auch damit nur ein Aeusser„liches und was nur ein Aeusserliches ist, ist auch nur erst ein „Innerliches.“ — Aus solcher Darstellung erhellt allenfalls die Zusammengehörigkeit des Inneren und Aeusseren, wie sie auch allen andern Beziehungsformen eigen ist, aber über die Eigenthümlichkeit dieser Beziehungsform giebt sie nicht die mindeste Auskunft. Die Darstellung beschränkt sich auch hier auf das schon genugsam bekannte Spiel mit Widersprüchen und bleibt für den Inhalt der Sache so leer, dass mit wenig Wortveränderungen diese Auseinandersetzung auch für jede andere Beziehungsform benutzt werden könnte. Vergleicht man damit die Darstellung der übrigen Beziehungsformen in der Hegel'schen Logik, so findet man diese einförmige Uebereinstimmung, die sich nur an den Widersprüchen erfreut, welche aus ihnen durch Verwechselung mit dem Seienden hervorgepresst werden. In diesen Widersprüchen und Gegensätzen ergeht sich die Darstellung ausführlich, aber versäumt den Inhalt der Beziehung und ihre Eigenthümlichkeit dazulegen. Ueber die Methode, über das Bestreben, eine Entwickelung des Einen aus dem Andern zu gewinnen, wird die Sache selbst vergessen oder bei Seite geschoben.

11) Hegel eifert gegen die Trennung der Natur, des Menschen, der Handlungen in Inneres und Aeusseres; aber es ist dies ein Kampf gegen Windmühlen. Es handelt sich bei dieser Beziehung nicht um die Erkenntniss des Seienden, auch nicht um die ganze Fülle seines Inhalts, sondern um ein Thun der Seele, was blos innerhalb ihres Wissens sich vollzieht und nur die Ordnung und Uebersicht des Gewussten zum Ziele hat. Nur ein Missbrauch dieser Beziehungsform kann zur Unwahrheit führen. Auch liegt die Unwahrheit, welche Hegel bekämpft, nach seiner eigenen Darstellung, nicht in der Anwendung dieser Beziehung an sich, sondern in dem weitern Fortgang, dass nur das Innere für das Wesentliche, für das Wahre oder für das Unbedingte, allein Gültige erklärt wird. So geschieht es, wenn ich den Werth einer Handlung nur nach der Absicht, den Werth eines Mannes nur nach seinen Plänen, nicht nach seinen Thaten bestimme. Die Unwahrheit solchen Urtheils liegt nicht in der Beziehungsform von Innerm und Aeusserm, sondern in der Erhebung des Innern über das Aeussere, wozu in dieser Beziehung an sich kein Anlass enthalten ist.

12) Man bemerkt überdem, dass Hegel bei dieser Behandlung des Innern und Aeussern sie mit dem Wesentlichen und Unwesent-

lichen vermengt und identificirt. Die Eigenthümlichkeit des Innern und Aeussern, welche das unmittelbare und mittelbare Erkennen zur Grundlage hat, ist von Hegel gar nicht beachtet, ja, wie es scheint, gar nicht bemerkt worden, und doch kann ohne sie diese Beziehung von dem Wesentlichen so wie von dem Inhalt und der Form gar nicht unterschieden werden.

## Die Beziehungsformen überhaupt.

1) Es sind bisher dreizehn unterschiedene Beziehungsformen untersucht worden; als vierzehnte wird später noch die Begründung hinzutreten. Solche Zahl hat den Schein der Zufälligkeit und Unwissenschaftlichkeit; man ist gewöhnt, von der Philosophie eine einfachere und aus der Natur des Begriffes mit Nothwendigkeit folgende Reihe von Besonderungen zu fordern.

2) Es kann darauf vorläufig nur erwidert werden, dass solche Forderung auf einem Irrthume und übler Gewohnheit beruht. Es wird später dargelegt werden, dass die an sich vorhandenen Unterschiede, sei es im Sein, sei es im Wissen, aus einander nicht abgeleitet werden können. Das Eine kann vermöge dieser seiner Natur nicht aus dem Andern, von ihm Verschiedenen entwickelt werden. Weder Entwickelung noch Erzeugung sind ein Seiendes, was in den Gegenstand eingriffe und den Unterschied heraus- oder hervorbrächte; sie sind nur ein Thun der Seele innerhalb ihres Wissens. Jede von der Wahrnehmung gegebene Bestimmtheit kann durch Trennen in andere gelöst, durch Vereinen mit andern verbunden, durch Beziehen mit andern in Verhältniss gebracht werden; so weit solche Bestimmtheiten sich als Vereinungen erweisen, können ihre Trennstücke, Elemente und die Einheitsformen derselben ermittelt werden; aber keine Wendung des Gedankens, keine Untersuchung vermag, die einfache und elementare Bestimmtheit aus einer andern, von ihr unterschiedenen herauszuheben oder zu entwickeln.

3) Auch hat man sich über die Zahl 13 oder 14 nicht zu verwundern. Allerdings liebt die Seele bei Eintheilungen kleinere Zahlen, insbesondere die Zwei- und die Dreitheilung; erst aus dieser soll durch wiederholte Theilungen eine grössere Zahl von Unterarten hervorgehen. Aber wenn man erwägt, dass die Zahl selbst nichts Seiendes ist, sondern nur ein Beziehen der Seele, und dass der Gegenstand solcher Einfachheit nicht bedarf, so erscheint dies Bestreben nach einer übersichtlicheren Ordnung und einfacheren Theilung nur als eine Folge der Wissensschranken der erkennenden

Seele. Der Gegenstand hat mit diesen Wünschen der erkennenden Seele nichts zu thun, und sachlich genommen, erscheinen 13 und 14 ebenso berechtigt, als die Zahl der Besonderungen eines Begriffes aufzutreten, wie die kleineren Zahlen.

4) Obgleich diese Beziehungsformen sich nicht wieder auf wenigere Gattungen zurückführen lassen, so stehen doch einzelne einander näher, wie andere; und Vergleichungen in dieser Beziehung dienen zur schärfern Erkenntniss der eigenthümlichen Natur einer jeden. So kann man das Nicht mit dem Und und dem Oder gruppiren, indem man das Und als den Gegensatz des Nicht aufstellt; das Oder ist dann das Mittlere, was an der Natur von beiden Theil hat. Ebenso stehen sich das Gleich, die Zahl und das Alle näher; die Zahl verlangt die Gleichheit in den von ihr zu Zählenden; und das All fasst ebenso zusammen, wie die Zahl. Kant rechnet sogar „die Zahl zur Kategorie der Allheit“ (K. d. r. V. 82); die Allheit ist ihm „die Vielheit als Einheit betrachtet.“ Wenn nun auch dem nicht beigetreten werden kann, da die Vielheit als Einheit nur die Zahl, aber nicht das All ergiebt, so erhellt doch, dass auch Kant eine Verwandtschaft unter ihnen anerkennt.

5) Die drei Beziehungen des Ganzen, der Substantialität, und der Ursachlichkeit haben darin eine Aehnlichkeit, dass sie in der Form ihres Beziehens die seienden Einheitsformen nachahmen. Das Ganze und die Theile sind als Beziehung das, was die Einheitsform des räumlichen An-einander für das Sein ist; die Ursachlichkeit geht parallel mit dem zeitlichen An-einander des Geschehens; die Substantialität geht parallel mit der Einheitsform des In-einander oder mit dem sich Durchdringen der Eigenschaften. Obgleich diese Beziehungsformen nicht als die Bilder dieser Einheitsformen genommen werden dürfen, so geben doch letztere einen Anhalt für jene; daraus entspringt der Schein, dass sie selbst an diesen seienden Einheitsformen Theil haben.

6) Die drei Beziehungen des Wesens, des Inhalts und des Inneren mit ihren entsprechenden Gegensätzen haben noch in stärkerem Grade diesen Schein, nur seiende Bestimmungen zu wiederholen. Das Wesentliche und Unwesentliche entwickelt sich gleichlaufend mit dem begrifflichen Stück und dem bildlichen Rest des Seienden; die Beziehung von Inhalt und Form entspringt aus den Bestimmungen von Stoff und Gestalt; Inneres und Aeusseres geht parallel mit Wahrnehmbarem und dem erst mittelbar zu Erschliessenden. Auch die Ortsbeziehungen ruhen auf der Gestaltung sie entwickeln sich nur aus der Trennung des Gestalteten und der Richtungen.

7) Während so die sechs ersten Beziehungsformen durchaus frei sind von jeder Aehnlichkeit mit einer seienden Bestimmung, zeigt sich, dass die sieben späteren eine solche Aehnlichkeit an sich tragen. Daraus erklärt sich, weshalb diese letzteren vorzugsweise mit den Begriffen des Seienden verwechselt werden und weshalb man die in ihnen ausgedrückte Beziehung als eine Bestimmung der Gegenstände zu nehmen bereit ist. Nur der Idealismus hat sich davon frei gehalten, aber nicht, weil er die besondere Natur dieser Beziehungen erkannt gehabt hätte, sondern weil bei ihm Alles, auch das Seiende, nur als ein Wissen gilt.

8) Was den Werth und den Gebrauch der Beziehungsformen anlangt, so zeigen sich grosse Unterschiede bei ihnen. — Am wichtigsten für das Wissen sind: das Nicht, das Gleich, die Zahl, das All und die Ursachlichkeit. Diese fünf Beziehungsformen durchziehen die Vorstellungen des Seienden so sehr, dass selten ein Satz gefunden werden wird, der nicht eine von ihnen enthielte. Ohne diese fünf Beziehungsformen würde das Wissen so zusammenschrumpfen, dass die Meisten es nicht der Mühe werth halten würden, sich damit zu befassen. Schon viele einzelne Vorstellungen bestehen aus einer innigen Verbindung von Begriff und Beziehung; z. B. Vater, Kind, Verwandter, Herr, Diener, fruchtbar, schädlich, Erscheinung.

9) Die übrigen Beziehungsformen haben nicht diese weitgreifende Bedeutung; doch würde das Und, das Oder, das Ganze und die Ortsbeziehung schwer entbehrt werden können. Am wenigsten nothwendig scheinen die Beziehungen durch Substanz, Wesen, Inhalt und Inneres mit ihren Gegensätzen. Es ist dies eine Folge ihrer grösseren Verwandtschaft mit den Begriffen des Seienden; man meint, durch diese jene Beziehungen ersetzen zu können.

10) Kant behandelt nach der Darstellung seiner Kategorieenlehre als Anhang die Amphibolie der Reflexionsbegriffe. Es ist nur an diesem Orte, wo er die Beziehungsformen für sich in Betracht zieht, und auf eine erschöpfende Darstellung derselben eingeht. Er sagt (K. d. r. V. 229.): „Die Ueberlegung (Reflexio) hat es nicht „mit den Gegenständen selbst zu thun, um geradezu von ihnen „Begriffe zu bekommen, sondern ist der Zustand des Gemüths, in „welchem wir zuerst uns dazu anschicken, um die subjektiven Be„dingungen ausfindig zu machen, unter denen wir zu Begriffen ge„langen können. Sie ist das Bewusstsein des Verhältnisses gege„bener Vorstellungen zu unsern verschiedenen Erkenntnissquellen,

„durch welches allein ihr Verhältniss unter einander richtig be-„stimmt werden kann.“

11) Man sieht, wie Kant hier den Begriff der Beziehung zu erreichen sucht, und an deren voller Gewinnung nur dadurch gehindert ist, dass er bei seinem Idealismus auch den Inhalt des Seienden aus den, angeblich der Seele innewohnenden Grundbegriffen abzuleiten genöthigt ist. Bei dieser Ausdehnung dessen, was von der Seele zu dem Dinge kommt, war Kant nicht im Stande die Natur der Beziehung richtig zu erfassen. Nur bei ihnen findet das statt, was nach Kant allgemein statt hat, dass es der Seele von Natur innewohnende Formen sind, unter denen sie das Gegebene zu ordnen und zu überblicken versucht, und dass sie keine Bestimmungen des Gegenständlichen selbst bezeichnen.

12) Ueberdem ist diese Aehnlichkeit der Beziehungen mit den Kategorieen Kants nur eine äusserliche. Bei den Beziehungen weiss die Seele, dass sie damit nichts Gegenständliches aussagt und kein Seiendes damit abbildet; bei den Kategorieen Kants dagegen kennt die Seele diesen Umstand nicht. Sie legt nach Kant die in den Kategorieen enthaltenen subjektiven Formen den Gegenständen selbst bei; sie sind ihr das Seiende und nur eine mühsame Untersuchung des Erkenntnissvermögens kann nach Kant die Einsicht in diese Täuschung verschaffen, deren Fortdauer trotzdem im Leben anhält. Das Ergebniss bei Kant ist deshalb, dass das wirklich Seiende, das Ding an sich unerkennbar ist, und dass der Mensch von seiner Geburt bis zu seinem Tode sich nur mit leerem Tand, mit Spiel-Gebilden seiner Seele beschäftigt; dass er von sich selbst ebensowenig etwas erkennt, wie von den Gegenständen ausser ihm.

13) Die Beziehungen dagegen, in der in diesem Werke aufgestellten Bedeutung, geben sich jedem, der einige Aufmerksamkeit auf sie verwendet, als blosse Verhältnisse im Wissen zu erkennen, und die Seele ist, nachdem sie diese Erkenntniss gewonnen, mit Leichtigkeit im Stande, den Irrthum von sich abzuhalten, ja erst durch diese Auffassung wird das Seiende selbst ihr wahrhaft verständlich und von Widersprüchen befreit. Neben diesen Beziehungen bleiben dann die Begriffe als die wahren Bilder des Seienden unerschüttert stehn. Die Ueberzeugung, dass durch die Wahrnehmung und durch die Begriffe das Seiende selbst erreicht und erkannt werde, wird durch diese Absonderung der Beziehungsformen nicht erschüttert, sondern verstärkt, während durch die Kant'schen Kategorieen die Bestimmungen des Seienden in einen leeren Schein, und damit in Nichts zerfliessen.

14) Man hat bisher Begriffe und Beziehungen bunt durch einander geworfen, dadurch das Seiende in Widersprüche verwickelt und keinen Ausweg gehabt, als entweder im Idealismus alles Sein in Wissen zu verwandeln, oder künstliche Hypothesen über das wahrhafte, hinter der Erscheinung verborgene Seiende aufzustellen. So verfahren Cartesius, Leibnitz, Herbart, um diesen Widersprüchen zu entgehen. Aber durch die scharfe Trennung zwischen Beziehung und Begriff des Seienden wird es möglich, das Sein, wie es die Wahrnehmung giebt, sich zu erhalten und dabei doch die grossen Einwirkungen zu verstehen, welche diese Begriffe des Seienden innerhalb des Wissens durch das Beziehen erleiden.

15) Die Lehre der Beziehungen, wie sie in diesem Werke dargestellt werden, ist also weit entfernt einen neuen Idealismus einzuführen; vielmehr ist das Gegentheil die Folge. Das Seiende, wie es schon dem unbefangenen Vorstellen gilt, erhält damit eine neue Bekräftigung und erst dadurch können die Angriffe von ihm abgewehrt werden, mit welchen es seit dem Beginn der Philosophie bestürmt worden ist.

16) Wenn die Meinung mit Recht abgelehnt wird, welche die Seele nur als eine „tabula rasa“ nimmt, die nur aus der Erfahrung ihre Erfüllung empfängt, und wenn dennoch die Behauptung und der Satz: „Nihil est in intellectu, quod non fuerit prius in sensu,“ immer wiederkehrt und sich nicht verdrängen lässt, so bietet nur die Absonderung der Beziehungsformen des Wissens von den Begriffen des Seienden das Mittel, diesen Widerstreit zu lösen, ohne das Sein und die Wahrnehmung über den Haufen zu werfen. Die Seele verhält sich in ihrem Wissen nicht immer nur aufnehmend; schon das Trennen und Vereinen im Vorstellen ergiebt dies, obgleich hier die Seele noch streng bei dem durch die Wahrnehmung Gegebenen bleibt; aber in weit höherem Grade zeigt sich die eigene Bewegung des Wissens in dem Beziehen und dem schöpferischen Vorstellen. Beide gehen über das von dem Seienden Empfangene hinaus; das Beziehen, indem es das Seiende innerhalb des Wissens in Verhältnisse, Trennungen und Verbindungen bringt, von denen in dem Sein keine Spur vorhanden ist; das schöpferische Vorstellen, indem es den Stoff vermehrt, und das Empfangene vereint, wobei die Wahrnehmung nur die Elemente, aber nichts weiter geliefert hat.

17) Hier in diesen Gebieten herrscht die Seele; hier ist sie nicht blos das empfangende Wesen, sondern ihre Thätigkeit tritt hervor und unterwirft das Empfangene einer Bearbeitung und Vergeistigung, welche es erst zu dem vollen Eigenthume der Seele

erhebt. Die Seele ist dabei auch kein blind spielendes Kind, das nicht weiss, was es treibt. Sie kennt ihre eigene That; sie weiss sie genau von dem aus dem Sein Empfangenen zu unterscheiden, und gerade durch diese Unterscheidung wird das von dem Sein Empfangene um so sicherer das treue Bild desselben.

18) So bildet sich das reiche Wissen der Seele. Zur Hälfte ist es Bild des Seienden, durch die Wahrnehmung ihr zugeführt, zur andern Hälfte ist es ihr Werk, in welchem dies Seiende von ihr vergeistigt und ihr ganz zu eigen gemacht wird. Keine dieser Hälften mag die andere missen; die Wahrnehmung liefert die Elemente für das Beziehen und schöpferische Vorstellen und diese sind ohne das von der Wahrnehmung gelieferte Sein ein leeres Getriebe, dem der Stützpunkt fehlt.

19) Die Wahrheit leidet nicht durch diese eigene Zuthat der Seele; die Seele hat die Macht, ihre eigene Zuthat zu erkennen und gesondert zu halten. In ihrem Wissen sind beide Hälften mannichfach durchmischt und durchwoben; aber wo es ihr darauf ankommt, die reine, das Sein treu abbildende Vorstellung zu besitzen, da vermag sie die eigene Zuthat zu trennen.

20) Wenn Kant in dem erwähnten Anhang über die Anphibolie der Reflexionsbegriffe unternimmt, eine Aufzählung der Beziehungsformen zu geben, so musste dieser Versuch deshalb missglücken, weil seine früher gegebenen Kategorieen des Seienden zum grössten Theil schon aus solchen Beziehungen bestehen. Das Viele, das All, die Negation, die Ursachlichkeit und Substantialität, welche unter den Kategorieen Kants vorkommen, sind sämmtlich nur Beziehungsformen.

21) In dem erwähnten Anhange werden als solche aufgeführt: 1) Einerleiheit und Verschiedenheit. Man sollte meinen, dass damit die Dieselbigkeit und der Unterschied gemeint wäre, also Begriffe, die zu der Beziehungsform des Nicht gehören; aber sonderbarer Weise bezeichnet Kant damit die Zahl und die ihr zu Grunde liegende Eins. 2) Einstimmung und Widerstreit. Damit bezeichnet Kant die Realität und diejenige Besonderung der Realität (Kraft), wo eine die andere aufzuheben vermag. Aber Realität ist keine Beziehung; und die Beziehung zweier einander entgegenwirkender Kräfte gehört zu der Beziehung der Ursachlichkeit und der Richtung oder der Ortsbeziehung. 3) Inneres und Aeusseres. 4) Materie und Form. Die beiden letzteren stimmen in ihrer Bedeutung mit der hier gegebenen; Kant behandelt sie indess nicht in ihrer Vollständigkeit, sondern nur aus dem beschränkten Gesichtspunkte der verschiedenen Erkenntnissquellen der

Wahrheit, also aus dem Gesichtspunkte seines Idealismus; seine Darstellung bietet deshalb für die Natur dieser Beziehung an sich selbst keinen Aufschluss.

22) Hegel hat das Verdienst, zuerst die Beziehungen scharfgesondert den Begriffen des Seienden gegenüber gestellt zu haben; wenigstens war dieses seine Absicht bei dem Gegensatze der Lehre vom Sein gegen die Lehre vom Wesen. Diese Absicht ist aber von ihm in der Ausführung nicht erreicht worden. Schon die Lehre vom Sein bringt sofort nach dem Begriff des Seins den Begriff des Nichts, also einen Begriff, der wesentlich Beziehung ist. Ebenso behandelt er die Begriffe der Qualität, der Gränze wesentlich aus dem Gesichtspunkte der Negation. Er bringt ferner unter die Lehre vom Sein die Begriffe des Eins, der Zahl und des Maasses, die sich als reine Beziehungen ergeben haben; so dass der grössere Theil seiner Lehre vom Sein sich nicht mit diesem, sondern mit den Beziehungen beschäftigt.

23) Es war daher natürlich, dass Hegel in der Lehre vom Wesen oder von den Beziehungen vielfach auf die schon dort erörterten Begriffe zurückgehen musste. Er war genöthigt, um ihnen den Schein eines Neuen zu geben, diese Begriffe gegen ihre Natur zu verändern und zu verkünsteln. So ist namentlich Existenz nur der lateinische Ausdruck für Dasein, welches schon in der Lehre vom Sein abgehandelt worden war. Um es nun als Beziehung darzustellen, macht Hegel die Existenz zu einem Nicht-Nicht-Sein, oder einem Sein mit doppelter Verneinung. Dafür ist aber vielmehr das Wort: Wirklichkeit vorhanden, als Verneinung der Erscheinung oder des Scheins. Die Wirklichkeit folgt dagegen bei Hegel später in einer besonderen, nur aus seinem System zu verstehenden dialektischen Bedeutung.

24) Stuart Mill kommt in seinem, in England jetzt hochgeschätzten System der Logik auch auf die Frage nach der Natur der Beziehungen. Er handelt davon an zwei Stellen. Er sagt (I. 49): „Relative Namen sind die folgenden: Vater, Sohn, Herrscher, „Unterthan, ähnlich, gleich, länger, kürzer, Ursache, Wirkung. Ihre „charakteristische Eigenschaft ist, dass sie immer paarweise gegeben „werden. Ein jeder relative Name setzt einen andern Gegenstand „voraus, von dem wir den correlativen aussagen." — Hier ist die Eigenschaft der Beziehungen, dass sie auf Mehreres sich erstrecken und in ihren Gegensätzen untrennbar sind, angedeutet, wenn auch nur mangelhaft.

25) Mill fährt nun fort (I. 50.): „Aber worin besteht die Natur „und Eigenthümlichkeit in der Mitbezeichnung eines relativen Na-

„mens? Einige sagen, diese Natur sei die Relation; aber wenn sie „gefragt werden, was ist eine Relation, so gestehen sie, dies nicht „sagen zu können. Sie wird allgemein als ein besonderes Verbor-„genes und Mysteriöses betrachtet. Ich kann indessen dies nicht „anerkennen. Es ist einleuchtend, dass wenn wir zwei correlative „Namen nehmen, z. B. Vater, Sohn so bezeichnen sie beide „im gewissen Sinne dasselbe Ding. Wenn wir jemanden „einen Vater, einen andern seinen Sohn nennen, so wollen wir in „beiden Fällen eine Reihe von Thatsachen behaupten, welche in „beiden Fällen genau dieselben sind. Was durch diese Namen be-„zeichnet wird, ist eine Reihe von Ereignissen; von dieser kann man „sagen, dass sie die Beziehung ausmacht; die Scholastiker nannten „sie die Grundlage der Beziehung (fundamentum relationis)."

26) Man bemerkt hier zunächst, dass die Erörterung Mill's sich nur auf einzelne Beziehungen beschränkt, ohne den Begriff derselbe in seinem ganzen Umfang zu erfassen. In letzter Stelle handelt er offenbar nur von der Ursachlichkeit. Aber weit auffallender ist es, dass ihm die wahre Natur des Beziehens ganz verborgen bleibt. Er nimmt die Relation nur für eine Thatsache, und ihre Vorstellung für das Bild eines Seienden. Damit ist ihr Wesen völlig verkannt. Die Scholastiker nannten ganz richtig die thatsächlichen Unterlagen der Beziehungen „fundamenta relationis," aber deshalb ist die Relation selbst nicht identisch mit ihrem Fundament. Das Erzeugtsein des Sohnes vom Vater stützt sich zwar auf gewisse zeitlich sich folgende Umstände, aber dieses Erzeugtsein sind nicht diese Umstände selbst, sondern dies ist eine Beziehung der Seele, welche sie in diese Umstände erst hineinschiebt, und damit die Ursachlichkeit zu Stande bringt. — Mill selbst fühlt dies, wie aus seinen wechselnden Ausdrücken erhellt. Er sagt (I. 51.): „Die „Thatsache kann ebensogut in dem einen, wie in dem andern „Lichte betrachtet werden; die Thatsache geht zwei Individuen „an." Dies „Licht", dies „angehen" zielt auf die reine im Wissen vorgehende Natur des Beziehens, ohne dass Mill dies erkannt hat.

27) Die zweite Stelle, wo Mill noch ausführlicher von den Beziehungen handelt, ist die, wo er die Kategorieen des Aristoteles bespricht, unter denen bekanntlich auch die Relation vorkommt. Hier wiederholt Mill im Ganzen die vorgehende Auffassung; „die „Grundlage der Relation soll etwas sein, worin ausser dem einen „noch andere Gegenstände betheiligt sind" (I. 79.); „es existirt dabei „eine Thatsache, in welche die zwei in Relation stehenden Dinge „als betheiligte Partheien eintreten" (I. 80.); „ein Attribut, das „auf eine Thatsache gegründet ist, in welche der Gegenstand in

„Verbindung mit einem andern eintritt, ist eine Relation zwi-„schen Beiden." (I. 81.) Hier sehen wir dieselbe mangelhafte Auffassung wiederkehren, die sich dabei nur auf die Beziehung des Gleich und der Ursachlichkeit beschränkt und durch diesen Mangel ihren Irrthum nicht bemerkt. Hätte Mill erkannt, dass auch das: Nicht, Und, Oder, die Zahl, das Alle Beziehungen sind, so würde er seine Definition gewiss selbst nicht festgehalten haben.

28) Indess ist es interessant, dass schon Mill selbst bemerkt, wie seine Definition auf die Beziehung der Aehnlichkeit nicht passe. Mill sagt (I. 82): „Ich nenne zwei weisse Empfindungen „ähnlich und eine weisse und eine schwarze unähnlich. Was „ist hier die Thatsache, welche das fundamentum relationis aus-„macht? Zuerst die zwei Empfindungen und dann das, was wir das „Gefühl einer Aehnlichkeit oder einen Mangel an Aehnlichkeit „nennen. Aehnlichkeit ist offenbar ein Gefühl, ein Zustand des Be-„wusstseins vom Beobachter. Ob das Gefühl der Aehnlichkeit zweier „Farben ein dritter Zustand des Bewusstseins ist, welchen ich nach „den zwei Empfindungen der Farben habe, oder ob es ähnlich dem „Gefühl ihrer Reihenfolge in den Sensationen selbst inbegriffen „ist, bleibt der Erörterung überlassen. In beiden Fällen „sind aber diese entgegengesetzten Gefühle von Aehnlichkeit und „Unähnlichkeit Theile unserer Natur und zwar Theile, die „der weitern Analyse nicht fähig sind. Es sind also Attribute, die „auf Thatsachen, d. h. auf Zustände des Bewusstseins gegründet sind, „die eigenthümlich, unauflösbar und unerklärlich sind."

29) Hier wird das „Gefühl der Aehnlichkeit" zu der Thatsache, dem fundamentum relationis gemacht, nur um jene falsche Definition aufrecht zu halten. Wie gezwungen jene Auffassung ist, konnte Mill nicht entgehen; denn dieses „Gefühl der Aehnlichkeit" ist ja schon die Beziehung selbst, während das fundamentum nur seine Unterlage bilden soll. — Wir sehen, wie dieser scharfe und klare Denker sich vergeblich bemüht, die Natur der Beziehungen zu erfassen. Er will ihr Wesen durchaus in dem Seienden, in den „Thatsachen" finden; aber diese sind nur die Unterlage, die Mehreren, welche nur die Haltpunkte für diese Gedankenformen abgeben. Das Beziehen selbst ist ein reines Wissen, ein geistiges Thun, was sich über diese „Thatsachen", diese Mehreren gleichsam ausspannt, nicht um ihre seiende Natur damit darzustellen, sondern um ihnen die Ordnung, die höhere Einheit, das Gewebe zu geben, mit welchen das Wissen sie gleichsam umspinnt und damit erst sich geistig vollständig zu eigen macht.

# Die Wahrheit der Beziehungen.

1) Es bleiben noch zwei Fragen zu erörtern; die Wahrheit der Beziehungsformen und die Umwandlung des Seienden in Beziehungen. Beides Fragen von grosser Bedeutung; insbesondere wird die letzte bei einer ungnügenden Beantwortung die Quelle zahlreicher Irrthümer innerhalb der Philosophie. Es scheint zunächst unmöglich, bei den Beziehungen von ihrer Wahrheit zu sprechen, da die Wahrheit in der Uebereinstimmung des Wissens mit dem Sein besteht und das Wesen der Beziehung gerade ist, das Seiende nicht abzubilden. In diesem Sinne ist allerdings die Beziehung ohne Wahrheit, und nur eine Besonderung im Wissen. Aber dieses Wissen ist, wie schon angedeutet worden, nicht ohne Zusammenhang mit der Besonderung des Seienden.

2) Das Nicht kann sich nicht gegen ein und denselben Gegenstand als Beziehung und Verneinung wenden; es kann nicht sagen: die Sonne ist nicht die Sonne. Das Gleich ruht auf einer Bestimmung in den Verglichenen, die nicht geändert werden kann, ohne das Gleich unmöglich zu machen. Die Zahl erfordert für die Mehreren, welche sie zählt, deren Vereinzelung und deren Gleichheit. Das All wird vernichtet, wenn Eines daneben bleibt. Der Satz: das Feuer hat alle meine Bücher zerstört, ist nicht mehr zu sagen, wenn ein Buch in der Asche sich vorfindet. Ein Bataillon Soldaten ist kein Ganzes mehr, wenn eine Compagnie fehlt. Die Ursachlichkeit ist nur auf Unterschiedene, in der Zeit sich Folgende, anwendbar; wollte man sie auf zugleich vorhandene Unterschiedene anwenden, so würde die Aussage nicht verstanden werden; das Licht kann nicht als die Ursache seiner Wärme, die Lunge nicht als die Ursache des Herzens genommen werden; die gleichen Winkel im fertigen Dreieck sind nicht die Ursache der gleichen Seiten und umgekehrt; die Substantialität kann nicht auf Unterschiede bezogen werden, die sich zeitlich folgen; die Substanz ist nur beziehbar auf Bestimmungen, die zugleich da sind. Die Ortsbeziehungen fordern ein bestimmtes Sein; das links bezieht sich wohl auf das rechts und ist es nur durch das Rechts; dennoch können die Hände nicht willkürlich verwechselt, bald die eine bald die andere als die rechte genommen werden. Das Oben und Unten verlangt für den, der die Beziehung ausspricht, Mehrere, die nicht neben einander gestellt werden können, wenn diese Beziehung möglich bleiben soll.

3) Dies Alles zeigt, dass die Beziehungen nicht völlig von den

Eigenschaften und Bestimmungen des Seienden absehen, wenn sie es erfassen. Sie sind kein Bild des Seienden, aber sie schweben umgekehrt nicht ganz in den Lüften; sie stehen mit ihren Füssen auf dem Boden des Seienden und die nähere Bestimmung dieser Grundlage bestimmt auch die Art der Beziehung. Dies ist die Wahrheit der Beziehungen und in ihr liegt zugleich der Grund für den Werth dieser Formen. Wären sie, wie die Kategorieen Kants, ausser allem Zusammenhange mit dem Seienden, mit dem Dinge an sich, so würden sie ihren Werth für die Seele völlig verlieren und von ihr bei Seite geworfen werden.

4) Dieser Vorwurf trifft die Kategorieen Kant's. Man begreift nicht, und Kant ist die Aufklärung schuldig geblieben, wie die Seele bei ihrer Auswahl unter einer so grossen Zahl von Kategorieen darauf kommt, eine so genaue Unterscheidung derselben bei ihrer Anwendung auf das einzelne Ding an sich zu machen. Stehen sie, wie Kant behauptet, mit dem Dinge an sich in gar keiner Verbindung, in gar keiner Beziehung, so hat auch das Ding nicht den mindesten Grund in sich, weshalb die eine Kategorie nicht eben so gut für dasselbe passen sollte, wie die andern; vielmehr passt dann eine so wenig, wie die andere. Es ist dann alles ein eitel Spiel, wie es das kleine Mädchen treibt, welche demselben Puppen-Balg (Ding an sich), bald dieses rothe, bald jenes grüne Kleid anzieht, ohne dass der Balg dem widerstrebte. Das Kleid ist dem Balge völlig gleichgültig, ebenso wie die Kategorie dem Dinge an sich. Dennoch fühlt die Seele sich in solcher beliebigen Anwendung der Kategorieen gehemmt. Woher kommt diese Hemmung? Von dem Dinge an sich? Dies ist unmöglich.

5) Kant kommt nur in einzelnen Fällen auf diese Frage und hilft sich dann mit einer Nothwendigkeit, die sich die Seele selbst auferlege, um die von ihr gewünschte Objektivität zu erhalten. Solche selbst gemachte Nothwendigkeit, wie sie Kant z. B. bei der Causalität und Substantialität sich zurechte macht, ist der reine Widerspruch. Fichte erkannte dies, und gestand hier offen das Dasein unbegreiflicher Schranken des Ich, die er in das Nicht-Ich übersetzte.

6) Von diesen Schwierigkeiten sind die Beziehungsformen durch ihre Wahrheit frei. Sie haben an dem bestimmten Sein ihrer Bezogenen eine Unterlage, die die Anwendung der einzelnen Beziehung gestattet oder abhält; deshalb nehmen sie Theil an der Wahrheit, wenn auch nicht an der vollen Wahrheit des bildlichen Vorstellens und der aus diesem abgetrennten Begriffe.

7) Aus dieser nur beziehendlichen Wahrheit der Beziehungen

erklärt sich das Widerstreben der Seele, diese Formen als eine reine Schöpfung der Seele zu nehmen. In dem Gleich, in der Allgemeinheit, in der Ursachlichkeit weiss auch das gewöhnliche Vorstellen des Lebens, dass es einen Inhalt habe, der von dem Seienden Kunde giebt und mehr ist als ein blosses Spiel im Vorstellen. So richtig dies ist, so schwer ist es, diese seiende Unterlage der Beziehungsform scharf zu bezeichnen, und von der Beziehungsform getrennt auszusprechen. Die Sprache hat für diese feineren Sonderungen des menschlichen Wissens keine Worte gebildet und neu gebildete Worte würden das Verständniss nicht erleichtern, weil nicht bloss die Worte, sondern auch die Begriffe dazu in dem gewöhnlichen Leben fehlen.

8) Jeder erkennt, dass in dem Gleichen dieser mehreren Bücher eine seiende, eigenschaftliche Bestimmung derselben dem Vorstellen vorschwebt, mag sie eine Farbe, oder eine Gestalt (gleiches Format) oder ein Inhalt sein; mag dies Trennstück ein eigenschaftliches oder ein begriffliches sein. Aber mit dem Worte: Gleich wird dieses Trennstück nicht in seiner seienden Natur bezeichnet und gemeint, sondern nur nach dem Umstande, dass es nicht bloss in einem, sondern auch in den andern Büchern vorhanden ist. Das Gleich ist nur diese Beziehung, nur dieser Ausdruck das in den Mehreren Wiederkehrenden. Insoweit ist es frei von aller Bildlichkeit eines Seienden; aber dennoch ist seine Unterlage, die Bedingung seiner Anwendbarkeit jenes seiende, in allen Büchern vorhandene Trennstück. Indem die Seele im Gleich zunächst nur eine reine Beziehung ausspricht, hat sie dennoch gleichzeitig die Vorstellung jenes seienden Trennstücks der Bücher, über welche die Beziehung sich ausspannt. Beide Vorstellungen sind zugleich in der Seele, und indem das Gleich sich auf diese Bilder des Seienden stützt, wird es leicht auch für die Bezeichnung des Seienden selbst genommen. Es gehört eine lange Uebung des Denkens dazu, diese rein beziehende und doch auf ein bestimmtes Sein fussende Natur des Gleich auszusondern, oder Eigenschaft und Beziehung nicht zu mischen.

9) Ebenso verhält es sich mit den andern Beziehungen. Das All ist unmöglich auf drei Menschen anzuwenden, wenn vier in der Stube sind; es muss sich zuvor einer entfernen. Das All hat seine bestimmte seiende Unterlage, aber es ist dabei doch nur reine Beziehung; es zählt nicht einmal die Mehreren; jede Vielheit ist ihm ein All, wenn nur sonst keine Eins daneben bleibt. Im All wird immer dieselbe Vorstellung ausgesprochen; dies wird Niemand bestreiten; deshalb kann das All an sich für die 3 Menschen die-

ser Stube und für die 30,000 dieser Stadt nicht verschieden sein. Es ist also nur Beziehung; aber diese Beziehung stützt sich auf das umschlossene Sein der Mehrern; deshalb tritt für das gewöhnliche Vorstellen dieselbe Schwierigkeit hervor, wenn es das All als reine Beziehung gelten lassen soll. Es weiss, dass es bei diesem All Seiende meint; aber es sollte sich sagen, dass dies Meinen ein anderes bildliches Vorstellen ist, was erst hinter der reinen Beziehung sich erhebt.

10) Damit ist auch die wahre Bedeutung des Allgemeinen gewonnen, welche die Vereinung von Gleich und Alle ist. Das Allgemein ist deshalb nur Beziehung und als solches nicht in dem Sein. Aber seine Grundlage sind mehrere Einzelne in ihrer völlig umschlossenen Begränzung; so dass jenseit dieser Umschliessung keines bleibt. In der Regel werden bei dem Allgemein mittelbar die Einzelnen in dieser Umzäunung vorgestellt und die reine Beziehung scheint zu fehlen; aber näher betrachtet zeigt sich, dass auch in dieser Mischvorstellung des gewöhnlichen Lebens ein Stück bleibt, was durch bildliches Vorstellen nicht erfasst und gesagt werden kann. Um dieses letzte Element zu bezeichnen, genügt kein Wort des bildlichen Vorstellens, wie roth, sauer, hart; man muss auf das All zurückkommen, wenn auch in andern Sprachformen, wie in: Keiner, Jeder, Niemand, vollständig, umfassend etc.

11) Der Ursachlichkeit liegt deutlich das Sein zweier Unterschiede, die sich zeitlich folgen, zu Grunde. Dieses Sein tritt hier so stark hervor, dass die Beziehung Mühe hat, ihre reine Bedeutung sich zu bewahren. Erst die Allgemeinheit solcher Folge und die Verknüpfung dieser Folge durch die Erzeugung lassen erkennen, dass auch in der Ursachlichkeit eine Beziehung enthalten ist, welche ihr erst ihre volle Bedeutung gewährt.

12) In der Substantialität tritt das Sein der verschiedenen Eigenschaften und ihre Einheitsform des An- und In-einander hervor, und es kann vorkommen, dass die Substanz-Beziehung nur als Bild solchen Seins gebraucht wird. Aber dann ist sie nicht in ihrer Wahrheit gebraucht. In dieser enthält sie als unentbehrlichen Inhalt die Beziehung auf einen die Eigenschaften tragenden und einenden unsichtbaren Kern, der die Substanz der Accidenzen abgiebt.

13) Das Gleiche lässt sich leicht an den übrigen Beziehungsformen darlegen. Alle Beziehungen ruhen auf einem bestimmten Sein und sind gegen diese Bestimmung des Seienden nicht gleichgültig. Aber trotzdem ist die Beziehung kein Bild dieses Seienden; dies Seiende bleibt nur Bedingung und wird nicht der Inhalt der Beziehung. Mittelbar kann durch die Beziehung ein

Seiendes vorgestellt werden, aber die Aufmerksamkeit verlässt dann das Beziehen, ist dem Seienden zugewendet; die Beziehung wird Nebensache, und dient nur dazu, das Seiende zu erreichen. Die Bestimmtheit des Seienden wird dann nicht durch die Beziehung allein, sondern durch das andere Sein mit erkannt, welches mit bezogen ist.

## Das Seiende als Beziehung.

1) Während der Gebrauch der Beziehungen dazu reizt, von ihrer Natur abzusehen und sie als Bezeichnungen des Seienden zu nehmen, findet sich daneben die umgekehrte Richtung, das Seiende in Beziehungen zu verwandeln. Insbesondere ist innerhalb der Philosophie diese Richtung ausgebildet; sie hat wesentlich dazu gedient, die Natur des Seienden zu verfälschen und den Angriffen des Idealismus Preis zu geben. Erst bei der Darstellung des Idealismus wird der Ort sein, auf diese Richtung ausführlicher einzugehen. Hier soll die Frage nur so weit berührt werden, als sie in die Lehre vom Vorstellen gehört.

2) Als nächstes Beispiel solcher Umwandlung bietet sich der Raum. Die bestimmte räumliche Grösse eines Gegenstandes wird wahrgenommen und ist ein Seiendes, so gut wie die Farbe, die Schwere, die Härte. Diese räumliche Grösse, getrennt von den übrigen Bestimmungen des Gegenstandes, ist der leere Raum, der durch Vereinen mit den leeren Räumen der Gegenstände daneben zu einem Raume zusammenfliesst. Eine wesentliche Eigenschaft dieses Raumes ist seine Stetigkeit, eine Bestimmung, die einfach ist und nicht definirt werden kann. Was man als Definition bietet, sind nur Verneinungen des Diskreten oder Gesonderten. Vermöge dieser Stetigkeit ist jeder Raum, sei er gross oder klein, gestaltet oder nicht, ein Gegenstand. Die Ausdehnung, die dieser Raum enthält, zerreisst diesen Raum nicht, macht ihn zu keiner Vielheit, sondern durch die Stetigkeit wird diese Ausdehnung des Raumes in Einheit erhalten, sei der Raum auch noch so gross. Um deshalb hat das Beziehen an solchem einigen Raume keinen Halt.

3) Aber so gewiss, wie der Raum durch seine Stetigkeit nur eine Einheit ist, so leicht kann das Vorstellen vermöge dieser Ausdehnung des einen Raumes Orte in ihm aussondern, ebenso Richtungen und Theile. Dieses geschieht durch die trennende Thätigkeit der Seele. Der Raum selbst wird durch solches Trennen der Seele nicht getheilt, sondern nur sein Bild im Vorstellen. Diese Orte, diese Theile des Raumes bilden dann ein Selbstständiges, und

werden erst damit eine Unterlage für das Beziehen. Indem man in dieser Weise die Theilbarkeit des Raumes immer stärker hervorhob, schien das Ausgedehnte selbst aus solchen Theilen zu bestehen; aus der Theilbarkeit im Vorstellen wurde ein Getheilt-Sein des Raumes selbst; die Stetigkeit wurde zu einer erst später hinzu kommenden Bestimmung. Damit war der Raum zu einer blossen Beziehung von Raumpunkten oder Raumtheilen umgewandelt; aus dem Seienden war eine Beziehung geworden.

4) Schon bei Kant tritt diese Auffassung hervor. Er sagt (K. d. r. V. 49.): „Zur Bestätigung von der Idealität des Raumes „kann vorzüglich die Bemerkung dienen, dass alles, was in unserer „Erkenntniss zur Anschauung gehört, nichts als blosse Verhält„nisse enthält, der Oerter in einer Anschauung (Ausdehnung), „Veränderung der Oerter (Bewegung) und Gesetze, nach denen „diese Veränderung bestimmt wird (bewegende Kräfte). Nun wird „durch blosse Verhältnisse doch nicht eine Sache an sich erkannt.“

5) Hier ist mit ausdrücklichen Worten der Raum zu einem Verhältniss der Oerter gemacht, während die Wahrnehmung das Gegentheil aussagt. Die ursprüngliche Anschauung giebt den Raum als einen Einigen; in diesem Raume ist durch die von Anfang ab ihn innwohnende Stetigkeit gar kein Einzelnes. Der einzelne Ort kommt erst durch das trennende Vorstellen hinein, er ist das Spätere; die Stetigkeit und Einheit ist das Unmittelbare. Auch lässt Kant ungewiss, ob er unter Orte Punkte oder Theile versteht. Meint er Punkte, so kann aus diesen, da die Ausdehnung ihnen abgeht, nie ein Raum werden, am wenigsten durch Beziehen. Meint er Theile, so ist sein Beweis nur für den grossen Raum geführt; für den kleinern, der in den Theilen steckt, von denen hierbei ausgegangen wird, wiederholt sich aber die Frage nach der Natur des Raumes genau wie bei dem grossen Raum; die Erklärung Kants ist deshalb keine Erklärung.

6) An dem Raume ist hiermit ein Beispiel gegeben, wie eine falsche Richtung des Denkens ein Seiendes in eine blosse Beziehung umwandeln kann und damit zur Leugnung des Seins genöthigt wird. Aehnliches zeigt sich bei Kant in der Erklärung seiner Kategorien. Er sagt (K. d. r. V. 75.): „Raum und Zeit enthalten „nur ein Mannigfaltiges der reinen Anschauung a priori. Die Spon„taneität unsers Denkens erfordert es, dass dieses Mannigfaltige „zuerst auf gewisse Weise durchgegangen, aufgenommen und ver„bunden werde, um daraus eine Erkenntniss zu machen.“

7) Auch hier nimmt Kant den Raum zunächst als ein Mannigfaltiges; erst die Kategorien sollen dies zur Einheit erheben. Den-

noch sagt Kant wenige Seiten vorher (K. d. r. V. 29): „Der Raum ist „eine reine Anschauung. Denn man kann sich nur einen Raum „vorstellen, und wenn man von vielen Räumen redet, so versteht „man nur Theile des einen. Diese Theile können auch nicht vor „dem einigen, alles befassenden Raume vorangehn, sondern nur in „ihm gedacht werden. Er ist wesentlich einig, das Mannigfaltige „in ihm beruht lediglich auf Einschränkungen." — Dieser Satz enthält die Wahrheit und ist das gerade Gegentheil von jener Mannigfaltigkeit, zu welcher Kant ihn in der vorgehenden Stelle macht. Aber Kant brauchte zur Erklärung der Idealität seiner Kategorien ein Mannigfaltiges. Deshalb musste er Raum und Zeit in Widerspruch mit sich selbst zu solchem umwandeln.

8) Herbart fasst den Begriff des Raumes eben so falsch auf; auch er verwandelt ihn in eine Beziehung. Er sagt (I. 178.): „Das „Ausgedehnte soll sich dehnen durch viele verschiedene, ausser ein„ander liegende Theile des Raumes; hier erinnert schon der Aus„druck: dass Eins, welches sich dehnt, dasselbe sein soll mit dem „Vielen, worin es durch die Dehnung zerreist u. s. w." — Hier wird der Raum zu einer Mehrheit von aussereinander liegenden Theilen, die Stetigkeit oder das sich Dehnende zu einem in Vieles Zerrissenen gemacht; beides gegen die offenbare Natur des Stetigen. Das Dehnen ist das Gegentheil von zerreissen. Kant wie Herbart haben nicht fassen können, dass das Ausgedehnte doch Eins sein könne; sie haben die Natur der Stetigkeit völlig verkannt. Weil das Stetige in Einzelnes getheilt werden kann, deshalb meinen sie, sei es von Anfang ab getheilt. Natürlich muss dann Herbart auf den Widerspruch kommen. Die Theile sind entweder Punkte oder kleine Räume; Punkte können nie einen Raum bilden, und kleine Räume haben schon zu viel Raum, haben wieder Theile. Diese Widersprüche glaubt Herbart durch seine Theorie einfacher Wesen lösen zu müssen; aber wenn die wahre Vorstellung des Raumes keinen Widerspruch enthält, so bedarf es auch seiner künstlichen Hypothesen zu dessen Beseitigung nicht.

9) Hegel hält sich bei diesem wichtigen Begriff so schwankend, wie in vielen andern Fällen. Er sagt in seiner Naturphilosophie (VII. 45.): „Der Raum ist das ganz ideelle Neben-einander, weil „er das Ausser-sich sein ist, und schlechthin continuirlich, weil dieses „Auseinander noch ganz abstrakt ist und keinen bestimmten Unter„schied in sich hat. Der Raum ist diese Punktualität, die aber „eine nichtige ist, vollkommene Continuität." — Der Raum ist hiernach für Hegel sowohl diskret als continuirlich. Solcher Widerspruch wird nur für den erträglich, der unter diskret hier die

Theilbarkeit des Raumes versteht. Deshalb nennt Hegel auch den Raum das ideelle Neben-einander. Es ist hier dieselbe Vermengung des Seienden mit den Beziehungen, wie anderwärts; dadurch allein wird es ihm möglich, für so widersprechende Behauptungen einen Schein zu gewinnen. Das Continuirliche ist die seiende Eigenschaft des Raumes; das Diskrete, Vereinzelte bringt erst das Trennen der Seele hinein und damit wird die Beziehung möglich, die nur im Wissen ist. Hegel fühlt diesen Unterschied und nennt deshalb die Punktualität ideell und nichtig.

10) An diesen Beispielen wird es verständlich geworden sein, was unter der Umwandlung des Seienden in Beziehungen zu verstehen ist. Gerade am Raum ist die Theilbarkeit am hervortretendsten; es erklärt sich daraus, wie gerade bei diesem Begriff und bei dem der Zeit so allgemein in der Philosophie die Neigung herrscht, den Begriff in eine Beziehung von Punkten oder Theilen umzuwandeln. Man war um so lieber dazu bereit, als man wegen des gleichzeitigen falschen Begriffes der Realität sich nicht entschliessen konnte, dem leeren Raume eine Realität zuzuerkennen; seine Auflösung in eine Beziehungs-Vorstellung war ein willkommenes Mittel, seine Realität zu beseitigen, die in das System sich nicht fügen wollte.

11) Die Bewegung ist ein Begriff, der noch mehr, wie der des Raumes, dazu reizt, ihn in eine Beziehung umzuwandeln. Schon in den berühmten Beweisen Zeno's gegen das Sein der Bewegung geht die Richtung dahin, die Bewegung zu einem Sein in vielen Punkten umzuwandeln, d. h. in eine Beziehung. Der Antrieb dazu kommt davon, dass man meint, eine Bewegung sei nur erkennbar durch die Vergleichung der durchlaufenen Orte mit dem Ausgangsort; eine solche Vergleichung wäre allerdings nichts als Beziehung und zwar die frühere Orts-Beziehung. Man meint, die Bewegung nur dadurch wahrnehmen zu können, dass man ihren Ausgangspunkt festhält und die Entfernung der einzelnen Punkte, welche sie durchläuft, daran abmisst.

12) Aber diese Auffassung ist irrig. Die Wahrnehmung der Bewegung giebt zunächst ein Einiges, in dem gar keine Punkte unterschieden sind. Bei dem Sehen einer Linie werden die einzelnen Punkte in ihr nicht mit ihrem Anfangspunkt verglichen und nicht darauf die Wahrnehmung ihrer Ausdehnung gestützt; vielmehr wird die Linie unmittelbar als ein Ausgedehntes gesehen. Dasselbe gilt für die Bewegung, welche für das Sehen nichts Anderes ist, als die werdende Linie. Die Seele hält das schon durchlaufene Stück dieser Linie im Vorstellen fest, und so wird in ihr die Be-

wegung genau zu einer zeitlichen Linie, wie der durchlaufene Weg eine räumliche Linie ist. Beides ist ein Ausgedehntes, räumlich oder räumlich und zeitlich. Zur Wahrnehmung dieses Ausgedehnten bedarf es in beiden Fällen keiner Aussonderung von Punkten und deren Beziehung auf den Ausgangspunkt.

13) Eine solche Vergleichung schleicht sich allerdings leicht ein; insbesondere wenn es sich um die Messung einer Bewegung handelt; aber das Messen selbst ist schon Beziehung. Ebenso kann es vorkommen, dass durch gleichzeitige Bewegung des sehenden Auges die Bewegung nicht wahrgenommen wird; aber dies alles ändert nicht die seiende Natur der Bewegung selbst. Sie nimmt an der Stetigkeit des Raumes und der Zeit Theil, ist nur durch diese Stetigkeit möglich; sie ist deshalb weder in einem Punkte der Zeit noch des Raumes möglich und kann deshalb auch nicht aus einem Sein in einzelnen Punkten bestehen. Aber indem sie, wie der Raum, in ihrem durchlaufenen Raum und Zeit der Theilung fähig ist, kann sie getheilt und es können Punkte in ihr festgestellt und damit eine Beziehung in sie hineingebracht werden. Täuschung aber ist es, wegen solcher Anwendbarkeit der Beziehung auf die Bewegung, diese selbst zu einer blossen Beziehung zu machen, wie bei Kant und Herbart geschieht.

14) Ein drittes Beispiel solcher Umwandlung des Seienden in eine Beziehung liefern die Begriffe der bestimmten Gränze, des Anfanges und des Endes. Nach dem natürlichen Vorstellen hat der Körper an der Fläche seine Gränze, die Fläche im Punkt; beides ist, je nach der Richtung, Anfang oder Ende. Anfang und Ende gehört also zum Gegenstande, zum Seienden. Aber ebenso wird geltend gemacht, dass das Ende oder die Gränze da sei, wo der Gegenstand aufhöre, also nicht sei; die Gränze sei also nicht am Körper. Hegel sagt (VI. 181): „Im Dasein ist die Bestimmt„heit eins mit dem Sein, welche zugleich als Negation gesetzt, „Gränze, Schranke ist. Daher ist das Anderssein nicht ein „gleichgültiges ausser ihm, sondern sein eigenes Moment.“ — „Die „Gränze macht einerseits die Realität des Daseins aus und anderer„seits ist sie dessen Negation. Weiter ist nun aber die Gränze „als die Negation des Etwas, nicht ein abstraktes Nichts überhaupt, „sondern ein seiendes Nichts oder dasjenige, was wir ein Anderes „heissen.“

15) Hegel erkannte hier ganz richtig, dass Gränze in einem doppelten Sinne auftritt, als bejahend und verneinend. Sie ist einmal dem seienden Gegenstande selbst angehörend, der Gegenstand kann ohne sie nicht bestehen; sie ist eine untrennbare Be-

stimmung desselben, und nimmt deshalb an seinem Sein Theil. Aber an der Gränze berührt auch der Gegenstand den andern; dieser Andere scheint dem Vorstellen unentbehrlich, damit jener eine Begränzung erhalte; die Gränze erscheint nur als die Wirkung des Andern.

16) So ist auch für Spinoza die Bestimmtheit nur die Schranke durch Anderes. „Ea res," sagt er im Anhang seiner Ethik, „dici- „tur in suo genere finita, quae alia ejusdam naturae terminari potest „Sic cogitatio alia cogitatione terminatur." Hegel treibt die Bestimmtheit in den Widerspruch, dadurch, dass er Beides, die Bestimmtheit als bejahte und als verneinte zu einem Seienden erhebt. Damit hatte er den Widerspruch, dessen er bedurfte, da sein System auf der Wahrheit des Widerspruchs erbaut ist.

17) Für jeden Andern, dem solcher Widerspruch nur als Antrieb gilt, ihn zu lösen, ist diese Lösung nur zu finden in den Unterschieden der Vorstellungen, je nachdem sie das Seiende abbilden oder es nur innerhalb des Wissens beziehen. Bildlich vorgestellt ist der Gegenstand durch seine eigene Bestimmtheit begränzt und bedarf dazu keines Andern; aber da das Andere hart daneben liegt, so drängt sich eben so leicht der Seele die Beziehung durch Nicht auf; der Gegenstand ist nicht das Andere; seine Bestimmtheit besteht durch den Unterschied von dem Andern. Jene Bestimmtheit ist die seiende, bildlich vorgestellt, diese ist die Beziehung. Wird diese mit gleichem Werthe jener als ein Seiendes zur Seite gestellt, so ist der Widerspruch fertig. Nur wenn die Seele sich von der wahren Natur des Beziehens nicht abdrängen lässt, bleibt der Widerspruch fern.

18) Am nächsten liegt diese Verwechselung bei der Gränze des Räumlichen und Zeitlichen, wo die Berührung das Eine und das Andere eng aneinander bringt. Bei den stofflichen Eigenschaften, wie Farbe, Ton, Glätte, Druck, Geschmack tritt dieser Reiz zur Umwandlung weniger ein. Es fällt nicht schwer, sich die ganze Welt als in ein allgemeines Grau gehüllt vorzustellen. In einem dichten Gebirgsnebel sieht man nur dieses Grau und keine andere Farbe, und dennoch ist dies Grau in voller Bestimmtheit in der Seele. Ebenso bedarf die Vorstellung des Dreiecks, des Süssen, des bestimmten Tones dieser Glocke keiner andern Gestalt, keines andern Tones oder Geschmackes, um in ihrer Bestimmtheit zu bestehen. Der Schmerz aus dem geschnittenen Finger bedarf keines Schmerzes und keiner Lust daneben, um bestimmt zu sein; das Wahrnehmen, als Zustand der Seele, bedarf keines blossen Vorstellens, keines Begehrens um als Bestimmtes zu bestehen. Dies

wagt selbst jene Philosophie nicht zu bestreiten; nur bei dem Raume und der Zeit allein ist sie durch die Berührung, welche diesen Grössen eigenthümlich ist, verleitet worden, die Bestimmtheit allein in der Verneinung zu suchen.

19) Schon die griechischen Philosophen haben von der Verwechselung des Seienden mit der Beziehung gelitten. Plato lässt im Theaetet den Sokrates sagen (Schleiermachers Uebersetzung, III. 86.): „Niemals kann etwas mehr oder weniger werden, weder „dem Maasse noch der Zahl nach so lange, als es sich selbst gleich „ist. Zweitens, wenn nichts zugesetzt noch auch abgenommen wird, „so kann etwas niemals wachsen oder schwinden, sondern muss sich „immer gleich bleiben. — Drittens: Was vorher nicht war, kann „unmöglich nachher sein, ohne geworden zu sein und zu werden. — „Diese drei Behauptungen streiten nun, glaube ich, in unserer Seele „mit einander, wenn wir behaupten, dass ich, der ich diese bestimmte Grösse habe, ohne weder zu wachsen, noch das Gegentheil zu erleiden binnen Jahresfrist, jetzt zwar grösser bin, als du der „Jüngere, hernach aber kleiner; da doch ich von meinem Maasse „nichts verloren habe, sondern nur du an dem deinigen gewonnen „hast. Denn ich bin ja hernach, was ich vorher nicht war, ohne „es geworden zu sein. Und mit tausend und aber tausend Sachen „verhält es sich ebenso, wenn wir dieses wollen gelten lassen.“ — Drauf antwortet Theaetet: „Wahrlich bei den Göttern, Sokrates, „ich wundre mich ungemein, wie doch dieses wohl sein mag; ja „bisweilen, wenn ich recht hineinsehe, schwindelt mir ordentlich.“

20) Plato sucht dann eine Erklärung für diese Schwierigkeit in dem Satze des Protagoras, dass der Mensch das Maass aller Dinge sei. Er giebt diesem Satz einen Sinn, wonach die bestimmte Gegenständlichkeit des Wahrgenommenen aufhört und die Wahrheit für jeden Einzelnen nur eine subjektive sei und nur von seinem persönlichem Maassstabe abhänge. Wenn Plato dann diese Auffassung weiterhin wieder bekämpft, so sieht man doch, dass ihm selbst die Auflösung jener Schwierigkeit noch nicht klar war. Für uns ist diese Lösung leicht; die Schwierigkeit entsteht aus der Umwandlung des Bezogenen in ein Seiendes. Geschieht dieses, ohne dass der Urtheilende sich dessen bewusst ist, so ist der Widerspruch unvermeidlich, und seine Lösung vor der Kenntniss der Natur der Beziehung unmöglich.

21) Von den Beziehungen wird im Vorstellen häufig ein Gebrauch gemacht, der dazu beiträgt, ihnen den Schein eines Seienden zu geben. Man könnte solche Vorstellungen Halb-Beziehungen nennen. Es wird nur das Eine von den mehreren Bezogenen mit

der Beziehung vereint vorgestellt und das andere entweder gar nicht, oder so unbestimmt und schwach, dass es nicht bemerkt wird. Ein solches Beispiel ist das: Nichts. Das Nichts ist das: Nicht-Etwas. Es ist eine Verneinung des Einen, ohne das Andere zu setzen, auf das das Nicht sich bezieht. Im Urtheile wird das zweite mit gesetzt; z. B.: der Regenbogen ist Nichts; es hört Jemand einen Knall und fragt: was war dies? der Andere antwortet: Nichts. Hier ist die Beziehung vollständig; ein Vorgestelltes wird als nicht seiend durch das Nichts erklärt. Aber öfter wird das Nichts selbstständig behandelt. In dem Satze: die Welt ist aus Nichts entstanden, ist das Nichts eine Halb-Beziehung.

22) Aehnlich wird von Ursache, von Substanzen, von Maassen, von Orten gesprochen, ohne der Wirkung, der Accidenz, des Gemessenen, des andern Ortes dabei zu erwähnen. So wird vom Vater gesprochen, ohne den Sohn zu nennen; bei Hegel und anderen ist fortwährend von der Substanz die Rede, ohne dass der Accidenz gedacht wird; man spricht von grossen Bäumen, von weiten Entfernungen, von alten Frauen, von klugen Männern. Diese Beiworte sind nur Beziehungen; es liegt ihnen ein Maass zu Grunde, ein Durchschnitt, über den hinaus das grosse, das weite, das kluge beginnt, und unter dem das kleine, nahe, dumme seinen Anfang nimmt. Aber das Maass selbst, das unentbehrliche Zweite der Beziehung wird nicht genannt, und jene Vorstellungen werden damit zu Halb-Beziehungen, welche für den Unbefangenen ganz den Schein eines Seienden annehmen. Das Maass wird nicht erwähnt, weil es als bekannt vorausgesetzt ist; nur wo dieses Maass sich für das ganze Gebiet des Vorstellens ändert, geschieht dies; z. B. bei dem Klein, wie es Kindern gilt, zu dem bei Erwachsenen.

28) Im Allgemeinen sind diese Halbbeziehungen keine neuen Formen des Wissens, sondern nur Abkürzungen im Vorstellen. Sie sind wahre Beziehungen, aber das Vorstellen entwickelt sie nicht zur Vollständigkeit, oder legt den Nachdruck nur auf die eine Seite.

## Die Beziehungs-Einheiten überhaupt.

1) Erst nach der obigen Darstellung der Beziehungen, ist es möglich, einen Mangel zu ergänzen, der bei der früheren Darstellung der Einheitsformen nicht zu vermeiden war. Die damalige Darstellung beschränkte sich auf die seienden Einheitsformen, wie sie aus dem An- und In-einander der Unterschiede im Raum und in der Zeit hervorgehn. Die Mischung der Elemente und die begriff-

liche Einung ergaben sich dabei als die stärkern Arten dieser Einung.

2) Für das Wahrnehmen sind keine weiteren Einheitsformen vorhanden. Man bemerkt indess leicht, dass der Begriff der Einheit im Vorstellen einen grösseren Umfang hat. Man spricht von Einheit der organischen Körper, von Einheit der Seelenzustände, von der Einheit der Seele und ihres Leibes, von der Einheit der Arten und Gattungen, von der Einheit der zeitlichen Entwicklung eines Organismus, von der Einheit der Menschen, von der Einheit der Familie, der Kirche, des Staates, der Nationen; von der Einheit eines Charakters, eines Kunstwerkes; von der Einheit des Sonnensystems und von der Einheit des Weltalles. In allen diesen Beispielen wird die Einheit in einem Sinne genommen, welcher über die früher dargestellten seienden Einheitsformen hinausgeht.

3) Obgleich von diesen Einheiten im Leben und in der Wissenschaft fortwährend Gebrauch gemacht wird, so herrscht doch bei keinem Begriffe selbst innerhalb der Philosophie, so viel Unbestimmtheit, so viel Schwanken, wie bei dem der Einheit. Ueberall wird von „innigem Zusammenhang," von „Harmonie der Unterschiede," von „organischer Einheit," von „einheitlicher Verknüpfung," von „einem durch Bewusstseins-Einheit verknüpften Zusammenhang" (Fechner, die Seelenfrage, 207.) gesprochen, aber dennoch ist kein Begriff weniger, wie der der Einheit für sich herausgehoben und untersucht worden. Bei keinem Begriffe lässt man sich so leicht in dem Unbestimmten gehn, und denkt bald dies, bald jenes darunter, je nachdem es zu dem gerade vorliegenden Gegenstande am besten passt. An keinen Begriff hängt sich so leicht das künstlerische oder sittliche Gefühl und gewährt ihm die Stütze, welche die nüchterne Betrachtung ihm zu bieten nicht vermag.

4) Der Begriff der Einheit im weitern Sinn umfasst drei Arten. Die erste besteht aus den bereits früher dargestellten seienden Einheitsformen. Diese sind 1) das An-einander oder die Berührung mit oder ohne den stetigen Uebergang der stofflichen, in dem Raume und der Zeit ausgebreiteten Unterschiede; 2) das In-Einander oder die Durchdringung, einschliesslich der Mischung der Elemente und der Einung des Begriffes mit dem bildlichen Reste.

5) Die zweite Art der Einheit umfasst die ebenfalls bereits dargestellten Verbindungen durch Kraft und durch Begehren; insbesondere 1) die Verbindung der Körper durch die Anziehung im Grossen und im Kleinen; 2) die Verbindung des Menschen mit Gegenständen; sei es mit seinem Lande, oder mit den Mitteln seines Strebens u. s. w.; 3) die Verbindung des Menschen mit an-

dern Menschen durch die verschiedenen Arten der Freundschaft und Liebe; 4) endlich die umfassenden Verbindungen der Menschen untereinander durch das auf ein Ziel gerichtete Begehren der Einzelnen.

6) Die dritte Art der Einheit umfasst die Einheiten, welche sich aus den Beziehungsformen ergeben. Es tritt der Unterschied dieser gegen die frühern sogleich darin hervor, dass diese Beziehungs-Einheiten kein Sein, sondern ihren Bestand nur im Denken haben. Der Begriff der Einheit ist indess der Art, dass dieser Unterschied weniger bemerkt und empfunden wird. Die Beziehungsformen selbst sind jedenfalls zum grösseren Theil aus dem Drange der Seele nach einer höhern Einheit hervorgegangen, als sie das Sein der Gegenstände bietet. Bei keinem Begriffe hält sich die Seele so für berechtigt, dem Sein verbessernd nachzuhelfen, wie bei dem der Einheit, und bei keinem verlangt sie weniger die Gegenständlichkeit desselben.

7) Nicht alle Beziehungsformen sind zur Begründung einer Einheit Unterschiedener gleich geeignet. Das Nicht wirkt vielmehr trennend und gehört daher nicht hierher. Auch das Oder und die drei Beziehungen durch Wesen, Inhalt und Inneres mit ihren Gegensätzen haben eine mehr trennende als einende Wirkung für das von ihnen Bezogene. Die Beziehung durch Und, durch Zahl, durch Alle, durch das Ganze und die Orts-Beziehungen haben wohl eine verbindende Natur; aber sie bleiben zu unbestimmt, um die Einheit der dadurch Bezogenen besonders hervortreten zu machen. Die Substantialitäts-Beziehung bewirkt zwar eine stärkere Einheit; sie wird aber im gewöhnlichen Vorstellen der Einheit des Dinges mit seinen Eigenschaften gleichgestellt und bildet deshalb keine besondere Einheitsform. So bleiben nur zwei Beziehungsformen, welche für den Begriff der Einheit von Bedeutung sind; dieses sind die Beziehungen durch Gleich und durch Ursachlichkeit.

8) Als das einende Element in der Beziehung durch Gleich erscheint dasjenige Trennstück in den Vielen, welches die Unterlage für das Gleich abgiebt, in der Regel also das begriffliche Trennstück. Es soll daher die aus dieser Beziehung durch Gleich hervorgehende Einheit die begriffliche Einheit genannt werden. Das einende Element in der Ursachlichkeit ist die Erzeugung der Wirkung aus der Ursache; sie wird erhöht durch die Allgemeinheit dieser Erzeugung; diese Einheit soll die ursachliche Einheit genannt werden.

9) Diese, aus den Beziehungsformen sich bildenden Einheitsformen

sind von ausgedehnter Anwendung innerhalb des Wissens; die Seele ist so gewöhnt, sie als die höhern und wahren Einheiten zu nehmen, dass die übrigen Arten der Einheit nur dann als solche anerkannt werden, wenn sie wenigstens in Verbindung mit diesen Beziehungs-Einheiten auftreten. So sagt Virchow in seinen „vier Reden über Leben und Kranksein" (S. 8.): „der Gedanke von der „Einheit des Lebens in allem Lebendigen findet in der Zelle seine leibliche Darstellung." — Hier haben wir ein Beispiel von der Einheit durch Gleich, oder von der begrifflichen Einheit; dann heisst es daselbst wieder (S. 20.): „Aber wir erfassen das Gewöhnliche und „Ungewöhnliche nicht anders als in seinem mechanischen Geschehen „von Ursache zur Wirkung. Denn der menschliche Geist ist zu „jeder andern Art des Erfassens unfähig." — Hier haben wir ein Beispiel von der ursachlichen Einheit, die hier so überschätzt wird, dass keine andere daneben gelten soll.

10) Mit den drei Arten der Einheit, welche man als die Einheiten des Seins, der Verbindung und der Beziehung bezeichnen kann, sind alle Besonderungen des Einheits-Begriffes erschöpft. Alles Vorstellen, sei es im Gebiete der Natur oder der Seele, oder der Kunst oder des Rechts oder der Religion, welches den Begriff der Einheit enthält, kann dazu keine andern Formen der Einheit benutzen, als die in jenen drei Arten enthaltenen, und die Seele ist selbst durch schöpferisches Vorstellen nicht im Stande, diese Arten der Einheit zu vermehren. Alles was die Dichter über das Verschmelzen der Seelen Verliebter, was Schwärmer über die Einheit des Menschen mit Gott oder über die Dreieinigkeit Gottes, was politische Fanatiker über die Einheit des Staats und seiner Bürger vorgebracht haben; alles was der eindringendste Scharfsinn und die wildeste Phantasie an Einheiten geboten haben; alle jene Begriffe, die mit „Harmonie, Zusammenhang, Uebereinstimmung, „Einheit, Innigkeit, Verschmelzung u. s. w." bezeichnet werden, lassen sich leicht als diejenigen aufzeigen, welche in den oben definirten drei Arten der Einheit dargelegt worden sind.

## Die Einheit des Organischen.

1) Die Erörterungen des vorgehenden Abschnitts werden erst ihr volles Verständniss in den Untersuchungen finden, welche einzelne Einheiten zum Gegenstand nehmen. Die wichtigste Einheitsform innerhalb der Natur ist die Einheit der organischen Körper oder der Pflanzen und der Thiere. In dem einzelnen Exemplar dieser ist ein reicher Unterschied vorhanden, und je höher der

Organismus aufsteigt, desto grösser wird die Mannigfaltigkeit seiner Theile oder Glieder, sowohl von Aussen betrachtet, als in seinem Innern blosgelegt, sowohl nach seinem räumlichen, als wie nach seinem zeitlichen Nebeneinander.

2) Die nächste Einheitsform für diese Unterschiede des Organismus ist das An-einander der Theile und das In-einander der Eigenschaften desselben. Die Pflanze, das Thier ist zunächst dadurch eines, dass alle seine Theile aneinander stossen, stetig zusammenhängen und dass die Eigenschaften derselben sich gegenseitig durchdringen. Sie sind ferner zeitlich dadurch eins, dass ihre Veränderungen stetig in der Zeit sich einander folgen, ohne durch eine leere Zeit getrennt zu sein. Diese Einheit des räumlichen und zeitlichen An-einander der Glieder wird noch erhöht durch die Allmähligkeit, mit der diese Unterschiede in einander übergehen. Die Farben und Gestalten der Organismen und ihrer Theile bilden keine schroffen Gegensätze, sondern laufen allmählig in einander; der organische Körper hat keine Ecken, sondern Rundungen; der Keim entwickelt sich allmählig zur Pflanze und zu dem Thier, so stetig, dass ohne künstliche Hülfsmittel diese Veränderung nicht wahrzunehmen ist. Aber diese Einheit erschöpft die Einheit des organischen Körpers noch nicht. Das Berühren und sich Durchdringen der Unterschiede hat auch jeder Stein und jeder Erdkloss.

3) Es zeigt sich, dass auch die zweite Art der Einheit bei den organischen Körpern vorhanden ist, die Einheit, welche aus der Verbindung der Theile durch Kraft hervorgeht. Die Pflanze, das Thier hat einen mehr oder weniger festen Zusammenhang in seinen Gliedern und deren Theilen, denn sie widerstehen bis zu einem Grade jeder Trennung. Die atomistische Auffassung der modernen Naturwissenschaft lässt diese Körper sogar nur aus Molekülen bestehn, welche sich nicht berühren, sondern in Abständen von einander bleiben und nur durch anziehende und abstossende Kräfte in einer bestimmten Nähe zu einander gehalten werden. Diese Auffassung würde die Einheit durch An-einander zerstören, wenn die Moleküle als solche in die Wahrnehmung fielen; da dies aber nicht der Fall ist, so bleiben die organischen Körper zunächst in der Einheit das An-einander und nur im Vorstellen tritt daneben noch die Einheit ihrer Moleküle durch die sie verbindende Kraft hinzu.

4) Auch diese zweite Art der Einheit ist indess nicht genügend, die Einheit der organischen Körper zu erschöpfen; auch diese Einheit theilen sie mit jedem Stein und mit jedem Metallstück. Die unterscheidende Einheit der Organismen fällt deshalb innerhalb der Beziehungs-Einheit.

5) Das Wesen des organischen Körpers liegt in seiner äussern und innern Gliederung, d. h. in der Zweckmässigkeit, mit der die besondere Wirksamkeit jedes Gliedes sich zu einem Gesammt-Ergebniss verbindet; in der gegenseitigen Abhängigkeit dieser Glieder von einander, so dass die Wirksamkeit jedes einzelnen allen andern zu Gute kommt, und keines ohne die Andern sich erhalten kann. Zu dem kommt noch die besondere Entwickelung der Organismen aus einem Keime, aus welchem, als der gemeinsamen Grundlage, die Glieder und Theile des Organismus hervorgehn; ferner die Bildung neuer solcher Keime innerhalb des entwickelten Organismus und das Erlöschen all dieser Thätigkeiten und die Auflösung des Organismus in unorganische Stoffe, nachdem das Exemplar eine Zeit hindurch bestanden hat.

6) Alle diese Vorgänge werden zu dem Begriff des Organischen oder Lebendigen vereinigt; sie bilden das Unterscheidende gegen die Zustände und Vorgänge innerhalb der unorganischen Natur. So sagt Virchow (Vier Reden über Leben und Kranksein, 6): „Das „Sonderdasein des Lebendigen ist unabänderlich gebunden an eine „bestimmte Form, in welcher zugleich der Grund der Erhaltung und „die Richtung der Thätigkeit vorgezeichnet ist, und welche ausser- „dem das Phänomen der Fortpflanzung darbietet. Alles Lebendige „hat vermöge jener bestimmten Form eine gewisse Besonderheit „und Beständigkeit des Baues und der Mischung in diesem Bau; „nur diese Uebereinstimmung des Baues und der Mischung giebt „uns das Recht, die niedrigste Pflanze mit dem höchsten Thiere in „das grosse Reich des Lebendigen zusammenzufassen." Diese Definition würde treffender sein, wenn die Beziehungs-Einheit der Ursachlichkeit und Zweckmässigkeit innerhalb der einzelnen Glieder des Organischen darin mehr hervorgehoben wäre. — Für die Frage der Einheit, welche hier allein vorliegt, ist es gleichgültig, ob diese Erscheinungen des Lebens der Organismen rein aus mechanischen und chemischen, den Molekülen innwohnenden, Kräften abgeleitet werden, oder ob eine besondere Kraft, die Lebenskraft dabei zu Hülfe genommen wird. Der Begriff der Einheit wird dadurch nicht verändert; denn die Lebenskraft ist potentia dieselbe Bewegung und Form-Bildung, wie sie der Organismus actu enthält, nur frei von der Zeit vorgestellt; die Lebenskraft bedarf deshalb selbst der einenden Bestimmung, um als eine gelten zu können.

7) Nun erhellt, dass diese Einheit für den einzelnen organischen Körper aus zwei Bestimmungen hervorgeht: 1) aus der gegenseitigen Abhängigkeit der Glieder oder besondern Bildungen von einander und 2) aus der Verbindung der Vorgänge innerhalb dieser einzelnen

Bildungen zu einem Endergebniss, zu dem sie sich wie die Mittel zu dem Zweck verhalten. Der Magen und die Eingeweide verarbeiten die von Aussen aufgenommenen Stoffe zu Blut. Das Herz mit den Arterien und Venen bewirkt die Durchströmung dieses Blutes durch alle Theile des Körpers; die einzelnen Organe nehmen aus diesem, in den Capillargefässen sie durchströmendem Blute den ihnen nöthigen Stoffersatz und geben dahin die unbrauchbar gewordenen Stoffe zurück. Die Lunge besorgt die Verbrennung eines Theiles dieser unbrauchbar gewordenen Stoffe und schafft damit zugleich die dem Organismus nöthige Wärme; die Nieren sondern andere unbrauchbare Stoffe ab, und so fort. In dieser Art dient ein Organ dem andern.

8) Aber gleichzeitig verbinden sie ihre Wirksamkeit zur Erhaltung der Knochen, Muskeln, Nerven und Sinnesorgane, welche der Seele zur Erkenntniss der Aussenwelt und zur Einwirkung auf diese dienen. In jedem einzelnen Organe wiederholt sich diese Wechselwirkung und diese Verbindung der Wirksamkeit der Theile zu einem Gesammtergebniss, was als der Zweck des einzelnen Organs sich darstellt. In dem Auge sind die äusseren Hüllen durchsichtig, damit das Licht hindurch kann; im Innern ist alles schwarz ausgekleidet, damit kein störendes Zurückwerfen der Strahlen eintrete; der Sehnerv ist mit seinen Fasern senkrecht stehend ausgebreitet, damit möglichst viele einzelne Punkte gesondert empfunden werden können; die Pupille kann durch eigene Muskeln sich erweitern oder verengern, um zu schwache oder zu starke Grade des Lichtes auszugleichen u. s. w. Alle diese Einrichtungen und Vorgänge machen erst vereint das Sehen möglich, und jeder einzelne unterstützt hierbei die andern.

9) Gleiches wiederholt sich überall in dem Organismus. Auf dieser gegenseitigen Abhängigkeit und auf dieser gegenseitigen Vereinung der Wirksamkeit zu einem Ziel beruht die Einheit. Diese Abhängigkeit und zweckmässige Wirksamkeit ist aber nichts anderes als die Beziehungsform der Ursachlichkeit. Die einzelnen unterschiedenen Glieder und Bildungen mit ihrer Wirksamkeit sind einmal die Ursache für das Fortbestehen der andern wie umgekehrt. und zweitens vereinen sie ihre Wirksamkeit zu einem Ziele, welches sich als der Zweck ihrer selbst darstellt. Mag man jene Ursachlichkeit als blosse mechanische und chemische Kraft auffassen, oder sie in der entwickelteren Form, als Blutbereitung, als Wärmebereitung u. s. w. nehmen, so bleibt die Einheit, welche die Organe verbindet, immer die Ursachlichkeit; das eine Glied ist die stetig fortwirkende Ursache von den in den andern stetig fortgehenden

19*

Wirkungen und umgekehrt. Die Ursachlichkeit ist das was sie eint; so wie diese aufgehoben wird, hört auch die Einheit auf. Das Glied was unterbunden wird, was seine Wirkung nicht mehr auf die andern ausdehnen, von den andern nichts mehr empfangen kann, ist abgestorben, gehört nicht mehr zur Einheit des Körpers, wenn es auch durch An-einander und durch die Molekularkräfte der Anziehung mit dem Organismus noch verbunden ist.

10) Die andere hier einende Bestimmuug ist das eine Ziel, zu dem die Wirksamkeit aller Theile sich verbindet. Die Kraft der einzelnen Organe wird nicht vollständig, zu ihrer gegenseitigen Erhaltung verbraucht, es bleibt ein Ueberschuss, welcher der Seele dient, und welcher zu dem Behuf sich in einer Verkettung befindet, durch welche allein jenes Ziel erreicht werden kann. Mag diese zweckmässige Anordnung auf einen Gott oder auf den Zufall zurückgeführt werden, immer liegt in ihr das andere Moment, welches dem Organismus seine Einheit giebt, und diese Einheit auch in den einzelnen Organen durch ihren besonderen Zweck einführt. Deshalb bildet das Auge eine Einheit für sich; die Wirksamkeit seiner einzelnen Theile verbindet sich zu einem Ziel, dem Sehen, dessen das Auge selbst nicht bedarf.

11) Diese Einheit des Zweckes ist aber selbst nur eine besondere Art der Ursachlichkeit. Auch hier ist also die Beziehungsform der Ursachlichkeit die einende Bestimmung, und das Ergebniss ist, dass die besondere und höchste Einheit der organischen Körper für das Wissen auf der Beziehungsform der Ursachlichkeit beruht.

12) Wird der organische Körper in seinem zeitlichen Verlaufe betrachtet, so beruht die Einheit desselben neben dem zeitlichen stetigen An-einander ebenfalls auf der Ursachlichkeit. Jeder vorgehende Zustand ist die Bedingung für das Fortbestehen des Organismus in dem folgenden Zeitpunkt. Die Veränderungen selbst, das Wachsen, der Wechsel der Stoffe und der Formen, so wie später das Abnehmen und der Tod sind eine Einheit durch die Zweckmässigkeit, mit der sich diese einzelnen zeitlichen Vorgänge unterstützen, um ein bestimmtes Ziel zu erreichen, mag nun dieses Ziel in der Entwickelung neuer Keime zur Erhaltung der Gattung gesetzt werden, oder in der vollständigen Entwickelung des einzelnen Exemplars.

13) Die Einheit der zeitlichen Entwickelung eines Organismus wird erheblich gesteigert durch die Allmähligkeit, mit der die zeitlich sich folgenden Unterschiede eintreten. Die blühende Pflanze grenzt nicht plötzlich an den Keim. Der Mann folgt nicht mit

einem Sprunge dem Kinde; sondern allmählige Uebergänge in Farbe, Grösse, Gestalt, Festigkeit, Kraft vermitteln diese Unterschiede und verstärken damit die durch das zeitliche An-einander zunächst gegebene Einheit. — Weitere Formen der Einheit, als die hier dargelegten, sind in den organischen Naturkörpern nicht vorhanden. Man kann in Büchern und Vorträgen zwar noch vielerlei Worte, Bilder und Gleichnisse für sie finden, aber sie bewegen sich entweder in nebelhaften Vorstellungen, die sich jeder Untersuchung entziehen, oder in poetischen Zuthaten zur Anregung des Gefühls. Löst man diese Zuthaten ab, die nicht zur Sache gehören, so wird man finden, dass nur die Begriffe übrig bleiben, welche hier als die einenden Bestimmungen dargelegt worden sind.

14) Als Beleg kann eine Stelle aus Hegels Naturphilosophie dienen. Er sagt (VII. 465.): „Das Leben ist wesentlich diese voll-„kommen flüssige Durchdringung aller Theile desselben, d. h. „solcher, die gleichgültig gegen das Ganze sind. Sie sind keine „chemischen Abstraktionen, sondern haben substantielles, eigenes, „ganzes Leben; — ein Leben der Theile, welches in sich unruhig, „sich auflöst und nur das Ganze hervorbringt. Das Ganze ist die „allgemeine Substanz, der Grund sowohl als es die resultirende „Totalität ist, und es ist diese als Wirklichkeit. Es ist das Eins, „das die Theile in ihrer Freiheit gebunden in sich enthält; es ent-„zweit sich in sie, giebt ihnen sein allgemeines Leben, und hält sie, „als ihr Negatives, ihre Kraft, in sich. Dies ist so gesetzt, dass „sie an ihnen ihren selbstständigen Kreislauf haben, der aber das „Aufheben ihrer Besonderheit und das Werden des Allgemeinen ist.“

15) Wenn man diese Stelle reinigt von den Widersprüchen, von dem Nebelhaften, was mit den Schwierigkeiten nur spielt, aber nicht an sie herangeht, und weiter von der Einmischung von Gefühlsbildern, so bleiben nur die Begriffe übrig, welche hier entwickelt worden sind; allerdings hier in der nüchternsten Form und frei von aller poetischen und mystischen Ausschmückung.

16) Es ist von Interesse, mit dieser Auffassung Hegels eine Rede Virchow's zu vergleichen, über Atome und Individuen, welche sich wesentlich um den Begriff der Einheit des Organischen dreht. „Was sind Individuen?“ frägt Virchow. Atome sind nach ihm: Theileinheiten, Individuen Einheiten mit Theilen. „Das Individuum,“ sagt er (Vier Reden, 45.): „ist demnach eine „einheitliche Gemeinschaft, in der alle Theile zu einem gleichartigen „Zweck zusammenwirken, oder, wie man es auch ausdrücken mag, „nach einem bestimmten Plane thätig sind.“ Und (daselbst, 50.): „Die ganze Erscheinung des Individuums auf der Höhe seiner Ent-

„faltung trägt das Gepräge des Einheitlichen an sich. So viel und „mannigfaltig seine Theile sein mögen, sie befinden sich alle in einer „wirklichen Gemeinschaft, in der jeder auf den andern sich bezieht, „einer des andern bedarf, keiner ohne das Ganze seine volle Be„deutung gewinnt. Das Lebendige wirkt, wie Aristoteles sagt, nach „einem Zweck.“ — Virchow spricht in dieser Stelle zwar viel von Einheit und Gemeinschaft neben der ursachlichen Verbindung, aber genauer angesehen, ruht diese Einheit, nach seinen eignen Worten, nur auf der ursachlichen Verbindung oder der Zweckmässigkeit, in der die einzelnen Theile des Individuums zu einander stehen.

17) Virchow sagt weiter (daselbst, 46.): „Das Atom kann mit „andern Atomen in die allermannichfachste Verbindung treten; aber „zu jeder Zeit kann es mit all seinen Eigenschaften wieder aus„scheiden. Das Individuum ist dagegen für seine eigne Erhaltung „auf die Trennung angewiesen; jedes Individuum, ob es auch einer „grössern Gruppe oder Reihe angehört, hat seine Besonderheit.“ — Hier will Virchow die Einheit des Organischen weiter aus seiner Besonderung ableiten; aber dieser Gedanke ist verfehlt. Organismen können mit Atomen und mit andern Organismen ebenso in Verbindung treten, ohne ihre Natur einzubüssen, wie Atome mit Atomen. Die Verbindung mit Atomen zeigt sich in dem Stoffwechsel und der Ernährung; die Verbindung der Individuen mit den Individuen zeigt sich in allen den oben betrachteten Verbindungen durch Begehren und Wollen; in den sinnlichen und ethischen Verbindungen der Liebe, der Ehe, des Staats, des Vertrages u. s. w.

18) Diese Verbindungen sind nicht weniger Verbindungen, wie die der Atome durch Anziehung. Umgekehrt verliert dies Atom durch seine Verbindung mit andern in einem Krystall oder sonst nicht seine Besonderheit; es erhält sich, wie Virchow selbst anerkennt, in seiner Besonderheit, mit seinen besondern Eigenschaften so selbstständig, wie die organischen Individuen in der Verbindung der Familien und des Staats. Virchow selbst sagt in seiner vierten Rede (daselbst, 127.): „So ist der Leib des Menschen und ebenso „der des Thieres und der Pflanze überhaupt nur zu vergleichen mit „organischen Einrichtungen, wo lebendige, mit eigner Selbstbe„stimmung begabte Einzelwesen mit einander in Beziehung treten; „also nur mit der Familie, dem Staate und der Gesellschaft.“

19) Virchow sagt weiter (daselbst, 49.): „Das Individuum ist „lebendig. Auch der herrlichste Krystall ist nur ein Exemplar. Aber „die Organismen sind für sich, und alles was sie werden, das „werden sie aus sich. Die Besonderheit des Innerlichen macht

„ihr Wesen aus.“ — Aber die „Lebendigkeit“ ist kein Kennzeichen, keine Definition des Organischen, sondern nur Tautologie. Das: „für sich“ wiederholt jene schon erwähnte Besonderheit, die in Wahrheit nicht mehr und nicht weniger, wie bei den Atomen vorhanden ist. Das: „Aus sich“ und „das Innere“ sind nur schwankende Vorstellungen, die den Begriff der Einheit des Individuums nicht erst begründen können, sondern denselben voraussetzen. Wenn zuvor ein Organismus da ist, kann man sagen: er erhält sich aus sich; dieses aus sich wird erst möglich durch die Einheit desselben. Wenn man will, so wächst auch der Krystall aus sich, denn der Stoff, der die Vermehrung bewirkt, wird bei ihm und bei dem Organismus von Aussen aufgenommen; die bindende und einende Kraft aber ist bei beiden in ihnen enthalten.

20) Obgleich aber Virchow die Ursachlichkeit sehr richtig als den Grund der Einheit des Organischen angegeben hat, so wirft er doch später die sonderbare Frage auf: wie die Gemeinschaft der Theile, auf welcher die Einheit des Individuums beruhe, zu Stande komme? (daselbst, 51.) Er führt die Gemeinschaft auf die der Zellen zurück und sagt (daselbst, 54.): „Alles Leben ist an die Zelle gebunden und die Zelle ist nicht blos das Gefäss des Lebens, sondern ist selbst der lebende Theil. — Der Organismus ist eine „Gesellschaft lebender Zellen; ein kleiner Staat, wohl eingerichtet.“ (S. 61.) „Was ist denn nun eigentlich das Individuum; „das Ganze oder die Theile? (S. 71.) Auch das menschliche Individuum ist eine Gemeinschaft. — Die Zellen und ihre Abkömmlinge sind auch in dem menschlichen Körper die wirklich thätigen „Theile; in jeder von ihnen wohnt das Leben; jede besitzt eine gewisse Selbsständigkeit. Das Geheimniss der Individualität besteht „unzweifelhaft in den feinen Verschiedenheiten der Anlagen und „Ausbildung einzelner Zellen oder Zellengruppen. — Sind nun die „Zellen die Individuen oder sind es die Menschen? Lässt sich auf „diese Frage eine einfache Antwort geben? Ich sage: Nein! — „Will man sich nicht entschliessen, zwischen Sammel-Individuen „und Einzel-Individuen zu unterscheiden, so muss der Begriff des „Individuums in der Naturwissenschaft entweder aufgegeben oder „an die Zelle gebunden werden.“

21) Mit diesem Ergebniss schliesst Virchow. Er konnte die Antwort auf die von ihm gestellte Frage einfacher geben. Da die ursachliche Verbindung zu einem Zweck allein das ist, was die Einheit des Organischen bewirkt, so ist es ganz natürlich, dass diese Einheit ihre Abstufungen hat und dass man nirgends sagen kann: hier fängt die Einheit an und hier hört sie auf. Jede Ein-

heit kann dadurch, dass sie von neuem in ursachliche Verbindung zu einem Zweck mit andern tritt, das Glied einer andern grössern Kette und Einheit werden, und aus jeder Einheit lassen sich niedere Einheiten oder Glieder absondern, die schon in sich in 'gleichem ursachlichem Zusammenhange stehen und als Einheit gelten. Deshalb ist nicht blos die Zelle und der Mensch eine Einheit, sondern auch sein Auge, seine Hand, jedes einzelne Haar mit seiner Wurzel, die Lunge, das Ader-Geflecht, das Nerven-Geflecht; und umgekehrt setzt sich die Einheit über den einzelnen Menschen hinaus in seiner Verbindung mit andern Menschen zur Familie, zur Gemeinde und zum Staate fort.

22) Die mit dem Menschen abschliessende Einheit tritt nur deshalb in stärkerem Maasse hervor, weil sie zugleich die Einheit des An- und In-einander der Unterschiede und Eigenschaften enthält. Aber die Einheit der Ursachlickeit und des Zweckes, auf der hauptsächlich die Einheit des Organischen beruht, macht ihrer Natur nach die Abgrenzung der Einheit in dem Sinne, wie Virchow die Frage stellt, unmöglich und deshalb ist seine Lösung mit dem Sammel-Individuum keine Lösung, sondern nur eine Wiederholung der aus der Ursachlichkeit hervorgehenden Einheit in einem andern und schlechteren Ausdruck. — Die ursachliche Verbindung der niedern Einheiten zu einer höheren kann loser und enger sein; auch dies liegt in der Natur dieses Begriffes; so ist diese Einheit loser in der Pflanze, die sich weit auffälliger als eine blosse Ansammlung von Blättern darstellt, als in den höheren Thieren, wo die Selbstständigkeit der einzelnen Theile beinahe völlig aufgehoben ist.

# Die Einheit der Seele.

1) Neben der Einheit der Organismen in der Natur tritt diejenige Einheit mit gleich hoher Bedeutung auf, welche in dem Wort: Seele für die von der Selbstwahrnehmung gegebenen Unterschiede gesetzt ist. Die Seele ist nicht ein Selbstständiges und Besonderes neben den einzelnen, bestimmten Zuständen des Wissens, Fühlens und Begehrens, sondern sie gilt als das Ganze dieser Zustände in ihrer Einheit. Nur die Einheit dieser Zustände macht es möglich, von einer Seele des Menschen zu sprechen; es kommt darauf an, die Natur dieser Einheit zu untersuchen.

2) Im Vergleich mit den höhern organischen Körpern finden sich weniger Unterschiede in der Seele als dort. Die Unterschiede der Seele zerfallen in Wissen, Gefühl und Begehren; diese besondern sich noch zu Unterarten; aber ihre Zahl ist nicht erheblich.

Man darf dabei nur nicht die Unterschiede der Vorstellungen, welche blos durch ihren Gegenstand oder Inhalt bedingt sind, als Unterschiede der Seelenzustände behandeln; die Vorstellung des Roth ist von der Vorstellung des Tones oder des Warmen als Zustand der Seele nicht verschieden, so wenig wie der Zustand des Spiegels sich ändert nach den Gegenständen, welche er spiegelt. Ebenso werden die einzelnen Begehren als Seelenzustände nicht verschieden, weil sie auf unterschiedene äussere Gegenstände gerichtet sind, und die Gefühle werden als Seelenzustände nicht verschieden, weil die Ursachen, welche die gleiche Lust oder den gleichen Schmerz erregen, verschieden sind. Hält man dies fest, so erhellt, dass die Mannichfaltigkeit der Seelen-Zustände der in den höhern Organismen nicht gleich kommt.

3) Bei solchem Sachverhalt wäre zu erwarten, dass die Einheit der Seele sich leichter und inniger vollziehen werde; aber was die geringere Zahl der Unterschiede hierbei erleichtern könnte, wird durch die Stärke der Unterschiede in den Bestimmungen der Selbstwahrnehmung wieder erschwert. Dennoch findet sich diese Einheit des Geistigen in dem Vorstellen aller Völker und aller Zeiten; die Sprache hat überall scharf bezeichnende Worte für diese Einheit gebildet und schon in den ältesten Urkunden des Menschengeschlechts findet sich der Begriff der Seele, als dieser Einheit des Geistigen im Menschen gegenüber dem Körper, als der Einheit seines Organischen.

4) Bei der Einheit der Seele zeigt sich zunächst die seiende Einheitsform des An- und In-einander. Die Vorstellungen, die Gefühle, die Begehrungen sind zunächst deshalb eine Einheit, weil sie in derselben Raumstelle, sei sie punktuell oder ausgedehnt, sich durchdringen; weil das Vorstellen da ist, wo das Fühlen, und das Fühlen da, wo das Begehren. Ebenso geschieht der zeitliche Wechsel in den Seelenzuständen stetig; der spätere Zustand schliesst sich an den vorgehenden durch Berührung an und in den meisten Fällen auch nicht sprungweise, sondern allmählig; die Grade des Vorstellens, der Gefühle, der Begehrungen steigen und fallen nach und nach. Aus der Kindes-Seele entwickelt sich allmählig vorschreitend die Seele des Mannes und aus dieser allmählig zurückschreitend die Seele des altersschwachen Greises.

5) Jeder plötzliche Wechsel, der sich über einen grössern Theil der Seelenzustände ausdehnt, erschüttert deshalb das Bewusstsein von der Einheit der Person. Daher kommen sich junge Leute, die plötzlich sich leidenschaftlich verlieben, wie verzaubert vor; sie kennen sich selbst nicht mehr; alle ihre Neigungen und Wünsche

sind plötzlich andere geworden, sie selbst scheinen sich ein anderer Mensch zu sein. Aehnliches zeigt sich bei einem schnellen, mit tiefen Gefühlen verbundenen Religionswechsel; deshalb sprechen die Apostel von einem neuen Menschen, den sie mit ihrer Bekehrung angezogen haben.

6) Diese Einheitsform des An- und In-einander genügt indess für die Einheit der Seele nicht. Sie würde vielleicht genügen, wenn diese Einheit nur von einem Dritten nach Art der Sinneswahrnehmung wahrgenommen würde. — Die Verbindungs-Einheit durch Kraft kann bei der Seele keine Anwendung finden, weil ihre Unterschiede nicht räumlich getrennt sind und weil eine Kraft, welche das Wissen mit dem Fühlen und Begehren zusammenbände, ausser der Möglichkeit selbst des Vorstellens liegt.

7) Die Beziehungs-Einheit der Ursachlichkeit findet dagegen auf viele Vorgänge innerhalb der Seele Anwendung. Die Vorstellung eines Gegenstandes der Lust bewirkt das Begehren danach; andere Vorstellungen, wie die der kommenden Lust, wirken eine sofort eintretende Lust; eine Vorstellung bewirkt die Widerkehr einer andern, mit der sie früher zugleich in der Seele gewesen ist; hier und in andern Fällen zeigt sich die Beziehungseinheit der Ursachlichkeit. Aber diese Form bleibt ungenügend, weil immer nur Einzelnes durch sie zu einer Einheit bezogen wird.

8) Nach diesem scheint die Einheit des Organischen in der Körperwelt inniger zu sein, als die Einheit der Seelenzustände. Aber solchem Ergebniss widerspricht die Selbstwahrnehmung eines Jeden; dem Gebildeten gilt die Einheit seiner Seele als die höchste und vollkommenste Einheit, welche überhaupt für ihn vorhanden sein kann. In der Sprache hat sich ein besonderes Wort für diese Einheit gebildet; es ist das Ich. In dem Ich liegt wesentlich die Dieselbigkeit der Person beruhend auf der Einheit der geistigen Zustände, trotz aller Unterschiede und allen Wechsels in denselben.

9) Die Erkenntniss des Ich und seiner Natur hat von jeher zu den wichtigsten Aufgaben der Philosophie gehört; der Idealismus und die Identitätsphilosophie glaubten im Ich den thatsächlichen Beweis ihrer Grundprincipien zu besitzen. Fichte hat das Ich als Subjekt-Objekt definirt; er und viele Andere fanden das Eigenthümliche des Ich in dieser wunderbaren Einheit oder gar Dieselbigkeit von Wissen und Sein. Aber diese Verbindung theilt das Ich mit jedem durch die Selbstwahrnehmung gegebenen Seelenzustand. Jede Lust, jedes Begehren ist ein Seiendes und wird dabei zugleich gewusst und zwar als der Zustand derselben Seele, welche das Wissen davon hat. Dieses Zurückbeziehen des Gegenstandes auf dieselbe

Einheit oder Wurzel, von der auch das Wissen darum ausgeht, hat sein Wunderbares und bedarf einer weitern Erklärung; aber die Natur des *Ich* ist damit allein nicht erschöpft.

10) Die Grundlage für die Erkenntniss des *Ich* kann nur die Selbstwahrnehmung abgeben. Das *Ich* wird selbstwahrgenommen; es ist nicht Gegenstand eines *blossen* Vorstellens; mein *Ich* ist mir *gegenwärtig*, mein Wissen davon ist von der *Empfindung* durchzogen, welche die Wahrnehmung kennzeichnet und deshalb ist das *Ich* ein *Seiendes*. — Wenn nun alle Zustände der Seele mit Wissen, Fühlen und Begehren erschöpft sind, so fragt es sich: wohin gehört das *Ich*? ist es ein Wissen, oder ein Gefühl oder ein Begehren?

11) Die Antwort darauf wird schnell gegeben; das *Ich* ist kein besonderer, einzelner Zustand der Seele, sondern das in *allen* ihren Zuständen gleichmässig und dieselbig Vorhandene; nur deshalb ist das *Ich* auch der Ausdruck für die Dieselbigkeit der Person. Um dies *Dieselbige* und *Gleiche* näher zu erfassen, ist von Mehreren die Beziehungsform der Substantialität benutzt worden. Das *Ich* wird demnach die *Substanz* der Seele, zu der die einzelnen, in die Wahrnehmung fallenden Zustände die Accidenzen bilden. Aber die ausführliche Untersuchung des früheren Abschnittes hat gelehrt, dass die Substanz nur eine Beziehungsform ist, die kein Seiendes bezeichnet. Das *Ich* ist aber ein Seiendes und kann deshalb mit der Substanz nicht erfasst werden. Meint man aber damit nur die Einheitsform des Dinges mit seinen Eigenschaften, so ist nur das wiederholt, was bereits oben als die nächste *einende* Bestimmung der Seele anerkannt worden ist, das An- und In-einander ihrer Unterschiede in Raum und Zeit, welche sich aber für die Einheit der Seele nicht als ausreichend erwiesen hat.

12) Das *Ich* oder die Seele ist von Andern als die allgemeine Causalität der einzelnen in die Wahrnehmung fallenden Seelenzustände gefasst worden. Diese besondern Zustände werden damit zu blossen Erscheinungen herabgesetzt, hinter denen das Wesen der Seele als die sie erzeugende Ursache enthalten ist. Die früheren Erörterungen dieser Begriffe von Ursache, Kraft, Erzeugung ergeben, dass man auch hier in blossen Beziehungen sich bewegt, welche das Sein nicht abbilden, oder das von der Wahrnehmung gegebene, die angeblichen Erscheinungen nur in andern Worten wiederholen.

13) Herbart hat diese Schwierigkeiten, das *Ich* zu erfassen, in seiner Psychologie treffend geschildert. Er sagt (V, 267.): „Fichte „erklärt das *Ich* als Identität des Objekts und Subjekts. — Fin„den wir denn jemals im Selbstbewusstsein uns selbst blos als ein

„solches Wissen von Sich? Keineswegs. Immer schiebt sich irgend „eine individuelle Bestimmung ein; mit bestimmter Beziehung auf „das, was so eben gedacht, gewollt, gefühlt, gelitten, gehandelt wird. „Ist nun diese individuelle Bestimmung etwas Fremdes im Ich, wo„durch es verfälscht wird? Man kann dies wohl bejahen, denn in „der Erklärung, das Ich sei Identität von Objekt-Subjekt, kommt „gar keine individuelle Bestimmung vor. Ferner betrachten wir im „Leben das was wir gerade thun oder leiden als etwas zufälliges. — „In der zeitlichen Wahrnehmung kann ich überhaupt nicht mich „finden als denjenigen, der ich eigentlich bin. Diese Wahrnehmung, „obschon eine innere, hängt doch an lauter Aeusserlichkeiten, und „kann daher bis zu dem wahren Kern unsers Selbst nicht hindurchdrin„gen. Dagegen wird eingewendet, dass die Identität der Persön„lichkeit an gar nichts festgehalten werden könne, wofern die Be„dingungen einer bestimmten Persönlichkeit vertauscht würden; daher „dürfe man die innere Wahrnehmung nicht verlassen, als welche „allein einen jeden lehren könne, wer er sei."

14) Dies Schwanken, ob man in dem Besondern aber Wechselnden oder in dem Beharrlichen aber Inhaltlosen das Wesen der Seele und des Ichs suchen solle, deutet auf den richtigen Weg der Lösung hin. Das Ich ist in seiner Wahrheit ein seiendes aber nur begriffliches Stück aus allen den mannichfachen und wechselnden, aber seienden Zuständen der Seele. Die Lust und der Schmerz, das Begehren und das Wollen, die dem Vorstellen anhaftenden seienden Zustände des Empfindens, welche in dem spätern Abschnitt von den Wissensarten zur Darstellung kommen werden, haben sämmtlich ein gemeinsames, seiendes Stück, was aber nur durch begriffliches Trennen gefunden werden kann. Dieses Stück ist eines, ist gleichsam die Wurzel, aus der sich die einzelnen besonderen Zustände der Seele entwickeln, der Mittelpunkt, von dem die einzelnen Zustände gleich den Radien des Kreises nach verschiedenen Richtungen ausstrahlen. Dies eine Stück ist ein Seiendes, denn es nimmt als Trennstück Theil an dem Sein der besondern Zustände. Dies eine Stück ist aber nur ein Begriffliches, denn nur durch begriffliches Trennen kann aus diesen mannichfachen Unterschieden das eine ihnen allen innewohnende Dieselbige gefunden werden.

15) Als dieses eine, seiende und begriffliche Stück ist das Ich in allen Besonderungen der Seelenzustände als ein und dasselbe enthalten; es wird damit der Halt für die Dieselbigkeit der Person; es ist damit das, was all diese Unterschiede des Zugleich und Nacheinander in der Seele zu der innigen Einheit ver-

bindet, welche dem Selbstbewusstsein jedes Menschen so überzeugend innewohnt. Sind die einzelnen Zustände nur die Besonderungen dieses begrifflichen Ich's, so fällt ihr Unterscheidendes unter die Bestimmung der bildlichen Reste und die wunderbar innige Einheit der Seele ist demnach keine andere als die Einheitsform des Begriffes mit seinem bildlichen Rest, welche bereits früher dargestellt worden ist. Sie ist eine Unterart der Durchdringung und zwar die, welche innerhalb des Seins als die innigste Art vorhanden ist.

16) Bereits oben ist die Einheitsform des In - einander als ein Element der Einheit der Seele dargelegt worden; aber als blosse Durchdringung der eigenschaftlichen Bestimmungen hatte diese Einheit sich nicht als zureichend erwiesen; jetzt ist in der besonderen Art, wie diese Durchdringung sich in der Einung des Begriffes mit seinen bildlichen Resten vollzieht, dasjenige Element gefunden, was diese Einheit vollendet und zugleich in dem begrifflichen Stücke das Ich kennen lehrt, das alle Besonderung der Seele trägt und verbindet.

17) Die Sprache kann daher mit vollem Rechte sagen: Ich bin vergnügt; ich verlange nach Ruhe; ich habe Schmerzen; ich bin leidenschaftlich, gelehrt, tugendhaft; denn alle Besonderung in der Seele haftet an diesem Ich, als ihrem begrifflichen Stücke und kann im Urtheile als Prädikat des Ich's, als des Subjektes, ausgesagt werden.

18) Da das begriffliche Stück nie für sich im Sein besteht, sondern nur im Vorstellen gesondert werden kann, so erklärt es sich, weshalb dieses Ich, oder Subjekt-Objekt wie Herbart sagt, „nie für sich im Selbstbewusstsein (d. h. der Wahrnehmung) ange-„troffen wird, sondern immer eine individuelle Bestimmung sich mit „einschiebt.“ Aber deshalb ist „diese individuelle Bestimmung“ nicht „ein Fremdes“, wie Herbart sich ausdrückt; sie ist nur der zu dem Begriff hinzutretende, gleich nöthige bildliche Rest, um einen wirklichen Zustand der Seele darzustellen. — Ebenso sind „diese individuellen und wechselnden Bestimmungen“ nichts zufälliges oder unwesentliches, wie Herbart meint; für solche Trennung in Wesentliches und Unwesentliches liegt kein Grund vor; das Begriffliche ist nicht wesentlicher, als die bildlichen Reste; beide sind seiend und beide vereint geben erst die einzelnen, wirklichen Zustände der Seele.

19) Das Ich wird wahrgenommen und gehört zu den Selbst-Wahrnehmungen, die sich am frühesten entwickeln; schon das Kind hat das Wissen von der Einheit seiner Zustände und von der Die-

selbigkeit seiner Person, wenn es auch nicht vermag, diese Bestimmungen für sich aus seinen Vorstellungen auszusondern und mit besonderen Worten zu bezeichnen. Das Ich erfordert zu seiner Wahrnehmung das begriffliche Trennen. Der Unterschied und der Wechsel der besonderen Zustände führt die Seele sehr frühzeitig zur Ausbildung dieses begrifflichen Trennens und zur Aussonderung des Ich's.

20) Zur vollständigen Auffassung des Ich's gehört indess neben seinem Sein auch seine wissende Seite. Das Ich ist nicht blos ein Seiendes in der Seele, sondern es weiss auch von sich. Fichte macht deshalb das Ich zu dem Subjekt-Objekt; was er näher als eine Identität von Sein und Wissen im Ich bestimmt. — Während Fichte die seiende Natur des Ich's ganz vernachlässigte, überschätzte er die Verbindung des Wissens mit dem Sein in dem Ich. In dem Eifer, diese Einheit von Sein und Wissen im Ich in vollkommenster Weise zu erreichen, verwandelte er diese Einheit in der Einerleiheit von Sein und Wissen und hatte damit in Wahrheit beide sammt dem Ich zerstört; denn jeder, der offenherzig sein will, muss gestehen, dass unter Identität von Sein und Wissen geradezu Nichts gedacht werden kann. Das Wissen bedarf eines Gegenstandes, um zu bestehen; dieser Gegensatz darf ihm nicht genommen werden, wenn es nicht untergehen soll; es wäre dann ein Spiegel, der spiegelte, ohne ein zu Spiegelndes.

21) Wissen und Sein ist deshalb in dem Ich nur vereint, aber nicht zu einem Identischen umgewandelt. Es ist schon erwähnt, dass das Ich diese Vereinung mit jedem in die Selbstwahrnehmung fallenden einzelnen Seelenzustand gemein hat. Diese Vereinung zu verstehen, ist dem Erkennen schwierig. Es liegt in der Natur des Wahrnehmens, dass das Wahrgenommene von der Wahrnehmungs-Vorstellung verschieden ist, dass es den Gegensatz bildet. Wollte man diesen Gegensatz, wie Fichte, in eine Identität umwandeln, so wäre die Schwierigkeit nicht gelöst, sondern zu einem Unmöglichen umgewandelt. Auch in dem Ich darf dieser Gegensatz von Sein und Wissen nicht aufgehoben werden; diese Unterschiede bestehen auch in Wahrheit in dem Ich; das Ich weiss sich als ein Seiendes. Das Besondere dabei liegt nur darin, dass das Wissende und das Seiende des Ich's beide aus einer Wurzel, aus einem Quellpunkt hervorgehen, und deshalb nur als zwei Strahlen desselben Ich's gelten. Dieses Hervortreten aus einem Quellpunkte liegt in dem sich wissen, in dem Mein.

22) Die oben entwickelte Natur des Ich's liefert hierzu die

Erklärung. Das Ich ist das begriffliche Trennstück aller seienden Zustände der Seele. Dazu gehört auch das Wissen, so weit seine Unterlage aus einem seienden Zustande der Seele besteht, insbesondere die Empfindung, welche die Besonderheit der Wissens-Art bestimmt. Das Ich hat deshalb in seinem Inhalt auch die Unterlage des Wissens und insoweit diese Unterlage sich in Wissen umsetzt, hat es in der Empfindung, welche sich als seiender Zustand diesem Wissen beimischt, den einenden Punkt, der Wissen und Sein als aus demselben Ich entspringend darlegt. — In der Lehre von den Wissens-Arten, wird dies Wesen der dem Wissen beigemischten Empfindung ausführlicher dargelegt und damit erst das Vorstehende völlig verständlich werden.

23) Hiermit ist die Natur des Ich's erschöpft. Weiter in dasselbe einzudringen, scheint unmöglich, aber auch nicht nöthig, da alle Verbindungen und Folgen, welche sich aus dem Ich entwickeln, durch das Obige sich genügend erklären. Das Ich ist kein durchaus Einfaches oder Punktuelles, wie es oft behauptet wird; es hat seine Unterschiede in sich, wie schon das Wissen und Sein desselben ergiebt; es ist auch kein leeres Subjekt, was seine Erfüllung erst aus dem Prädikate erwartet; es wäre dann nur eine Form des Vorstellens, nur erfunden, um die Zustände der Seele in der Form eines Satzes oder Urtheils aussprechen zu können. Das Ich ist vielmehr ein Seiendes, was trotz seiner begrifflichen durch alle einzelnen Zustände der Seele hindurchgehenden Natur dennoch einen mannichfachen Inhalt in sich selbst enthalten kann, wenn dieser auch in dem gewöhnlichen Vorstellen nicht ausgesondert sich vorfindet.

24) Kant sagt in dem Beginn seiner Anthropologie (X. 121): „Dass „ein Mensch in seiner Vorstellung das Ich haben kann, erhebt ihn „unendlich über alle andere, auf der Erde lebende Wesen. Da„durch ist er eine Person und vermöge der Einheit des Bewusst„seins, bei allen Veränderungen die ihm zustossen mögen, ein „und dieselbe Person." — Kant geht hier auf die Schwierigkeiten, die das Ich dem Nachdenken bereitet, nicht näher ein; er leitet die Dieselbigkeit der Person lediglich aus der Einheit des Bewusstsein ab; aber diese Einheit ist nur die Einheit des Wissens überhaupt, und diese bedarf selbst erst der Begründung. Dadurch, dass Einzelnes von derselben Seele gewusst wird, ist es noch nicht Eines; ich sehe diesen Baum und jene Wolke; beides ist in meinem einen Wissen, aber deshalb nicht Eines. Kant hat die Natur des Ich's nicht erschöpft und konnte dies auch nicht, da ihm die Begriffe nur im Denken sind, und er kein begrifflich Seiendes kennt, womit allein die Natur des Ich's erfasst werden kann.

25) Kant sagt an derselben Stelle weiter (X. 122.): „Es ist „merkwürdig, dass das Kind, was schon ziemlich fertig sprechen „kann, doch ziemlich spät anfängt, durch Ich zu reden; so lange „aber von sich in der dritten Person zu sprechen (Carl will essen, „gehen u. s. w.), und dass ihm gleichsam ein Licht aufgegangen „zu sein scheint, wenn es den Anfang macht, durch Ich zu sprechen, „von welchem Tage an es niemals mehr in jene Sprechart zurück„kehrt. — Vorher fühlt es blos sich selbst, jetzt denkt es sich „selbst."

26) Diese Unterscheidung zwischen Fühlen und Denken ist völlig verfehlt. Beide Weisen des Sprechens bezeichnen ein Vorstellen oder Denken des Kindes und näher betrachtet zeigt sich, dass die Vorstellung des Ich's in beiden Weisen enthalten ist; der Unterschied liegt nur in der Art, das Ich mit Worten zu bezeichnen. Diese unterschiedene Sprechweise kommt von dem eigenthümlichen Gebrauch des Wortes: Ich. Mit jedem andern Worte wird von allen Menschen ein und derselbe Gegenstand bezeichnet, mit Ich dagegen bezeichnet jeder eine andre Person, nämlich sich selbst; es ist natürlich, dass ein Kind in diesem besonderen Gebrauch des Wortes Ich viel später sich zurecht findet, wenngleich es die Vorstellung davon längst besitzt. Das Kind bezeichnet diese Vorstellung Ich nur deshalb mit dem Worte: Carl, weil alle Andern die damit gemeinte Person Carl nennen.

27) Die Vorstellung des Ich ist jedenfalls eine der frühesten, welche sich in der Seele des Kindes entwickeln. Die Dieselbigkeit seiner Seele im Gegensatz gegen den Wechsel in ihm und ausser ihm drängt sich sehr bald dem Kinde auf; ebenso treibt der Ausdruck jedes Wunsches und jeder Begierde das Kind zur Bezeichnung seiner selbst und zur Entwickelung des begrifflichen Ich's. Nur die Aussonderung von den damit verbundenen bildlichen Resten vollzieht sich in dem Kinde nicht, und dieses Geschäft ist umgekehrt eines der letzten, zu welchen das Nachdenken des Erwachsenen sich entschliesst.

28) Die begrifflich gleiche Natur des Ich's schliesst nicht aus, dass es in seinem Inhalt im Laufe des Lebens eine Veränderung erleidet, nur gehört zur Einheit desselben, dass diese Veränderung allmählig und stetig sich vollziehe. Das Ich des Kindes kann ein anderes sein, als das Ich des Mannes und des Greises. Ebenso kann das Ich des einen Menschen von dem Ich des andern im Inhalt sich unterscheiden. Das gewöhnliche Vorstellen hält jedoch diese Unterschiede von dem Ich entfernt und rechnet sie zu dem Besonderen der einzelnen Zustände, welche von dem Ich

getragen werden. Die Gewohnheit, Vorstellungen nur in der Form des Urtheils mitzutheilen, hat diese Auffassung veranlasst.

29) Hegel hat die begriffliche Natur des Ich's richtig erkannt; leider hat seine dialektische Methode ihn an der verständlichen Darstellung gehindert. So sagt er in seiner Aesthetik (X. 141.): „Von gleicher, selbstständigkeitsloser Identität sind die Unterschiede, „welche der wahre Begriff in sich hat. Ein Beispiel bietet uns „die eigene Vorstellung des selbstbewussten Ich überhaupt. Denn „was wir Seele und näher Ich heissen, ist der Begriff selbst in sei-„ner freien Existenz. Das Ich enthält eine Menge der unterschie-„densten Vorstellungen und Gedanken in sich; es ist eine Welt der „Vorstellungen; doch dieser unendlich mannichfaltige Inhalt, inso-„fern er im Ich ist, bleibt ganz körperlos und immateriell und „gleichsam zusammengepresst in dieser ideellen Einheit, als das „reine, vollkommene, durchsichtige Scheinen des Ich in sich selbst. „Dies ist die Weise, in welcher der Begriff seine unterschiedenen „Bestimmungen in ideeller Einheit enthält.“

30) Abgesehen von der Erkenntniss des Ich's als eines Begrifflichen ist alles andere in dieser Stelle mangelhaft. Das Ich wird mit der Seele gleichgestellt, während die Seele die Einheit des Ich's und seiner bildlichen Reste ist. Sodann handelt die Stelle nur von dem Wissen; die seienden Zustände der Seele, Gefühl, Begehren, Empfindung sind aber ebenfalls von dem Ich erfüllt. Endlich wird die einende Macht des Ich's durch lauter falsche und unpassende Bilder aus dem Sinnlichen erläutert; immateriell ist dasselbe, wie körperlos, und versteht sich bei der Seele von selbst. Das „Zusammenpressen“ will die Einheit bezeichnen, welche in diesem Werke Durchdringung genannt ist: jenes Wort ist aber schlecht gewählt; besser ist das „durchsichtige“, was offenbar dasselbe, wie jenes „Pressen“, nämlich das In-einander, meint. Solche mangelhafte und schiefe Bilder sind die nothwendige Folge, wenn der Begriff der Einheit, wie bei Hegel, nirgend einer genauen Untersuchung unterzogen wird.

31) Der verhältnissmässig einfache Inhalt des Ich's und die Gewohnheit, im Urtheil das Gewicht nur auf das Prädikat zu legen, hat Schopenhauer verleitet, das Ich oder das Subjekt des Erkennens für unerkennbar zu erklären. Er sagt (Die Welt, I. 5.): „In „jeder Aussage über mich selbst liegt der Inhalt nur in dem Prä-„dikat; aber das Ich, das Subjekt zieht sich immer hinter dieses „Prädikat zurück und ist deshalb als Subjekt nicht erkennbar. So „kann man sagen: Ich habe Schmerz; ich begehre nach Essen; ich „nehme wahr. In allen diesen Aussagen liegt der Inhalt nur in

„dem Prädikat; das Ich wird damit gar nicht erreicht. Und dies „bleibt, wenn man auch tiefer eindringen will. — Dasjenige, was „alles erkennt und von keinem erkannt wird, ist das Subjekt. Es „ist sonach der Träger der Welt, die durchgängige, stets voraus- „gesetzte Bedingung alles Erscheinenden, alles Objektes; denn nur „für das Subjekt ist was nur immer da ist. Als dieses Subjekt „findet jeder sich selbst, jedoch nur sofern er erkennt, nicht „sofern er Objekt der Erkenntniss ist."

32) Dieser Auffassung Schopenhauers liegen mehre Irrthümer zu Grunde. Man könnte mit gleichem Rechte sagen, dass der Baum nicht erkennbar sei, denn in allen Urtheilen, die ich von ihm aussage, in aller Beschreibung desselben, bleibt der Baum das Subjekt und alles, was ich von ihm aussage, liegt nur in dem Prädikat; der Baum tritt also, wie das Ich, hinter jede Eigenschaft und Bestimmung seiner zurück und ist also ein Unerkennbares! Schopenhauer verkennt die Natur des Urtheilens; dann auch die Natur der Selbstwahrnehmung, deren Wesen gerade ist, dass das Wissen auch sich selbst erkennt, dass das Ich sich selbst weiss. Schopenhauer verkennt endlich die Natur des Wissens überhaupt. Allerdings liegt in diesem eine Spaltung zwischen Vorstellung und Gegenstand, zwischen Erkennen und Erkanntem; aber diese Spaltung hindert nicht, dass das Erkennen sich auch auf das Sein des Erkennenden wende. Nun wenn es keine Selbstwahrnehmung gäbe, hätte Schopenhauer recht. Nun spaltet sich allerdings auch bei der Selbsterkenntniss diese wieder in ein Erkennendes und ein Objekt, aber diese Spaltung liegt nur in dem Ausdruck dieser Erkenntniss; an sich durchdringt bei der Selbstwahrnehmung das Wissen auch das eigene Sein des Ich und in dem Wissen ist auch das Wissen seiner eigenen Natur enthalten. Damit fällt jedes Hinderniss für die Erkenntniss des Subjekts hinweg, ja selbst die sprachliche Form des Subjekts verschwindet, wenn es nicht in die Trennstücke eines Urtheils aufgelöst, sondern als Begriff in der Einheit erfasst wird.

33) Unter den neuesten Philosophen ist es Lotze, der in seiner „Physiologie der Seele" die Einheit der Seele untersucht. Er sagt (S. 10.): „In drei Zügen scheint man den Grund für die Er- „schaffung des Begriffs der Seele gesehen zu haben. 1) In der beob- „achteten Thatsache des Vorstellens, Fühlens und Begehrens, „dreier Formen des Geschehens, in denen sich ausser dem blossen „Sein noch eine hinzukommende Wahrnehmung dieses Seins und „Geschehens zeigt; 2) in der Einheit des Bewusstseins, welche nicht „gestattet, die geistige Thätigkeit an ein Aggregat theilbarer Massen „zu knüpfen; 3) in dem Handeln mit Freiheit." — Lotze führt mit

Recht aus, dass die Gründe zu 1) und 3) die Einheit nicht herbeiführen können; er stützt diese allein auf den zweiten Grund, auf die Einheit des Bewusstseins. Er sagt (daselbst 15.): „Diese Einheit „besteht nicht darin, dass alle inneren Zustände beständig in glei„cher Engigkeit der Verknüpfung gehalten werden, sondern dass „es dem Bewusstsein überhaupt möglich ist, auch nur wenige „Eindrücke zu jener Einheit zusammenzufassen.“

34) Aber es ist schwer zu verstehen, wie mit diesen Worten die Frage nach der Natur dieser Einheit beantwortet sein soll. Lotze beschränkt sich im Fortgange seiner Darstellung nur darauf, die materialistische Ansicht von der Seele zu widerlegen; dies wird später zur Erwägung kommen; aber selbst für die spiritualistische Auffassung der Seele bedarf es einer näheren Darlegung ihrer Einheit bei so grossen Unterschieden, welche die Selbstwahrnehmung in ihr aufzeigt. Diese Einheit kann mit der Antwort von der Einheit des Bewusstseins nicht erschöpft sein; denn einmal ist diese Einheit dann nur auf das Wissen beschränkt und dann fehlt immer die Erklärung, wie dieses blosse einheitliche Wissen auch das einheitliche Sein der Seele herbeiführen kann.

35) Virchow sagt richtig, wenn auch undeutlich (Vier Reden etc. S. 70.): „Das Bewusstsein ist nur die subjektive, aber nicht die ob„jektive Einheit des Individuums; das Bewusstsein ist nicht das be„wegende, sondern das Bewegte.“ Deutlicher müsste es heissen: Das Wissen kann allerdings durch seine Beziehungsformen auch für das Seiende und dessen Unterschiede eine Einheit in sich gewinnen; aber in dem Ich ist eine seiende und keine blosse Beziehungs-Einheit der Seele gegeben und diese Einheit kann nie durch die blosse Einheit des Bewusstseins herbeigeführt werden. Das Bewusstsein spiegelt nur das Sein der Seele und kann keine Einheit derselben spiegeln, die nicht schon in ihr enthalten ist. Das Wort: Bewusstsein hat nur deshalb diesen täuschenden Schein, weil damit im Grunde das Ich gemeint ist; dann ist aber solche Wendung keine Erklärung der Einheit der Seele, sondern nur ihre Wiederholung in einem andern Worte.

# Die Einheit von Leib und Seele.

1) Die Einheit des Organischen hatte es mit der Verknüpfung der Unterschiede im Körperlichen zu thun; die Einheit der Seele mit der Verknüpfung der Unterschiede im Geistigen: jetzt tritt die Frage nach der Verknüpfung von Körperlichem und Geistigem auf.

2) Man ist dieser Frage vielfach damit ausgewichen, dass man

das Körperliche zur Erscheinung herabgedrückt hat, und zwar zur Erscheinung des Geistigen. Damit ist der Gegensatz oder Unterschied zwischen beiden aufgehoben und die Einheit von selbst gegeben oder vielmehr nicht mehr nöthig. Diese Ansicht herrscht mehr oder weniger in allen Systemen des Idealismus. Auch Schopenhauer theilt sie; für ihn ist der Wille das Ding an sich, das allein Seiende; der Leib ist nur „die Corporisation des Willens, der „objektivirte Wille, von dem Intellekt zu einem Objekt umgewandelt." — Man unterstützte diese Ansicht durch die zwiefache Art des Wahrnehmens. Anstatt die Gegenstände der Sinnes-Wahrnehmung als verschieden von denen der Selbstwahrnehmung zu nehmen, behauptete man vielmehr deren Identität an sich und schob den Unterschied nur auf die Unterschiede des Wahrnehmens. Der Leib ist dann die Seele von Aussen gesehen: als Seele ist sie dasselbe Wesen von Innen gesehen.

3) Die weitere Erörterung dieser Ansicht gehört in die Lehre vom Erkennen, da sie die Wahrheit der Wahrnehmung überhaupt trifft. Hier, wo es sich nur um die Frage nach der Einheit von Leib und Seele handelt, wird davon ausgegangen, dass beide, als wahrgenommene, ein wirkliches Sein haben und es wird nach den Einheitsformen beider gefragt. Diese Untersuchung behält auch für den Idealismus ihr Interesse, da, wenn er auch das Körperliche nur für Schein erklärt, er dennoch diesen Schein nicht vernichten kann und dieser Schein seine Bedeutung für die Gefühle und das Begehren der Seele behält.

4) Der Materialismus erklärt umgekehrt die Seele als nicht unterschieden von dem Organischen oder von dem Stoffe und den elementaren Kräften desselben. Das Geistige ist für ihn nur eine besondere Verbindung dieser Elemente des Sinnlichen. Er bedarf deshalb keiner einenden Form zwischen Leib und Seele. Stoff und Kraft sind ihm von Ewigkeit verbunden; alles Weitere ist nur eine verwickeltere Verknüpfung dieser Elemente. Indess kommt diese Auffassung nicht über diese ganz allgemeinen und noch völlig unbestimmten Sätze hinaus; der Materialismus ist noch nicht im Stande, die in der Selbstwahrnehmung gegebenen Zustände mit Bestimmtheit aus jenen Elementen abzuleiten. Jene Zustände sind daher auch für den Materialismus noch unvermittelt und deshalb hat auch für ihn die Frage nach der Einheit von Leib und Seele ihr Interesse, wenn er auch in seinem obersten Princip ihren Unterschied nicht anerkennt.

5) Für diese Einheit von Leib und Seele sind nur zwei von den obigen Einheitsformen wirksam; die Seins-Einheit der Durch-

dringung und die Beziehungs-Einheit der Ursachlichkeit. — Die Seele durchdringt den Leib; dieses Ineinander mit seiner einenden Kraft bleibt gültig, mag man das Geistige mit Virchow bis auf jede einzelne Zelle des Körpers ausdehnen, oder es auf die Nerven, oder das Centralorgan oder nur eine Stelle innerhalb des Gehirns beschränken. Immer bleibt wenigstens ein Theil des Leibes von der Seele durchdrungen und dieser Theil vermittelt dann die Einheit mit dem übrigen Körper durch die Einheit des Organismus. Die Frage nach einem besondern Sitz der Seele ist deshalb für die Einheitsform von keiner Bedeutung; sie hat überhaupt mehr pathologisches wie psychologisches Interesse. — Ebenso verträgt sich diese Einheitsform mit der Beweglichkeit der Seele innerhalb des Leibes oder seines Nervensystems und mit der ungleichen und wechselnden Vertheilung des Geistigen innerhalb dieses Systems, je nach dem Schwanken der Aufmerksamkeit zwischen den einzelnen Sinneswahrnehmungen und den höheren, dem Centralorgan zugewiesenen Vorstellungen; eine Ansicht, die gegenwärtig auch von Fechner vertheidigt wird.

6) Diese Durchdringung von Leib und Seele wird indess erst durch die hinzukommende ursachliche Verbindung beider zur Einheit vollendet. Die Abhängigkeit, die Wechselwirkung zwischen Leib und Seele ist bekannt und in den früheren Abschnitten bereits erwähnt worden. Sie ist in ausgedehntem Maasse vorhanden. Manche behaupten, dass nicht die kleinste Veränderung in dem einen ohne Wirkung in dem Andern bleibe. Wäre dies durch Beobachtung zu erweisen, so würde die Einheit von Leib und Seele noch als eine innigere gelten, wie gegenwärtig, wo die Wechselwirkung nicht bis auf das kleinste ausgedehnt wird.

7) Dennoch zeigt die Beobachtung diese Wechselwirkung in einem weitgehenden Maasse. Die Veränderungen in den körperlichen Sinnesorganen erwecken in der Seele die Wahrnehmungs-Vorstellungen; andere Zustände des Körpers bewirken die Lust und den Schmerz, oder das Begehren. Das Gehirn ist die Bedingung aller geistigen Vorgänge überhaupt; einzelne Theile desselben zeigen eine besondere ursachliche Verbindung mit einzelnen Vorgängen im Geistigen; das begriffliche Trennen ist vorzugsweise von den beiden Hemisphären des grossen Gehirns bedingt; die Lust und das Begehren aus dem Körper von dem verlängerten Mark; das Sehen von den Sehhügeln u. s. w. Endlich ist der Bestand des leiblichen Organismus auch die Bedingung für das Dasein der Seele innerhalb seiner.

8) Umgekehrt zeigt die Seele die gleich ausgedehnte Ursachlichkeit auf den Leib. Die Zustände des Wahrnehmens, des Nachdenkens, der Lust, des Schmerzes, des Begehrens bewirken die bekannten Bewegungen an Gesicht und Gliedern; das Begehren wirkt die Zusammenziehung der Muskeln und die Bewegung. Ein gestörter Zustand der Seele wirkt störend auf den Organismus des Leibes. Das Denken wirkt einen gesteigerten Stoffwechsel in dem Gehirn; das Wahrnehmen einen solchen in den Sinnesnerven, das Wollen das Gleiche in den Muskeln.

9) Diese ausgedehnte Wechselwirkung zwischen Leib und Seele ist die Bestimmung, auf der in dem gewöhnlichen Vorstellen die Einheit von Leib und Seele wesentlich beruht. Man nehme diese hinweg und diese Einheit wird kaum noch anerkannt werden, trotzdem dass die Seele in dem Leibe wohnen bliebe. Dagegen sind weitere Formen der Verknüpfung zwischen Seele und Leib nicht vorhanden. Weder die Verbindung durch Kraft noch die durch begriffliche Einheit findet hier Anwendung. Wenn dessenungeachtet Viele sich mit den hier dargelegten Formen der Einheit nicht begnügen und nach einer innigern, tiefer gehenden Einheit verlangen, so haben sie dazu nur zwei Wege. Entweder müssen sie den Unterschied zwischen Leib und Seele gegen die Aussage der Wahrnehmung vermindern oder aufheben; dann fallen sie dem Idealismus oder Materialismus in die Hände, ohne das Wissen befriedigt zu haben. Oder sie suchen die Einheit in dem Unmöglichen, d. h. in dem Widerspruch.

10) Diesen letzten Weg hat Hegel gewählt. Er sagt (VI. 391.): „Die unmittelbare Idee ist das Leben. Der Begriff ist als Seele „in einem Leibe realisirt, in dessen Aeusserlichkeit jene die unmittel- „bare, sich auf sich beziehende Allgemeinheit, ebenso dessen Be- „sonderung, so dass der Leib keinen andern Unterschied, als die „Begriffsbestimmung an ihm ausdrückt, endlich die Einzelheit als „die unendliche Negativität ist, — die Dialektik seiner auseinander „seienden Objektivität, welche aus dem Schein des selbstständigen „Bestehens in die Subjektivität zurückgeführt wird, so dass alle „Glieder sich gegenseitig momentane Mittel, wie momentane Zwecke „sind, und das Leben, so wie es die anfängliche Besonderung ist, „sich als die negative, für sich seiende Einheit resultirt und „sich in der Leiblichkeit als dialektischer nur mit sich selbst zu- „sammenschliesst.“

11) In solcher Weise ist jede Schwierigkeit des Forschens leicht zu überwinden; man stellt die sich widersprechenden und aufhebenden Bestimmungen, zu welchen man in der Betrachtung zunächst

gelangt, sofort als die Wahrheit hin und sorgt sich wenig darum, ob der Leser bei solcher Häufung schwankender und sich aufhebender Bestimmungen, bei dieser steten Verwechslung von Beziehungen mit Begriffen des Seienden im Stande bleibt, überhaupt noch etwas zu denken. Je dunkler, je widerspruchsvoller die Darstellung wird, desto mehr scheint sie dem Gegenstande, wie er sich zunächst darbietet, zu entsprechen. An eine wiederholte Untersuchung und Lösung der Widersprüche wird nicht gedacht, vielmehr wird in solcher nicht fassbaren Häufung nebelhafter und schwankender Vorstellungen das Höchste für erreicht und die Identität zwischen Sein und Wissen als erwiesen erachtet.

12) Es ist bereits ausgesprochen worden, dass ausser den drei Arten der Einheit und deren Besonderung eine weitere Art von Einheit weder im Sein noch im Wissen angetroffen werde; selbst das schöpferische Vorstellen der Seele vermag solche neue Einheitsformen nicht aufzustellen. Mit Rücksicht auf diesen wichtigen Satz ist es von Interesse einem Versuche Fechners zu folgen, welcher auf die Darlegung einer solchen Einheit ausgeht. In seiner Schrift „Ueber die Seelenfrage“ Leipzig 1861, behauptet Fechner einmal die Beseelung der Pflanzen und der Gestirne und dann ein Aufgehn der Seelen der Menschen und aller andern Organismen in die Seele Gottes. Bei beiden Sätzen dreht sich der Beweis um den Begriff der Einheit.

13) Das gewöhnliche Vorstellen hält die Pflanzen und die Himmelskörper nicht für beseelt, weil bei beiden die Zeichen der ursachlichen Einheit von Leib und Seele fehlen. In der Pflanze fehlen die besondern Sinnesorgane, die Nerven, die Muskeln; es fehlen die willkürlichen und unwillkürlichen Bewegungen und Veränderungen, welche oben als Wirkungen der Seele dargelegt worden sind. Alle Veränderung in der Pflanze fällt vielmehr unter die Veränderung des Organischen, erklärt sich vollständig daraus und zeigt keine Ursachlichkeit einer Seele. Wir sehen, wie auch hier das gewöhnliche Vorstellen an der Ursachlichkeit, als dem entscheidenden Bande der Einheit von Leib und Seele festhält und ohne diese auch keine Seele annimmt.

14) Fechner erkennt diese ursachliche Einheit beider an. Er sagt (Seelenfrage, 49.): „Welche Grundansicht man über die Be„ziehung von Seele und Körper auch haben mag, beide müssen „doch hienieden mit einander bestehn, beide haben mit und durch „einander zu wirken, beide müssen also auch in ihren Verhältnissen „zusammenstimmen und auf einander eingerichtet sein.“ — Dessenungeachtet verkennt Fechner die Bedeutung dieser ursachlichen Ein-

heit und stützt seinen Beweis von der Beseelung der Pflanze in der Hauptsache nur auf die organische Natur derselben. Aber in dieser fehlen jene Zeichen der Wechselwirkung zwischen Leib und Seele und deshalb hält die gewöhnliche Ansicht mit Recht an dem Nichtsein einer Seele in der Pflanze fest.

15) Wichtiger für die Frage der Einheit ist Fechners Begriff von Gott, als der Einheit aller niederen Seelen, einschliesslich derer der Menschen und Thiere. Er sagt (Seelenfrage 111.): „Das Un„endliche steht nicht dem Endlichen gegenüber, sondern das End„liche ist des Unendlichen Inhalt. — Ein wahrhaft unendlicher „Geist schliesst in seinem Leben das Leben aller Geister ein (112); „das ewige Leben schliesst das Diesseits und Jenseits ein (112). — „Die endlichen Linien sind in der unendlichen; die endlichen be„schränken darin einander, aber nicht die unendliche Linie (114). — „Jeder Organismus ist Glied eines unendlichen Organismus, jeder „Geist ein Bruch der unendlichen Einheit aller Geister (115). Gott „hat als Geist auch ein Verhältniss zu Geistern. — Blicken wir in uns „und schliessen von dem kleinen Gott auf den grossen. Mein Auge „sieht von dem nichts, was mein Ohr hört und umgekehrt; ein „jedes dieser Glieder ist mit seinem Empfinden ein gegen das An„dere abgeschlossenes Wesen; doch alle sind gemeinsam aufge„schlossen gegen meinen ganzen Geist; er weiss zugleich um Alles, „was Aug' und Ohr und alle andern Sinne in mir einzeln wissen „und greift noch hoch mit allgemeinen Beziehungen darüber hin. „So ist jedes Geschöpf mit seinem Empfinden, Denken, Wollen ein „gegen das andere abgeschlossenes Wesen; doch werden alle wieder „gemeinsam aufgeschlossen sein gegen den ganzen Geist; er wird „zugleich um Alles wissen, was sie einzeln wissen und noch mit „unendlich höhern Beziehungen darüber greifen (119)."

16) Die gewöhnliche Ansicht sträubt sich gegen diesen Aufbau Gottes aus den niedern Geistern und mit Recht, weil ihr die Einheitsform dafür fehlt. Deshalb geht auch vor Allem das Bestreben Fechners dahin, diese Einheitsform zu beschaffen. Er benutzt dazu das Bild der unendlichen Linie, welche die endlichen als Theile in sich habe. Dies wäre die Einheit des An-einander oder der Berührung; aber für Seelen, die keinen Raum ausschliessend einnehmen, ist diese Einheitsform nicht anwendbar und hilft dem Leser nicht weiter. Wichtiger ist das Gleichniss, was aus der menschlichen Seele hergenommen ist. Danach sollen die Sinne selbstständig ihr Einzelnes wissen und erst der ganze Geist soll um Alles wissen, was die Sinne jeder einzeln wissen. — Allerdings braucht Fechner eine solche Einheit für seinen Gott, aber in der menschlichen Seele

ist das Vorbild dazu nicht zu finden. Das Auge ist es nicht, was sieht, das Ohr ist es nicht, was hört; sondern sie sind nur körperliche Organe für körperliche Vorgänge; das Geistige, die Wahrnehmung beginnt erst in der Seele, oder in dem „ganzen Geist." Die Unterschiede des Vorstellens werden nicht durch den „ganzen Geist" geeint, indem er durch sein besonderes Wissen „von jenem unterschiedenen Wissen wüsste," sondern die Unterschiede der Seele sind durch das begriffliche und seiende Ich in ihr geeint.

17) Fechner erkennt die Schwierigkeit, die Einheit seines Gottes begreiflich zu machen. Er frägt: „Sind wir Theilwesen Gottes, wie „kann unsere Selbstständigkeit und Freiheit bestehn? Ist ein solches „Verhältniss zwischen Geist und Geistern auch nur möglich?" (129) Fechner erwidert: „Niemand behauptet eine absolute Unabhängig-„keit der Menschen von Gott. Nun gilt es blos, diese Abhängigkeit „aus einer äussern in eine innere zu übersetzen." (130) — „In „unserm Geiste ist der Wille nur das höchste, nicht das einzige „selbstthätige Vermögen. Wie viele Gedanken entstehn, wie viele „Triebe gehn ohne, ja wider unsern Willen; sollte es also nicht in „dem so viel höhern göttlichen Geiste noch viel Selbstthätigkeit „unter seinem höchsten Willen geben können?" (131) — Dieser Unterschied von innerer und äusserer Abhängigkeit ist unverständlich; dagegen sehen wir hier von Fechner ein neues Bild aus der menschlichen Seele benutzt, um jene vermeintliche Einheit Gottes mit den niedern Seelen verständlich zu machen.

18) Dieses Bild leidet aber an derselben Unwahrheit, wie das frühere. Allerdings bestehn unterschiedene Begehren in der einen Seele; Begehren, Triebe, die einander beschränken, weil sie entweder das entgegengesetzte Ziel verlangen, oder weil die Kräfte zu dem Dienst aller nicht ausreichen. Aber die Einung dieser Begehren zu einer Seele wird nicht durch den sogenannten „Willen, „als deren höchstes Vermögen" herbeigeführt, sondern liegt auch hier nur in der gemeinsamen Wurzel des Ich's, aus dem alle diese unterschiedenen Zustände und Besonderungen sich abzweigen. Das freie Wollen entspringt eben daher, ist dem Begehren nur neben geordnet und die Einheit ihrer liegt in diesem einen, seienden Quell aller Besonderung, aber nicht in dem Umstande, dass der freie Wille die Begehren zu überwinden vermag. In den meisten Fällen geschieht dies gar nicht; die Begehren wirken und wo sie auf Gegner stossen, fechten sie den Kampf allein aus; das stärkste bleibt Sieger und bewirkt das Handeln, ohne dass der freie Wille zu Hülfe genommen wird, und ohne dass trotzdem die Einheit der Seele in Gefahr kommt.

19) Fechner sagt: „Ein Wille und noch ein Wille können in „demselben Geiste nicht zusammen bestehn; aber dieses hindert „nicht, dass ein höheres Wesen diese Willen in sich hat und nun „noch einen höhern Willen darüber, der für es den Charakter des „wahren Willens hat, so wie die Spitzen der Nebenthürmchen der „höhern Spitze des Hauptthurmes nicht im Wege stehn.“ (133) Auch dieses Bild ist verfehlt; der höhere Thurm bewirkt nicht die Einheit der niedern unter einander und mit sich; die Einheit ist aber allein in Frage.

20) Fechner sagt weiter: „Die Geschäfte sind in Gott getheilt; „die Sorge für das Einzelne ist dem Einzelnen überlassen; der „höchste Wille kann sich um das Einzelne nicht kümmern, „ausser in so fern er in das Ganze greift. — Der Einzelne kann „handeln, wie er will, doch wenn er nicht so will, wie es am besten „passt, so wird die allgemeine Sorge Gottes ihn dahin führen und „die Strafe ihn dazu zwingen.“ — Hier sehen wir ein anderes Bild der Einheit. Es ist die Verbindungs-Einheit aus der Dieselbigkeit des Zweckes, welche wir schon kennen. Aber diese Einheit vereint wohl die Einzelnen, aber bringt nicht ein besonders Höheres, einen eignen höhern Geist hervor, der diese Niedern in sich fasste.

21) Fechner erkennt dies. Er sagt: „Bei der Ansicht, dass wir „Theilwesen Gottes sind, handelt es sich nicht blos um Unter- „ordnung unsers Willens unter Gottes Willen, sondern um ein Auf- „gehn unserer ganzen Person in Gott. Dieses Aufgehn widerspricht „der Persönlichkeit! Allerdings das Aufgehn, aber nicht das Ein- „gehn. Ein Kreis steht geschlossen andern Kreisen gegenüber, aber „dieses hindert nicht, dass er mit ihnen von einem grössern Kreis „umschlossen sei.“ (135) — Die Hülfe mit Eingehn ist hier ein blosses Wortspiel und führt zu keiner klarern Erkenntniss der Einheit; dagegen ist in den Kreisen, die in einem grossen Kreis eingeschlossen sind, zwar ein neues Bild für die Einheit beigebracht, aber das dürftigste von Allen. Dieses Bild hat nicht einmal die Einheit der Berührung oder der Durchdringung, sondern ist nur die Einheit der Ortsbeziehung von drinnen und draussen; eine so lose Beziehung, dass sie selbst von dem gewöhnlichen Vorstellen nicht als Einheitsform benutzt wird. Niemand nimmt die in einer Stube zufällig anwesenden, von ihren Wänden umschlossenen Menschen als eine Einheit, und mehr bedeutet die Einheit jener Kreise nicht.

22) Fechner sagt: „Allenthalben Krieg der Völker und Men- „schen; könnte das in einer einheitlichen Seele bestehn? Gewiss „nicht in einer menschlichen, aber nachdem die menschliche be- „weiset, dass widerstreitende Empfindungen, Gefühle, Vorstellungen,

„Bestrebungen in einer, durch Bewusstseinseinheit abgeschlossenen „Seele Platz finden können, ist kein Hinderniss zu glauben, dass in „einer Seele über der menschlichen auch alle Widersprüche zwischen „menschlichen Seelen Platz finden können.“ (178) — Hier nennt Fechner als ein neues Band der Einheit die „Bewusstseinseinheit.“ Er meint damit offenbar das Ich. Dies ist allerdings das einende für diese widerstrebenden Begehren und sich aufhebenden Gefühle, aber nur dadurch, dass es ein seiendes begriffliches Stück aus allen diesen Unterschieden ist, aus welchem diese als aus ihrer gemeinsamen Wurzel hervorgehn. Aber solches Ich fehlt gerade für den Gott, der die unterschiedenen Menschenseelen in sich einen soll. Jede Seele hat wohl ihr Ich, was ihre Unterschiede eint, aber das eine seiende begriffliche Ich aus allen Seelen, zu dem die einzelnen nur die bildlichen Reste wären, ist nicht vorhanden.

23) Fechner sagt: „Die Einheit des höchsten Bewustseins über„steigt alle niedern Bewusstseins-Einheiten und stellt eine Ver„knüpfung, ein Band zwischen ihnen her, dessen sie sich bewusst „ist, indem das Inbegreifen im Bewusstsein zugleich das Band des „Inbegriffenen ist, wogegen die niedern Bewusstseins-Einheiten sich „dieses Inbegriffenseins nicht bewusst sind.“ (204) — Hier wird das blosse „Inbegreifen im Bewustsein“ für das einende Band erklärt. Allein wenn damit ein blosses Wissen gemeint ist, so ist dieses keine Einheitsform des Seienden. Im Wissen ist Alles beisammen, bald getrennt, bald geeint, je nachdem es dies im Sein ist; das Wissen bildet das Sein nur ab, mit seinen Einheits- und seinen Trennungsformen, aber es kann dem Seienden aus sich keine neue seiende Einheitsform hinzufügen; so wenig, wie der Spiegel durch sein gleichzeitiges Spiegeln Getrennter diese zu einen vermag. Das Wissen kann wohl für sich durch seine Beziehungen das Seiende im Vorstellen einen, aber dies giebt nie eine seiende Einheit Unterschiedener, welche Fechner doch bei seinem Gott behauptet.

24) An diesem Punkt ist es, wo der Irrthum Fechners klar heraustritt. Er sagt: „Nicht blos das Einzelne der Erscheinung, „sondern auch das Band derselben hat Realität, ja die höchste „Realität.“ (214.) Dieser Satz ist nur halb wahr; er gilt nur für die Seins-Einheiten, nicht für die Beziehungs-Einheiten; diese letztern, und insbesondere die aus der Ursachlichkeit hervorgehende sind nur im Denken, oder ihrer Einheit entspricht keine Einheit in dem Sein. Deshalb kann man Fechner zugeben, dass die einzelnen Seelen der Menschen und der Thiere in Wechselwirkung zu einander stehen; man kann dasselbe zwischen der Seele Gottes und

den niederen Seelen annehmen; aber aus solcher Wechselwirkung wird keine seiende Einheit werden. Soll diese eintreten, so kann es nur durch die seienden Einheitsformen des An- und In-einander geschehen. Dies ist der Fall bei der Einheit des Organischen und bei der Einheit der einzelnen Seele; deshalb sind die Organismen, die Seelen der Menschen seiende Einheiten, zu denen nur für das Denken noch die Beziehungs-Einheit der Wechselwirkung hinzutritt.

25) Deshalb ist auch ein seiender, die Menschenseelen in sich enthaltender einiger Gott unmöglich; es fehlt ihm die seiende Einheitsform, wie sie die Durchdringung für das Organische und das Ich für die Seele enthält. Alle Bilder, die Fechner herbeiholt, passen gerade in diesem wesentlichen Punkte der Einheit nicht; es bleibt blos die Beziehungseinheit der Abhängigkeit, der Wechselwirkung übrig und diese giebt keine seiende Einheit, die doch der Gott Fechners, als der „höchste, ganze Geist" besitzen soll. Dieser Versuch Fechners ist insofern von besonderem Interesse, als er von einem scharfen, in den exakten Wissenschaften genau bewanderten Denker ausgeht. Er dient zur Erläuterung der früheren Darstellung und zeigt, wie selbst dem ausgezeichneten Denker unmöglich bleibt, neben den oben dargestellten Einheitsformen eine neue zu gewinnen. Mit allen Versuchen, allen Gleichnissen und Bildern kommt Fechner nicht über die bekannten Einheitsformen hinaus; wo er mehr erreichen will, fehlen ihm selbst die Mittel, sich verständlich zu machen.

# Die übrigen Einheiten.

1) Das Menschengeschlecht gilt als eine Einheit; das Pflanzenreich, das Thierreich, jede einzelne Thierart gilt als eine Einheit. Das Einende in diesen Einheiten ist weder eine seiende noch eine verbindende Einheitsform; nicht das An- und Ineinander und nicht die Kraft oder das Begehren eines Zieles bringt diese Einheit hervor, auch nicht die Beziehung der Ursachlichkeit; sondern hier ist es die begriffliche Einheit, welche die Einzelnen vereint. Die Einzelnen einer Art sind nur eine Einheit, weil sie alle dasselbe gleiche begriffliche Stück der Art in sich enthalten; sie fallen damit in die Beziehung durch Gleich und dies ist ihre einende Form. Deshalb ist diese Einheit blos im Denken; weder die Einheit des Thierreichs, noch die Einheit der Menschen kann wahrgenommen werden. Eine Folge der nur schwach bindenden Natur dieser Be-

ziehung durch Gleich ist, dass diese Einheit loser als andere erscheint.

2) Unter den einzelnen Arten der Organismen zeigt sich ein allmähliges Fortschreiten; die Uebergänge von einer Art zur andern sind durch Zwischen-Arten vermittelt, welche die Unterschiede stufenweise hervortreten lassen. Dieses Gesetz des allmähligen Ueberganges gilt sowohl räumlich als zeitlich. Es zeigt sich dasselbe nicht blos in den zu einer Zeit zugleich vorhandenen Arten, sondern die Paläontologie lehrt, dass auch in der zeitlichen ersten Entstehung der Arten diese Allmähligkeit besteht. Auf dieser Allmähligkeit beruht die Einheit, welche auf diese Unterschiede angewendet und als die Einheit des Organischen überhaupt bezeichnet wird. Diese Einheit ist auch nur Beziehungseinheit, und zwar die begriffliche. Das Allmählige ist hier kein Stetiges im Raume und der Zeit, sondern in den Beschaffenheiten; sie ist das kleinste Ungleiche, so dass es als das Gleiche sich geltend macht.

3) Die Einheit des Sonnensystems ist dagegen eine seiende Einheit. Sie ist die auf der Kraft beruhende Verbindungs-Einheit. Die anziehenden Kräfte im Kampf mit den Tangentialkräften erhalten die einzelnen Himmelskörper eines solchen Systems in einer durchschnittlichen bestimmten Entfernung von einander; und dieser Verbindung wegen gelten die Himmelskörper als eine Einheit. Derselbe Begriff der Einheit wird von der modernen Physik benutzt, um die sinnlichen Körper als ein System von sich anziehenden und abstossenden Molekülen darzustellen. — Die Einheit der Welt wiederholt nur den Begriff der Einheit des einzelnen Sonnensystems; alle diese Systeme durch Anziehung und Abstossung in fester Entfernung gehalten, sind die Einheit der Welt.

4) Die Einheit der Ehe, der Familie, der Gemeinde, des Staates, der Nationen, der Kirche gehören in das Gebiet des sittlichen Handelns. Ihre einende Form ist bereits in dem Abschnitt von den Verbindungen dargestellt worden; es ist die Verbindungs-Einheit, welche auf der Dieselbigkeit des von den Einzelnen begehrten und verfolgten Zieles beruht. Die Ehe, die Familie, der Staat sind keine Einheiten, welche aus einem An- oder In-einander der Einzelnen hervorgingen; sie sind auch keine Verbindungen durch die gefühlte Kraft, denn diese kann die Seelen nicht erfassen; sie sind auch keine begriffliche oder ursachliche Einheit; denn die Gleichheit der Einzelnen bildet darin keine seiende Bestimmung, und wenn auch die Einzelnen in Wechselwirkung stehn, sò tritt diese Beziehungseinheit gegen die aus dem begehrten Ziele hervorgehende Einheit zurück.

5) Der Unterschied dieser einzelnen Gestaltungen des sitt-

lichen Lebens geht nicht aus einem Unterschied in ihrer Einheitsform hervor; vielmehr ist diese bei ihnen allen die gleiche und ihre Unterschiede entspringen aus den Unterschieden ihrer Ziele. In der Ehe umfasst dieses Ziel alle besonderen Zwecke des Lebens beider Ehegatten; ihr Wesen liegt in dieser allumfassenden Natur ihres Zweckes. In der Ehe findet auch ein Begehren nach gegenseitiger körperlicher Nähe statt, was auf dem Unterschiede des Geschlechts beruht. Dies bildet die Unterlage für jene Allgemeinheit des Zweckes. Deshalb giebt es keine solche allumfassende Verbindung unter Personen desselben Geschlechts; es giebt keine lebenslängliche, Dritte ausschliessende Freundschaft.

6) Der Staat und die Kirche haben den gleichen allumfassenden Zweck wie die Ehe; sie stehen aber in der Einheitsstärke der Ehe nach, weil ihnen die sinnliche Unterlage fehlt und weil die grosse Menge der so Verbundenen dem Einzelnen die Einheit des Zieles verdunkelt. Nur in den Zeiten allgemeiner Gefahr, des Krieges, der inneren Erschütterungen wird die Einheit des Zweckes dem Einzelnen wieder deutlicher und die Einheit des Staates um so sichtbarer.

7) Das gemeinsame Ziel der Glieder einer Kirche ist die gleiche Verehrung ihres Gottes und das gleiche sittliche Handeln, wie es aus dem Begriffe ihres Gottes als Muster für die Gläubigen hervorgeht. Im Vergleich zu dem Staat ist diese Einheit der Kirche bald inniger, bald loser. Dies kommt von der wechselnden Gewalt des Religionsinhaltes. In den Zeiten der Begründung einer Religion ist diese Gewalt am stärksten; wir sehen in den ersten Jahrhunderten einer neuen Religion die Einheit und damit die Macht ihrer Kirche am stärksten; weder die Einheit der Staaten noch älterer Kirchen vermag ihr zu widerstehn. Später sinkt mit der wachsenden Erkenntniss der Glaube an den Religionsinhalt; das gemeinsame Ziel verliert seine Kraft und die Einheit zerfällt und ist nur noch an den Ruinen der Werke vergangener Jahrhunderte erkennbar. Der härteste Feind der Kirche sind die Kirchen anderer Religionen; je näher diese mehreren Kirchen sich sind, desto mehr schwächt eine die andere. Ein anderer Feind ist die Wissenschaft. Mit der fortschreitenden Erkenntniss kann der Glaube an die Wahrheiten der Religion, wie sie aus weit zurückliegenden Jahrhunderten stammen, sich nicht erhalten. Dem Staate drohen diese Feinde nicht; deshalb steigt seine Macht über die Kirche mit derem zunehmenden Alter.

8) In dem früheren Abschnitt ist die Einheit dieser Gestaltungen nur auf die Einheit des **begehrten** Zieles gegründet worden; zur vollständigen Auffassung muss auch das sittliche Element in

Betracht genommen werden, was aus der Achtung vor dem Gebot und der Autorität des Gebietenden hervorgeht. Dieses Element ändert indess die Natur der Einheitsform dieser Gestaltungen nicht. Die Achtung ist nur ein weiterer Grund für das Wollen des einen, für Alle geltenden Zieles, was dem auf die Lust gerichteten Begehren hinzutritt und ihm die sittliche Färbung giebt. Das einende Element bleibt für alle diese Gestalten dabei ungeändert; auch bei dem Hinzutritt des sittlichen Wollens geht die Einheit nur aus der Dieselbigkeit des gewollten und begehrten Zieles für Alle hervor. Das sittliche Element der Achtung ändert nicht die einende Form, sondern verstärkt sie nur.

9) Die Familie, die Gemeinde und ähnliche dahin gehörende Verbindungen des Lebens haben ihren Unterschied gegen die Ehe, den Staat und die Kirche nur darin, dass ihre Ziele nicht so allumfassend sind, wie die Ziele jener. Ihre Einheit ist deshalb loser; aber sie wird im Vergleich zu dem Staat und der Kirche wieder verstärkt durch die geringere Zahl der Verbundenen und durch das deutliche Hervortreten des gemeinsamen Zieles für den Einzelnen.

10) Indem man die Verbindungen innerhalb des Rechts und der Sitte zu solchen Einheiten erhob, lag die Versuchung nahe, ihnen auch eine Persönlichkeit, eine Selbstständigkeit, ein eigenes Leben gegenüber den einzelnen Verbundenen zuzutheilen. Es ist dies der Standpunkt Hegel's; die Keime dieser Auffassung finden sich schon bei Plato. Diese Verbindungen sind bei Hegel zu Ideen erhoben, in denen allein die Wahrheit und Wirklichkeit enthalten ist. Sie sind das Herrschende; der Einzelne dient nur als Werkzeug der Idee; er ist wohl die Form, durch welche die Idee der Ehe, der Familie, des Staats sich Wirklichkeit giebt, aber der Einzelne mit seiner Besonderheit, mit seiner Lust und seinem Schmerz bleibt ein unberechtigtes und verschwindendes Element in diesen allgemeinen Geistern; die Pflicht des Einzelnen ist, ein allgemeines Leben zu führen. Die Entfaltung des allgemeinen Geistes stellt die Weltgeschichte dar. „Die Weltgeschichte ist das Weltgericht.“

11) Man könnte solche Auffassungen als philosophische Ueberschwenglichkeiten hingehen lassen, wenn darin nicht die grosse Gefahr enthalten wäre, mit dieser Erhebung zu Persönlichkeiten die wahre Grundlage für die Rechte und Pflichten innerhalb dieser Gestaltungen zu verlieren. Sind sie als solche das allein Wahre und Berechtigte, so ist die rechtliche Gestaltung nur aus ihrer vermeinten Persönlichkeit abzuleiten; die Ziele und Bedürfnisse des Einzelnen werden dann das untergeordnete und unberechtigte. Die

Ungeheuerlichkeiten, zu welchen solche Auffassung führt, sind schon in der Republik Plato's zu spüren; sie zeigen sich mehr oder weniger in allen philosophischen Construktionen der Familie und des Staats aus der Idee bis herab zu Fichte und Hegel. Die Ausschweifungen würden noch grösser sein, wenn nicht instinktmässig die Rücksicht auf die Natur des Einzelnen auch den härtesten Philosophen innerhalb gewisser Schranken hielte.

12) Die Wahrheit ist vielmehr, dass diese Gestalten als bloss auf dem Begehren und Wollen eines Zieles ruhende Verbindungen ihre Wirklichkeit nur in den Einzelnen haben, und dass die Lust des Einzelnen die letzte Grundlage für die ganze rechtliche Entfaltung derselben abgiebt. Durch das Auftreten der Autorität als Quelle der Sittlichkeit tritt das auf der Achtung ruhende sittliche Element zu diesen Gestaltungen hinzu; aber dieses Element hat in sich keinen Inhalt; es lässt jeden Inhalt zu; innerhalb der Autorität selbst wird dieser Inhalt ebenfalls aus der Lust abgeleitet, sei es auch nur die Lust Eines oder einzelner bevorzugter Familien, Stämme oder Kasten. Für die das Gebot Empfangenden verliert es zwar die Beziehung auf die Lust, aber dennoch bleibt die Lust seine Quelle. Die sittliche Entwickelung in der Geschichte geht nur dahin, die Lust Eines oder Einzelner zur Lust Aller Verbundenen auszudehnen und diese zur Grundlage der ethischen Gestaltungen zu machen.

13) Erst mit dieser Grundlage ist der feste Halt für die Entfaltung der sittlichen Lebensbildungen gegeben; sie zielen alle nur auf die Lust, wenn auch der Einzelne, dessen unbewusst, sie nur aus Achtung vor dem Gebot und dem Gebieter vollzieht. Nur aus der Lust und ihren nach festen Naturgesetzen bestimmten Ursachen kann die rechtliche Entwickelung jener Verbindungen abgeleitet werden; nur der einzelne Mensch mit seinem Begehren und seinem Gefühl ist der Born, aus dem hierbei zu schöpfen ist; dem gegenüber giebt es keine Ehe, keine Familie, keinen Staat, als eine ideale Persönlichkeit mit eigenen Rechten, welchen die Einzelnen sich zu fügen hätten. Da das Begehren und Wollen der Einzelnen allein die Einheit schafft, so ist es auch das allein Seiende in diesen Einheiten und das Wohl des Einzelnen bestimmt allein die Entfaltung.

14) Wird diese Grundlage verlassen, so schwebt die rechtliche Gestaltung dieser Einheiten in der Luft. Die härteste Tyrannei ist dann ebenso leicht als das Rechtliche abzuleiten, wie die Anarchie und die Willkühr Aller. Wenn es zu diesen Extremen in der philosophischen Construktion nicht kommt, so liegt es nur daran,

dass jedes Princip was gewählt wird, noch einen Zusammenhang mit der Lust des wirklichen Menschen behält, der nicht völlig verleugnet werden kann. Aber, in der Gestaltung des einzelnen treibt dafür solche Construktion um so mehr ihr willkürliches Spiel als die Erhebung der Einheiten zu idealen Persönlichkeiten aus dem tiefsten Grunde der Sittlichkeit hervorzugehen scheint. Die Rechtsphilosophie Hegels liefert dazu zahlreiche Belege. Das Wesenlose und Schattenhafte dieser idealen Persönlichkeiten erhellt am besten daraus, dass mit dem Verschwinden der Einheit des Begehrens der Einzelnen jene Wesen selbst in Nichts zerstieben und keine Macht besitzen, sich gegen den Willen der Einzelnen zu erhalten.

15) Der Begriff der Einheit findet sich auch in dem Gebiete der Kunst. Aristoteles hat die Einheiten des Ortes, der Zeit und der Handlung für das Drama aufgestellt; in jeder ästhetischen Betrachtung hören wir von Einheit der Charaktere, der Gruppirung, der Handlung, des Kunstwerkes. — Das Kunstwerk ist in seinem Wesen nur Bild der Lust. Das Sein, das wirkliche Handeln wird im Kunstwerk nachgebildet, wenn auch nicht rein copirt. Daraus erhellt, dass die gegenständliche Einheit des Kunstwerks keine andere sein kann, als die Einheit des Seins, der Verbindung und der Beziehung. Während die Kunst das Seiende einer Reinigung unterwirft nnd damit erst die Schönheit herstellt, sind die Einheitsformen diejenigen Bestimmungen, wo die Kunst diese Idealisirung des Natürlichen am wenigsten vollziehen kann. In der Auswahl und Verbindung des Stoffes, in dessen erzeugender Vermehrung und Reinigung waltet die Kunst mit Freiheit; aber die vorhandenen Formen der Vereinung dieses Stoffes zu Gegenständen, Begebenheiten und Handlungen kann die Kunst in keiner Weise verändern oder vermehren; sie ist hierbei streng an die, in dem Sein und Beziehen gegebenen Einheiten gebunden; die genialste Conception bleibt in diesen Bestimmungen nur Copie des Vorhandenen.

16) Der Begriff der Einheit erhält in der Kunst eine Ausdehnung über ihren gewöhnlichen Sinn. Mit der künstlerischen Einheit eines Charakters, einer Begebenheit und Handlung wird nicht die einende Form des unterschiedenen Inhalts gemeint, sondern die Gleichmässigkeit und Uebereinstimmung dieser Unterschiede unter sich und die Abwesenheit des Widerspruchs. Ein Charakter darf im Fortgange der Handlung seine Eigenthümlichkeit nicht verlieren; der Held darf kein Feigling, der Rechtschaffene kein Lügner werden; oder wenn es geschieht, so muss es durch den Kampf und den Fortgang der Handlung selbst vermittelt sein. Die Fa-

bel eines Drama's, eines Epos darf nicht mit Ereignissen und Handlungen beladen werden, welche zu ihrem Inhalt ohne Beziehung und Einwirkung bleiben. Der Charakter der Minerva muss sich in ihrer Bildsäule nicht blos in der Haltung und Gestalt im Allgemeinen ausprägen, sondern auch die feinern Formen der Glieder und des Gewandes bestimmen. Wenn dies in der Kunst Einheit genannt wird, so ist der philosophische Begriff der Einheit hier nur so weit berührt, als mit dieser Uebereinstimmung und Harmonie des Inhaltes die begriffliche Einheit der Unterschiede gemeint ist.

17) Das Wissen, indem es bald einen reichen unterschiedenen Inhalt fordert, bald von dieser Mannichfaltigkeit wieder zur Einheit sich wendet, hat damit zwei einander entgegenstehende Bewegungen. Es ist für das richtige Gleichmaass dieser Bewegungen von grosser Bedeutung, den Begriff der Einheit in voller Klarheit zu besitzen. Eine sehr verbreitete falsche Auffassung hält die Einheit mit dem Bestehen der Unterschiede überhaupt für unverträglich. Wenn sie auch nicht vermag, diese Unterschiede ganz zu beseitigen, so werden sie doch für das der Einheit nachtheilige und feindliche gehalten, was so weit als möglich beschränkt und beseitigt werden müsse, um die Einheit vollkommen zu gewinnen. Diese Richtung ist namentlich in dem allgemeinen, einleitenden Theil der besonderen Wissenschaften und in vielen philosophischen und religiösen Betrachtungen zu finden. Es muss dagegen erwiedert werden, dass die Unterschiede der Einheit nicht hinderlich sind, sondern vielmehr ihre unentbehrliche Bedingung; nur das Unterschiedene, nicht das Einerlei kann geeint werden. Auch die Stärke dieser Unterschiede thut der Einheit keinen Abbruch. In der Einheit von Leib und Seele sind die grössten Gegensätze des Seienden, das Körperliche und Geistige, zu einer der innigsten Einheiten verschmolzen. In der Seele ist der grösste überhaupt mögliche Gegensatz, Wissen und Sein, zu der vollendetsten Einheit verbunden. Die Stärke der Einheit ist deshalb nicht in der Abschwächung und Vertilgung der Unterschiede zu suchen, sondern in der Stärke und Anzahl der bindenden Einheitsformen.

18) Ein anderer Abweg geht die entgegengesetzte Richtung und sucht die Einheit nicht durch die Minderung der Unterschiede zu gewinnen, sondern durch ihre Uebertreibung und Steigerung bis zum Widerspruch. Da er die Unterschiede nicht vertilgen kann, scheint ihm die Einheit derselben an sich schon ein Widerspruch, ein Unbegreifliches. Bei Herbart ist dies auf allen Seiten zu lesen. Indem man hier und bei andern Begriffen ein tieferes Eingehen und eine Lösung des Widerspruchs verschmähte, lag solcher Auffassung

es nahe, den Widerspruch, der in der Einheit Unterschiedener so klar zu Tage liegen sollte, überall als das Prinzip der Wahrheit zu behaupten. Jede in den Anfängen stehen bleibende Betrachtung des Seienden geräth auf Widersprüche, und ist der Widerspruch einmal zum Princip erhoben, so ist es nicht schwer durch einseitige Auffassung und durch Verwandlung der Beziehungen in Seiendes den Widerspruch auch da nachzuweisen, wo die unbefangene Betrachtung keinen antrifft. Die Einheit wird dann zur Einheit sich Widersprechender und als solche zum Prinzip der Wahrheit. Dies ist der Standpunkt der Hegel'schen Philosophie. Sie gewinnt damit den Schein der tiefsten Erkenntniss; indem die Darstellung selbst unbegreiflich wird, scheint sie damit das Unbegreifliche des Gegenstandes selbst zu erreichen. In Wahrheit bleibt solche Methode auf der Hälfte des Weges der Forschung stehn; die Abgründe und Irrwege, in die jede Forschung geräth, hält sie für das Letzte und das Land der Klarheit dahinter bleibt ihr verborgen.

# Die Wissens-Arten.

1) Nach der Darstellung des Wahrnehmens und des bildlichen Vorstellens so wie des Trennens, des Vereinens und des Beziehens im Vorstellen wird hier der Ort sein, die Arten des Vorstellens oder des Wissens in Betracht zu ziehen. Sie haben mit den Beziehungen das gemein, dass sie kein Bild eines Seienden sind, sondern nur innerhalb des Wissens selbst bestehn. Auch ist ihre Anwendung auf das Seiende den Beziehungen verwandt. Ihre Darstellung gehört zu dem Schwierigsten in der Philosophie. Das gewöhnliche Vorstellen hat wenig Veranlassung, sie besonders zu betrachten, und ihre halb seiende, halb vorstellende Natur führt leicht die Untersuchung irre.

2) Unter Arten des Wissens werden hier diejenigen Unterschiede verstanden, welche sich in dem Wissen selbst zeigen, ohne dass dabei der Inhalt oder der Gegenstand des Wissens sich ändert. Als solche Arten sind im menschlichen Wissen vorhanden:

1) Die blosse Vorstellung (ohne Wahrnehmung).
2) Die bekannte Vorstellung (Gedächtniss, Erinnerung).
3) Die gesteigerte Vorstellung (Aufmerksamkeit).
4) Die wahrnehmende Vorstellung (Sinnes- und Selbst-Wahrnehmung).
5) Die gewisse Vorstellung (Ueberzeugung).
6) Die nothwendige Vorstellung (Schlussfolge).

3) Um die Natur dieser Wissens-Arten zu erkennen, muss auf die Natur des Wissens überhaupt zurückgegangen werden. Das Wissen ist als solches von dem Sein unterschieden und sein Gegensatz. Aber das Wissen der einzelnen Seele ist zugleich ein Zustand dieser Seele und gehört als solcher Zustand zu den seienden Bestimmungen derselben. Das Wissen und Vorstellen ist, abgesehen von seiner spiegelnden Natur, ein Sein in der Seele; aber als solches ist es der Selbstwahrnehmung entzogen. Indem es seine seiende Natur völlig verhüllt und gleich einem vollkommenen Spiegel nichts an ihm selbst erkennen lässt, sondern nur Anderes abspiegelt, wird es damit zu dem Wissen oder Vorstellen.

4) In Folge solchen Spiegelns eines Anderen ist es zunächst dieses gewusste oder gespiegelte Andere, was bei dem Vorstellen in Frage kommt; dieses Andere, dieses Gespiegelte ist sein Inhalt. An diesem unterschiedenen Inhalt werden zunächst die einzelnen Vorstellungen unterschieden.

5) Aber die Vorstellungen haben neben diesem Unterschied des Inhaltes noch einen andern Unterschied an sich, welcher weniger deutlich hervortritt, und oben mit: Arten des Wissens bezeichnet worden ist. Dieser Unterschied kann nicht den Inhalt des Wissens betreffen, nicht aus dem Vorgestellten oder Gegenstande abgeleitet werden, sondern er muss seinen Grund in dem seienden Zustande der Seele haben, welcher die Grundlage des Wissens abgiebt. Die Unterschiede in diesem, dem Wissen unterliegenden Zustande sind der Selbstwahrnehmung entzogen, und daher nicht näher anzugeben. Auch nehmen diese Unterschiede an der ins Wissen umschlagenden Natur ihres Seelenzustandes Theil; sie nehmen selbst die Gestalt eines Wissens an, welches sich dem gewussten Inhalte der Gegenstände anfügt und als ein Stück Wissen mit ausgesprochen werden kann.

6) Dieser seiende Zustand, welcher dem Wissen seine unterschiedene Art bestimmt, ist am treffendsten mit dem Worte: Empfindung zu bezeichnen. Die Empfindung ist ein zwischen Wissen und Gefühl mitten inne liegender Zustand der Seele. In der Empfindung ist ein Fühlen, ein seiender und als solcher sich geltend machender Zustand enthalten, nur dass diese Empfindung, als Fühlen, nicht Lust oder Schmerz ist. Aber die Empfindung schlägt zugleich in ein Wissen um, wie sich bei der Darstellung der einzelnen Arten ergeben wird. Sie wird aber kein reines Wissen, weil sie ihre seiende Natur nicht völlig verhüllt, sondern nebenbei bestehen und wirken lässt.

# Die blosse Vorstellung.

1) Die erste Art des Wissens ist das blosse Vorstellen. Der Inhalt der Vorstellung ist hier in seiner einfachsten Form in der Seele. Man könnte vielleicht sagen, dass hier die Empfindung völlig fehle, dass das blosse Vorstellen nichts als reines Wissen sei. Indess muss dem entgegen das reine Wissen als noch unterschieden von dem blossen Vorstellen gehalten werden. Im reinen Wissen ist gar keine besondere Art des Wissens vorhanden; es ist vielmehr das begriffliche Stück, welches in jeder Art des Wissens enthalten, aber in solcher auch allemal mit einer Besonderung als bildlichem Rest verbunden ist. Das blosse Vorstellen ist demnach schon eine Besonderung des reinen Wissens, oder eine Wissens-Art, welche ihre besondere Empfindung in sich hat.

2) Diese Empfindung oder seiende Bestimmtheit des blossen Vorstellens schlägt in das Wissen um, dass der gewusste Inhalt nur in der Seele ist, und nicht als Seiend der Seele gegenwärtig. Dieses blosse Wissen steht dem begrifflichen oder reinen Wissen am nächsten; die Empfindung, die das Wissen begleitet, ist bei dieser Art am schwächsten.

# Die bekannte Vorstellung.

1) Die zweite Art des Wissens ist das bekannte Wissen. Die in diesem Wissen auftretende Empfindung ist schon leichter bemerkbar. Diese Empfindung schlägt zum Theil in das Wissen um, was ausgesprochen werden kann als ein Wissen, dass die Vorstellung früher in der Seele gewesen sei. Aber dieses Wissen ist nicht die Ursache des Bekanntseins, sondern nur die Definition oder Umschreibung dieses Bekanntseins. Wenn eine Vorstellung in die Seele tritt und sich dabei als eine bekannte, schon da gewesene giebt, so kann die Ursache davon nur in der Besonderheit des hier dem Wissen unterliegenden seienden Zustandes der Seele enthalten sein.

2) Die bekannte Vorstellung ist ihrem Inhalte oder Gegenstande nach von der blossen Vorstellung nicht zu unterscheiden; das Bekanntsein derselben trifft also nicht den Inhalt, sondern die Art des Wissens; das Wissen als solches ist dabei ein Anderes. Man pflegt zwar dieses Bekanntsein von Nebenvorstellungen abzuleiten, welche die bekannte Vorstellung begleiten; aus diesen soll das bekannte sich bilden. So wird gelehrt, man erkenne ein

Haus wieder an den Nebenhäusern, und den daran stossenden Gärten; man erkenne die Wohnstube seiner Kindheit wieder an den Tapeten und den Nischen der Fenster. Wäre dies richtig, so müssten diese Nebenvorstellungen selbst als schon da gewesene, als bekannte der Seele gelten, und die Frage träte von Neuem auf: Woran erkennt die Seele diese Nebenvorstellungen als bekannte?

3) Es kann auch das Bekanntsein nicht daraus erklärt werden, dass zu der gegenwärtigen Vorstellung die frühere als eine besondere in der Seele hinzutrete, und durch die Erkenntniss beider als völlig gleicher das bekannte entstehe. Solche Erklärung wäre auch nur ein Cirkel. Es würde dann nöthig sein, dass die alte Vorstellung als die frühere, d. h. als die schon dagewesene, d. h. als die bekannte zuvor gewusst würde.

4) Der Ableitung des Bekanntseins aus den hinzutretenden Nebenvorstellungen steht weiter entgegen, dass gerade bei den bekanntesten Vorstellungen diese Neben-Vorstellungen fehlen. Die Vorstellung meiner Frau gehört zu den mir bekanntesten und dennoch fehlen hier die Neben-Vorstellungen, weil deren zu viele und zu verschiedene in den verschiedenen Zeiten gewesen sind. Dasselbe gilt für die einfachen eigenschaftlichen Vorstellungen, wie roth, süss, Ton, hart; für die begrifflichen Vorstellungen, wie Dreieck, Pferd, Schloss, Haus. Je häufiger eine Vorstellung in die Seele tritt und je mehr dabei die Neben-Vorstellungen wechseln, desto mehr tritt die erstere ohne diese ein und ist dennoch eine bekannte.

5) Es bleibt deshalb kein Ausweg, als das Bekanntsein in den seienden, dem Wissen zu Grunde liegenden Zustand der Seele zu setzen. Man kann die blossen Vorstellungen mit leichten, nicht tief gehenden Eindrücken vergleichen; die bekannten Vorstellungen sind dann die, bei denen dieser Eindruck, durch die Wiederholung, zu einem tiefern, mehr in das Innere der Seele eindringenden geworden ist. Solcher tiefere Eindruck schlägt in die Bestimmung des Bekanntseins um; eine Bestimmung, die halb Wissen, halb Sein, eben dadurch sich von dem rein gewussten Inhalt der Vorstellung unterscheidet.

6) Im Leben dienen die Worte: Erinnerung, Gedächtniss zur Bezeichnung dieser Wissens-Art. Erinnerung geht mehr auf die Wiederkehr bildlicher Vorstellungen; Gedächtniss bezeichnet mehr das angebliche Vermögen, Vorstellungen wiederkehren zu machen. Beide geben dabei über die Natur der bekannten Vorstellung als Wissens-Art keinen Aufschluss, sondern bezeichnen nur das Eintreten

solcher in die Seele. Das Gegentheil der bekannten Vorstellung ist die neue.

7) Die bekannte Vorstellung als Wissens-Art ist für die Seele von hoher Bedeutung. Ohne sie wäre der Mensch in seinem Wissen ewig ein Kind; alles, auch das Bekannteste, was er sähe, wäre ihm immer ein Neues, ein noch nie Gesehenes. Die Erinnerung und das Gedächtniss könnten trotz dem bestehn; die einzelnen Vorstellungen könnten der Seele zugeführt werden, wie bisher; aber die Seele würde sie ohne diese Wissens-Art nicht als solche nehmen, die sie schon gehabt hätte. Ein Mann würde bei dem Anblick seiner Frau durch sein Gedächtniss wohl die Vorstellungen ihrer Eigenschaften und Tugenden haben, aber diese Vorstellungen würden ihm jedesmal als ganz neue gelten; jedes Sehen seiner Frau hätte dieselbe Bedeutung, als wenn er sie das erste Mal sähe. Die Wirkung einer Vorstellung auf die Lust und den Schmerz wird durch ihr Bekanntsein abgeschwächt, die Wirkung auf das Begehren gesteigert. Ein schönes Gemälde im Zimmer verliert durch das Bekanntsein seinen Reiz, und das hässliche Gesicht des Dienstboten sein Unangenehmes. Dagegen wird das Begehren des Trunkenbolds durch das Bekanntsein der Vorstellung des Branntweins nicht geschwächt, sondern gesteigert. — Weil die Lust aus dem Wissen durch das Bekanntsein des Gewussten sich mindert, so geht das Begehren auf stete Ausdehnung des Wissens, auf neues Wissen, gleichviel ob das Begehren Neu- oder Wiss-Begierde ist.

8) Eine der bedeutendsten Wirkungen, welche mit dieser Wissens-Art sich verbindet, ist das, was man gemeinhin Urtheilskraft nennt. — Das Bekanntsein einer Vorstellung erleichtert wesentlich ihr Wiedererkennen da, wo sie durch Vereinung mit andern Bestimmungen in einer reichern Vorstellung verhüllt ist. Das begriffliche Stück ist in jedem Einzelnen dasselbe; das sogenannte Subsumiren des Einzelnen unter den Begriff ist also nur das Wiedererkennen des begrifflichen Stückes in den Einzelnen, in welchen es bisher noch nicht erkannt war. Der Vorgang ist derselbe, als wenn die Mutter ihr Kind aus einer Menge von Kindern gleichen Alters herausfindet, oder wenn ein Mann seine Frau durch die verschiedensten Verkleidungen und Stellungen hindurch erkennt. Je bekannter nun die begriffliche Vorstellung ist, desto leichter wird sie in ihrer, wenn auch noch so fremden und verhüllenden Vereinung mit Anderen herausgefunden und wiedererkannt. Dieses allein ist der Grund, weshalb der alte Praktiker die Begriffe seiner Wissenschaft in dem Einzelfalle leichter wie der Schüler und Anfänger wiedererkennt, d. h. den Fall richtiger subsumirt.

9) Es ist deshalb falsch, das sogenannte Subsumiren des Einzelnen unter Begriffe als eine besondere Thätigkeit der Seele aufzustellen und ihr den Namen der Urtheilskraft zu geben. Das Subsumiren ist wie das Wahrnehmen ein Vorgang in der Seele, der sich um so leichter von selbst, und ohne Wollen, vollzieht, je mehr die begriffliche Vorstellung, unter welche subsumirt werden soll, bereits bekannt ist. Ist dies, wie bei dem Anfänger, nicht der Fall, so scheint eine besondere Anstrengung oder Stärke des Wollens dazu nöthig, aus welcher man dann eine besondere Kraft gebildet hat. Allein diese Anstrengung ist nichts als die Verstärkung der begrifflichen Vorstellung dem Grade nach, womit dann von selbst ihr Hervortreten aus der Einzelvorstellung und ihr Wiedererkennen sich ergiebt.

10) Wenn Kant (K. d. r. V. 126) behauptet, „dass zwar der „Verstand einer Belehrung und Ausrüstung durch Begriffe und „Regeln fähig, Urtheilskraft aber ein besonderes Talent sei, welches „gar nicht gelehrt werden könne, sondern nur geübt sein wolle,“ so ist diese Ansicht trotz des anscheinend unwiderleglichen Beweises, auf den sie gestützt wird, doch unrichtig. — Um einen Begriff durch Belehrung zu erlangen, muss der Schüler in seinem Vorstellen dasselbe thun, wie bei dem Subsumiren oder Urtheilen; er muss die ganze oder Einzel-Vorstellung, in der der Begriff enthalten ist, und die allein ihm unmittelbar geboten werden kann, trennen und nach Absonderung des bildlichen Restes das begriffliche Stück für sich festhalten. Genau dasselbe thut er bei dem Subsumiren; auch hier wird der ganze Gegenstand im Vorstellen getrennt und das begriffliche Stück zurückbehalten, welches, weil der Begriff hier schon vorher in der Seele gewesen ist, nun als ein bekanntes sich ergiebt. Wenn dieses Aussondern bei dem Geübten leichter geschieht, so liegt das nur in seiner stärkern Bekanntschaft mit den Begriffen.

11) Die erste Gewinnung des Begriffs und sein späteres Wiedererkennen in den Einzelgegenständen ist deshalb ein und dieselbe Thätigkeit der Seele; beide ruhn auf dem begrifflichen Trennen. So weit das Eine lehrbar ist, ist es auch das Andere. Beide erfordern ein eignes Thun der Seele, was ihr Niemand abnehmen kann, aber bei beiden kann der Schüler durch den Lehrer auf den richtigen Weg geleitet und erhalten werden. Wenn Kant meint, dass solche Hülfe nur wieder durch Regeln möglich sei, man sich also im Kreise drehe, so verkennt er die Natur des Lehrens. Der Lehrer tritt auch in dem einzelnen Fall helfend ein; er macht auf die Merkmale des Begriffs in dem Einzel-Gegenstande durch Zeigen,

Abzeichnen, bildliche Vorstellungen und Worte den Schüler aufmerksam, und leitet so sein begriffliches Trennen auf den richtigen Weg. Diese Hülfe kann ebenso gut geschehen bei der ersten Gewinnung eines Begriffs, als bei seiner spätern Wiederaussonderung aus einem Gegebenen.

12) Obgleich das Bekanntsein nur eine Art des Wissens ist, so wird es doch im gewöhnlichen Vorstellen auf die seienden Gegenstände übertragen und zu einer ihnen innewohnenden Eigenschaft gemacht. Man spricht von bekannten Menschen, bekannten Büchern, bekannten Kunstwerken. In Wahrheit ist damit keine seiende Bestimmung des Gegenstandes bezeichnet, sondern nur die Art, in der der Gegenstand in der Seele vorgestellt wird. Deshalb ist derselbe Gegenstand zugleich bekannt und nicht bekannt, je nach der Person des Vorstellenden.

13) Das Bekanntsein hat seine Grade; je öfter und länger eine Vorstellung in der Seele ist, desto mehr steigt ihr Bekanntsein. Eine Folge dieser Wissens-Art ist, dass bekannte Vorstellungen leichter in der Seele wieder auftreten oder dass sie leichter im Gedächtniss behalten werden. Ist eine Vorstellung wiederholt in ihre Trennstücke aufgelöst, oder in ihrer Vereinung mit reicheren Vorstellungen verfolgt worden, und hat sich damit das Bekanntsein auf solche Reihen anderer Vorstellungen ausgedehnt, so wirkt dieses Bekanntsein auf das schnellere Wiedereintreten der nachfolgenden Glieder, wenn ein Glied der Reihe erweckt wird. Das Bekanntsein hat ferner die Wirkung, dass die Seele eine grössere Zahl von Vorstellungen dieser Art auf einmal im Wissen haben kann.

14) Aus diesen Wirkungen setzt sich die Ueberlegenheit des Kenners der Wissenschaft zusammen, im Gegensatz zu dem Schüler. Wenn auch letzterer den Cursus absolvirt, den ganzen Inhalt der Wissenschaft in sich aufgenommen hat, also Kenner und Schüler in Bezug auf Inhalt des Wissens sich gleich stehn, so ist doch jener in der Wissens-Art des Bekanntseins dem Schüler überlegen. Deshalb hat er theils einen grösseren Theil seines Wissens unmittelbar gegenwärtig, theils strömen die andern Theile mit grösserer Leichtigkeit und Schnelligkeit ihm zu, während der Schüler nur Weniges auf einmal sich vergegenwärtigen kann und nur mühsam die mannichfachen Fäden findet, an denen das Einzelne mit Anderm zusammenhängt.

15) Aus demselben Grunde neigt jeder Mensch dahin, sein Wissen und sein Handeln innerhalb des Bekannten zu halten. Er bleibt gern bei dem einmal erlernten Handwerk, bleibt gern in

seiner Vater-Stadt, wechselt nicht gern seine Wohnung, seinen Umgang, seine Spaziergänge, seine Bierstube u. s. w. Alle diese Dinge hat er in bekannten Vorstellungen; er kennt ihren Inhalt, ihre Natur, ihre Eigenschaften, ihre Verbindungen und Beziehungen; er kann daher mit Leichtigkeit in diesen Gebieten sich bewegen, urtheilen und handeln. Nur wo die Lust aus dem Wissen überwiegt, wird ein Neues gesucht; aber immer geschieht dies nur in einem geringen Verhältniss zu dem Bekannten. Nichts stört den Menschen mehr, als eine gänzliche Veränderung seiner Umgebung, seiner Beschäftigung, seines Umgangs und seines Denkens. Er glaubt dann kaum noch derselbe Mensch zu sein und hat Mühe sich selbst wiederzuerkennen; so wesentlich ist ihm diese Wissens-Art, das Bekanntsein seiner Vorstellungen.

## Die gesteigerte Vorstellung.

1) Die dritte Art des Wissens ist das gesteigerte oder aufmerksame Wissen. Gewöhnlich nennt man einen Menschen, aber nicht seine Vorstellung aufmerksam. Man sagt: seine Aufmerksamkeit bewirkt, dass er die Gegenstände, auf welche er die Aufmerksamkeit richtet, schärfer wahrnimmt, ihren Inhalt, ihren Unterschied leichter erkennt und das Ganze besser im Gedächtniss behält. In Wahrheit liegt aber die Aufmerksamkeit in der Art seines Wissens und ist deshalb eine Eigenschaft dieses. Ihr gegenüber steht die Unaufmerksamkeit, die Zerstreuung, wo der Mensch nicht weiss, was er sieht, was der Andere sagt, was er liest; die Vorstellungen sind dann im Grade so schwach, dass sie den stärkern zugleich vorhandenen, gegenüber als Nichts gelten.

2) Man hat die Aufmerksamkeit als einen Zustand definirt, in dem die Seele sich der von der Aufmerksamkeit betroffenen Vorstellungen bewusst ist. Auch Herbart neigt zu dieser Auffassung. Er hat in seiner Psychologie eine Schwelle des Bewusstseins eingeführt, über welche die einzelnen Vorstellungen steigen und unter welche sie sinken können. Nach seiner Ansicht hat der Mensch nur von denjenigen Vorstellungen ein Bewusstsein, welche über diese Schwelle sich erheben, aber nicht von denen unter ihr. — Es ist dies eine bedenkliche Ansicht, weil von dem Begriff der Vorstellung nicht wohl das Bewusstsein ihrer getrennt werden kann. Jede Vorstellung ist nur Vorstellung oder Wissen dadurch, dass sie gewusst wird, oder dass sie im Bewusstsein ist. Die einzelne Vorstellung ist nicht wieder ein Gegenständliches, das erst von Neuem durch das Wissen (Bewusstsein) erfasst werden müsste, um

in das Bewusstsein zu kommen; vielmehr ist jedes Wissen durch seine eigne Natur schon Wissen, oder im Bewusstsein und bedarf dazu keines abermaligen Wissens. Solche Ansicht würde zur unendlichen Reihe, also zur Unmöglichkeit des Wissens führen. — Ob in der Seele seiende Zustände vorhanden sind, welche dem Wissen als ein niederer Grad vorausgehn, kann hierbei dahin gestellt bleiben; in jedem Falle muss aber festgehalten werden, dass mit dem Eintritt einer wirklichen Vorstellung, eines Wissens von irgend einem Gegenstande, auch allemal das Bewusstsein dieser Vorstellung vorhanden ist und dass es unzulässig ist, zwischen bewusstem und unbewusstem Wissen zu unterscheiden.

3) Aber in dem Grade des Wissens eines Gegenstandes bestehn Unterschiede und der höhere Grad ist das, was im gewöhnlichen Leben mit: Aufmerksam bezeichnet wird. Wenn ich eine Blume aufmerksam betrachte, so sehe ich keinen andern Inhalt, als wenn mein Blick nur flüchtig darüber hinstreift; dennoch empfindet jeder den Unterschied. Die mit Aufmerksamkeit verbundene Vorstellung haftet gleichsam fester in der Seele, dringt tiefer in sie ein; die Seele ist inniger bei dem Inhalt derselben, vergisst sich gleichsam selbst; all ihr Sein drängt sich in dieser Vorstellung zusammen. Eine Folge davon ist, dass die übrigen daneben vorhandenen Vorstellungen an Stärke verlieren und dass jene Vorstellung fester im Gedächtniss bleibt, leichter in der Seele wiederkehrt.

4) Eine weitere Folge der aufmerksamen oder gesteigerten Vorstellung ist, dass das Trennen ihres Inhalts sich leichter an ihr vollzieht und dass ebenso die Verbindungen und Beziehungen, in denen diese Vorstellung zu andern steht, leichter als bei flüchtigen und schwachen Vorstellungen sich einstellen. — Bei der aufmerksamen Wahrnehmung einer Blume treten ihre Theile und Eigenschaften hervor; ihre Blätter, ihre Staubfäden, ihre Gestalt, ihre Farbe, ihre Grösse, ihre Verbindung mit dem Stiele. Weiter tritt ihre Nutzbarkeit, die Zeit ihres Wachsthums, die Regeln ihrer Pflege, als besondere Vorstellungen in die Seele. Solch aufmerksames Wahrnehmen heisst deshalb Beobachten.

5) Diese Wirkung entspringt nicht aus dem längern Verweilen der Vorstellung, auch nicht aus ihrem Inhalt, sondern nur aus ihrem gesteigerten Grade, oder aus der Aufmerksamkeit. Der Unaufmerksame ist oft länger bei solcher Wahrnehmung, ohne dass die Vorstellung bei ihm sich löste oder ihre Verbindungen herbeizöge. Umgekehrt folgen sich bei dem aufmerksamen Hörer einer gesprochenen Rede die einzelnen Vorstellungen sehr schnell und die Seele vermag dennoch durch die Steigerung des Grades, sie gleich-

zeitig zu trennen und zu ihrem innehabenden Wissen zu beziehen. Denn nur dadurch ist das Urtheil über solche Rede möglich, was gleich bei deren Schluss treffend gefällt wird.

6) Diese Erörterungen zeigen, dass das aufmerksame und gesteigerte Vorstellen zu den Arten des Wissens gehört. Der Inhalt der Vorstellung wird durch diesen Unterschied nicht betroffen, er ist bei der starken und schwachen Vorstellung derselbe. Auch kann dieser Unterschied nicht aus einem besondern hinzutretenden Wissen abgeleitet werden; er muss deshalb auf einen Unterschied in dem, dem Wissen zu Grunde liegenden seienden Zustande der Seele zurückgeführt werden.

7) Das Eigenthümliche dieser Wissens-Art kann so wenig, wie das Eigenthümliche der bekannten Vorstellung definirt werden. Durch das Umschlagen der Empfindung in ein Wissen kann allerdings jede Wissens-Art durch dieses zusätzliche Wissen bezeichnet und damit der Schein einer Definition gewonnen werden. So kann man von dem bekannten Wissen sagen, es ist ein solches, was schon da gewesen ist; von dem gesteigerten Wissen, es ist ein solches, dessen man sich bewusst ist. Aber das Unzureichende dieser Umschreibungen ist schon dargelegt worden; der Kern dieser Wissens-Arten wird damit nicht getroffen. Um sie zu kennen, muss man sie selbst besitzen und in sich wahrnehmen. Jedes andere Mittel ist vergeblich.

8) Die aufmerksame Vorstellung wirkt, wie die bekannte, auf die schnellere Auflösung ihres Inhalts und die schnellere Herbeiziehung der mit ihr verbundenen Vorstellungen. — Die bekannten Vorstellungen wirken so, obgleich sie in der Regel nicht zu den aufmerksamen oder gesteigerten gehören; ein geübter Arzt oder Richter trifft das rechte selbst in der Zerstreuung. Alle neuen Vorstellungen sind in der Regel stärker im Grade als die bekannten; durch die Steigerung oder Aufmerksamkeit werden die Vorstellungen schneller zu bekannten Vorstellungen.

9) Der Werth der Aufmerksamkeit für das Wissen liegt in diesen Wirkungen auf das Behalten der Vorstellungen, auf das schnellere Bekanntwerden derselben, und auf das leichtere Eintreten der Nebenvorstellungen. Abgesehen von diesen Wirkungen ist das aufmerksame Wissen an sich kein Vorzug; denn es vermindert die Zahl der gleichzeitig in der Seele möglichen Vorstellungen. Deshalb hört und sieht ein aufmerksamer Beobachter nichts, was nicht mit dem Gegenstande in Verbindung steht, auf den seine Aufmerksamkeit gerichtet ist.

10) Das bekannte Wissen ist daher dem aufmerksamen

Wissen vorzuziehen; bekannte Vorstellungen können in weit grössere Zahl gleichzeitig in der Seele sein, ohne einander zu beschränken und dieses Zugleichsein ist in jedem Falle der höhere und werthvollere Zustand des Wissens. Anfänger in der Wissenschaft und deren Anwendung sind viel aufmerksamer, als die Kenner und Geübten, aber verfehlen dennoch mehr wie diese das Rechte, weil ihrem Wissen die Art des Bekanntsein's fehlt.

11) Im gewöhnlichen Leben wird oft schon der Zustand Aufmerksamkeit genannt, welcher der gesteigerten Vorstellung vorhergeht und nur bewirkt, dass später die Vorstellung in dieser Stärke eintritt. So ist der Jäger auf dem Anstand aufmerksam, noch ehe er des Hasen ansichtig wird; der Horcher ist aufmerksam, noch ehe er etwas hört, der Kostende noch ehe er schmeckt. Dies scheint der obigen Darstellung zu widersprechen, wonach die Aufmerksamkeit nichts ist, als die gesteigerte Vorstellung selbst. Näher betrachtet ist indess kein Widerspruch vorhanden. In der Seele des Jägers ist durch seine Absicht bereits die Vorstellung von dem Wild überhaupt vorhanden, noch vor dem Sehen des einzelnen Hasen; und diese begriffliche oder unbestimmte Vorstellung ist bereits die stärkere, die gesteigerte oder aufmerksame. Alle sonst in der Seele daneben vorhandenen Vorstellungen sind damit gesunken oder verschwunden, und wenn so die begriffliche Vorstellung bereits gesteigert in der Seele ist, so ist es natürlich, dass auch die später durch den Hasen hinzukommende Besonderung dieser begrifflichen Vorstellung mit gleicher Steigerung in der Seele auftritt.

12) Als Ursachen des gesteigerten oder aufmerksamen Wissens sind nur drei anzuführen: 1) die Stärke des Reizes der Organe bei den Sinneswahrnehmungen; 2) die Verbindung von Gefühlen oder Begehrungen mit der Vorstellung; 3) das Begehren oder Wollen dieser Steigerung. Die Neuheit eines Gegenstandes ist nicht an sich eine Ursache solcher Steigerung, sondern nur dann wenn sich damit das Gefühl verbindet, welches als Lust aus dem Wissen bezeichnet worden ist. Wo diese ausbleibt, erregt das Neue keine Aufmerksamkeit, wie von den wilden Indianern bekannt ist. Das Begehren und Wollen kann sich in Folge des Eintritts einer Vorstellung dahin wenden, dass das Sein des Vorgestellten begehrt wird, dieser Fall gehört zu 2); aber es kann auch blos die Steigerung einer Vorstellung als Ziel sich setzen; dies ist der Fall zu 3); in diesem letzten Falle ist z. B. der Schüler, welcher aufmerksam sein soll, in Bezug auf den Vortrag des Lehrers, und näher betrachtet jeder, der durch sein Wollen der Folge und dem Gange seiner Gedanken eine bestimmte Richtung geben will.

13) Die Folge der Gedanken sowohl als die Entstehung der Gefühle und Begehrungen geschieht nach festen Gesetzen; das Begehren und Wollen kann hier nicht unmittelbar eingreifen; es kann nicht unmittelbar in der Seele den gewollten Zustand ins Dasein rufen; die Gedanken, die Gefühle, die Begehrungen kommen und verschwinden nicht wie es beliebt, sondern sie folgen nur ihren Ursachen nach festen Gesetzen. Dieser Nothwendigkeit gegenüber wäre das Begehren und Wollen in der eigenen Seele völlig machtlos, wenn ihm nicht ein Mittel unmittelbar zu Gebot stände, und dies ist die Steigerung einer Vorstellung, dem Grade nach. Diese Steigerung geschieht unmittelbar, wenn die Seele es will, und blos, weil sie es will. Jeder andre Zustand der Seele ist nicht unmittelbar durch den Willen hervorzurufen; aber durch diese Steigerung des Vorstellens hat der Wille das Mittel, sein eigentliches Ziel zu erreichen; durch dieses Mittel kann er nicht allein die Bewegung der Vorstellungen, das Nachdenken, das schöpferische Vorstellen, selbst das Vergessen leiten, sondern er kann damit auch Gefühle und Begehrungen wach rufen, wieder abschwächen und entfernen.

14) Das aufmerksame Wissen ist deshalb eine nicht minder bedeutende Art des Wissens, wie das bekannte Wissen. Während für das umfassende gleichzeitige Wissen das aufmerksame Wissen eher schädlich wirkt, und in dieser Hinsicht dem bekannten Wissen nachsteht, ist dagegen das aufmerksame Wissen das alleinige Mittel, durch welches das Begehren und Wollen der Seele eine Wirksamkeit auf ihre eigenen Zustände gewinnen kann. Ohne diese Art des Wissens wäre der Mensch trotz des in ihm wohnenden freien Willens dennoch nur eine Maschine, die nach festen Gesetzen abliefe, weil dem Willen die Mittel fehlten, diese Zustände zu lenken und zu leiten; der Wille gliche dann dem Steuermann auf einem Schiffe ohne Steuerruder; er wäre wohl da, aber mittellos.

# Die wahrnehmende Vorstellung.

1) Die vierte Art des Wissens bildet das Wahrnehmen. Seine unterschiedene Natur gegenüber dem blossen Vorstellen ist bereits in der Lehre von der bildlichen Vorstellung angegeben worden; sie tritt hier durch ihre Zusammenstellung mit den übrigen Arten des Wissens noch deutlicher hervor. — Das Wahrnehmen, sowohl als Sinnes- wie als Selbst-Wahrnehmung, hat nach der gewöhnlichen Ansicht seinen Unterschied gegen das blosse Vorstellen darin, dass es neben dem mit diesem gleichen Inhalt der Vorstel-

lungen, noch das besondere Wissen von dem **wirklichen** Sein des Vorgestellten hat.

2) Aber diese Auffassung trifft nicht das Wesen. Auch das blosse Vorstellen kann mit seinem Gegenstande die Vorstellung des Seins verbinden, ohne deshalb ein Wahrnehmen zu werden; ja selbst die Gewissheit dieses Seins kann in beiden die gleiche sein. Der Gläubige hat nicht blos die Vorstellung von Gott, sondern auch von dessen wirklichem Sein und ist dessen auch völlig gewiss, obgleich er Gott nie wahrgenommen hat. Wer in der Nacht an die Sonne denkt, hat nicht die Wahrnehmung, sondern nur die blosse Vorstellung von ihr und dennoch ist in dieser Vorstellung auch das Wissen von ihrem wirklichen Sein und auch dieselbe Gewissheit, als wenn er sie am Tage sieht.

3) Die Schwierigkeiten, welche sich für den Begriff des Seins hier herausstellen und zu den bekannten Unterscheidungen zwischen Sein, **wirklichem** Sein, **wahrhrhaft wirklichem** Sein u. s. w. geführt haben, lösen sich leicht, wenn man erkennt, dass der gesuchte Unterschied zu denen gehört, welche auf der **Empfindung** beruhen, und welche die **Art**, nicht den **Inhalt** eines Wissens treffen. Das Sein, welches die Wahrnehmung giebt, beruht nicht auf dem Wissen an sich, sondern auf der, dieses Wissen begleitenden Empfindung. Das **Sein** des wahrgenommenen Gegenstandes wird **empfunden**; und deshalb ist dieses Sein kein blos **vorgestelltes**, sondern gilt als ein **wirkliches** Sein.

4) So wie die früheren Arten des Wissens, das **Bekanntsein**, der **gesteigerte** Grad nicht aus einem blos zusätzlichen Wissen abgeleitet werden konnten, sondern in der Empfindung ihr Wesen hatten, so ist es auch mit dem Wahrnehmen. Will man an ein Gleichniss sich halten, so gleicht das blosse Vorstellen einem Vibriren, was in sich selbst entspringt und weiter geht; das Wahrnehmen dagegen ist zwar dasselbe Vibriren, aber veranlasst durch den Stoss eines Andern. In solchem Stosse liegt für die gestossene Seele nicht blos das Vibriren ihrer selbst, sondern auch die Empfindung, dass es ein Anderes, Seiendes ist, von dem dieser Stoss ausgeht. Diese Empfindung des Stosses durchzieht das ganze Vibriren oder Vorstellen und erhebt damit den Inhalt des Vorgestellten zu dem von der Vorstellung getrennten, für sich bestehenden und seienden Gegenstande.

5) Das Wahrnehmen, als empfindendes Wissen, theilt die allgemeine Natur der Empfindung. Einestheils erhält sich diese Empfindung als solche, als eine Art Gefühl, welche das Wissen durchdringt; anderntheils schlägt diese Empfindung in ein zusätzliches

Wissen um, in das Wissen von dem Sein des Vorgestellten, welches aber als blosses Wissen dies Vorstellen nie in Wahrnehmen umwandeln könnte, wenn ihm nicht seine eigene Empfindung zu Grunde läge.

6) Wegen dieses Umschlagens der Empfindungen in ein zusätzliches Wissen ist das blosse Vorstellen im Stande, alle diese verschiedenen Arten des Wissens zu definiren, aber das blosse Vorstellen ist nie im Stande durch diese Hinzufügung von solchem zusätzlichen Wissen sich selbst in Wahrnehmen, oder: bekanntes Wissen, oder: aufmerksames Wissen umzuwandeln. Wären diese Zustände und insbesondere das Wahrnehmen eines Gegenstandes nur durch ein Mehr von blossem Vorstellen, oder nur durch eine zustäzliche Vorstellung von dem blossen Vorstellen desselben Inhaltes unterschieden, so würde die Seele jede beliebige blosse Vorstellung in eine Wahrnehmung umwandeln können, und zwar durch den blos vorgestellten Zusatz des Seins; dessen Hinzufügung ihr ebenso leicht wäre, wie sie zu der Vorstellung eines Bogen Papiers eine Farbe hinzudenken kann, oder eine Gestalt, je nachdem es ihr beliebt. Aber es zeigt sich, dass durch solchen Zusatz, dahin, dass das Vorgestellte wirklich sei, die blosse Vorstellung dennoch nicht in die Wahrnehmung umgewandelt werden kann. Der Unterschied beider liegt daher in dem Empfinden; das Sein, was die Wahrnehmung giebt, ist nicht blos ein gewusstes, sondern ein empfundenes; die Empfindung als ein seiender Zustand kann nicht willkürlich hinzugesetzt werden, sondern ist durch Seiendes bedingt. Dies ist die eigenthümliche Natur des Wahrnehmens. Wer die Art des Wissens, welche das Wahrnehmen gewährt, nicht an sich selbst erfahren hätte, dem würde sie durch keine Definition beigebracht werden können.

7) Diese Darstellung des Wahrnehmens als eine besondere, auf Empfinden beruhende Art des Wissens führt nicht zu dem Idealismus, und hebt die Wirklichkeit der wahrgenommenen Gegenstände nicht auf; im Gegentheil erlangt diese Wirklichkeit grössere Gewissheit, wenn sie empfunden, als wenn sie blos gewusst wird. An dem blossen Vorstellen haftet immer, dass es sich rein als ein Werk der vorstellenden Seele giebt. Wenn auch die Folge der einzelnen Vorstellungen festen Gesetzen unterliegt, so ist der Hergang doch ein rein innerlicher, der von der Aussen- und Gegenständlichen Welt sich immer absondert und seine eigene Bewegung hat.

8) Aber das Empfinden trägt das seiende Element in sich; es ist kein reiner Vorgang im Wissen, es unterliegt nicht den Gesetzen der reinen Gedankenfolge. Indem das Empfinden selbst ein

Sein ist und sich als solches erhält, ist es allein geeignet, die Gegenwart des fremden Seienden anzuzeigen. Deshalb liegt die Vergleichung der Wahrnehmung mit dem Stoss oder Druck so nahe. Im Druck ist ein Zussmmentreffen *zweier* Kräfte, zweier *Seienden*. Indem man die eigenen Hände gegeneinander drückt, hat man sogar beide Kräfte an sich selbst; beide gehen von dem Wollen der Seele aus. Indem der Druck der rechten Hand von der linken gefühlt wird, ist das Wissen der gefühlten seienden Gegenkraft nicht bloss auf das *Wahrnehmen* dieser linken Hand gestützt, sondern auch auf das Wissen der aus dem *Wollen* entspringenden Gegenkraft in der rechten Hand.

9) Deshalb ist im Druck die Gewissheit von einem *fremden* Sein und Gegenstande am grössten; der Druck kann ohne solche Gegenkraft nicht vorgestellt werden und deshalb eignet sich der Vorgang des Druckes oder Stosses am besten zur Vergleichung mit dem Wahrnehmen, welches das fremde Sein ebenso untrennbar und gewiss verkündet. Ist dort, bei dem Druck, das blosse *Einbilden* eines Gegendrucks unmöglich und der Natur des Druckes selbst widersprechend, so giebt dieser Druck den verständlichsten Anhalt für die gleiche Natur des Wahrnehmens. Das Empfinden ist deshalb mehr als ein blosses Einbilden oder Vorstellen eines seienden Gegenstandes; es ist ein Seiendes, das, wie der Druck ohne die Erweckung durch ein *seiendes* Andere, nicht eintritt.

10) Der seiende Zustand der Seele bei dem Wahrnehmen und sein Unterschied gegen die andern Arten des Wissens sind der Selbstwahrnehmung ebenso entzogen, wie jene. Tiefer in die Art des Vorganges bei dem Wahrnehmen einzudringen, ist der Seele unmöglich. Es ist von vielen Philosophen der Influxus des einen Seienden auf das andere geleugnet oder mindestens seine Vorstellbarkeit für unmöglich erklärt worden. Man hat dabei nur mit der Allmacht Gottes sich helfen zu können vermeint. Die Antwort ist, dass diese Männer den Wald nicht vor den Bäumen sahen. In dem Wahrnehmen ist dieses Influxus unmittelbar einem Jeden in die Hand gegeben. Das Wahrnehmen *ist* dieser Influxus in seiner reinsten Gestalt und in der vielleicht allein möglichen. Die blos körperlichen Einwirkungen der Dinge dringen nicht in diese selbst ein; jedes Ding verändert sich dabei wohl, aber lässt das Andere nicht *in sich* hinein. Nur das Wahrnehmen zeigt diesen Influxus, wo das Eine *in* das Andere dringt und zwar mit seinem ganzen Inhalt; nur die Form ist dabei verändert; aus dem Sein ist durch den Influxus ein Wissen geworden. Aber über diese veränderte Form hat man kein Recht sich zu beklagen; der Inhalt ist unverändert

geblieben und diese Vergeistigung zu einem Wissen ist gerade das unendlich Wunderbare und Herrliche, was das Wesen des Influxus bedingt; die Seele bleibt dabei was sie ist, in voller Unverletztheit und doch nimmt sie die ganze Welt durch diesen Influxus in sich auf.

11) Der Werth des wahrnehmenden Wissens ist bekannt. Ohne diese Art des Wissens wäre die Seele, wie ein Gefangener, in sich selbst eingeschlossen. Sie könnte da, eben so wie jetzt, einen unerschöpflichen Reichthum von Gedanken beherbergen und bearbeiten, aber solches Thun bliebe ein leeres Spiel um Nichts. Das Sein, was das Ziel des Wissens ist, wäre ihr unerreichbar und eine nicht zu stillende Sehnsucht nach diesem Sein würde die Seele zur Verzweiflung treiben. In dem Sein liegt freilich ein Hemmniss, ein Zwang für das Wissen; die Willkür desselben ist damit gebrochen aber dies ist es gerade, dessen die Seele bedarf. Das Sein ist nur Schranke gegen die Willkür, nicht gegen das Wissen an sich, wie Hegel irrig behauptet; das Wissen durchdringt diesen Halt, dieses Feste, ohne es zu zerstören und wird damit erst selbst zu einem Festen und Gehaltvollen. Könnte die Seele das Sein des Andern nicht erreichen, so würde sie wie Friedrich der Grosse sagen: Ich bin es müde, über Sclaven zu herrschen.

# Die gewisse Vorstellung.

1) Die fünfte Art des Wissens ist das gewisse Wissen. Der Eintritt der Gewissheit eines Wissens ändert nicht dessen Inhalt. Wenn man eine empfangene Nachricht bezweifelt, wenn man nach Gewissheit hierüber verlangt, so will man nicht noch ein Mehreres wissen, als das gehörte, man will es nur gewiss wissen, d. h. in eine andere Art des Wissens umgewandelt haben.

2) Wie bei den früheren Arten des Wissens, so lässt sich auch bei dieser Art ein zusätzliches Wissen angeben, in das die Empfindung zum Theil umschlägt. Die Gewissheit ist als solches das Wissen von der Wahrheit des gewussten Inhaltes. Ein blosses Wissen wird ein gewisses Wissen, wenn das Wissen von seiner Wahrheit sich damit verbindet.

3) Es ist indess leicht zu zeigen, dass dieser Zusatz die Natur der Gewissheit nicht erschöpft. Damit solches Wissen von der Wahrheit diese Wirkung habe, muss es selbst ein gewisses sein; es muss die Ueberzeugung von seiner eigenen Wahrheit da sein. Man sieht also, dass auch hier eine Reihe ohne Ende sich entwickeln würde. Ist nun die Gewissheit kein Stück von dem Inhalte einer Vorstellung, ist sie auch kein Zusatz von blossen Vorstellungen, so

folgt, dass die Gewissheit in dem seienden Zustande der Seele beruht, wie schon die deutlich dabei vorhandene, das reine Wissen überschreitende Empfindung lehrt.

4) Die Gewissheit wird damit zu einer besondern Art des Wissens. Auch hier ist es eine besondere Empfindung, welche die Gewissheit begründet. Einestheils bleibt diese Empfindung ein seiender Zustand der Seele, eine Art von Gefühl, anderntheils schlägt sie in ein besonderes Wissen um, was als Wissen von der Wahrheit des Gewussten ausgedrückt worden ist und sich mit dem Inhalt des Gewussten zusätzlich verbindet.

5) Solch zusätzliches Wissen giebt sich als die Definition der Gewissheit, aber sie entsteht nicht dadurch, sondern umgekehrt, weil die Gewissheit als Empfindung da ist, stellt sich als Folge dieses zusätzliche Wissen ein. Verhielte es sich nicht so, so hinge es von dem Belieben der Seele ab, jedes blosse Wissen in gewisses Wissen umzuwandeln; denn jener Zusatz könnte, wie die Farbe zu dem Papier, im Vorstellen willkürlich hinzugefügt werden. Vielmehr ist die Empfindung dazu nöthig, und diese ist an besondere, von dem Belieben der Seele unabhängige Ursachen geknüpft.

6) Der seiende Zustand der Seele, welcher der Gewissheit als Empfindung zu Grunde liegt, ist der Selbstwahrnehmung unzugänglich; auch kann das Wesen der Gewissheit nicht definirt werden. Um die Gewissheit kennen zu lernen, giebt es keinen andern Weg als den der Selbstwahrnehmung. Alle Definitionen der Gewissheit, die man in philosophischen Werken findet, sind nur Tautologien. In Krug's philosophischem Lexikon heisst es (II. 235): „Gewiss „ist, was man mit so fester Ueberzeugung für wahr hält, dass man „gar nicht daran zweifelt, also auch das Gegentheil für falsch er„klärt.“ — Allein „Ueberzeugung“ ist nur ein anderes Wort für Gewissheit; ebenso „für wahr halten“. Ferner ist „Zweifel“ nur die Verneinung der Gewissheit, also nicht zweifeln nur die doppelte Verneinung der Gewissheit, d. h. die Gewissheit. Eine gleiche Tautologie lässt sich an allen andern Definitionen aufzeigen.

7) Die Ungewissheit ist nicht die Gewissheit der Unwahrheit des Vorgestellten; sondern ein Wissen, dem die Gewissheit oder die Empfindung fehlt, welche dieser Wissens-Art zu Grunde liegt. Das gewisse Wissen hat wie das bekannte und das gesteigerte Wissen seine Grade, die von den Ursachen desselben abhängen. Man kann eine Stufenleiter annehmen, deren höchsten Punkt die Gewissheit des Seins oder der Wahrheit eines Vorgestellten darstellt; von da nimmt diese Gewissheit ab bis zu dem Punkt in der Mitte, welcher die

völlige Ungewissheit bezeichnet. Noch tiefer beginnt die Gewissheit des Nicht-Seins des Vorgestellten, welche zunimmt bis zu dem untersten Punkt, wo die volle Gewissheit des Nicht-Seins des Vorgestellten eintritt. Die Ungewissheit liegt in der Mitte zwischen beiden Gewissheiten.

8) Die beiden Seiten dieser Stufenleiter bilden das Gebiet der Wahrscheinlichkeit, welche der niedere Grad der Gewissheit ist. Von der Ungewissheit nach der Gewissheit der Wahrheit zu liegt die Wahrscheinlichkeit, und nach der Gewissheit der Unwahrheit zu, die Unwahrscheinlichkeit, welche auch als die Wahrscheinlichkeit der Unwahrheit oder des Nicht-Seins bezeichnet werden kann.

9) Die Gewissheit ist keine Bestimmung des Gegenstandes, wie rund, blau, süss, hart, Lust, Schmerz; sondern sie ist nur in dem Wissen. Man sagt wohl: Der Tod ist gewiss; man spricht von der Gewissheit eines Ereignisses; aber bei einiger Aufmerksamkeit bemerkt man leicht, dass diese Gewissheit nicht dem Gegenstand selbst anhaftet, sondern dem Wissen von ihm. Gäbe es nur ein Sein und kein Wissen, so gäbe es weder Gewissheit noch Ungewissheit. Die Ueberzeugung ist nur ein anderes Wort für Gewissheit, in dem deutlicher hervortritt, dass die Gewissheit nur eine Art des Wissens, und keine Bestimmung des Gegenstandes ist.

10) Wissen, Glauben, Meinen sind nicht durch den Inhalt, sondern durch den Grad der Gewissheit unterschieden. Unter Wissen im engeren Sinne wird das völlig gewisse Wissen verstanden, unter Meinen ein niederer Grad von Gewissheit. Glauben hat einen zwiefachen Sinn; es bezeichnet bald einen niederen Grad der Gewissheit, bald ein völlig gewisses Wissen. Der Unterschied zwischen Wissen und Glauben in diesem Sinn liegt dann nicht in der Art des Wissens, sondern in den Gründen der Gewissheit; wie später dargelegt werden wird.

11) Die Gewissheit steht in naher Beziehung zur Wahrheit; beide Begriffe treffen oft zusammen und sind in einzelnen Fällen untrennbar; dennoch sind sie wesentlich verschieden. Die Wahrheit ist zwar, wie die Gewissheit, nur in dem Wissen, nicht in dem Gegenstande; im Sein allein, ohne Wissen gäbe es weder Wahrheit noch Gewissheit; aber die Wahrheit, als das Sein des Gewussten oder das Wissen des Seienden, hat es nicht mit der Art des Wissens zu thun, in der sie in der Seele des Einzelnen ist, sondern nur mit dem Inhalte des Wissens. Die Wahrheit fällt deshalb völlig ausserhalb der Unterschiede der Wissens-Arten und sie bleibt Wahrheit, mag sie gewusst werden, in welcher Art es

auch sei. Deshalb wird die Wahrheit nicht davon berührt, dass sie blos vorgestellt, oder dass sie wahrgenommen wird; dass sie als neue oder als bekannte gewusst wird; dass sie gewiss oder ungewiss gewusst wird.

12) Das gewisse Wissen als Wissens-Art hat seine besonderen Ursachen, wie die früheren Wissens-Arten. Einige davon treffen mit den Gründen der Wahrheit zusammen, andere nicht. Aber die Wahrheit hat keine Gründe, die nicht auch Ursachen der Gewissheit wären. — In Folge dessen braucht die Gewissheit nicht immer mit der Wahrheit zusammenzutreffen. Man kann ein wahres Wissen haben ohne Gewissheit; und man kann die Gewissheit eines Wissens haben, ohne dass es wahr ist. Nur das ist unmöglich, dass dieselbe Seele dasselbe Wissen zugleich für gewiss und für unwahr, oder für ungewiss und für wahr hält.

13) Der Ursachen der Gewissheit giebt es vier. Die erste ist die Wahrnehmung. In jeder einzelnen Wahrnehmung liegt unmittelbar die Gewissheit von dem Sein des Wahrgenommenen. Dies gilt sowohl für die Wahrnehmungen der Sinne, wie für die Selbstwahrnehmung. Der Grad der Gewissheit ist ursprünglich bei jeder Art von Wahrnehmung derselbe, nehmlich volle Gewissheit. Aber es zeigt sich, dass einzelne Sinne Täuschungen unterliegen; diese Erkenntniss schwächt ihre Gewissheit und führt zu Unterschieden in der Gewissheit der Sinneswahrnehmung. Die Selbstwahrnehmung gilt dann als die Quelle der höchsten Gewissheit. Unter den Sinneswahrnehmungen giebt das thätige Fühlen die grösste Gewissheit; was man mit Händen greifen kann, gilt als ganz sicher.

14) Diese Unterschiede in dem Grade der Gewissheit haben viele Philosophen, weil sie die Wahrheit mit der Gewissheit verwechselten, verleitet, nur das von der Selbstwahrnehmung Gegebene als das Wahre gelten zu lassen und das sinnlich Wahrgenommene nur als Erscheinung zu nehmen. Hierher gehört Cartesius. Seine erste und zweite Meditation „De prima philosophia“ handelt nur von der Gewissheit. Er leitet darin die Wahrheit von der Gewissheit ab. Seine Worte sind: „Das, was ich bisher für das gewisseste (maxime verum) gehalten habe, habe ich von den Sinnen „oder durch die Sinne empfangen; aber ich habe gefunden, dass „die Sinne mitunter täuschen, und die Klugheit fordert, dass man „denen niemals traue, die uns einmal getäuscht haben.“ — Auf diesen Grund wird die Ungewissheit und damit die Unwahrheit des sinnlich Wahrgenommenen gestützt.

15) Weiter sagt Cartesius in der II. Meditation; „Meine Sinne, „meinen Körper habe ich schon verneint, aber was folgt daraus?

„Bin ich denn so an den Körper und die Sinne gebunden, dass „ich ohne sie nicht sein kann? Aber ich war überzeugt, dass es „keine Seelen und keine Körper gebe, also dass ich auch nicht bin. „Aber doch war ich, als ich eine Ueberzeugung hegte. Aber ein „listiger Betrüger täuscht mich dabei! Aber sicherlich bin ich, „wenn er mich betrügt, und mag er mich noch so viel betrügen, er „wird es nie bewirken, dass ich nichts bin, quamdiu me aliquid esse „cogitabo; adeo ut statuendum sit, hoc pronunciatum: Ego sum, ego „existo quoties a me profertur vel mente concipitur, necessario esse „verum."

16) Hier ist deutlich die Wahrheit auf die Gewissheit gestützt, die der Selbstwahrnehmung innewohnt. Weil diese nicht täuschen kann, wie die Sinne, deshalb ist ihre Wahrnehmung die Wahrheit. Cartesius spricht zwar nur von „cogitare," aber er meint die Selbstwahrnehmung damit, wie theils der Zusammenhang ergiebt, theils aus einer späteren Stelle erhellt, wo er sagt: „Ich sehe wohl das „Licht, ich höre den Lärm, ich fühle die Wärme; aber dies ist unwahr, ich schlafe. Aber mindestens glaube ich zu sehen, zu hören, „zu fühlen; dieses kann nicht falsch sein; dies ist eigentlich das, „was man innere Empfindurg (sentire) nennt, atque hoc präcise sic „sumtum, nihil aliud est, quam cogitare." Man sieht, das berühmte Cogito ergo sum lautet im Sinn von Cartesius: Ich nehme mich selbst wahr, deshalb bin ich.

17) Die höhere Gewissheit der Selbstwahrnehmung ist auch die nächste Veranlassung des Idealismus. Weil die Selbstwahrnehmung von Täuschungen frei ist, so liegt die Folgerung nahe, dass nur das von ihr Gebotene das Wahre sei. Unter dem von ihr Gebotenen tritt nun für den Philosophen natürlich das Wissen hauptsächlich hervor und es bedurfte daher nur eines kleinen Schrittes weiter, um das Wissen als das allein Wahre gelten, den Gegenstand aber, oder das Sein fallen zu lassen.

18) Die zweite Ursache der Gewissheit ist die Unmöglichkeit oder das Nichtsein des Widerspruchs. Hierauf beruht die Gewissheit der Beweise und Schlüsse in den Wissenschaften und im Leben. Der Schlusssatz wiederholt nur den Obersatz in irgend einer Besonderung oder Vereinzelung. Wenn das Besondere oder Einzelne den Subjekt-Begriff des Obersatzes (terminus medius) in sich enthält, so muss auch das Prädikat des Obersatzes von ihm gelten, weil sonst das Widersprechende sein würde. Die aus dieser zweiten Quelle fliessende Gewissheit gilt der Seele als die höchste. Im Widerstreit mit der Wahrnehmung, muss die Gewissheit dieser weichen. Diese zweite Quelle geht auf die Gewissheit des Nicht-

seins, während die erste Quelle, die Wahrnehmung, auf die Gewissheit des Seins geht. Das Gebiet dieser zweiten ist deshalb weit ausgedehnter und umfasst auch das blosse Vorstellen, wo kein Wahrnehmen eintreten kann.

19) Die bisherigen zwei Ursachen der Gewissheit sind zugleich die Quellen der Wahrheit, wie sich später zeigen wird. Neben ihnen bestehen aber noch zwei andere, zwar nicht für die Wahrheit, aber für die Gewissheit. — Die eine ist das Beispiel Anderer oder die Gewissheit Anderer. Die Ueberzeugung anderer Menschen hat als solche eine fördernde Wirkung auf die eigene Ueberzeugung. Bei dieser dritten Ursache tritt die Gewissheit nicht so plötzlich, durch einen einzelnen Vorgang ein, wie bei den früheren; sie hat deshalb hier ihre unterschiedenen Grade. Der Glaube an den religiösen Inhalt ruht wesentlich auf dieser dritten Ursache der Gewissheit, während das Wissen oder die Erkenntniss nur auf den Quellen der Wahrheit beruht. Deshalb ist für die Religion der Glaube nothwendig. Indess ruht auch ein grosser Theil der Ueberzeugungen in anderen Gebieten, in der Politik, in der Kunst auf diesem Grunde, d. h. auf dem Beispiele oder darauf, dass die Anderen es für wahr halten.

20) Je grösser die Zahl derer ist, welche mit ihrer Ueberzeugung mir vorangehn, je mehr Achtung ich vor den Personen hege, welche diese Ueberzeugung haben, je länger ich der Einwirkung dieses Beispiels ausgesetzt bleibe, desto mehr steigt der Grad der aus dieser Ursache sich entwickelnden Gewissheit. Deshalb ist diese Ursache in der Kindheit und Jugend am wirksamsten. — Die Stärke der Gewissheit aus diesem Grunde wird oft so gross, dass sie keiner andern weicht, selbst nicht der, welche aus dem Satze des Widerspruchs hervorgeht, wie der feste Glaube an Religionssätze beweist, welche den Widerspruch enthalten. Einer der wichtigsten Gründe für das Dasein Gottes war sonst der Consensus omnium, den schon Cicero aufstellt. Dieser Consensus ist nichts anderes als diese dritte Ursache der Gewissheit, das Beispiel, welches, wenn es von Allen ausgeht, natürlich am stärksten wirkt.

21) Die vierte und letzte Ursache der Gewissheit ist die Verbindung des Gefühls mit dem Wissen. Jedes Wissen, was angenehm ist, was einen Trost, eine Hoffnung gewährt, was mit dem übereinstimmt, was als sittlich, als schön, als heilig gilt, hat darin eine Ursache seiner Gewissheit. Umgekehrt glauben wir ungern an Nachrichten, die für uns Schmerz und Unglück enthalten. In der Ueberlegung und Berechnung der Folgen eines Ereignisses, einer Handlung, haben deshalb die angenehmen Folgen allemal die

Oberhand und gelten als die gewissern. Es gehört schon ein starker Wille dazu, sich durch diesen Einfluss nicht irre führen zu lassen. Diese Ursache der Gewissheit tritt am deutlichsten bei dem zweifelhaften Wissen hervor, bei dem Wissen, wo andere Ursachen der Gewissheit fehlen. — Dagegen ist den andern Ursachen gegenüber das Gefühl weniger wirksam; seine Gewissheit ist an sich die schwächste.

22) Wo andere Ursachen bereits Gewissheit gewirkt haben, hilft diese vierte Ursache wesentlich, die eingetretene Gewissheit zu schützen und zu erhalten. Die meisten Sätze der Religionen beginnen für den Einzelnen in ihrer Gewissheit mit der dritten Ursache, dem Beispiele; aber die Dauer der Gewissheit oder die Festigkeit des Glaubens stützt sich hauptsächlich auf das Gefühl. Die Beruhigung, der Trost, die Sicherheit, welche dem Frommen der Glaube an eine Regierung Gottes, an eine Bestrafung des Bösen, an ein ewiges Leben, an ein Wiedersehen der Lieben, die der Tod ihm entrissen hat, gewährt, erhält ihn in der Gewissheit, selbst dann, wenn die Wahrheit solchen Glaubens mit starken Gründen angefochten wird. Diese Ursache der Gewissheit ist es, welche den Menschen selbst zu grossen Opfern, zur Uebernahme des höchsten Schmerzes treibt, wenn es sich um eine Bethätigung solcher Gewissheit handelt. Die Qualen, welche die Märtyrer für ihren Glauben willig ertrugen, hatten ihr Gegengewicht an der Lust, an der Seligkeit, welche ihr Glaube ihnen verhiess.

23) Diese zwei letzten Ursachen sind nur Ursachen der Gewissheit, aber nicht Gründe der Wahrheit, wie später gezeigt werden wird. Insbesondere ist das Gefühl ein höchst gefährlicher Genosse der Wahrheit, der zwar stets bereit ist, dem Einzelnen die Gewissheit zu geben, aber nur, um ihn desto leichter von der Wahrheit abzuführen. Es ist auffallend, mit welcher Naivetät Lessing und Schleiermacher die christliche Religion auf das Gefühl stützen; Strauss nimmt wohl nicht mit Unrecht an, dass bei Lessing diese Behauptungen nur ironisch zu verstehen sind. Lessing sagt (Werke VI. 274.): „Wenn man auch nicht im Stande sein sollte, alle die „Einwürfe zu heben, welche die Vernunft gegen die Bibel zu „machen so geschäftig ist, so bliebe dennoch die Religion in den „Herzen derjenigen Christen unverrückt und unverkümmert, welche „ein inneres Gefühl von den wesentlichen Wahrheiten derselben „erlangt haben.“ — Dieses Gefühl nennt Lessing „das unersteig-„liche Bollwerk des Christenthums.“

24) Schleiermacher sagt (Der christl. Glaube I. § 3.): „Die „Frömmigkeit ist weder ein Wissen, noch ein Thun, sondern eine

„Bestimmtheit des Gefühls oder des unmittelbaren Selbstbewusst„seins und das theologische Erkennen ist kein objektives, sondern „ein lediglich subjektives, dem innern Gefühl und dessen verschie„denen Bestimmtheiten in seinem Verhältniss zu dem Schlechthin „Bestimmenden zugewandtes.“ — In diesem Satze wird unumwunden die Wahrheit der christlichen Religion auf eines der untauglichsten und trügerischsten Fundamente gestützt, die nur gefunden werden können. Das Gefühl hängt sich mit derselben Innigkeit und Tiefe an das Falsche wie an das Wahre, wie die Geschichte aller Religionen lehrt. Das Gefühl hat mit der Wahrheit nichts zu thun, sondern nur mit der Gewissheit. Der Irrthum Schleiermachers liegt im letzten Grunde in der Verwechslung der Gewissheit mit der Wahrheit.

25) Ausser diesen vier Ursachen der Gewissheit giebt es keine weiter; die Wahrnehmung, der Widerspruch, das Beispiel und das Gefühl sind die alleinigen Quellen dieser Art des Wissens; alles was sonst als Quelle geltend gemacht werden könnte, wird sich leicht als zu einer dieser Ursachen gehörend aufzeigen lassen.

26) Da diese Ursachen von einander unabhängig sind, so können sie in Gegensatz gegeneinander gerathen. Es kann kommen, dass für die Bejahung und für die Verneinung eines Satzes zugleich Ursachen der Gewissheit auf den Einzelnen einwirken. Da die Gewissheit, als Wissens-Art, nur ein thatsächlicher Zustand ist, so treffen solche Widersprüche nicht die Wahrheit, welche an den Wissens-Arten keinen Theil hat. — Die Geschichte ist voll solcher Gegensätze in den Ursachen der Gewissheit, und die christliche Dogmengeschichte ist nur die Geschichte eines fortgehenden Kampfes zwischen Gewissheit und Wahrheit. Bei den meisten Menschen behalten die Ursachen des Beispiels und des Gefühls die Oberhand gegen die Wahrnehmung und den Widerspruch; nur in Naturen, wo das Wissen vorwiegt und damit auch die Lust aus dem Wissen, wendet sich der Sieg zu letztern. Diese Männer werden damit die Vorkämpfer der Wahrheit.

27) Das Wissen ist entweder unmittelbar oder mittelbar. Jenes giebt das Wahrnehmen, dieses stützt sich auf eine gekannte Verbindung Unterschiedener; das unmittelbare Wissen des einen giebt dann das mittelbare Wissen des andern; und zwar ohne Wahrnehmung dieses andern. — Die Gewissheit wird von diesem Unterschiede nicht berührt; auch das mittelbare Wissen ruht in seiner Gewissheit nur auf den dargestellten vier Ursachen. Soll das mittelbar Gewusste Gewissheit haben, so muss die Verbindung, auf der es ruht, selbst *gewiss* gewusst werden. Wenn ich einen

Baum sehe, so ist das Wissen von seinen Blättern und seinem Stamm ein unmittelbares, von seinen Wurzeln, seinen Gefässen und seinen Säften im Innern nur ein mittelbares; dies letztere stützt sich nicht auf das Sehen, sondern auf die Regeln, welche mir über den Wuchs und den innern Bau der Bäume dieser Art bekannt sind. Sind mir diese Regeln gewiss, was auf früheren Wahrnehmungen oder auf Lehre (Beispiel) beruhn kann, so ist mir auch dieses mittelbare Wissen der Wurzeln u. s. w. gewiss.

28) Das Wissen ist entweder ein selbst erworbenes oder ein von Andern mitgetheiltes. Auch das mitgetheilte Wissen ruht in seiner Gewissheit auf den obigen vier Ursachen; denn bei näherer Untersuchung fällt das mitgetheilte Wissen unter den Begriff des mittelbaren Wissens. Die Mittheilung des Andern als Thathandlung ist das unmittelbar Wahrgenommene; ob ich daran das Sein des mitgetheilten Inhalts knüpfen kann, hängt von einer Anzahl Regeln ab, welche über die Glaubwürdigkeit und Wahrhaftigkeit solcher Mittheilung nach und nach aufgestellt worden sind; die bekannteste lautet: dass der Mittheilende die Wahrheit sagen konnte und wollte. Es ist also die Gewissheit des Mitgetheilten ebenso von Verbindungen und Regeln abhängig, wie oben das Wissen von den Wurzeln des gesehenen Baumes; das über die Gewissheit des mittelbaren Wissens gesagte gilt daher auch für die Gewissheit des mitgetheilten Wissens. — Die beiden wichtigsten Arten des mitgetheilten Wissens sind die Geschichte vergangener Zeiten und die geoffenbarten Religionen. Das unmittelbare Wissen ist hier ausgeschlossen; deshalb schwankt das historische und religiöse Wissen durch alle Grade der Gewissheit und kann zu allen Zeiten von Neuem angefochten werden.

29) Die enge Verbindung von Gewissheit und Wahrheit in der Seele des Einzelnen hat, trotz der Verschiedenheit beider, die klare Darstellung dieser Begriffe von jeher erschwert und selbst Kant hat sich von Irrthümern hier nicht frei halten können. Er sagt (K. d. r. V. 625.): „Das Fürwahrhalten ist eine Begebenheit in unserm Verstande.“ Obgleich Begebenheit etwas schwerfällig klingt, so will Kant damit das ausdrücken, was hier als Wissens-Art, als Empfindung, oder seiender Zustand der Seele bezeichnet worden ist. Er fährt dann fort: „welche Begebenheit auf objektiven Gründen „beruhn mag, aber auch subjektive Ursachen im Gemüthe dessen, „der da urtheilt, erfordert. Wenn es für jedermann gültig ist, so-„fern er nur Vernunft hat, so ist der Grund desselben objektiv hin-„reichend, und das Fürwahrhalten heisst alsdann: Ueberzeu-

„gung. Hat es nur in der besondern Beschaffenheit des Subjektes „seinen Grund, so wird es Ueberredung genannt.“

30) Kant will hier den Unterschied zwischen Wahrheit und Gewissheit darlegen. Es giebt allerdings eine Gewissheit, die zugleich Wahrheit ist, und eine Gewissheit, die keine Wahrheit enthält; aber Kant hat Unrecht den Unterschied beider in der Allgemeingültigkeit der Gründe zu suchen. Auch die sogenannten subjektiven Gründe der Gewissheit sind allgemein gültig; das Beispiel und das Gefühl, wenn sie auch keine Gründe der Wahrheit sind, sind doch allgemein für jedermann gültige Gründe der Gewissheit, wie der allgemeine Glaube religiöser, wenn auch unwahrer Sätze beweiset. Wenn Kant fortfährt: „Das Fürwahrhalten „aus Ueberredung lässt sich nicht mittheilen,“ so ist auch das falsch. Jahrtausende hindurch ist der Glaube an die gröbsten Unwahrheiten in Fragen der Natur, der Geschichte, der Sittlichkeit, der Religion mitgetheilt und von einem Geschlecht zu dem andern durch Mitteilung stark erhalten worden. Gewissheit lässt sich auch für Unwahres bewirken, weil die Ursachen der Gewissheit sämmtlich nach festen Gesetzen wirken.

31) Wenn Kant fortfährt: „Wahrheit aber beruht auf der „Uebereinstimmung mit dem Objekte, in Ansehung dessen folglich „die Urtheile jedes Verstandes einstimmig sein müssen,“ so vergisst Kant, dass diese Uebereinstimmung des Wissens mit dem Objekt nicht für sich aufgezeigt und wahrgenommen werden kann. Man kann nicht das Wissen auf die eine Seite und das Objekt auf die andere Seite stellen und zwischen beiden eine Vergleichung anstellen und so die Uebereinstimmung aufzeigen. Die Wahrheit muss auf andern Wegen festgestellt werden. Für den Einzelnen fängt die Wahrheit wohl mit der Gewissheit an, aber es ist unzulässig die Gewissheit als solche schon für Wahrheit zu behaupten. Deshalb wird das ewige Pochen der Menschen auf ihre eigne Ueberzeugung so lästig.

32) Die später folgende Unterscheidung Kants zwischen pragmatischem, doktrinalem und moralischem Glauben trifft nicht die Natur der Gewissheit. Sie geht auf das mittelbare, auf Schlüssen ruhende Wissen; je nachdem die dazu gehörenden Obersätze in das Gebiet der Technik, oder der Naturwissenschaft oder der Ethik gehören. Solche Eintheilung geht also auf den Unterschied des Inhaltes des Wissens, mit dem es die Gewissheit als Wissens-Art nicht zu thun hat.

33) Wenn Kant dann den Glauben an Gott und ein künftiges Leben einen moralischen nennt und dabei doch sagt: „Der doktri-

„nale Glaube hat etwas wankendes in sich; ganz anders verhält es „sich mit dem moralischen Glauben; denn da ist es schlechterdings „nothwendig, dass ich dem sittlichen Gesetze in allen Stücken Folge „leiste,“ so konnte er die auf ein so schlechterdings nothwendiges Gesetz sich stützende Folge nach seiner frühern Definition für keinen Glauben erklären; solches Wissen, als auf einem objektiven, für Alle gültigen Grunde ruhend, müsste vielmehr nach Kants Definition die Wahrheit selbst sein. Dennoch fährt er fort: „Ich kann nicht einmal sagen: es ist moralisch gewiss, dass ein Gott sei, sondern: ich bin moralisch gewiss u. s. w. „Das heisst: der Glaube an Gott und eine andere Welt ist mit „meinen moralischen Gesinnungen so verwebt, dass, so wenig ich „Gefahr laufe, diese einzubüssen, ebenso wenig besorge ich, dass „mir jener entrissen werden könne.“ — Hier erklärt Kant ganz offen, dass für das Wissen Gottes keine Wahrheit, sondern nur Gewissheit erlangt werden könne und er tröstet blos mit der Festigkeit dieser Gewissheit. Aber solcher Trost ist keiner für den, der nach der Wahrheit verlangt.

34) Die griechischen Skeptiker bekämpften nicht die Wahrheit, sondern nur die Gewissheit. Ihre Mittel bestanden in einer geschickten Benutzung der vier verschiedenen Ursachen der Gewissheit gegen einander; sie zeigten, dass die Gewissheit aus der einen Ursache immer durch die Gewissheit aus einer andern Ursache aufgehoben werden könne. Die Wahrheit an sich wird also von der Skepsis nicht betroffen, sondern nur die Wissens-Art des Einzelnen, oder seine Ueberzeugung, dass er die Wahrheit besitze.

35) Der moderne Idealismus kämpft dagegen nicht gegen die Gewissheit, sondern gegen die Wahrheit, indem er das gegenständliche Sein leugnet und nur das Wissen allein bestehn lässt. So weit der Idealismus nur in dem Leugnen des Seins oder der Fundamentalsätze der Wahrheit bleibt, so weit ist er nicht zu widerlegen; wenn er dagegen seine eigne Behauptung vom Nichtsein des Wissens-Inhalts zu beweisen unternimmt, so muss er selbst sich jener Fundamentalsätze der Wahrheit bedienen, gegen die er ankämpft; kein Idealismus kann deshalb von Folgewidrigkeiten sich frei halten.

36) Die Seele unterscheidet leicht die verschiedenen Grade der unvollständigen Gewissheit oder Wahrscheinlichkeit; in allem Plänemachen, sei es für morgen oder auf Jahre hinaus, wird das mehr oder minder Wahrscheinliche scharf unterschieden und sorgfältig gegeneinander abgewogen. Aber eine genaue Messung der Grade der Wahrscheinlichkeit kann an dieser Art des Wissens unmittelbar

nicht vorgenommen werden. Dennoch hat sich hier eine exakte Wissenschaft in der Rechnung des Wahrscheinlichen entwickelt, welche zu den verschiedensten Zwecken mit Erfolg benutzt wird.

37) Der seiende Zustand der Seele, welcher der Gewissheit zu Grunde liegt, kann nun nicht wahrgenommen, also auch nicht gemessen werden. Die Gewissheit und Wahrscheinlichkeit, in welche dieser Zustand umschlägt, ist, wie erwähnt, im Selbstwahrnehmen wohl der Stärke nach zu unterscheiden, aber für das genaue Messen derselben fehlt der Seele die Fähigkeit. Der Ausweg, die Messung statt an der Gewissheit, an ihren Ursachen vorzunehmen, ist auch nicht möglich, weil diese Ursachen nicht unter einander vergleichbar sind und kein gemeinsames Maass haben.

38) Wenn dessenungeachtet eine Wissenschsft des Wahrscheinlichen sich entwickelt hat, so war dies nur dadurch möglich, dass man die Wahrscheinlichkeit auf die des mittelbaren Wissens beschränkte. Dieses ruht, wie erwähnt, auf Regeln, und seine Wahrscheinlichkeit ruht auf der Wahrscheinlichkeit dieser Regeln. Diese Wahrscheinlichkeit der Regel wird aber messbar, wenn die Fälle, welche die Regel bestätigen, und die, welche nicht, als gleich behandelt und gezählt werden können. Die Wahrscheinlichkeit ist dann das Verhältniss der erstern zur Summe beider. Dieselbe Definition giebt Laplace in seinem Essai Philosophique sur les Probabilités; (5^me. Edit. Paris. S. 7.) er sagt: „Die Wahrscheinlichkeitslehre besteht in der Zurückführung aller Ereignisse von derselben Art auf eine bestimmte Anzahl gleich möglicher Fälle, in Bezug auf deren Existenz wir gleich unentschieden sind, und in der Bestimmung der Anzahl der Fälle, welche dem Ereigniss günstig sind. Das Verhältniss dieser Zahl zur Anzahl aller möglichen Fälle ist das Maass der Wahrscheinlichkeit.“ — Stuart Mill erläutert dies (System der Logik II. 67) indem er sagt: „Für die Berechnung der Wahrscheinlichkeit sind also zwei Dinge nöthig: wir müssen wissen, dass von verschiedenen Ereignissen eins und nicht mehr als eins gewiss eintreten wird und wir dürfen nicht wissen, oder keinen Grund haben zu erwarten, dass das Eine eher eintreffen wird, als das Andere.“ Diese Erklärung ist aber mangelhafter als die Definition von Laplace; Mill hätte sagen sollen: Die Wahrscheinlichkeit ruht auf der Voraussetzung, dass alle Fälle gleich sind, und dass die Zahl der günstigen und ungünstigen Fälle zu ermitteln ist.

39) Um diese Bedingungen zu gewinnen, muss die Wahrscheinlichkeits-Rechnung einen Theil der Wirklichkeit ausser Acht lassen. In dieser ist kein Fall dem andern völlig gleich, auch ist die Zahl

der bejahenden und verneinenden Fälle für eine umfassende Regel nicht ausreichend festzustellen. So ist bei keinem Würfel die Masse und die Gestalt so vollkommen, dass die Bedingungen für das Aufhören seiner Bewegung für alle sechs Seiten vollkommen gleich sind. Ebenso ist z. B. die Zahl der Menschen von zwanzig Jahren, welche das achtzigste Lebensjahr erreichen, und die Zahl derer, die es nicht erreichen, nicht vollkommen genau für ein Land festzustellen; ferner wirken auf die Erreichung dieses Alters noch viele andere Umstände, wie Gesundheit, Lebensweise, Armuth u. s. w. neben jener Bedingung ein. Dennoch behandelt die Rechnung diese Fälle als gleich und die ermittelten Zahlen als die richtigen; nur dadurch gelangt sie dahin, die Wahrscheinlichkeit der Berechnung zu unterwerfen.

40) Es erhellt hieraus, dass diese Rechnung, obgleich sie sich zu dem exakten Wissen rechnet, doch für den einzelnen Fall keine Wahrheit beanspruchen kann, selbst nicht die Wahrheit für ihre berechnete Wahrscheinlichkeit; denn der einzelne Fall enthält neben den in der Rechnung beachteten noch andere Bestimmungen, welche auf den Erfolg mit einwirken. Um diesen Mangel zu vermindern, werden die wirksamen Bestimmungen des Falles mehr und mehr in die Rechnung gezogen; man berücksichtigt bei der Frage der wahrscheinlichen Lebensdauer nicht blos das Alter, sondern später auch die Gesundheit, die Lebensweise u. s. w.; aber es erhellt, dass diese Verbesserungen doch nicht zureichen, die Besonderheit des einzelnen Falles zu erschöpfen.

41) Aus diesen Gründen ist die Wahrscheinlichkeitsrechnung überhaupt nur da anwendbar, wo wenigstens in den wichtigeren wirksamen Bestimmungen eines Falles eine überwiegende Gleichheit enthalten ist. Solche Gebiete sind das Würfel- und Kartenspiel, die Lotterie, die Lebensdauer des Menschen überhaupt, oder der Menschen e i n e s Geschlechts, e i n e s Alters, e i n e r Lebensweise; das Eintreten von Feuer-, Hagel-, See-Schäden u. s. w.

42) Es erklärt sich weiter daraus, dass obgleich die Wahrscheinlichkeit mit einem Würfel die Drei zu werfen unzweifelhaft ein Sechstel der Gewissheit ist, es dennoch in der Wirklichkeit vorkommt, dass unter sechs und mehr Würfen mit diesem Würfel nicht e i n m a l die Drei geworfen wird. Die unterschiedene Art des Werfens, die Ungleichheit des Würfels, die Unebenheit des Tisches sind mitwirkende Bestimmungen, welche die Rechnung nicht hat beachten können, und welche selbst die Wahrheit ihrer W a h r s c h e i n l i c h k e i t für den einzelnen Fall zu Nichte machen.

43) Obgleich hiernach die Rechnung für die Wahrscheinlichkeit

des einzelnen Falles keine Wahrheit giebt, so tritt doch nach der Erfahrung das höchst Seltsame und Wunderbare ein, dass diese Wahrscheinlichkeit der Wahrheit sich immer mehr nähert, je grösser die Zahl der Fälle wird, aus denen dann das Resultat gezogen wird. Es ist durchaus nicht gewiss, dass ich mit diesem Würfel unter sechs Würfen einmal die Drei werfen werde; die Wahrscheinlichkeit, die Drei zu werfen, ist deshalb für den einzelnen Fall selbst bei einem sehr guten Würfel nicht gleich einem Sechstel; aber es ist nahezu gewiss, dass unter 6000 Würfen 1000 mal die Drei geworfen wird. Allgemein ausgedrückt sinkt der Unterschied der Wirklichkeit gegen die Berechnung mit dem Steigen der Zahl der ausgeführten Fälle.

44) Französische Mathematiker haben dies Gesetz das Gesetz der grossen Zahlen genannt. Das gewöhnliche Vorstellen nimmt dies Gesetz an, ohne das Seltsame desselben zu beachten oder nur zu bemerken, und doch ist nicht zu erklären, wie die Unwahrheit der Rechnung für den einzelnen Fall durch die blosse Summirung solcher unwahren Resultate und deren Durchschnitt in Wahrheit verwandelt werden kann. — Man sagt zwar, die ausser der Berechnung gebliebenen wirksamen Bestimmungen des einzelnen Falles heben sich bei der steigenden Zahl dieser einzelnen Fälle gegenseitig auf; deshalb enthalte der Durchschnitt wirklich die Wahrheit. Aber die Frage ist eben: Weshalb heben diese ausser Acht gebliebenen Bestimmungen sich so gleichmässig auf, dass der Durchschnitt die Wahrheit trifft?

45) Was ist die Ursache, dass diese Ausgleichung immer mehr mit Genauigkeit eintritt, je mehr die Zahl der Fälle wächst? Sind diese Ausgleichungen nicht selbst ein Wunderbares? Ist es nicht ebensogut möglich, dass eine Ungleichheit in diesen sich aufhebenden Gegensätzen beginnen und mit der steigenden Zahl der Fälle zunehmen kann? Wenn mein ungleiches Werfen die Wahrscheinlichkeitsrechnung für den einzelnen Fall stört, weshalb soll ein viel wiederholtes solches Werfen diese Störung wieder aufheben? Wenn bei dem vollkommen richtigen Würfel nur die besondere Art meines Anfassens und Werfens es ist, was die Zahl 3 oben aufbringt, wie kommt es, dass bei 6000 Würfen so sicher diese besondere Art des Aufnehmens und Werfens gerade 1000 mal eintritt, während es recht wohl auch nur 100 mal geschehen konnte?

46) Dasselbe gilt für andere Fälle. Wenn die Ursachen, welche das Geschlecht des Embryo bestimmen, in der einzelnen Ehe höchst ungleichmässig auftreten, weshalb werden sie auf einmal gleichmässig bei einer grossen Zahl der Ehen und erhalten das Zahlenverhält-

niss der beiden Geschlechter so constant? Weshalb wenn diese Ursachen mannichfach sind, tritt in diese Mannichfachheit wieder die Regelmässigkeit ihrer Ausgleichung bei vielen Fällen ein?

47) Es erhellt, dass die Wahrheit der Wahrscheinlichkeits-Rechnung für die grosse Zahl von Fällen auf dem merkwürdigen Umstand beruht, dass die wirkenden Ursachen für die verschiedenen Entwickelungen eines Falles oder eines Ereignisses zwar sehr mannichfach sein können, dass aber für eine grosse Zahl solcher Fälle die Unterschiede in diesen Ursachen sich gegenseitig die Waage halten, oder dass der Wechsel dieser Unterschiede der wirkenden Ursachen nach einer festen Regel geschieht.

48) Auf einen tieferen Grund kann dies Gesetz der Wahrscheinlichkeit, oder das Gesetz der grossen Zahlen nicht zurückgeführt werden. Es ist jedenfalls ein Gesetz, was in seiner besondern Eigenthümlichkeit festzuhalten ist und seine besondere Stellung neben der Ursachlichkeit und dem Zufall fordert; denn aus keinem von diesen kann es abgeleitet werden.

49) Geht alles in der Welt nach festen Gesetzen mit Nothwendigkeit, so kann man wohl verstehen, wie aus der vollen Kenntniss der Ursachen und der Gesetze die Wirkungen im Voraus bestimmt werden können; aber es folgt nicht im mindesten daraus, dass wenn nur ein Theil dieser Ursachen mit ihren Gesetzen bekannt sind, die andern mitwirkenden Ursachen für den Durchschnitt einer grossen Zahl von Fällen völlig ausser Acht gelassen werden dürften, weil diese unbeachtet gebliebenen Ursachen bei einer grossen Zahl so regelmässig wechseln müssten, dass sie einander in ihren Wirkungen bei der Summirung aufheben. Und doch ist es gerade dieses Aufheben, was die Wahrscheinlichkeitsrechnung bedingt und was allein sie möglich macht.

50) Dies sich Aufheben der unbeachtet gebliebenen Ursachen ist um so auffallender, als das Gesetz der grossen Zahlen giltig bleibt, obgleich die Frage, welche Ursachen unbeachtet bleiben, und durch die Wahrscheinlichkeitsrechnung gedeckt werden sollen, dem Belieben des Rechners überlassen bleibt. Obgleich die Lebensdauer eines Menschen von vielen Umständen bedingt ist, so können doch beliebig viele und wichtige, wie Lebensweise, Ehestand, Charakter, Armuth, bei Seite gelassen werden, und es bleibt doch noch die berechnete Länge des Lebens für eine grosse Zahl im Durchschnitt richtig.

51) Der Zufall, wenn er neben der Ursachlichkeit in der Welt festgehalten wird, kann das Gesetz der grossen Zahlen eben so wenig erklären. In dem Wesen des Zufalls liegt, dass er grundlos

eintritt; ihm fehlt jede Verbindung mit einem Andern. Deshalb widerspricht das Gesetz der grossen Zahlen seiner Natur. — Versteht man unter Zufall nur die Unkenntniss der wirkenden Ursachen, so erklärt solche Unkenntniss wohl den Versuch der Seele, statt der Kenntniss dieser Ursachen und ihrer Gesetze mit dem Durchschnitt aus der Summe ihrer Wirkungen aus vielen Fällen sich zu helfen; aber es erklärt sich daraus nicht, weshalb dieser Versuch wirklich die Wahrheit trifft, so dass bei einer grossen Zahl der Fälle diese unbekannten Ursachen ausser Acht bleiben können und das Resultat doch richtig ausfällt.

52) Das Gesetz der grossen Zahlen besteht hiernach selbstständig und ist weder aus der Ursachlichkeit noch aus dem Zufall abzuleiten. Hält man daran fest, dass in der Natur nur die Ursachlichkeit herrscht, so beweist das Gesetz der grossen Zahlen eine ursprüngliche gleiche Vertheilung der einander entgegenwirkenden Kräfte in der Natur, welche gleiche Vertheilung sich dann auch in der weitern Besonderung dieser Kräfte erhält und die Ausgleichung der verschiedenen und entgegengesetzten Wirkungen um so mehr herbeiführt, je mehr der Schauplatz der Betrachtung ausgedehnt wird. — Das Wunderbare in dieser regelmässigen Ausgleichung der mitwirkenden und aus der Rechnung gelassenen Ursachen ist selbst von Männern nicht bemerkt, die sich mit dem Begriff der Wahrscheinlichkeit eingehender beschäftigt haben. So sagt Stuart Mill in seiner Logik, als wenn es sich ganz von selbst verstände (II. 62.): „Wir wiederholen ein Experiment und nehmen „das Mittel von verschiedenen Resultaten, um die Wirkungen der „in einem jeden einzelnen Versuche unvermeidlichen Irrthümer los „zu werden. Wenn keine fortdauernde Ursache vorhanden ist, die „eine Neigung zu Irrthümern in einer besondern Richtung hervor„bringen würde, so lehrt uns die Erfahrung, dass wir sicher „gehn, wenn wir annehmen, dass die Irrthümer von der einen „Seite in einer gewissen Anzahl von Versuchen die Irrthümer von „der andern Seite ungefähr aufheben werden.“ — Hier sehen wir, wie Mill sich einfach damit beruhigt, dass die Erfahrung diese Ausgleichung der mitwirkenden unbekannten Ursachen lehre. Man kann dieses zugeben, aber man muss dabei anerkennen, dass diese Ausgleichung auf einem Gesetz beruht, was weder aus der Ursachlichkeit, noch aus dem Zufall abgeleitet werden kann und daher eine selbstständige Stelle unter den Gesetzen der Natur in Anspruch nimmt.

53) Die Wissens-Art, welche die Gewissheit enthält, ist von grosser Bedeutung für das Leben und für die Wissenschaft. Für

den Einzelnen hat die Wahrheit nur Werth, wenn er sie in dieser Wissens-Art besitzt; eine Wahrheit, deren man nicht gewiss ist, ist für den Besitzer so werthlos wie die Unwahrheit. Keppler hatte das Gesetz zwischen Entfernung und Umlaufszeit der Planeten schon gefunden, aber es fehlte ihm die Gewissheit desselben. Ein Rechnenfehler hinderte sie und so liess er diese grosse Wahrheit wieder gleichgültig fallen, bis nach Jahren eine Wiederholung der Rechnung ihm die Gewissheit brachte. - Ebenso ging es Newton mit der Wirkung der Schwere auf den Mond. Er hatte bereits das richtige Gesetz der Abnahme im Quadrat der Entfernung in seinem Wissen, allein eine mangelhafte Gradmessung der Erde hinderte ihn an der Gewissheit und erst viel später nach einer neuen Gradmessung war er im Stande, seine grosse Entdeckung, die allgemeine Gravitation mit Gewissheit zu verkünden.

54) Die Gewissheit von der Wahrheit der Naturgesetze ist es allein, welche dem Menschen das Handeln möglich macht. Ohnedem könnte er sich nicht auf das Wasser wagen und keine Leiter hinaufsteigen; ohnedem würde er kein Getreide in die Erde streuen und keinen Baum pflanzen. — Um die Gewissheit zu zeigen, dient das Wetten. Die Höhe des Einsatzes dient dabei zur Messung des Grades der Gewissheit.

55) Bei der grossen Bedeutung dieser Wissens-Art hat die Sprache in dem Indicativ und Conjunctiv der Zeitworte besondere Formen zu ihrer Bezeichnung gebildet. Auch viele Hauptworte verbinden die Vorstellung eines Gegenstandes mit dieser Wissens-Art; so die Worte: Hoffnung, Furcht, Angst, Zweifel, Gefahr, Wunsch, Ueberzeugung, Ueberredung.

# Die nothwendige Vorstellung.

1) Die letzte Art des Wissens ist das nothwendige Wissen. Das Nothwendige bezieht sich nicht auf den Inhalt des Wissens; derselbe Inhalt kann als nothwendiger und als nicht nothwendiger gewusst werden. Jeder Lehrsatz der Geometrie ist für den Schüler zunächst ein nicht nothwendiges Wissen, erst durch Erfassung seines Beweises verwandelt er sich in ein nothwendiges Wissen. Wenn man von dem Kunststücke eines gewandten Taschenspielers hört, so glaubt man es nicht eher, als bis man es selbst gesehen hat. Durch dieses Sehen kommt kein neuer Inhalt zu dem Wissen vom Kunststück, aber eine neue Wissens-Art; das Wissen ist durch die Wahrnehmung ein nothwendiges geworden. Hieraus erhellt, dass das nothwendige Wissen zu den Wissens-Arten gehört. Dafür

spricht auch die besondere Empfindung, welche dieses Wissen begleitet. Dieser seiende Zustand schlägt auch hier zum Theil in ein Wissen um, welches zur Definition des Nothwendigen benutzt wird. Das nothwendige Wissen ist das, was die Verbindung der in dem Wissen enthaltenen Bestimmungen als untrennbar weiss, und ein Wissen, was sich unwiderstehlich einstellt und durch Nichts abgehalten werden kann. Man bemerkt indess leicht, dass solche Definition keine ist und nur andere Worte bietet; vielmehr kann diese Wissens-Art so wenig wie die frühern wahrhaft definirt werden; nur durch Selbstwahrnehmung kann ihre Kenntniss erlangt werden. Solch zusätzliches Wissen, von der Untrennbarkeit des Gewussten, von der Unwiderstehlichkeit, in der die eine Bestimmung die andere mit sich führt, ist nur Folge dieser besondern Empfindung der Nothwendigkeit und kann für sich ohne die Empfindung die Nothwendigkeit nie in ein Wissen hinein bringen.

2) Das Nothwendige ist ebenso wie das Bekannte und das Gewisse keine Eigenschaft des Seienden; es hat seinen Sitz nur im Wissen. Mit dem Wegfall des Wissens fällt auch die Nothwendigkeit hinweg; im Sein als solchem ist sie nicht enthalten. Es ist nicht nothwendig, dass dieser Stein, wenn ich ihn los lasse, zur Erde falle; es ist auch nicht nothwendig, dass alle Körper sich gegenseitig anziehn. Erst wenn dies Letzte gilt, wird das Fallen des einzelnen Steines nothwendig. Das Gleiche gilt für alle Vorgänge in dem Sein. Stuart Mill sagt (Logik I. 555.): „Was man eine „Erklärung eines Naturgesetzes durch ein anderes nennt, ist nur die „Vertretung eines Räthsels durch ein anderes und macht den Gang „der Natur nicht weniger geheimnissvoll. Wir können für die all„gemeinen Gesetze nicht mehr als für die partiellen ein Warum „angeben. Die Erklärung kann nur ein Räthsel, an das man sich „gewöhnt hat und das daher nicht mehr räthselhaft zu sein scheint, „an die Stelle eines andern noch ungewohnten setzen.“ Weder der einzelne Fall, noch die Regel oder das Gesetz hat die Nothwendigkeit seiner Verbindung an sich; es könnte beides offenbar auch anders eingerichtet sein; aber wenn das Gesetz gilt, so wird dann der einzelne, darunter gehörende Fall nothwendig.

3) Die Nothwendigkeit kommt also in diesen Fällen erst durch die Allgemeinheit, welche selbst nur eine Beziehung, ein Wissen ist. Der Vorgang im Sein wird offenbar davon nicht berührt, ob ich ihn auf eine Regel beziehe oder nicht; wenn dennoch die Nothwendigkeit erst aus dieser Beziehung entsteht, so erhellt, dass sie nur ein Vorgang in dem Wissen ist, und näher, dass sie in einer besondern Art des Wissens besteht. Jedes Seiende, jeder Inhalt

kann als nothwendig gewusst werden, oder nicht; insbesondere jenachdem er als Folge einer Regel gewusst wird, oder nicht. Die Nothwendigkeit liegt nicht in der Regel, auch nicht in dem einzelnen Fall; sie liegt nur in dem Wissen des Falles, als durch die Regel bestimmt. Das gewöhnliche Vorstellen nimmt indess das Nothwendige als eine Eigenschaft der Gegenstände und der Vorgänge im Sein; es ist derselbe Irrthum, wie bei dem Bekannten und Gewissen.

4) Das nothwendige Wissen hat drei Formen in denen es auftritt; sie sind 1) der Widerspruch, 2) die Wahrnehmung und 3) die Beziehung. Alle drei enthalten die Nothwendigkeit in sich, und alles nothwendige einzelne Wissen ist es nur dadurch, dass es in eine dieser drei Formen eingegangen oder eine solche sich angefügt hat.

5) Der Satz: „Das sich widersprechende ist nicht," enthält, wie jeder selbst empfindet, die Nothwendigkeit in sich; sie ist trotz aller Sophistik nicht daraus zu verdrängen; sie wirkt mit einer unwiderstehlichen Macht im Wissen, und alles Wissen, was sich dem nicht fügen will, geht zu Grunde. Auf dieser Form beruht die Nothwendigkeit, welche allen Schlüssen und Beweisen innewohnt, wenn sie logisch richtig sind; auf dieser Form beruht auch die Nothwendigkeit in Bezug auf die Vorgänge in der Natur. Wenn der einzelne Vorgang erst durch die Geltung der Regel nothwendig wird, so ist dies, weil die Regel den einzelnen Fall schon in sich enthält und deshalb die Unmöglichkeit des Widerspruchs die Uebereinstimmung des einzelnen Falles mit der Regel nothwendig macht. Das Gebiet dieser Form der Nothwendigkeit ist daher sehr gross.

6) Die zweite Form, in die das nothwendige Wissen sich kleidet, ist die Wahrnehmung. Bei jeder Wahrnehmung wird das Sein ihres Inhalts mit Nothwendigkeit gewusst; bei der Sinneswahrnehmung wird dieses Sein noch näher, als ausserhalb des Wissenden nothwendig gewusst. Diese Nothwendigkeit in dem Wissen des Sein's des Wahrgenommenen wird ebenso von Jedem empfunden, wie die Nothwendigkeit des Nicht-seins des sich Widersprechenden. Eine Folge dieser Nothwendigkeit ist der Schein bei Sinnestäuschungen; sein Wesen ist, dass er nicht entfernt werden kann, auch wenn man den Irrthum kennt; es ist dies nur eine Folge der in dem Wahrnehmen enthaltenen Nothwendigkeit des Wissens.

7) Der Idealismus bekämpft dieses Sein des Wahrgenommenen. Aber wegen der Nothwendigkeit, womit dies Sein gewusst wird, kann der Idealist nicht von seinem Schreibtisch aufstehn, ohne sein Prinzip verlassen zu müssen. Mit jeder Bewegung, mit jeder Wahr-

nehmung, mit jedem Handeln drängt sich das Sein mit solcher Nothwendigkeit ihm auf, dass die stärksten Beweise seines Idealismus dagegegen nicht vorhalten. Insbesondere ist der Idealismus deshalb unfähig, die Ethik aus seinem Prinzipe zu entwickeln.

8) Da das Wahrnehmen, wie der Satz des Widerspruchs, nur ein Wissen der Seele ist, so hat auch die Nothwendigkeit im Wahrnehmen keinen Theil an dem Sein der Dinge; sie wird nicht als eine Eigenschaft dieser wahrgenommen, sondern ist eine blosse Bestimmung des in dem Wahrnehmen dargebotenen Wissens.

9) Die dritte Form in welcher die Nothwendigkeit sich darstellt, ist die in den Beziehungsformen. Die Natur dieser weist schon auf die Untrennbarkeit der Bezogenen hin und in dieser Untrennbarkeit besteht ihre Nothwendigkeit. Die Ursache kann nicht sein ohne eine Wirkung; das Wesentliche nicht ohne ein Unwesentliches; das Gleiche ist es nur durch das zugleich vorhandene Ungleiche; das Oben ist unmöglich ohne das Unten; das Rechts ohne das Links; die Form ohne den Inhalt, das Aeussere ohne das Innere. Ein Seiendes kann ein Nicht-Anderes nur werden durch dies Andere, was ihm zu dem Nicht unentbehrlich ist; das Eine durch Und bezogen, verlangt ein Zweites; die eine Alternative kann nicht sein ohne die Andere. In allen diesen Beziehungsformen bedarf das Eine, als bezogen, nothwendig des Andern, mit dem es bezogen wird.

10) Diese Nothwendigkeit wird von jedem, der diese Beziehungen gebraucht, empfunden; es ist dieselbe Nothwendigkeit, die bei dem Satz des Widerspruchs und bei dem Sein des Wahrgenommenen empfunden wird. Die Beziehung ist nur eine andere Form oder Besonderung, in der diese überall gleiche Nothwendigkeit auftritt. Da die Beziehungen kein Seiendes abbilden, so erhellt, dass auch die dieser Form innewohnende Nothwendigkeit, wie bei den frühern Formen, nur in dem Wissen ist, und nicht in dem Sein.

11) Die Nothwendigkeit, welche der Ursachlichkeit innewohnt, ist dem gewöhnlichen Vorstellen am geläufigsten. In der Erzeugung der Wirkung aus der Ursache ist diese Nothwendigkeit deutlich vorgestellt; denn ein Erzeugtes kann nicht sein ohne Erzeuger. — Kant nahm die Wirkung nicht als das Erzeugte aus der Ursache, sondern nur als die allgemeine zeitliche Folge derselben. Deshalb konnte die Nothwendigkeit bei ihm nur durch die Allgemeinheit in die Ursachlichkeit eintreten, und sie war dann nur in der Form des Widerspruchs darin.

12) Hume leugnet die Nothwendigkeit in der Ursachlichkeit

ganz. Die Untrennbarkeit von Ursache und Wirkung soll nach ihm nur auf einer Gewohnheit des Denkens beruhn, hervorgegangen aus den wiederholten Wahrnehmungen, in denen die einzelnen Ursachen und ihre Wirkungen sich folgend bemerkt wurden. Insoweit Hume die Gegenständlichkeit dieser Beziehungsform bestreitet, ist er im Rechte; in dem Sein giebt es keine Wirkungen, sondern nur Folgen, erst das Wissen macht sie zu erzeugten Wirkungen. Aber Hume ist im Unrecht, wenn er selbst innerhalb des Wissens die Nothwendigkeit zwischen Ursache und Wirkung leugnet und an deren Stelle blos eine Gewohnheit, sie beisammen zu denken, anerkennt, nach Art der Gedankenfolge. Jeder hat in seiner Selbstwahrnehmung die Empfindung ihres nothwendigen Zusammenhanges und diese Nothwendigkeit lässt sich durch keine Beweisführung wegbringen. Hume hatte für seinen Zweck gar nicht nöthig so weit zu gehn. Da er nur die Gegenständlichkeit der Ursachlichkeit leugnete, so konnte er getrost die Nothwendigkeit derselben bestehn lassen, da auch diese im Sein nicht enthalten ist.

13) Ausserhalb dieser drei Formen findet sich in dem Wissen nirgends die Nothwendigkeit; sie hängt nur diesen drei Formen an, aber verbreitet sich von da aus durch das ganze Wissen, so dass ihr Begriff zu einem der wichtigsten und häufigsten sich erhebt. Die Sprache hat für ihn sogar besondere Formen gebildet, wie den Imperativ in den Zeitwörtern, und das Hülfszeitwort: Müssen.

14) Es liegt nahe, die Nothwendigkeit als eine Kraft zu nehmen, und zwar als eine unendlich grosse Kraft, welche deshalb unwiderstehlich wirkt, weil keine endliche Kraft ihr gleichkommt und keine sie daher hindern kann. Selbst in dieser Darstellung haben einzelne, dieser Auffassung entsprechende Ausdrücke bei der einmal gegebenen Sprachform nicht ganz vermieden werden können; aber dennoch ist diese Auffassung der Nothwendigkeit als Kraft unwahr. Die Nothwendigkeit kann keine, durch thätiges Fühlen wahrnehmbare Kraft sein, denn diese ist nur im Sein, die Nothwendigkeit aber nur in dem Wissen; sie wird nicht durch die Sinne wahrgenommen. — Die Nothwendigkeit ist auch keine Kraft der Seele; denn eine solche im wahren Sinne ist nicht vorhanden, wie später gezeigt werden wird. Innerhalb der Seele giebt es nur ein Bewegen im Wissen, was durch das Begehren und Wollen verstärkt und damit in seinem Fortgang geleitet werden kann. Aber die Nothwendigkeit ist auch kein solches Begehren und Wollen. Die Nothwendigkeit steht in ihrer Unerschütterlichkeit über allem Begehren und Wollen.

15) Die Nothwendigkeit ist vielmehr nur eine zu dem Wissen gehörende Empfindung, die zwar nicht näher definirt werden kann, aber doch sich deutlich als eine Wissens-Art zu erkennen giebt, welche mit dem Inhalt des Gewussten nichts zu thun hat. Im Vergleich zu dem Begehren und der gefühlten Kraft ist diese Nothwendigkeit im Wissen vielmehr die volle Ruhe und unangreifbare Sicherheit eines Wissens-Zustandes, während jene nie sicher sind, von einem Gegner überwunden zu werden.

16) Das nothwendige Wissen als Wissens-Art kann mit andern Wissens-Arten sich verbinden. Das nothwendige Wissen kann wahr sein, aber es kann auch von derselben Seele als unwahr behauptet werden. Der Schluss aus einem falschen Obersatze ist nothwendig, aber unwahr. Das Sein des Wahrgenommenen ist dem Idealisten ein nothwendiges, aber unwahres Wissen. Das nothwendige Wissen kann ein neues oder ein bekanntes, ein gesteigertes oder unaufmerksames sein; es kann auch gewiss oder ungewiss sein, je nach der Gewissheit des Obersatzes, oder der Gewissheit der Wahrnehmung als Thatsache, aus der das nothwendige Wissen folgt.

17) Die Nothwendigkeit ist ein wichtiger Grundbegriff in jeder Philosophie; aber in den meisten geschieht mit ihr dieselbe Verwechselung wie mit den Beziehungen; man hat sie beinahe überall zu einer Bestimmung des Seienden erhoben. Auch hat man vielfach sich in Definitionen der Nothwendigkeit versucht. — Kant sagt (K. d. r. V. 194.): „Dessen Zusammenhang mit dem Wirk„lichen nach allgemeinen Bedingungen der Erfahrung bestimmt ist, „ist (existirt) nothwendig.“ — Der Kern dieser Definition liegt in dem Allgemeinen. Der einzelne Fall muss allerdings den allgemeinen Bedingungen, d. h. dem Gesetz entsprechen. Aber dies ist keine Definition der Nothwendigkeit, sondern nur die Erwähnung der einen Form, in der die Nothwendigkeit auftritt, nämlich der Form des Nicht-Seins des Widerspruches; statt der Definition giebt also Kant hier nur ein Beispiel. Krug in seinem philosophischen Lexicon (III. 68.) sagt: „Wenn etwas so wirklich gedacht wird, „dass es nicht anders möglich sei, so heisst es nothwendig.“ Danach ist das Nothwendige das Nichtmögliche. Das Mögliche ist aber naah Krug (Ebendaselbst II. 788.) das sich Nicht-Widersprechende, also das Nicht-Nothwendige. In Wahrheit wird hier also das Nothwendige als das Nicht-Nicht-Nothwendige definirt. Aehnliches gilt von allen andern Definitionen des Nothwendigen.

18) Aus dem Nothwendigen bildet sich durch dessen Verneinung das Nicht-Nothwendige, d. h. das Mögliche. Das Mögliche

ist nur diese reine Verneinung des Nothwendigen und hat selbst keinen besondern, bejahenden Inhalt. Aus der Verneinung des Möglichen wird deshalb das Unmögliche, welches wieder das Nothwendige ist, eigentlich das Nicht-Nicht-Nothwendige. Die Unmöglichkeit ist als Wissens-Art dasselbe wie die Nothwendigkeit; ihr Unterschied liegt nur darin, dass sie die Nothwendigkeit des Nicht-Seins bezeichnet.

19) Im gewöhnlichen Vorstellen wird das Mögliche noch in einem andern Sinne verstanden. Man sagt da: das Mögliche ist die Bedingung des Nothwendigen; wenn etwas nothwendig sein soll, so muss es vor Allem möglich sein. In diesem Sinne kann das Mögliche nicht das Nicht-Nothwendige sein. Diese abweichende Bedeutung kommt daher, dass bei dem Möglichen in diesem Sinne mit der Wissens-Art zugleich ein bestimmter Wissens-Inhalt verbunden gesetzt ist; wie dies schon bei dem Gegensatz von Nothwendig und Unmöglich sich gezeigt hat. — Das Mögliche in diesem Sinne ist dann blos die Verneinung der Nothwendigkeit des Nicht-Seins oder der Unmöglichkeit. Das Nothwendige im engeren Sinne, oder die Nothwendigkeit des Seins hat an der Unmöglichkeit ihren inhaltlichen Gegensatz; soll also etwas nothwendig sein, so darf es nicht unmöglich sein, d. h. es muss möglich sein; d. h. sein Nichtsein darf nicht nothwendig sein. — Wir sehen, dass das Mögliche in Bezug auf die Wissens-Art immer nur die Verneinung der Nothwendigkeit ist; seine weitern unterschiedenen Bedeutungen beziehen sich lediglich auf den damit verbundenen Wissens-Inhalt.

20) In diesem Sinne ist auch allein der Zufall von dem Möglichen unterschieden. Beide sind die Verneinung der Nothwendigkeit, also in Bezug auf die Wissens-Art dasselbe. Aber durch die Verbindung mit einem bestimmten Wissens-Inhalt erhalten sie einen Unterschied. Der Zufall ist dann das nicht nothwendige Sein und das Mögliche ist dann das nicht nothwendige Nicht-Sein. Unter Zufall versteht man immer ein Seiendes, ein Ereigniss; unter Möglichem ein Nicht-Seiendes, ein blos Vorgestelltes. Durch diese Hineinziehung des Wissens-Inhaltes bilden sich so die vier Gegensätze von: Nothwendigkeit, Zufall, Möglichkeit und Unmöglichkeit. Sieht man bei diesen Begriffen nur auf die Wissens-Art, so sind Nothwendig und Unmöglich dasselbe; ebenso Zufall und Möglich; jene sind das nothwendige Wissen, diese das nicht-nothwendige Wissen. Sieht man aber bei diesen Begriffen auch auf ihren Inhalt, so ist Nothwendigkeit die Verneinung der Unmöglichkeit und der Zufall die Verneinung der Möglichkeit

Nothwendigkeit und Zufall enthalten beide ein Seiendes; Unmöglichkeit und Möglichkeit beide ein Nicht-Seiendes, welches sie in ihrer bestimmten Art des Wissens erfassen.

21) Die Möglichkeit ist so wenig, wie die Nothwendigkeit in dem Sein an sich enthalten; nur durch das Wissen kommen beide Bestimmungen an das Sein heran. Nothwendigkeit und Möglichkeit ergänzen sich gegenseitig; so weit die Nothwendigkeit geht, giebt es keine Möglichkeit; aber jenseits ihrer Grenzen herrscht die Möglichkeit. Wenn ich nur für einen Theil des Geschehens im Sein feste Gesetze annehme, so besteht nur innerhalb dieses Theiles die Nothwendigkeit; für den Rest gilt keine Nothwendigkeit, d. h. die Möglichkeit. Es kann dann das Einzelne sein oder auch nicht sein; während in dem Gebiet des Nothwendigen diese Möglichkeit ausgeschlossen ist. Je weiter ich die Gültigkeit der Gesetze ausdehne, je mehr schwindet das Reich der Möglichkeit; und wenn in der Natur alles Geschehen dem Wissen für nothwendig gilt, so ist in ihr nichts möglich. Die durchgehende Gesetzlichkeit in der Natur wird indess gegenwärtig nur so verstanden, dass sie zwar besteht, aber der Mensch sie nicht vollständig kennt. Für diesen fehlt deshalb in seinem Wissen da die Nothwendigkeit, wo er die Nothwendigkeit nicht kennt, und es bildet sich für ihn durch seine Unwissenheit ein Gebiet der Möglichkeit, welches je nach dem Umfang des Wissens des einzelnen Menschen schwankend ist. In diesem Sinne verträgt sich die Möglichkeit mit der allgemeinen Nothwendigkeit in der Natur.

22) Der Streit, ob etwas möglich sei oder nicht, ist allerdings in solcher Unbestimmtheit ohne Werth; weil alles darauf ankommt, wie weit man die Nothwendigkeit ausdehnen und wie weit man sie aufheben oder die Gesetzlichkeit nicht gelten lassen will. Es ist nicht möglich, dass der Mond zur Erde fällt, weil die Tangentialkraft dem Fallen entgegenwirkt; aber wenn ich diese Kraft abtrenne, oder nicht kenne, so ist für mich das Fallen des Mondes möglich. Dennoch wird im Leben die Frage nach der Möglichkeit eines Falles oft verhandelt. Sie hat da ihre Bedeutung, weil sie in Folge des Begriffes der Möglichkeit, in Wahrheit die mittelbare Frage nach dem Gesetze oder der Nothwendigkeit des fraglichen Falles ist. Wird die Möglichkeit verneint, so kann es nur durch die Ausdehnung der Nothwendigkeit, mithin durch Anerkenntniss eines den Fall regierenden Gesetzes geschehen. Die Frage nach der Möglichkeit ist also vielmehr die Frage, ob eine Nothwendigkeit oder ein Gesetz vorhanden ist, welches dem Eintritte des fraglichen Falles entgegensteht. Die Frage, ob es möglich, dass ein Mensch

300 Jahre alt werden könne, ist mittelbar die Frage, ob eine Nothwendigkeit, ein Gesetz vorhanden sei, welches die menschliche Lebensdauer kürzer bestimmt.

23) Hegel geht deshalb in seinem Tadel des Gebrauches dieses Begriffes zu weit. Er sagt (VI. 285.): „Für das Mögliche ist die „Regel nur, dass es sich nicht widerspreche und so ist Alles mög„lich; denn allem Inhalt kann diese Form der Identität durch Ab„straktion gegeben werden. — Es giebt daher kein leereres Reden, „als das von solcher Möglichkeit und Unmöglichkeit. — Auch das „Absurdeste kann als möglich betrachtet werden. Es ist möglich, „dass heut Abend der Mond auf die Erde fällt, denn der Mond ist „ein von der Erde getrennter Körper und kann deshalb so gut „herunterfallen, wie ein Stein, der in die Luft geworfen wird.“ Die Frage nach der Möglichkeit, wie sie im Leben aufgestellt wird, ist indess eine ganz andere. Wenn ich frage, ob ich in 24 Stunden von Berlin nach Paris kommen kann, so wird dabei nichts aus der Wirklichkeit weggelassen (abstrahirt), sondern gerade danach gefragt, ob die in der Wirklichkeit vorhandenen Kräfte und Einrichtungen eine Nothwendigkeit oder ein Gesetz enthalten, welches eine längere Reisezeit bedingt und was deshalb jene 24 Stunden unmöglich macht.

24) In der Philosophie wird noch zwischen formaler und materialer Nothwendigkeit und Möglichkeit unterschieden; aber es ist ein Unterschied, der den Begriff des Nothwendigen nichts angeht, sondern aus dem Wissensinhalt abgeleitet wird. Er hängt mit der Nothwendigkeit in der Form des Widerspruches zusammen. Was sich widerspricht, ist unmöglich; mit Aufhebung des Widerspruches wird es möglich. Besteht ein Gesetz, so ist alles, was diesem widerspricht, unmöglich und fällt in die Nothwendigkeit; wird dieses Gesetz aber als aufgehoben gesetzt, oder nicht gekannt, so ist auch der Widerspruch gehoben und das Unmögliche ist nun möglich. Die formale oder logische Möglichkeit ist nun nach Kant die, welche das sogenannte formale Denkgesetz der Identität nicht verletzt. Die materiale Möglichkeit ist nach Kant (K. d. r. V. 194): „die Möglichkeit, welche mit den formalen Bedingungen der Er„fahrung übereinkommt.“ Aber dieses „Uebereinkommt“ ist so viel, als „nicht in Widerspruch steht.“ Die materiale Möglichkeit ist mithin auch nur das Fehlen des Widerspruches. Kant leitet den Unterschied der formalen und materialen Möglichkeit also nur von dem Inhalte der Gesetze ab. Aber die Möglichkeit hat es nur mit dem Fehlen des Widerspruches an sich zu thun; der Inhalt der sich widersprechenden Bestimmungen trifft die Natur

des Möglichen nicht und kann keine Eintheilung desselben begründen.

25) Die Möglichkeit ist sowohl bei Kant als bei Hegel auf das Nicht-Sein des Widerspruches beschränkt; aber da die Nothwendigkeit neben dieser Form noch in der Wahrnehmung und in den Beziehungen auftritt, so ist auch das Gebiet der Möglichkeit ein ausgedehnteres, als Beide annehmen. Während bei dem Widerspruch das Nichtsein nothwendig war, ist bei dem Wahrnehmen das Sein nothwendig. Mit Aufhebung des Widerspruchs wird das Sein möglich; mit Aufhebung der Wahrnehmung wird das Nicht-Sein möglich. Die aus der Wahrnehmungs-Nothwendigkeit folgende Möglichkeit umfasst daher das Nichtsein; es ist möglich, dass alles nicht ist, wenn ich das Wahrnehmen aufhebe, d. h. in dem Wissen der Seele ist dann keine Nothwendigkeit mehr für das Sein; auch das Nichtsein von Jedem ist dann möglich.

26) Es wird von dieser Möglichkeit im gewöhnlichen Vorstellen weniger Gebrauch gemacht, weil es im Leben mehr auf das Sein als auf das Nichtsein ankommt. Man frägt nach der Möglichkeit des Seins; deshalb ist die Möglichkeit, die aus der Aufhebung des Widerspruchs entspringt, die geläufigste. Indess wird in einzelnen Fällen auch von der andern Möglichkeit Gebrauch gemacht. So bei der Frage nach der Möglichkeit eines wahrgenommenen Wunders, eines geschehenen Taschenspieler-Kunststückes. Der Streit über die Möglichkeit der von Christus verrichteten Wunder ist, weil ihr Beweis auf die Aussage von Augenzeugen gestützt wird, ein Streit über diese zweite Art der Möglichkeit. Die Möglichkeit des Nichtseins dieser Wunder wird hier von der Kirche bekämpft durch die Wahrnehmung derer, welche sie gesehen haben, und durch die in solcher Wahrnehmung enthaltene Nothwendigkeit, das Wahrgenommene als Seiend zu nehmen.

27) Ebenso ist das Dasein Gottes zunächst nur möglich, weil die Wahrnehmung desselben fehlt; wäre diese da, so hörte die Möglichkeit auf; es wäre das Sein Gottes für den Wahrnehmenden nothwendig. Die Frage nach dem Sein der Engel, des Teufels, der Seelen der Verstorbenen kann mit Rücksicht auf diese Bestimmungen nur dahin beantwortet werden, das solches Sein möglich ist, weil es keinen Widerspruch gegen sich und keine Wahrnehmung für sich hat; es ist hier die Möglichkeit des Seins aus jenem und die Möglichkeit des Nichtseins aus dieser vorhanden. Beide Möglichkeiten verbinden sich in diesem Falle.

28) Die letzte Form der Möglichkeit ist die, welche aus der Verneinung derjenigen Nothwendigkeit hervorgeht, die in den Be-

ziehungen enthalten ist. Die Nothwendigkeit der Wirkung verschwindet, wenn ich die Ursache beseitige; es bleibt dann wohl Beides als ein Seiendes, aber das beziehende Band zwischen ihnen ist gelöst und die Nothwendigkeit damit verschwunden; das zeitlich sich folgende ist dann nicht mehr nothwendig, d. h. möglich. Zu dieser Möglichkeit gehört der Zufall; er ist die aufgehobene Beziehung der Ursachlichkeit und die damit aufgehobene Nothwendigkeit der Folge. Der Zufall gehört zu der Möglichkeit, umfasst aber nur die Möglichkeit aus der aufgehobenen ursachlichen Nothwendigkeit, während die Möglichkeit überhaupt weiter geht und auch aus der Aufhebung des Widerspruchs und der Wahrnehmung sich bildet.

29) Der Zufall ist, wie sein Gegentheil, die Ursachlichkeit, nicht im Sein, sondern nur in dem Denken; sein Gebiet hängt von dem Gebiet der Ursachlichkeit ab; es ist, was diese übrig lässt. Die Freiheit ist nicht der Zufall. Nur für den dritten hat sie den Schein des Zufalls; für den frei Wollenden selbst ist sie eine seiende Bestimmung, indem die innere Wahrnehmung diese Selbstständigkeit des Wollens als eine bejahende und seiende Bestimmung giebt.

30) Ein mit der Nothwendigkeit und Möglichkeit in Verbindung stehender Begriff ist der des Könnens. Dieser Begriff hat eine ausgedehnte Geltung, namentlich innerhalb des menschlichen Handelns. Auf dem Begriff des Könnens beruhen die Begriffe: Macht, Vermögen, Fähigkeit, Anlage, Talent; ferner: die Kraft getrennt von ihrer Aeusserung; endlich das potentia Sein im Gegensatz des actu Seins, die δυναμις und ενεργεια bei Aristoteles und zum Theil das An sich und Für sich bei Hegel.

31) So sagt Hegel (VI. 317.): „Die Bewegung des Begriffes „ist Entwickelung, durch welche nur dasjenige gesetzt wird, was „an sich schon vorhanden ist. So entwickelt sich die Pflanze aus „ihrem Keim. Dieser enthält bereits die ganze Pflanze in sich, aber „in ideeller Weise, und hat man deren Entwickelung nicht so „aufzufassen, als ob die verschiedenen Theile der Pflanze, Wurzel, „Stengel, Blätter im Keim bereits realiter, jedoch nur ganz klein „vorhanden wären. Dies ist die sogenannte Einschachtelungs-Theorie, „deren Mangel somit darin besteht, dass dasjenige, was nur erst in „idealer Weise vorhanden ist, als bereits existirend betrachtet wird. „Das Richtige in dieser Hypothese ist, dass der Begriff in seinem „Prozess bei sich selbst bleibt und dass durch denselben dem In„halte nach nichts Neues gesetzt, sondern nur eine Formveränderung „hervorgebracht wird.“ — Das Beispiel mit der Pflanze und ihrem

Keim zeigt, dass Hegel hier dasselbe meint, was anderwärts mit potentia- und actu-sein bezeichnet wird.

32) In dem Können liegt die Kraft, aber ohne Aeusserung. Man sagt: der Vogel kann fliegen; der Knabe kann lateinisch sprechen; der Mensch kann seine Begierden bekämpfen; er kann rechnen, tanzen, lügen. In allen diesen Fällen ist noch nichts geschehen; es wird nur das Können, die Möglichkeit des Seins ausgesagt.

33) Die nächste Frage ist: Ist dieses Können ein Sein oder ein blosses Wissen oder gar ein Mittelding zwischen beiden? Der Inhalt des Könnens kann nicht wahrgenommen werden; er ist noch nicht seiend; wenn ich etwas blos kann, so thue ich es noch nicht; ich setze meine Macht nicht in das Sein über. Aber das Können ist auch kein blosses Voraus-Wissen eines Geschehens. Ich weiss, dass mir die Haare wachsen werden, der Knabe weiss, dass er grösser werden wird; aber solches Vorauswissen rechnet man nicht zu seinem Können.

34) Das Können oder potentia Sein ist auch kein Mittelding zwischen Sein und Wissen; ein solches giebt es nicht; es ist vielmehr eine Vereinung von Sein und Wissen. In der Bewegung meiner Glieder fühle ich die Kraft; in der Bewegung meines Wissens nehme ich seine Abhängigkeit von dem Begehren wahr. In den Bewegungen und Veränderungen der Körperwelt ausser mir fühle ich entweder eine gleiche Kraft oder ich setze sie nach Anleitung der wahrgenommenen Fälle voraus. So entwickelt sich der Begriff der Kraft als das in jeder Bewegung des Körperlichen und Geistigen und in jeder Verbindung enthaltene Treibende und Bewegende; die Kraft wird zur Ursache, die Veränderung zur Wirkung erhoben.

35) Diese Kraft ist aber keine blosse Beziehung, sondern ein Seiendes; sie wird in vielen Fällen gefühlt und wahrgenommen, ist in solchen Fällen seiend und als solches Seiende wird sie auch da vorgestellt, wo sie nicht wahrgenommen wird. Weiter wird von diesen Kräften angenommen, dass sie nach festen Gesetzen die Bewegungen und Veränderungen vermitteln. Ist deshalb die Natur der Kraft und das Gesetz ihrer Wirksamkeit bekannt, so kann ihre Wirkung, die Bewegung oder Veränderung vollständig im Voraus berechnet oder bestimmt erkannt werden. Die kommende Aeusserung der Kraft ist dann schon gegenwärtig bekannt.

36) Hieraus setzt sich der Begriff der Kraft ohne Aeusserung, des potentia Seins, des Könnens zusammen. Es giebt im stren-

gen Sinne keine Kraft ohne Aeusserung; die Kraft ist stets in Aeusserung; aber insofern diese Aeusserung eine Zeitdauer hat, so kann schon bei dem vergleichsweisen Beginn der Aeusserung der ganze Ablauf der Bewegung oder Veränderung im Voraus übersehen werden; dieses Wissen der kommenden Aeusserung verbunden mit der seienden und in ihrer Aeusserung schon beginnenden Kraft ist das Können, das potentia Sein oder die sogenannte Kraft ohne Aeusserung. Dieser letzte Ausdruck leugnet nicht alle und jede Aeusserung, sondern gilt nur als das Noch nicht sein der kommenden Aeuserung.

37) In dieser Auffassung ist das Können kein blosses Wissen, sondern ein an eine seiende Kraft geknüpftes Wissen; es ist ein Wissen, dessen Sein bereits seinen Anfang genommen hat und dessen Fortgang mit Gewissheit gewusst wird. Das potentia Sein ist gleichsam die zeitlose, in einen Moment zusammengepresste ganze Bewegung oder Veränderung; die Kraft an sich ist der zeitlose, punktuelle Inhalt ihrer ganzen in der Zeit sich ausbreitenden Wirkung. Deshalb hat dieses potentia Sein Theil am Sein und am Wissen, Es ist Sein, insofern sein Unterliegendes immer eine seiende, schon in der Aeusserung befindliche Kraft ist; es ist Wissen, insofern es von dieser Kraft nicht ihre gegenwärtige Aeusserung zu ihrem Inhalt hat, sondern die erst kommende, aber mit Bestimmtheit und Gewissheit vorausgesehene.

38) Innerhalb des Körperlichen findet diese Darstellung des Begriffs ihre volle Anwendung. Es giebt da keine Kraft ohne Aeusserung; wo die Bewegung fehlt, ist dafür der Druck vorhanden, in welchem die Kraft ebenso sich äussert, wie in der Bewegung. Auch der Keim der Pflanze wird nur durch den Gegendruck der Cohäsion der Saamenmoleküle in Folge der zur Ueberwindung dieses Gegendruckes nöthigen, aber fehlenden Kräfte der Wärme und der Feuchtigkeit an der Bewegung, oder dem Wachsen gehemmt; seine Kraft ist aber dennoch durch solchen Druck in Aeusserung. Innerhalb des Geistigen hat diese Voraussetzung von Kräften zwar ihre Bedenken; indess bleibt dies für den Begriff des potentia Seins ohne Bedeutung, da es nur darauf ankommt seinen Inhalt als Begriff zu kennen, aber nicht seine Anwendung und Wahrheit überall zu rechtfertigen, wo von diesem Begriff Gebrauch gemacht wird.

39) Durch diese Auflösung des potentia Seins in seine Bestandtheile verschwindet der Nebel, welcher in der Hegelschen Philosophie diesen Begriff so wie das An sich und das Für sich einhüllt. Indem auch das Ideelle und Reelle in solchen nebelhaften und verschwimmenden Bestimmungen gehalten wird, ist

damit in dieser Philosophie die Grundlage zur Identität von Sein und Wissen gelegt.

40) Für die Seele, so weit ihr blos an dem Wissen gelegen ist, hat allerdings der Unterschied von potentia- und actu-sein keine Bedeutung. Da in der beginnenden Kraft und ihrem Gesetze schon die ganze Bewegung und Gestaltung, wie sie im Laufe der Zeit sich verwirklichen wird, für das Wissen vollständig gegeben ist, so hat das spätere actu-Sein für dasselbe kein Interesse. Der vorher bloss gewusste Inhalt kann zwar dann auch wahrgenommen werden; aber da das Sein dieses Inhaltes schon vorher mit Gewissheit gekannt war, so hat dieses Wahrnehmen für die bloss nach Wissen verlangende Seele, also auch für den Philosophen nicht das mindeste Interesse.

41) Nimmt man einen allwissenden Gott und eine allgemeine Gesetzlichkeit des Geschehens in der Welt an, so hat der Weltlauf für Gott nicht den mindesten Reiz; in seinem Wissen liegt die unendliche Reihe des Geschehens durch alle Zeit hindurch schon vom Anfange ab ausgebreitet da; das Geschehen ist nur ein leeres Uebersetzen des Wissens in Sein. Gott hat schon an dem potentia-Sein genug. Aus gleichem Grunde hat für den Astronomen die Beobachtung der Orte der Planeten gegenwärtig kein Interesse mehr; er hat in dem Gesetze der Gravitation und in der vor Jahrhunderten zu einer Zeit festgestellten Position der Planeten schon das ganze Wissen, was ihm die Beobachtung bieten kann; er hat an dem potentia Sein genug, das actu Sein interessirt ihn nicht. Nur wo die Gesetze oder die erste Position noch Lücken hat, hat Letzteres noch Werth für ihn.

42) In dem Können, was der Mensch von sich aussagt, liegt die Abhängigkeit seiner Muskelkraft und der Bewegungen seines Wissens von dem Begehren. Wenn diese Kräfte und Bewegungen eintreten, so wie das Begehren sie fordert, so legt der Mensch das Können sich bei. Dieser Begriff ist derselbe, der oben für das potentia-Sein entwickelt worden ist. Diese Kräfte werden als stets vorhanden und nur zeitlich gehemmt vorgestellt; das Begehren beseitigt die Hemmung, wie die Wärme und die Feuchtigkeit die Hemmung der Kräfte des Keimes. Diese Muskel-Kräfte und Wissens-Bewegungen sind deshalb potentia immer vorhanden, wie die Kraft im Keime; das Begehren führt sie nur in das actu Sein über.

43) Um dieses Können aber von sich auszusagen, muss, wie bei dem Keime, zuvor die Erfahrung von dem actu Sein gemacht sein; sonst fehlt die Kenntniss der Wirksamkeit und die Gewissheit

von deren Eintritt. Deshalb muss man erst seine Kraft probirt haben, ehe man weiss, was man kann, im Körperlichen wie im Geistigen. Auch kommen Täuschungen vor, z. B. bei eingeschlafenen Gliedern oder wenn das Gedächtniss versagt.

44) Kant hat im Allgemeinen richtig erkannt, dass das Nothwendige und Mögliche keine seienden Eigenschaften der Dinge sind. Er sagt (K. d. r. V. 194.): „Die Kategorieen der Modalität haben „das Besondere an sich, dass sie den Begriff, dem sie als Prädikat „beigefügt werden, als Bestimmung des Objektes nicht im Minde„sten vermehren, sondern nur das Verhältniss zu dem Erkenntniss„Vermögen ausdrücken.“ Es ist hier nur zu rügen, dass das Wort: Verhältniss die Sache zu unbestimmt bezeichnet; es handelt sich um kein Verhältniss zu dem Wissen, sondern um eine Wissens-Art. Ein weiterer Mangel bei Kant ist, dass er das Mögliche als eine besondere Bestimmung dem Nothwendigen gegenüberstellt, während das Mögliche doch nur die reine Verneinung des Nothwendig-wissens ist.

45) Aber grösser ist der Fehler Kants, wenn er die Wirklichkeit mit der Nothwendigkeit und Möglichkeit zusammenstellt und das Wirkliche auch nur als Modalität des Wissens behandelt. Das Wirkliche ist vielmehr dasselbe, wie das Seiende; im strengen Sinne ist es das Seiende in zwiefacher Verneinung oder die verneinte Erscheinung; aber immer wird mit dem Wirklichen das Seiende gemeint. Das Seiende ist aber der Gegensatz des Wissens und kann deshalb nie zu den Wissens-Arten gehören.

46) Dieser Irrthum, welcher bei Kant nicht zuerst auftritt, ist dadurch veranlasst, dass das Mögliche und das Nothwendige selbst als Bestimmungen innerhalb des Seienden genommen werden. Damit bildete sich eine Stufenfolge von dem Möglichen als dem Schwächsten zu dem Wirklichen als dem Stärkeren und zu dem Nothwendigen als dem Stärksten. Man meint, jedem Wirklichen müsse die Möglichkeit seines Seins vorhergehen und jedem Nothwendigen die Wirklichkeit. Aber dieser Schein verschwindet, wenn man festhält, dass man in der Nothwendigkeit und Möglichkeit es nur mit einer Art des Wissens zu thun hat. Das Seiende kann durch Veränderung in der Art wie es gewusst wird, aus einem wahrgenommenen zu einem möglichen und zu einem nothwendigen gemacht werden; aber alle diese Veränderungen treffen nicht das Sein oder das Wirkliche, sondern nur die Art, wie die Seele es in ihr Wissen aufnimmt. Alle Philosophen bekennen, dass die Nothwendigkeit aus dem Widerspruch kommt; sie gestehen also damit selbst, dass sie ihren Quell nur in dem Wissen hat; ebenso die Möglichkeit als

die blosse Verneinung der Nothwendigkeit. Nimmt man daher das Wissen von dem Sein hinweg, so fallen auch jene Begriffe von nothwendig und möglich, es bleibt das einfache Sein, welches diese Abstufungen nicht kennt.

47) Es ist um so auffallender, dass Kant sich von diesem Irrthume nicht frei gehalten hat, als er die Wirklichkeit demnächst ganz richtig definirt. Er sagt (K. d. r. V. 198.): „Das Postulat, „die Wirklichkeit der Dinge zu erkennen, erfordert Wahrneh-„mung, mithin Empfindung. — In dem blossen Begriff eines Dinges „kann gar kein Charakter seines Daseins angetroffen werden, denn „ob derselbe auch noch so vollständig sei, dass nicht das Mindeste „ermangele, um ein Ding mit all seinen inneren Bestimmungen zu „denken, so hat das Dasein mit alle diesem doch gar nichts zu „thun. — Die Wahrnehmung ist der einzige Charakter der Wirk-„lichkeit." Noch deutlicher sagt Kant (daselbst 207.): „Zwar hat „es den Anschein, als könne man die Zahl des Möglichen über „die des Wirklichen dadurch hinaussetzen, weil zu jener noch et-„was hinzukommen muss, um diese auszumachen. Aber dieses „Hinzukommen zum Möglichen kenne ich nicht, denn was über das-„selbe noch hinzugefügt werden sollte, wäre unmöglich. Es kann „nur zu meinem Verstande etwas hinzukommen, nämlich die Ver-„knüpfung mit irgend einer Wahrnehmung."

48) Die Nothwendigkeit wird von Kant, wie erwähnt, auf den Fall des Widerspruchs beschränkt; sonst bemerkt er ganz richtig, dass ein Seiendes erst dann nothwendig werde, „wenn es „mit einem andern Seienden als verknüpft nach allgemeinen Ge-„setzen der Erfahrung erkannt werde." Kant geht indess in seiner Beschränkung der Nothwendigkeit noch weiter und lässt sie nur für die allgemeine Folge der Unterschiede in der Zeit gelten. Er sagt: (K. d. r. V. 204.) „Da ist nun kein Dasein, was unter der „Bedingung anderer Erscheinungen als nothwendig erkannt werden „könnte, als das Dasein einer Wirkung aus gegebenen Ursachen, „nach dem Gesetz der Causalität. Hieraus folgt, dass das Kriterium „der Nothwendigkeit lediglich in dem Gesetz liege: dass alles, was „geschieht, durch seine Ursache in der Erscheinung a priori be-„stimmt sei." Kant hätte sich selbst sagen können, dass dieser Beschränkung der Nothwendigkeit auf die Zeitfolge alle Lehrsätze der Geometrie entgegenstehen, welche die Nothwendigkeit enthalten, ohne irgend eine Zeitfolge. Zwei gleiche Seiten eines Dreiecks sind für mich nothwendig mit zwei gleichen Winkeln verbunden, und umgekehrt, wenn ich den Beweis des Lehrsatzes kenne; hier ist aber weder Causalität noch Zeitfolge. In dem Sehen dieser

Schreibfeder ist das nothwendige Wissen ihres Seins enthalten; auch hier ist eine Nothwendigkeit ohne Causalität; es ist die Nothwendigkeit in der Form der Wahrnehmung.

49) Die Ansichten Hegels sind schon berührt worden. Die wahre Bedeutung der Begriffe des Nothwendigen und Möglichen konnte bei Hegel sich nicht entwickeln, weil Sein und Denken ihm identisch sind, während das Besondere dieser Begriffe gerade darin besteht, dass sie kein Seiendes bezeichnen, sondern nur eine Art des Wissens. Deshalb ist bei Hegel die Nothwendigkeit nur die entwickelte Wirklichkeit; er sagt (VI. 253.): „Wenn von etwas „gesagt wird, es sei nothwendig, so fragen wir zunächst nach dem „Warum? Das Nothwendige soll sich damit als ein Gesetztes, als „ein Vermitteltes erweisen. Bleiben wir indess bei der blossen „Vermittlung stehn, so haben wir noch nicht dasjenige, was unter „Nothwendigkeit verstanden wird. Das bloss Vermittelte ist das, „was es ist, nicht durch sich selbst, sondern durch ein Anderes, „und damit ist es auch ein bloss Zufälliges. Von dem Nothwen„digen dagegen verlangen wir, dass es das, was es ist, durch sich „selbst sei und somit, vermittelt zwar, doch zugleich die Vermitt„lung als aufgehoben in sich enthalte."

50) Hegel bemerkt hier zunächst richtig, dass man bei dem Nothwendigen nach dem Warum fragt, also nach dem Grunde. Dies zeigt, dass das Nothwendige nicht im Sein enthalten ist, sondern in dasselbe erst durch die Gründe, welche dem Wissen angehören, eingeführt wird. Statt indess diesen Gedanken zu verfolgen, lässt Hegel ihn fallen und verdunkelt die Auffassung damit, dass er die Vermittlung, welche eben die Begründung im Wissen bezeichnet, zu einem Seienden erhebt und die aus solcher falschen Auffassung hervorgehenden Schwierigkeiten damit niederschlägt, dass er den Widerspruch für die ächte Wahrheit erklärt.

51) Die Definition des Zufalls leidet bei Hegel an demselben Mangel. Er sagt (VI. 288.): „Das Zufällige ist ein solches, welches „den Grund seines Seins nicht in sich selbst, sondern in Andern „hat." — Aber durch solche Beziehung auf ein Anderes wird das Zufällige gerade sein Gegentheil, ein Nothwendiges. Die Folge aus dem Grunde, die Wirkung aus der Ursache haben ihr Sein in einem Andern und sind durch die Beziehung auf dies Andere in der Nothwendigkeit. Zufall ist vielmehr das ohne solche Beziehung und Begründung Vorgestellte. Hegel sagt selbst kurz vorher: „Das „Zufällige ist das Wirkliche in der Bedeutung eines bloss Mög„lichen; es kann sein und auch nicht sein; so oder auch anders „sein," also (sollte man erwarten), ein solches, welches als an nichts

gebunden vorgestellt wird; statt dessen aber folgt das Gegentheil: „dessen Sein oder Nichtsein nicht in ihm selbst, sondern in Andern „begründet ist.“ Dieses ist nicht die Definition des Zufälligen, sondern des Unselbstständigen.

52) In Folge dieser falschen Auffassung ist für Hegel der Zufall als solcher ein Seiendes; Hegel sagt (VI. 290.): „Ob nun schon „die Zufälligkeit nur ein einseitiges Moment der Wirklichkeit ist, „so gebührt derselben doch, als einer Form der Idee überhaupt, „auch in der gegenständlichen Welt ihr Recht. — Es ist ganz „richtig, dass die Aufgabe der Wissenschaft und näher der Philo„sophie überhaupt darin besteht, die unter dem Schein der Zufällig„keit verborgene Nothwendigkeit zu erkennen; dies darf jedoch „nicht so verstanden werden, als ob das Zufällige bloss unserer „subjektiven Vorstellung angehöre, und deshalb, um zur Wahrheit „zu gelangen, schlechthin zu beseitigen sei. Wissenschaftliche Be„strebungen, welche einseitig diese Richtung verfolgen, werden dem „gerechten Vorwurf einer leeren Spielerei und eines steifen Pedan„tismus nicht entgehn.“

53) Diese Stelle enthält einen höchst bedenklichen Satz für das Erkennen. Wenn der Zufall ein Seiendes ist, wenn in der Natur nicht Alles nach festen Gesetzen sich vollzieht, und wenn dabei für die Grenze zwischen Gesetz und Zufall keine erkennbare Bestimmung gegeben werden kann, so ist der Willkür des Denkens Thür und Thor geöffnet. Jede Regel, welche die Willkür setzt, kann sich dann vertheidigen; was zu ihr nicht passen will, wird unter die Kategorie des daneben bestehenden Zufalls gebracht. Was lag dann z. B. näher, als die in dem Farbenspektrum des Prisma sich zeigenden feinen schwarzen Striche als eine Zufälligkeit zu nehmen, mit denen der Naturforscher sich nicht mühen dürfe, wenn er nicht „dem Vorwurf eines steifen Pedantismus sich aussetzen wollte.“ Und doch lag in diesen Strichen der Grund zu den wichtigsten Entdeckungen über die Natur und die Gesetze des Lichts; die ganze Lehre der Interferenz des Lichts ist daraus hervorgegangen.

54) Hegel hat von dieser Aushülfe des Zufalls in der Rechtfertigung seiner Begriffe den ausgedehntesten Gebrauch gemacht; aber es ist dies auch einer der grössten Mängel seiner Philosophie. Der Begriff ist bei Hegel der vornehme Herr, der sich um Kleinigkeiten und geringfügige Dinge nicht kümmert, sie So und Anders sein und geschehn lässt, so weit es ihnen beliebt. Aber in Wahrheit ist damit nur die Vornehmheit und Bequemlichkeit des Wissenden ausgesprochen, der in dem Seienden willkürlich eine Grenze zwischen Erheblichem und Zufälligem oder Werthlosem zieht

und damit die Untersuchung nach seiner Bequemlichkeit begrenzt. Der wahre Forscher kennt solche Grenze, solchen Unterschied nicht; ihm ist nichts zufällig und sein Ziel ist, die Gesetzlichkeit auch für das Geringste und Unbedeutendste zu finden; die Frage des Werths bleibt dabei ganz aus dem Spiele; sie ruht auf dem Interesse und dem Gefühle, welche bei der Erforschung der Wahrheit keine Stimme haben.

55) Anders gestaltet sich die Frage in dem Gebiete, wo der freie Wille auftritt, in dem Gebiete des menschlichen Handelns. Hier kann nicht alles Geschehen als ein Nothwendiges aufgefasst werden; der freie Wille durchbricht die Regel; er ist für den dritten Beobachter dasselbe wie der Zufall. Deshalb ist die Darstellung der Geschichte des menschlichen Handelns eine andere, als die Darstellung des Geschehens in der Natur; dort kann nicht alles auf Nothwendigkeit und Gesetze zurückgeführt werden. Dies wäre da, wie Hegel sagt, in Wahrheit ein steifer Pedantismus. Aber es ist nicht blos das geringfügige, das werthlose der Geschichte, welches sich hier der Nothwendigkeit entzieht, sondern ebenso oft auch das Grösste und Erhabenste derselben. Selbst in diesem Gebiete bleibt daher die Nothwendigkeit des Begriffs und seiner Entwickelung im Hegel'schen Sinne ohne Wahrheit. Hegel gestattet wohl dem Zufalle oder vielmehr der Freiheit, als mitwirkende Mächte neben dem Begriffe aufzutreten, aber es soll ihnen nur das Werthlose und Unwahre angehören, eine Beschränkung, die durchaus unwahr ist.

56) Die fatalistische Ansicht, welche das ganze menschliche Handeln als nothwendig auffasst und Zufall und Freiheit davon gänzlich ausschliesst, ist folgerichtiger als die Auffassung Hegels, aber sie widerstreitet den Ergebnissen der Selbstwahrnehmung. Diese giebt die Gewissheit der eignen grundlosen Freiheit. Diese Ansicht erlangt deshalb auf das Handeln des Einzelnen keinen Einfluss, und wo es solchen Schein hat, ist es nur die Trägheit, welche sich unter diesem Vorwand dem Handeln zu entziehen sucht. Bei ernstlichen Gefahren vergisst auch der Türke seinen Fatalismus und sucht der Gefahr zu entgehn oder sich gegen sie zu wehren.

57) Das Zufällige wird, in einem andern Sinne, als Gegensatz des Absichtlichen gebraucht. So sagt schon Aristoteles (Metaphysik V. 30.): „Zufälligerweise ist man z. B. nach Aegina ge„kommen, wenn man nicht dahin gekommen ist, um dahin zu „kommen, sondern vom Sturm verschlagen oder von Räubern ge„fangen.“ Das Zufällige in diesem Sinne hat seine grosse Bedeutung in dem Rechtlichen und Sittlichen. Der Gegensatz von Zufällig und Absichtlich ist indess nur derselbe Gegensatz wie von

Möglich und Nothwendig; es sind keine neuen Begriffe. Nur die Nothwendigkeit, in der ich das einzelne Geschehen auffasse, macht das absichtliche Handeln möglich. Ohne Gesetze, welche das Eine als Folge an das Andere knüpfen, ist die Erreichung eines Zieles durch absichtliches Handeln nicht möglich. Das absichtliche Handeln ist deshalb das Handeln mit dem nothwendigen Wissen der Folgen. — Aber der Handelnde kennt nicht alle Umstände und Gesetze, welche an seine That sich anhängen. So weit diese in die Reihe der Folgen seiner That eingreifen, ist die Wirkung für ihn zufällig, d. h. nicht nothwendig, also möglich. — Die Grenze zwischen Absichtlichem und Zufälligem ist also auch hier nur durch das Wissen des Handelnden bedingt. Für den Einen ist dieselbe Folge notwendig, für den Andern zufällig, je nach seiner Kenntniss.

58) In der Ethik wird zwischen dem Absichtlichen und Zufälligen das Fahrlässige eingeschoben. Dies ist das Zufällige, was der Handelnde als nothwendig hätte wissen können. Es tritt hier jener Begriff des Könnens, des potentia Seins wieder auf. Es ist damit gesagt, dass in dem Handelnden eine Kraft vorhanden ist, welche in dem Fortgang ihrer Aeusserung zu dem Voraus-wissen dieser Folgen nothwendig geführt hätte. Deshalb ist in dem Fahrlässigen das potentia Wissen der Folgen, nur das actu Wissen ist nicht eingetreten, weil sein Begehren oder Wollen die Hemmnisse jener Kraft nicht beseitigt hat. In der Bestrafung der Fahrlässigkeit haben die ethischen Auffassungen geschwankt. In den ersten Zeitaltern wird das potentia Wissen dem actu Wissen gleichgestellt; die Fahrlässigkeit wird so hart, wie die absichtliche That bestraft; so in dem alten Testament und in den Heldensagen der Griechen. Erst später bildete sich die Ansicht, dass das potentia Wissen gelinder zu strafen sei. Der Rechtsformalismus verleugnet noch gegenwärtig diesen Unterschied, weil er ihm nicht greifbar genug ist.

59) Mit der nothwendigen Vorstellung schliesst die Darstellung der Wissens-Arten. Ausser den sechs dargestellten Arten sind keine weiter in dem menschlichen Wissen vorhanden. Für die Wahrheit an sich haben diese Unterschiede, in denen ein und derselbe Inhalt gewusst werden kann, keine Bedeutung; man könnte eher einen nachtheiligen Einfluss ihrer auf die Erkenntniss der Wahrheit annehmen; denn es hängt allen diesen Arten des Wissens eine Empfindung an, welche nicht vollkommen in Wissen sich umwandelt und durch ihre Gegenwart das reine Spiegeln des Wissens trübt, gleich dem farbigen Spiegelglas, was den gespiegelten Gegenständen eine vom Spiegel ausgehende Färbung anhängt.

60) Deshalb fällt es dem natürlichen Vorstellen so schwer, die in diesen Wissensarten enthaltenen Bestimmungen nicht als Eigenschaften der Dinge selbst zu nehmen, und die Sprache, welche dem natürlichen Vorstellen entsprossen ist, hat ihre Formen dafür so gebildet, dass selbst die wissenschaftliche Darstellung nicht überall vermag, diesen falschen Schein von sich abzuhalten. — Im Allgemeinen stehen die Wissens-Arten den Beziehungen näher als dem Vorstellen des Seienden. Man könnte sie Beziehungen zwischen Sein und Wissen nennen, während die eigentlichen Beziehungen nur Seiendes auf einander beziehen. Es giebt aber auch eine Beziehungsform, welche nur Vorstellungen auf einander bezieht, dies ist die Begründung, welche der Gegenstand des folgenden Abschnittes ist.

# Die Begründung.

1) Die Beziehungsform der Begründung bezieht Unterschiedenes, wie jede andere Beziehung. Die Bezogenen sind hier Vorstellungen; die eine heisst der Erkenntnissgrund oder schlechtweg der Grund, der andere die Folge. Zu ihr gehört der logische Schluss (Syllogismus) und der Beweis, welcher sich aus mehreren Schlüssen aufbaut (Demonstration).

2) Die Begründung hat eine grosse Aehnlichkeit mit der Ursachlichkeit; so gross, dass die Worte: Ursache und Grund, Wirkung und Folge fortwährend im Leben, wie in der Wissenschaft verwechselt, oder als gleichbedeutend gebraucht werden. Schopenhauer hat eine besondere Abhandlung: „Die vierfache Wur„zel des Satzes vom zureichenden Grunde“, geschrieben, um den Unterschied beider möglichst klar zu machen und die Gefahren ihrer Verwechslung aufzuzeigen. Die Aehnlichkeit und Unähnlichkeit beider ist leicht darzulegen; die Ursachlichkeit bezieht Seiendes, was in der Zeit auf einander folgt; das Vor ist die Ursache, das Nach ist die Wirkung. Die Begründung bezieht nur Vorstellungen auf einander; sie kennt auch kein Vor und kein Nach. Der Grund und die Folge sind zugleich oder vielmehr frei von der Bestimmung der Zeit. So ist in den Beweisen der Geometrie die Zeit ganz ausgeschlossen und wo die Zeit irgendwo in der Begründung mit eintritt, kann der Grund ebenso gut das Nach als das Vor sein, während die Ursache allemal das Vor sein muss.

3) Die Aehnlichkeit der Ursachlichkeit mit der Begründung besteht darin, dass beide Unterschiedenes auf einander be-

ziehen, und dass dies Beziehen selbst in beiden gleicher Natur ist; in beiden soll das eine aus dem andern hervorgehen; die Wirkung soll aus der Ursache, die Folge aus dem Grunde hervorgehen. Was bei der Ursachlichkeit die Erzeugung ist, das ist bei der Begründung die Entwickelung; so wie in jener die Wirkung von der Ursache erzeugt wird, so soll hier die Folge sich aus dem Grunde entwickeln. Wirkung und Folge liegen gleichsam eingehüllt in der Ursache und dem Grunde. So wie bei der Ursachlichkeit der Begriff der Erzeugung nur eine Wissens-Beziehung und kein Seiendes ausdrückt, so ist auch bei der Begründung die Entwickelung nur Beziehung und bezeichnet kein seiendes Hervorgehen der einen Vorstellung aus der andern.

4) Das Wesen der Begründung ist die Stützung der Gewissheit eines Wissens auf die Gewissheit eines andern Wissens. Ihr Zweck geht wohl auf Wahrheit, aber nur auf die Wahrheit in der Form der Gewissheit. Das wahre Wissen allein ist für die einzelne Seele nicht ausreichend; sie will auch wissen, dass sie die Wahrheit besitze, sie bedarf der Gewissheit ihrer Wahrheit. Ohne die Gewissheit wäre die Wahrheit für die einzelne Seele ohne Werth. Der Zweck der Begründung ist nur diese Gewissheit und zwar wird bei der Begründung die Gewissheit einer Vorstellung aus der Gewissheit einer andern Vorstellung abgeleitet; diese andere Vorstellung ist der Grund und jene abgeleitete ist die Folge.

5) Die Begründung gilt deshalb nur für das mittelbare Wissen, dessen Natur ist, auf einem andern Wissen zu ruhen. Das unmittelbare Wissen, wie es die Wahrnehmung giebt, bedarf keiner Begründung; es hat als Wahrgenommenes die Wahrheit und die Gewissheit schon in sich selbst. Ebenso hat das sich Widersprechende die Gewissheit seines Nichtseins unmittelbar in sich, dieses Nichtsein wird auf kein anderes Wissen daneben gestützt. Wenn später in der Philosophie auch für die Wahrheit des unmittelbaren Wissens eine Begründung gesucht wird, so ist dies nur eine versuchte Ausdehnung dieses Begriffes, die zunächst hier ausser Acht gelassen werden kann; sie wird in einem spätern Abschnitt behandelt werden und dort sich als ein vergeblicher Versuch erweisen.

6) Innerhalb des mittelbaren oder abgeleiteten Wissens hat die Begründung ihre alleinige Bedeutung. Wenn ich die Stimme meiner Frau im Nebenzimmer höre, so ist die Wahrnehmungsvorstellung dieses Tones der Grund für mein Wissen, dass die Frau in dem Nebenzimmer ist. Von der Stimme wird auf die ganze Frau geschlossen; jenes Wissen um die Stimme ist der Grund und

das Wissen von der Frau die Folge. Wenn ich den Zeiger meiner Wanduhr auf der 12 stehen sehe, so ist dieses Wissen der Grund von dem Wissen, dass 12 Glockenschläge geschehen werden, als Folge. Umgekehrt folgt aus dem Hören dieser 12 Schläge das Wissen von dem Stande des Zeigers. — Wenn ich von diesem Dreieck das Wissen habe, dass es zwei gleiche Seiten hat, so ist dieses Wissen der Grund und das Wissen, das es zwei gleiche Winkel hat, die Folge. — Umgekehrt ist, wenn das Wissen der gleichen Winkel das erste ist, dies der Grund und das Wissen der zwei gleichen Seiten die Folge. — Mit dem Wissen des gestiegenen Thermometer als Grund verbindet sich das Wissen von grösserer Wärme als Folge; umgekehrt aus der grösseren Wärme als Grund folgt das Wissen der gestiegenen Quecksilbersäule. — Aus dem Wissen von der Endung eines lateinischen Wortes auf er als Grund folgt das Wissen, dass das Wort ein Masculinum ist. Aus dem Wissen, dass dieser ein Mensch ist, folgt das Wissen von seiner Sterblichkeit; das Wissen von dem Menschen ist der Grund, und das Wissen von seiner Sterblichkeit die Folge.

7) In all diesen Beispielen sind Grund uud Folge von einander unterschiedene Vorstellungen, ebenso wie Ursache und Wirkung unterschiedene Seiende sind. Der Unterschied der Begründung von der Ursachlichkeit liegt nur darin, dass jene auf Vorstellungen, diese auf Seiendes geht, und dass diese nur das Vor zu dem Nach bezieht, während jene auch das Nach als Grund für das Vor behandelt und selbst das reine Neben ohne Zeitfolge so bezieht, wie die obigen Beispiele ergeben.

8) Es entsteht nun die Frage worauf beruht es, dass die Seele zwei Vorstellungen in dieser Form bezieht und wie kommt es, dass mittelst dieser Beziehung die Gewissheit der einen Vorstellung auch die Gewissheit der andern herbeiführt? Man hat zur Erklärung dessen vielfach die Entwickelung der Folge aus dem Grunde als das, diese Gewissheit wirkende bezeichnet. Es ist derselbe Gedanke, mit dem die Erzeugung zur Erklärung der Wirkung aus der Ursache benutzt wird. Aber so wie die Erzeugung bei der Ursachlichkeit sich als kein seiender Vorgang ergeben hat, so ist auch die ihr nachgebildete Entwickelung nur ein Geschöpf der Seele und kein wirklicher Vorgang in der Seele, vermöge dessen aus einem Wissen sich ein anderes gleichsam herausschälte und herauswickelte. Von solcher Entwickelung aus einem andern Wissen lässt die aufmerksamste Selbstbeobachtung keine Spur erkennen, und es wird später an den Beispielen aus der Hegel'schen Philosophie gezeigt werden, dass die da mit so grosser Anmassung auftretende dialektische Entwickelung

nur auf eine blosse Aehnlichkeit der Begriffe hinausläuft und alles weitere Täuschung ist.

9) Der Grund für die Entstehung und Wirksamkeit dieser Beziehungsform liegt vielmehr, wie bei der Ursachlichkeit, in der seienden Verbindung der Gegenstände, deren Vorstellungen als Grund und Folge bezogen werden. Diese Verbindung kann jede Art der Einheit oder der Verbindung im engeren Sinne sein und diese Verbindung kann sowohl die eines einzelnen Falles, wie eine allgemeine sein. Ihre Wirksamkeit für die Begründung bleibt überall dieselbe. Zur Wirksamkeit dieser Verbindung gehört noch die gewisse Kenntniss derselben.

10) Um deshalb ist das Gebiet der Begründung weit ausgedehnter als das der Ursachlichkeit; dieses ist nur auf die Fälle beschränkt, wo Unterschiedene der Zeit nach und allgemein verbunden sich zeigen, nur da kann die Beziehung der Erzeugung angewendet werden; die Begründung, welche es nur mit der Gewissheit der Vorstellungen zu thun hat, kann dagegen jede Verbindung Unterschiedener benutzen, wie schon obige Beispiele gezeigt haben.

11) Wenn ich die Stadt Dresden sehe, so ist dieses Wissen der Grund für das andere, dass die Elbe dort fliesst; obgleich die Verbindung der Elbe mit Dresden nur ein einzelnes Neben-einander ohne Zeitfolge ist und keines die Ursache von dem andern. An dem Kleide erkenne ich meinen Freund; das Sehen jenes ist der Grund, das Wissen, dass der Freund darin steckt, ist die Folge. Auch hier ist nur eine einzelne Verbindung ohne Ursachlichkeit vorhanden, und dennoch ist die Wirksamkeit dieser Verbindung für die Begründung und Gewissheit der Folge vollständig vorhanden. Das Wissen, dass in diesem Kreise meines Gartenweges der Halbmesser sechsmal herumgelegt werden kann und so ein Sechseck erzeugt, ist die Folge; der Kreis ist der Grund. Die Verbindung ist hier zwar eine allgemeine, aber ohne Zeitfolge, und Grund und Folge können ihre Rollen hierbei vertauschen. Die zeitliche Verbindung der Unterschiedenen in der Ursachlichkeit kann natürlich auch zur Begründung benutzt werden; aber auch da geht die Begründung weiter, indem die Rolle des Grundes und der Folge zwischen Ursache und Wirkung wechseln kann, ohne die Begründung zu hindern, wie das frühere Beispiel mit dem Thermometer zeigt.

12) Dieser eigenthümliche Unterschied der Begründung erklärt sich daraus, dass es sich bei ihr nicht um ein Seiendes, sondern nur um eine Wissens-Art, die Gewissheit handelt. Obgleich dieses Wissen auf ein Seiendes geht, ein solches vorstellt, so sollen doch in der Begründung nicht die Seienden als solche aus einander abgeleitet werden, sondern nur das Wissen von ihnen. Deshalb ist die

Begründung frei von dem Zwange der Zeitfolge und deshalb begnügt sie sich auch mit der Verbindung eines einzelnen Falles.

13) Insoweit die Gewissheit, um die es sich bei der Begründung handelt, zugleich eine Wissens-Art, d. h. ein mit Empfindung verbundener seiender Zustand der Seele ist, rückt die Begründung der Ursachlichkeit näher. Die Begründung ist nur die Beziehung zweier Empfindungs-Wissens-Zustände der Seele und erfordert zu ihrer Anwendung die seiende Unterlage, dass diese Zustände auch wirklich einer den andern zur Folge haben, dass die Gewissheit der einen Vorstellung auch wirklich die Gewissheit der andern nach sich zieht. Erst dann, wenn diese seiende Folge vorhanden ist, kommt die Seele, wie dort mit der Ursachlichkeit, hier mit der Beziehungsform der Begründung herbei, und erhebt die eine zu dem Grunde, die andere zur Folge. Die Seele erfindet dann zur innigern Einung von Grund und Folge den Begriff der Entwickelung der Folge aus dem Grunde; ein Begriff, der wie der der Erzeugung nur dem Interesse des Wissens dient.

14) Die seiende Unterlage, die Folge der Gewissheit der einen Vorstellung, wenn die andere gewiss ist, beruht, wie bei der Ursache, in der Verbindung ihres Gegenständlichen im Sein. Weil die Stimme meiner Frau mit ihrer Gestalt im Sein, in der Wirklichkeit geeint ist und die Gewissheit dieser Verbindung in mir ist, deshalb wirkt die später eintretende, auf nur eines von beiden beschränkte Gewissheit auf die Gewissheit des Wissens von dem Wiederdasein des Andern. Weil der geometrische Lehrsatz mir von früher gewiss is, deshalb tritt mit dem spätern Sehen eines Kreises auch die Gewissheit wieder ein, dass der Halbmesser den Umring in 6 Theile theilt. Allgemein ausgedrückt tritt, wenn die Verbindung von zwei gegenständlichen Bestimmungen gewiss gewusst wird, mit der Gewissheit der einen auch die Gewissheit der andern wieder ein. Dies ist die seiende Unterlage der Begründung; das was sie dazu noch hinzufügt, ist der Beziehungs-Begriff der Entwickelung der Folge aus dem Grunde; eine Zuthat, die nur im Interesse der innigeren Einung beider für das Wissen der Seele erfolgt.

15) Die seiende Unterlage der Begründung zeigt sich damit in einer grossen Einfachheit; sie bildet nur eine Anwendung von dem Satze des Widerspruchs. Wenn Unterschiedenes im Sein verbunden ist, und diese Verbindung gewiss gewusst wird, so ist es nur eine Tautologie, wenn die spätere Gewissheit des einen auch die Gewissheit des andern zur Folge hat, die Unmöglichkeit des Widerspruchs nöthigt dazu. Die Begründung wiederholt also nur das,

was wir bereits wissen; der Grund kann für den nicht wirken, der nicht schon seine Verbindung mit der Folge kennt.

16) Wenn dennoch die Begründung im Leben und in den Wissenschaften eine so bedeutende Rolle spielt, so beruht dies nicht auf diesem wirklichen Vollzug derselben, sondern auf der oft vorhandenen Schwierigkeit, den Begriff, welcher den Grund abgiebt, in dem Gegebenen aufzufinden und die Gewissheit dieses Ersten von beiden Gliedern der Beziehungsform zu gewinnen. Ist aber dieses geschehen, ist diese Gewissheit gewonnen, so ist die eigentliche Begründung selbst, d. h. die Verknüpfung der Folge und ihrer Gewissheit mit dem Grunde ein in den Gesetzen der Seele so fest begründetes Geschehen, dass es sich ganz von selbst vollzieht, gar nicht zu hindern ist und keine besondere vom Willen geleitete Thätigkeit der Seele in Anspruch nimmt.

17) So kann ich zweifeln, ob dieser Ton, den ich höre, die Stimme meiner Frau enthält, so kann ich zweifeln, ob diese Krankheit ein kaltes Fieber ist, so kann ich zweifeln, ob dieses Schriftstück einen gültigen Vertrag enthält; aber wenn diese Zweifel erledigt sind, wenn die Gewissheit dieser Ersteren gewonnen ist, so ist dann, die Kenntniss der Verbindung vorausgesetzt, die Gewissheit des Daseins der Frau, oder die Gewissheit, dass dem Kranken Chinin helfen wird, oder die Gewissheit, dass das Schriftstück klagbar ist, so selbstverständlich, dass diese Folgerung kein Unbefangener als etwas besonderes und schwieriges, oder als einen eigenthümlichen Vorgang in der Seele behandelt; vielmehr wird dieser Akt von dem natürlichen Vorstellen völlig übersprungen; es ist sofort bei der Folge, ohne die Wissens-Bewegung dahin zu beachten.

18) In den Lehrbüchern der gewöhnlichen Logik wird die Darstellung der Begründung an den logischen Schluss (Syllogismus) angeknüpft. Sie bleibt deshalb mangelhaft und erschöpft diese Beziehungsform nicht, welche ebensowohl für die Einzelverbindung anwendbar ist wie für die allgemeine, die allein in dem logischen Schlusse auftritt. Eine Folge ist, dass man den Begriff der Begründung überhaupt auf den logischen Schluss beschränkt, und dass die wahre Natur der Begründung damit verdeckt wird.

19) Im logischen Schluss ist bereits in den Prämissen eine Verbindung Unterschiedener gesetzt, und die ganze Bewegung des Wissens dabei ist, die in dem Obersatz allgemein ausgesprochene Verbindung in dem Schlusssatz für einen beschränkten, aber in dem Obersatz schon mit umfassten Begriff oder für ein Einzelnes zu wiederholen. Der logische Schluss ist deshalb, wenn die Prämissen

gegeben sind, eine reine höchst langweilige Tautologie, die jeder Unbefangene in seinem Denken überspringt; weil sie sich von selbst versteht und nur auf dem Satze des Widerspruchs ruht.

20) Aber die wahre Begründung, wie sie oben dargestellt worden, ist nicht diese Tautologie, sondern die Verknüpfung eines Anderen an ein Gegebenes. Auf die gestiegene Quecksilbersäule begründe ich die gestiegene Wärme, auf die Kreisgestalt gründe ich seine sechsfache Theilung durch den Halbmesser, auf das Kleid gründe ich das Dareinstecken meines Freundes. In dieser Weise allein geschieht das Begründen im Leben und im natürlichen Vorstellen. Die Verbindung der Unterschiedenen ist nebenbei im Wissen, aber sie wird vorausgesetzt, als das Gemeinsame, von Allen bereits gekannte, und das Interesse bei dem Begründen liegt nicht in dem blossen Wiederholen dieser bekannten Verbindung, und nicht in dem Herausheben der Dieselbigkeit des vorliegenden Falles mit der Regel.

21) Die Darstellung in den Lehrbüchern legt dem entgegen allen Werth des Schliessens in dieses Herausheben der Dieselbigkeit der Verbindung im Obersatz und in der Conclusion. Es war natürlich, dass solche Behandlung der Begründung diese ganze Beziehungsform bei dem gesunden Menschenverstande in Verruf bringen musste, und dass dieser nicht begreifen konnte, weshalb von solcher einfachen Anwendung des Satzes der Dieselbigkeit so grosses Aufheben in der Schule gemacht werde.

22) Das Interesse des Erkennens liegt bei dem Begründen und Schliessen, wie schon angedeutet worden, nicht in dieser widerwärtigen Breite der sich von selbst vollziehenden Festhaltung des Identischen, sondern in dem Auffinden des terminus medius des Obersatzes in dem terminus minor des Untersatzes, oder mit andern Worten: in der Subsumtion dieses unter jenen. Diese Subsumtion oder dieses Erkennen des Begriffs des Obersatzes in dem Unterbegriffe der zweiten Prämisse ist es, worum das Interesse bei der Begründung allein sich dreht; ist diese Subsumtion einmal gefunden, oder gar, wie in dem förmlichen Schluss, dem Schüler ausdrücklich gegeben, so ist die Conclusion eine rein mechanische, in der Dieselbigkeit sich vollziehende Wissensbewegung.

23) Die Natur dieser Subsumtion ist bereits früher bei der Lehre der bekannten Vorstellungen dargelegt worden. Dies Wiedererkennen des begrifflichen Stückes in dem Einzelnen oder Besondern hat seine Bedingungen und erfordert, je nach dem Falle, reiche Kenntniss, lange Uebung, Umsicht, Aufmerksamkeit und Scharfsinn. Dieses Subsumiren ist deshalb nicht Jedermanns Sache;

auf ihm beruht aller Werth, alle Bedeutung der Wissenschaft für das Leben, und in der richtigen Vollführung dieses Thuns liegt allein das Interesse bei der Begründung. Der Obersatz ist von der Wissenschaft gegeben; die Conclusion versteht sich von selbst, auf die richtige Subsumtion des Falles kommt alles an; in ihr erkennt deshalb das natürliche Vorstellen allein den Werth der Begründung.

24) Die Besonderung des logischen Schlusses in die bekannten vier syllogistischen Figuren ist ohne alle Bedeutung für das Erkennen; sie sind nur eine geistlose Verbreiterung des Satzes der Identität, auf dem die Beweiskraft aller logischen Schlüsse beruht; sie sind nur eine lästige Wiederholung dieser Identität in werthlosen Permutationen. Wenn Aristoteles, ihr Entdecker, sie in seiner Analytik mit grosser Ausführlichkeit behandelt, so ist dies zu entschuldigen. Er war der erste, welcher diese Formen und Gesetze der Gewissheit aus den bunten Vorstellungen des Lebens aussonderte, rein heraushob, und bei der Neuheit der Sache hatte er vollkommen Recht, sie in aller Ausführlichkeit zu entwickeln. Allein jetzt, wo das Denken mit diesen Formen längst und von Jugend auf vertraut ist, wird diese breite Behandlung eines höchst einfachen Vorganges in den Lehrbüchern der Logik im hohen Grade beschwerlich.

25) Um so auffallender bleibt es, dass Kant diese höchst mechanische Thätigkeit des Schliessens aus gegebenen Prämissen als ein so besonderes behandelt, dass er aus derselben die höchste Steigerung des Geistigen, die Vernunft abzuleiten oder darin zu finden kein Bedenken hat. Er sagt (K. d. r. V· 258.): „Der Ver- „stand ist das Vermögen der R e g e l n, die Vernunft das Vermögen „der P r i n z i p i e n. Erkenntniss aus Prinzipien nenne ich, wenn „ich das Besondere im Allgemeinen durch Begriffe erkenne. So „ist denn ein jeder Vernunftschluss eine Form der Ableitung einer „Erkenntniss aus einem Prinzip. Denn der Obersatz giebt jederzeit „einen Begriff, der da macht, dass Alles, was unter der Bedingung „desselben subsumirt wird, aus ihm nach einem Prinzip erkannt wird.“ Und weiter (K. d. r. V. 261.): „In jedem Vernunftschluss denke „ich zuerst eine Regel (major) durch den V e r s t a n d. Zweitens „subsumire ich das Erkenntniss unter die Bedingung der Regel „(minor) vermittelst der U r t h e i l s k r a f t. Endlich bestimme ich „meine Erkenntniss durch das Prädikat der Regel (conclusio), mithin „a priori durch die V e r n u n f t.“

26) Hier ist deutlich zu ersehn, dass das einzige geistige oder vernünftige, was in dem Schlusse enthalten ist, nämlich die Auffindung der Regel und die richtige Subsumtion, von Kant der Ver-

nunft abgenommen, dem Verstande und der Urtheilskraft zugelegt wird, und dass er für die Vernunft nichts als die Conclusion aus diesen schon gegebenen Prämissen übrig lässt, ein Thun, das das leerste und geistloseste ist, was man erdenken kann, da es sich lediglich in der Tautologie jener Prämissen bewegt. Niemand wird darin viel Geist finden, wenn jemand sagt, dass der Mensch, wenn er einen Rock anzieht und darüber einen Mantel, doch Mensch bleibt; aber wenn das Sterbliche erst dem Menschen als Rock und dann den Gelehrten als Mantel sich umthut, so soll es nach Kant die höchste Erkenntnisskraft sein, die aussagt, dass in diesem Gelehrten noch das Sterbliche enthalten ist.

27) Die tautologische Natur des logischen Schlusses liegt darin, dass ein Begriff durch seine Besonderung und Vereinzelung nicht verändert wird; das Sterbliche bleibt Sterbliches, wenn es auch mit den besondern Bestimmungen des Menschen und des Gelehrten verbunden wird. Es ist irrig, wenn Kant meint, ein Fortschreiten des Wissens sei durch den Schluss gegeben. Dieses Fortschreiten ist nur in der Feststellung des Minor, in der Subsumtion enthalten.

28) Die Erkenntniss: dass in dem Gelehrten der Mensch enthalten ist, bietet die alleinige Erweiterung dessen, was in der Regel, oder dem Obersatz gegeben ist. Mit diesen beiden Prämissen ist aber der Fortschritt des Wissens erschöpft, die Conclusion wiederholt nur deren Inhalt. Nur darin allein hat Kant Recht, dass die Conclusion sich nicht auf die erste Quelle der Wahrheit, d. h. auf die Wahrnehmung stützt, sondern auf die zweite, den Widerspruch, oder die Nothwendigkeit der Dieselbigkeit. Aber eine „Erweiterung „der Erkenntniss durch Begriffe," wie Kant sagt, enthält die Conclusion in keinem Falle; ihr ganzer Inhalt liegt schon in den Prämissen, und ihre Wahrheit und Gewissheit ist lediglich die, dass sie dasselbe sagt, wie jene, also nur an der Wahrheit und Gewissheit jener Theil nimmt.

29) Die Fortschritte in den Wissenschaften sind nie aus solchen Conclusionen oder logischen Schlussfolgerungen hervorgegangen, sondern aus der Auffindung der Regeln (Obersätze) und aus dem Erkennen der Glieder dieser Regeln in dem Besondern und Einzelnen (Subsumtion), also aus der Feststellung der Prämissen; die Conclusion dagegen ist selbstverständlich und rein mechanisch.

30) Auch die Zurückführung mehrerer Regeln auf ein gemeinsames höheres Gesetz oder Prinzip, wie Kant sich ausdrückt, ist keine andere Thätigkeit der Seele, als die, welche überhaupt das Allgemeine und dessen Verbindungen aufsucht und erkennt. Aus

der Vergleichung und begrifflichen Trennung werden z. B. die Regeln gewonnen, dass alle Kirschbäume Blätter haben und keine Nadeln; dass alle Birnbäume und alle Aepfelbäume u. s. w. Blätter haben. Dieselbe Vergleichung und Trennung führt dann zu der höhern Regel: dass alle Obstbäume Blätter und keine Nadeln haben. Auch hier ist kein Grund abzusehen, weshalb die Auffindung der niedern Regeln dem Verstande, die der höhern der Vernunft zukommen solle, wie Kant behauptet.

31) In allen Darstellungen der Logik findet sich neben dem Denkgesetze von dem Nichtsein des sich Widersprechenden noch ein zweites, von angeblich gleicher Wahrheit und Gewissheit hingestellt, dahin lautend, dass Alles seinen Grund haben müsse. Dieser Satz soll zunächst für das Wissen gelten, aber er wird dann auch mit gleicher Gewissheit von dem Seienden behauptet, wo er sich in den Satz umwandelt: dass jedes Seiende eine Wirkung sein, also eine Ursache haben müsse.

32) Was zunächst das Wissen anlangt, so wird der Satz nur in dem Sinne der logischen Schlussfolgerung behauptet, wonach er eigentlich lauten müsste: Jedes einzelne Wissen muss auf einer allgemeinen Regel, als seinem Grunde beruhn. In dieser Fassung ist leicht die Unwahrheit solcher Behauptung zu erkennen. Der grössere Theil des Wissens bei dem einzelnen Menschen stützt sich auf Wahrnehmung und es fällt keinem Wahrnehmenden ein, die Wahrheit und Gewissheit dieses Wissens auf eine allgemeine Regel zu stützen. Wenn ich diesen Vogel fliegen sehe, so ist mir dieses Wissen ein wahres und gewisses durch die Wahrnehmung selbst und ich habe keine allgemeine Regel daneben im Kopfe, auf die ich sie stütze. Dasselbe gilt für die allgemeinen Verbindungen oder Regeln. Sie sind aus vielen Wahrnehmungen durch Induction abgeleitet, stützen sich aber auf keine höhere Regel; gerade darin besteht ihr Werth, weil sie sonst leere Tautologie wären.

33) Was dann jenes Gesetz in dem Sinne betrifft, dass jedes Seiende eine Wirkung sei und daher eine Ursache habe, so ist solche Behauptung zwar eine Voraussetzung, die für die äussere Natur allgemein angenommen wird, aber als solche Voraussetzung ist sie weit entfernt, dieselbe Gewissheit in sich zu tragen, wie sie der Satz des Widerspruchs an sich hat. Innerhalb des Geschehens der Seele gilt nicht einmal diese allgemeine Ursachlichkeit; in der menschlichen Freiheit wird eine Ausnahme anerkannt. Wäre der Satz vom zureichenden Grunde ein Denkgesetz von der Bedeutung wie das Nichtsein des Widerspruches, so wäre eine solche Ausnahme unmöglich.

34) Der Satz vom zureichenden Grunde ist, statt ein allgemeines Denkgesetz zu sein, nur der Ausdruck des Bestrebens der Seele, ihr Wissen von den vielen Einzelnen auf eine einfache Allgemeinheit zurückzuführen, woraus, wenn die rechten Begriffe gefunden sind, die Gesetze des Seienden hervorgehn. Die grosse und glückliche Anwendung, welche dieses Prinzip in der Naturforschung gefunden hat, hat zu der Annahme einer durchgehenden, allgemeinen Gesetzlichkeit und Ursachlichkeit in dem Geschehen der Natur geführt. Aber so unzweifelhaft dieser Satz jetzt gilt, so darf man nicht übersehn, dass er bloss auf Induction beruht und dass für seine Wahrheit nur vorliegt, dass in vielen Fällen diese Ursachlichkeit hat aufgefunden werden können. Die allgemeine Ursachlichkeit in der Natur ist nur Voraussetzung, die kaum eine Wahrscheinlichkeit für sich in Anspruch nehmen kann und deren ausnahmslose Gültigkeit innerhalb des Geschehens der Seele bei denen, welche den freien Willen anerkennen, nicht einmal festgehalten wird.

35) Das sogenannte Denkgesetz vom zureichenden Grunde, was in der Leibnitz-Wolff'schen Philosophie eine so grosse Rolle spielt, ist deshalb weit entfernt ein solches zu sein, und die gleiche Allgemeinheit und Gewissheit wie das Gesetz des Widerspruchs in Anspruch nehmen zu können. Auch seine Bedeutung für die Erweiterung des Wissens ist wegen der in ihm enthaltenen Tautologie nur ein Schein; es wird in der Wolff'schen Philosophie nur benutzt, um der Darstellung den Ausdruck der Gründlichkeit und des strengen Beweises zu verleihen; das Fortschreiten des Inhalts ruht aber auch bei Wolff auf andern Grundlagen.

36) Dem unbefangenen Wissen kommt es überall nicht auf den Grund, sondern auf den Inhalt seines Wissens an. Dieser Inhalt wird allerdings in der Form der Gewissheit verlangt, aber für diese Gewissheit giebt es noch andere Quellen als die Begründung durch den logischen Schluss. — Es ist deshalb auffallend, dass schon Plato und Aristoteles Empirie und Wissenschaft dadurch unterscheiden, dass die letztere allein nicht blos den Inhalt, sondern auch den Grund des Wissens enthalte. — „Der Empiriker," sagt Aristoteles (Metaphysik I. 1.), „weiss nur das Was, aber nicht das „Warum; der Theoretiker dagegen kennt auch das Warum und „den Grund." Die Philosophie ist deshalb dem Aristoteles: „die „Wissenschaft von den letzten Gründen und Prinzipien;" — „jeder „ist desto weiser, je genauer er die Gründe seines Wissens er- „forscht;" — „lehren heisst, die Gründe von etwas angeben;" — „die Sinneswahrnehmungen haben nicht den Charakter der Wissen-

„schaft, weil sie von nichts das Warum angeben, z. B. warum „das Feuer warm ist, sondern nur, dass es warm ist."

37) Solcher Auffassung liegt noch der Enthusiasmus zu Grunde, wie er sich aus dem ersten Aufbau der Wissenschaften entwickelte. In der Freude, die ersten allgemeinen Gesetze entdeckt zu haben, glaubte man in ihnen einen neuen Inhalt gewonnen zu haben, während es doch derselbe schon früher gekannte Inhalt mit derselben Gewissheit war, nur in die Form der Allgemeinheit erhoben. Dass „dieser Stein herunter fällt," wird damit nicht gewisser, dass die Regel aufgestellt wird, dass „alle Körper zur Erde fallen," und endlich auch nicht dadurch, dass Newton diesem Satze in der Gravitation den allgemeinsten Ausdruck gegeben hat. Mit solcher Allgemeinheit ist auch kein neuer Inhalt erlangt; die Gravitation steckt genau schon so in dem Fallen dieses Steines wie in dem Gesetz Newtons. Nur die Allgemeinheit der Verbindung ist damit erreicht, aber diese interessirt nicht für das Fallen dieses Steines. Dieses Wissen wird durch das Warum, welches jene Gesetze bieten, weder in seinem Inhalte vergrössert, noch in seiner Gewissheit gesteigert.

38) Der Werth der allgemeinen Regel steckt nicht, wie Aristoteles meint, darin, dass sie das Warum zu dem einzelnen wahrgenommenen Fall angiebt; dazu ist sie überflüssig, denn sie wiederholt für diesen Zweck nur, was ich schon viel gewisser in dem einzelnen Fall vor mir habe. Der Werth der Regel liegt vielmehr darin, dass sie das Wissen über die einzelnen wahrgenommenen Fälle hinaus erweitert und durch die begriffliche Allgemeinheit ihrer Glieder eine Unendlichkeit von Fällen umfasst, für die die Wahrnehmung nicht zureichen würde. — So liegt der Werth der allgemeinen Gravitation nicht darin, dass sie nur die gefühlte Schwere und Bewegung des Steines noch einmal wiederholt, sondern dass sie Bewegungen erklärt, die das Wahrnehmen in dieser Verbindung zu fassen ausser Stande ist, wie das Fallen des Mondes nach der Erde, das Fallen des Meerwassers nach dem Monde u. s. w.

39) Hegel sagt in dieser Beziehung richtig (VI. 244.): „Das „Begründete und der Grund sind ein und derselbe Inhalt. — Man „sieht z. B. eine elektrische Erscheinung und frägt nach dem Grunde „derselben; erhalten wir darauf die Antwort, die Elektricität sei der „Grund dieser Erscheinung, so ist dieses derselbe Inhalt, den wir „schon unmittelbar vor uns hatten." — Obgleich hier Hegel die Natur des logischen Grundes, d. h. die Dieselbigkeit der Conclusion mit den Prämissen richtig erkennt, so verwechselt er doch in dem

angeführten Beispiel Ursache und Grund. Ebenso, wenn er gleich darauf sagt: „Wenn ein Soldat aus der Schlacht entläuft, „um sein Leben zu erhalten, so handelt er zwar pflichtwidrig, aber „es ist nicht zu behaupten, dass der Grund, der ihn bestimmte, „nicht zureichend war, da er sonst auf seinem Posten geblieben „wäre.“ — Die Furcht des Soldaten war nicht der Grund, sondern „die Ursache seines Davonlaufens.“ Nur für den Dritten, der die Furcht des Soldaten kennt und weiss, ist dieses Wissen der Grund von dem weitern Wissen des Dritten, dass der Soldat davon laufen wird.

40) Schopenhauer hat den Satz vom zureichenden Grunde in der Schrift: „Von der vierfachen Wurzel des Satzes vom zureichenden „Grunde“ ausführlich untersucht. Der Titel müsste richtiger lauten: „Von den vier Arten der Begründung,“ die Wurzel oder der Stammbegriff bleibt überall derselbe, ist also nicht vierfach. Diese Abhandlung hat noch gegenwärtig Interesse, weil sie die Grundlagen von Schopenhauer's Idealismus und theoretischer Philosophie enthält. Die erste Art des Grundes ist nach Schopenhauer die Ursachlichkeit, welche er den Satz vom zureichenden Grunde des Werdens nennt. Die Ursache giebt er darin an als ein Seiendes, auf das ein anderes Seiendes allemal, nach einer Regel folgt. Dieses ist der Begriff von Kant; die Erzeugung der Wirkung aus der Ursache ist hier weggeblieben.

41) Diese Causalität ist nach Schopenhauer eine ursprüngliche Einrichtung unserer Seele; näher die Funktion des Verstandes, der nichts weiter ist, als zu jedem Geschehen eine Ursache zu setzen. Hierauf gründet Schopenhauer seinen Idealismus; indem das Sein des Wahrgenommenen nach ihm nur die von dem Verstand hinzugedachte Ursache zur Wahrnehmungs-Empfindung ist. — Schopenhauer erkennt hier die Ursachlichkeit wohl als ein Thun der Seele innerhalb ihres Wissens an, aber dennoch ist sein Begriff von dem in diesem Werke gegebenen sehr verschieden. Die Causalität ist bei ihm im Sein; und nur deshalb weil alles Sein bei ihm Schein ist, wird auch die Causalität, wie alle seienden Bestimmungen, wie Farbe, Gestalt u. s. w. zu einem blossen Vorstellen.

42) Als zweite Art des Satzes vom Grunde behandelt Schopenhauer das, was hier Begründung genannt worden ist. Er beschränkt aber den Begriff auf die Begründung der Urtheile und sagt (Vierfache Wurzel 99.): „Als Satz vom Grunde des Erkennens, „besagt er, dass wenn ein Urtheil eine Erkenntniss ausdrücken soll, „es einen zureichenden Grund haben muss; wegen dieser Eigenschaft

„erhält es sodann das Prädikat: wahr. Die Wahrheit ist also die „Beziehung eines Urtheils auf etwas von ihm Verschiedenes, das sein „Grund genannt wird.“

43) Schopenhauer verwechselt hier die Frage nach dem Grunde mit der Frage nach der Wahrheit. Es kann aber ein Urtheil wohl begründet und doch unwahr sein, wenn der Obersatz unwahr ist. Das Urtheil, dass es keine Antipoden geben könne, war wohl begründet, so lange man die Schwere nur in einer parallelen Richtung wirkend kannte, und von der Gravitation nichts wusste.

44) Nach Schopenhauer giebt es nun vier Arten von Gründen der Wahrheit. Diese sind ihm 1) die logische Wahrheit, welche aus der Schlussform entsteht und auf der Unmöglichkeit des Widerspruchs beruht; 2) die empirische Wahrheit, welche auf der Wahrnehmung beruht; 3) die transscendentale Wahrheit, welche auf der Kant'schen Ansicht beruht, dass die Gesetze des Raumes und der Zeit a priori der Seele gegeben sind und deshalb auch für jedes Wahrgenommene (Erscheinung) gelten. Hierher gehören alle Lehrsätze der Mathematik; 4) die metalogische Wahrheit, welche auf dem Denkgesetz von der Unmöglichkeit des Widerspruches und von der Nothwendigkeit eines Grundes für jedes Wissen beruhen soll.

45) Lässt man bei dieser Eintheilung die angebliche Idealität des Raumes und der Zeit bei Seite und nimmt man an, dass deren Gesetze ebenso wie die übrigen der Natur durch Wahrnehmung und deren Bearbeitung gewonnen werden können, eine Ansicht, die später gerechtfertigt werden wird, so fällt die sogenannte transscendentale Wahrheit Schopenhauers mit seiner empirischen zusammen. Ebenso bildet seine metalogische Wahrheit nur ein und dieselbe Art mit der logischen; denn beide ruhen auf demselben Gesetze, auf der Unmöglichkeit des Widerspruchs. Hieraus erhellt, dass Schopenhauer genau besehen, nur dieselben zwei Quellen der Wahrheit anerkennt, welche später in diesem Werke als die alleinigen dargestellt werden sollen, die Wahrnehmung und den Widerspruch.

46) Aehnlich verhält es sich mit der dritten und vierten Art des Satzes vom zureichenden Grunde bei Schopenhauer; sie sind genauer untersucht nur Unterarten, die eine von der Ursachlichkeit, die andere von der Begründung; wie sich nicht anders erwarten liess, da mit diesen beiden Formen diese besondere Beziehungsform erschöpft ist.

47) Die eine Art nennt Schopenhauer den Satz vom zureichenden Grunde des Handelns, oder die Motivation. Er meint

damit die Bestimmungsgründe für das menschliche Handeln. Allein so weit der freie Wille dabei nicht eintritt, unterliegt dieses Handeln den festen Gesetzen des Vorstellens und Begehrens und die Ursachlichkeit ist bei ihm genau dieselbe, wie bei dem Geschehen in der Körperwelt. Es ist offenbar für diese Frage hierbei gleichgültig, ob die Kette der Ursachlichkeit rein im Körperlichen bleibt, oder auch den Weg durch das Vorstellen und Begehren mit durchläuft. Schopenhauer rechtfertigt die Aufstellung einer besonderen Art nur damit, dass hier die Causalität von innen gesehen werde, während sie dort nur von aussen gesehen werde. Indess die Art der Wahrnehmung der Ursachlichkeit kann offenbar ihre Natur nicht ändern und keinen Grund zu verschiedenen Arten ihrer abgeben.

48) Die letzte Art nennt Schopenhauer den Seins-Grund. Schopenhauer bemerkt richtig, dass die Verbindungen im Seienden nicht blos in der Form von Vor und Nach stattfinden, sondern auch in der des räumlichen Neben. Insbesondere gilt dies für die Verbindungen, welche die Lehrsätze der Geometrie enthalten; sie sind frei von der Zeitfolge und keine Bestimmung in ihnen kann als die Ursache der andern angesehen werden. — Dennoch, meint Schopenhauer, müsse auch für solche Verbindungen ein Grund vorhanden sein, welchen er, zum Unterschied von der Ursachlichkeit, den Seins-Grund nennt.

49) Die Mathematik und insbesondere die Geometrie giebt Beweise für diese Verbindungen oder Lehrsätze, aber Schopenhauer ist mit diesen Beweisen nicht zufrieden, weil sie, wie er sagt, nur beweisen, dass es so sei, aber nicht warum es so sein müsse. Schopenhauer meint, auch für dieses Warum müsse in der Geometrie sich ein Grund finden lassen, und diesen Grund nannte er den Seins-Grund. — Sieht man nun seine Entwicklung dieses sogenannten Seins-Grundes näher an, so zeigt sich, dass sie auf nichts anderes als auf die Wahrnehmbarkeit oder Veranschaulichung der Verbindung der Glieder des Lehrsatzes hinausgeht. Schopenhauer sagt selbst (daselbst, 128): „Auf die Anschauung beruft man „sich in der Geometrie nur bei den Axiomen. Alle übrigen Lehr- „sätze werden demonstrirt; man weist also nur die logische „Wahrheit des Satzes nach, nicht die transscendentale Wahrheit. „Diese aber, welche im Grunde des Seins, nicht des Erkennens, „liegt, leuchtet nie ein, als nur vermittelst der Anschauung."

50) Die Geometrie hat indess ganz richtig erkannt, dass es ein Vorzug ihrer als Wissenschaft ist, möglichst wenige Sätze auf blosse Anschauung zu stützen. Die Anschauung ist für die ver-

wickeltern Fälle, wie sie die Lehrsätze enthalten, leicht Irrthümern ausgesetzt, indem dabei zu der Anschauung auch noch ein Trennen und Beziehen hinzutreten muss. Deshalb hat die Geometrie den sicherern Weg gewählt, die Lehrsätze nicht wie die Axiome auf unmittelbare Anschauung zu stützen, sondern sie aus den Axiomen durch logisches Schliessen abzuleiten. Die Gewissheit der Lehrsätze ist damit allerdings nur eine mittelbare geworden, aber sie nimmt wegen der Gewissheit ihres Mittels, der logischen Schlussfolge, nichtsdestoweniger an der Gewissheit der Axiome Theil.

51) Weiter trifft der Vorwurf Schopenhauers, dass der Seins-Grund für ihre Lehrsätze von der Geometrie nicht angegeben werde, auch seinen sogenannten Seins-Grund; denn die Anschaulichkeit, welche er statt jener Beweise bietet, giebt auch nur die Erkenntniss, dass die Glieder der Regel beisammen sind, aber keinen Grund, weshalb. Es ist wie mit dem Feuer bei Aristoteles; die Wahrnehmung des Feuers giebt die Verbindung der Wärme mit dem Licht in demselben, aber nicht das Warum dieser Verbindung. Der vierte Grund oder der sogenannte Seins-Grund der Wahrheit bei Schopenhauer ist sonach nichts als die Anschauung oder Wahrnehmung, die er bereits als Grund der Wahrheit bei der zweiten Art des Satzes vom Grunde dargestellt hat.

52) Die Abhandlung Schopenhauers über den Satz vom zureichenden Grunde hat hiernach nur das Verdienst, den Unterschied zwischen der Ursachlichkeit und der Begründung in möglichster Klarheit dargelegt zu haben; im Uebrigen hat sie für die Natur dieser Beziehungsformen nichts Neues geliefert, und vieles unaufgeklärt gelassen. In keinem Fall hat sie für die unbedingte Gültigkeit des Satzes vom zureichenden Grunde irgend einen Beweis beigebracht. Es bleibt bei der kahlen Behauptung, dass das Fordern eines Grundes für jedes Sein und Wissen eine Thatsache sei, die Niemand bestreiten könne. Aber es ist bereits oben gezeigt worden, dass es dem Wissen zunächst nur um den Inhalt zu thun ist; die Frage nach dem Warum kommt erst viel später und tritt nirgends mit der Nothwendigkeit eines Gesetzes auf; Jedermann ist auch bereit Ausnahmen zuzulassen, die man theils Zufall, theils freien Willen nennt.

53) Schon Hegel und andere vor ihm haben gegen dieses Gesetz geltend gemacht, dass, wenn es als ein allgemeines gelten wolle, es auch für sich selbst einen Grund beibringen müsse. Die Unmöglichkeit solcher Forderung leuchtet freilich ein; denn der Beweis der Wirksamkeit der Begründung kann nicht aus ihr selbst hergeholt werden. In diesem Sinne sagt schon Sextus Empiricus

adversus Mathematicos IX. § 204.: „Einer, der behauptet, dass es „keinen Grund gebe (αιτια), hat entweder für diese Behauptung „keinen Grund oder er hat einen. Im ersten Falle ist seine Be„hauptung nicht wahrer als ihr Gegentheil, im andern Falle stellt „er aber durch seine Behauptung fest, dass es Gründe giebt.“ — Mit diesem Einwand kann deshalb dieses sogenannte Denkgesetz nicht abgewiesen werden; vielmehr bedurfte es der eingehenden Erörterung, wie sie oben gegeben worden.

54) Stuart Mill hat in seinem System der Logik die Natur der Begründung ausführlich erörtert; eine kurze Prüfung seiner Ansichten wird wesentlich zum vollen Verständniss der vorgehenden Darstellung beitragen. — Mill stellt die oben behandelte Frage, ob durch den Syllogismus ein neues Wissen gewonnen werden könne? „Die, welche dieses leugnen,“ fährt Mill fort (I. 220.), „bestehn auf „der unwiderleglichen Behauptung, dass das Urtheil: Socrates ist „sterblich, in dem allgemeinen Satz: Alle Menschen sind sterblich, „schon vorausgesetzt liegt; dass wir nicht von der Sterblichkeit „aller Menschen überzeugt sein können, wenn wir nicht von der „Sterblichkeit aller individuellen Menschen überzeugt sind; dass mit„hin der allgemeine Satz, anstatt als Beweis für die Conclusion zu „dienen, nicht eher für wahr gehalten werden kann, als bis jeder „Zweifel rücksichtlich jedes einzelnen Falles aliunde beseitigt ist, „und was bleibt dann für den Syllogismus zu beweisen übrig?“ „Die Gegner erwidern darauf: Wir glauben, dass die Königin von „England sterblich ist; wir wissen dieses nicht aus direkter Beobach„tung, da sie noch nicht todt ist; wir behaupten es, weil alle Men„schen sterblich sind. Hier gelangen wir daher zur Kenntniss einer „der Beobachtung nicht zugänglichen Wahrnehmung durch ein „Schliessen in dem bekannten Syllogismus.“ — „Aber dem steht „entgegen, dass nach der Lehre aller Logiken in dem Schluss nichts „liegen darf, was nicht schon in den Prämissen behauptet ist.“ — „Der Ausflucht, dass die Prämissen die Conclusion nur implicite, „diese aber explicite enthält, kann man unmöglich wissenschaftlichen „Werth beilegen.“

55) Hier sehen wir, wie Mill einmal die leere Tautologie einer Conclusion aus gegebenen Prämissen unumwunden anerkennt; dennoch aber wieder einräumen muss, dass eine Erweiterung der Erkenntniss durch das Schliessen gewonnen werden könne. Mill sucht nach der Lösung dieses Widerspruchs. — Für uns ist diese Lösung in der vorgehenden Darstellung enthalten. Sind die Prämissen fertig gegeben, so enthält die Conclusion unzweifelhaft keine Erweiterung des Wissens, sondern die reine Wiederholung

des in den Prämissen gegebenen Inhalts. Wohl aber enthält der Schluss eine Erweiterung des Wissens, wenn es dabei darauf mit ankommt, die zweite Prämisse festzustellen, d. h. die Subsumtion des terminus minor (Socrates) unter den terminus medius (Mensch).

56) In jeder Anwendung allgemeiner Sätze innerhalb der Wissenschaft und des Lebens ist es diese Thätigkeit, welche dem Schliessenden obliegt. Die geometrischen Beweise aller Lehrsätze beruhn auf solchen Subsumtionen. Der Satz, dass der Centriwinkel doppelt so gross sei, als der Peripheriewinkel desselben Kreisbogens, beruht auf der Erkenntniss, dass der Centriwinkel den Begriff des Aussenwinkels eines gleichschenkligen Dreiecks in sich enthält, in dem der Peripheriewinkel einen von den gleichen innern Winkeln des Dreiecks darstellt. Mit dieser Subsumtion fällt dieser Lehrsatz als Conclusion unter den frühern Lehrsatz, dass der Aussenwinkel den beiden gegenüber liegenden innern Winkeln eines Dreiecks gleich sei. Diese Conclusion ist leere Tautologie; die Erweiterung des Wissens, die in dem obigen Lehrsatz entschieden enthalten ist, beruht auf der S u b s u m t i o n oder Feststellung der zweiten Prämisse. Die Conclusion eines Richterspruchs ruht auf der Thätigkeit des Richters, vermöge deren er den Fall unter den Begriff des einschlagenden Gesetzes subsumirt hat. Das Heilmittel für einen Kranken findet der Arzt nur durch die Subsumtion seines Zustandes unter den Begriff einer Krankheit, deren Heilmittel in einem allgemeinen Satz bereits ausgesprochen ist.

57) Ueberall, im Leben und in der Wissenschaft werden zwar Conclusionen gemacht, aber die Thätigkeit des Schliessenden besteht nicht bloss in der Ableitung der Conclusion aus g e g e b e n e n Prämissen, sondern zugleich in Feststellung der zweiten Prämisse selbst. Dadurch erklärt es sich dann, dass solches Schliessen eine wirkliche Erweiterung des Wissens für den Schliessenden enthält. In dem Subjekt der Conclusion, oder dem terminus minor ist nicht immer der terminus medius sofort zu erkennen; dies sogenannte Urtheilen erfordert, wie früher gezeigt worden, Kenntniss der Begriffe, Uebung und Scharfsinn. Der terminus medius ist durch die Besonderung oder die bildlichen Reste, welche mit ihm im terminus minor vereint sind, oft bis zur Unkenntlichkeit verhüllt; dies Auffinden des terminus medius ist die wahre Erweiterung des Wissens, welche das Schliessen enthält. — Damit ist jener vermeintliche Widerspruch beseitigt. Das Schliessen aus g e g e b e n e n Prämissen ist Tautologie; aber das Schliessen im gewöhnlichen Sinne enthält auch die Feststellung der zweiten Prämisse, und dann ist es eine wirkliche Erweiterung des Wissens für den Schliessenden.

58) Mill übersieht indess diese Bedeutung der Subsumtion gänzlich; er erwähnt ihrer nur beiläufig unter dem Namen der Interpretation. Dagegen stellt er, um den Syllogismus als eine Erweiterung des Wissens zu rechtfertigen, eine neue Theorie auf. Mill sagt (I. 223.): „Schliessen wir in Wirklichkeit das Urtheil: die „Königin von England ist sterblich, aus dem Urtheil: Alle Menschen „sind sterblich? Ich antworte: Nein. — (I. 234.) Der wahre Grund, „weshalb wir glauben, dass die Königin von England sterben wird, „ist der, dass ihre Väter und unsere Väter und alle andern, die mit „ihnen lebten, starben. — (I. 235.) Der Syllogismus ist ein Fol„gern vom Besonderen auf das Besondere, welches durch „eine vorausgängige, wesentlich mit ihm eins seiende Folgerung „vom Besondern auf das Allgemeine gerechtfertigt, mithin von der „Natur der Induktion ist. — (I. 241.) Der Platz, den die obere „Prämisse in unserm Schliessen einnimmt, gebührt eigentlich den „individuellen Thatsachen der Beobachtung, wovon sie das allge„meine Resultat ausdrückt; die obere Prämisse ist kein wirklicher „Theil des Arguments, sondern ein Sicherheitsmittel für die Rich„tigkeit des Verfahrens. — (I. 243.) Die der petitio principii ent„kleidete obere Prämisse in jenem Syllogismus muss also lauten: „Mein Vater, meines Vaters Vater. A, B, C, und eine unbestimmte „Anzahl von andern Menschen sind gestorben. — (I. 247.) Wir „bestehn darauf, dass die Folgerung von Besonderem auf das Be„sondere durch ein allgemeines Urtheil hindurchgehe; aber dies ist „nur eine Sicherheit für das Schliessen, nicht aber eine Bedingung. „Ein Mensch von Scharfsinn wird seine Erfahrung auf nahe liegende „Fälle ganz geschickt anwenden, obgleich er den angemessenen „allgemeinen Lehrsatz (Obersatz) nicht feststellen kann."

59) Diese Auszüge werden genügen, die Ansicht Mill's zu erkennen. Wir sehen, wie hier ein geistreicher Schriftsteller, in dem Bestreben den Syllogismus von dem Vorwurf der Tautologie zu retten, nicht ansteht, die wesentliche Natur desselben zu verleugnen. — Man kann Mill zugeben, dass ein Folgern von dem Besondern auf das Besondere in dem gewöhnlichen Vorstellen sehr häufig vorkommt, und dass die Wahrheit dabei oft gut getroffen wird, ohne dass das Gesetz oder der Obersatz gekannt ist, welcher die richtigen, mit einander in Verbindung stehenden Glieder aussagt. Aber solche Thätigkeit ist kein Schliessen, sondern gehört zur Induction, welche auf Grund der Aehnlichkeit von Besonderm zu Besonderm und zuletzt zu dem allgemeinen Gesetz fortschreitet, während das Schliessen das Umgekehrte ist und unmöglich ist, wenn es nicht von einem allgemeinen Urtheil als Obersatz ausgehn kann.

60) Es ist dies auch kein blosser Wortstreit. Mill glaubt, dass die Obersätze nur durch Induction gewonnen werden können; dass mithin die Anzahl einzelner Fälle, aus welchen durch Induction der Obersatz abgeleitet werde, die wahre und alleinige Stütze auch für die Conclusion seien. Nicht der Obersatz stützt nach seiner Meinung diese Conclusion, sondern er sowohl, wie die Conclusion stützen sich beide auf jene Anzahl beobachteter Fälle und die Bildung des Obersatzes könne deshalb auch völlig wegbleiben, der Schluss von jener Anzahl könne unmittelbar auf die Conclusion gehn. Der Obersatz sei vielmehr eine Art Luxus des Denkens; für den Schluss genüge jene Induction von dem Besondern zu dem Besondern. Aber Mill verwechselt hier die erste Gewinnung eines allgemeinen Satzes oder Gesetzes mit seinem spätern Gebrauch durch Andere, denen solches Gesetz unmittelbar als allgemeines mitgetheilt ist. Für den ersten Entdecker des Gesetzes ist die Induction in der Regel die Grundlage des Gesetzes und für ihn ruht deshalb, wie Mill bemerkt, auch alle Folgerung aus solchem Gesetze zuletzt auf dieser Induction. Aber für alle Andern, welche diese allgemeinen Sätze durch Mittheilung in der Schule, oder durch Autorität oder durch Bücher als wahr annehmen, und diese Zahl ist ausserordentlich gross, dient der allgemeine Satz als solcher, als Obersatz zur Erweiterung ihres Wissens; die Art seiner Entdeckung oder Begründung bleibt dabei ganz unberührt. Der allgemeine Satz wird auf Treu und Glauben angenommen, und als solcher zur Erweiterung des Wissens von den einzelnen Menschen benutzt.

61) Kein Arzt, kein Landwirth, kein Fabrikant, kein Handwerker ist im Stande alle die Regeln, welche er in der Schule und in der Lehre für sein Geschäft empfängt, nach ihrer Wahrheit selbst zu untersuchen; sie gelten ihm vermöge der Autorität derer, von denen er sie empfangen, als die Wahrheit. Dennoch bilden sie allein die Möglichkeit, dass er sein Geschäft betreiben, dass er alle die besondern Fälle und Einzelnheiten nach ihren wesentlichen und unwesentlichen Stücken erkennen und danach die ihnen zukommenden Folgen bestimmen kann. All sein besonderes Wissen ist nur ein Schliessen auf Grund jener empfangenen allgemeinen Wahrheiten; es sind reine Syllogismen, wobei nur der Obersatz nicht immer förmlich ausgesprochen und wiederholt wird, aber wobei er doch als solcher die alleinige Stütze bildet.

62) Mill selbst erwähnt solcher allgemeinen Sätze, die dem Andern als Lehre und als Befehl zukommen können; aber er hat die Bedeutung dieser Fälle unterschätzt; während sie doch die grosse Mehrheit des Wissens für alle die Menschen bilden, die nicht auf

Erweiterung der Wissenschaften ausgehen. — Für alle diese ist der Syllogismus das einzige und unentbehrliche Mittel, um ihr Wissen des Besondern zu bestimmen und eine wahre Erweiterung ihres Wissen, zu gewinnen; aber er ist es nur dadurch, dass ihnen nicht beide Prämissen gegeben sind, sondern nur den Obersatz und der einzelne Fall. Die Bereicherung des Wissens ensteht dadurch, dass der terminus medius in diesem einzelnen Fall wieder erkannt wird; dieses ist das neue Wissen; dagegen bleibt die Conclussion selbst, nachdem die zweite Prämisse gewonnen ist, eine leere Form, die nur in der Schule festgehalten, im Leben aber übersprungen wird.

63) Die falsche Auffassung Mill's mag daher kommen, dass sein Werk wesentlich der Lehre von der Induction gewidmet ist. Alle andere Bereicherung des Wissens fällt deshalb für ihn am leichtesten in diese Form. Weiter fehlt Mill die Erkenntniss, dass die Lehrsätze der Geometrie und Arithmetik nicht durch Induction gewonnen werden, sondern dass bei ihnen die wahre Allgemeinheit, oder die Unendlichkeit der einzelnen Fälle erschöpft werden kann. Indem ihm die Lehrsätze der Mathematik auch nur als auf Induction beruhend gelten, war es natürlich, dass die Induction zu dem allgemeinen Instrument für jede Erweiterung des Wissens ihm sich gestaltete.

# Das Explicite-Wissen und das Wundern.

1) Zur Lehre von den Wissens-Arten gehören noch zwei Begriffe, die mit denselben verwandt sind, ohne jedoch eine besondere Wissens-Art zu enthalten; es ist: das Explicite- und Implicite-Wissen und das Verwundern oder Wundern.

2) Das Explicite und Implicite hat für das Wissen eine ähnliche Bedeutung, wie das Actu und Potentia für das Sein. So wie bei diesem das Potentia-Sein nur den Keim und die erst nur im Druck sich äussernde Kraft enthält, so enthält das Implicite-Wissen die Vorstellung nur als unentwickelten Inhalt mit der, der Seele innewohnenden Kraft, diesen Inhalt herauszuheben und damit ihn zu einem Explicite-Wissen umzuwandeln.

3) Alle Philosophien, welche die Entwickelung eines Wissens oder Begriffes aus einem Andern in ihrem System behaupten, benutzen zur Bezeichnung dessen diese Begriffe des Implicite- und Explicite-Wissens. Bei Hegel werden sie durch die Worte: An sich und An und für sich bezeichnet und gehören zu den geläufigsten Grundbegriffen seiner Philosophie.

4) Wo, wie in diesem Werke, eine Entwickelung der Begriffe aus einander nicht anerkannt wird, hat das Explicite- und Implicite-Wissen eine beschränktere und veränderte Bedeutung. Es hängt dann mit dem Trennen und insbesondere dem begrifflichen Trennen zusammen. Das Implicite bedeutet dann das Wissen eines Inhaltes in der noch ungetrennten Einheit seiner Unterschiede; das Explicite-Wissen hat und besitzt diesen Inhalt als durch das Trennen herausgehoben; im Explicite-Wissen ist überall noch derselbe Inhalt, aber die Theile und Trennstücke sind auseinandergelegt und die einende Bestimmung ist nur daneben vorgestellt, so dass alles gesondert ist.

5) Das Explicite hat die Wirkung, dass das Einzelne des Inhalts der Reihe nach in grösserer Stärke, also aufmerksamer gewusst werden kann, als bei dem Implicite; die weitere Folge ist, dass die Vorstellung schneller die Natur der Bekannten mit den daran gebundenen Vortheilen annimmt.

6) Wegen dieser Verbindung des Explicite-Wissens erscheint nur dieses im Vergleich zu dem Implicite als das wahre, rechte Wissen. Indess liegt dieser Unterschied nicht in der Art des Wissens des Inhalts selbst, sondern nur in den, aus der Trennung desselben hervorgehenden Wirkungen. — Die Definition bewirkt das Explicite-Wissen der vorher nur implicite gewussten Begriffe; darin liegt ihr Werth. — Oft dienen diese Ausdrücke vom Implicite- und Explicite-Wissen auch nur zur Verdeckung der Unklarheit eines Gedankens und der Unsicherheit der Wissens-Bewegung; sie sind dann so unklar, wie ihre Unterlage.

7) Der Zustand der Verwunderung bietet für seine klare Erkenntniss ähnliche Schwierigkeiten, wie der Zustand der Achtung, deren schwierige Auffassung schon Kant beklagt hat. Ist das Verwundern ein Gefühl oder ein Wissen, oder eine Mischung von beiden? oder eine besondere Wissens-Art? Aristoteles sagt (Metaphysik I. cap. 2.): „Die Verwunderung war es, welche die Men-„schen gleich anfangs und auch jetzt zur Philosophie trieb; sie „wunderten sich zuerst über das ihnen zunächst aufstossende Be-„fremdliche, gingen dann allmählig weiter und machten die bedeu-„tenderen Erscheinungen zu dem Gegenstande fragenden Nachden-„kens, z. B. die Wandlungen des Mondes, der Sonne, die Gestirne, „die Entstehung des Alls. Fragen und sich wundern ist aber „ein Gefühl des Nicht-Wissens."

8) Dieser letzte Satz ist falsch. Fragen ist kein Gefühl, sondern ein Begehren nach Wissen. Ferner ist Wundern mit Fragen nicht ein und dasselbe. Das Wundern entsteht nur, wenn

bereits ein bestimmtes und zwar gewisses Wissen in der Seele vorhanden ist und nun dieses Wissen durch ein anderes, neu eintretendes ebenfalls gewisses Wissen mit diesem in Widerspruch geräth. Man wundert sich z. B. nur dann über das Ausbleiben eines Bekannten, wenn seine Ankunft sicher erwartet wurde; man wundert sich, wenn Jemand von vielem Wein-Trinken nicht betrunken wird, weil die Trunkenheit als eine Wirkung des Weines gewiss gekannt ist. Dagegen wundert sich Niemand, wenn ein Wein-Trinkender betrunken wird, oder ein Wasser-Trinkender nicht betrunken wird. Deshalb erregte die Speisung des Volkes in der Wüste durch Jesus ein Verwundern und wurde selbst zu einem Wunder, weil das gewisse Wissen der Anwesenden von den entgegenstehenden Naturgesetzen mit ihrer Wahrnehmung dieser Speisung in Widerspruch gerieth.

9) Das Wesen der Verwunderung liegt daher in zweierlei: in dem Eintreten eines Widerspruchs zwischen zwei Vorstellungen, und in der Gewissheit, mit der beide Vorstellungen gewusst werden. Ohne solche Gewissheit erregt der Widerspruch keine Verwunderung, sondern dient nur zur Erkenntniss der Unwahrheit. Erst die Gewissheit oder das Wissen von der Wahrheit des Vorgestellten macht den Widerspruch wunderbar und mit Recht, weil der Widerspruch nicht sein kann und hier durch die Gewissheit doch als seiend gegeben ist.

10) Der Zustand der Verwunderung gehört sonach zu den Hemmungen der Seelenzustände, wie die Achtung. Die Wissens-Art der einen Gewissheit ist durch eine andere Gewissheit gestört, in ihrem Sein gehemmt; daraus entwickelt sich die eigenthümliche Empfindung, welche das Verwundern begleitet und nichts anderes ist, als die einander hemmende Wissens-Arten der Gewissheit.

11) Vermöge der Natur dieser Wissens-Art treibt die Seele hier weit stärker zur Lösung des Widerspruchs, als bei dem Auftreten des Widerspruchs in dem blossen Vorstellen. Deshalb liegt in dem Wundern ein Antrieb zur Ermittelung, welche dieser Gewissheiten die Wahrheit enthalte und in diesem Sinne kann das Verwundern als der Anfang des Philosophirens gelten. Doch ist dieser Anlass nicht immer so wirksam, wie Aristoteles meint. Die Trägheit oder die Lust an dem Wunderbaren wirkt oft umgekehrt und lässt die Seele bei dem Widerspruch beharren; dann wird das Wunderliche in den Gegenstand der Vorstellung gelegt und dieser zu einem seienden Wunder erhoben. In solchem Falle geschieht das Entgegengesetzte des Philosophirens, es wird die

Aufsuchung der Gründe zur Erklärung des Wunders abgewiesen und an dem Wunder festgehalten.

12) Die Hauptsache für das Philosophiren bleibt, dass man lerne, über Dinge sich zu verwundern, worin das gewöhnliche Vorstellen nichts Wunderbares findet. In diesem Sinne enthält das Alltäglichste die grössten Wunder; das Fallen des Steines, die Brechung der Lichtstrahlen, die Festigkeit und Allgemeinheit der Naturgesetze überhaupt sind für den höchst wunderbar, der die Abstumpfung dagegen von sich abzuschütteln vermag.

13) Das Fragen, was Aristoteles mit dem Verwundern gleichstellt, ist wohl ein Begehren nach Wissen, aber mit dem bedenklichen Zusatz, dass man das Wissen nicht selbst suchen, sondern von Andern zugebracht haben will. Das Fragen kann deshalb eher für das Ende als für den Anfang des Philosophirens gelten.

# Das schöpferische Vorstellen.

1) Der bekannte Satz: Nihil est intellectu quod non fuerit prius in sensu hatte sich als richtig bewährt bei dem bildlichen Vorstellen, desgleichen bei dem Trennen und Vereinen im Vorstellen, wie es in den früheren Abschnitten dargestellt worden ist. Wenn auch die Trenn- und die Vereins-Vorstellungen den Schein annehmen, dass sie ein Neues, nicht Wahrgenommenes enthalten, so lässt sich doch zeigen, dass das Getrennte in dem Ganzen der Wahrnehmung schon eingehüllt (implicite) enthalten gewesen, und dass das Vereinen seine Trennstücke aus dem Wahrgenommenen entlehnt hat. Bei dem Trennen geht die Seele von der Vorstellung des Ganzen aus und gewinnt mit Hülfe des Trennens und Suchens das Trennstück; bei den Vereins-Vorstellungen geht die Seele von den einzelnen Bestandtheilen aus, und eint diese durch die verschiedenen Arten der Einheitsformen zu einer Vorstellung oder zu einem Gebilde von mehreren Vorstellungen.

2) Aber mit dem Eintritt des Beziehens der Seele beginnt schon ein Wissen, was die Allgemeingültigkeit jenes Satzes widerlegt. Die Beziehungsformen sind kein Bild eines Seienden, sind nicht durch die Wahrnehmung des Seienden gegeben, sondern sind eigene Erzeugnisse der wissenden Seele, von ihr geschaffen, um ihr Wissen zu ordnen, zu übersehen und ihm eine höhere und geistigere Einheit zu geben, als die wahrgenommenen Einheitsformen ihr darbieten. Diese Beziehungsformen sind indess, wenn auch nicht durch Wahrnehmung gegeben, doch feste, ein für allemal und für alle Menschen in gleicher Art vorhandene Formen, welche ihren Grund deshalb

in der ursprünglichen Anlage der menschlichen Seele haben, und bei denen die Thätigkeit der einzelnen Seele nur in dem Gebrauch dieser ihr von Natur innewohnenden Beziehungen besteht, nicht aber in der eigenen schöpferischen Erzeugung dieser Formen. Deshalb sind diese Beziehungen nicht nach dem Denken des einzelnen Menschen verschieden, sondern sie sind dieselben für Jeden. Es bedarf nur der Anregung der in der Seele vorhandenen Anlage und es tritt dann die Beziehungsform genau in derselben Natur und Besimmtheit für den jetzt lebenden Menschen hervor, wie sie schon in der Seele der Menschen vor tausend Jahren bestanden hat und in der Seele der Menschen jenseits des Oceans ebenso besteht wie in der des Europäers. Diese Beziehungen sind der Natur der Seele innewohnende Richtungen des thätigen Wissens, welche der Einzelne weder verändern, noch vermehren oder vermindern kann. Die Beziehungsform kann in diesem Sinne angeborene Gedankenform genannt werden. Die Zweifel gegen solches Angeborensein entspringen nur aus der Verwechselung von dem blossen Gebrauche dieser Formen mit der bewussten und durch Forschen weiter entwickelten Kenntniss derselben. Schon die Gleichheit, mit der diese Beziehungsformen in den Seelen aller Menschen und aller Zeiten auftreten, zeigt auf ihre der Seele von Natur innewohnende Beschaffenheit.

3) Jener Satz, dass jedes Wissen aus der Wahrnehmung abstamme, erleidet indess noch eine weitere Beschränkung durch das in der Seele auftretende schöpferische Vorstellen. Dasselbe leitet gleich dem Beziehen seinen Inhalt nicht aus dem Wahrnehmen ab; es unterscheidet sich aber von dem Beziehen dadurch, dass während die Beziehungsformen der Inhalt selbst sind, das schöpferische Vorstellen nur die Bewegung im Wissen, oder das Mittel ist, einen neuen Inhalt innerhalb der Seele zu gewinnen. Dieser wird deshalb in der einzelnen Seele ein verschiedener, während die Beziehungsformen der gleiche Inhalt für Alle bleiben. — Der Inhalt des schöpferischen Vorstellens sind ferner auch Bilder des Seienden, was die Beziehungen nicht sind; aber es sind Bilder, welche nicht von dem Seienden durch Wahrnehmen empfangen sind, sondern die, wenn sie auch später Wirklichkeit annehmen, dieser Wirklichkeit vorhergehen, nicht ihr nachfolgen. Sie können dann besser Modelle der Wirklichkeit genannt werden.

4) Beispiele solchen schöpferischen Vorstellens sind die Werke der Dichter, der Maler, der Bildhauer und Componisten; ferner die von den Menschen erfundenen Werkzeuge und Maschinen; ferner die Pläne über die Gestaltung der Zukunft, sowohl für ganze Völ-

ker, wie für Familien und für den Einzelnen; weiter die Erfindungen in der Bekleidung, in der Zimmer-Einrichtung, in der Kochkunst. Ferner die neuen Begriffe in der Wissenschaft und in der Philosophie. Diese Beispiele zeigen, dass die Wirksamkeit des schöpferischen Vorstellens weit über das Gebiet des Schönen und der Kunst hinausgeht, auf welche man sie gewöhnlich beschränkt glaubt. — Bei vielen Werken des Gedankens oder der äusserlichen That hat das schöpferische Vorstellen nur einen Antheil; neben ihm haben andere Thätigkeiten der Seele mitgeholfen.

5) Das schöpferische Vorstellen ist bald verbunden mit der Verwirklichung seiner Vorstellungen, oder mit deren Ueberführung in das Sein, bald fehlt diese. Solche Ueberführung ist für das schöpferische Vorstellen nichts Wesentliches und viele dieser Vorstellungen sind gar nicht in der Wirklichkeit darzustellen, wie die Märchen. Auch da wo die Vorstellung eine Verwirklichung erhält, muss die Vorstellung dieser vorausgegangen sein, sonst ist jene nur das Werk des Zufalls.

6) Das Wesen des schöpferischen Vorstellens besteht in dem Eintreten von Vorstellungen in die Seele, welche sich zwar als Bilder eines Seienden geben, welche aber von keinem Seienden durch Wahrnehmung gewonnen worden sind und deshalb als eigene Schöpfungen der Seele angesehen werden müssen. Viele dieser schöpferischen Vorstellungen lassen sich, nachdem sie in die Seele eingetreten sind, zerlegen und in Bestandtheile trennen, welche als solche schon früher in der Seele gewesen sind und in der Wahrnehmung ihren Ursprung haben; aber dieser Umstand hebt das Originale der *ganzen* Vorstellung nicht auf.

7) Zur tieferen Einsicht in die Natur des schöpferischen Vorstellens ist eine Betrachtung seiner verschiedenen Richtungen erforderlich. — Die nächste Frage ist, ob das schöpferische Vorstellen auch solche *einfache* eigenschaftliche Bestimmungen erzeugen kann, wie deren in den Abschnitten von der Sinnes- und Selbstwahrnehmung dargestellt worden sind. Hier zeigt sich, dass dies nur bei einzelnen Arten derselben geschehen kann, aber nicht bei allen. Die Seele kann keine neuen einfachen Farben, neben den vier in der Wahrnehmung gegebenen, roth, gelb, blau, weiss erfinden; ebenso keine neuen eigenschaftlichen Bestimmungen des thätigen und reinen Fühlens; ausser Druck, Zug, Bewegung, Temperatur, glatt und rauh kann die Seele sich nichts zu diesem Sinne gehöriges an einfachen Bestimmungen erzeugen; dasselbe gilt für die Bestimmungen des Geschmackes und Geruches. Ebenso vermag die Seele sich keine neuen einfachen Seelenzustände vorzustellen; sie

kann über das Wissen, Fühlen und Begehren nicht hinaus, alles was sie ersinnt, fällt, in seine Elemente aufgelöst unter diese bereits durch Selbstwahrnehmung dem Wissen zugeführten Zustände.

8) Dagegen kann das schöpferische Vorstellen der Seele sich wirksam zeigen in den einfachen Bestimmungen der Gestalt, der Grösse des Grades, des Raumes und der Zeit und in dem Gebiet der Töne. In keinem Gebiet wird das schöpferische Vorstellen mehr geübt, als in dem der Gestalt. Die Muster der Tapeten, der Kleiderstoffe; die Arabesken und andere Verzierungen in der Malerei und Baukunst; die Erfindungen in dem Schnitt und der Gestalt der Kleider; die phantastischen Gestalten der Engel und Teufel in der christlichen und ähnlicher in den heidnischen Religionen, die Einrichtung der Wege und Plätze eines Gartens, die Säulen der Baukunst, die künstlichen Phantasieblumen sind Beläge hierfür. Die Gestalt ist in all diesen Fällen nicht aus einer Wahrnehmung entnommen, sondern das reine Erzeugniss der Seele. In keinem Gebiete erscheint das schöpferische Vorstellen so ausgedehnt und leicht wirksam, wie in diesen. Selbst der Knabe malt seine originalen Gestalten und Linien auf die Tafel.

9) Zu den originalen Vorstellungen in dem Gebiete der Grösse gehören das Colossale der menschlichen Gestalt, die Vorstellungen der kleinen Liliputaner, des Lebensalters der Erzväter in der Bibel; die Vorstellung jenes Trompetentones am jüngsten Gericht, der über die ganze Erde erschallt. Ferner die Vorstellungen von der Allwissenheit, Allmacht Gottes; die Vorstellung von der Stärke der Riesen und von den unendlichen Schmerzen der Hölle. Das Originale in allen diesen Vorstellungen liegt nur in der Grösse. Solche originale Grössenvorstellungen haben weniger den Schein eines schöpferischen Vorstellens, weil sie eben nur in der Grösse von dem Gegebenen abweichen; allein da Grössen dieser Art in keiner Wahrnehmung gegeben sind, so müssen auch sie zu den original-einfachen gerechnet werden. Solche originale Grössenvorstellungen sind wohl zu unterscheiden von denen, die, von gegebenen Grössen ausgehend, nur durch Vergrösserung dieser erlangt werden. Die originale Grössenvorstellung bildet sich nicht in dieser Weise, sondern ist mit einem Male, plötzlich fertig da; die kolossale Bildsäule war mit einem Male in der Phantasie des Bildhauers; die Allmacht Gottes ist keine durch blosses Steigern nach und nach gewonnene Vorstellung.

10) In dem Gebiete der Töne gehören der grösste Theil der Worte und Namen zu den originalen Vorstellungen. Der sie zuerst aussprach, hatte sie noch nie gehört. Will man die Worte

schon als Mischvorstellung ansehen, so bleiben doch die Sylben und die Buchstaben in diesem Sinne originale einfache Laute. Auch ein grosser Theil der Töne der musikalischen Instrumente gehört hierher. Ein Theil dieser Töne mag allerdings durch Wahrnehmung gewonnen worden sein; die Fertigung des Instrumentes war da das erste und der Ton wurde erst durch dessen zufällige Benutzung kennen gelernt; aber später hat auch die Vorstellung neuer Töne, als das Erste, der Fertigung des Instrumentes leitend vorgestanden. Aus diesen Betrachtungen erhellt, dass die sehr verbreitete Behauptung irrig ist, wonach der Mensch in seinem Vorstellen keine neuen stofflichen oder eigenschaftlichen Bestimmungen selbstständig erzeugen könne, sondern diese Thätigkeit sich nur auf die Vereinung und Verbindung derselben beschränke.

11) Wichtiger und umfassender wird allerdings diese schaffende Thätigkeit der Seele in dem Gebiete derjenigen Vorstellungen, die den einfachen als reichere, gegliederte Vorstellungen gegenüberstehen. — Dahin gehören die Vorstellungen der Mischfarben, der Mischtöne, oder der Harmonieen und Klangfarben; ferner die Vorstellungen der Sylben, als Mischvorstellungen von Buchstaben, der Mischungen im Gebiete des Riechens und Schmeckens; der Mischung der einzelnen Anlagen, Neigungen und Begehrungen zu originalen Charakteren und Handlungen der Menschen. Dahin gehören weiter die schöpferische Vorstellung des Pegasus, der Seejungfrauen, des Teufels mit dem Pferdefuss, als eine originale Vereinung von wahrgenommenen Theilgestalten; ferner die eigenthümlichen Zusammenstellungen der Farben in den Kleiderstoffen, Tapeten, Gemälden, die zeitliche Verbindung der Töne zu Melodien, der Sylben zu Worten. Die schaffende Thätigkeit in diesem Gebiet ist allgemein anerkannt; der Maler hat Farbentöne und Mischungen, wie sie die Natur ihm nie geboten hat; noch mehr der Componist. Der Koch, der Seifenfabrikant tritt hier nicht minder schöpferisch auf. Alle Charaktere in den Romanen, so weit sie nicht reine Nachbildungen der Wirklichkeit sind, beruhen auf dem schöpferischen Vereinen von einfachen, zunächst durch Wahrnehmung gewonnenen Vorstellungen.

12) Alle diese Vorstellungen können, wie bemerkt, in einfache aufgelöst werden, und es ergiebt sich dann, dass diese einfachen Vorstellungen keine originale sind, während die ganze Vorstellung dennoch original ist. Aus dieser Möglichkeit der Auflösung des Originalen in bekannte Elemente hat sich die Ansicht gebildet, welche das schaffende Vorstellen nur als ein originales Vereinen und Verbinden gelten lässt, und welche annimmt, dass die Seele

auch im Schaffen derselben zunächst die Theile und Elemente zusammensucht und dann durch deren Verbindung sich nach und nach die ganze Vorstellung erzeugt. Aber solche Ansicht zerstört das Wesen des schöpferischen Vorstellens.

13) Man kann allerdings auch auf diesem Wege zu neuen Vorstellungen gelangen, aber sie sind dann nicht durch das schöpferische Vorstellen gewonnen, sind nicht original, sondern gleichsam mechanisch, nach und nach aufgebaut; und sie verrathen dann auch in ihrer Natur diese Art ihre Entstehung. Wenn der Künstler seine originale Vorstellung einem Andern mittheilen und dieser aus solcher Mittheilung sie in sich zu Stande bringen will, so geschicht dies auf diesem angedeuteten mechanischen Wege. Der Künstler muss dann seine Schöpfung in ihre Elemente auflösen, diese mittelst der dafür vorhandenen Worte dem Andern zuführen, und dieser Andere baut dann nach und nach aus diesem Material die originale Vorstellung in sich auf. Ist dieses geschehen, so haben der Künstler und der Andere die gleiche Vorstellung, aber nur in Bezug auf den Künstler ist sie eine originale, und der Unterschied bei beiden liegt nur in der unterschiedenen Art ihrer Entstehung.

14) Bei allem originalen Schaffen treten die aus ihm entspringenden originalen Vorstellungen plötzlich und mit einem Male fertig in der Seele hervor. Das Schaffen gleicht in dieser Beziehung dem Wahrnehmen, dessen Vorstellungen ebenso plötzlich fertig dastehen. Deshalb die so häufige Aeusserung: der Gedanke, die Idee sei dem Künstler von Oben gekommen; wie durch ein Wunder in ihm erzeugt; ein Gott, ein Genius habe sie ihm zugeführt; der Gedanke habe plötzlich ihn erleuchtet, habe fertig in der Seele gestanden; das nähere Wie könne der Künstler selbst nicht angeben. Diese Reden, die man von jedem Künstler, von jedem Erfinder, der sein Schaffen beschreiben will, hören kann, zeigen deutlich, dass die originale Vorstellung nicht auf dem Wege des Zusammensuchens und Verbindens des Einzelnen entsteht, sondern dass das schöpferische Vorstellen sein Werk mit einem Male und plötzlich in der Seele hervorzaubert.

15) Was hier für die Vorstellungen von Mischfarben, Mischtönen, Vereinsgestalten, Charakteren und Affekten dargelegt worden ist, gilt ebenso für die noch reicheren und inhaltsvolleren Vorstellungen oder für die Reihe von Vorstellungen die in einem räumlichen Neben- oder zeitlichen Nach-einander sich ausbreiten. Dahin gehören die Gruppen von Menschen und Gegenständen im Gemälde und im Marmor; die Gruppirung der Anlagen eines Gartens, der Tänzerinnen im Ballet; die zeitliche Zusammenstellung von Ereig-

nissen und Handlungen mit Benutzung der Beziehung von Ursachlichkeit und Zweck, wie sie in den Märchen, den Romanen, den epischen und dramatischen Dichtungen sich zeigen. Ferner die Vorstellungen für die Zusammenstellung der Theile einer Maschine, die Reihe von Vorstellungen, welche eine umfassende Unternehmung, die Ausführung eines ins weite gehenden Planes enthält.

16) Auch bei diesen Gebilden, die wegen ihres reichen Inhaltes überhaupt kaum anders, als nur in der Form der Vereinung und Beziehung nach und nach vorgestellt werden können, ist dennoch, soweit das schöpferische Vorstellen dabei Antheil hat, das ganze Gebilde das erste in der Seele und keineswegs die Bestandtheile; es ist das, was die Künstler Conception nennen. Die Meinung, dass hier solches Gebilde erst auf dem Wege der Zusammensetzung gewonnen werde, hat hier zwar mehr Schein für sich, weil das Ganze überhaupt nicht auf ein Mal erfasst werden kann, und daher nur aus einer Folge einzelner Vorstellungen zu bestehen scheint; aber dies hindert keineswegs, dass das Ganze als solches zuerst und mit einem Male in die Seele tritt. Es ist nur bei diese ersten Eintreten noch nicht im Einzelnen so reich ausgestattet und deshalb allerdings plötzlich zu fassen. Jeder Künstler, jeder Erfinder, Jeder, der sich mit Verbesserungsplänen für die Menschheit trägt, wird bestätigen, dass der Grundgedanke des Ganzen das erste in seiner Seele gewesen ist, und dass solcher Grundgedanke plötzlich, wie von Oben gesandt, sich in ihm eingestellt hat.

17) Ist diese Conception geboren, so gesellt sich allerdings zu ihr die früher dargestellte vereinende und verbindende sogenannte verständige Thätigkeit der Seele, welche den Grundgedanken in seinen Einzelheiten vollendet und zu voller Bestimmtheit überführt. So wird die Conception eines Gemäldes nur mit flüchtigen Strichen auf das Papier gebracht und festgehalten. Farbe, Gestaltung, Gruppirung ist zum Theil schon in dem originalen Gedanken enthalten, aber nicht in voller Ausführlichkeit und Bestimmtheit. Ist aber die Conception in den Hauptsachen fixirt, so tritt dann das gewöhnliche Verbinden und Vereinen der Seele hinzu. Aus ihrem Vorrath von Vorstellungen treten durch die Gesetze der Gedankenfolge die Farben, die Stellungen, die Umgebungen, die kleinen Nebendinge hinzu; die Seele prüft, ob sie der Conception des Ganzen entsprechen; oft wird erst nach vielfachem Hin- und Her-probiren auf diesem Wege der verständigen Verbindung die originale Conception in ihrer Besonderung vollendet. Dies geschieht bald nur im Vor-

stellen, bald während der Ueberführung der Vorstellung in ein wahrnehmbares Zeichen oder Dasein.

18) Das hier Gesagte gilt, wie man leicht bemerkt, ebenso für die Conception der Dichter und Redner, wie der Componisten und der Balletkünstler und Kunstgärtner; sie gilt auch für die Conception der auf die Zukunft gehenden Pläne; ebenso für die Conception neuer Maschinen, neuer Werkzeuge und für die Conception neuer politischer und socialer Formen für die Gemeinschaft der Menschen. In allen diesen Fällen tritt zu der Conception des originalen Gedankens als zweites das die Vollendung übernehmende, gewöhnliche oder nicht schöpferische Verbinden und Beziehen. Jenes schöpferische Vorstellen gleicht dem Baumeister, der den Plan entwirft und den Ausbau überwacht; jenes Verbinden, was aus dem Vorrath des Gedächtnisses das Material holt und dem originalen Kerne anfügt, gleicht den Handlanger, der Steine und Holz herbeischafft, um dem Plane des Bauherrn wahrnehmbares Sein und Bestimmtheit zu geben.

19) Die Grenzen beider Thätigkeiten sind, wenn das Werk vollendet ist, vielfach verschlungen. Oft tritt auch das schöpferische Vorstellen während des Ausbaues von neuem auf, um dem Grundgedanken eine reichere Entwickelung zu geben, eine Entwickelung, die die Kraft des blossen Verbindens überschreitet. Einzelne Scenen in dem Faust von Goethe sind erst später concipirt, nachdem das Meiste schon da war; Mozart hat zu einzelnen seiner Opern noch nachträglich Arien componirt; in allen grösseren Musikstücken sind die einzelnen darin auftretenden Themen und Hauptfiguren nicht auf ein Mal concipirt, sondern eine ist der andern oft nach längeren Zeiträumen gefolgt. Hierher gehören auch die sogenannten Episoden in den epischen Dichtungen und Romanen; sie verrathen ihre spätere Erzeugung oft dadurch, dass ihnen die volle Einheit mit dem Hauptgedanken abgeht.

20) Das Genie unterscheidet sich von dem Talent neben der inneren Grösse seiner Conceptionen vorzüglich durch die Fülle oder die Kräftigkeit des schöpferischen Vorstellens. In dem Werke des Genies ist der grösste Theil Erguss des schöpferischen Vorstellens; nur ein geringer fällt auf das verständige und überlegende Verbinden. Bei den weniger begabten Künstlern kehrt sich das Verhältniss um; daher suchen diese meist durch Fleiss und Genauigkeit in diesem dem verständigen Verbinden anheim fallenden Theile ihres Werkes sich auszuzeichnen, während das Genie diese sorgfältige Ausführung leicht vernachlässigt; der Drang seines über-

quellenden schöpferischen Vorstellens lässt ihm keine Zeit und Ruhe dafür. Da, wo das schöpferische Vorstellen ganz mangelt, kann wohl der Versuch gemacht werden, es durch bloss verständiges Verbinden zu ersetzen. Solche Versuche hoffen auf Erfolg, weil auch das Werk des Genius sich in Elemente auflösen lässt, die selbst der unbedeutendste Mensch als solche in seinem Kopfe hat. Aber es zeigt sich bald, dass solcher Weg das schöpferische Vorstellen nicht erreichen und ersetzen kann. Das Werk bleibt ein Machwerk, dessen Einheit eine erkünstelte und nach und nach ausgedachte ist, während die schöpferische Conception in Folge ihrer plötzlichen Entstehung eine so natürliche innige Einheit der Elemente in sich trägt, wie wir sie in den lebendigen Organismen der Natur bewundern.

21) Das, was im gewöhnlichen Vorstellen mit Phantasie oder Einbildungskraft bezeichnet wird, fällt unter das schöpferische Vorstellen; diese Worte bezeichnen aber nur das Schaffen des Künstlers. Die gleiche Thätigkeit liegt indess auch den Erfindungen der Technik zu Grunde und den schöpferischen, auf die Zukunft gerichteten Plänen. Der Grundgedanke einer Maschine entspringt aus dem schöpferischen Vorstellen; das verständige Verbinden hat aber hier in der Form von auf Erfahrung beruhenden Verbesserungen ein weiteres Feld als in der Kunst. Viele der genialsten Vorrichtungen und Erfindungen sollen nach der Erzählung durch Zufall von Knaben gefunden worden sein; aber solche Auffassung ist falsch. Solche Vorrichtungen gehen allerdings oft von Personen aus, die nur mechanisch bei einer Arbeit beschäftigt sind, aber dennoch muss der Gedanke, welcher das von dem Willen geleitete Handeln in ein der Maschine zuzutheilendes umzuwandeln vermochte, als ein schöpferischer erachtet werden. Tausende waren in gleicher Lage, wie der Erfinder, aber nur bei ihm brach der schöpferische Gedanke durch und zeigte ihm das als Bewegung durch Naturkraft, was bis dahin nur als Handeln eines Menschen gekannt war.

22) Die Sorge für die Zukunft bildet einen wichtigen Theil der Gedanken-Bewegung der Menschen. Es werden Pläne für den nächsten Tag und Pläne auf Jahre hinaus gemacht und bald mehr bald weniger im Einzelnen entwickelt. Der Handarbeiter thut dies so gut, wie der Kaufmann, der Landwirth so gut wie der Feldherr; der Staatsmann so gut wie der Dieb. Die Pläne gehen nach allen Richtungen hin, bald auf Geld, bald auf Macht, bald auf Vergnügen, bald auf Rache, bald auf Verbrechen, bald auf Krieg. Da diese Pläne erst in der Zukunft verwirklicht werden sollen, so kann die Wahrnehmung, die nur schon Vorhandenes erkennt, dabei nicht

helfen; es scheint deshalb, dass in diesem Gebiete das schöpferische Vorstellen vor Allem seine Wirksamkeit habe. Aber auch hier theilen sich das schöpferische Vorstellen und das verständige Verbinden in die Arbeit.

23) In den meisten Fällen liegt solchen Plänen im Kleinen wie im Grossen ein originaler Gedanke zu Grunde und das verständige Verbinden übernimmt nur seine weitere Ausbildung. Ein jeder weiss aus eigener Erfahrung, wie die kleinen und grossen Unternehmungen seines Lebens zuerst in einem einfachen Einfall oder plötzlichen Gedanken in seine Seele eingetreten sind. Mit dem Gedanken erwachte dann das Begehren nach seiner Verwirklichung und nun kam das, von dem Begehren geleitete verständige Verbinden und Ueberlegen herbei, was oft Tage und Wochen lang sich fortsetzte, ehe der originale Urgedanke so weit ausgearbeitet war, dass er ausführbar wurde und der Entschluss gefasst werden konnte. Der erste Einfall, nach einem andern Ort seinen Aufenthalt zu verlegen, ein neues Geschäft zu unternehmen, sein Kind mit der und der Person zu verheirathen, sich ein Haus zu bauen, ist in den meisten Fällen original, und die That des schöpferischen Vorstellens. Es hindert nicht, dass solcher Gedanke trivial erscheint, schon oft dagewesen ist; in der Besonderung und Bestimmtheit des Einzelnen liegt seine schöpferische Natur. Das Leben des Einzelnen wird deshalb, so weit es das Geleis des Alltäglichen verlässt, meist durch schöpferisches Vorstellen weiter geführt; ohne solches wäre das Leben der Menschen noch weit einförmiger und langweiliger, wie gegenwärtig.

24) Die Unternehmungen grosser Fürsten und Staatsmänner scheinen den Stempel der Originalität im Vergleich mit jenen mehr an sich zu tragen; aber in dem originalen Kerne unterscheiden sie sich wenig von dem originalen Entschlusse des kleinen Bürgers; nur die Grösse der in Bewegung gesetzten Kräfte giebt ihnen die grössere Bedeutung. Das Verdienst dessen, der hier das Grosse vollbringt, liegt übrigens nicht allein in der Originalität des Grundgedankens, sondern auch in der Ausdauer der Durchführung und in dem verständigen oder klugen Verbinden der Mittel zur Ausführung. Der Gedanke zu Alexanders Krieg gegen die Perser, zu Napoleon's Zug nach Russland war nicht originaler, als der Gedanke des schwäbischen Bauers, nach Amerika auszuwandern; aber die Ausführung war schwieriger und grösser.

25) Den Verbesserungen der rechtlichen und gewerblichen Verhältnisse der Menschen liegen meist originale Gedanken zu Grunde; auch der Fortschritt auf diesem Gebiet vollzieht sich durch schöpfe-

risches Vorstellen. Der erste Gedanke zu dem Geldwechseln, zu den Banken, zu den Aktiengesellschaften, zu den gewerblichen Genossenschaften war ein originaler; ebenso liegen den Utopien der Weltverbesserer originale Gedanken unter; dies gilt für die platonische Republik, wie für die Utopie von Th. Moore und die Pläne von St. Simon und Fourrier. Diese Pläne leiden mehr an dem Andern; sie sind zu viel Conception und zu wenig verständiges Verbinden und Ausbauen, was ihre Unausführbarkeit gezeigt haben würde. — Der Streit der historischen und philosophischen Schule in der Jurisprudenz ist ein Streit über den Vorrang des schöpferischen Vorstellens oder des verständigen Verbindens; man hat jetzt erkannt, dass beide sich nicht entbehren können.

26) Bis hier ist das schöpferische Vorstellen betrachtet worden in seiner Richtung auf Erzeugung einfacher Vorstellungen und in seiner Richtung auf Darstellung von reicheren Vorstellungen, so wie ganzer Reihen verbundener Vorstellungen. Es giebt aber noch eine dritte Richtung, welche mit originalem Trennen der Vorstellungen bezeichnet werden kann. Ihr Gebiet sind die Wissenschaften und die Philosophie. Diese Auffassung widerspricht allerdings dem gewöhnlichen Vorstellen, welches das schöpferische Vorstellen nur bei den Künstlern sucht; aber dennoch ist auch der grössere Theil der Begriffe der Wissenschaften aus dieser Thätigkeit hervorgegangen. Allerdings sind diese Begriffe für die spätern Erwerber keine originale mehr; sie haben sie ebenso nur durch ein, von fremder Hülfe geleitetes Trennen gewonnen, wie der Zuhörer eines vorgelesenen Gedichts dessen Conceptionen auf dem Wege des gewöhnlichen Verbindens sich erwirbt. Aber für den ersten Entdecker waren diese Begriffe original; nur das schöpferische Trennen konnte ihn dahin führen.

27) So war die Auffindung des Begriffes: Winkel in gradlinigen Figuren für seinen ersten Entdecker ein originaler Gedanke von grosser Bedeutung. Es war nicht leicht, diesen Begriff zu gewinnen; seine Lostrennung von der Grösse der Seiten, seine Ausdehnung auf den stumpfen Winkel erscheint allerdings jetzt sehr unbedeutend, aber bedurfte zu seiner ersten Erlangung eines genialen Kopfes. Aehnliches gilt für den Begriff der Tangente, für die Zurückführung der krummen Linien auf eine algebraische Funktion von Abscissen und Ordinaten. Eine Menge Auflösungen in der Arithmetik zeigen deutlich ihren schöpferischen Ursprung; z. B. die Summirung der arithmetischen Reihen durch Umkehrung derselben in zwei gleiche Reihen, von umgekehrter Ordnung und deren Halbirung; die Auflösungen der höhern Gleichungen, die Einführung

des Unendlichkleinen in die Funktionen der krummen Linien u. s. w Aus dem schöpferischen Vorstellen sind weiter entsprungen der Begriff der Aequivalente oder Atomgewichte in der Chemie, der Begriff der Interferenzen des Lichts, der latenten Wärme in der Physik; das Prinzip des Systems der Botanik von Jussieu im Gegensatz zu dem von Linné; der Begriff der allgemeinen Gravitation bei Newton; der Gedanke von Kant und Laplace über Entstehung des Sonnensystems; die Begriffe von dinglichem und persönlichem Recht, womit die römischen Juristen dem Wirrsal des Verkehrs die erste wissenschaftliche Grundlage gaben; der Begriff der politischen Intervention als Eingriff in die Rechtssphäre eines fremden Staates u. s. w.

28) Alle diese Begriffe sind Trennbegriffe und können, nachdem sie entdeckt und gewonnen worden sind, von den Späteren durch ein nachfolgendes und nachahmendes Trennen erworben werden; aber solcher Erwerb ist wesentlich verschieden von der ersten schöpferischen Gewinnung derselben. Die Thätigkeit dabei ist offenbar gleicher Natur, wie die, welche jene reichen Gebilde und Kunstwerke schafft; die Männer, welche in einem dieser Gebiete Grosses leisten, werden auch sämmtlich Genies genannt.

29) Die Entdeckung dieser Begriffe erfolgt in der Regel in Verbindung mit Naturgesetzen, denen sie zum Ausdruck ihrer Glieder dienen. Die Art und Weise ihres Eintretens in die Seele ist dieselbe, wie bei den künstlerischen Conceptionen. Auch hier ist nach allem, was aus den Mittheilungen jener Männer bekannt ist, der originale Begriff das erste; er ist plötzlich und auf einmal da. Es ist vielleicht lange nach ihnen gesucht worden; es hat eine Ahnung unter den Gelehrten geherrscht, dass ein Gesetz mit dazu gehörenden Begriffen vorhanden sein müsse: oft suchten Mehrere danach; aber trotz dem geschah die Auffindung zuletzt plötzlich; der Begriff, das Gesetz trat endlich wie ein Blitz in die Seele und das ganze Gebiet erschien nun von ihm erleuchtet.

30) Diesem originalen Finden der Begriffe steht, wie dort den Conceptionen der Kunst und der Technik, hier ein Finden gegenüber, was mit dem Ganzen beginnt, dann das Trennen nach mancherlei Richtungen versucht und so auch zufällig zu neuen Trennvorstellungen gelangen kann; oder was in seinem Trennen g e l e i t e t wird, entweder durch die Hülfe eines Lehrers oder durch die Hülfe von andern ähnlichen Vorstellungen, welche durch ihr Zusammensein auf Loslösung des Begriffs hintreiben. Dieses Trennen ist kein schöpferisches, sondern ein gelehrtes oder geleitetes. Auf ihm beruhn die sogenannten empirischen Begriffe, z. B. der Hausthiere,

der Obstbäume, der Nährpflanzen, der Kinder, der Verwandten; ebenso die Begriffe der sich wiederholenden Thätigkeiten des Essens, Trinkens, Sitzens, Gehens, Fahrens, Jagens, Fischens u. s. w. Diese empirischen Begriffe wurden von selbst durch wiederholtes Wahrnehmen der sie enthaltenden Gegenstände und Handlungen hervorgetrieben und können deshalb auch in Beziehung auf denjenigen nicht als originale gelten, der sich ihrer zuerst bediente.

31) Die Grenze zwischen schöpferischem Trennen und dem geleiteten oder von Andern gelehrten Trennen ist allerdings im einzelnen Falle schwer zu ziehen; beide gehn in einander über, wie auch das schöpferische Verbinden sich mit dem mechanischen und verständigen Verbinden zusammenschliesst. Indess hindert diese Schwierigkeit der Trennung beider für den einzelnen Fall nicht ihre Trennung dem Begriffe nach. In diesem sind sie beide wesentlich verschieden, aber auch beide auf gegenseitige Unterstützung angewiesen. Die Leistungen des schöpferischen Trennens sind im Alterthum oft ebenso hoch gefeiert worden, wie die Herstellung eines Kunstwerkes. Pythagoras soll den Göttern eine Hekatombe dargebracht haben für die Entdeckung des Verhältnisses zwischen den Katheten und der Hypotenuse.

32) Mit diesen drei Richtungen ist das schöpferische Vorstellen erschöpft; es schafft entweder eine einfache eigenschaftliche Bestimmung, oder ein Gebilde aus einfachen Vorstellungen, oder einen neuen Begriff und das dazu gehörende Gesetz. Dagegen ist in dem Gebiete der Einheitsformen und der Beziehungen dem schöpferischen Vorstellen keine Macht gegeben. Der Mensch kann diese Formen, nach denen die Unterschiede sich zu einem Gegenstande durch das An- oder In-einander einen, und nach denen sie in bestimmter Weise auf einander bezogen werden, nicht vermehren. Der kühnste Dichter, die ausgelassenste Phantasie der Orientalen hat keine neuen Einheitsformen und Beziehungsformen erzeugt; in all ihren Gebilden sind diese Formen genau dieselben, wie sie die Wahrnehmung alltäglich bietet und die Sprache fertig enthält.

33) Diese Schranken, welche dem schöpferischen Vorstellen gezogen sind, scheinen willkürlich und lästig. Der Wunsch scheint natürlich, dass auch hier die schaffende Macht Raum zu ihrer Entfaltung erhalte. — Aber selbst wenn ein Gott diese Grenzen aufhöbe, würde das Sonderbare eintreten, dass solche geniale Gedanken auf diesen andern Gebieten in der Seele ihres Schöpfers vermodern müssten; es gäbe kein Mittel, sie Andern mitzutheilen und zum Gemeingut zu machen. Man setze, dass ein genialer Maler wirklich eine neue einfache Farbe in seiner Seele erzeugt hätte; er könnte

sie nicht mittheilen, denn es fehlte das Wort dafür; er könnte sie auch nicht auf die Leinwand bringen, denn es fehlte ihm das färbende Pigment; die Natur bietet ihm keines. Gleiches gilt für originale einfache Gerüche und Geschmäcke, für neue einfache Seelenzustände; Niemand würde in seiner eignen Seele einen Anhalt zu deren Verständniss haben.

34) Dieselben Schwierigkeiten würden für neue Einheits- und Beziehungsformen hervortreten. Wenn auch ein Künstler oder Philosoph dergleichen in sich gewonnen hätte, er hätte kein Wort dafür, sie auszusprechen, und auch kein anderes Mittel sie darzustellen und andern mitzutheilen; solche neue Einheitsform könnte nicht gezeichnet, nicht gemalt, nicht gemeisselt werden, denn alles dies liefert nur die bekannten Formen des An- und In-einander; für andere Einheiten hat die Natur keine Möglichkeit; und für neue Beziehungen hätte die Seele des Andern keine Anlage, um sie herauszubilden und damit den Gedanken des Erfinders zu treffen. Auch solche geniale Conceptionen müssten in der Seele ihrer Entdecker bis zu ihrem Tode verschlossen bleiben und mit ihnen begraben werden. Deshalb haben nur solche originalen Vorstellungen Werth für die Menschen und selbst für ihre Erfinder, welche trotz ihrer Einfachheit in der Wirklichkeit dargestellt werden können, wie Gestalten, kolossale Grössen, Töne oder Conceptionen, welche in bekannte Vorstellungen aufgelöst werden können, wie die Werke der Kunst und der Technik, oder Begriffe, welche aus einer bekannten Vorstellung unter fremder Anleitung durch Trennen gewonnen werden können.

35) Ob nun das schöpferische Vorstellen auch auf jene unmittheilbaren Gebiete sich wirklich erstreckt, und dort nur unerkannt bleibt, oder ob es in jenen Gebieten gar keine Gültigkeit hat, kann zweifelhaft scheinen, wenn man namentlich die Klagen einzelner Dichter und Künstler hört, welche behaupten, dass oft das beste und genialste ihrer Conceptionen nicht mittheilbar sei, weil die Sprache, der Pinsel oder die Instrumente dazu nicht ausreichen. Indess scheint die Wahrheit mehr im Gegentheil zu liegen. Jene Klagen kommen aus dem Ungeschick der Künstler und sind immer nur von den mittelmässigen, nicht von den grossen Männern der Kunst und Wissenschaft gehört worden.

36) Die Philosophie, deren Gegenstand die höhern Begriffe und Gesetze sind, welche mehreren oder allen Wissenschaften gemein sind, die durch alles Sein oder alles besondere Wissen sich hindurchziehn, bedarf zu ihrer Entwicklung des schöpferischen Vorstellens mehr, wie jede andere Wissenschaft. Ihre Begriffe liegen

am wenigsten offen zu Tage; selbst die Gewinnung bereits vorhandener philosophischer Begriffe unter Anleitung des Lehrers hat ihre Schwierigkeiten. Die meisten Begriffe der Philosophie sind deshalb aus dem schöpferischen Vorstellen oder Trennen hervorgegangen. Das gewöhnliche Vorstellen bediente sich wohl schon dieser Begriffe, aber vereint und vermengt mit andern eigenschaftlichen und Theilvorstellungen, überhaupt verhüllt in bildlichen Vorstellungen; die Hervorhebung des reinen Begriffes, frei von aller ihm unwesentlichen Zuthat, war dagegen das Werk des schöpferischen philosophischen Geistes. Einem solchen treten sie plötzlich in ihrer Reinheit und Nacktheit entgegen und zeigen ihre wahre Gestalt.

37) Es bleibt immerhin merkwürdig, dass bei den ältern griechischen Philosophen bis Aristoteles die meisten Begriffe der Philosophie, wie sie noch jetzt gelten, schon entdeckt und gebildet waren. Es gilt dies sowohl von den Begriffen des Seienden, als von den Beziehungsformen und Wissens-Arten. Was nach dieser Zeit bis jetzt an neuen Begriffen in der Philosophie hinzugefügt worden ist, erscheint gegen jenen grossen Vorrath unbedeutend. Hegel hat zwar viel neue Begriffe in seiner Philosophie aufzustellen versucht; aber dies Neue ist meist Schein und liegt oft nur in neuen Namen oder in der dunkeln Hülle, in der sie geboten werden. Die Aufgabe der Philosophie besteht seit Aristoteles weniger in Auffindung neuer Begriffe, als in reinerer Entwicklung derselben und der Auffindung der wahren allgemeinen Gesetze, zu denen diese Begriffe als Glieder zu dienen haben.

38) Das schöpferische Vorstellen hat von jeher die besondere Aufmerksamkeit auf sich gezogen; sein Wesen ist so eigenthümlich, so geheimnissvoll und wunderbar, dass es als das Geschenk der Götter gilt, während anderes auch durch eignen Willen und Fleiss erlangt werden kann. Ein tieferes Eindringen in seine Natur hat grosse Schwierigkeiten. Keine Wissensbewegung kann die Selbstbeobachtung weniger vertragen, wie das schöpferische Vorstellen. Es nimmt die ganze Seele in Anspruch, treibt jede andere Richtung des Wissens, jedes ihm nicht zugehörige Gefühl und Begehren zurück, so dass die aufmerksame Beobachtung desselben sich daneben nicht erhalten kann. Entweder zerstört die Selbstbeobachtung das Schaffen der Seele oder letzteres hebt die Beobachtung auf. Diese an sich für jede Selbstwahrnehmung vorhandenen Schwierigkeiten gelten für das schöpferische Vorstellen in erhöhtem Grade. Die Hauptsache muss deshalb auch hier die Erinnerung liefern; aber selbst diese wird hier zu einer dürftigen Quelle, weil die schöpferischen Geister selten geneigt sind, über dieses Innerste ihrer Thätig-

keit sich selbst und Andern Rechenschaft zu geben. Die vertraulichen Aeusserungen grosser Dichter und Künstler, die Briefe Mozarts, Mendelssohn's, die Schriften Richard Wagner's, Liszt's geben noch die besten Anhaltspunkte.

39) Von Allen wird bestätigt, dass der schöpferische Gedanke plötzlich in die Seele eintritt und nicht das Werk eines allmäligen Werdens ist. Das Eintreten der Conception geschieht wahrhaft sprungweise; sie ist ein wahrer Saltus naturae. Dies schliesst nicht aus, dass mehrere dergleichen Conceptionen sich folgen, einander wecken und zu einem Werke zusammentreten; bei allen grössern Kunstwerken und Plänen ist dieses vielmehr die Regel. Aber wenn auch ein stetiges Arbeiten der Seele hier sich zeigt, so werden doch die Lücken zwischen den einzelnen Conceptionen nur durch das verständige Verbinden, durch das Ausarbeiten der Conception ausgefüllt. Bei dieser verständigen Arbeit bricht plötzlich eine neue dazu gehörende Conception hindurch, welche wesentlich dem Werke das Geniale und Originale erhält, während es ohne solche neue Ausbrüche leicht in das Gebiet des Ueberlegten und Gemachten hinabsinkt. Man kann an einzelnen Kunstwerken diesen Mangel an ergänzenden und nachfolgenden Conceptionen leicht bemerken.

40) Es zeigt sich weiter, dass das schöpferische Vorstellen von dem Willen der Seele völlig unabhängig ist. Die Conception, die Einfälle, der Gedanke zu einem Plan, der neue Begriff, alle kommen ungerufen, oft da, wo man sie am wenigsten erwartet; oft am ganz verkehrten Ort, auf der Reise, im Gedränge, während des Betens. Es genügt ein leichter Anstoss, eine Wahrnehmung, ein gehörtes Wort, um einen schöpferischen Gedanken hervorbrechen zu machen, der mit diesem Anlass nur in der losesten äusserlichen Verbindung stand. — Je mehr der Wille sich müht, dieses Schaffen zu erzwingen, desto weniger stellt es sich ein. Der Wille kann wohl Vorstellungen verstärken, welche in das Gebiet gehören, wo das Schaffen sich entwickeln soll; es geht dann der Gedankenlauf wohl diese Richtung, aber das schöpferische Vorstellen bleibt aus und das Ersehnte stellt um so weniger sich ein, je heisser es verlangt wird. Daher die Klagen mittelmässiger Dichter, dass ihnen die neuen Gedanken, die Conceptionen nicht kommen wollen.

41) Eine wunderbare Eigenthümlichkeit der Conceptionen ist die grosse Einheit ihrer Trennstücke und Unterschiede. Es gelten allerdings bei ihnen nur dieselben Einheitsformen des Seins, der Verbindung und der Beziehung; über diese kann auch das Schaffen nicht hinaus; aber innerhalb dieser Formen sind die Unterschiede des schöpferischen Gedankens so vollkommen geeint, dass in diesem

Punkte eines seiner wesentlichen Kennzeichen gegenüber dem Gemachten und Verständigen besteht. Die Conception gleicht der Einheit, die das Organische der Natur enthält; dieselbe reine und vollendete Zweckmässigkeit, Wechselbeziehung und dieselbe Fernhaltung des Ungehörigen und Ueberflüssigen. Das verständige Verbinden hat auch hier helfend einzutreten, aber, wo das schöpferische Vorstellen nicht schon die Hauptsache für die Einheit des Werkes geliefert, bleibt seine Hülfe unzureichend.

42) So wie das schöpferische Vorstellen dem Willen nicht unterthan ist, so steht es auch in keiner andern ursachlichen Verbindung. Das Wahrnehmen, das Erinnern, die Lust, der Schmerz, das Begehren hat seine Ursachen; es muss entstehn, wenn diese sind; nicht so die schöpferische Vorstellung. Sie bildet deshalb eine zweite Ausnahme von der Ursachlichkeit innerhalb der Seele; der freie Wille und die schöpferische Vorstellung sind beide grundlos; an kein Anderes gebunden, nicht aus Anderem erzeugt.

43) Obgleich hiernach die strenge Beziehung der Ursachlichkeit von der schöpferischen Vorstellung abgehalten werden muss, so ergiebt doch die Beobachtung, dass Umstände verschiedener Art das Eintreten dieser Vorstellung unterstützen und dass auch die Art und Natur dieser Vorstellungen durch dergleichen Umstände beeinflusst wird. Unter den Begriff der Ursache fallen diese Umstände nur deshalb nicht, weil die regelmässige Verknüpfuug zwischen ihnen und der genialen Vorstellung fehlt. — Diese Umstände sind theils Bestimmungen der Natur, theils Ergebnisse des eignen und fremden Thuns; zu jenen gehört die Anlage, das natürliche Talent; zu diesen die Erziehung, die eigne Ausbildung.

44) Die natürliche Anlage, das Talent beschränkt sich meist auf eine einzelne Richtung des schöpferischen Vorstellens; man spricht vom Talent zur Musik, zur Malerei, zur Dichtkunst, zum Denken; aber bei Niemand findet sich ein Talent zu diesem Allen. Solche Anlage der Seele ist von hervorragender Ausbildung der betheiligten körperlichen Organe begleitet. Der Componist hat ein feines Ohr für musikalische Töne, der Maler und Bildhauer ein scharfes Auge für Farbe und Gestalt. Die Feinheit dieser Organe ist nicht erst Folge der geistigen Uebung, sondern geht parallel und gleichzeitig mit ihr. Ein Maler ohne Hände ist, wie Lessing mit Recht anerkennt, keine Unmöglichkeit, aber wohl ein Maler ohne Augen und ein Componist ohne Gehör. Beethoven war wohl taub, aber erst nachdem die musikalische Ausbildung bei ihm vollendet war; dann würde der Maler auch der Augen entbehren können.

45) Der Einfluss der Erziehung und des Studiums auf das künstlerische Schaffen ist bekannt. Er ist in seinen Werken deutlich zu erkennen; nur Natur-Anlage und Studium vereint geben dem schaffenden Vorstellen die Grundlage zur Erzeugung des vollendeten Kunstwerkes. Für das gewöhnliche Vorstellen gilt dies nicht als wunderbar, aber mit der Freiheit oder Grundlosigkeit der Conceptionen ist solcher Einfluss schwer zu vereinen, da Einfluss nur ein anderes Wort für Ursachlichkeit ist.

46) Zur Lösung dieser Schwierigkeit kann das Gleichniss mit dem Organischen dienen. So wie das Weizenkorn eines besser zubereiteten Bodens, einer wärmeren Lage, einer tiefern Ackerkrume bedarf, um sich entfalten zu können, so bedarf auch der schöpferische Gedanke der Unterlagen, welche Erziehung und Studium gewährt. So wie dort die Weizenpflanze auch Bestandtheile aus dem Boden in sich aufnimmt, so zieht auch der Keim des genialen Gedankens Elemente aus den Vorstellungen, aus den Empfindungen und Urtheilen, welche die Seele durch Studium sich erworben hat. Sie sind die Kanäle, welche die Conception bei ihrem Werden durchläuft, in denen sie von jenen aufnimmt und an deren Ende sie plötzlich fertig hervortritt. Die griechische Sage von der Minerva, die aus Jupiters Haupt vollendet hervor springt, bleibt das beste Bild für den schöpferischen Gedanken. Das Herausspringen der Conception aus der Geburtsstätte des Wissens kostet der Seele keine Mühe, keine Anstrengung, aber wohl die Zubereitung des Bodens, innerhalb dessen die Conception sich bilden soll.

47) Tiefer in die Natur des schöpferischen Vorstellens einzudringen, ist nicht ausführbar; es entzieht sich in seinen ersten Anfängen und in seiner Verbindung mit den allgemeinen Zuständen des Wissens, Fühlens und Begehrens der Selbstwahrnehmung; die Vergleichungen und Schlüsse aus der Körperwelt können nur zur Verdeutlichung, nicht zur Ergründung seiner dienen.

48) Das schöpferische Vorstellen ist nicht blos das Geschenk an einzelne begünstigte Naturen; es gehört zu den wesentlichen Wissens-Bewegungen jeder menschlichen Seele. Nur im Grade desselben finden Unterschiede statt; in der gewöhnlichen Auffassung wird überhaupt nur der stärkere Grad beachtet. Aber die frühern Beispiele haben schon dargethan, dass auch der einfachste Bürgersmann seine Einfälle und seine schöpferischen Gedanken hat, wenn sie auch nur auf die Zukunft seiner Kinder oder auf die Ausschmückung seiner Wohnung gerichtet sind.

49) Ein Gebiet des schöpferischen Vorstellens, in dem sich Viele versuchen, ist bekanntlich der Witz. Der blosse Scharfsinn

kommt nicht zu witzigen Gedanken; der Witz fordert das schöpferische Vorstellen und Trennen. Der Einfall kommt wie ungerufen; der Witz ist plötzlich fertig und wegen der unentbehrlichen Anlage dazu heisst er auch Mutterwitz.

50) In dem Erschaffen der aus dem schöpferischen Vorstellen hervorgehenden Werke liegt eine hohe Lust, vielleicht die höchste, deren die Seele fähig ist. Die Lust als Zustand der Seele hängt in ihrem Grade von der Stärke der Seele überhaupt ab; dieselben Ursachen der Lust wirken in den schwächern Geistern eine schwächere Lust, als in den stärkern. Selbst die Lust aus dem Körper geniesst der im Geist überlegene Mensch stärker, wie der Dumme und wie das Thier. Das schöpferische Vorstellen in seinen stärkeren Graden ist stets mit einem starken Geist überhaupt verbunden, deshalb ist auch seine Lust so überaus gross.

51) Wird diese Lust auf die frühern Ursachen zurückgeführt, so erscheint sie zunächst als eine Lust aus der Macht, an die sich dann die Lust aus dem Wissen, aus der Ehre uud aus der Schönheit anschliesst. Das Erzeugen aus Nichts, was in dem schöpferischen Vorstellen wesentlich enthalten ist, enthält nothwendig das Gefühl der höchsten Macht. Alle andere Macht ist nur Bewegung, Gestaltung, Veränderung des schon Vorhandenen; aber hier wird das Sein, oder der Gedanke aus Nichts erschaffen; nur in diesem einzigen Punkt steht der Mensch seinem Gotte gleich. Dieses Gefühl der Macht ist das erste bei dem zu Tage treten der Conception; es gilt sowohl für die Gedanken des Künstlers, wie für die des Naturforschers und Philosophen. Ist die Conception dann vollendet, so tritt für den Künstler die Lust aus ihrer Schönheit, für den Denker die Luft aus der durch sie geschaffenen Ausdehnung des Wissens hinzu und für alle zuletzt die Lust aus der Ehre, wenn die Anerkennung ihrer Mitbürger für das Werk ihnen zu Theil wird.

# Das Wissen a priori.

1) Mit dem Wahrnehmen, Trennen, Vereinen, Verbinden, Beziehen und schöpferischen Vorstellen sind die Quellen des Wissens erschöpft; es giebt keine Vorstellung in der Seele, welche nicht auf einem dieser Wege entstanden wäre. — In der Philosophie Kant's wird dagegen das Wissen eingetheilt in ein Wissen a priori und ein Wissen a posteriori. Diese Eintheilung bildet die Grundlage seiner Philosophie und sie wird noch gegenwärtig von Vielen festgehalten. Kant nennt das Wissen a priori (K. d. r. V. 2.): „eine

„von der Erfahrung und allen Eindrücken der Sinne unabhängige „Erkenntniss; während letztere ihre Quellen in der Erfahrung hat.“

2) Nach der Darstellung in diesem Werke haben sich zwar die Beziehungen und die schöpferischen Vorstellungen als solche ergeben, welche nicht aus der Wahrnehmung und Erfahrung abgeleitet sind; aber man würde weit irren, wenn man sie deshalb als das nehmen wollte, was Kant „Erkenntnisse a priori“ nennt. Die schöpferischen Vorstellungen haben, wie gezeigt worden, zum grössern Theil einen Inhalt, der sich in Bestandtheile auflösen lässt, welche aus der Wahrnehmung stammen und deshalb keine Aehnlichkeit mit jenem Kant'schen Begriff haben. Die Beziehungen haben sich als ein Wissen gezeigt, was keine Erkenntniss eines Seienden enthält, sondern nur die Vorstellungen und Begriffe des Seienden in gewisse Ordnungen, Verhältnisse und Verbindungsformen bringt, die nicht den Gegenständen anhaften, sondern nur dem Zwecke des Wissens dienen. Die Erkenntnisse a priori bezeichnen dagegen nach Kant Bestimmungen, Eigenschaften, Formen der Gegenstände selbst; sie sind Erkenntnisse des Seienden, die von ihm selbst aussagen, und es nicht blos beziehen.

3) Für diese Erkenntnisse a priori hat sich in der bisherigen Darstellung des menschlichen Wissens kein Platz ergeben. Sieht man bei Kant näher nach, so zeigt sich, dass er darunter den Raum, die Zeit und seine Kategorieen versteht. Die Kategorieen-Tafel Kant's enthält nun zwar zwölf Grundbegriffe; wenn man sie aber einzeln durchgeht, so zeigt sich, dass sie beinahe sämmtlich zu den Beziehungsformen und zu den Arten des Wissens gehören, also nichts weniger als Erkenntnisse des Seienden darstellen. Diese zwölf Kategorieen sind bekanntlich (K. d. r. V. 78.): 1) Einheit, 2) Vielheit, 3) Allheit, zusammen die Kategorieen der Quantität; 4) Realität, 5) Negation, 6) Limitation, zusammen die Kategorieen der Qualität; 7) Inhärenz, 8) Causalität, 9) Wechselwirkung, zusammen die Kategorieen der Relation; 10) Möglichkeit, 11) Dasein, 12) Nothwendigkeit, zusammen die Kategorieen der Modalität.

4) Von diesen gehört die Vielheit zur Zahlbeziehung, die Allheit zur Allbeziehung; die Einheit als ihr Gegensatz, die Eins, ist nur das Element der Zahlbeziehung. Wenn Kant sie auch als sogenannte qualitative Einheit behandelt, „insofern darunter die „Zusammenfassung des Mannichfaltigen der Erkenntnisse gedacht „wird,“ (K. d. r. V. 84.) so passt dies nicht zu dem Gegensatz der Vielheit. In diesem Sinne würde es indess die früher erörterten

Einheitsformen des An- und In-einander bezeichnen, Begriffe, die offenbar aus der Erfahrung stammen. Die Kategorieen der Negation und Linitation sind wieder Beziehungsformen, und zwar die des Nicht im unbeschränkten und im beschränkten Sinne.

5) Die Kategorie der Realität ist der Begriff des Seins, dessen Unterlage nur durch die Empfindung des Wahrnehmens gegeben werden kann und der erst von da aus in das blosse Vorstellen, als Bild des empfundenen Seins eintreten kann. Die drei Kategorieen der Relation kündigen sich durch ihre Namen als Beziehungen und nicht als Erkenntnisse der Dinge an. Die Inhärenz ist die Substanz-Beziehung; die Causalität ist die ursachliche Beziehung und die Wechselwirkung ist ebenfalls die ursachliche Beziehung mit einer Besonderung, die nicht rechtfertigt, sie als eine Kategorie neben die Ursachlichkeit zu stellen. Ebenso erklärt Kant die Kategorieen der Modalität für „blosse Verhältnise der Begriffe zu „dem Erkenntniss-Vermögen, welche die Bestimmungen des Objek-„tes nicht im mindesten vermehren.“ (K. d. r. V. 194.) Es ist deshalb nicht abzusehen, wie Kant sie dennoch zu den Erkenntnissen der Dinge erheben kann. Die Nothwendigkeit ist nur eine besondere Art des Wissens von dem Gegenstande, die es mit dessen Inhalt nicht zu thun hat; die Möglichkeit ist nur die Verneinung der Nothwendigkeit; die Wirklichkeit dagegen gehört gar nicht unter die Modalität, sondern ist derselbe Begriff des Seins, der schon als Kategorie der Realität aufgeführt ist.

6) Hieraus erhellt, dass diese berühmte Kategorieen-Tafel nur zwei Grundbegriffe der Dinge in sich enthält, das Sein und die Einheit und selbst von diesen beiden ist die Einheit nicht bestimmt ausgesprochen. Alle andern Begriffe dieser Tafel haben es nicht mit dem Seienden zu thun, sondern mit Beziehungen desselben im Wissen, und mit den Arten des Wissens der Gegenstände. Die Kategorieen Kants sagen selbst in dem Sinne seines Idealismus nichts von den Dingen oder von den Erscheinungen derselben aus, sondern nur von dem, wie die Seele sie bezieht oder in ihrem Wissen besitzt.

7) Dennoch sollen diese Kategorieen nach Kant die unvermeidlichen Begriffe sein, die wir jedem Mannichfaltigen der Sinnes-Wahrnehmung anlegen oder überziehen müssen, um überhaupt einen Gegenstand vorstellen zu können. Man kann daher Kant darin beitreten, dass diese Kategorieen mit Ausnahme jener zwei, des Seins und der Einheit, Begriffe sind, die nicht aus der Wahrnehmung abgeleitet sind, sondern die zur ursprünglichen Natur des menschlichen Wissens gehören; aber Kant hat Unrecht, wenn er meint, diese Kategorieen gäben die Erkenntniss des Seien-

den, der Gegenstände, oder der Erscheinungen in seinem Sinne. Die Begriffe des Seienden sind ganz andere, wie die spätere Kategorientafel dieses Werkes zeigen wird. Nur durch diese Verwechslung der Beziehungen mit Kategorieen des Seienden war Kant zu seinem Idealismus genöthigt; diese Folge fällt weg, wenn diese Begriffe seiner Tafel kein Seiendes darstellen. Das Weitere gehört in die Lehre vom Erkennen.

8) Neben den Kategorieen gehören bei Kant die Vorstellungen des Raumes und der Zeit zu den Erkenntnissen a priori. Sie gelten Kant als ursprüngliche, der menschlichen Seele innewohnende Bestimmungen, unter welchen sie jedes von der Empfindung ihr dargebotene Mannichfaltige zunächst auffassen muss. Die Dinge an sich haben nach Kant keinen Theil an Raum und Zeit und den daraus abgeleiteten Bestimmungen; aber die Seele muss diese Formen ihnen überziehn und kann ohne sie keinen Gegenstand erfassen.

9) Dem entgegen sind in diesem Werke Raum und Zeit mit ihren weitern Bestimmungen der Gestalt, des Stetigen und Vereinzelten (Diskreten), des Geschehens, der Bewegung und der Veränderung als seiende Bestimmungen genommen worden, welche zu den eigenschaftlichen Bestimmungen der Gegenstände selbst gehören, deren Vorstellung die Seele nur durch Wahrnehmung empfängt und aus dieser durch Trennen des Wahrgenommenen für sich und abgesondert darstellen kann. Die weitere Prüfung dieses Gegensatzes wird in dem Abschnitt von den Quellen der Wahrheit erfolgen. Hier soll nur noch auf die vermuthliche Entstehung der Ansicht Kant's aufmerksam gemacht werden.

10) Die Gestalt hat sich oben als die eigenschaftliche Bestimmung gezeigt, in welcher das schöpferische Vorstellen vorzugsweise sich leicht und viel ergeht; ebenso kann das mischende Vereinen aus gegebenen Elementen, aus Linien, Grössenverhältnissen und Funktionen sich eine Gestalt im blossen Vorstellen zusammensetzen und ihre einheitliche bildliche Vorstellung gewinnen, ohne einer Hülfe der Wirklichkeit und der Wahrnehmung zu bedürfen. Beide Thätigkeiten machen es möglich, die Lehrsätze der Geometrie und der Gestalten überhaupt ganz ohne Wahrnehmung, innerhalb des blossen Vorstellens zu entwickeln so wie Gestalten zunächst schöpferisch in der Vorstellung zu bilden und dann erst in die Wirklichkeit durch den Bleistift, Pinsel oder Meissel zu übertragen.

11) Diese Umstände verleiteten Kant, die ganze Vorstellung des Raumes und der darin enthaltenen Bestimmungen für eine solche zu halten, die nicht von den Gegenständen entnommen, nicht aus

dem Sein durch Wahrnehmung geschöpft ist, sondern die nur in der Seele allein wohnt und erst von da aus dem Dinge an sich hinzugefügt wird. Kant glaubte, ohnedem sei es unmöglich zu begreifen, wie die Geometrie allgemeine Gesetze über Winkel, Seiten, Grösse, Aehnlichkeit u. s. w. aufstellen könne, die in der Wirklichkeit unbedingte Gültigkeit hätten, ohne doch von der Wirklichkeit durch Wahrnehmung abgeleitet zu sein.

12) Kant übersah hier, dass die Vorstellung des Raumes nur eine ist. Wenn diese zunächst durch Wahrnehmung und Vereinen vollständig erlangt und gebildet worden ist, so kann der Raum, wie jedes andere Seiende, auch bildlich vorgestellt werden; er bewahrt in dieser bildlichen Vorstellung alle die Bedingungen, welche seiner Natur innewohnen und insbesondere für die Gestaltung ihre Wirksamkeit äussern und da zunächst in den Axiomen der Geometrie sich geltend machen. Wenn daher die Seele diese bildliche Vorstellung des Raumes einmal aus der Wahrnehmung in sich aufgenommen hat, so kann sie diese wesentlichen Bedingungen seiner Natur nicht überspringen, wenn sie innerhalb ihres blossen Vorstellens diese Raumvorstellung in ihre Bestandtheile auflöst oder durch Hinzufügung der Gestaltung ihr eine reichere Bestimmtheit giebt.

13) Die Seele muss auch in solchem blossen Vorstellen die Gesetze des wirklichen Raumes innehalten; sie kann nichts diesem Widersprechendes vorstellen, weil eben die bildliche Vorstellung des Raumes genau dasselbe in sich enthält, demselben Gesetze unterworfen ist, wie der wirkliche Raum. Die Seele kann daher auch im blossen Vorstellen mit zwei geraden Linien keinen Raum einschliessen, sie kann keinen Winkel ohne zwei Linien, keine Ecke ohne drei Flächen vorstellen; sie kann kein Dreieck vorstellen, dessen eine Linie grösser, wie die beiden andern u. s. w. In all diesen bildlichen und selbsterzeugten Vorstellungen ist die Seele an die Gesetze des wirklichen Raumes gebunden, weil sein Bild in ihr genau mit dem Raum ausser ihr übereinstimmt, also dieselben Bedingungen der Gestaltung in sich trägt.

14) Bei dieser Gebundenheit des schöpferischen und des bildlichen Vorstellens an die Bedingungen des wirklichen Raumes, ist es daher kein Wunder, sondern eine Nothwendigkeit, dass die Gesetze, welche in den bloss vorgestellten Gestalten entdeckt werden, auch für die sichtbaren und verwirklichten Gestalten der Gegenstände gelten. Dies ist der wahre Grund von der gegenständlichen Gültigkeit der geometrischen Lehrsätze. Nicht weil die Gestalt eine blosse subjektive Zugabe der Seele zu dem Gegenstande ist, gelten

jene Sätze, sondern weil die Seele in der Bildung und Auflösung ihrer bloss innerlich vorgestellten Gestalten an die gegenständlichen Bedingungen des seienden Raumes gebunden bleibt.

15) Kant vermag übrigens selbst mit seiner Auffassung die Allgemeinheit der geometrischen Lehrsätze noch keineswegs zu erklären; denn die Untersuchung jeder einzelnen der unendlich vielen Gestalten, die zu dem Begriffe des Dreiecks gehören, bleibt ebenso schwierig, mögen diese Gestalten ausserhalb oder nur innerhalb der Seele bestehn. Wie diese Schwierigkeit sich hebt, wird später dargelegt werden; hier genügt es zu zeigen, wie die Ansicht Kants sich bei ihm wahrscheinlich gebildet hat, und wie sie, selbst ihre Wahrheit zugestanden, dennoch unzureichend bleibt, die Allgemeinheit der mathematischen Lehrsätze zu erklären, um derenwillen doch Kant diese Hypothese erfunden hat.

16) Diese Betrachtungen gelten auch für den Begriff der Zeit. Die Idealität derselben zu behaupten, hat für das gewöhnliche Vorstellen noch weit mehr Abschreckendes. Unser ganzes Wissen ist so vollständig in die Zeitbestimmung eingetränkt, es verschwindet mit Aufhebung ihrer Wirklichkeit so völlig alle Möglichkeit, unser Leben, Handeln und Bewegen überhaupt noch als ein Seiendes und Denkbares festzuhalten, dass man weit eher noch die Wirklichkeit des Raumes als die Wirklichkeit der Zeit zu opfern bereit ist. Wenn dennoch Kant davor nicht zurückschreckte, so war er dazu durch die Gleichartigkeit der Zeit mit dem Raume der Consequenz wegen genöthigt; eine Nothwendigkeit dafür lag sonst für Kant nicht so vor, wie bei dem Raume, wo er glaubte, die Möglichkeit der Geometrie ohne diese Idealität nicht erklären zu können. Die Behandlung der Zahlen, als Zeitgestalten, ähnlich den Figuren als Raumgestalten, ist unwahr und von Kant nur herbeigeholt, um der Erörterung seines Zeitbegriffes die möglichste Uebereinstimmung mit der des Raum-Begriffes zu verschaffen.

17) Kant würde vielleicht selbst Bedenken getragen haben, diese Idealität von Raum und Zeit zum Grundprinzip seiner Philosophie zu machen, wenn er sich vergegenwärtigt hätte, dass ähnliche Ergebnisse und allgemeine Gesetze wie bei dem Raume und der Zeit auch in andern Gebieten innerhalb des blossen Vorstellens gewonnen werden können. Nachdem die Seele die Vorstellung der vier Farben, roth, gelb, blau und weiss, und die Vorstellung ihrer Grade bis zur Dunkelheit durch die Wahrnehmung gewonnen hat, ist sie im Stande, innerhalb des blossen bildlichen Vorstellens ähnliche Gesetze für die Farben, wie für die Gestalten des Raumes zu bilden, welche, obgleich aus dem blossen Vorstellen abgeleitet, dennoch unbedingte

und allgemeine Gültigkeit in der Wirklichkeit haben. Dies gilt insbesondere für die Farbenmischungen und Farbenzusammenstellungen. Die Seele ist im Stande, ohne alle vorherige Erfahrung genau die Farbe vorzustellen, welche aus der Vereinung von roth und gelb entspringt; ebenso die aus roth und weiss, aus gelb und weiss, aus blau und gelb; ebenso die Mischfarben aus mehr als zwei Grundfarben; ein Malergenie kann darin noch viel weiter gehn. Solche Feststellung von Gesetzen der Farbenmischung ist genau dasselbe, wie die Feststellung der Lehrsätze über Aehnlichkeit und Unähnlichkeit der Figuren, über Entstehung des Kreises aus der Drehung einer graden Linie mit den daraus folgenden Lehrsätzen von der Gleichheit aller Durchmesser u. s. w. Kein Maler würde im Stande sein, ein Gemälde zu vollenden, wenn nicht diese Gesetze der Farbenmischung und Farbenstärke, wie er sie zunächst in seinem Vorstellen innerlich sich gebildet hat, unbedingte Anwendung und Wahrheit, gleich den geometrischen Lehrsätzen, in der Wirklichkeit beanspruchen könnten.

18) Dasselbe gilt für das Gebiet des Tones. Der Laut einer Sylbe kann innerhalb des blossen Vorstellens durch die Vereinung der elementaren Laute oder Buchstaben gewonnen werden; ebenso der Ton einer Harmonie; die sämmtlichen Regeln der Prosodik und des Generalbasses lassen sich rein innerhalb des blossen Vorstellens bei feinem Gehör und Gedächtniss gewinnen, ohne irgend einen Ton dabei durch das Ohr vernommen zu haben. Dennoch haben auch diese im blossen Vorstellen gefundenen Gesetze volle Gültigkeit in der Wirklichkeit.

19) Aehnliches gilt für die Mischung der einzelnen Geschmacke und Gerüche; die Gesetze der Kochkunst lassen sich nach Kants Theorie eben so genau a priori feststellen, wie die Lehrsätze der Geometrie; alle diese Gebiete des Sehens, Hörens, Riechens, Schmeckens würden also noch zu demselben Gebiet der transscendentalen Aesthetik gehören, in welches Kant bloss den Raum und die Zeit gestellt hat. Das Bedenkliche solcher Folgerung zeigt, dass die ganze Auffassung Kants auf einem Irrthum beruht, und dass die Wirklichkeit einzelner gegenständlicher Gebiete um desshalb nicht bezweifelt werden darf, weil die Seele im Stande ist, einzelne Gesetze auf diesen Gebieten rein innerhalb des bildlichen Vorstellens der durch die Wahrnehmung gewonnenen Elemente aufzufinden.

20) Die bisherige Darstellung dieses Werkes hat sich mit dem Inhalte des Vorstellens und mit der Art des Vorstellens beschäftigt. Auf jenen bezogen sich die Erörterungen über das Trennen,

Vereinen, Beziehen und schöpferische Erzeugen der Vorstellungen. Diese hier eintretenden Unterschiede treffen den Inhalt der Vorstellung. Mit der Art des Vorstellens haben sich die Abschnitte über das Wahrnehmen, die bildliche Vorstellung und über die Wissens-Arten beschäftigt. Neben dem Inhalte und der Art des Vorstellens bleibt als Gegenstand der Untersuchung nur noch die Bewegung der Vorstellungen und die Mittheilung derselben. Zur Bewegung, die hier nur im bildlichen Sinne zu nehmen ist, gehört das Wiederkehren der Vorstellungen und die Bewegung derselben als gleichzeitig vorhandener oder stetig sich folgender Vorstellungen. Dies wird der Gegenstand der folgenden Abschnitte sein. Mit der Darstellung der Mittheilung der Vorstellungen wird dann die Lehre vom Vorstellen abschliessen. Diese Mittheilung umfasst die Grundbegriffe der Sprache und das Urtheil, welche die Gegenstände der letzten Abschnitte bilden werden.

## Das Wiederkehren der Vorstellungen.

1) In diesen Abschnitt gehört das, was man gemeinhin: Sich besinnen, Erinnerung, Gedächtniss, Association der Ideen, Reproduktionsvermögen u. s. w. nennt. Diese Zustände sind bisher mehr in der Psychologie als in der Philosophie behandelt worden; allein eine erschöpfende Darstellung des Wissens kann sie nicht übergehn; sie stehn überdem in einem engen Zusammenhange mit den Gegenständen, welche vermeintlich der Philosophie näher zugehören.

2) Die Selbstwahrnehmung lehrt, dass Vorstellungen von genau demselben Inhalt, welche früher in der Seele gewesen sind, zu einer spätern Zeit in dieser Seele wieder auftreten; sie werden bald als solche wieder erkannt, bald nicht und bilden die Wissens-Art des Bekannten. Als Zustände der Seele sind diese Vorstellungen dadurch, dass sie zu verschiedenen Zeiten auftreten, nicht dieselben; es sind zeitlich getrennte, wenn auch sonst gleiche Zustände. Aber als reines Wissen, bloss ein Gegenständliches abbildend, und abgesehn von ihrem Sein als Seelenzustände, sind solche Vorstellungen genau dieselben, insofern sie denselben identischen Gegenstand vorstellen oder dieselbe Beziehungsform wiederholen. Das Wiederauftreten solcher bereits früher in der Seele gewesenen Vorstellungen ist der Gegenstand dieses Abschnittes; es soll hier mit: Wiederkehren der Vorstellungen bezeichnet werden.

3) Die Wiederkehr der Vorstellungen ist dasjenige Gebiet des Geistigen, wo am frühsten das Dasein fester Gesetze bemerkt wor-

den ist. Schon Plato spricht davon und Aristoteles giebt in seiner Schrift über das Gedächtniss, Kap. 2, solche Gesetze, indem er sagt: „Wenn wir uns an Etwas erinnern wollen, so merken wir auf „die zeitliche oder örtliche Aufeinanderfolge, auf ähnliche Dinge „oder auf entgegengesetzte; dadurch entsteht die Erinnerung.“ In diesen Sätzen sind ziemlich vollständig die Gesetze enthalten, bei denen man noch gegenwärtig stehen geblieben ist.

4) Abgesehn von dieser festen Regelmässigkeit, welche man in der Wiederkehr der Vorstellungen bemerkte, bot dieser Vorgang eine eigenthümliche Schwierigkeit dadurch, dass man nicht wusste, was man mit den Vorstellungen in der Zwischenzeit anfangen sollte: ob man sie als seiend behandeln sollte oder nicht. Die Untersuchungen über das Wesen der Seele haben daher meistentheils an dieses Problem der Wiederkehr der Vorstellungen angeknüpft und es zur Grundlage ihrer Systeme gemacht. Auch Herbart geht in seiner grossen mathematischen Psychologie von dieser Grundlage aus; ebenso Benecke in seinen psychologischen Schriften.

5) Wenn wir zunächst bei dem stehen bleiben, was die Selbstwahrnehmung bietet, so erhellt, dass allgemein jede Vorstellung, mag ihr Inhalt und ihre Wissens-Art sein, welche sie wolle, wiederkehren kann und dass die Gesetze, nach welchen diese Wiederkehr sich bestimmt, durch den Unterschied des Inhalts und der Wissens-Art nicht betroffen werden. Nur die Wahrnehmungsvorstellungen machen davon eine Ausnahme, da diese nicht durch andere Vorstellungen, sondern nur durch den Gegenstand selbst erweckt werden.

6) Abgesehn hiervon bemerkte man sehr frühzeitig, dass die Wiederkehr der Vorstellungen allgemein durch **andere Vorstellungen** bedingt ist; man erhob dies zu dem Grundgesetz der Wiederkehr. Es wird sich indess zeigen, dass auch andere und zwar seiende Zustände der Seele als Ursachen dieser Wiederkehr auftreten können. Die durch Vorstellungen bewirkte Wiederkehr bildet die grosse Mehrheit der Fälle und die Untersuchung hat sich deshalb zunächst auf diese zu richten. Obgleich die Wahrnehmungsvorstellungen nicht zu den, durch andere Vorstellungen erweckten gehören, so sind sie doch selbst geeignet, andere zu erwecken; sie können deshalb in der Lehre von der Wiederkehr der Vorstellungen wohl als Ursachen, aber nie als Wirkungen auftreten.

7) Es sind von Aristoteles ab unterschiedene Regeln über die Wiederkehr aufgestellt worden und man hat geglaubt, dass diese mehr oder weniger zahlreichen Gesetze sich auf kein einziges, für alle Fälle geltendes zurückführen lassen; alle Lehrbücher der

Psychologie enthalten dergleichen von einander angeblich unabhängige Gesetze. Auch Stuart Mill führt in seinem System der Logik, 1863 (II. 459.) noch drei solcher Gesetze auf, obgleich die Richtung seines Werkes wesentlich auf die Entdeckung der letzten Gesetze abzielt. Eine nähere Prüfung ergiebt indess, dass diesen verschiedenen Regeln ein gemeinsames Gesetz zu Grunde liegt, was dahin bestimmt werden kann, dass Vorstellungen, welche gleichzeitig oder einander unmittelbar folgend (zeitlich sich berührend) in der Seele gewesen sind, einander erwecken.

8) Bei diesem Gesetze hat man die Vorstellungen von ihren Gegenständen zu unterscheiden. Es ist nicht nothwendig, dass die Gegenstände zugleich sind oder sich zeitlich folgen, um ihre Vorstellungen jenem Gesetz zu unterwerfen; es kommt nur darauf an, dass ihre Vorstellungen diese Bedingung erfüllen. Das Zugleichsein oder die Folge der Gegenstände kann wohl die Ursache sein, dass auch ihre Vorstellungen so in die Seele eintreten, und dann haben jene Bestimmungen mittelbar einen Einfluss auf ihre Wiederkehr; aber doch immer nur dadurch, dass sie die allein wahre Ursache, das Zugleichsein oder die Folge der Vorstellungen herbeigeführt haben. Neben dem Zugleich oder der Folge der Gegenstände giebt es noch viele andere Umstände, welche diese Verbindung ihrer Vorstellungen veranlassen können; dahin gehören die Mittheilung Anderer, das Lesen und das eigne Trennen und Verbinden der Vorstellungen. Die Erfahrung lehrt, dass die durch solche Umstände veranlasste Verbindung der Vorstellungen dieselbe wirksame Unterlage für das Wiederkehren bildet, als wenn sie durch die Wahrnehmung der Gegenstände selbst herbeigeführt worden ist. Zur Abkürzung des Ausdrucks sollen Vorstellungen dieser Art als verbundene hier bezeichnet werden, ohne jedoch mit diesem Worte eine Verbindung im wahren Sinne behaupten zu wollen.

9) Dies Gesetz der Wiederkehr genügt, wenn eine Vorstellung nur einmal mit einer andern in der Seele gewesen ist, oder wenn bei wiederholten Malen die verbundenen Vorstellungen dieselben geblieben sind. Ist dagegen eine Vorstellung bei ihrem mehrmaligen Auftreten mit verschiedenen anderen Vorstellungen verbunden gewesen, so tritt die Frage auf, welche von diesen andern Vorstellungen später durch jene erweckt wird. Die Beobachtung führt hier zu drei Besonderungen jenes allgemeinen Gesetzes, welche dahin gehn, dass von solchen Vorstellungen diejenige wiederkehrt, 1) welche am häufigsten mit der erweckenden verbunden gewesen

ist; oder 2) welche am spätesten mit ihr verbunden gewesen ist, d. h. welche in der jüngsten oder neuesten Verbindung mit ihr gestanden hat; endlich 3) die, welche den stärksten Grad gehabt hat, als sie mit der erweckenden verbunden war.

10) Das wichtigste Beispiel zur ersten Regel ist die Sprache, welche eine Verbindung von Vorstellungen der Laute mit andern Vorstellungen ist, durch welche eine die andere erweckt. Die Schnelligkeit und Sicherheit, mit der diese Wiederkehr geschieht, ist lediglich durch die häufige Wiederholung dieser Verbindung herbeigeführt. — Auf der zweiten Regel beruht das Auswendiglernen der Vokabeln kurz vor der Schulstunde; die unmittelbar vor dem Examen stattfindende Vorbereitung dazu; der Umstand, dass man der Ergebnisse des gestrigen Tages sich genauer erinnert als der eines längst vergangenen Tages. — Auf der dritten Regel beruht die genaue Erinnerung aller Einzelheiten eines Unglücks- oder Glücksfalls; eines Brandes, eines Duells, des eigenen Hochzeitstages u. s. w.

11) Es liegt nahe, diese drei Regeln auf eine zurückzuführen, die dahin ginge, dass diejenige Vorstellung wiederkehrt, deren Verbindung mit der erweckenden dic stärkste ist. Die häufige Wiederholung der Verbindung scheint auf eine solche Verstärkung ihrer zu führen; ebenso die Stärke des Grades; und die Schwierigkeit, Vorstellungen zu erwecken, welche seit Jahren nicht in der Seele gewesen sind, führt bei der zweiten Regel auch dahin, dies aus der mit der Zeit abnehmenden Stärke der Verbindung abzuleiten.

12) Aber eine genauere Betrachtung widerlegt diese Auffassung. Der Begriff der Verbindung ist in diesen Fällen nicht in seinem wahren Sinne vorhanden. Dies Wort ist hier nur zur Abkürzung des Ausdruckes gewählt und bezeichnet nichts weiter als das Zugleich-sein oder Sich-Folgen der Vorstellungen in der Seele. Es ist weder eine Kraft noch ein Begehren vorhanden, welches diese Vorstellungen verbände; die Formen des An- und In-einander sind auf Vorstellungen als solche nicht anwendbar. Wenn auch die einzelnen Vorstellungen in derselben Seele sind, so gelten sie hier doch nur als Bilder eines Andern und als solche Bilder haben sie ihre Trennung und Verbindung nur durch ihr Gegenständliches; die Einheit des Spiegels, welcher dies abbildet, wird dabei nicht beachtet. Es bleibt deshalb für diese Vorstellungen nur die Beziehung durch Ursachlichkeit; diese ist allerdings für die erweckenden und erweckten Vorstellungen vorhanden, aber sie ist nur Beziehung und keine seiende Verbindung.

13) Hieraus erhellt, dass das Gesetz der Wiederkehr aus der Stärke solcher angeblichen Verbindung nicht abgeleitet werden

kann. Die einzelnen Vorstellungen können wohl in stärkerm und schwächerm Grade in der Seele auftreten, aber eine stärkere oder schwächere Verbindung findet nicht statt, weil diese überhaupt fehlt. — Es mag sein, dass wenn die Vorstellungen nicht als solche, sondern als seiende Zustände der vorstellenden Seele genommen werden, zwischen diesen seienden Zuständen eine Einheitsform oder eine Verbindung ihrer der Wiederkehr zu Grunde liegt, und dass in der Verbindung dieser seienden Zustände die letzte Ursache der Wiederkehr zu suchen ist. Aber der Selbstwahrnehmung sind diese seienden Zustände der Vorstellungen nicht erreichbar und es kann deshalb durch die auf die Wahrnehmung sich stützende Erkenntniss dem Gesetz der Wiederkehr keine tiefere Begründung gegeben werden als oben geschehen ist. Die Wissenschaft hat einfach die Thatsache zu nehmen, dass Vorstellungen, die zugleich oder sich folgend in der Seele waren, sich gegenseitig erwecken.

14) Deshalb können auch jene drei besonderen Regeln auf keine allgemeine zurückgeführt werden; denn sie enthalten in ihrer wesentlichen Bestimmung nichts gemeinsames. Die Häufigkeit einer Vorstellung steigert nur ihre Art des Bekanntseins, aber führt nicht zu einem höhern Grad derselben; ebenso steht der Zeitablauf mit dem Grade in keinem Zusammenhang, vielmehr lassen sich auch sehr schwache Vorstellungen bald nach ihrem Verschwinden wieder erwecken, und die Annahme, dass Vorstellungen durch den Ablauf der Zeit schwächer werden, ist selbst erst eine Folgerung aus der zweiten Regel. Es ist deshalb kein Mittel vorhanden, um in dem einzelnen Fall zu bestimmen, welche von jenen drei besonderen Regeln den Vorrang erhalten und über die Wiederkehr entscheiden soll.

15) Wenn die Verbindungen einer bestimmten Vorstellung mit andern zu einer hohen Zahl anwachsen, ohne dass eine der drei Regeln mehr als die andern dabei wirksam ist, so heben dann jene drei Regeln einander gegenseitig auf und solche Vorstellungen äussern überhaupt keine Wirksamkeit mehr für die Erweckung anderer. Sie gleichen dann denen, welche überhaupt noch in keiner Verbindung gewesen sind. Die neuen und die im höchsten Grade bekannten Vorstellungen wecken beide keine andern Vorstellungen. Zu ihnen gehören die Vorstellungen der eigenschaftlichen Bestimmungen, wie roth, süss, sauer, hart, riechend, warm, Zeit, Raum, Bewegung, Werden, Wissen, Lust, Begehren; weiter die Beziehungs-Vorstellungen des Nicht, Oder, Und, oben, unten, links, rechts, gleich, gross klein, alt u. s. w.; die Wissens-Arten des Bekannten, Gewissen, Noth-

wendigen, u. s. w. Es gehören dahin auch die reichern Vorstellungen, sofern sie sehr häufig in die Seele eintreten, wie Wetter, Himmel, Blatt, Wurzel, Pferd, Haus, Strasse, Mensch, Handlung, gut, schlecht u. s. w. Endlich auch Vorstellungen einzelner Gegenstände wie die meiner Wohnung, meiner Frau, meines Rockes u. s. w.

16) Zu den Vorstellungen, welche keine Wiederkehr anderer veranlassen, gehören auch die durch das schöpferische Vorstellen gewonnenen Vorstellungen. Sowohl die einfachen originalen Vorstellungen, wie die künstlerischen und technischen Conceptionen und die neuen Begriffe und Gesetze in den Wissenschaften rufen, als solche, keine frühern Vorstellungen wach, weil sie zu den neuen Vorstellungen gehören. Die weitere Ausbildung einer künstlerischen Conception bedarf deshalb eines wiederholten schöpferischen Vorstellens, da die blosse sogenannte Ideen-Association dafür nicht zureicht. Um diese letztere eintreten zu lassen, muss die Conception in ihre Elemente aufgelöst werden, welche als solche zu den bekannten Vorstellungen gehören; aber die auf diese Weise sich anknüpfenden Vorstellungen sind weniger geeignet, die Conception auszubilden.

17) Es ist leicht zu zeigen, dass die mehreren Gesetze, welche in den Lehrbüchern der Psychologie für die Wiederkehr der Vorstellungen aufgestellt werden, sich auf das eine, oben gegebene, zurückführen lassen. Als Beispiel mag die empirische Psychologie von F. X. Biunde dienen (Trier. 1831. 3 Bände). Es werden darin 6 Specialgesetze der Wiederkehr aufgeführt. Das erste lautet (Biunde I. 303.): „Vorstellungen, welche nach Raum und Zeit „mit einander verbunden sind, wecken einander." Bestimmter sollte dieses Gesetz lauten: Vorstellungen von Gegenständen wecken die Vorstellungen ihres Ortes in Raum und Zeit. — Dieses Gesetz gilt nur deshalb, weil beides zusammen wahrgenommen wird; man kann keinen Gegenstand wahrnehmen ohne seinen Ort im Raum und in der Zeit; deshalb sind beide Vorstellungen auch in der Seele verbunden und das Gesetz wiederholt daher nur das oben Gegebene. Wo der Ort so gleichgültig ist, dass seine Vorstellung sehr schwach bleibt, oder gar nicht beachtet wird, da gilt auch dieses Specialgesetz nicht. So erweckt die Vorstellung eines Paragraphen des Gesetzbuches nicht seine Zahl oder seinen Ort im Buche, obgleich beides bei dem Lesen wahrgenommen worden ist.

18) Das zweite Gesetz lautet (Biunde. I. 304.): „Vorstellungen „des Ganzen und der Theile, der Sache und der Eigenschaften, des „Zeichens und des Bezeichneten wecken einander." Dieses Gesetz gilt nur, soweit es eben das Hauptgesetz wiederholt. Nur so

weit diese Theile oder Eigenschaften zugleich wahrgenommen oder vorgestellt worden sind, wecken sie einander. Aber das Blatt weckt nicht die Vorstellung der Zelle, welche seine Theile bildet, bei dem, der von dieser Zelle noch nichts gehört hat. — Das dritte Gesetz lautet (Biunde. I. 305.): „Vorstellungen von Ursachen und Wirkungen „wecken einander." Hier ist das bei dem zweiten Gesetz Gesagte zu wiederholen.

19) Das vierte Gesetz lautet (Biunde I. 305.): „Aehnliche, ana„loge und theilweise identische Vorstellungen erwecken einander." So denkt man bei Hannibal an Alexander und bei diesem an Napoleon. Dieses Gesetz scheint mit dem allgemeinen Gesetz nicht dasselbe zu sein; denn es ist bekannt, dass ähnliche Vorstellungen sich auch dann wecken, wenn sie noch niemals zugleich oder sichfolgend in der Seele gewesen sind; aber näher betrachtet, bleibt auch hier das allgemeine Gesetz allein gültig. Die Aehnlichkeit beruht auf der Gleichheit einzelner Bestimmungen; die Vorstellung dieser gleichen Bestimmungen wird zur identischen, da sie von dem gleichzeitig in dem Gegenstand vorhandenen Unterschiede absieht. Als solche ist sie die Vermittlerin bei dem Erwecken der ähnlichen Vorstellungen. Hannibal, Alexander, Napoleon waren sämmtlich grosse Feldherrn; dieser Umstand macht ihre Aehnlichkeit. Wenn nun die Vorstellung von Hannibal die von Alexander erweckt, auch trotzdem, dass beide noch nie in der Seele verbunden waren, so geschieht es nur mittelbar, durch die Vorstellung: grosser Feldherr. Bei der Vorstellung Hannibal tritt diese Bestimmung stärker hervor; sie trennt sich in gewissem Grade von ihr, und als solche besondere Verstellung: grosser Feldherr wirkt sie nun selbstständig auf Erweckung der Vorstellungen, mit denen sie ausser in Hannibal noch verbunden gewesen ist. Solche Vorstellungen sind Alexander und Napoleon.

20) Die Wahrheit dieser Auffassung erhellt daraus, dass Vorstellungen ähnlicher Gegenstände sich nicht erwecken, wenn die Aehnlichkeit vorher nicht schon erkannt ist oder eine nur entfernte und gleichgültige Bestimmung betrifft. Für den, der in Napoleon noch nicht den grossen Feldherrn erkannt hat, erweckt auch die Vorstellung von Hannibal nicht die von Napoleon. Die Vorstellung eines Dreiecks erweckt nicht die eines Vierecks, obgleich der Schüler weiss, dass beide als gradlinige und geometrische Gestalten einander ähnlich sind; diese Aehnlichkeit ist ihm zu gleichgültig; sie trennt sich deshalb nicht aus der Vorstellung des Dreiecks und wirkt daher überhaupt nicht erweckend. Aus demselben Grunde weckt eine Zahl nicht die andere, ein Buchstabe nicht den andern,

obgleich ihre Aehnlichkeit sehr gross ist, während sehr stark unterschiedene Vorstellungen sich wecken, wenn das in ihnen Gleiche interessirt, wie z. B. die ähnlichen Gesichtszüge in Eltern und Kindern.

21) Das fünfte Gesetz lautet (Biunde. I. 307.): „Contrastirende „Vorstellungen wecken sich." Dieses Gesetz hat, wie Biunde selbst anerkennt, durchaus keine allgemeine Gültigkeit. Die Sonne als Weltkörper contrastirt mit dem Infusionsthierchen; die Million mit der Eins; die Ewigkeit mit der Sekunde; dessen ungeachtet wird niemand behaupten, dass diese, wie unzählige andere Contraste sich wecken. Wo dies geschieht, wie z. B. bei dem Fürst und dem Bettler, bei dem Elephanten und der Mücke, bei dem Sturm und der Meeresstille, beruht die Wiederkehr nicht auf dem Contrast als solchem, sondern auf dem allgemeinen Gesetz. Der Contrast ist nur der Anlass gewesen, dass diese Vorstellungen in der Erzählung oder Betrachtung zusammengestellt worden sind, um den Eindruck der einen durch die andere zu erhöhen, oder um den Begriff durch sein Gegentheil zu schärfen.

22) Das sechste und letzte Gesetz lautet (Biunde. I. 308.): „Die „Vorstellungen wecken sich in der Aufeinanderfolge, worin sie früher in uns waren." Dieses Gesetz wiederholt nur das allgemeine Gesetz mit einer Besonderung, welche bei Vorstellungen, die sich zeitlich folgten, die Wiederkehr in verkehrter Ordnung ausschliesst. Diese Besonderung ist indess keine Ausnahme des allgemeinen Gesetzes, liegt vielmehr in dem Begriff der Zeitfolge. Die Wahrheit dieser Besonderung ist nicht zu bestreiten. Der Schüler kann das Griechische Alphabet anfänglich nur in der Reihenfolge hersagen; ebenso das Einmal-Eins. Hat man eine fremde Sprache nur durch Lesen und Uebersetzen in die Muttersprache gelernt, so ist man unfähig, den einfachsten, in der Muttersprache gegebenen Gedanken in der fremden Sprache auszudrücken; man kann die fremde Sprache nicht sprechen, obgleich man sie vollkommen versteht. — Um diese Beschränkung zu beseitigen, muss die zeitliche Folge bei dem Lernen gewechselt werden. Wärterinnen befolgen diese Regel instinktmässig, indem sie dem Kinde bald den Gegenstand zeigen und dann das Wort sagen, bald umgekehrt. Ohnedem würden Kinder wohl andere verstehen, aber nie sprechen lernen, und ihr Gedächtniss würde zu den Worten die Vorstellungen wiederkehren machen, aber nicht zu den Vorstellungen die Worte.

23) Besteht die Verbindung nicht bloss zwischen zwei Vorstellungen, sondern geht sie durch eine Reihe derselben hindurch, so zeigt sich, dass bei der Wiederkehr Mittelglieder scheinbar über-

sprungen werden. Dies kann man bei geübten Rechnern und Mathematikern in ihren Beweisen bemerken. Indess ist dieses Ueberspringen nur Schein; die Folge der Mittelvorstellungen geschieht so schnell und sie selbst bleiben bei dem für sie fehlenden Interesse so schwach, dass ihr Eintritt deshalb nicht bemerkt wird. Bei vieler Uebung entwickelt sich auch eine unmittelbare Verbindung entfernter Glieder untereinander; z. B. da, wo ein Gesetz ohne seinen Beweis gebraucht und angewendet wird, obgleich die erste Verbindung der Glieder durch den Beweis vermittelt worden ist.

24) Der Unterschied zwischen Erinnerung und Gedächtniss ist bereits bei der Lehre von den bekannten Vorstellungen erörtert worden. Für die Wiederkehr und ihre Gesetze ist der Umstand nicht wesentlich, ob die wiederkehrende Vorstellung als eine solche gewusst wird, welche bereits in der Seele gewesen ist, oder nicht. Nur die Sicherheit und das Vertrauen in die richtige Wiederkehr wird durch dies hinzukommende Wissen gesteigert. Bei sehr häufigen Wiederholungen verliert sich diese Nebenbestimmung, ohne der Gewissheit zu schaden, da dann die Häufigkeit sie ersetzt; so bei dem Einmal-Eins und beim Sprechen einer fremden Sprache.

25) Bei keinem Vorgang im Wissen ist man so bereit, denselben aus einer Kraft abzuleiten, wie bei der Wiederkehr der Vorstellungen. Jedermann spricht von der Kraft und Stärke des Gedächtnisses. Dennoch gehört dieser Begriff hier nur zu den Erfindungen der Seele, womit sie Ursache und Wirkung sich verständlicher zu machen sucht. So wie die Erzeugung schon ein reiner Beziehungsbegriff ist, so auch die Kraft, welche diese Erzeugung vollziehen soll. Die Selbstwahrnehmung giebt nur die zeitliche F o l g e der Vorstellungen und das Trennen lässt die dabei geltenden Gesetze der Folge entdecken; aber nirgends zeigt sich die Spur einer besonderen Kraft, mit der die eine Vorstellung die andere herbei- oder heraufzöge, oder die beide dauernd mit einander verbunden hielte.

26) Das Begehren und der Wille haben keine Macht, eine bestimmte Vorstellung unmittelbar wiederkehren zu machen; vielmehr muss der Wille sich dem Gesetze der Wiederkehr unterwerfen und eine bereits vorhandene Vorstellung benutzen, um durch deren Verbindungen zuletzt die verlangte zu gewinnen. So muss der Schüler, wenn er wissen will, welcher Buchstabe im Lexicon auf $\varphi$ folgt, bei $\alpha$ beginnen; so muss, wenn man sich auf den Namen eines gegenwärtigen Menschen besinnen will, man zunächst die früheren Gelegenheiten zurückrufen, wo man ihn gesehen hat, um so nach und nach auf seinen Namen zu kommen.

27) Das einzige, was das Wollen hierbei erreichen kann, ist die Verstärkung der bereits vorhandenen Vorstellung dem Grade nach und die Abhaltung störender Sinneswahrnehmungen. In Folge dessen kehren die mit ihr verbundenen Vorstellungen leichter wieder und so kann mittelbar das eigentliche Ziel erreicht werden; jeder andere Weg ist dem Willen verschlossen. — Die Wiederkehr der Vorstellungen vollzieht sich gleich sicher, mag ein Wollen damit sich verbinden oder nicht. Die sogenannte Ideen-Association bezeichnet diejenige Wiederkehr, welche sich, ohne bestimmtes Ziel, von selbst vollzieht. Die durch den Willen geleitete Wiederkehr unterscheidet sich in Bezug auf den Vorgang selbst und sein Gesetz in keiner Weise von der unwillkürlichen Wiederkehr.

28) Da die Wiederkehr einer Vorstellung nicht unmittelbar von dem Willen abhängt, dennoch aber die Gewissheit solcher Wiederkehr für das Leben von der höchsten Bedeutung ist, so haben sich seit alten Zeiten Gedächtniss-Mittel ausgebildet, die man neuerlich in ein künsliches System, die Mnemonik, gebracht hat. Eine solche hat indess keine andere Hülfsmittel, als sie in den oben gegebenen Gesetzen geboten sind. Sie muss die Vorstellungen, die sich erwecken sollen, zugleich oder sich folgend in die Seele eintreten machen, und sie kann die Wiederkehr nur sichern entweder durch häufige Wiederholung solcher Verbindungen, oder durch Erhebung der Vorstellungen zu einem höhern Grade, wozu sie sich entweder eines starken Reizes der Sinnesorgane bedienen muss, oder einer Verbindung mit Gefühlen und Begehren. Auf diese einfachen Regeln läuft die ganze Mnemonik hinaus. Deshalb lernt der Schüler seine Vokabeln durch häufiges Wiederholen; deshalb bäckt man für die Kinder die Buchstaben in Pfefferkuchen; deshalb die bekannten Ohrfeigen, welche die Knaben bei den jährlichen Grenzbezügen von den Bauern erhielten; deshalb die Anknüpfung eines Begriffes an eine bildliche Vorstellung, die das Gefühl erregt, wie der Ewigkeit an das Bild einer sich in ihr Ende beissenden Schlange.

29) Die Schwierigkeit für die Mnemonik liegt darin, dass sie mit dergleichen Mitteln die Zahl der zu merkenden Vorstellungen vermehrt; diese Vermehrung wirkt leicht ebenso viel schwächend, wie jene Hülfen verstärkend; so dass die Mnemonik, wenn sie über das einfachste und nächste hinausgeht, in der Regel ihr Ziel verfehlt. Deshalb hat sich von Alters her nur die häufige Wiederholung als das allgemeine und sicherste Mittel bewährt.

30) In der Hegel'schen Philosophie wird häufig das Wortspiel von Auswendig- und Inwendig-Lernen benutzt, um diese Gegensätze als ein völlig verschiedenes Wissen darzuthun. Allein das

sogenannte Inwendig-Lernen hat für die Festhaltung seines Inhalts keine andern Mittel wie das Auswendig-Lernen. Der Unterschied beider liegt in der Kenntniss der mit den Worten verbundenen Vorstellungen, welche Kenntniss, je nachdem sie sich auf die Trenn- und Vereinsvorstellungen und Beziehungen ausdehnt, eine beschränktere oder weitere sein kann. Nun erleichtert allerdings die Kenntniss des Inhalts das Auswendig-lernen der Worte; dies kommt aber nicht von einer besondern Zauberkraft des Inhalts, sondern daher, dass dieser Inhalt bereits anderwärts her in mannigfacher Weise im Wissen verbunden ist, so dass die Festhaltung der Worte durch den Hinzutritt der bereits für ihren Inhalt vorhandenen Verbindungen wesentlich erleichtert wird.

31) Nicht allein für die Sprachformen sind diese Verbindungen in den gramatikalischen Regeln in der Seele schon vorhanden, sondern auch die einzelnen Bestimmungen des Gegenständlichen sind bereits in ähnlichen Verbindungen gekannt. So kennt man die Verbindungen in den Eigenschaften eines Baumes, eines Hauses, einer Familie und wenn ein solcher Inhalt in eine Gedankenreihe eintritt, so tritt er in der Regel in einer dieser der Seele bereits bekannten Verbindungen ein. Deshalb wird das Auswendig-Lernen der Worte, wenn ihr Sinn gekannt ist, durch diese Verbindungen erheblich erleichtert. Aber auch diese sachlichen Verbindungen bestehn nur dadurch, dass sie dem allgemeinen Gesetze der Wiederkehr sich unterworfen haben. Der ganze Unterschied des Auswendig- und Inwendig-Lernens, mit dem man so gern zu spielen liebt, liegt nur darin, dass bei dem Inwendig-Lernen eine neue Vorstellungsreihe in eine bereits in der Seele fest bestehende eingefügt wird, und dass diese Einfügung um so weiter geht und die Festhaltung erleichtert, je mehr die Kenntniss des Inhalts sich ausdehnt; während das blosse Auswendig-Lernen dieser Hülfe entbehrt. Für beide gelten aber genau dieselben Gesetze der Wiederkehr.

32) Es wird häufig von besonderm Namen-, Zahlen-, Orts-, Farben-, musikalischen Gedächtniss gesprochen und damit die Meinung verbunden, als wenn solche Fälle auf einer eigenthümlichen Anlage und Besonderung des Gedächtnisses beruhten. Allein auch für solche Fälle bleiben jene allgemeinen Gesetze allein bestimmend; das Besondere entwickelt sich nur, diesen Gesetzen gemäss, dadurch, dass entweder ein empfindlicheres Organ oder eine vorherrschende Empfänglichkeit für gewisse Ursachen des Gefühls die Vorstellungen eines besondern Gebiets des Wissens in stärkerem Grade in die Seele eintreten macht. So hat der Componist vorzugsweise das

Gedächtniss für die Vorstellungen der Töne musikalischen Figuren und Melodien, weil theils sein feineres Gehör diese Bestimmungen in stärkerem Maasse wahrnimmt, theils diese Bestimmungen sich bei ihm vorwiegend mit der Lust verbinden. Dasselbe gilt für den Maler und nicht minder für den ahnenstolzen Edelmann, der die Stammbäume aller adligen Geschlechter seines Landes kennt, weil diese Dinge ihn allein interessiren d. h. ihm eine vorwiegende Ursache der Lust sind.

33) Die Orts-Namen-Zahl-Gedächtnisse gelten nicht allgemein für alle Orte, Namen, Zahlen, sondern nur für die innerhalb eines bestimmten Gebiets, in dem sich gerade das Interesse concentrirt. So hatte Cäsar ein grosses Namen-Gedächtniss, aber nur für die Soldaten seiner Legionen, mit denen er Gallien eroberte und den Grund seiner Weltherrschaft legte. Auch giebt es sogenannte leere Köpfe, die von allen Dingen nur das äusserliche fassen und bei diesem beschränkten Verständnisse vorzugsweise diese Aeusserlichkeiten des Orts und der Zeit festhalten. — Alle diese Fälle sind keine Ausnahmen der allgemeinen Gesetze.

34) Je mehr das Wissen eines Menschen in seinem Inhalte zunimmt, deso schwerer wird die feste und sichere Wiederkehr der Vorstellungen, wo nicht besonders starke Gefühle oder häufige Wiederholung unterstützend zur Seite stehen. Die Menge der Vorstellungen wirkt schwächend auf ihren Grad. Daraus erklärt sich, dass die Erlebnisse des reiferen Alters und des da Gehörten und Gelesenen weniger sicher wiederkehren, als das in der Kindheit Erlebte und Gelernte. Die Zahl der Vorstellungen war da noch so gering, dass die einzelnen Vorstellungen in hoher Stärke in die Seele eintraten; auch sind die Erlebnisse der Kindheit meist mit starken Gefühlen verbunden. Hiernach leiten auch diese Zustände sich lediglich aus den allgemeinen Gesetzen ab.

35) Bei keiner Wissensbewegung kommen so ausserordentliche Dinge vor, wie bei dem Festhalten und der Wiederkehr der Vorstellungen. Die Beispiele von wunderbar grossem Gedächtniss sind allbekannt. Ein grosser Theil dieser Fälle erklärt sich einfach aus den allgemeinen Gesetzen. Ein anderer Theil bietet Eigenthümlichkeiten. Drobisch (Empirische Psychologie. 95.) erzählt einen solchen Fall. „Ein 14jähriger Knabe der stotterte und „mit Mühe lesen konnte, war, wenn man ihm 2—3 Minuten „gönnte, ein gedrucktes Oktavblatt, z. B. einer lateinischen Dissertation, die er nicht verstand, zu durchlaufen, dann fähig, aus den „Gedächtniss die einzelnen Worte ebenso heraus zu buchstabiren, „als ob das Buch aufgeschlagen vor ihm läge; selbst wenn man

„mit Ueberspringung einzelner Zeilen, die Anfangsworte der neuen „Zeile ihm vorsagte.“ — Die Möglichkeit dieses Falles ist hier gerade dadurch bedingt, dass der Knabe die gedruckten Worte nicht inwendig, sondern nur auswendig wusste oder erfasste. Seine Anlage glich der des Malers, der das vorwiegende Gedächtniss für die Gestaltung hat. Die Lettern des Buches prägten sich ihm ein, wie die Arabesken einer Wand, wie die vielfach verschlungenen feinen Züge eines Gesichtes dem Maler, als ein Ganzes, und indem er dieses Arabeskenbild festhielt, war er im Stande einzelne Stellen aus diesem Bilde zu buchstabiren.

36) Ganz ähnlich ist der Fall, wo jemand mit verbundenen Augen mehrere Spiele Schach zugleich spielt. Das Schachbrett mit den bestimmten Stellungen seiner Figuren prägt sich ihm als ein zunächst bedeutungsloses Bild ein, und als solches allein hält er es fest. Erst wenn es zum Ziehen kommt, benutzt er dieses Gedächtnissbild, um daran die Regeln des Schachspiels zu entwickeln. Aehnliches im Kleinen kann jeder an sich bei dem Whistspiel erleben. Das gute Gedächtniss dabei beruht nicht darauf, dass man die einzelnen Karten jedes Spielers für sich, mit ihrem Werthe und ihrer Bedeutung für dieses besondere Spiel im Kopfe hat; dies würde viel zu schwer sein; vielmehr hat man nur das allgemeine Bild der Kartenvertheilung im Kopfe und die Beurtheilung ihrer Bedeutung kommt erst bei jedem einzelnen Ausspielen. — So verschwindet ein Theil jener wunderbaren Gedächtnissfälle. Statt der vielen Elemente der Gestalt wird diese Gestalt selbst als eine erfasst, wodurch die Festhaltung der Elemente unsäglich erleichtert wird.

37) Die Wiederkehr der Vorstellungen ist von der höchsten Bedeutung für das ganze Wissen des Menschen und mittelbar auch für seine technische und sittliche Ausbildung. Gewöhnlich wird der Nutzen des Gedächtnisses nur da besonders bemerkt, wo es darauf ankommt, sich auf einen Namen oder Auftrag zu besinnen, eine Sprache zu lernen, ein Examen zu bestehen. Aber auf der Wiederkehr beruht überhaupt die Möglichkeit Wissenschaften zu lernen, eine Erzählung festzuhalten, die Gesetze des Rechts und der Sitte im Handeln innezuhalten, und das Wissen über das unmittelbar durch Wahrnehmung Gegebene auszudehnen. Ohne diese Wiederkehr und ihre feste Regelmässigkeit würde keine gehabte Vorstellung wiederkehren, als nur vermittelst der Wahrnehmung; das Wissen wäre völlig vom Sein abhängig.

38) Innerhalb der einzelnen Richtungen des Wissens zeigt sich diese Wiederkehr vorzüglich wichtig für das Vereinen der Vorstel-

lungen und für die schöpferischen Conceptionen. Jede Ueberlegung einer Unternehmung, jede Ausbildung eines Planes für die Zukunft, jedes Rathen einer Charade, jeder Bau eines Hauses und jede Fertigung eines Rockes ist ohne Wiederkehr der Vorstellungen unmöglich. Durch sie allein wird der erworbene und in der Seele vorhandene Vorrath von Wissen für den einzelnen Zweck nutzbar; nur erst wenn die nöthigen Vorstellungen sich eingestellt haben, ist der Seele die Auswahl der passenden möglich. Auch der Reichthum der originalen Conception ist durch diese Wiederkehr bedingt. Wenngleich die Conception fertig und plötzlich heraustritt, so bildet sie sich doch innerlich aus dem Material, aus den Elementen, welche der Seele früher zugeführt worden sind und nur wenn dieses Material stets der Seele mit Leichtigkeit erreichbar ist, hat das schöpferische Vorstellen die Möglichkeit, in seinen Conceptionen die Fülle und die Mannigfaltigkeit zu entwickeln, welche das Zeichen der künstlerischen Ausbildung sind.

39) Die Erweckung der Vorstellungen durch andere Vorstellungen ist der überwiegend häufigste Fall in der Gedankenbewegung; allein er ist nicht der einzige. Die Beobachtung zeigt, dass auch Gefühle und Begehren, als solche, Vorstellungen wiederkehren machen. Es sind damit nicht die Fälle gemeint, wo die Selbstwahrnehmung eines Gefühls oder Begehrens andere Vorstellungen erweckt; dieser Fall würde unter die früheren gehören, da die Wahrnehmung nur eine Art der Vorstellungen ist; vielmehr erweckt hier das Gefühl oder Begehren als solches die Vorstellung.

40) Dahin gehören die sogenannten Verstimmungen und Launen, welche nichts sind als schmerzliche Gefühle, deren Ursachen und deren Mittel, sie zu beseitigen, nicht gekannt sind. Solche Gefühlszustände sind bekanntlich mit allerlei trüben Gedanken verbunden; man denkt an den Tod; man sorgt sich über das Ergehen der Seinigen: man hält alle Menschen für schlecht; alles erfahrene Unglück des Lebens tritt vor die Seele. Diese Bewegung des Wissens ist nicht bloss aus dem Gesetz der Wiederkehr zu erklären, vielmehr zieht das schmerzliche Gefühl als solches, die trübe Stimmung als seiender Zustand, unmittelbar diese Gedanken hervor. Eine Zeitlang geht die Bewegung dann wohl an dem Faden der frühern Gesetze weiter, aber bald wirkt auch wieder die Stimmung als solche auf den Eintritt neuer Vorstellungen, die aus dem Gesetze der Erweckung durch Vorstellungen sich nicht ableiten lassen.

41) Ein anderer Fall dieser Art sind die Träume, insbesondere die sogenannten schweren und lebhaften Träume. Diese bewegen sich zum grossen Theil in erlebten Ereignissen; sie gehören somit

zu den wiederkehrenden Vorstellungen. Aber sie werden nicht durch Vorstellungen, sondern durch Gefühle erweckt, die namentlich hier von dem Körper verursacht werden. Beklemmungen, Blutandrang nach Brust oder Kopf, überfüllter Magen, geschlechtliche Reize sind bekanntlich die Ursachen solcher Träume. Diese Zustände wirken zunächst Gefühle und Begehren und diese erwecken diejenigen Vorstellungen, welche die diesen Gefühlen entsprechenden äussern Zustände darstellen. Dieselben Gefühle wecken je nach dem Lebensalter verschiedene Träume. Ein Mann hatte als Knabe bei solchen Beklemmungen regelmässig den Traum, dass er von einem wilden Ochsen verfolgt werde; als Erwachsener führten diese Zustände zu dem Traume, dass er mit der Eisenbahn abreisen wollte und vergeblich sich mühte, mit dem Einpacken seiner Sachen und Bezahlen der Rechnung fertig zu werden; noch später, als er in dem Betrieb der Landwirthschaft viel Unglück erlebt hatte, führten diese Beklemmungen zu dem Traume, dass er noch auf dem Gute sich befand und mit dem Gesinde Aerger, mit Vieh und Wetter seine Noth hatte. Diese Träume standen in so sicherer ursachlicher Verbindung mit Körperzuständen, dass er sie als ein Zeichen des nahenden Uebelbefindens benutzen und vorbeugende Mittel anwenden konnte.

42) Trunkenheit und Seelenkrankheiten wecken in ähnlicher Weise unmittelbar Vorstellungen. Die Körperzustände, welche dem Hunger, dem Durst, der Müdigkeit, dem Ekel, der Wollust zu Grunde liegen, erwecken nicht bloss die bekannten Begehren, sondern gleiehzeitig die entsprechenden Vorstellungen von Brot, Fleisch, Bier, Sopha u. s. w.

43) Aehnliches tritt ein, wenn Gefühle zwar durch Vorstellungen erweckt sind, aber durch ihre Stärke länger dauern, als diese Vorstellungen. Man hat in einer Gesellschaft eine schwere Beleidigung erlitten. Dieser Schmerz hält Tagelang an, obgleich die Berufsarbeiten und andere nothwendige Dinge ein anderes Vorstellen herbeiführen; man sucht auch wohl nach Zerstreuung; nimmt ein Buch zur Hand. Mitten in dem Lesen desselben springt aber plötzlich die Vorstellung jenes beleidigenden Vorfalls in die Seele. Diese Wiederkehr hat keine Verbindung mit den Vorstellungen des Buches, sondern ist nur durch den Schmerz erweckt, welcher noch in der Seele als seiender Zustand vorhanden ist. Bei allen tiefen Gefühlen, die man durch Zerstreuungen zu bekämpfen sucht, treten solche Erweckungen der Vorstellungen durch Gefühle ein. Geht man mit einer schweren Sorge in das Theater, so vergisst man wohl auf eine Zeit lang die Noth; aber mitten in dem Zuhören brechen

zuletzt die Gedanken durch, welche zu jenem Gefühl gehören; sie sind nur durch dieses, nicht durch die Scenen des Schauspiels erweckt.

44) Obgleich in den meisten Fällen die Wiederkehr der Vorstellung durch diese bis jetzt entwickelten Gesetze erklärt werden kann, so bleiben doch noch einzelne übrig, wo sie nicht zureichen, und welche es zweifelhaft machen, ob nicht auch in dem Gebiete des Wissens, so wie in dem des Begehrens eine Freiheit besteht, d. h. ein völlig grundloses Eintreten früherer Vorstellungen, so wie der freie Wille ein grundloses Eintreten des Begehrens ist. Namentlich scheinen sehr starke Vorstellungen, auch abgesehen von allem Gefühl in solcher grundlosen Weise mitunter aufzutreten. Die Entscheidung dieser Frage mag hier dahin gestellt bleiben; in keinem Falle wäre solche Freiheit im Wissen ein Ausserordentliches, nachdem die Freiheit im Begehren bereits feststeht. Ist die Ursachlichkeit in einem Gebiete durchbrochen, so kann sie es sehr wohl auch in dem andern sein.

## Das Vergessen der Vorstellungen.

1) Die Wiederkehr der Vorstellungen hat an dem Vergessen ihren Gegensatz. Nach der gewöhnlichen Meinung hat die Seele über das Vergessen keine Macht; der Begriff der Reue, der Gewissensbisse beruht wesentlich auf dieser Voraussetzung. Die erschütternden Scenen der Trauerspiele und Romane zeigen die Qualen der Gewissensbisse dadurch, dass der Sünder vergeblich sich abmüht, seine That zu vergessen. — Indess lehrt die nüchterne Beobachtung, dass selbst schwere Verbrecher vielfach sich wohl befinden und ihr Leben ruhig beschliessen, so wie nur erst die Gefahr der Entdeckung vollständig überwunden ist.

2) So wie die Wiederkehr der Vorstellungen von festen Gesetzen regiert wird, so auch das Vergessen; so wie jene Gesetze benutzt werden konnten, die Wiederkehr dem Willen dienstbar zu machen, so können es diese Gesetze auch, um das Vergessen dem Willen dienstbar zu machen.

3) Man bezeichnet mit Vergessen zweierlei; einmal die Beseitigung einer gegenwärtigen Vorstellung, und dann die Sicherung gegen ihre spätere Wiederkehr. Das Vergessen im ersten Sinne ist der Gegensatz der Aufmerksamkeit oder der bis zu Null gesunkene Grad einer Vorstellung. Die Ursachen, welche den Grad einer Vorstellung steigern, müssen deshalb in ihrer Umkehrung zu dem Vergessen hinführen. Der Grad wurde gesteigert: 1) durch die Vereinzelung einer Vor-

stellung; 2) durch den stärkern Reiz des körperlichen Organs bei Sinneswahrnehmungen; 3) durch Verbindung von Gefühlen und Begehren mit der Vorstellung. Umgekehrt wird daher das Verschwinden einer Vorstellung bewirkt: 1) durch Vermehrung der Vorstellungen, insbesondere durch Herbeiziehung starker Vorstellungen; 2) durch Schliessung der Organe für die Sinneswahrnehmung, 3) durch Abtrennung des Gefühls und Begehrens von der zu beseitigenden Vorstellung.

4) Obgleich keine Kunst des Vergessens wie die Kunst des Behaltens ausgebildet worden ist, so wird doch von diesen Gesetzen im Leben häufig Gebrauch gemacht. Die zerstreuende Wirkung des Reisens, des Schauspiels, der Gesellschaften beruht auf diesen Gesetzen. Gewöhnlich hält man das Vergessen nicht für so wichtig, wie das Behalten der Vorstellungen. Aber es hat vielleicht dieselbe grosse Bedeutung. Die Möglichkeit der Wissens-Bewegung überhaupt beruht darauf, dass die einzelnen Vorstellungen zum Verschwinden kommen; ohnedem gliche der Mensch einem Wahnsinnigen, dessen eine fixe Idee keiner andern Vorstellung Platz macht. — Weiter sind die meisten schmerzlichen Gefühle durch Vorstellungen veranlasst und das Sinken und Verschwinden des Schmerzes wird erleichtert durch das Verschwinden oder Vergessen der Ursachen. Ebenso wird das Begehren durch die Vorstellungen der Ursachen der Lust erweckt und der Kampf gegen solches Begehren beruht wesentlich in der Beseitigung der verlockenden Vorstellungen; hat man erst dies erreicht, so ist der Sieg des sittlichen Wollens in der Regel entschieden. So bedingt die Kunst des Vergessens zu einem grossen Theile das sittliche und glückliche Leben des Menschen.

5) Männer, die in anstrengenden wissenschaftlichen Untersuchungen befangen sind, leiden oft sehr darunter, dass die dahin gehörenden Begriffe und Wissens-Bewegungen sie auch dann nicht verlassen wollen, wenn sie der Erholung, des Schlafes bedürfen. Auch hier hängt oft die geistige und körperliche Gesundheit von der Kunst des Vergessens ab. Es gehört zur Kunst der geistigen Gesundheitspflege, die richtige Anwendung dieser, nach dem einzelnen Fall oft höchst mannichfachen Mittel zu verstehen. Bei einem Vergessen in diesem ersten Sinne kommt es in den meisten Fällen nur darauf an, die Seele mit neuen, wo möglich starken Vorstellungen zu füllen oder die den zu vergessenden Vorstellungen anhaftenden Gefühle zu beseitigen. Dies ist das Wesen aller sogenannten Zerstreuungen, so verschieden sie auch äusserlich von einander sind.

6) Die zweite Art des Vergessens betrifft die Sicherung gegen die Wiederkehr einer Vorstellung. Die Mittel dazu ergeben sich

auch hier aus der Umkehr der Gesetze der Wiederkehr. Das allgemeine Gesetz ist deshalb, dass diejenigen Vorstellungen vermieden werden müssen, welche mit der zu vergessenden zugleich oder sich folgend in der Seele gewesen sind. Als Besonderungen dieses Gesetzes ergeben sich weiter: 1) dass jede häufige Wiederholung solcher Verbindungen zu meiden ist, 2) dass man sorge, dass die Verbindung alt werde, 3) dass die Stärke der verbundenen Vorstellungen gemindert werde. — Man vermeidet deshalb in Gegenwart von Personen, die ihre Angehörigen verloren haben, alle Vorstellungen, welche sich auf den Tod beziehen; man geht nicht nach dem Kirchhof, wenn man die Erinnerung an den Verstorbenen vermeiden will; man vergisst die erlernten Sprachen, wenn man ihre Verbindung mit der Muttersprache alt werden lässt, d. h. jene Jahre lang nicht spricht; man vergisst die Nummer seines Lotterielooses, so wie die Ziehung vorbei und das Interesse erloschen ist u. s. w. — Es kommt häufig vor, dass Mörder unmittelbar nach vollbrachter That den Tanzboden oder das Kartenspiel aufsuchten; man will darin das Zeichen grossen moralischen Stumpfsinnes finden; es ist vielmehr das Gegentheil, ein Mittel des Vergessens der Mordscene, die selbst dem rohen Thäter in der ersten Zeit peinigend ist.

## Die Erklärungen der Wiederkehr.

1) Bei den Versuchen, ein erklärendes Princip für die Wiederkehr der Vorstellungen zu finden, treten zwei Schwierigkeiten hervor. Einmal ist die seiende Natur der Vorstellungen, als Zustände der Seele, der Selbstwahrnehmung verschlossen; es bleibt nur der Weg der Hypothese übrig. Noch hinderlicher ist, dass jede Hypothese dieser Art keinen andern Weg zur Erklärung betreten kann, als die seiende Natur dieser geistigen, durch Selbstwahrnehmung gegebenen Bestimmungen auf Bestimmungen der Sinneswahrnehmung, insbesondere der Bewegung zurückzuführen. Wir sehen deshalb alle diese Hypothesen sich in den Vorstellungen der Kraft, des Stosses, der Oscillation, des Druckes, des Nervenfluidums und dergleichen bewegen. Aus der Mittheilung von Schwingungen oder Stössen eines höchst feinen elastischen Mediums und dergleichen sucht man jene Gesetze der Wiederkehr abzuleiten.

2) Allein es liegt auf der Hand, dass mit solchen sinnlichen, aus der äussern Wahrnehmung entlehnten Bestimmungen so gut, wie nichts erreicht werden kann, weil die Bestimmungen der Selbstwahrnehmung, das Geistige und insbesondere das Wissen den stärksten Gegensatz zu jenen bilden. Eine gewaltsame Identificirung beider ist

deshalb keine Lösung, sondern nur eine Unverständlichkeit mehr. Stellt man aber beide Gebiete nur in die Beziehung der Ursachlichkeit, so ist der grosse Unterschied ihrer zwar kein Hinderniss, vielmehr wird diese Annahme durch die Wahrnehmung in einzelnen Fällen bestätigt; aber für die besondere Natur des Wissens und der Wiederkehr der Vorstellungen reicht diese Beziehungsform der Ursachlichkeit hier nicht aus, weil die Unterschiede der Vorstellungen und die Art ihrer Wiederkehr alles überschreiten, was an entsprechenden Unterschieden in den sinnlichen Bestimmungen zu finden ist; wenn man auch von der Frage nach der Bestätigung solcher Hypothesen durch die Wahrnehmung ganz absehn will. Es sind dieses vorzüglich die Unterschiede in der Art des Wissens, ferner die begrifflichen Vorstellungen und endlich die Beziehungen, welche aller Ableitung aus Schwingungen, Druck und ähnlichen sinnlichen Bestimmungen widerstehn.

3) Für die sinnlichen Wahrnehmungs-Vorstellungen, für die bildlichen Vorstellungen und für die Trennvorstellungen, so weit sie aus dem Theilen, Entmischen und eigenschaftlichen Trennen hervorgehn, lassen sich allenfalls entsprechende Bewegungen und Schwingungen in dem Gehirn ausdenken, da diese Vorstellungen dem Sinnlichen näher stehn. Aber die begriffliche Trennung ist unmöglich in einer ihr entsprechenden Bewegung oder Schwingung vorzustellen; das eigenthümliche des Begriffs ist nie für sich im Sein darzustellen und deshalb kann ihm für sich kein entsprechendes Sein untergelegt werden. — Lotze bemerkt richtig, dass die Mischung aller Unterlagen der bestimmten Farben-Vorstellungen allenfalls die Vorstellung eines trüben Weiss geben würde, aber nicht die begriffliche Vorstellung der Farbe überhaupt. Das gleiche gilt für die begriffliche Gestalt des Dreiecks, so wie für alle Begriffe überhaupt.

4) Gleichen Schwierigkeiten begegnet man bei der Ableitung der Wissens-Arten; welche Oscillation soll die Vorstellung zur bekannten, welche zur gewissen und welche zur nothwendigen bei gleichbleibendem Inhalt machen? Es ist ganz vergeblich, hierfür eine ähnliche oder entsprechende Bestimmung in der Oscillation oder einer andern Bewegung aufzufinden. Dasselbe gilt für die Beziehungen des Nicht, Oder, Und, Gleich, Alle, Zahl u. s. w. Ihr Wesen ist, kein Seiendes abzubilden, sondern reines Wissen zu sein; keine noch so willkürliche oder künstliche Veränderung im Seienden kann deshalb etwas diesen Beziehungen nur entfernt entsprechendes darstellen.

5) Bei diesen Schwierigkeiten kann es nicht Wunder nehmen,

dass alle bisher für diese Fragen versuchten Hypothesen sich durchaus unzureichend erwiesen haben. Alle grossen Philosophen haben daher solche Hypothesen und solche sinnliche Bestimmungen meist nur als Bilder zur Verdeutlichung dessen benutzt, was sie bezeichnen wollten; aber sie haben sich enthalten, dergleichen sinnliche Bestimmungen zu einem festen System auszubilden und daraus die Zustände des Wissens und der Wiederkehr wissenschaftlich abzuleiten.

6) Dies gilt z. B. von Plato's Vergleich des Gedächtnisses mit einer wächsernen Tafel im Theaetet. Plato sagt (Uebersetzung von Schleiermacher, II. 1. Abthl. 290): „Diejenigen, deren Mark „(Wachs) flüssig ist, werden zwar leicht etwas fassen, aber es bald „vergessen; aber bei denen, welche ein härteres Mark haben, wird „es gerade umgekehrt sein. Die ein dichtes, rauhes, steiniges haben, „voll zugemischter Erde, werden nur undeutliche Bilder enthalten; „undeutlich auch die, die ein hartes haben; denn es fehlt ihnen an „Tiefe des Eindrucks; undeutlich auch die, bei denen die Masse „flüssig ist, denn, weil die Bilder in einander fliessen, werden sie „bald unsichtbar. Wenn sie nun überdies wegen Enge des Raumes „noch übereinander fallen, wenn das Seelchen des Menschen zu „klein ist, werden die Bilder hier noch dunkler sein, wie dort." — Plato benutzt diese Darstellung offenbar nur als Gleichniss, womit allerdings anerkannt ist, dass für die Aufklärung der Räthsel dadurch nichts erreicht ist.

7) Aehnliche Ansichten sind von Hobbes, Cartesius und Malebranche aufgestellt worden. Statt des Wachses oder Markes setzten sie ein in dem Gehirn und in den Nerven verbreitetes feines Fluidum und Vibrationen dieses als Mittel zur Aufbewahrung der Vorstellungen. Bonnet hat diese Theorie am vollständigsten ausgebildet. Die Wahrnehmung erzeugt nach ihm Oscillationen in den Nerven, die sich in das Gehirn fortpflanzen und hier andauern, auch wenn der Gegenstand nicht mehr gegenwärtig ist. Diese Oscillationen wecken eine die andere; stärkere halten länger vor, und dergleichen Sätze mehr, in denen der Versuch sich offenbart, die mechanischen Gesetze der Wellenbewegung und des Stosses mit den Gesetzen der Wiederkehr der Vorstellungen in Uebereinstimmung zu bringen. Bei Bonnet sind dies alles rein körperliche Vorgänge; die Seele steckt hinter ihnen in dem Gehirn; sie ist bei ihm das Thätige und das Wahrnehmende; nur das Gehirn ist der Sitz und die Grundlage der wiederkehrenden Vorstellungen.

8) Das plumpe und unzureichende dieser Hypothese ist leicht zu erkennen. Jene Vibrationen stimmen in ihrem Mechanismus nur

höchst oberflächlich mit dem Gesetze der Wiederkehr der Vorstellungen, und die Frage, wie aus solchen Vibrationen die Vorstellung selbst werde, bleibt nach wie vor ungelöst. Die Seele steckt nach Bonnet hinter ihnen; wenn sie unkörperlich ist, so bleibt völlig unverständlich, wie solche Vibrationen oder Stösse und Bewegungen die körper- und raumlose Seele treffen können, wie aus solchen sich sehr ähnlichen Stössen so viele verschiedene Vorstellungen in der Seele sich bilden können.

9) Diese Hypothesen des Materialismus sind in neuerer Zeit ziemlich aufgegeben worden, auch Lotze sagt (Psychologie, 472.): „Schon mehrfach haben wir uns gegen die Annahme ausge-„sprochen, dass der Verlauf unserer Gedanken nur die Folge eines „ähnlichen Verlaufs der physischen Erregungen sei." Herbart hat versucht, die Aufgabe in anderer Art zu lösen; sein Versuch hat aber wenig Beifall gefunden und verdient ihn auch nicht, trotz seiner Einkleidung in mathematische Formeln und Funktionen. Es ist hier nicht der Ort zu einer ausführlichen Kritik seiner Ansicht; Einzelnes wird genügen, um das Unzureichende seines Versuchs zu erkennen.

10) Herbart kämpft gegen die Annahme von unterschiedenen Zuständen der Seele, namentlich gegen die Unterschiede des Wissens, Fühlens und Begehrens. Er meint, damit ginge die Einheit der Seele zu Grunde. Alle jene unterschiedenen Bestimmungen führt er auf einfache Vorstellungen zurück. Diese sind ihm nichts anderes, so lauten seine Worte (I. 288.): „als Selbsterhaltungen „eines einfachen Wesens, welches wir Seele nennen, hervor-„gerufen durch Störungen anderer einfachen Wesen, die sich sämmt-„lich zwar im Raum, aber nur in einem intelligibeln Raum be-„finden. Der intelligible Raum gilt für einfache Wesen, die, wenn „sie in ihm einander durchdringen (in einander sind), sich in Stö-„rung und Selbsterhaltung versetzen." (I. 290.) „Der Leib, der „Wohnsitz der Seele, ist nicht blos Erscheinung, sondern wie alle „andere Materie, ein Aggregat einfacher Wesen, deren Fähigkeit, „zwischen der Seele und der Aussenwelt das Mittelglied des Cau-„salverhältnisses abzugeben, keinem Zweifel unterliegt." (I. 291.) „Im Allgemeinen liegt die Möglichkeit vor Augen, dass in einem „und demselben Wesen unzählige Selbsterhaltungen statt finden „können und es ist zu erwarten, dass unter ihnen einige entgegen-„gesetzt sein werden, andere nicht." — „Die entgegengesetzten Vor-„stellungen müssen sich dergestalt hemmen, dass das Vorgestellte „ganz oder zum Theil verschwindet, als ob die Vorstellung nicht „mehr da wäre, dass es aber wieder hervortritt, sich von selbst

„wieder herstellt, sobald die Hemmung weicht oder durch eine „neue Gegenkraft unwirksam wird. Demnach verwandeln sich die „Vorstellungen durch ihren gegenseitigen Druck in ein Streben „vorzustellen. Dieses Streben ist das, was man unter den Namen: „Begehren, Leben, Trieb, reale Thätigkeit neben das Vorstellungs-„vermögen gestellt hat. — Es giebt sonach eine Statik und eine „Mechanik des Geistes. Denn unter Kräften, die wider einander „streben, giebt es ein Gleichgewicht, es giebt auch Annäherungen „dahin und Entfernungen davon durch neu hinzutretende Kräfte. — „In der Statik des Geistes finden sich Untersuchungen, die bloss „von der Stärke der Vorstellungen, andere, die bloss von dem Grade „des Gegensatzes, noch andere, die von beiden zugleich abhängen; „auch hat die Innigkeit der Verbindungen ihre Grade. — Für die „Mechanik des Geistes macht es einen Unterschied, ob die Vor-„stellungen, welche einander hemmen, gleich anfangs beisammen „sind, oder allmälig hinzukommen, oder sich erst langsam in einer „continuirlichen Wahrnehmung bilden. — Diese Untersuchungen „führen auf mathematische Formeln, deren einige höchst verwickelt „und schwer zu behandeln sind. Es kommt aber bei diesen For-„meln nicht darauf an, die Gemüthszustände eines Individuums ma-„thematisch zu bestimmen, sondern man erkennt in den ma-„thematischen Formeln nur die allgemeinen Gesetze der „psychologischen Erscheinungen.“ (I. 294. 295.)

11) Diese Auszüge zeigen, dass Herbart in seiner Auffassung dasselbe thut, weshalb er die gewöhnliche Auffassung verwirft. Die Einheit der Seele geht nach seiner Ansicht verloren, wenn man Unterschiede von Wissen, Fühlen und Begehren in ihr zulässt; dennoch sind in seinem einfachen Wesen, was ihm die Seele ist, eine unendliche Menge von Störungen, Selbsterhaltungen; eine Masse von Hemmungen, von Streben, von bewussten und unbewussten Vorstellungen; Unterschiede von Gleichgewichten, von Steigungen und Senkungen, von Verbindungen mit mehr oder weniger Innigkeit u. s. w. — Wenn eine solche Unzahl von Unterschieden die Einheit der Seele als einfachen Wesens, nach Herbart, nicht aufheben, so ist nicht abzusehen, weshalb jene Unterschiede von Wissen, Fühlen und Begehren diese Einheit zerstören sollen.

12) Ferner können alle jene Begriffe, die Herbart zur Bezeichnung dieser Bestimmungen benutzt, nicht in ihrer natürlichen Bedeutung genommen werden; denn die Seele ist ihm ein einfaches Wesen, was keinen Raum im gewöhnlichen Sinne einnimmt. Deshalb sind weder Bewegungen noch Hemmungen, weder Senkungen noch Steigungen, noch selbst Kräfte im gewöhnlichen Sinne dieser

Worte in der Seele möglich; alle diese Begriffe bestehn nur für Räumliches und sind ohne Raum nicht zu fassen. Sie können also von Herbart nur bildlich gemeint sein; aber was eigentlich damit gemeint sei, bleibt Herbart dem Leser schuldig. Störungen, Selbsterhaltungen sind leere Worte, wenn es keine Kraft, keine Bewegung im Raume giebt; selbst diese allgemeinsten Begriffe, welche Herbart eingeführt hat, lassen das, was damit bezeichnet werden soll, unaufgeklärt.

13) Ferner entbehren die von Herbart seinen Rechnungen zu Grunde gelegten Hauptformeln des Beweises oder der Bestätigung durch die Wahrnehmung. Sie sind zunächst rein willkürliche Voraussetzungen, die nur zum Theil in ihren Resultaten mit den wahrgenommenen geistigen Zuständen übereinstimmen, aber die, wie Herbart selbst anerkennt, nicht zureichen, den einzelnen Zustand vollständig abzuleiten. Sollen damit aber nur „allgemeine, d. h. „unbestimmte Gesetze der psychologischen Erscheinungen“ ausgedrückt sein, wie Herbart sagt, so sieht man nicht ab, wozu dieser Umweg gemacht wird, da die gewöhnlichen Gesetze über die Wiederkehr der Vorstellungen das verlangte ebenso gut leisten, ohne dabei die Leser zu unerreichbaren Vorstellungen zu nöthigen.

14) Am bedenklichsten endlich ist das Unternehmen Herbarts, „die Gefühle und das Begehren zu blossen veränderlichen Zuständen „derjenigen Vorstellungen zu machen, in denen sie ihren Sitz haben.“ (I. 301.) Die Zustände des Fühlens und Wollens sind für die Selbstwahrnehmung so wesentlich von den Vorstellungen verschieden, dass eine Theorie unmögliches unternimmt, wenn sie diese mit jenen identificirt. Herbart selbst muss deshalb wenigstens ein Streben in den Vorstellungen annehmen, womit der Begriff des Begehrens schon wieder eingeführt ist, der beseitigt und auf blosses Wissen zurückgeführt werden sollte. Man kann wohl versuchen Sinnes-Wahrnehmungen, wie Farbe und Ton auf Bewegung von Luft und Aether zurückzuführen, weil da zwischen der Aussenwelt und der Seele ein körperliches Organ in der Mitte liegt, dem man die Umwandlung der Bewegung oder des Stosses in Farbe und Ton aufbürden kann; aber innerhalb der Seele selbst giebt es kein solches vermittelndes Organ, was Vorstellungen in Gefühl und Begehren umsetzen könnte; deshalb ist jeder Versuch, diese in der Selbstwahrnehmung mit der höchsten Bestimmtheit gegebenen Unterschiede als Täuschungen zu behaupten, vergeblich.

15) Auch Bennecke hat in seinen psychologischen Schriften ähnliche Versuche gemacht, die Zustände der Seele und insbesondere die des Vorstellens auf Bestimmungen zurückzuführen, die ihren

Ursprung in dem Sinnlich-Wahrgenommenen haben. Es gelten deshalb die gleichen Gründe gegen seine Versuche. Auch Bennecke verlässt das unmittelbar durch die Selbstwahrnehmung Gegebene, und schiebt dafür die Begriffe von Reizen, Eindrücken, von Elementen ein, die weit dunkler sind als der Begriff: Vorstellung und die doch die Erscheinungen der Seele nicht besser zu erklären im Stande sind, als die Begriffe und Gesetze, welche unmittelbar aus dem von der Selbstwahrnehmung Gegebenen ausgelöst sind. Nach Bennecke ist es „der menschlichen Seele mit allen übrigen lebenden „Wesen gemeinsam, dass sie die von aussen kommenden Elemente „aufnimmt und sich aneignet, welche Elemente ihr damit zur Nah-„rung dienen.“ (Bennecke, Psychologie, II. Ausgabe, 23.) Was soll hier unter: „Aufnehmen, sich aneignen,“ unter „Elemente,“ unter „zur Nahrung dienen“ verstanden werden? nämlich nicht im figürlichen, sondern im wahren Sinne?

16) Alle Untersuchungen, die auf Lösung des Räthselhaften in der Wiederkehr der Vorstellungen ausgehn, bewegen sich um zwei Fragen. Die eine ist: Sind die Vorstellungen in der Zwischenzeit von ihrem frühern Sein in der Seele bis zu ihrer Wiederkehr noch in irgend einer Weise in der Seele gegenwärtig, oder sind sie völlig aus der Seele verschwunden und ein Nichts? Die andere lautet: Ist blos die Seele oder auch der Körper bei dieser Wiederkehr der Vorstellungen betheiligt, und wie?

17) Jede Antwort auf diese Fragen verwickelt in Schwierigkeiten. Sollen die Vorstellungen in der Zwischenzeit in der Seele oder in dem Körper, in der Form von Vibrationen gegenwärtig bleiben, so ist die Masse und Einrichtung des Gehirns dafür offenbar unzureichend; sollen sie nur in der Seele bleiben, so bleibt auch diese Annahme bedenklich, weil die Zahl der Vorstellungen bei Erwachsenen und alten Personen ins Ungeheure steigt, und weil Vorstellungen ohne Bewusstsein einen Widerspruch enthalten, der nur durch künstliche Constructionen beseitigt werden kann, für welche die Selbstwahrnehmung keine Spur enthält und keine Bestätigung abgiebt. Man hat mit dieser Annahme sich wohl das Gesetz der Wiederkehr verständlicher gemacht, aber dafür wird es um so wunderbarer, wie in der unräumlichen, also punktuellen Seele diese Unzahl von Vorstellungen als unbewusste oder als Spuren sich in solcher Ordnung erhalten können, dass die unzähligen Verbindungen, in denen sie mit einander gekommen sind, sämmtlich ungestört fortbestehn, bis sich einmal Gelegenheit bietet, in das Wissen einzutreten.

18) Lässt man dagegen die Vorstellung in der Zwischenzeit

ganz in Nichts verschwinden, so ist zwar diese Schwierigkeit beseitigt, aber die Rückkehr der Vorstellungen nach den frühern Verbindungen ist dann um so räthselhafter. Selbst wenn man die Vorstellungen in Vibrationen eines feinen Aethers, eines elektrischen Fluidums umwandelt, ist nicht abzusehn, wie eine Vibration andere in entfernten Stellen erwecken kann, ohne die Zwischenglieder zu reizen, oder weshalb solche Vibrationen sich einmal nur nach dieser, das anderemal nur nach jener Richtung fortpflanzen sollen, Forderungen, welche dem dynamischen Gesetze der Wellenbewegung geradezu widersprechen.

19) Den Antheil des Gehirns und der Nerven an der Wiederkehr der Vorstellungen abzuleugnen, hat ebenfalls sein Bedenken, weil die Gesetze der Wiederkehr der Vorstellungen mit den Gesetzen der Mechanik und Dynamik grosse Aehnlichkeiten haben und weil die Hemmung und Beförderung der Wiederkehr mehr wie andere Vorgänge in der Seele von bestimmten Theilen des Gehirns und dessen gesunder Beschaffenheit abhängig sind. — Bei solchen Schwierigkeiten ist das Ungenügende der bisherigen Versuche erklärlich.

20) Von den reinen Hypothesen der Philosophen unterscheiden sich vortheilhaft die neusten Untersuchungen Fechner's in diesem Gebiet. In seinem grossen Werke der Psychophysik hat er sich die Aufgabe gestellt, die Abhängigkeit der geistigen Zustände der Seele von den sinnlichen Zuständen ihres Körpers nicht blos in unbestimmter Allgemeinheit zu behaupten, sondern diese Abhängigkeit aus genauen Beobachtungen durch die induktive Methode zu beweisen und zugleich ein bestimmtes Gesetz für das Maass dieser Abhängigkeit zu gewinnen. Das Gesetz, was er aus zahlreichen und höchst mühsam und sorgfältig angestellten Versuchen und Berechnungen abgeleitet hat, lautet (Fechner, Psychophysik, II. 13.): „Die Grösse der Empfindung steht im Verhältniss nicht zu der „absoluten Grösse des Reizes, sondern zu dem Logarithmus der „Grösse des Reizes, wenn dieser auf seinen Schwellenwerth, als „Einheit bezogen wird."

21) Verständlicher kann man es ohngefähr dahin aussprechen, dass die Empfindung der Seele wächst und fällt, im Verhältniss zur Quote des äussern Reizunterschieds. Wenn ich den Unterschied zweier Gewichte nur dann noch empfinde, wenn das eine 30, das andere nicht unter 31 Loth beträgt, der Unterschied also mindestens $\frac{1}{30}$ ausmacht, so muss, um den Unterschied bei einem Gewicht von 60 Loth zu empfinden, das Doppelte, 2 Loth, d. h. wieder $\frac{1}{30}$ zugelegt werden. Allgemein giebt also die Steigerung

eines Gewichts um $\frac{1}{30}$ erst einen wahrnehmbaren Unterschied für die Seele, mag dabei der Zusatz an sich ein Loth oder ein Pfund betragen. — Dies Gesetz gilt nach den sorgfältigen Versuchen Fechners nicht allein bei den Wahrnehmungen des Schweren, sondern auch für die Wahrnehmungen der Grade des Lichts, der Höhe und Stärke der Töne, der Grade der Temperatur und der Grösse von Linien und Zeiträumen. Fechner glaubt damit ein ähnliches Fundamentalgesetz für das Verhältniss zwischen Leib und Seele gefunden zu haben, wie Newton mit seinem Gravitationsgesetz für die Körperwelt.

22) Man kann den grossen Werth der Untersuchungen Fechners bereitwillig anerkennen, aber eine Täuschung ist es, wenn er seinen Resultaten diese Bedeutung beilegt. Der Grundirrthum Fechners besteht darin, dass er die Unterschiede in seinen sogenannten Empfindungen für Unterschiede in den Zuständen der Seele selbst hält, während sie doch nur Unterschiede in dem Gegenständlichen der Wahrnehmungsvorstellung betreffen. Wenn Wahrnehmungen verschiedener Lichtstärken nur unterschieden werden können, nachdem der Gegenstand, oder die Lichtstärke selbst um $\frac{1}{100}$ ihrer jedesmaligen Grösse zunimmt, so liegt der Unterschied dieser Wahrnehmungs-Vorstellungen nicht in der Art des Wissens, noch in ihrer Stärke als Vorstellungen, sondern nur in dem Unterschiede ihres Gegenstandes; ein solcher Unterschied trifft aber den Zustand der Seele nicht, so wenig wie es den Zustand des Spiegels trifft, ob er ein schwaehes oder starkes Licht spiegelt.

23) Das Gleiche gilt für die Wahrnehmung des Schalles; verschiedene starke Töne sollen nach Fechner erst als unterschiedene wahrgenommen werden, wenn der neue Ton die Stärke des alten um $\frac{1}{4}$ übertrifft. — Aehnliche Verhältnisszahlen werden für die Unterschiede in der Höhe der Töne, in der Temperatur, in der Länge gesehener und gefühlter Entfernungen oder Linien aus Beobachtungen abgeleitet. Man kann in all diesen Fällen zugeben, dass das hinzukommende Gegenständliche immer im Verhältniss zu dem ersten steigen müsse, um überhaupt von der Seele unterschieden werden zu können, aber dieses Wissen zeigt keinen Unterschied der Seelenzustände selbst an. Die Unterschiede in den Wahrnehmungs-Vorstellungen, welche sich auf den Gegenstand derselben beziehen, sind keine Unterschiede des Wissens, als seiender Zustände der Seele. Nur wenn die Wissens-Art sich ändert, kommt ein solcher Unterschied hervor.

24) Fechner selbst kommt in seinem Werke auf diesen Unterschied des Inhaltes und der Wissens-Art. Er sagt (II. 452.); „Wir

„sehen einen Gegenstand heller, wenn der Lichtreiz, der von ihm „herkommt, stärker ist, aber wir sehen ihn nicht ebenso heller, wenn „wir ihn aufmerksam betrachten. Wir vernehmen einen Ton als „einen stärkern, wenn der Schallreiz stärker ist, aber die verstärkte „Aufmerksamkeit lässt uns demselben keine grössere sinnliche Stärke „beilegen. Wir fühlen allerdings die verstärkte Aufmerksamkeit, „als eine Thätigkeit unserer Seele, aber wir vermögen auch sehr „wohl zu unterscheiden, was Sache der verstärkten Aufmerksamkeit „und was Sache der verstärkten Sinnes-Empfindung ist und schla-„gen die Verstärkung der einen nicht zugleich als die der andern „an." — Hier kommt Fechner auf die Wissens-Art, die Aufmerksamkeit, als eine seiende Bestimmung der Seele und unterscheidet sie von dem Inhalt der Vorstellung. Allein indem er diesen letzten, der nur den Unterschied des Gegenstandes spiegelt, eine Sinnes-Empfindung nennt, verdunkelt Fechner die Bedeutung dieses Unterschieds und hindert die Gewinnung eines wahren Resultates.

25) Weiter sagt Fechner (II. 453.): „Wir können inhaltlose „schwache Vorstellungen doch mit grosser Intensität denken. Das „intensivste Nachdenken operirt mit den verblasstesten Schematen, „ja wir können uns angestrengt auf etwas besinnen wollen, was uns „gar nicht einfällt. Die Stärke der Vorstellung und die Stärke, mit „der wir sie denken, auffassen, muss sich also unterscheiden lassen, „und doch besteht die Vorstellung für uns nur nach Maassgabe, als „wir sie denken, auffassen." — Hier sehen wir, wie Fechner in die bekannte Ansicht geräth, dass jede Vorstellung, jedes Wissen noch ein neues Wissen brauche, um gewusst zu werden. Aber wenn man sich auf etwas besinnt, so hat man schon eine Vorstellung, und das Besinnen besteht nur in der Verstärkung dieser, um damit die Vorstellungen, welche mit ihr früher verbunden gewesen sind, leichter zu erwecken. Die Begriffe sind keine inhaltlosen verblassten Schemate, sondern bilden so lebendig und stark, wie die Wahrnehmungsvorstellung, ihr Gegenständliches ab; ihr Unterschied gegen die Wahrnehmung liegt nicht in dem Grade der Stärke, sondern in der Beschränkung ihres Inhaltes auf ein Stück des Gegenstandes; sie sind inhaltsarm, aber nicht inhaltslos.

26) Weiter sagt Fechner (II. 453.): „Umgekehrt werden schwache „Reize bei mangelnder Aufmerksamkeit gar nicht gespürt; es ist „also eine gewisse Aufmerksamkeit nöthig, um schwache Reize über-„haupt merklich werden zu lassen. Wie soll nun die Verschärfung „der Aufmerksamkeit nichts wirken, sie merklicher werden zu „lassen?" — Diese Schwierigkeit verschwindet, wenn man festhält, dass die Aufmerksamkeit mit dem Inhalte oder Gegenstande der

Vorstellung nichts zu thun hat; ihre Steigerung kann deshalb den Gegenstand nicht heller oder lauter oder schwerer machen. Dass zu jeder Wahrnehmung eine gewisse Stärke der Erregung der Sinnesnerven gehört, hängt damit nicht zusammen; auch ist es wohl verständlich, dass eine solche starke Erregung den Grad der Vorstellung (Aufmerksamkeit) steigern kann, ohne dass umgekehrt die Steigerung der Vorstellung die Erregung der Nerven oder gar das Gegenständliche zu steigern braucht. Jenes ist die Wirkung, dieses die Ursache; es ist natürlich, dass beide sich nicht umdrehn lassen.

27) Fechners irrige Auffassungen haben ihren letzten Grund in der Entstellung der Natur der Wahrnehmung. Anstatt sie rein als den Spiegel eines Gegenständlichen zu nehmen, der dabei von dem seienden Zustande der wissenden Seele nichts aussagt, stellt Fechner, wie die meisten Physiologen, die Wahrnehmungen auf gleiche Stufe mit den Gefühlen der Lust und des Schmerzes. Aber diese im Gegensatz zu den Wahrnehmungen spiegeln nicht ein Anderes, sondern sind offen da liegende seiende Zustände der Seele, während die Wahrnehmungen ihren seienden Zustand verhüllen. In Folge dessen spricht Fechner, statt von Wahrnehmungen, nur von Empfindungen und statt von Gegenständen, nur von Reizen, Worte, die weit mehr Gefühle und deren Ursachen, als Wahrnehmungen und deren Gegenstände bezeichnen. Deshalb theilt Fechner die Empfindungen in extensive und intensive; mit jenen bezeichnet er die räumliche Grösse, mit diesen den Grad; obgleich das unnatürliche einer extensiven Empfindung ihn auf die wahre Bedeutung des Wortes Empfindung hätte aufmerksam machen sollen.

28) In Folge dessen vermengt Fechner die Gefühle geradezu mit den Wahrnehmungen; er sagt (I. 17.): „Als positive und negative Empfindungen pflegt man die von Wärme und Kälte, Lust „und Schmerz sich entgegenzustellen. — Objektive Empfindungen, „wie die von Licht und Schall, sind solche, welche auf eine äussere „Quelle der Erregung bezogen werden, indess die Modificationen „des Gemeingefühls, wie Schmerz, Lust, Hunger, Durst nur als „Zuständlichkeiten unsers eignen Körpers empfunden werden.“ — Welche Verwirrung in diesen letzten Zeilen! Lust soll als Zuständlichkeit des eignen Körpers empfunden werden! Aber alle Lust ist nur in der Seele; die Lust giebt nie Auskunft über den Körper, noch überhaupt über ihre Ursache; nur das Wahrnehmen, was dabei statt hat, leitet die Lust von einem Zustande des Körpers als Ursache ab.

29) Bei solcher Vermengung der Wahrnehmung mit dem Gefühl wird es erklärlich, dass Fechner jene Unterschiede, worüber die Wahrnehmung Auskunft giebt, als Zustände der wahrnehmenden Seele behandeln kann, während sie rein Unterschiede der Gegenstände, nicht der Seele anzeigen. — Es kommt hinzu, dass jene Unterscheidung zweier ziemlich gleichen gegenständlichen Bestimmungen nicht einmal ein blosses Wahrnehmen bleibt, sondern vielmehr ein Beziehungsurtheil der Seele enthält, was sich nur auf die Wahrnehmungen stützt. Indem die Seele solche Bestimmungen unterscheidet, sagt sie aus, dass eine nicht die andere ist. Dies ist eine reine Beziehung, die dem Gefühl und den seienden Zuständen der Seele noch viel ferner steht als das Wahrnehmen. Ein solches Unterscheiden ist ein reines Thun der Seele, was in sich selbst den Fehler tragen kann. Die Wahrnehmungsvorstellungen können wirklich einen verschiedenen Inhalt haben, aber die Schwäche oder das Ungeschick im Beziehen kann diesen Unterschied nicht zum Bewusstsein bringen. Dieses gilt namentlich dann, wenn die beiden zu vergleichenden Wahrnehmungen nicht zugleich statt haben, sondern die eine nur als bildliche Vorstellung mit der andern als Wahrnehmung verglichen werden kann. Dann verdeckt leicht der Unterschied der Wissensart den Unterschied des Inhalts und die fehlende Unterscheidung beider ist noch kein Beweis, dass nicht dennoch der Inhalt beider Vorstellungen als Wahrnehmungen der Seele unterschieden zugeführt worden ist.

30) Hieraus erhellt, dass alle jene Versuche und Beobachtungen, auf welche die Theorie von Fechner erbaut ist, völlig ungeeignet sind, ein bestimmtes Gesetz der Ursachlichkeit zwischen Körper und Seele zu ergeben. Selbst abgesehn von den Mängeln des Beziehens und der Festhaltung einer bildlichen Vorstellung, welche diese Versuche verfälschen, geben sie nur Auskunft über den Inhalt der Wahrnehmungen, d. h. über die Gegenstände derselben und über deren Unterschiede. Es ist unrichtig, wenn Fechner annimmt, diese Unterschiede könne die Seele nur erst mittelbar erkennen, durch Unterschiede in ihr selbst, welche zunächst durch jene Unterschiede herbeigeführt würden. Der Unterschied des Gegenständlichen, oder der Inhalt der Wahrnehmung ist nicht bedingt durch einen Unterschied in dem Sein der wahrnehmenden Seele; jene Unterschiede spiegeln sich in der Seele ab, ohne ihr Sein zu berühren, wenn die Wissensart sich nicht ändert.

31) Man kann weiter sagen, dass jenes Fundamentalgesetz Fechners sich eigentlich von selbst versteht und schon aus dem Begriff des Unterscheidens und Beziehens folgt. Wenn ich zwei

verschiedene Linien nicht übereinander legen kann, so dass der überragende Unterschied der längern sich als ein Besonderes und Abgegrenztes darstellt, sondern wenn ich diesen Unterschied durch Vergleichen beider von einander getrennten Linien nur im Vorstellen auffinden will, so ist es nothwendig, dass dieser Unterschied im Verhältniss zu der absoluten Grösse der verglichenen Linien wachsen muss, um gleich erkennbar zu bleiben; denn dieser Unterschied wird bei solcher Trennung der beiden zu Vergleichenden zu dem geometrischen Verhältniss beider. Nur, wo durch Uebereinanderlegen dieses Verhältniss zu einer bestimmten und begrenzten Grösse des Mehr umgewandelt werden kann, verwandelt sich dieser Unterschied auch für die Seele in eine bestimmte, für sich bestehende Grösse, auf deren Wahrnehmbarkeit dann auch das Gesetz Fechner's nicht mehr Anwendung leidet. Aber wo dies nicht möglich ist, da ist der Unterschied nur Beziehung im Denken und nichts anderes als das geometrische Verhältniss beider zu vergleichenden Grössen. Deshalb muss der absolute Unterschied im Verhältniss zu der absoluten Grösse der zu Vergleichenden zunehmen, wenn die Bedeutung für das Beziehen, d. h. für das Unterscheiden dieselbe bleiben soll. Bei allen stofflichen Bestimmungen, wie Farbe, Ton, Wärme, Druck ist nun ein Uebereinanderlegen nicht ausführbar, folglich kann hier nie ein anderer Unterschied, als der relative oder geometrische zur Erkenntniss kommen, der das Gesetz Fechner's schon in sich trägt.

32) Die Frage nach der Abhängigkeit der seienden Seelen-Zustände von dem Körperlichen, ist hiernach durch Fechners Untersuchungen nicht aufgeklärt. Nur an einer Stelle seines Werkes kommt er wirklich auf diese Frage; da, wo er von der sogenannten „fortune physique et morale" spricht, Ausdrücke, die von französischen Mathematikern gebildet worden sind. Nachdem nämlich Fechner die Verhältnisse der äussern Reize zu ihrer Wahrnehmbarkeit ausführlich erörtert hat, sagt er (I. 236.): „Man kann das Weber'sche Gesetz noch in ein allgemeineres Gebiet hinein verfolgen. Die physischen Gaben, die wir besitzen (fortune physique), haben keinen Werth für uns als todte Massen, sondern nur als Mittel, eine Summe werthvoller Empfindungen (fortune morale) in uns zu erzeugen; bezüglich deren sie hiernach die Stelle des Reizes einnehmen. Ein Thaler hat in dieser Hinsicht viel weniger Werth für den Reichen als Armen, und wenn er einen Bettler einen Tag lang glücklich macht, so wird er als Zuwachs zu dem Vermögen eines Millionärs gar nicht merklich gespürt. Dies lässt sich dem Weber'schen Gesetz unterordnen. Um einen gleichen Zuwachs zur

„fortune morale zu gewähren, muss der Zuwachs zur fortune phy-„sique im Verhältniss zu diesem stehn.“

33) Die Namen sind hier schlecht gewählt; es handelt sich nicht um moralisches und physisches Wohlbehagen, sondern um die Lust auf der einen Seite, und ihre äussern Ursachen auf der andern. Hier war wirklich die Gelegenheit geboten, ein Gesetz zu finden zwischen körperlichen und den seienden Zuständen der Seele, ein Gesetz, wie es Fechner sucht. Merkwürdigerweise ist aber die oben aufgenommene Stelle das Ganze, was er über diese Frage sagt. Er geht sofort von da wieder zur Untersuchung der Wahrnehmungen über.

34) Holen wir selbst die Untersuchung dieses Falles nach, so bestätigt sie das Fechner'sche Gesetz nicht. Ein Thaler kann in verschiedener Weise Ursache der Lust werden. In der Regel versteht man darunter seine Verwendung zur Beschaffung einer Ursache der Lust. Der Arme kann sich dafür Brod, Schnaps, Schuhe, Holz kaufen; der Reiche kann sich dafür ein Buch kaufen, oder ihn einem verschämten Armen schenken. Bei beiden wird diese Verwendung des Thalers eine Ursache von Lust und es bleibt unentschieden, ob nicht die Lust des Reichen, seine Lust aus dem Mitgefühl oder aus dem Wissen grösser ist, als die Lust des Armen aus dem Körper. Diese Frage ist offenbar nicht zu entscheiden, da sie von der Zufälligkeit der Verwendung und von der unterschiedenen Empfänglichkeit für bestimmte Ursachen der Lust abhängt.

35) Soll dagegen der Thaler als solcher die Ursache der Lust sein, so kann er es nur als Ursache der Macht und der kommenden Lust. Auch so kann der Thaler bei dem Reichen und bei dem Armen die gleiche Lust erwecken; wenn dies dessen ungeachtet nicht geschieht, so liegt der Grund nicht in diesem Thaler, sondern in den andern Thalern, welche der Reiche noch neben diesem besitzt und welche ihm schon dieselbe Macht, dieselbe kommende Lust (aus dem Wissen, aus dem Mitgefühl) gewähren, wie der hinzukommende Thaler.

36) Hier tritt nun jene Frage hervor, ob die Vermehrung der Ursachen der Lust in geometrischer Progression wachsen müsse, um die Lust in arithmetischer Progression wachsen zu machen, was das Weber-Fechner'sche Gesetz behauptet. Man bemerkt nun hier wohl leicht, dass allerdings in vielen Fällen eine Vermehrung der Ursache der Lust nicht eine gleiche Steigerung der Lust selbst zur Folge hat; aber einmal ist dieses Gesetz keineswegs allgemein; es kann sich auch in das Gegentheil umkehren, und endlich ist dasselbe nicht durch Beobachtung in exacter Weise so festzustellen,

wie es bei Wahrnehmungen von Fechner geschehen ist, weil seine Methode der kleinsten merkbaren Unterschiede auf Lust- und Schmerz-Gefühle nicht anwendbar ist.

37) Man kann bei einem Glase Wasser durch Hineinwerfen von zwei Stück Zucker und dann eines dritten für die Wahrnehmung der Süssigkeit wohl einen gerade merkbaren Unterschied hervorbringen, der dann zur Messung anderer Verhältnisse der Süssigkeit dienen kann; aber die Lust, das Angenehme aus der Süssigkeit von zwei oder drei Stücken Zucker lässt sich durchaus nicht in solcher messbaren Weise unterscheiden und man kann nicht sagen, dass die Lust aus der Süssigkeit des Wassers genau um so viel steigt, wenn zu einem Stück Zucker nur eins hinzugethan wird, als wenn zu zwei Stück noch zwei hinzugethan werden. Für die Wahrnehmbarkeit des Unterschieds der Süssigkeit mag dieses geometrische Verhältniss nöthig sein; aber für die gleiche Steigerung der Lust aus der Süssigkeit ist es nicht anwendbar. Der Grad der Lust ist nicht so genau für die Selbstwahrnehmung erkennbar, wie der Grad der gegenständlichen Süssigkeit für das Schmecken. Auch ist die eine Lust bereits vergangen, und die zweite ist ausserdem durch jene schon in ihrer Entstehung gestört, weil die Empfänglichkeit für die Lust aus derselben Ursache schnell abnimmt. Endlich ist die ursachliche Verbindung zwischen Gegenstand und Lust in weit engern Grenzen eingeschlossen, als die Wahrnehmbarkeit der äussern Unterschiede. Alles dies nimmt jeder Vergleichung solcher Lustgefühle unter sich die Bestimmtheit, ohne die die Beobachtungen keinen Werth haben.

38) Daraus erhellt, dass für die Gefühle es unmöglich ist, die Verbindung ihrer mit den Ursachen durch ein bestimmtes Gesetz so festzustellen, wie Fechner es für die Wahrnehmungen versucht hat. Daraus erklärt sich zugleich, weshalb Fechner diese Gefühle, obgleich sie der eigentliche Gegenstand seiner Aufgabe waren, doch so schnell übergeht. Sie boten für die exakte Beobachtung kein Feld. Aber daraus erhellt zugleich, dass der wahre Zweck Fechners, trotz seiner mühsamen Untersuchungen und Rechnungen, völlig unerreicht geblieben ist.

39) Fechner wendet sich gegen den Schluss seines Werkes von den Wahrnehmungen zu den bildlichen Vorstellungen, den Begriffen und der Wiederkehr der Vorstellungen und sagt, indem er diese im Gegensatz zu den Wahrnehmungen als zweite Klasse der Phänomene bezeichnet (II. 464.): „Sind diese Phänomene zweiter Klasse „auch noch mit physischen Veränderungen in uns funktionell ver- „knüpft? Gar manche Philosophen und Psychologen wollen dies

„zwar von den Phänomenen erster Klasse zugeben, aber nicht von „diesen zweiter Klasse. — Es wird sich deshalb fragen, ob in den „Verhältnissen beider Klassen etwas liegt, was einer solchen Ver- „knüpfung auch der Phänomene zweiter Klasse mit dem Physischen „entgegensteht. — Was hierbei am schwierigsten erscheinen kann, „ist die Möglichkeit, so zahllose Dinge in dem Gedächtniss zu be- „halten und in Erinnerung zu reproduziren. Aber sie ist nicht „wunderbarer, als die thatsächlich bestehende Möglichkeit, Fertig- „keiten zu den verschiedensten Handthierungen in derselben Hand „zu vereinigen und wechselnd in Ausübung zu bringen. — Sich „diese organische Einrichtung auszumalen, welche das Erinnerungs- „vermögen fordert, wäre natürlich sehr vorzeitig, so lange wir kaum „noch eine Ahnung über das Prinzip der Nervenwirkung überhaupt „und mithin über die Weise, wie es dabei zu verrechnen wäre, „haben. So viel lässt sich nur ganz im Allgemeinen sagen, dass „der Mechanismus ein, wenn nicht im Prinzipe, aber in den aufge- „wandten Mitteln ungeheuer complicirter und nicht fester, sondern „veränderlicher und entwickelungsfähiger sein müsse."

40) Hier haben wir das offene Bekenntniss eines ausgezeichneten, mit allen Hülfsmitteln ausgestatteten Forschers, dass wir über die seienden Vorgänge, welche dem Wissen und insbesondere der Erinnerung zu Grunde liegen, nichts wissen, und dass selbst die Hypothesen nicht über das Allgemeinste und Unbestimmteste hinauskommen können. — Der Vergleich mit den verschiedenen Bewegungen derselben Hand ist völlig verfehlt, da hier nur das Begehren und die Muskelkraft wirken und die verschiedenen Bewegungen aus dem Parallelogramm der Kräfte ihre vollständige Erklärung finden, während die Erweckung der Vorstellungen und die Frage, wo und wie sie in der Zwischenzeit sind, damit gar nicht vergleichbar ist.

41) In Bezug auf die Begriffe sagt endlich Fechner (II. 468.): „Wenn die, das Denken begleitenden Schemate alle noch psycho- „physisch fundirt sind, so ist es auch das Denken selbst, indem „jeder andere Stoff und Gang des Denkens ein anderes Material „und eine andere Verknüpfungsweise der Schemate voraussetzt. „Nun gewährt ein Klavier mit seiner geringen Zahl von festen „Tasten doch die Möglichkeit, die verschiedensten Melodien und „Harmonien auszuführen, und so vielerlei und so hohe Gedanken „der Mensch fassen mag, 24 Buchstaben reichen hin, sie auszu- „drücken; es kommt beidesmal nur auf die Verbindung und Folge „an, in der die Tasten oder Buchstaben durchlaufen werden."

42) Aber das Denken ist nicht ein Besonderes neben den

Begriffen und Vorstellungen, sondern es besteht aus diesen selbst und deren Wechsel. Nun können wohl die Begriffe mit einander in mancherlei Art verbunden werden und in so weit möchte der Vergleich mit den Tasten und Buchstaben hingehn; aber die Frage ist vor Allem: Welche physische Unterlage haben die Begriffe? Durch Verbindung bildlicher Vorstellungen können sie nicht entstehn; sie sind vielmehr aus einem Trennen entstanden und gerade dieses begriffliche Trennen ist so eigenthümlich, so entschieden nur dem Wissen der Seele angehörend, dass keine Bewegung, keine Oscillation, keine „Coexistenz und Superposition kleiner Schwingungen" (Fechner, II. 467.) dieser Eigenthümlichkeit als Unterlage dienen kann. Alle diese Bewegungen repräsentiren bestimmte einzelne Richtungen und Gestalten, aber nie ein Begriffliches, was im Sein nie für sich angetroffen werden kann.

43) Ist dieser Versuch, Begriffe „psychophysisch zu fundiren" schon verunglückt, so hat Fechner für diese Fundirung der Wissens-Arten und der Beziehungen nicht einmal den Versuch gemacht. Die Unklarheit, die über diese Dinge in den Lehrbüchern der Psychologie und Logik herrscht, hat ihn diese Schwierigkeiten nicht einmal bemerken lassen. — Wir sehen also, dass auch Fechner, trotz seiner Ausdauer, seiner zahlreichen Versuche und trotz der Hülfe der Analysis des Unendlichen die Räthsel der seienden Unterlage des Wissens und der Wiederkehr der Vorstellungen zu lösen nicht vermocht hat.

# Die Bewegung im Vorstellen.

1) Jeder kennt den fortgehenden Wechsel der Vorstellungen in seiner Seele; er gleicht einem Strome, dessen Bewegung durch keine Gewalt von Aussen, durch kein Wollen von Innen gehemmt werden kann, von seiner Quelle ab, bis zu seiner Mündung in das Meer des Todes. Dieser stete Wechsel soll hier Bewegung im Vorstellen genannt werden. Diese Bewegung ist von der Wissenschaft bisher wenig im Zusammenhange erfasst worden; man hat sie meist nur aus dem Gesichtspunkt der Ideen-Association behandelt, obgleich das Feld der Bewegung ausgedehnter und die wirkenden Ursachen zahlreicher sind. Bei der Darstellung dieser Bewegung wird hier nur auf die wirklichen Vorstellungen Rücksicht genommen werden; die sogenannten Spuren oder Hemmungen, ebenso die Vorstellungen unter der sogenannten Schwelle des Bewusstseins, welche Begriffe auf Hypothesen beruhn und nur einzelnen Systemen angehören, werden ausser Berücksichtigung bleiben.

2) Die Darstellung hat zunächst die zu einem bestimmten Zeitpunkt vorhandnen Vorstellungen zu untersuchen und kann erst nachher auf die Gesetze und Ursachen von deren Bewegung übergehn. — Die Selbstwahrnehmung ergiebt, dass das zu einem Zeitpunkt in einer Seele vorhandne Vorstellen sich in der Regel nicht auf die Vorstellung eines Gegenstandes, oder einer Eigenschaft, eines Begriffes, einer Beziehung beschränkt, und dass ebenso verschiedene Arten des Wissens zugleich in der Seele auftreten.

3) Auf der Reise sieht man nicht bloss die Gegend, sondern unterhält sich zugleich mit seinem Nachbar über Politik und hört auch noch von dem Gespräch anderer gegenüber. Im Concert hört man gleichzeitig die Musik, sieht das Taktschlagen des Dirigenten, fühlt die Hitze des Saales, empfindet die Kopfschmerzen, mit denen man eingetreten ist, und hat dabei auch noch seine Gedanken über den Anzug und das Verhalten der Nachbarn. Vieles, wenn auch nicht Alles von diesem ist zugleich in der Seele. Bei dem Lesen eines Buches sieht man die Buchstaben, hat die dadurch erweckten blossen Vorstellungen, bezieht, trennt diese zugleich in dem Fortlesen und hört nebenbei noch den Lärm auf der Strasse. — Im Allgemeinen ist das Dasein von mehreren Vorstellungen verschiedenen Inhalts und verschiedener Art nicht die Ausnahme, sondern die Regel.

4) Untersucht man das in der Seele zugleich Vorhandene nach diesem Gesichtspunkt, so zeigt sich, dass Sinneswahrnehmungen sich mit Selbstwahrnehmungen vertragen; ebenso bildliche Vorstellungen mit Trennvorstellungen, Vereinsvorstellungen und Beziehungen. Sie sind bald durch die Wiederkehr, bald durch schöpferisches Vorstellen, bald durch das Trennen, Verbinden und Beziehen in die Seele eingeführt. Der Inhalt der zugleich vorhandnen Vorstellungen kann ohne Zusammenhang sein und die verschiedensten Gegenstände zugleich betreffen. Ebenso vertragen sich Wahrnehmungen mit blossen Vorstellungen, neue mit bekannten, schwache mit starken, gewisse mit ungewissen.

5) Es zeigt sich indess, dass die Masse des zugleich vorgestellten Inhalts ihre Grenze an der beschränkten Natur der menschlichen Seele hat. Schon das Wahrnehmen hat eine solche, obgleich hierzu kein Thun der Seele nöthig ist. Von einer schönen Landschaft, von einem militairischen Manöver, von den tanzenden Gruppen im Ballet kann man nicht alles zugleich fassen, obgleich das Auge von Allem den Eindruck erhält. Man möchte hundert Augen haben, pflegt man zu sagen; aber nicht das Auge, sondern die Seele ist schuld. Man hört von einer Symphonie nicht alle zugleich

ertönenden Instrumente; mehreren zugleich sprechenden Rednern kann man nicht folgen, wenn auch die Worte eines jeden verständlich sind. Innerhalb des mit einer Thätigkeit begleiteten blossen Vorstellens ist diese Schranke noch weit bemerkbarer.

6) Die Frage nach der Grösse des auf einmal vorzustellenden Inhalts, nach der Weite der Schranken ist nicht zu beantworten, weil es an dem gemeinsamen Maasse für den unterschiedenen Inhalt fehlt und weil neben dem Inhalt auch die Wissens-Art dabei einwirkt. Bekannte Vorstellungen können in grösserer Zahl zugleich vorhanden sein; dagegen mindert die gesteigerte Aufmerksamkeit auf eine Vorstellung die Zahl der daneben noch möglichen. Statt des Inhalts bietet die Aufmerksamkeit, oder der Grad des Wissens einen bessern Anhalt für jene Frage.

7) Die Seele ist nur eines bestimmten Maasses von Aufmerksamkeit überhaupt fähig; dieses kann sich auf einen grossen Inhalt ausdehnen oder auf einen kleinen beschränken. Mit der Ausdehnung der Aufmerksamkeit kann die Menge des gleichzeitigen Inhalts zunehmen, aber der Grad der einzelnen Vorstellungen fällt und gelangt mit der fortgehenden Vermehrung an eine Grenze, wo er so schwach wird, dass er nicht mehr als Wissen in der Seele gilt. Umgekehrt mindert sich mit der Beschränkung der Aufmerksamkeit auf Weniges oder Einzelnes die Menge des daneben noch Vorstellbaren und es kann das andere Extrem eintreten, wo die ganze Aufmerksamkeit, deren die Seele fähig ist, sich nur auf eine einzige einfache Vorstellung häuft und keine weiter daneben möglich bleibt. Inhalt und Stärke eines Vorgestelltseins stehn also in umgekehrtem Verhältniss. Ist nun die auf den Inhalt überhaupt auszugiessende Aufmerksamkeit ein festes Quantum, so hat die Masse des vorzustellenden Inhalts an diesem Quantum ihre Schranke.

8) Man könnte versuchen, diesen Inhalt nach der Zahl der in ihm enthaltenen Vorstellungen zu bestimmen, aber man bemerkt bald, dass die Frage, welche Vorstellung als eine einzelne gelten soll, höchst schwankend ist und dass weniger die Zahl der Vorstellungen als der reichere oder ärmere Inhalt derselben entscheidet. Soll man den Baum, oder seinen Stamm, seine Zweige, seine Blätter als die einzelne Vorstellung gelten lassen? Beides kann sein, je nach der Art, wie die Vorstellung eintritt oder sich aussondert. Bei dem Sehn eines Bücherschrankes kann man nicht so viel Titel der Bücher auf einmal sehen, als Farben der Einbände.

9) Wenn bekannte Vorstellungen in grösserer Menge zugleich vorgestellt werden können, so liegt dies darin, dass sie weniger Aufmerksamkeit bedürfen, um als Vorstellungen überhaupt zu gel-

ten; das Quantum der Aufmerksamkeit kann sich deshalb über eine grössere Zahl ausbreiten, ohne das Wissen aufzuheben. Hieraus erklären sich einzelne auffallende Vorgänge. Als Student, zu der Zeit, wo noch viel in den Collegien nachgeschrieben wurde, hat man den Vortrag des Professors oft richtig im Auszuge nachgeschrieben und dennoch an ganz andere Dinge dabei gedacht, so dass bei dem Umwenden der Seite man nicht wusste, was man so eben darauf geschrieben hatte. Der geübte Präsident eines Collegii kann dem Vortrag eines Raths genau folgen und dabei noch die eingegangenen Briefe öffnen und lesen; ein fertiger Klavierspieler spielt von Noten und spricht dabei mit einem Nebenstehenden, sieht auch noch, was im Zimmer geschieht. Diese für den Laien wunderbaren Vorgänge erklären sich aus der Natur der bekannten Vorstellungen. Das eine Gebiet des Vorstellens ist diesen Personen so bekannt und geläufig, dass ihr Quantum Aufmerksamkeit davon nicht erschöpft wird und noch ein Theil zu anderen Vorstellungen verwendbar bleibt, welche sich herandrängen und nur bei dem Ungeübten nicht zu Wissen werden, weil bei ihm von seinem Quantum Aufmerksamkeit nichts übrig ist, obgleich das Quantum der Aufmerksamkeit an sich bei Beiden das Gleiche ist.

10) Umgekehrt giebt es Menschen, welche bei einem an sich gleichen verwendbaren Quantum von Aufmerksamkeit weniger wie andere vermögen, dieses Quantum auf eine Vorstellung zu beschränken. Es bleibt deshalb bei ihnen immer ein Ueberschuss, welcher zu andern Vorstellungen überfliesst und die Stärke und Wirksamkeit jener behindert. Dies sind die zerstreuten Menschen. Der gute Kopf kann sein Quantum Aufmerksamkeit je nach dem Wollen, bald auf eine grosse Zahl Vorstellungen ausbreiten, bald auf eine verdichten, bald auf verschiedene in ungleichen Graden vertheilen.

11) Das der Seele zu Gebot stehende Quantum von Aufmerksamkeit, was man auch Wissensfähigkeit nennen könnte, kann durch den Willen nicht vermehrt noch vermindert werden. Beides wäre wünschenswerth für die Erkenntniss. Selbst der ausgezeichnetste Kenner einer Wissenschaft leidet sehr darunter, dass er von ihrem Inhalt nicht mehr zugleich vorstellen kann; die Auffindung neuer Begriffe und Gesetze, die Anwendung der richtigen auf den einzelnen Fall würde schneller und leichter geschehen, wenn das Feld des gegenwärtigen Wissens ausgedehnter wäre und das Zugehörige damit weniger unbemerkt bleiben könnte. Ebenso würde die Verminderung des Aufmerksamkeitsquanti zu Zeiten willkommen sein, wo es darauf ankommt, das Wissen auf eine einzige Vorstellung zu beschränken, das einmal vorhandene Quantum aber, weil

es von ihr nicht erschöpft werden kann, dahin wirkt, dass andere Vorstellungen nicht ganz unterdrückt werden können und ihre störende Gegenwart geltend machen. Um dem entgegenzutreten, schliesst der Nachdenkende, der schaffende Künstler wohl die Augen, aber es bleiben immer noch Kanäle genug, welche die Seele mit Vorstellungen zu versorgen bereit sind, so wie von ihrer Wissensfähigkeit noch etwas dazu vorhanden ist.

12) Dieses Quantum ist indess, wenn auch nicht von dem Willen, doch von andern Ursachen abhängig; es unterliegt kürzeren und längeren periodischen Schwankungen und kann auch in aussergewöhnlicher Weise durch besondere Umstände verändert werden. Die Zeit des Wachens von einem Schlaf zu dem andern enthält eine solche Periode. Bald nach dem Erwachen ist das Quantum der Wissensfähigkeit am grössten und erhält sich ziemlich gleich bis zu den Abendstunden, wo die Müdigkeit beginnt. Ebenso zeigt das ganze Leben eine solche Periode. Das Kind ist noch nicht im Stande, vieles auf einmal gegenwärtig vorzustellen; in dem reifern Alter ist die Fähigkeit am grössten und nimmt im Greisenalter wieder ab. Zu den unregelmässigen Ursachen der Minderung gehört das Einnehmen einer Mahlzeit, der Rausch, Erschöpfung durch geistige Arbeit und einzelne Krankheiten.

13) Zu den Ursachen der Steigerung gehört Lob und Beifall der Lehrer oder Zuhörer, geistige Getränke in geringem Maasse und hitzige Krankheiten. Der Zustand eines gesteigerten Quantums von Wissensfähigkeit ist auch ausserhalb der Schule wohl bekannt; man spricht dann von einer besondern Klarheit des Geistes, von einem höhern Licht, was ein ausgedehntes Feld des Wissens erleuchtet, und der hohe Werth eines solchen Zustandes wird dadurch anerkannt, dass man ihn mit übernatürlichen Ursachen in Verbindung zu bringen liebt. — Die Seele vermag diese Beschränkung des gleichzeitigen Wissens allerdings durch einen schnellen Wechsel der Vorstellungen einigermaassen auszugleichen, aber diese Aushülfe kann doch die Vortheile eines ausgedehnten gleichzeitigen Wissens nicht ersetzen. Der Kenner fühlt trotz seines vortrefflichen Gedächtnisses dennoch diesen Mangel peinlich und mehr wie der Laie; insbesondere leidet das Vergleichen unter dieser Schranke und auf diesem Thun beruht vor Allem der Fortschritt des Wissens und die Sicherheit in seiner Anwendung.

14) Gehen wir nun zur Bewegung im Vorstellen über, so zeigt sich diese zwar fortwährend vorhanden, aber in ungleichem Maasse für die einzelnen Vorstellungen; ein Theil des Inhalts hält länger vor, während ein anderer schon andern Vorstellungen Platz

macht; dabei geschieht der Wechsel bald stetig, bald sprungweise; mitunter scheint ein plötzlicher Wechsel des ganzen Wissensfeldes eingetreten zu sein, z. B. wenn die Kinder aus der dunklen Stube plötzlich vor den Christbaum geführt werden, oder wenn man nach einer langen Seereise in Indien ans Land steigt. Indess gilt das nur für die äussern Gegenstände und die veränderlichen Seelenzustände; das Ich dagegen und das Wissen von diesem, was in allen einzelnen Wissensfeldern mit enthalten ist, ändert sich nicht und bleibt der Halt für die Dieselbigkeit der Person. Wo das Wissen um das Ich erlischt, ist die Seele krank und der Mensch verrückt.

15) Die Bewegung im Vorstellen kann auf bestimmte Ursachen zurückgeführt werden, welche den Eintritt neuer Vorstellungen bewirken; aber daneben besteht ein anderes Element für diese Bewegung in der geringen Beharrlichkeit jeder Vorstellung an sich. Diese kurze Dauer einer Vorstellung gehört zu den Grundbestimmungen ihrer Natur. Man kann annehmen, dass eine Vorstellung ohne Veränderung nicht über zwei bis drei Sekunden in der Seele beharren kann, und weder der Wille noch andere Ursachen sind im Stande diese Zeit zu verlängern. Die kürzeste Dauer wird wenig mehr als zwei Tertien oder das Dreissigstel einer Sekunde betragen. Dies zeigt sich bei dem Hören der schnellen Passagen eines Klavierspielers und bei dem Sehen der Speichen eines sich schnell drehenden Wagenrades. Die Vorstellungen, welche ein geübter Mathematiker bei Rechnungen und geometrischen Beweisen durchläuft, werden nicht minder schnell wechseln. V a l e n t i n i (Physiologie. II. 471.) führt als Beispiel hierfür auch das schnelle Lesen eines Buches an; nach seiner Angabe hat er eine Seite Petitdruck in 2 Minuten 12 Sekunden gelesen; da nun diese Seite 3944 Buchstaben enthielt, so berechnet er die Dauer der Wahrnehmung e i n e s Buchstabens hiernach auf 2,01 Tertien. Allein bei dem Lesen sieht man die zu einem Wort gehörenden Buchstaben auf einmal oder zugleich, ja selbst die von mehreren Worten, ähnlich wie man ein Sechseck auf einmal sieht und nicht seine einzelnen Seiten nach einander. Deshalb ist diese Rechnung Valentini's falsch und zum Glück für die Menschen, denn das Lesen würde sonst unsäglich langsamer vor sich gehen.

16) Diese Zeitbestimmungen gelten nur für die völlig unveränderte Vorstellung; unverändert sowohl nach ihrem Inhalt als nach ihrem Grade. Dagegen kann die Vorstellung sich länger erhalten, insofern die Seele zu einem Trennen ihres Inhaltes oder zu einem Verbinden oder Beziehen ihrer mit andern übergeht. Bei allen

Beobachtungen und Ueberlegungen findet dies Statt; der Stern wird durch Minuten hindurch beobachtet, aber die Seele bleibt nicht unverändert bei der Vorstellung des Sternes, sondern wendet sich zu seiner Bewegung, zu seiner Annäherung an den Mondrand etc. Man sieht eine Blume; aber es bleibt nicht bei diesem Sehen der Blume als eines Gegenstandes; die Seele hält dabei nicht aus; entweder löset sie die Trennstücke der Farbe, der Gestalt, des Geruches aus, oder sie verbindet sie mit dem Stock und dem Beete, oder mit dem zu flechtenden Kranze, oder bezieht und vergleicht sie mit andern Blumen. Man hört, dass man in der Lotterie 1000 Thaler gewonnen habe; die Seele bleibt nicht bei dieser Vorstellung, obgleich sie mit einer starken Lust verbunden ist, sondern geht sofort über zu den Vorstellungen, was sie damit beginnen, wem sie es mittheilen will. Bei dem heftigsten Schmerz verharrt die Seele nicht in der ungeänderten Wahrnehmung desselben, sondern es kommen die Vorstellungen nach den Mitteln dagegen und andere Wahrnehmungen hinzu. Ein Jäger auf dem Anstand denkt anscheinend nur an den Hasen, der da kommen soll; aber die mannichfachsten Vorstellungen drängen sich dazwischen ein; jedes Geräusch wird gehört; die Flinte wird bald gehoben, bald nachgelassen, die Stellung gewechselt; währt es länger, so kommen die Vorstellungen der Familie, der Wirthschaft, der häuslichen Sorgen hinzu.

17) In allen diesen Fällen ist es nicht nöthig, dass die ursprüngliche Vorstellung völlig verdrängt werde; sie wird durch die neue Vorstellung nur zurückgedrängt, oder geschwächt, wenn diese auch Trennstücke aus ihr selbst sind, oder wenn sie auch in einer reichern Vorstellung durch Verbindung aufgeht. Die ursprüngliche Vorstellung kann auch später in der frühern Art und Stärke wieder eintreten; aber niemals findet ein starres, unverändertes Beharren ihrer über jene Zeitgrösse hinaus statt.

18) Man könnte dies für einen Nachtheil des Wissens halten. Aber das starre Beharren einer Vorstellung trägt zur Erweiterung des Wissens und zu dessen Gewissheit nichts bei; die schnelle Beweglichkeit der Vorstellungen gehört vielmehr zu den geistigen Vorzügen eines Menschen. Nur dadurch werden die Beziehungen und Verbindungen erkannt, in denen der Gegenstand mit andern steht, und nur dadurch wird der Inhalt des Gegenstandes erschöpft. — Gebildete lesen und sprechen in der Regel viel schneller als Ungebildete, weil die Bewegung ihres Wissens schneller geht, ohne damit an Klarheit und an seinen Beziehungen einzubüssen. Ungebildete Menschen können auf eine ihren Gedankengang unterbrechende Frage, selbst wenn sie einfach ist und in ihr Fach

schlägt, nur nach einigem Besinnen antworten; die Bewegung der Vorstellungen ist bei ihnen zu langsam; die einzelne beharrt zu lange, ehe sie die andern, auf die es ankommt, erweckt und ihnen Platz macht.

19) Die kurze Dauer der einzelnen Vorstellungen unterstützt wesentlich die Bewegung im Vorstellen; allein, indem auf diese Weise den neuen Vorstellungen Platz gemacht wird, frägt es sich, wo diese herkommen, und welche Ursachen dabei thätig sind. Es können sechs Kanäle aufgezählt werden, durch die die Vorstellungen dem jedesmaligen Wissensfelde zufliessen: 1) die Sinnes-Wahrnehmung, 2) die Selbst-Wahrnehmung, 3) das Denken, 4) das schöpferische Vorstellen, 5) die Wiederkehr der Vorstellungen und 6) die Mittheilung der Vorstellungen. Mit Denken wird hier das Trennen, Verbinden und Beziehen einer Vorstellung verstanden; unter Mittheilung ist alle Mittheilung Anderer durch die Sprache oder Zeichen, mündlich oder schriftlich, gemeint, einschliesslich des Lesens der Bücher. Weitere Kanäle sind nicht vorhanden. Die beiden Wahrnehmungsarten und die Mittheilungen führen der Seele den Stoff von Aussen zu; die drei andern Kanäle schöpfen ihren Inhalt aus dem in der Seele schon vorhandenen Vorrath.

20) Nur wenige von diesen Kanälen können verstopft werden; dahin gehören nur der grössere Theil der Sinnes-Wahrnehmungen und die Mittheilungen; alle andern Kanäle sind jederzeit offen und bereit, mit ihrem Inhalt das Wissensfeld zu erfüllen. — Das Wissensfeld ist für die gleichzeitige Aufnahme des Stoffes aus all diesen Kanälen zu klein und es entsteht die Frage, aus welchen Kanälen ersetzt sich der austretende Inhalt des Wissensfeldes in dem einzelnen Falle? Die Ursachen, welche hier entscheiden, liegen theils in dem unmittelbar wahrgenommenen Inhalte des Wissensfeldes, theils in äussern Umständen.

21) Allgemein gilt der Satz, dass der Kanal, welcher die stärksten Vorstellungen enthält, das Wissensfeld erfüllt. Diese Stärke ist bedingt: 1) entweder von der Stärke der Einwirkung des Gegenstandes auf die Wahrnehmung, oder 2) von der Stärke einer bereits in dem Wissensfelde vorhandenen Vorstellung, oder 3) von Gefühlen und Begehren, welche sich mit den eintretenden Vorstellungen verbinden. Es sind dies die bekannten Ursachen, welche überhaupt den Grad der Vorstellung bestimmen. — Die erste Ursache zeigt sich bei äussern Gegenständen, welche die Sinnesorgane heftig reizen: ein helles Licht, ein lauter Knall, ein Stich, eine berührte heisse Stelle, ein starker Geruch, ein beizender Geschmack. Bei der Selbstwahrnehmung, wo das Organ fehlt, vertritt die Stärke

des Gefühls oder Begehrens den Reiz des Organs; heftige Schmerzen, grosse Freude drängt sich mit derselben Macht der Selbstwahrnehmung auf, wie jene stark reizenden Gegenstände. Auch die Mittheilung gehört hierher, wenn sie durch lautes Sprechen, fetten Druck der Lettern, oder sonst die Organe besonders reizt.

22) Die Gefühle und Begehren wirken in gleicher Weise, wenn sie mit der Vorstellung sich verbinden. Deshalb entgeht dem Jäger auf dem Anstande selbst das leiseste Geräusch nicht. Deshalb die Stärke des in die Seele eintretenden Gedanken eines grössern Lotteriegewinnes; deshalb hört man in der Nacht auf das leise Geräusch am Fenster, was auf Einbruch deutet; deshalb wird ein neuer schöpferischer Gedanke, ein neuer Begriff, der sich plötzlich einstellt, mit Eifer festgehalten, und versperrt die andern Kanäle der Wahrnehmung.

23) Drängen in dieser Weise nicht neue stärkere Vorstellungen in das Wissensfeld ein, so macht sich die zweite Ursache geltend; die bereits vorhandenen Vorstellungen, wenn sie gegen die neu andrängenden die stärkeren sind, führen dann zu einem Trennen, Verbinden oder Beziehen ihrer; sie rufen die zur Wiederkehr mit ihnen von früher verbundenen Vorstellungen wach und behaupten so lange das Wissensfeld, als sie selbst oder ihr Gefolge sich als die stärkern gegen die neu andrängenden erhalten.

24) Dies sind die Gesetze der Gedankenbewegung, und zwar für jede Bewegung, sei sie eine streng geordnete oder eine sich selbst überlassene, sei sie die eines Dichters oder eines Philosophen, sei sie die eines Handarbeiters oder eines feinen Weltmannes; sei sie die eines Kindes oder eines Erwachsenen; eines Wilden oder eines Europäers. Die Vorstellungsmassen dieser verschiedenen Personen unterscheiden sich wohl durch ihren Inhalt, durch die Schnelligkeit der Bewegung und durch die vorwiegende Wirksamkeit eines oder mehrerer jener Kanäle, aber nicht durch neue Kanäle, welche nicht allen Menschen gemeinsam wären. Bei dem Kinde, bei dem Ungebildeten herrschen die Kanäle der Wahrnehmung und Mittheilung vor; daneben noch der Kanal der Erinnerung; am wenigsten der des Denkens und Schaffens. Mit dem steigenden Grade der Bildung und des Sinnes für Wissenschaft und Kunst dreht sich das Verhältniss in das Gegentheil um.

25) Diese Gesetze sind allerdings keine exakten und nicht genug besondert, um den einzelnen Fall in seiner Bestimmtheit aus ihnen abzuleiten; insbesondere fehlt das Maass für die Vergleichung der Gefühle und der Reize zur Wahrnehmung, welche beide die Stärke der Vorstellung bestimmen und damit über den Zufluss ent-

scheiden. Aber für die Mittel der Selbstwahrnehmung ist eine weitere Bestimmung hierüber unmöglich; um diese zu erreichen, muss zu Hypothesen über die der Selbstwahrnehmung verschlossene seiende Natur der Vorstellungen übergegangen werden und dieses liegt ausserhalb des Zieles des gegenwärtigen Werkes. Diese Gesetze reichen indess aus, um die Bewegung des Vorstellens und das Vorwiegen bald dieses, bald jenes Inhaltes im Allgemeinen zu verstehen und auf bestimmte Ursachen zurückzuführen.

26) Von mehreren Zuschauern im Theater ist z. B. nur der eine ganz bei dem Inhalte des Stückes; sein Wissensfeld ist ganz von diesem Inhalte und den dadurch erweckten Trennvorstellungen und Beziehungen erfüllt; von dem, was um ihn herum vorgeht, hört und sieht er nichts; auch seine Sorgen hat er vergessen. Hier ist der Kanal der Wahrnehmung und Mittheilung die Quelle für den Fluss der Vorstellungen; seine Lust an dem Stück giebt den Vorstellungen aus diesen Kanälen die überwiegende Stärke. — Ein anderer Zuschauer hat das Stück schon einmal gesehen; der Inhalt desselben dringt deshalb wohl in sein Wissensfeld, aber nicht in der Stärke, wie bei dem ersten; er bleibt daher andern Reizen zugänglich; ein Geräusch auf der Gallerie, eine Bewegung seines Nachbars genügt, um eine neue Vorstellungsreihe in sein Wissensfeld eintreten zu lassen, die, wenn sie auch den Inhalt des Stückes nicht verdrängt, doch ihn abschwächt. — Ein dritter Zuschauer, ein reicher junger Mann, ist gegen die Lust des Theaters abgestumpft; trotz der das Auge und Ohr stark reizenden Ausstattung des Stückes dringt nur weniges davon in sein Wissensfeld; er sieht nach den Damen in den Logen, bemerkt eine schöne Fremde und anstatt vom Stück, wird die Bewegung seines Vorstellens durch die Kanäle des Denkens und Erinnerns bestimmt; er besinnt sich, ob und wo er sie schon gesehen, und überlegt, welche Mittel ihm den Zugang zu ihr verschaffen können, — Ein vierter Zuschauer hat ein schwer krankes Kind zu Hause und hat nur aus Artigkeit einen Gast begleitet. Auch bei diesem ist das Wissensfeld nur bei starken Scenen von dem Inhalte des Stückes erfüllt; sonst füllt es sich zum grossen Theil aus den Kanälen des Denkens, des Erinnerns und der Selbstwahrnehmung. Das kranke Kind und seine Sorge und Unruhe darum sind der Inhalt seines Wissens; bei ihm findet ein stetes Schwanken statt, bald ist er mit seinen Gedanken bei dem Stück, bald bei dem Kinde zu Hause.

27) In der Regel sind mehrere Kanäle zugleich wirksam, nur in unterschiedenen Graden der Stärke, und in Folge dessen laufen mehrere Reihen von Vorstellungen neben einander selbstständig her,

die aus verschiedenen Kanälen stammend, einander in ihrem Inhalte fremd sind. Oft stockt die Bewegung in einer Reihe, während sie in der andern reissend schnell geht; bald haben die sich folgenden Wahrnehmungen die Oberhand, bald hält eine Wahrnehmung diese Bewegung auf; indem sie durch ihre Stärke die andere zurückdrängt, fällt sie selbst dem Denken zur Beute; sie wird zerlegt und während die Bewegung in diesem Trennen sich ergeht, ruft der getrennte Begriff eine früher verbundene Vorstellung wach und die Bewegung wird nun die Beute der nach den Gesetzen der Wiederkehr herbeiströmenden Vorstellungen. Ein Jeder wird leicht im Stande sein, weitere Beispiele in seiner eigenen Erfahrung zu finden, um an ihnen die dargelegten Gesetze zu erproben.

28) Der wichtigste Unterschied in der Gedanken-Bewegung ist der des geordneten Gedankenganges und der sich selbst überlassenen Gedankenfolge, welche letztere gemeinhin mit Ideen-Association bezeichnet wird. Nach dem Vorgehenden ist klar, dass jede dieser beiden Bewegungen auf festen Gesetzen beruht; der Unterschied liegt bei der letztern nicht in dem Mangel solcher, sondern in ihren ungeordneten, sich durchkreuzenden Wirkungen. Der geordnete Gedankengang herrscht in den Darstellungen der Wissenschaft, in den Erzählungen des Reisenden und des Geschichtsschreibers, in den öffentlichen Reden und Predigten, in den Vorlesungen der Professoren u. s. w. Beispiele des freien Gedankenlaufs sind oben gegeben; jeder erlebt sie täglich an sich, wenn er seine Arbeit einstellt und seinen Gedanken Raum giebt.

29) Es würde irrig sein, wenn man diese Gegensätze für unverträglich halten wollte. Im gewöhnlichen Leben und insbesondere bei der Unterhaltung besteht die Bewegung aus einem Gemisch von geordneter und freier Gedankenfolge. Einmal läuft neben dem Anhören einer Predigt oder dem Lesen eines Buches meist eine freie Gedankenreihe nebenher, die sich aus Sinnes- und Selbstwahrnehmungen und Erinnerungen zusammensetzt und bald schwächer bald stärker ist; auch wird der geordnete Gedankengang zu Zeiten von dem freien ganz unterbrochen und nach einer kurzen oder längeren Zeit erst wieder aufgenommen. Sodann aber besteht der sogenannte freie Gedankengang zum grössten Theil selbst aus kleinern und grössern Bruchstücken eines geordneten Gedankengangs, so dass die Unordnung erst aus der Verbindung dieser Bruchstücke entspringt. Dahin gehört namentlich der Traum und die gesellige Unterhaltung. Die bekannte Regel des guten Tones, kein Thema des Gesprächs zu erschöpfen, enthält die Forderung einer geschickten

Mischung von Ordnung und Unordnung in der Gedanken-Bewegung.

30) Das Kennzeichen des geordneten Gedankenganges ist, dass die Verbindung der Vorstellungen eine sachliche ist, d. h. auf Verbindungen ihres Gegenstandes beruht und nur in gegenständlichen Verbindungen fortschreitet. Die freie Gedankenfolge wird dagegen durch die Persönlichkeit des Vorstellenden bestimmt d. h. durch ihre besondere Empfänglichkeit für die auf die Gedanken-Bewegung einwirkenden Ursachen. — In dem geordneten Gedankengange ist ein Begriff oder ein Satz vorherrschend; der Fortschritt der Bewegung besteht nur in der Besonderung dieses Begriffes oder Satzes. Dieser ist das Thema; die Eintheilungen, die Erläuterungen, die Beispiele, die Beweise, die Ermahnungen, die Voraussagungen, in welche jede geordnete Gedanken-Bewegung sich auflösen lässt, haben immer jene Begriffe des Themas zur Grundlage und die Ausführung ist nur dann geordnet, wenn sie diese Bedingung erfüllt.

31) Die Ausbildung der künstlerischen Conceptionen, der Ausbau einer neuen Maschine, einer Erfindung, die Ueberlegungen in Bezug auf die Art der Ausführung eines Planes, eines Unternehmens, das Rathen von Charaden und Rebus, die Dialoge in sokratischer Form gehören sämmtlich zur geordneten Gedanken-Bewegung. Ueberall bestimmt der Hauptgedanke, sei er eine Gestalt oder ein Ziel oder eine Aufgabe, die Art und die Verbindung der sich ihm anfügenden Vorstellungen; die Verbindung ist überall eine sachliche, durch den Gegenstand bedingte. Bei dem Rathen einer Charade ist die Auffindung des Wortes das Ziel; die Charade bietet zu dem Ende Vorstellungen, welche mit dem zu findenden Worte in irgend einer sachlichen Beziehung stehen und von denen deshalb, wenn sie dem Leser bekannt sind, erwartet werden kann, dass sie auch in seiner Seele nach den Gesetzen der Wiederkehr verbunden sind und daher die gesuchte erwecken werden. Das Gedächtniss hat zu den gegebenen Vorstellungen die früher verbundenen herbeizuschaffen und die herbeigeschafften werden der Reihe nach geprüft, ob sie den Bestimmungen der Charade entsprechen. Diese Bewegung ist scheinbar ungeordnet, weil das Erwecken die Hauptrolle spielt, aber dennoch leitet die Vorstellung des Zieles die ganze Bewegung und sie gehört deshalb zu den geordneten.

32) In der Regel erfordert jede Arbeit eine geordnete Gedankenbewegung; die Frei-Stunden geben dem freien Gedankenlauf Raum. Die geordnete Bewegung verliert ihre Natur nicht dadurch, dass sie in Folge langer Uebung sich gleichsam von selbst vollzieht

und keiner Aufmerksamkeit oder Anstrengung mehr bedarf, wie es bei den Arbeiten der Handwerker und Landbauer geschieht. — Die geordnete Gedankenbewegung erscheint als ein Zwang gegen den natürlichen Zustand der Seele. Deshalb erschöpft sie, wenn sie lange anhält, die Seele; sowohl die Aufmerksamkeit, wie die leichte Beweglichkeit der Vorstellungen, ihr schnelles Herbeiströmen lässt nach und es entwickelt sich das Verlangen nach Ruhe, d. h. nach Abstehen von der geordneten Bewegung; denn das Vorstellen hört auch nachher nicht auf. Dagegen kennt die freie Bewegung die Ermüdung nicht; im Gegentheil gleicht sie die Erschöpfung aus, welche jene herbeigeführt hat. Sie kann schon deshalb nicht ermüden, weil die Gedanken-Bewegung das ganze Leben hindurch ohne Ende fortgeht und es dann keine Hülfe gegen die Erschöpfung gäbe. Der Schlaf ist, wenn nicht bloss der Körper, sondern auch die Seele seiner bedarf, Erholung von dem Vorstellen überhaupt, nicht von der besondern Art seiner Bewegung.

33) Insofern der geordnete Gedankengang sich somit als der Ausnahmezustand der Seele darstellt, frägt es sich, welche Ursachen der Bewegung überhaupt ihn herbeiführen können? Es ist klar, dass dies nur durch die Steigerung des Thema's oder der Hauptvorstellungen dem Grade nach möglich ist. Durch diese Stärke, mit der sie vorgestellt werden, sind sie allein im Stande, den Zufluss aus andern Kanälen des Wissensfeldes abzuhalten und zugleich diejenigen Vorstellungen durch Trennen und Gedächtniss herbeizuziehen, aus deren Material der geordnete Gedankengang aufgebaut werden soll. Nur dieses Mittel allein steht der Seele hier zu Gebote. Das Begehren, der freie Wille, kann nicht geradezu dies Material herbeischaffen, sie können nur die Hauptvorstellung dem Grade nach verstärken; das andere geht dann seinen streng gesetzlichen, von dem Willen unabhängigen Gang.

34) Das Begehren und Wollen ist vorherrschend die Ursache für diese geordnete Bewegung; das Gefühl und der starke Reiz des Gegenstandes kann zwar auch eine geordnete Bewegung bewirken, aber beide Ursachen halten selten so lange aus, als zur Beendigung des Gedankengangs nöthig ist. Deshalb kommen durch diese Ursachen zwar geordnete Reihen von Vorstellungen zu Stande, aber nur von geringem Umfange; so wie der Reiz oder das Gefühl nachlässt, brechen die Vorstellungen aus andern Kanälen dazwischen durch und die freie Bewegung gewinnt die Oberhand. — Ein Knall unterbricht z. B. das Nachdenken; die Stärke dieser Vorstellung ruft die sogleich mit ihr verbundenen herbei; man frägt, was war dies, welche Ursache; man sinnt eine Weile, aber wenn alles ruhig

bleibt, verliert sich die Stärke jener Wahrnehmungs-Vorstellung und diese in sich geordnete Bewegung wird vor ihrem Abschluss verdrängt. Da somit jede grössere geordnete Gedanken-Bewegung nur auf dem dauernden Begehren oder Wollen ruht, so erklärt sich die dabei allmählig sich einfindende Erschöpfung; indem das Begehren ununterbrochen im Kampfe gegen die andringenden Vorstellungen aus andern Kanälen sich erhalten muss, führt dieser anhaltende Kampf zur Ermüdung.

35) Alle grösseren geordneten Gedanken-Verbindungen, wie Vorträge, Reden, Predigten, grössere Dichtungen, Romane, wissenschaftliche Werke, sind deshalb nicht ohne Unterbrechung geschaffen, vielmehr mit vielfachen, von der freien Gedanken-Bewegung ausgefüllten Pausen. Nur Menschen von reichem Wissen und schnellem Urtheil sind im Stande mehrere Stunden frei, ohne Unterbrechung, im geordneten Gedankengange ohne Hülfe eines Manuscripts zu sprechen. Das Improvisiren besteht nicht bloss in der Fähigkeit, einen längern geordneten Gedankengang ohne Unterbrechung durch freie Gedankenfolge entwickeln zu können, sondern auch in der Fähigkeit, von den mehreren durch die vorgehenden Vorstellungen erweckten Vorstellungen sofort die richtige zu erfassen.

36) Der, welcher einer Vorbereitung bedarf, ist während dieser Vorbereitung auch fortwährend in dem geordneten Gedankengange; aber es fehlt ihm das schnelle Nachfolgen der sachlich mit den vorgehenden verbundenen Vorstellungen und das schnelle Urtheil über die, welche von ihnen die passendste ist. Deshalb braucht er eine Zeit zu diesem Auffinden und Aussuchen der folgenden Vorstellung und deshalb ist er nicht im Stande ohne Vorbereitung fliessend zu sprechen. Bei dem Redner, der zwar die Fähigkeit zu improvisiren an sich hat, aber zu ängstlich ist, wird durch diese Unruhe die Aufmerksamkeit gehindert, sich ungetheilt auf die Vorstellungen des Vortrages zu richten; sie erreichen deshalb nicht die erforderliche Stärke, um mit genügender Schnelligkeit die folgenden zu erwecken und um zugleich das Eintreten ungehöriger Vorstellungen aus andern Kanälen zu hemmen; deshalb kommt ein solcher Redner durch ein ungewöhnliches Geräusch, durch Lachen u. s. w. aus dem Zusammenhang.

37) In dem Hörer oder Leser einer geordneten Gedankenfolge findet auch eine geordnete Folge statt, ohne dass seinerseits die Anstrengung dazu nöthig ist, welche der Redner oder Schriftsteller dazu bedarf. Jene sind deshalb im Stande, weit länger in einem solchen geordneten Gedankengange sich zu erhalten, als diese. Dies scheint

dem Obigen zu widersprechen, wonach jede geordnete Gedanken-Bewegung erschöpft. Indess tritt diese Erschöpfung auch bei dem Hörer und Leser zuletzt ein, und wenn dieses nicht so schnell geschieht, so liegt es darin, dass in ihnen die Stärke der leitenden Begriffe nicht in dem Grade nöthig und wirklich ist, wie in dem Redner und Schriftsteller. Das Gewaltsame des Zustandes ist deshalb bei ihnen geringer; auch findet bei ihnen nebenbei noch eine freie, wenn auch schwache Gedanken-Bewegung statt, welche schon in sich der Seele ein Gegengewicht gegen die Last der geordneten bietet.

38) Das Lesen und Hören eines fremden Gedankenganges kann in sehr verschiedener Weise statt finden. Das geringste Maass wäre hierbei, wenn der Hörer streng bei den Vorstellungen stehen bleibt, welche die gehörten Worte bezeichnen und sie so in sich folgen lässt, wie die Worte. Dieses geringste Maass würde aber alles Verständniss unmöglich machen. Denn die einzelnen Worte enthalten sämmtlich nur Trennvorstellungen; in jedem Falle muss der Hörer diese Trennstücke nach Anleitung der zugleich angedeuteten Einheitsformen zu einer Vorstellung verbinden, wenn er die Mittheilung verstehen soll. Diese Thätigkeit ist unentbehrlich. In den meisten Fällen geschieht aber noch mehr. Der Hörer hat die so gebildeten Vorstellungen gleichzeitig mit seinem Wissen in Verbindung zu bringen. Er hat die gehörten Urtheile mit den von ihm gekannten Wahrheiten zu vergleichen; er hat die geführten Beweise nach den Regeln der Schlussfolge zu prüfen; er hat nach der ihm schon innewohnenden Kenntniss des Gegenstandes die Richtigkeit der Beschreibung zu untersuchen; die richtige Ordnung der Mittheilung zu erwägen; endlich auf die in ihm durch die Mittheilung erweckten Gefühle zu achten und die Ursachen derselben zu suchen.

39) Zur Ausführung dessen ist neben dem Hören oder Lesen der Mittheilung nicht bloss ein Verbinden der in den einzelnen Worten gebotenen Vorstellungen nöthig, sondern gleichzeitig ein Trennen, ein Beziehen, ein Wiedererkennen und eine Selbstwahrnehmung der eigenen Seelenzustände. — Erst das mit dem Hören oder Lesen gleichzeitige sich Vollziehen dieser Wissens-Bewegungen führt zu dem vollen Verständniss der Mittheilung. Dass eine solche Bewegung in jedem nicht stumpfsinnigen Hörer neben dem Empfangen der Mittheilung mehr oder weniger statt hat, kann man daraus abnehmen, dass sofort mit dem Schluss der Mittheilung und noch während derselben ein lobendes oder tadelndes Urtheil in dem Hörer sich bildet, verbunden mit Gefühlen der Lust oder Unlust.

Nur der Blödsinnige hört bloss die Worte und hat keine weiteren Gedanken dabei.

40) Indem diese Erscheinungen einen Beitrag liefern zu dem oben geschilderten mannichfachen Inhalt des zugleich Vorgestellten, zeigen sie zugleich durch die Abstufungen, deren sie fähig sind, wie ausserordentlich verschieden die Gedankenreihe ist, welche durch die Mittheilung einer geordneten Gedankenfolge in dem Empfangenden entstehen kann. Gleich einem dünnen Faden kann sie gerade nur in dem Empfangen sich fortziehn; sie kann auch gleich einem breiten Bande eine Fülle eigener, gleich sachlicher Vorstellungen mit aufrollen.

41) Daraus erklärt sich nicht nur, dass der Kenner eines Gebietes die Mittheilung ganz anders liest und hört als der Laie oder Schüler, sondern dass selbst derselbe Mensch nicht ein und dasselbe Buch zweimal auf dieselbe Weise lesen kann, selbst wenn er wollte. Es erklärt sich daraus, weshalb wissenschaftliche Werke durch wiederholtes Lesen interessanter werden, während Kunstwerke und Dichtungen, den Fall des Studiums ausgenommen, durch wiederholtes Hören und Sehen an Interesse verlieren. Dort kommt die Lust aus der Gedanken-Bewegung, welche mit jedem Lesen sich ausdehnt und reicher wird; hier kommt die Lust aus dem dargestellten Bilde der Lust; die Bewegung des Wissens ist, kritische Naturen ausgenommen, überhaupt gering; es wirkt nur das Bild die Lust und deshalb sinkt hier die Lust wegen der Abstumpfung gegen die sich gleich bleibende Ursache.

42) Ein Mittelding zwischen wissenschaftlicher Darstellung und dichterischem oder plastischem Kunstwerk bildet die Musik für das grosse Publikum. Die Musik bildet keine Gegenstände ab, wie die plastische Kunst; ihre Töne bezeichnen auch nicht bestimmte Vorstellungen, wie die Worte des Gedichtes und der Wissenschaft. Die Masse der Zuhörer behält deshalb für ihre Gedanken-Bewegung einen grossen Spielraum; und die Musik bildet nur eine entfernt darauf mit einwirkende Ursache. Sie gleicht mehr dem Rauschen eines Wasserfalles oder dem Rauchen einer Cigarre, welche gerade nur so weit die Gedanken-Bewegung beeinflussen, um die zu grosse Freiheit nicht lästig und als Leere drückend werden zu lassen. Deshalb die steigende Vorliebe des Publikums für Concerte.

43) Die monotheistischen Religionen haben bei der Ausbildung ihres Gottes die dem menschlichen Wissen gesetzten Schranken als seiner unwürdig beseitigt. In der christlichen Religion ist der Begriff der Allwissenheit Gottes nicht bloss unendlich dem Inhalte nach gesetzt, sondern auch unendlich nach der Gegenwärtigkeit des

Wissens. Schon die Unendlichkeit des Inhaltes verwickelte in Schwierigkeiten. Es frug sich, ob auch das Zukünftige, als noch nicht seiend, darunter falle. Augustinus behauptete es und auch dass Gott „illa quae temporaliter fiunt ipse omnia stabili ac sempi-„terna präsentia comprehendat“ (De civitate dei, XI. 21.) wogegen die Socinianer sich auflehnten. Allerdings muss bei der Annahme Augustins die Zeit entweder in Kant'scher Auffassung nur Schein, nur eine menschliche transscendentale Form der Anschauung sein, oder das Wissen Gottes ist mangelhaft, denn er kann dann das zukünftige nicht von dem gegenwärtigen unterscheiden.

44) Man gerieth mit dieser Allwissenheit weiter in Collision mit der menschlichen Freiheit, die damit durchaus nicht bestehen kann. Endlich entstand die Frage, ob Gott nicht bloss das Wirkliche, sondern auch das Mögliche, ja selbst das Unmögliche in seiner Allwissenheit wisse? Thomas Aquinus bejahte es und nannte Gottes Wissen des Seienden Visio, des Möglichen intelligentia; womit er wohl einen Unterschied der Wahrnehmung und blossen Vorstellung bezeichnen wollte. Allein die Unendlichkeit des Möglichen und noch mehr des Unmöglichen ist offenbar selbst für die Allwissenheit zu viel, so dass Twesten in seiner Dogmatik räth, lieber diese Frage auf sich beruhen zu lassen, obgleich diese Schwierigkeit sich für den noch am leichtesten löst, der weiss, dass das Mögliche und Unmögliche blosse Beziehungen des menschlichen Denkens sind.

45) Die Unendlichkeit des Wissens Gottes nach der Gegenwärtigkeit aufgefasst, hat den Kirchenlehrern weniger Bedenken veranlasst; man stand nicht an, jene Beschränkung des Menschen, wonach er nur einen Theil seines Wissens auf einmal gegenwärtig haben kann, in Gott aufzuheben. Gott weiss daher nicht nur Alles, sondern auch alles gegenwärtig; Gedächtniss, Erinnerung, Schliessen fällt bei ihm hinweg. Weisse, ein Schüler Hegel's bekämpft diese Annahme, „weil ein Denken, in dem Alles zugleich unmittelbar Exi-„stenz und Wirklichkeit hätte, gar kein Denken mehr sei.“ (Die Idee der Gottheit, 314.)

46) Weisse geht hier zu weit, aber jedenfalls hört in einem solchen gegenwärtigen Allwissen jede Bewegung auf. Diese ist nur möglich, wenn einzelne Vorstellungen zurücktreten und neue dafür durch irgend welche Kanäle eintreten können; ist aber Alles schon in dem gegenwärtigen Wissen, so ist das Wissen zwar unendlich, aber auch starr und bewegungslos und Gott hat Jahrtausende über Jahrtausende schon dieses starre, unbewegliche Wissen von allem Vergangenen, Gegenwärtigen und Zukünftigen, ohne dass nur ein Pünkt-

chen darin sich geändert hätte. Für die menschliche Auffassung erscheint solche starre Ruhe des Wissens als das unerträglichste und abschreckendste, was sich denken lässt, und der Mensch würde offenbar lieber die Schranken beibehalten, als die Beweglichkeit seines Wissens aufgeben. Diese liegt so sehr in der Natur des Wissens, dass selbst der gläubige Christ Anstand nehmen wird, solche starre Allwissenheit in seinem Gotte zuzulassen.

47) Zu der Bewegung des Wissens in der menschlichen Seele bildet die Langeweile den Gegensatz, wie schon die Bildung des Wortes andeutet. Das Wissen ist eine Ursache der Lust; nur deshalb wird es gesucht. Die Langeweile ist ein Wissen ohne diese Wirkung, ohne Lust und sie kann sich steigern bis zu einem Wissen mit Schmerz. Das Wissen ist nur Ursache der Lust, wenn es in seinen natürlichen Bedingungen bestehen kann; dazu gehört seine Bewegung und sein Verständniss in dem oben dargelegten Sinne; weiter erlischt diese Wirkung, wenn das Wissen sich nur rein wiederholt, oder in Nebendingen sich ergeht, die den Fortschritt des Wissens nach Gebieten, wo die Lust stärker damit verknüpft ist, hindern.

48) Aus diesen Bedingungen erklären sich alle Zustände der Langeweile. Ein Geschäftsmann langweilt sich bei einem wissenschaftlichen Vortrag, weil ihm das volle Verständniss fehlt; man langweilt sich bei den umständlichen Beschreibungen der Walter Scott'schen Romane, weil sie die Bewegung des Wissens dahin aufhalten, wo das Gefühl und Begehren lebhaft hintreibt; viele langweilen sich, wenn sie allein sind, nicht weil sie da gar keine Vorstellungen in ihrer Seele haben, sondern weil ihnen die Fähigkeit fehlt, die Bewegung zu neuen Vorstellungen durch sich selbst zu bewirken; die Bewegung dreht sich deshalb nur innerhalb des längst bekannten; sie können nicht heraus ohne äussere Hülfe, sei es durch Wahrnehmen oder Lesen und Unterhalten. Fehlt diese Zufuhr neuer Vorstellungen, so stockt gewissermaassen die Bewegung und dieser Zustand ist vermöge seiner Unnatur der peinlichste.

49) Für die grosse Mehrzahl der Menschen ist die Arbeit der Schutz gegen die Langeweile und diese Wirkung ist für die Seele von der höchsten Bedeutung. Die tägliche Arbeit des Beamten, des Kaufmanns, des Handwerkers, des Tagelöhners ist gerade hinreichend, die Bewegung ihres Wissens in dem mässigen Grade zu erhalten, wie zum Schutz gegen die Langeweile nöthig ist. Diese Bewegung liegt in jeder, auch der einfachsten Arbeit. Der Holzhacker hat bei jedem Scheit von neuem zu sehen, zu prü-

fen, in welcher Lage es am besten die Säge zulässt; bei jedem Klotz ist der Hieb nach der Besonderheit seiner Stärke und seiner Aeste einzurichten. Das Gleiche gilt für jede andere Beschäftigung.

50) Der Langeweile sind deshalb vorzüglich nur zwei Klassen von Personen ausgesetzt. Die geldreichen und die geistreichen Leute; jene, weil ihnen die Arbeit fehlt, diese, weil die Arbeit sie nicht genügend beschäftigt. Ein guter Kopf findet selbst anstrengende Arbeiten seines Faches, wie die Berathung in den Richtercollegien langweilig, wenn der Inhalt der Gesetze und ihre Anwendung ihm völlig bekannt geworden ist. Die dazu nöthige Bewegung des Wissens wird ihm dann so leicht und schnell, dass das Quantum seiner Wissensfähigkeit damit nicht erschöpft ist; er verlangt noch mehr und die Arbeit wird langweilig, weil sie dieses Mehr verhindert. Die wohlthätige Wirkung der Arbeit für die grosse Mehrzahl kann man aus der Langeweile abnehmen, an der viele von ihnen des Sonntags leiden, und an pensionirten Beamten, für die alle Tage in diesem Sinne Sonntag ist.

51) Das eigenthümliche des Traumes beruht nächst der Verwechslung der blossen Vorstellungen mit Wahrnehmungen, auf seiner Gedankenbewegung. Die Kanäle der Wahrnehmung und der Mittheilung sind da verschlossen; es bleiben nur die des Denkens, des Schaffens und des Erinnerns. Das Besondere des Traumes ist, dass das Wissensfeld beinah ausschliesslich durch den Kanal des Erinnerns und bildlichen Schaffens versorgt wird und dass das Denken so schwach wirkt, dass die bekanntesten Gesetze der Natur und der Sitte unwirksam für die Leitung der Bewegung werden, daher das verkehrteste und unsittlichste selbst von verständigen und sittlichen Personen geträumt wird.

# Die angeblichen Seelenvermögen.

1) Die Lehre vom Vorstellen ist bis auf die Lehre von der Mittheilung der Vorstellungen nunmehr erschöpft. Ehe zu dieser übergegangen wird, ist eine kurze Vergleichung des hier Gegebenen mit der Auffassung, wie sie im Leben gilt und in den meisten psychologischen und philosophischen Werken sich findet, um so mehr am Orte, als in diesem Werke alle jene technischen Ausdrücke vermieden worden sind, an die sich die gewöhnliche Auffassung geheftet hat. Die Anthropologie Kant's bietet hierfür die geeignetste Grundlage, da ihre halb populäre, halb philosophische Auffassung, die damals und noch jetzt geltenden Ansichten am besten wiederspiegelt.

2) Das ganze Wissen ist für Kant ein Erkenntniss-Vermögen. Die Erörterung dieses Begriffes bleibt vorbehalten, bis die bestimmteren Begriffe betrachtet sein werden. Das Erkenntniss-Vermögen zerfällt nach Kant, dem auch Schopenhauer beistimmt, in Sinnlichkeit und Verstand, je nachdem Anschauungen oder Begriffe sein Inhalt sind. — Die Sinnlichkeit enthält zwei Stücke: den Sinn und die Einbildungskraft. Der Sinn zerfällt in die äussern Sinne und in den innern Sinn. Als äussere Sinne werden die bekannten fünf Sinne und als sechster ein Vitalsinn aufgeführt. Das Unwahre eines solchen ist bereits früher gezeigt worden; dagegen ist die Trennung des Fühlens in die zwei so wesentlich verschiedenen Sinne des reinen Fühlens und des thätigen Fühlens bei Kant und auch bei Späteren verabsäumt, obgleich die Absonderung eines Vitalsinnes zeigt, dass ihnen eine Trennung als nöthig vorschwebte.

3) Obgleich die Definitionen der Sinne bei Kant viel mangelhaftes enthalten, so bleibt dies doch für den Fortgang der Darstellung ohne Nachtheil, weil hier die Natur selbst die Unterschiede kennbar genug gegeben hat. — Dagegen ist seine Definition des innern Sinnes schon viel bedenklicher. Als Gegensatz der Sinneswahrnehmung kann offenbar nur die Selbstwahrnehmung damit gemeint sein. — Kant sagt aber (Anthropologie, 51.): „Der innere Sinn ist „nicht die reine Apperception, ein Bewusstsein, dessen, was der „Mensch thut, denn dieses gehört zum Denkungsvermögen; son„dern was er leidet, in wiefern er durch sein eignes Gedanken„spiel affizirt wird. Ihm liegt die innere Anschauung, folglich das „Verhältniss der Vorstellungen in der Zeit, so wie sie darin zugleich „oder nach einander sind, zu Grunde."

4) Diese Worte zeigen die grosse Unklarheit Kants über diese wichtige Quelle des menschlichen Wissens. Nirgends wird es ihm deutlich, dass die Selbstwahrnehmung ganz parallel mit der Sinneswahrnehmung geht, dass ihre, dem Wissen zugeführten Vorstellungen genau mit denen durch die Sinne gleicher Natur sind, und aller Unterschied bloss darin besteht, dass bei der Selbstwahrnehmung das vermittelnde Organ fehlt.

5) Das sogenannte Bewusstsein seiner selbst, was ein Stück der Selbstwahrnehmung ist, wird von Kant davon ganz getrennt gehalten. Die einzelnen Vorstellungen bedürfen nach Kant (daselbst, 10.) „noch eines besondern Bestrebens, sich ihrer bewusst zu werden, „um das zu werden, was von uns Vorstellung genannt wird;" und nach Kant haben wir auch Vorstellungen, deren wir uns nicht bewusst sind; die Beispiele aber, die Kant beibringt, beziehn sich nur

auf Gefühle, die mit den Vorstellungen verbunden sind. (Daselbst, 18. 19.)

6) Die Einbildungskraft theilt Kant in die produktive und reproduktive. Unter letzterer ist das gemeint, was von uns das bildliche Vorstellen genannt worden ist; nur reine Raum- und Zeitanschauungen gehören nach Kant zur produktiven Einbildungskraft, was mit seinem Begriff dieser Gegenstände, als blosser Formen der menschlichen Auffassung der Dinge, zusammenhängt.

7) Die produktive Einbildungskraft soll der Erfahrung vorhergehen und dennoch nicht schöpferisch sein. Kant leugnet merkwürdigerweise, dass die Seele im Stande sei, Mischungen von Farben, Tönen, Geschmäcken sich schöpferisch vorzustellen, obgleich jedes Gemälde oder Tonstück, ja jedes gesprochene Wort ihn dessen überführen musste. Das schöpferische Vorstellen in Bezug auf neue Begriffe und Gesetze der Wissenschaften kennt Kant gar nicht; für ihn ist Genie (daselbst, 76.): „die nicht nachgeahmte „Produktion der Einbildungskraft, wenn sie zu Begriffen zusammen„stimmt," was sich auf die geordnete Gedankenfolge zu beziehn scheint.

8) Kant kommt dann auf ein sinnliches Dichtungsvermögen, von dem er drei Arten aufführt. (Daselbst, 79.): „Das „bildende der Anschauung im Raum (imaginatio plastica); das „beigesellende der Anschauung in der Zeit (imaginatio associans) „und das der Verwandtschaft aus der gemeinschaftlichen Abstam„mung der Vorstellungen unter einander (affinitas)." — Unter der ersten Art sollte man das Vereinen von Theil- und Trennvorstellungen vermuthen; aber statt dessen wird darunter nur das schöpferische Vorstellen verstanden, und zwar beschränkt auf die Gestalt. Die Beigesellung behandelt die sogenannte Association der Ideen, die Verwandtschaft das geordnete, durch eine herrschende Vorstellung geleitete Vorstellen, aber beides nur stückweise und ohne Erschöpfung des Gegenstandes.

9) Die Einbildungskraft wird dann noch einmal von Kant eingetheilt in „ein Vermögen, sich vorsätzlich das Vergangene zu „vergegenwärtigen, das Erinnerungsvermögen, und sich etwas „als zukünftig vorzustellen, das Vorhersehungsvermögen." (Daselbst, 92.) Hier sind ganz verschiedene Richtungen des Wissens zusammengebracht. Das sogenannte Vorhersehungsvermögen beruht auf Kenntniss der Gesetze und deren Anwendung auf das Gegenwärtige, also auf Trennen und Verbinden der Vorstellungen, während die Erinnerung die reine Wiederkehr derselben ist.

10) Das Gedächtniss ist nach Kant (daselbst, 92.) „von der „bloss reproduktiven Einbildungskraft darin unterschieden, dass es

„die vormaligen Vorstellungen willkürlich zu reproduziren ver„mögend ist, das Gemüth also nicht ein blosses Spiel jener ist.“ Kant übersieht hierbei, dass der Wille keinen unmittelbaren Einfluss auf die Rückkehr einer Vorstellung hat; er hat für seinen Einfluss auf das Wissen überhaupt nur das einzige Mittel, eine bereits vorhandene Vorstellung dem Grade nach zu verstärken; alles andere geschieht dann nach festen, von dem Willen ganz unabhängigen Gesetzen. — Die Gesetze der Wiederkehr der Vorstellungen werden von Kant sehr unvollständig und zerstückelt vorgetragen; er unterscheidet ein mechanisches, ingeniöses und judiziöses Memoriren, womit das Grundgesetz des Vorgangs weder erfasst noch vollständig dargelegt ist.

11) Bei dem Vorhersehungsvermögen behandelt Kant (daselbst, 101.) noch als besonderes Vermögen die Wahrsagergabe (facultas divinatrix), welche er in vorhersagen, wahrsagen und weissagen eintheilt, jenachdem es nach Erfahrungsgesetzen, oder gegen Erfahrungsgesetze geht, oder übernatürliche Eingebung ist. Aber solche Unterschiede, an sich werthlos, gehören in die Theologie, nicht in die Philosophie des Wissens.

12) An jene Vermögen fügt Kant noch zuletzt das Bezeichnungsvermögen (facultas signatrix) (daselbst, 106.), als „das Vermögen „der Erkenntniss des Gegenwärtigen, als Mittel der Verknüpfung „der Vorstellung des Vorhergesehenen mit der des Vergangenen.“ Wäre das Gemeinte nicht so bekannt, so wäre solche Definition kaum zu verstehn. Es wird hier von der Sprache gehandelt; aber neben den Zeichen dieser, auch von Dienstzeichen, Ehrenzeichen und Schandzeichen; also von Dingen aus ganz fremden Gebieten, die nur in dem losesten Zusammenhang mit dem wichtigen Begriffe der Sprache stehn. Dies ganze Bezeichnungsvermögen besteht, wie leicht zu sehen, in einer Anwendung des Gesetzes von der Wiederkehr der Vorstellungen.

13) Der Verstand, als der Gegensatz der Sinnlichkeit, ist nach Kant (daselbst, 115.) „das Vermögen zu denken oder durch „Begriffe sich etwas vorzustellen. Die Sinnlichkeit, als das Ver„mögen der Anschauungen, enthält nur das Einzelne in Gegenstän„den, dagegen das Vermögen der Begriffe das Allgemeine der „Vorstellung derselben, die Regel, der das Mannichfaltige der „sinnlichen Anschauung untergeordnet werden muss, um Einheit zur „Erkenntniss des Objekts hervorzubringen.“ — Danach ist der Verstand auch zu den Wahrnehmungen der Sinne nöthig, indem er durch seine Einheit das Mannichfache der sinnlichen Empfindung erst zu einer Vorstellung erhebt. Dies hängt mit den Grundlagen

der Kant'schen Philosophie zusammen und wird später zur Prüfung kommen. Aber bei solcher Auffassung hat Kant offenbar das Erkenntnissvermögen falsch eingetheilt; denn der Verstand ist dann das durch Alles hindurchgehende, und der Sinnlichkeit dann nicht neben-, sondern über-geordnet.

14) Kant lässt aber noch eine zweite Auffassung folgen, wonach das Gebiet des Verstandes zerfällt in Verstand im engern Sinn, Urtheilskraft und Vernunft. „Ein richtiger Verstand," sagt Kant (daselbst, 117.), „geübte Urtheilskraft und gründliche Ver-„nunft machen den ganzen Umfang des intellektuellen Erkenntniss-„vermögens aus." — „Der Verstand ist (daselbst, 120.) das Vermögen „der Regeln, die Urtheilskraft das Vermögen, das Besondere, sofern „es ein Fall dieser Regel ist, aufzufinden, die Vernunft das Ver-„mögen, von dem Allgemeinen das Besondere abzuleiten und dieses „letztere also nach Prinzipien und als nothwendig vorzustellen." „Die „Ideen sind Vernunftbegriffe." — Hier, wie auch in der Kritik der reinen Vernunft verwechselt Kant Regeln mit Begriffen, behandelt sie gleichbedeutend, obgleich doch die Regel davon wesentlich verschieden und eine allgemeine Verbindung von Begriffen ist.

15) Der Verstand, als das Vermögen der Begriffe, soll offenbar das Vermögen sein, was die Begriffe nicht bloss handhabt, gebraucht, sondern auch hervorbringt. Diese wichtige, das ganze Wissen beherrschende Thätigkeit wird von Kant gar nicht weiter für sich betrachtet; sie fällt unter das Trennen des Vorgestellten, von dem sie eine Art ist, wie aus dem früheren bekannt ist. Durch die oberflächliche Behandlung dieser Wissensbewegung bleibt auch die wahre Natur der Begriffe für Kant unerkannt. Er sagt (K. d. r. V. 68.): „Da keine Vorstellung unmittelbar auf den Gegenstand „geht, als die Anschauung, so wird ein Begriff niemals auf einen „Gegenstand unmittelbar, sondern auf eine andere Vorstellung von „demselben bezogen. Der Begriff ist also die mittelbare Erkenntniss „eines Gegenstandes, mithin die Vorstellung einer Vorstellung „desselben." — Hiermit hängt die Eintheilung Kants zusammen, wonach die Erkenntniss entweder intuitiv oder diskursiv ist. Der Verstand ist nur eine diskursive Erkenntniss durch Begriffe (K. d. r. V. 68.). Der Verstand läuft dabei gleichsam an den sinnlichen Vorstellungen auf und ab, um durch sie hindurch an die Gegenstände zu gelangen; er kann sie aber nicht überspringen und deshalb ist seine Erkenntniss nur eine mittelbare, oder diskursive, wie Kant sagt.

16) Solche Ansichten stehn dem in dem Abschnitte von dem Trennen des Vorgestellten Vorgetragenen geradezu entgegen. Es

ist dort ausführlich dargelegt worden, dass der Begriff dem Gegenstande ebenso nahe steht, wie die sinnliche Wahrnehmung oder Anschauung; der Unterschied beider liegt nicht in der Unmittelbarkeit oder Mittelbarkeit der Erkenntniss, sondern in dem Inhalt. Der Begriff giebt nur ein Stück von dem Gegenstande der Wahrnehmung; dieses ist durch die eigenthümliche, nur der Seele mögliche, in der Wirklichkeit aber nicht ausführbare Trennung gewonnen, welche mit begrifflichem Trennen bezeichnet worden ist. Dieses Trennen ist aber nicht das einzige; neben ihm besteht noch das theilende, das eigenschaftliche und das entmischende Trennen, welche sich stufenweise dem begrifflichen Trennen als dem höchsten nähern. Alle, aus diesen vier Arten des Trennens hervorgehenden Vorstellungen, wie: dies Blatt der Blume, dies rosa derselben, dies roth und dies weiss derselben, die Farbe (überhaupt) derselben sind Trennvorstellungen von an sich gleicher Natur; sie stellen sämmtlich ein Stück des Gegenstandes unmittelbar vor; so unmittelbar wie die Wahrnehmungsvorstellung dieser Rose die ganze Rose.

17) Eine Folge der falschen Auffassung der Natur der Begriffe bei Kant war die gleich falsche Aufstellung einer besondern Urtheilskraft. Die Urtheilskraft ist nach Kant „das Vermögen, zum „Allgemeinen (der Regel) das Besondere auszufinden; so wie der „Witz (ingenium) das Besondere zu dem Allgemeinen auszudenken" (Anthropologie, 123.). Hiernach fiele Witz mit Verstand zusammen. Das Urtheilen findet aber nicht zum Allgemeinen das Besondere, sondern findet oder erkennt in dem Besondern das Allgemeine; so: in diesem Thiere den Hund, in diesem Vertrage den Kauf, in dieser Gestalt das Dreieck. Die Urtheilskraft ist also dasselbe, was der Verstand; beide bewegen sich in dem Trennen einer reicheren Vorstellung. Der Begriff kann nicht unmittelbar dem Schüler eingeflösst werden; der Schüler muss ihn selbst, durch eignes Trennen gewinnen und das Urtheilen ist nur das Wiedererkennen dieses früher erworbenen Begriffs in einem Besondern oder Einzelnen, welches Wiedererkennen nur durch das nämliche Trennen möglich wird.

18) Endlich ist auch die Vernunft nur dieselbe Thätigkeit des Trennens. Vernunft ist nach Kant (K. d. r. V. 258.) „das „Vermögen der Prinzipien; und Erkenntniss aus Prinzipien ist die, „wo ich das Besondere im Allgemeinen durch Begriffe erkenne." Was Kant hier meint, ergiebt seine Ableitung der Vernunft aus dem Schliessen. Danach ist die Erkenntniss, dass der Gelehrte sterblich ist, eine Vernunfterkenntniss, wenn sie auf dem bekannten Schluss beruht, dass alle Menschen sterblich und die Gelehrten Menschen sind. Die Vernunft wäre also die mittelbare Erkenntniss

in zweiter Potenz. Schon der Begriff als solcher ist nach Kant eine mittelbare Erkenntniss; wenn nun die Vernunft das Besondere im Allgemeinen erkennt, also ein Begriffliches nur durch Begriffe, so ist sie selbst eine mittelbare Erkenntniss der Begriffe, also eine zwiefache mittelbare Erkenntniss der Gegenstände.

19) Später wird von Kant die Vernunft als das Vermögen bezeichnet, „zu dem bedingten Erkenntnisse des Verstandes des Un-„bedingte zu finden, womit die Einheit desselben vollendet wird.“ Dies soll daraus sich ergeben, dass die Vernunft für den Obersatz eines Schlusses abermals eine Begründung verlange, wodurch sie auf die obersten Prinzipien hintreibe. Aber diese Richtung ist gerade die entgegengesetzte der früher von Kant der Vernunft zugetheilten, nämlich, zu den Prämissen die Conclusion zu finden.

20) Im Allgemeinen ist indess solcher Streit sehr unerheblich; aus Allem erhellt, dass auch die Vernunft bei Kant nichts weiter thut, als was schon dem Verstande und der Urtheilskraft zugetheilt worden ist; sie erkennt in dem Gelehrten den Menschen und wiederholt deshalb von ihm das Prädikat des Obersatzes: Sterblich. In solcher Thätigkeit ist durchaus nichts eigenthümliches und besonderes enthalten, welches rechtfertigt, ein besonderes Vermögen der Seele dafür aufzustellen.

21) Im Grunde sind diese Definitionen der Vernunft bei Kant auch nur zur Methode gehörende Vorbereitungen, um den Begriff des Unbedingten, die Idee und das Ideal zu gewinnen. Die Vernunft ist dann das Vermögen der Ideen. Solche Ideen sind aber, wenn man sie näher ansieht, nichts als Begriffe, nur mit der Beziehung des Unendlichen verbunden. — Kant definirt zwar die Idee als: „einen Begriff aus Notionen oder aus reinen Verstandes-„begriffen (K. d. r. V. 273.), der nie aus Erfahrung geschöpft wer-„den könne, indem in der Erfahrung nie etwas damit congruirendes „angetroffen werden könne“ (daselbst, 268.). Indess liegt der Grund hiervon nicht in einer besondern übernatürlichen Beschaffenheit des Gegenstandes, sondern einfach darin, dass aus dem Begriff des endlichen Gegenstandes die Begrenzung einzelner seiner Bestimmungen durch Verneinung aufgehoben worden; damit wird die Bestimmung zu einer Unendlichkeit nach irgend einer Richtung ausgedehnt, und zu einem nicht mehr Wahrnehmbaren und nicht mehr bildlich Vorstellbaren gemacht. Solche Uebersinnlichkeit oder Unbedingtheit, oder Unendlichkeit ist kein bejahender oder seiender Inhalt, sondern nichts als die Verneinung einer Grenze oder Bestimmtheit. Die Unendlichkeit selbst kann nie bejahend vorgestellt und erfasst werden. Dieses gilt insbesondere für die Unendlichkeit des Raumes

und der Zeit in der Vorstellung der Welt und Gottes und für die Vorstellungen der Allwissenheit, Allweisheit, Allmacht Gottes.

22) Neben diesen Ideen, welche ihre Eigenthümlichkeit in der Unendlichkeits-Beziehung haben, stellt Kant die sogenannten Ideen der Ethik und der Natur, wie die Idee der Tugend oder die Idee einer Pflanzen-Art. Hier fehlt jene Unendlichkeit, und diese Ideen sind deshalb ganz gewöhnliche Begriffe wie andere, welche nur dadurch in der Wahrnehmung nicht rein angetroffen werden, weil in der Wirklichkeit immer Gegenkräfte bestehen, welche der reinen Verwirklichung jener Begriffe entgegenstehen. So giebt es keine vollkommene Tugend, weil es keine Menschen ohne Begehren giebt und diese das sittliche Handeln stören; keine vollkommene Kirsche, weil der Keim dazu sich der störenden Einwirkung des Bodens, der Witterung, der Insekten bei seiner Entwickelung nicht entziehen kann. — Solche Ideen sind als Wissensformen nicht mehr und nicht besser wie jeder andere Begriff; sie entspringen wie diese lediglich aus dem begrifflichen Trennen und rechtfertigen in keinem Falle die Annahme eines besondern Seelenvermögens.

23) Mit diesen Begriffen und Eintheilungen schliesst die Kantsche Darstellung des Wissens. Es ist bei deren Beurtheilung nicht tiefer in das Einzelne eingegangen worden, weil Kant's Darstellung in seiner Anthropologie weniger wissenschaftlich als populär gehalten ist. Jede Seite darin geht von unrichtigen Auffassungen aus; kein Gegenstand wird umfassend nach allen seinen Richtungen beleuchtet; Ungleichartiges wird zusammengestellt und Gleiches auseinandergerissen. Die hier auf das Wesentliche beschränkten Auszüge stimmen indess mit den grösseren Arbeiten Kant's und die dort niedergelegten Ansichten ziehen sich durch alle Theile seiner Philosophie hindurch. Ihre Unrichtigkeit und Unvollständigkeit weiter darzulegen wird für den nicht nöthig sein, der den bisherigen Untersuchungen dieses Werkes gefolgt ist.

24) Die neueren Darstellungen des Wissens seit Kant haben darin wenig gebessert. Herbart und Benecke verlassen das von der Erfahrung Gegebene und stellen hypothetische Systeme auf, deren Wahrheit unerweisbar bleibt. Die dabei benutzten Begriffe sind zum grossen Theil unklar, weil sie aus sinnlichen Bestimmungen abgezogen sind, deshalb nur figürlich verstanden werden können und dafür der Anhalt nicht gegeben wird. In der Erklärung der Erscheinungen kommen diese Systeme dabei nicht weiter als die Auffassung, welche das von der Selbstwahrnehmung Gegebene als die letzte Grundlage beibehält.

25) Hegel hat diesen Zweig der Philosophie vernachlässigt

und der Mangel der hierher gehörenden Untersuchungen lässt sich in allen seinen Schriften spüren. Die Philosophie ist für Hegel zunächst „die denkende Betrachtung der Gegenstände.“ Der Begriff des Denkens wird dabei nur obenhin angegeben und sofort als identisch mit dem Allgemeinen des Gegenstandes gesetzt. Das Denken der Philosophie hat nach Hegel (VI. 4.) „eine Verschiedenheit von dem in allem Menschlichen thätigen Denken, so sehr „es identisch mit demselben, an sich nur ein Denken ist. Dieser Unterschied knüpft sich daran, dass der durch das Denken begründete „menschliche Gehalt des Bewusstseins zunächst nicht in der Form „des Gedankens erscheint, sondern als Gefühl, Anschauung, Vorstellungen, Formen, die von dem Denken als Form zu unterscheiden sind.“

26) Der Unterschied dieser Formen wird aber von Hegel nicht entwickelt; bei näherer Betrachtung hätte er bemerken müssen, dass das Gefühl gar nicht zu dem Wissen gehört, nur ein Anderes spiegelt, und dass Anschauung hier nicht passt, weil es nur die Wahrnehmung, also die Vorstellung eines Gegenwärtigen bezeichnet. Das, was Hegel unter: Vorstellung meint, ist schwer zu errathen. Er scheint auch die empirischen Begriffe, ja selbst die der Sittlichkeit und Religion dahin zu rechnen, weil die Religion ihm die Wahrheit in der Form ist, wie sie für Alle gilt. Für das philosophische Denken setzt Hegel später die Entwickelung und den Widerspruch als sein wesentliches Kennzeichen. Die umfassende Prüfung dieses Begriffes wird in der Lehre vom Erkennen erfolgen.

27) In der Sprache der Wissenschaft und des Lebens sind ausser den bereits erwähnten noch eine grosse Anzahl von Worten im Umlauf, welche sich auf das Wissen und seine Besonderung beziehen. Ihr Verständniss, was an sich manche Schwierigkeiten bieten könnte, ergiebt sich nach Beendigung der Untersuchungen dieses Werkes mit Leichtigkeit. Es wird genügen, an einigen der wichtigsten dies darzulegen. — Das Wort: Denken ist in Aller Munde, aber seine Definition dürfte für die Meisten schwierig sein. Aus den bisherigen Entwickelungen erhellt, dass mit Denken diejenigen Bewegungen im Vorstellen bezeichnet werden, welche ein begriffliches Trennen, Vereinen, Verbinden und ein Beziehen der Begriffe enthalten. Das schöpferische Vorstellen gehört nur in so weit zu dem Denken, als es ein schöpferisches Trennen ist. All diese Bewegungen enthalten eine von der Seele ausgehende Thätigkeit, im Gegensatze zu dem rein aufnehmenden Zustande der Seele bei dem Wahrnehmen und der Wiederkehr der Vorstellungen. Das Denken gilt deshalb als ein thätiges Wissen im Gegensatz zu dem bloss aufnehmenden Wissen der Wahrnehmung und Wiederkehr.

28) Scharfsinn ist ein Beziehen des Vorgestellten durch Gleich und Ungleich, insbesondere in der Richtung auf begriffliche Bestimmungen, die weniger offen vorliegen. Witz ist dasselbe Beziehn, in der Richtung auf bildliche Vorstellungen. Scharfsinn und Witz sind die gleiche Bewegung des Vorstellens; nur dass es bei dem Scharfsinn auf den Unterschied oder das Ungleiche, bei dem Witz auf das Gleiche abgesehn ist. Geist ist die Seele, nur als wissende; getrennt vom Gefühl und Begehren. Gemüth ist die Seele nur als fühlende und begehrende. Da bei Hegel das Gefühl keine Beachtung findet und das Wollen mit dem Denken als dasselbe gesetzt ist, so bleibt für Hegel von der Seele nichts als der Geist, und das Wort: Seele kommt in seiner Philosophie nicht vor.

29) Erfahrung umfasst die aus der eignen Wahrnehmung selbst abgeleiteten nächsten Begriffe und Gesetze. Die Erfahrung entbehrt der vollen Schärfe der Begriffe und der vollen Allgemeinheit der Gesetze, wie sie die Wissenschaft enthält. Dafür besitzt sie ihren Inhalt in höherer Gewissheit und höherem Bekanntsein, weil ihre eignen Wahrnehmungen die Unterlage bilden und die Auslösung des Begrifflichen von ihr selbst vollzogen ist. Deshalb übertrifft der blosse Praktiker den Theoretiker in der Sicherheit der Anwendung, während dieser ihm in der Allgemeinheit seines Wissens voraus ist.

30) Diese Ansicht von der Erfahrung hat auch Aristoteles, wenn er sagt (Metaphysik I. 1.): „Der Satz, dass dem Kallias, wenn „er an einer bestimmten Krankheit leidet, dies bestimmte Mittel „hilft, oder dem Sokrates und vielen andern, einzeln genommen, „ist Sache der Erfahrung (ἐμπειρία); der Satz dagegen, dass es Allen „solchen, unter eine Art begriffenen helfe, wenn sie an dieser be- „stimmten Krankheit leiden, dem Verschleimten, dem Galligen, „dem Fieberkranken, ist Sache der Theorie.“ — Indess besteht kein solch scharfer Gegensatz zwischen beiden, wie Aristoteles hier aufstellt; sie laufen in einander über, wie man schon aus seinem etwas unklaren Beispiele sehen kann. Wenn Aristoteles aber dann fortfährt: „Der Empiriker weiss nur das Was, aber nicht das Warum; „der Theoretiker kennt auch das Warum oder den Grund,“ so ist dies nur halb wahr. Denn das Warum hört auch bei dem Theoretiker auf und bis zu einem Punkte hat auch der Empiriker seine Gründe. Es ist nur so viel wahr, dass der Empiriker sich bei den sogenannten empirischen Gesetzen beruhigt, während der Theoretiker bis auf die Causalgesetze oder letzten Gesetze vordringt, in dem Sinne wie Stuart Mill in seiner Logik diesen Unterschied der Gesetze entwickelt hat.

31) Am bedeutsamsten ist der Begriff der Seelenkräfte und Seelenvermögen. Der Unterschied beider ist der in einem frühern Abschnitt erörterte Unterschied von actu- und potentia-Sein oder von der Kraft in Aeusserung und ohne Aeusserung. — Kraft bezeichnet nach dem Früheren ein doppeltes, ein Seiendes und ein blosses Beziehen. In letzterer Hinsicht ist bereits in der Lehre von der Ursachlichkeit gezeigt worden, dass diese Kraft nur eine Erfindung der Seele ist, zu dem Zweck, um das Entstehen der Wirkung aus der Ursache sich verständlicher zu machen. Diese Kraft ist deshalb unerkennbar und ihre Aeusserung ist nur eine Wiederholung des schon in der Wahrnehmung und, ohne diesen Begriff, Gegebenen. Die Kraft als ein Seiendes dagegen wird von dem thätigen Fühlen wahrgenommen; sie besondert sich zu dem Druck und zu der Bewegung; ihr Sein ist ebenso genau erkennbar, wie jede andere von dem Wahrnehmen gegebene Bestimmung.

32) Es ist nur eine Verfälschung dieser wahrgenommenen Kraft, wenn sie von der Bewegung, deren Kern und Wesen sie selbst ist, abgetrennt und nur als Ursache dieser gesetzt wird. Es wird dann jener Beziehungsbegriff der Kraft auf die seiende Kraft mit Unrecht ausgedehnt, die letztere in zwei Trennstücke, Kraft und Bewegung zerlegt und diese in der Form der Ursachlichkeit auf einander bezogen. Der Anlass zu dieser Entstellung der seienden Kraft liegt in der gesehenen Bewegung, an welche bei dem Wort: Bewegung in der Regel allein gedacht wird. Das Sehen giebt nur die Ortsveränderung und nicht die in der Bewegung zugleich enthaltene Kraft; man meint deshalb, sie sei überhaupt nicht darin enthalten, obgleich das thätige Fühlen die Einheit beider deutlich genug zu erkennen giebt.

33) Es ist nun hier die Frage, ob auch in der Seele Kräfte vorhanden sind. Diese Frage geht nur auf Kräfte, als seiende. Da das thätige Fühlen als Sinnes-Wahrnehmung nur Aeusserliches bietet, so kann von einer Kraft, wie die gefühlte Kraft, in der Seele nicht die Rede sein. Man meint aber, dass ein Aehnliches in ihr bestehe, welches, wie die gefühlte Kraft die räumliche Bewegung, so in der Seele die Bewegung des Vorstellens bewirke und als Kraft sowohl das Trennen als das Verbinden und Beziehen der Vorstellungen bewirke, auch die schöpferischen Conceptionen und Gedanken hervortreibe und die Vorstellungen wiederkehren mache. Unterstützt wurde diese Annahme durch die Wahrnehmung, dass Zustände, wie sie bei der Muskelkraft sich zeigen, auch bei diesen Bewegungen des Vorstellens eintreten, insbesondere die Abhängigkeit der Bewegung von dem Begehren und Wollen, die Zu-

stände der Anstrengung, der Ermüdung, der Uebung, Gewohnheit und der Unterschied der ursprünglichen Anlagen.

34) Das hohe Alter des Begriffs von Seelenkräften und die Festigkeit, mit der dieser Begriff sich in dem gewöhnlichen Vorstellen gegen alle Angriffe erhält, zeigt, dass ein Stück Wahrheit darin enthalten sein muss. Allerdings haben die Vorgänge bei der Sinnes-Wahrnehmung der Kräfte und bei den, durch Selbstwahrnehmung gegebenen Zuständen des Vorstellens ein Gemeinsames darin, dass das Begehren und Wollen zur Sinnes-Wahrnehmung der gefühlten Kraft so unentbehrlich ist, wie es bei der Bewegung der Vorstellungen den Kern bildet, an den sich die Vorstellung der Kraft ansetzt. Man fühlt die Schwere des Steines, die Bewegung des Beines nur, wenn das Wollen die Muskelkraft erregt; im Krampf ist die gleiche Kraft der Muskel, aber keine Wahrnehmung ihrer, weil das Wollen fehlt. Der Grad der Kraft wird ferner nur nach dem Grade des die Kraft erweckenden Wollens bestimmt, wie in der Lehre vom thätigen Fühlen dargelegt worden ist. Das Wollen ist sonach bei der sinnlichen Kraft nicht bloss die Ursache der Kraft, sondern auch das, welches die Wahrnehmung derselben und ihres Grades bedingt. Schon die Wahrnehmung der sinnlichen Kraft ist deshalb ein Gemisch von Sinnes- und Selbstwahrnehmung.

35) Wenn nun in der Seele die Bewegung oder der Wechsel der Vorstellungen auch zunächst von dem Begehren erweckt und geleitet wird, so erklärt es sich, wie auch hier die Vorstellung einer Kraft sich entwickeln konnte, welche nach Art der Muskelkraft, von dem Begehren erweckt, als die unmittelbare Ursache der Bewegung auftritt. — Allein die nähere Untersuchung zeigt die Unzulässigkeit dieser Analogie. Bei der sinnlichen Bewegung ist die Kraft der wirkliche Gegenstand der Wahrnehmung; in dem Druck ohne Bewegung, in dem Stoss eines in der Bewegung gehemmten Körpers, in der Bewegung der eignen Glieder wird diese Kraft unmittelbar wahrgenommen; sie bildet einen, aus der Bewegung untrennbaren Theil des Wahrgenommenen. Dagegen giebt die Selbstwahrnehmung die Bewegung des Vorstellens ohne irgend eine solche Bestimmung; die Bewegung vollzieht sich da nur als Bewegung, ähnlich der gesehenen Bewegung, ohne irgend ein Stück, welches nach Art des Druckes oder Stosses das Dasein einer Kraft verkündete. Noch mehr verschwindet der Boden für solche Analogie, wenn man erwägt, dass diese Bewegung im Vorstellen selbst nur ein Bild ist, dem in Wahrheit nur ein Wechsel der Vorstellungen in der Zeit zu Grunde liegt. Dieser macht die Ver-

bindung der einzelnen Vorstellungen unter einander durch eine Kraft unmöglich; denn zeitlich sich folgendes, wie Blitz und Donner, Schlag und Schmerz ist nie durch Kraft mit einander verbunden.

36) Ebenso wenig können die einzelnen Vorstellungen durch eine Kraft, nach Art der gestossenen Körper, in das Wissen empor getrieben sein, denn dazu fehlt die wirkliche oder räumliche Bewegung; es ist nur ein zeitliches Werden und Vergehen vorhanden und für solches ist der Begriff der Kraft nicht anwendbar. Ueberall, wo dem Werden eine Kraft untergeschoben wird, muss dasselbe erst in eine Bewegung umgewandelt werden, wie z. B. bei dem Werden des elektrischen Zustandes von der Naturwissenschaft geschieht. — Es kann deshalb eine seiende Kraft der Seele, welche in dem Werden und Vergehen der Vorstellungen enthalten wäre, oder ihnen als Ursache vorausginge, nicht zugelassen werden. Sie ist durch die Selbstwahrnehmung nicht gegeben und bei der Verschiedenheit der Zustände ist die Analogie aus der gefühlten Kraft nicht gerechtfertigt.

37) Es ist auch überhaupt kein Grund vorhanden, über das von der Wahrnehmung gegebene hinauszugehen; eine solche Kraft erscheint zur Erklärung der Zustände des Vorstellens nicht nothwendig. So wie die Selbstwahrnehmung zur Erkenntniss ihres Seienden keiner Organe, wie die Sinne bedarf, so ist es nur dem entsprechend, wenn das Wollen zur Herbeiführung des Wechsels im Vorstellen auch keiner Kraft bedarf. In beiden Fällen findet der Uebergang unmittelbar statt. Das Begehren und Wollen bewirkt, wie mehrfach bemerkt worden, diesen Wechsel einfach durch die Verstärkung der gerade gegenwärtigen Vorstellung; alles Weitere vollzieht sich dann von selbst; die Vorstellungen lösen, verbinden, folgen sich ohne weitere Hülfe, und ohne eine besondere sie treibende Kraft, für die weder in der Selbstwahrnehmung eine Spur gegeben ist, noch irgend eine bestimmtere Vorstellung überhaupt gebildet werden kann. Alle Analogien aus der sinnlichen Kraft sind bei der fehlenden räumlichen Ausdehnung der Seele unzulässig und das physikalische Gesetz, dass ein ruhender Körper ohne Stoss oder Kraft nicht in Bewegung komme, kann seine Geltung nicht auf Vorstellungen ausdehnen, deren Natur so gänzlich von den Körpern verschieden ist.

38) Wesentlich unterstützt wird diese richtige Auffassung dadurch, dass diese Bewegung im Vorstellen ebenso regelmässig sich vollzieht, mag das Begehren dabei mitwirken oder nicht. In dem freien Gedankenlauf, bei dem schöpferischen Vorstellen ist der Wille ganz ausgeschlossen; die Bewegung vollzieht sich von selbst;

ja der Wille stört oft mehr, als er nützt; während die willkürlichen Muskelkräfte sich nur regen, wenn sie von dem Wollen erweckt werden. Umgekehrt sind diese Muskeln dem Wollen unbedingt unterthan; sie versagen nie ihren Dienst; der Arm, der Finger, die Lippe gehorcht ohne Ausnahme dem Wollen und regt sich nicht ohne Wollen. Die Bewegung im Vorstellen versagt dagegen nur zu oft dem Willen ihren Dienst. Die Vokabel will dem Schüler, die Conception dem Künstler, der wahre Begriff der Krankheit dem Arzt am Krankenbett nicht kommen, so viel er sich auch müht; bis plötzlich, wo vielleicht gerade das Wollen nachliess, die Vorstellung erscheint.

39) Dies Alles zeigt, dass der Begriff wirklicher Seelenkräfte ungerechtfertigt ist. Es ist vielmehr einfach dabei stehen zu bleiben, dass die Vorstellungen sich folgen, ohne alle Vermittlung einer Kraft und dass, wo diese Folge auf feste Gesetze zurückgeführt werden kann, nur die Beziehung von Ursache und Wirkung auf sie zulässig ist. Diese Beziehungsform führt dann wohl zu dem Begriff der Erzeugung, der Wirkung aus der Ursache und den Kräften, welche diese Erzeugung vermitteln; allein es ist bereits genügend dargethan worden, dass dieser Begriff der Kraft kein Seiendes bezeichnet, sondern nur eine Wissensform der Seele ist. In diesem Sinne mag von Kräften der Seele gesprochen werden, sie sind aber dann nur wesenlose Schatten, Gebilde der Einbildungen, aber keine seiende Bestimmungen der Seele.

40) Die Erscheinungen der Anstrengung und Ermüdung bei fortgesetztem Denken, künstlerischem Schaffen und bei der geordneten Gedankenfolge überhaupt, welche den Zuständen gleiches Namens bei körperlichen Anstrengungen so ähnlich sind, erklären sich, ohne Hülfe einer Kraft, aus der Natur des Begehrens und Wollens. Die Anstrengung und ihr Gegensatz, die Ermüdung ist ein Zustand des Begehrens und Wollens selbst. Jedes Begehren, dem ein anderes entgegentritt, bedarf, um sich zu erhalten, der Anstrengung; es ist dies, ähnlich wie die Aufmerksamkeit bei dem Wissen, nichts als der höhere Grad des Begehrens oder Wollens selbst. Es werden die Mittel, welche diese Steigerung herbeiführen, in Bewegung gesetzt, wie stärkere Vorstellung des erstrebten Zieles, Aufsuchung anderer, damit verbundener Ursachen der Lust, Herbeiziehung sittlicher Grundsätze, d. h. des Wollens aus Achtung u. s. w. Die, auf diese Weise durch künstliche Mittel herbeigeführte Verstärkung des Begehrens und Wollens ist das, was Anstrengung genannt wird. Insbesondere zeigt sie sich da, wo der Kampf gegen ein Begehren geführt wird, dessen Lust sehr nahe liegt und für dessen Lust die

Seele eine besondere Empfänglichkeit hat, wie z. B. der Kampf gegen sinnliche Begierden in der Jugend. Der Zustand der Anstrengung entsteht endlich, wenn der freie Wille dem Begehren zu Hülfe kommt, aber in keiner genügenden Stärke.

41) Diese Zustände der Anstrengung rechtfertigen somit die Annahme seiender Seelenkräfte nicht. Auch bei körperlichen Anstrengungen liegt der Grund dieses Zustandes nicht in der Anspannung der Muskeln, sondern in dem gesteigerten Begehren, was nöthig ist, um diese Kraft in höherem Maasse zu erregen und zu erhalten. Die Ermüdung innerhalb der Bewegung des Vorstellens ist der Gegensatz der Anstrengung; es ist der sinkende Grad des Begehrens und Wollens. Beide können mit Gefühlen des Schmerzes sich verbinden, wenn die Vorstellungen in einer Weise festgehalten werden, welche ihrer natürlichen Zeitdauer widerspricht; ebenso wie bei der Muskelkraft sich dieser Schmerz und zwar hier als Schmerz aus dem Körper einfindet, wenn die Anspannung der Muskeln ihre natürliche Zeitgrösse überschreitet.

42) Die Zustände der Uebung, der Gewohnheit, der unterschiedenen Anlage führen ebensowenig zur Annahme von Seelenkräften. Schon bei der Muskelkraft liegt die Uebung, so weit sie das Geschickte bezeichnet, nicht in der Kraft, sondern in deren richtigen Erregung durch den Willen. Innerhalb des Vorstellens erklärt sich die schnellere und leichtere Erreichung eines Zieles aus der häufigen Wiederholung dadurch, dass die Wiederholung bestimmter Wissens-Bewegungen die Vorstellungen derselben zu bekannteren macht und die Wiederkehr erleichtert. Aus diesen beiden Wirkungen folgt die grössere Schnelligkeit, Sicherheit und Leichtigkeit des Urtheils und des Gedächtnisses, ohne dass eine besondere Kraft als Vermittlerin nöthig ist. Ebenso erklären sich daraus die Zustände der Gewohnheit, die schon ihrer Natur nach andeutet, dass die Bewegung sich ohne Kraft und Wollen sowohl im Körperlichen als Geistigen vollzieht. Der Unterschied der natürlichen Anlagen erklärt sich zum Theil aus dem Unterschied in der Feinheit der Sinnesorgane, und der verschiedenen Empfänglichkeit für die einzelnen Arten der Lust; was dann noch übrig bleibt, kann nicht zu einer Kraft führen, wenn die durch Uebung gewonnenen gleichen Unterschiede eine andere Erklärung zulassen.

43) Aus Allem dem folgt als Schluss und Ergebniss, dass seiende Kräfte in der Seele innerhalb ihres Wissens und dessen Bewegungen nicht vorhanden und wirksam sind; weder Kräfte, die selbstständig die Bewegung des Vorstellens bewirken, noch Kräfte, die den einzelnen Vorstellungen anhaften und ihre Verbindungen

vermitteln. Es ist in der Seele nur die einfache zeitliche Folge der Vorstellungen, welche zwar als Ursache und Wirkung auf einander bezogen werden können, und in dieser Form zu einer die Wirkung vermittelnden Kraft führen. Diese Kraft ist aber selbst nur Beziehung und es entspricht ihr kein Sein in der Seele. Mit der Kraft fallen auch die Seelen-Vermögen, die nur die Kraft vor ihrer Aeusserung bezeichnen sollen. — Allerdings hat die Bewegung des Vorstellens, insbesondere die Wiederkehr ihr Wunderbares; aber dieses Wunderbare wird durch Einführung von seienden Kräften nicht gemindert, da solche Kräfte weder wahrnehmbar noch vorstellbar sind und jede Analogie aus der Sinnenwelt unzulässig bleibt. Durch Einführung der Kräfte als blosser Beziehungen wird aber das Wunderbare nicht erklärt, sondern nur in andere Worte übersetzt.

# Die Probe der Wahrheit.

1) In der Arithmetik hat man eine Rechenprobe, indem man die Operationen in der entgegengesetzten Richtung zurück geht, wo dann die Aufgabe wieder zum Vorschein kommen muss. In der Naturwissenschaft bildet die Verification der Gesetze, die durch Induktion gefunden worden sind, eine wesentliche Bedingung ihrer Anerkennung; sie geschieht durch mannichfach veränderte Versuche, welche die Gesetze bestätigen müssen.

2) Es wäre zu wünschen, dass für die Philosophie ein ähnliches Hülfsmittel zur Erprobung ihres Inhalts vorhanden wäre. Allerdings stellen sich hier besondere Schwierigkeiten entgegen. Es giebt eine Philosophie, welche dies geradezu unmöglich macht, weil sie ihre Wahrheit darin setzt, dass das Seiende dem Begriffe entspreche, nicht umgekehrt. Der Begriff ist hier das Entscheidende; das Seiende kann ihn nicht widerlegen, sondern muss, wenn es ihm nicht entspricht, die Unwahrheit selbst auf sich nehmen. Andere Systeme erkennen wohl das Seiende als das Bestimmende, aber doch nur in beschränkter Weise. So tritt Kant innerhalb der Ethik mit dem kategorischen Imperativ dem Seienden entgegen und stellt mit derselben Entschiedenheit den Begriff über das Seiende, wie Hegel es überall thut. Dasselbe wiederholt sich für das Gebiet des Schönen. So bleibt nur das Gebiet der Natur; aber die Probe trifft da auf neue Schwierigkeiten in der Allgemeinheit und Unbestimmtheit des philosophischen Inhalts; er ist von dem Einzelnen der Natur durch eine weite Kluft getrennt, welche die Ableitung dieses aus jenem ebenso unmöglich macht, wie die Probe jenes durch dieses.

3) Auch bei der Philosophie des Wissens zeigen sich ähnliche Hindernisse. Eine Philosophie, welche indess das Seiende als den Halt für das Wissen und die Wahrheit dieses nur in seiner Uebereinstimmung mit jenem setzt, darf kein Mittel unbenutzt lassen, welches geeignet wäre, den Halt für eine Probe der aufgestellten Wahrheiten zu gewähren. Ein solches Mittel ist nun in der Sprache vorhanden. Sie entstammt nicht der philosophischen Untersuchung, aber an den in ihr niedergelegten Vorstellungen und Begriffen hat die Menschheit seit Jahrtausenden gearbeitet. Die Sprache der gebildeten Völker enthält eine unerschöpfliche Mannichfaltigkeit und Feinheit in der Verknüpfung und Modulirung der Vorstellungen; selbst das grösste Genie hat mit Ehrfurcht an sie heranzutreten und sie als die tiefe Fundgrube der Wahrheit anzuerkennen.

4) Die Sprache bietet für die Prüfung jeder Philosophie des Wissens in so fern ein vortreffliches Mittel, als beide aus derselben Thätigkeit hervorgehen, wenn auch jene nur instinktiv. Die Sprache mit ihren Begriffen ist gewissermaassen das natürliche Objekt für die Philosophie, wie es die organische und unorganische Natur für die Naturwissenschaft ist. So wie bei einer vollendeten Wissenschaft der Chemie jeder natürliche Körper bei seiner Auflösung nichts bieten darf, was nicht als Element in jener entwickelt ist, so muss jeder in der Sprache niedergelegte Begriff selbst oder seine Elemente in der Philosophie des Wissens seine Stelle und seinen Grundbegriff finden, zu denen er gehört, aus denen er sich bildet; die Zurückführung auf diese Kategorieen muss jenen Begriffen erst die volle Klarheit gewähren und ihren Zusammenhang unter einander erkennbar machen.

5) In diesem Sinne sollen hier einige Proben mit der Wahrheit der bisherigen Darstellung geschehen. Die Sprache löst sich zunächst in zwei Hauptbestandtheile auf; in die einzelnen Vorstellungen und in deren Verbindung. Für die einzelnen Vorstellungen sind meist besondere Worte gebildet; für die Verbindung ihrer dient dagegen wesentlich die grammatikalische Beugung der Worte. Eins ist so wichtig, wie das Andere; die Frage der Verbindung muss jedoch dem spätern Abschnitt über die Sprache vorbehalten bleiben; es soll hier vorwiegend die Probe nur an den einzelnen Vorstellungen gemacht werden. Es ist offenbar, dass hier jedes Wort, auch das kleinste, sein Recht hat; die Ansicht Stuart Mill's in seinem System der Logik ist falsch, wenn er sagt (I. 27.): „Es ist gebräuchlich vor „der Prüfung der Klassen, in welche die Namen eingetheilt werden, „von den Namen diejenigen Wörter zu unterscheiden, welche nicht „Namen, sondern nur Theile von Namen sind, wie: von, zu, wahr-

„lich, oft; die Beugungsfälle der Substantiven, als: mich, ihm, „Johann's; und sogar die Adjektive, wie: breit, schwer. Diese „Wörter drücken nicht Dinge aus, von denen etwas bejaht, oder „verneint werden kann. — Diese Klasse von Hülfswörtern haben „gar keinen Anspruch darauf, als Namen betrachtet zu werden. Ein „Adverb oder Accusativ kann unter keinen Umständen als Theil „eines Satzes figuriren." — Diese durchaus falsche Auffassung der Nebenredetheile ist aus der falschen Ueberschätzung der logischen Urtheilsform hervorgegangen; sie herrschte schon unter den Scholastikern, obgleich Aristoteles durch die Bezeichnung der meisten seiner Kategorieen durch Partikeln (πόιον, πρός τι, ποῦ, πότε) die grosse philosophische Bedeutung dieser Sprachtheile bemerkbar gemacht hatte.

6) Als Probe mag zunächst der Anfang von Goethe's Iphigenia dienen. Die nachfolgend eingeklammerten Zahlen beziehen sich auf die Seiten dieses Werkes; sie sind beigefügt, um gleich die Stelle nachzuweisen, wo der betreffende Begriff erörtert ist. Die Verse lauten:

Iphigenia.

„Heraus in eure Schatten, rege Wipfel
„Des alten, heil'gen, dichtbelaubten Haines,
„Wie in der Göttin stilles Heiligthum,
„Tret' ich noch jetzt mit schauderndem Gefühl,
„Als wenn ich sie zum ersten Mal beträte,
„Und es gewöhnt sich nicht mein Geist hierher."

7) Die sprachlich bestimmende Vorstellung ist hier: „Ich trete." Am „Ich" haben wir genau den früher (300) erörterten Begriff; es ist das identische begriffliche Stück von Iphigenia's Seele, an dem sich die weitern Vorstellungen und Gefühle derselben als bildliche Reste (101) anfügen und dadurch das volle Bild derselben so weit vollenden (301), als der Dichter es hier vorführen will. — „Treten" enthält eine Bewegung des Körpers, wie sie bei dem thätigen Fühlen (17) erörtert ist; es liegt darin zugleich das langsame und leidenschaftslose; ersteres ist eine Bestimmung, welche zu den Beziehungs-Vorstellungen des Gleich (172) und bestimmter zu den Halb-Beziehungen gehört (285). Leidenschaftslos ist die Verneinung (151) der Leidenschaft (76), also eine Vorstellung, in der Seiendes mit der Beziehung des Nicht verbunden ist (160). Welche Fülle von elementaren Vorstellungen liegt nicht in diesem einen Worte: „Treten."

8) „Heraus in" bezeichnet die Richtung der Bewegung des Tretens; sie ist hier in der Form der Beziehung gegeben, welche

zu der Klasse der Ortsbeziehungen gehört (192). „eure Schatten.“ Schatten soll nach Kant ein Nichts, ein nihil privativum sein. Hier widerlegt der Dichter den Philosophen. Schatten ist nur der schwächere Grad der Farben, durch Abhaltung der unmittelbaren Strahlen der Lichtquelle (2); diesen Sinn hat das Wort auch hier; es verbindet sich aber damit noch die Wirkung auf das Gefühl. Das gedämpfte Licht hemmt die Wahrnehmung des Aeusserlichen, giebt damit Raum für die Wissens-Bewegung, welche aus der Selbstwahrnehmung, dem Denken und der Wiederkehr sich nährt; es ist der Zustand der Sammlung. In dieser Wirkung auf das Gefühl liegt hier die künstlerische Bedeutung des Schattens; er wird damit zum Bilde eines Seelenzustandes, zum Element des Schönen (49). „Eure“ geht auf Wipfel und bezeichnet die Verbindung von Schatten und Wipfel, die hier theils die des An-einander (131) ist, theils die Verbindung durch Ursachlichkeit; der Schatten ist die Wirkung der Wipfel (287). Im „Eure“ liegt noch die Form der Anrede, des Gespräches; es ist nicht „seine“ sondern „eure“ gesagt. In dieser Redeform liegt grössere Lebendigkeit, sie hat, als Bild solcher Lebendigkeit, damit ihre Bedeutung für das Schöne (49).

9) „rege Wipfel.“ Wipfel gehört zu „Haines;“ der Genitiv ist die Bezeichnung der Einheit, sowohl der seienden als der Beziehungs-Einheit (286). Hier bezeichnet er die Einheit durch Aneinander (131). Wipfel ist der obere Theil des Baumes und gehört zu den sinnlich wahrnehmbaren Gegenständen (33). Die Vorstellung geht aus dem theilenden Trennen hervor (96.) „rege“ bezeichnet eine Bewegung, aber mehr die potentia- als actu-Bewegung (364); sie ist höchstens Oscillation. Beiderlei Sinn erhebt dies „rege“ zu der Bewegung wie sie im Geistigen vorgestellt wird (446). Darin liegt hier der Reiz und die poetische Wirkung dieses Wortes; das Schöne entspringt auch hier aus dem Bilde des Geistigen und der Lust (50).

10) „des Haines.“ Der Sinn des Genitivs ist bereits erklärt. Hain gehört zu den Beziehungs-Vorstellungen des Ganzen (195) wie Wald, Gestirn. Deshalb ist der Ausdruck: „Wipfel des Haines“ in strenger Bedeutung nicht gedankenrichtig. Indess liegt der Nachdruck hier auf dem fundamentum relationis (272), auf den Bäumen; damit entschuldigt sich jene Wendung. „alten“ ist eine Mischvorstellung aus Zeitgrösse (3) und der Beziehungsform des Gleich und Messens (172). „heil'gen“ bezeichnet den Seelenzustand der Achtung und zwar der höchsten (82). Der Hain ist heilig, d. h. er ist ein Gegenstand der religiösen Verehrung; in dieser Verehrung liegt der

Zustand der Achtung. Die Majestät der Göttin theilt sich ihren Stätten mit.

11) „dicht belaubten.“ Laub ist ein sinnlich Wahrnehmbares und zugleich Theil-Vorstellung des Baumes (96). Es ist mit dem Baum durch An-einander verbunden (131). Statt „Laub des Haines“ ist „belaubten Haines“ gesetzt. Diese umgeänderte Form hat ihre tiefe Bedeutung. Die Genitiv-Form bezeichnet die Einheit Unterschiedener durch An-einander (131); die Adjektiv-Form bezeichnet die Einheit Unterschiedener durch In-einander (132); insbesondere die der Eigenschaften. Diese ist inniger als jene (132). Die deutsche Sprache hat den Vorzug, dass dasselbe Wort in beide Formen gebracht werden kann; so: Laub in belaubt; Stamm in stämmig; umgekehrt: Grün in die Grüne; hoch in die Höhe; stark in die Stärke. Je nachdem es nun darauf ankommt, die ganze Vorstellung in geringerer oder grösserer Einheit zu erwecken, wird der Genitiv oder das Adjektiv gewählt. Hier kam es darauf an, den Hain mit all seinen Eigenschaften möglichst unmittelbar als Einheit, als eine bildliche Vorstellung im Leser zu erwecken, deshalb hat der Dichter mit feinem Takt die innigere Form des Adjektivs gewählt.

12) Alle vier Gegenstände des zweiten Verses wirken auf das Gefühl. „Hain“ ist ein Wald, der von der Axt verschont bleibt, den Zwecken des Nutzens nicht dient, in dem die Ruhe und das Behagen herrscht. Hain verbindet ein Gegenständliches mit einer Beziehung, Wirkung auf das Gefühl; ist deshalb eine Mischvorstellung (150). „Heilig“ bezeichnet unmittelbar die dämpfende Wirkung auf die lebhaften Gefühle, ihre Hemmung, welche das Wesen der Achtung ist (77). „Alte“ Bäume sind das Bild der Schonung; durch das Alter steigt die Wirkung der Autorität (80), welche in dem „heilig“ liegt. „Dichtbelaubt“ verstärkt den Schatten und somit die Wirkung dieses auf das Gemüth. Alle diese Vorstellungen erfüllen daher die Bedingung des Schönen, Bild der Lust, der Gefühle zu sein (50).

13) „Wie“ ist die Beziehung durch Gleich (170). Das, bei dem Betreten des Hains und des Tempels gleiche Gefühl wird damit bezeichnet. „In“ ist eine Ortsbeziehung; die Stelle wird nicht in sich, sondern durch Beziehung auf den Tempel bezeichnet (195). „Heiligthum der Göttin,“ der Genitiv zeigt auch hier die Einheit beider Bestimmungen an; es ist hier die Beziehungs-Einheit des Zweckes; der Tempel hat den Zweck der Verehrung der Diana. „Göttin“ ist eine Vorstellung aus dem schöpferischen Vorstellen hervorgegangen (401); ihr Gegenstand hat deshalb kein Sein; sie ist das Werk der künstlerischen und religiösen Conception, in ihr

wird ein Inhalt bildlich vorgestellt, der die Lust und die Achtung wirkt (50. 82). „Heiligthum“ ist die Substantivform von heilig. Dadurch erhält diese Eigenschaft die Selbstständigkeit (103) (Substantivum), die im Sein nur dem Tempel zukommt und wird damit fähig, statt des Tempels in die Verbindung mit der Vorstellung Göttin zu treten. Der Zweck des Dichters geht in der ganzen Stelle auf Herstellung eines Bildes der heiligen Ruhe; deshalb braucht er statt des Tempels nur die Eigenschaft desselben, welche unmittelbar auf dieses Gefühl Bezug hat.

14) „Noch jetzt.“ Jetzt ist eine theilende Trennvorstellung der Zeit (96); „noch“ gehört zur Beziehungsform des Und (167); es bezeichnet insbesondere, dass schon viele Und vorhergegangen sind, so dass das jetzige Und ein ungewöhnliches Und ist. „mit“ bezeichnet bald eine seiende bald eine beziehende Einheit (168); hier die Einheit des begrifflichen In-einander; das Gefühl gehört als der bildliche Rest zu dem Ich, als dem begrifflichen Stück der Iphigenie. „Gefühl“ ist der bekannte durch Selbstwahrnehmung gegebene Zustand der Seele (39); „schaudernden“ bezeichnet ein schmerzliches Gefühl, es gehört zu denen aus der Vorstellung des kommenden Schmerzes (53) mit dem Besondern, dass die Ursache nur unbestimmt vorgestellt wird. Hier bezeichnet das Wort zugleich den Zustand der höchsten Achtung, der Ehrfurcht und Andacht (77), die bekanntlich oft den körperlichen Zustand des Schauderns bewirken, daher dieser Schauder zum Bilde jener wird.

15) „Als wenn.“ Als ist hier die Beziehung durch Gleich (170); Iphigenie sagt, dass ihr jetziges Gefühl dem gleiche, das sie bei dem ersten Betreten gehabt. Wenn bezeichnet hier nicht die Zeit, sondern die Bedingung, die Ursache (228) des Gefühls, das Betreten des Heiligthums. Der Conjunctiv: beträte bezeichnet die blosse Vorstellung, im Gegensatz zur Wahrnehmung, zum Sein (92); das „erste Mal betreten“ ist jetzt nicht, sondern wird nur vorgestellt. „sie“ bezeichnet den Hain und den Tempel. Die Pronomina sind keine eigenthümlichen Begriffe, sondern sprachliche Abkürzungen für die Bezeichnung der bereits vorausgegangenen Begriffe. Was sie in dem einzelnen Fall bedeuten, muss deshalb aus dem Vorgehenden entnommen werden; sie sind aber damit keineswegs Beziehungen im philosophischen Sinne; nur sprachlich können sie als solche gelten. Indem sie dasselbe, wie das Vorausgegangene bedeuten, fallen sie dann unter die Beziehung der Identität oder des doppelten Nicht (153). „Zum ersten Mal“ enthält eine Verbindung von Sein und Zahl-Beziehung (177); es ist das gezählte Geschehen; es werden deshalb mehrere Geschehen

gleicher Art dabei verausgesetzt, sonst könnten sie nicht gezählt werden; diese sind hier in dem öftern Betreten des Heiligthums durch Iphigenie vorhanden.

16) „Und" im 6. Vers ist die bekannte Beziehung. Die Verbindung durch „Und" hat hier den Mangel, der früher gerügt wordsn ist (168); eigentlich ist hier die Beziehung der Ursachlichkeit und nicht des Und vorhanden; weil Iphigenie sich nicht gewöhnt, deshalb ihr noch gegenwärtiger Schauder Dennoch malt dieses unbestimmtere „Und" mit grosser Feinheit den Gemüthszustand der Iphigenie. Sie leidet am Heimweh (143) und ist in trübe Gedanken versunken; in solcher Stimmung herrscht eine leichte Nachlässigkeit für die scharfe Bezeichnung der verstandesmässigen Gedanken-Verbindung; man bleibt bei dem unbestimmten Und, weil die Aufmerksamkeit auf das Gefühl sich concentrirt hat.

17) „mein Geist." Geist ist hier in dichterischer Freiheit für Seele gesetzt; an sich passt Geist nicht, weil Iphigenie hier von ihren Gefühlen spricht, während der Geist nur die wissende Seele bezeichnet (482). „mein" bezeichnet die Einheitsform des Ich's mit dem Gefühl der Gewöhnung. „gewöhnt" bezeichnet die Abstumpfung des Gefühls bei fortdauernder Ursache desselben (58). An sich bezeichnet Gewohnheit zwei verschiedene Zustände; einmal die Abstumpfung des Gefühls und dann ein durch häufiges Wiederholen so geläufig gewordenes Handeln und Denken, dass die Leitung durch den Willen dazu nicht mehr erforderlich ist (68). „nicht" ist die bekannte Beziehung (151). „Hierher" ist Bezeichnung einer Stelle im Raum durch Beziehung (195). Das hier bezeichnet die bestimmte Stelle des Sprechenden; durch dieses Sprechen der Iphigenie wird auch hier, obgleich an sich begrifflich, fähig zur Bezeichnung der einzelnen Stelle. Das „her" bezeichnet eine Bewegung nach dem hier. Auch in diesem kleinen Wort ist eine grosse dichterische Schönheit enthalten. Es deutet auf die Bewegung der Gedanken in der Seele der Iphigenie; sie sind gleichsam in der Heimath, indem sie nur das dort Befindliche vorstellen, die Gedanken wollen nicht hierher kommen, wo sie ist.

18) Es hat sich aus dieser Probe ergeben, dass keine Vorstellung in diesen Versen sich findet, welche nicht mit voller Sicherheit ihre Einordnung in das System dieses Werkes erhalten kann; das kleinste, wie das grösste hat gleichmässig seinen Platz, seinen Grundbegriff gefunden. Die Klarheit der Gedanken dieser Verse ist damit in hohem Maasse gefördert. Diese Probe giebt zugleich ein Beispiel vom Implicite- und Explicite-Wissen (395). Vor der Prüfung gab das Lesen dieser Stelle nur ein Implicite-Wissen; jetzt,

nachdem der Inhalt zerlegt und die Verbindungen aufgezeigt, die Mischungen aufgelöst worden sind, mag alles wieder wie vorher zusammenfliessen; dennoch wird, wenn die Stelle nun wieder gelesen wird, ein viel reicheres Wissen durch dasselbe im Leser sich bewegen. Das erste Lesen gleicht dem Wandeln in der Dämmerung, wo nur das nächste erkannt wird; das zweite Lesen ist das Wandeln in der Helligkeit, wo nahes und fernes in seinen Verbindungen sich zeigt. Nur dieses enthält die volle Erkenntniss; nur bei ihm ist die unmittelbare Wissens-Bewegung von den zahllosen Geistern umschwebt, welche wach gerufen, gleich Elfen den fortschreitenden Gedanken in zierlichen Gruppen, einander ablösend, umschweben.

19) Es mag nun die Probe noch an einer andern Stelle gemacht werden. Ein Artikel in der Berliner Nationalzeitung vom 23. Febr. 1864 beginnt so: „Wenn man die Ueberschreitung der „jütischen Grenze ausschliesslich der Kriegslust des Feldmarschall „von Wrangel zuschreiben will, der dabei auf eigene Hand gehan„delt haben soll, so wird eine solche Erklärung wohl wenige Gläu„bige finden. Der Feldmarschall hat in früheren Fällen sich nicht „so einfach über die politischen Erwägungen hinweggesetzt, deren „Beachtung ihm aufgegeben war."

20) Diese Stelle enthält keine Beschreibung eines Seienden, wie sie die vorige bot; sondern ein Urtheil, eine Behauptung mit der Begründung derselben (375). Der einfache Satz lautet: Wrangel hat die Grenze nicht eigenmächtig überschritten, weil er früher nicht eigenmächtig gehandelt hat. Wir sehen hier die wahre Natur der Begründung; aus dem Einen, dem früheren Benehmen, wird das Andere, das jetzige Handeln abgeleitet (376). Der Obersatz bleibt weg; er versteht sich von selbst; die langweilige Tautologie desselben wird vermieden. Ob der Grund zureicht, gehört nicht hierher; dieser Mangel würde auch nicht geheilt, wenn der Obersatz vorgeschoben worden wäre. Der Gedanke ist indess nicht in dieser Einfachheit ausgesprochen, sondern zu zwei Sätzen besondert, welche lauten: 1) Wer sagt, Wrangel ist eigenmächtig eingerückt, wird keinen Glauben finden. 2) Das Gegentheil folgt aus dessen früherem Benehmen. Der Satz 1) sagt, dass die Eigenmächtigkeit nicht begründet werden kann; denn das „nicht glauben" zeigt den Mangel des Grundes, oder der Ursache der Gewissheit an.

21) Das „Wenn, so" des ersten Satzes ist die Bezeichnung der Ursachlichkeit (198) und der Begründung (374); hier ist die erste gemeint, denn das „Glauben finden" ist hier als ein Seiendes, nicht als blosses Wissen zu nehmen. „Man" ist nicht die Bezeichnung des

begrifflichen Menschen, sondern die eines einzelnen, aber unbestimmt gelassenen Menschen, wofür die deutsche Sprache auch den Artikel: ein hat; man ist so viel wie „ein Mensch" (110). „zuschreiben" ist dasselbe, wie folgern (377) und gehört zur Begründung. „will" deutet im voraus auf das unbegründete einer solchen Behauptung, in dem „will" liegt das willkürliche, d. h. das im Wollen und nicht in der Sache begründete. „ausschliesslich" bezeichnet die allein wirkende Ursache, ohne Hinzutritt anderer (228). Die „Ueberschreitung der Grenze" ist als seiend, die Wirkung, als bloss vorgestellt, die Folge von der Kriegslust. Das „die" beseitigt die begriffliche Bedeutung, welche die Worte im Allgemeinen haben; es deutet, zeigt auf eine einzelne, bestimmte Handlung, welche den Begriff nur in sich enthält.

22) „Ueberschreitung" ist wie das Treten der Iphigenie, eine Bewegung (17); während das Treten nur eine langsame Bewegung andeutet, in der das Wesentliche gar nicht in der Bewegung liegt, ist das „Schreiten" die kräftigere, grössere Schritte machende Bewegung, bei der der Zweck gerade in der Erreichung des Ortes liegt. Das „Ueber" verbindet mit der sinnlichen Bewegung eine Orts-Beziehung (195). „Grenze" ist der allgemeine Begriff vom Ende einer Fläche, hier einer Landesfläche (282). „jütischen" ist ein Eigenname, deren philosophische Bedeutung später folgen wird. „der Kriegslust des von Wrangel" bezeichnet die Lust (40) verursacht durch den Krieg. Sie gehört zu der Lust aus der Macht (44) und aus der Ehre (46). Der Genitiv bezeichnet hier die seiende Einheitsform der Lust mit der Person durch In-einander. „v. Wrangel" ist wieder ein Eigenname. „Feldmarschall" bezeichnet eine Besonderung der Autorität (79). Sie giebt Macht über das Heer; es hat nach dem Willen der Autorität zu handeln. Der Begriff gehört in das Gebiet des Rechts. Aus den früher entwickelten Ursachen (79) sind die Soldaten mit Achtung gegen den Feldherrn erfüllt; deshalb bestimmt sein Begehren ihr Handeln und Denken, als wenn es ihr eigenes wäre, innerhalb des Gebiets, über welches seine Autorität sich erstreckt. Das Wort: Feldmarschall bezeichnet weiter die höchste Stufe der militärischen Autorität, in besonderer Wirkung auf die Lust aus der Ehre. Das Wort ist zugleich ein Titel, d. h. das willkürliche Zeichen der Anerkennung, welche dem Inhaber gezollt wird (47).

23) „Erklärung" hat hier den früher bezeichneten Sinn der Begründung (375). Die Kriegslust ist der Grund, die Ueberschreitung die Folge. „eine solche" ist dasselbe wie „diese." Das „solche" ist ebenfalls auf einzelnes, bestimmtes deutend und giebt damit die

Unbestimmtheit des „eine“ wieder auf. Das „solche“ deutet auf die Eigenschaft eines bestimmten; nicht die „Erklärung“ an sich, sondern nur eine „Erklärung von dieser Beschaffenheit“ wird damit bezeichnet. „wird finden“ bezeichnet die kommende Zeit, welche nothwendig ist, weil die Folge hier als seiend, mithin als Wirkung genommen ist, und deshalb zeitlich erst nachfolgen kann (204). „finden“ bezeichnet die Besitznahme einer Sache; die Aneignung, und noch unbestimmter die eintretende Verbindung zwischen Ding und Person. In diesem Sinne ist es hier gebraucht; wo es nur die Verbindung der Folge, oder die Wirkung mit der Ursache bezeichnet. Die Erklärung findet Glauben, d. h. jene als Ursache ist mit Glauben als ihrer Wirkung in Beziehungsform verbunden; hier wird die Wirkung verneint. Statt: Glauben sind „Gläubige“ genannt; indem damit die lebendige Person eingeführt wird, gewinnt auch der Vortrag an Lebendigkeit; wo lebende Menschen auftreten mit Glauben und Gefühl, da regt sich auch in dem Hörer das Mitgefühl (48). „wenige“ gehört zur unbestimmten Zahlbeziehung (182). „wohl“ bezieht sich auf die Wissens-Art; es mindert die Gewissheit der Behauptung (339) und enthält damit eine Höflichkeit gegen die, welche das Gegentheil ausgesagt haben (88). Diese Milderung liegt auch schon in dem „wenige;“ das wahre wäre: „keine Gläubige;“ indem man einige zulässt, erklärt man die gegentheilige Behauptung für weniger unbegründet, unvernünftig und vermeidet die Verletzung des Gegners.

24) In diese Gedankenfolge ist der Zwischensatz eingeschoben: „der dabei auf eigene Hand gehandelt haben soll.“ Dieser Satz ist eine nähere Bestimmung der die Ueberschreitung bewirkenden Ursache. Die Kriegslust konnte sich mit dem Gehorsam gegen Befehle verbinden und so die Ueberschreitung bewirken; diese Vorstellung wird abgewehrt und die Kriegslust als die alleinige Ursache noch dadurch bezeichnet, dass solches Handeln als eine Eigenmacht bezeichnet wird, d. h. als ein so wichtiges Unternehmen, dass die Entscheidung darüber nicht in der Vollmacht des Feldherrn enthalten ist. „soll“ bezeichnet diesen ganzen Gedanken nur als blosse Vorstellung in der Seele des Erklärenden, nicht als das wirkliche Sein solchen Zustandes. „auf eigene Hand“ ist ein Handeln aus alleinigem eigenen Erwägen und Beschliessen, ohne Mitbestimmung eines Andern. „dabei“ ist die Bezeichnung der Einheit dieses „eigenen Beschliessens“ mit dem „Ueberschreiten der Grenze“. In der wirklichen Handlung ist beides geeint.

25) Wir brechen hier ab und überlassen dem Leser die Fort-

führung dieser Proben. Je ausgedehnter sie angestellt werden, desto mehr werden sie bestätigen, dass in der Darstellung dieses Werkes alle Grundbegriffe des Wissens wie alle Verbindungsformen erschöpft sind und dass in der Sprache keines Landes eine Vorstellung wird aufgefunden werden können, welche bei richtiger Behandlung nicht in die hier gegebenen Elemente aufgelöst werden könnte. — Solche Proben dienen zugleich zu einer vortrefflichen Uebung in Aneignung der Grundbegriffe des Wissens. Indem sie aus den reicheren Einzelvorstellungen der Sprache ausgelöst werden müssen, gewährt diese Thätigkeit jene lebendige und vertraute Bekanntschaft mit diesen Grundbegriffen, welche die wesentliche Bedingung des philosophischen Denkens ist. Nur dadurch lernt man das diamantne Netz kennen, was nach dem schönen Bilde Hegel's sich durch alles Gegenständliche und alles Vorstellen hindurchzieht, und den Kern, den Halt für Alles im Sein und in dem Wissen bildet. Es wird zu einem Verkehr mit den höchsten Geistern, die in der Welt allgegenwärtig walten; sie sind das, was Faust sucht, wenn er verlangt:

„Dass ich erkenne, was die Welt
„Im Innersten zusammenhält,
„Schau alle Wirkenskraft und Saamen
„Und thu' nicht mehr in Worten kramen. —
„Wie Alles sich zum Ganzen webt,
„Eins in dem Andern wirkt und lebt!
„Wie Himmelskräfte auf- und niedersteigen
„Und sich die goldenen Eimer reichen,
„Mit segenduftenden Schwingen
„Vom Himmel durch die Erde dringen,
„Harmonisch all das All durchklingen!"

26) Solche Beschäftigung hat weiter ihre hohe Lust an der Vollendung und Schönheit der Sprache, deren tiefste Erkenntniss nur auf diesem Wege gewonnen werden kann. Sie bleibt eine unzerstörbare Quelle des Genusses, selbst da, wo man scheinbar von allem abgeschnitten ist. Wenn man auf der Reise tagelang durch Unwetter in dem einsamen Gasthaus des hohen Gebirges festgehalten wird, genügt ein alter Kalender, ein Gesangbuch, um an ihnen diese Beschäftigung zu finden. Der unbedeutendste Inhalt kann die Vortrefflichkeit der Sprache nicht zerstören; wie das kunstvolle und kostbare Gewebe eines Gewandes sich erhält, auch wenn es dem Dummen und dem Hässlichen zur Hülle dient.

# Die ursprüngliche Mittheilung der Vorstellungen.

1) Der grösste Theil des Wissens der Einzelnen ist mitgetheiltes Wissen. Je weiter die Bildung und die Ausbreitung des Wissens steigt, desto grösser wird in dem Einzelnen dieser Theil gegen den, der auf eigener Wahrnehmung und eigener Bearbeitung ihrer beruht. Die Untersuchung der Vorgänge, in welchen diese Mittheilung sich vollzieht, ist deshalb von grosser Wichtigkeit. Die Mittheilung der Vorstellungen ist die Mutter der Sprache und des Urtheils. Der Mensch der Gegenwart ist bis in die untersten Klassen so an die Mittheilung der Vorstellungen gewöhnt, dass die Sache als etwas sich von selbst verstehendes gilt und ihre Schwierigkeiten gar nicht mehr bemerkt, ja kaum verstanden werden.

2) Keine Vorstellung und überhaupt kein Zustand der Seele kann als solcher, in Natur, einer andern Seele mitgetheilt werden, wie ein Buch, ein Glas Wasser von Einem dem Andern überreicht wird. Die Mittheilung der Vorstellungen ist also nur bildlich zu verstehen. Sie ist der Vorgang, welcher nur bewirkt, dass eine Vorstellung desselben Inhalts wie sie der Mittheilende hat, in der Seele des Andern entsteht; die Vorstellungen des Mittheilenden bleiben dabei unberührt und unverändert. Niemand kann seine Vorstellungen herausholen und dem Andern, wie Medizin, einflössen. Die hierauf abzielende Thätigkeit muss, wie man bald bemerkt, je nach dem Unterschiede der mitzutheilenden Vorstellungen eine verschiedene sein. Die Betrachtung der hier eintretenden Umstände hat von dem Zustande auszugehen, wo die Sprache noch nicht vorhanden ist, oder wo keiner die Sprache des Andern versteht, denn die Bildung der Sprache setzt diese ursprüngliche Mittheilung schon voraus.

3) Menschen in solchem Falle beschränken sich in ihren Vorstellungen zunächst auf das Sinnlich-Wahrnehmbare; damit beginnt auch jede Mittheilung der Vorstellungen bei dem Kinde. — Um die Vorstellung des Stück Zuckers, die ich in meiner Seele habe, in der Seele des Kindes zu erwecken, habe ich kein anderes Mittel, als das Stück Zucker dem Kinde zu zeigen, also die Wahrnehmung. Um ihm die Vorstellung seines süssen Geschmackes mitzutheilen, muss ich es ihm kosten lassen. Dies gilt für alle sinnlichen Wahrnehmungen. Die ursprüngliche Mittheilung der in ihnen

enthaltenen Vorstellungen kann nur geschehen durch ein Thun, welches dem Andern die Wahrnehmung des Gegenstandes gewährt.

4) Aber nur ein geringer Theil der Vorstellungen besteht aus solchen. Das nächste ist, wie sollen Trennvorstellungen mitgetheilt werden. Man will z. B. nur das roth mittheilen, nicht die rothe Nelke, nicht den rothen Ziegelstein, nicht die rothe Lippe, man will nur das Blatt, nicht die Vorstellung des Baumes mittheilen, an dem es hängt. So weit das theilende Vorstellen sich in der Wirklichkeit bewerkstelligen lässt, wäre jener Weg der Wahrnehmung noch anwendbar. Die Theilvorstellung des Kopfes einer Puppe kann man mittheilen, wenn man den Kopf abschneidet und allein vorzeigt. Auch könnte man allenfalls die andern Theile verdecken. Aber bei zeitlichen Theilvorstellungen ist dies schon nicht ausführbar. Die Minuten einer verflossenen Zeit können nicht besonders vorgezeigt werden. Noch schwieriger wird die Mittheilung bei den eigenschaftlichen Trennvorstellungen. Man kann kein blau für sich allein wahrnehmbar machen, auch keine Grösse ohne eine Gestalt; keine Bewegung ohne ein Bewegtes, keinen Ton ohne eine Zeitgrösse, keinen Geschmack ohne seinen Grad u. s. w.

5) An allen diesen einzelnen eigenschaftlichen Vorstellungen haften noch viele andere desselben Sinnes, die durch die Wahrnehmung dem Andern mit zugeführt werden. Wie soll nun dennoch die Mittheilung auf die einzelne Eigenschaft beschränkt bleiben? Das Mittel dazu ist bekannt und bereits in der Lehre der Trennvorstellungen angedeutet. Allerdings ist der Anfang der Mittheilung zunächst nur möglich auf jenem Weg der Wahrnehmung, wo die ganze Vorstellung entsteht. Es ist deshalb noch ein zweites nöthig, nämlich in dem Andern dasjenige Trennen anzuregen, welches nöthig ist, um gerade diese einzelne Eigenschaft auszusondern, auf welche es allein ankommt. Dies kann nur geschehen dadurch, dass die betreffende Vorstellung im Grade gegen die andern erhöht wird, und dies wird wieder nur dadurch erreicht, dass mehrere Gegenstände dem Andern zur Wahrnehmung gebracht werden, welche nur in dieser Eigenschaft einander gleichen, in den andern aber unterschieden sind. Um die Vorstellung des roth in dem Kinde zu erwecken, wird ihm ein rothes Tuch und eine rothe Nelke und eine rothe Siegellackstange gezeigt. Dadurch wird das in diesen drei Wahrnehmungen enthaltene gleiche rothe verstärkt, während die andern Vorstellungen als nur einmal vorkommend, im Grade deshalb sinken. Solche Verstärkung ist schon der Anfang des Trennens, was, wenn einmal eingeleitet, sich dann von selbst bis zur fertigen Trennvorstellung fortsetzt.

6) Noch schwieriger ist die Mittheilung der Vorstellungen der Elemente einer Misch-Vorstellung. Um das Trennen des Andern auf die Austrennung des Weiss aus dem Rosa oder des süssen aus dem Geschmack der Kirsche hinzuleiten, kann jener Weg nicht beschritten werden. Man wählt vielmehr zunächst die Mittheilung des Weiss als eigenschaftlicher Trennvorstellung in der oben angedeuteten Art und lenkt dann durch Nebeneinanderstellung des Weiss und des Rosa die Seele auf das Trennen des Weiss aus dem Rosa, indem solche Zusammenstellung ebenfalls das weisse Element im Rosa verstärkt und damit die entmischende Trennung einleitet.

7) Am schwierigsten ist die Mittheilung der begrifflichen Trennvorstellungen. Die bis jetzt angedeuteten Wege scheinen hier nicht anwendbar, weil der begriffliche Schnitt, durch den der Begriff sich sondert, in Wirklichkeit gar nicht ausgeführt werden kann und kein Begriffliches für sich besteht. Aber es zeigt sich, dass auch hier die Zusammenstellung mehrerer Gegenstände, die den mitzutheilenden Begriff gemeinsam enthalten und dabei sonst von einander verschieden sind, für die Mittheilung der begrifflichen Trennvorstellung das geeignete, ja das ausschliessliche Mittel ist. Die gleichzeitige Wahrnehmung führt auch hier mit Hülfe des Beziehens durch Gleich auf die Verstärkung des ihnen gemeinsamen Begriffs und damit ist der Weg zu seiner Trennung angezeigt.

8) Um den Begriff der Farbe mitzutheilen, werden so mehrere sinnlich wahrnehmbare, aber in ihren bildlichen Resten verschiedene Farben der Seele durch Wahrnehmung zugeführt, und wenn sie gelernt hat, diese eigenschaftlichen Vorstellungen der einzelnen Farben für sich festzuhalten, so wird sie auch bald dahin gelangen, das Gemeinsame oder Gleiche in diesem gelb, roth, braun, weiss, grün herauszufinden und so die Vorstellung der begrifflichen Farbe zu erlangen. Mehrere Dreiecke der verschiedensten Gestalt werden neben einander verzeichnet und die Seele gelangt dann bald dahin, das begriffliche Dreieck aus ihnen auszusondern. Dasselbe geschieht für die Begriffe der Eigenschaften anderer Sinne; der begriffliche Ton, der begriffliche Grad, die begriffliche Wärme und Kälte, die begriffliche Süsse wird in derselben Weise durch Nebeneinanderstellung und Wahrnehmung der unterschiedenen nur in diesem Einen gleichen Bestimmungen gewonnen und so mitgetheilt. Diese bloss äusserliche Thätigkeit würde natürlich erfolglos bleiben, wenn nicht das begriffliche Trennen, als eine ursprüngliche der Seele innewohnende Richtung des Denkens bei dem Andern an sich vorhanden wäre.

9) Ganz derselbe Weg muss auch für die sogenannten höheren

Begriffe eingeschlagen werden. Aus den Begriffen der Farbe, des Tones, des Geschmackes und Anderer muss der Begriff des sinnlich Wahrnehmbaren, der Begriff der Eigenschaft, der Grösse, der Bewegung, der Veränderung, des leeren Raumes, der leeren Zeit, des Gegenstandes überhaupt, des Dinges, des Stoffes, des Seins gefunden werden; lediglich durch gleichzeitige Vorstellungen der niedern Begriffe, die sonst unterschieden, nur in diesem einen Stück, welches den höheren Begriff enthält, sich gleich sind, und damit diesen so verstärken, dass die Seele zu seiner Austrennung den Anstoss erhält.

10) Wenn irgend etwas die Wahrnehmbarkeit der begrifflichen Stücke in den einzelnen Gegenständen und das Sein eines dem Begriffe entsprechenden Gegenständlichen in dem Wahrgenommenen bestätigen kann, so ist es dieser Weg, auf dem allein die Begriffe dem heranwachsenden Kinde mitgetheilt werden können. Der Knabe ist bei dem Sehen des roth, grün, weiss u. s. w., bei dem Sehen der drei sich unähnlichen Dreiecke nur im Wahrnehmen. Wie sollte es möglich sein, ihn durch solches Wahrnehmen auf die Begriffe zu leiten, wenn nicht das in allen gleiche begriffliche Stück ebenfalls wahrnehmbar wäre? Nur dadurch kann dieser Theil der Wahrnehmung einen höheren Grad von Stärke erlangen und damit den Anstoss zu seiner Aussonderung geben.

11) Dies gilt für die höhern, an Inhalt leerern Begriffe so genau wie für die niedern, den Wahrnehmungen am nächsten stehenden. Ueberhaupt ist zwischen beiden Arten von Begriffen keine Grenze zu ziehen und damit widerlegt sich von neuem die Kantische Ansicht, dass die höheren Begriffe vor aller Erfahrung a priori in der Seele enthalten seien. Die Seele hat nur die Richtung des Trennens in sich, und zwar in den vier aufgeführten Arten. Mit Hülfe dieser Richtung ihres Vorstellens vermag sie aus dem durch die Wahrnehmung Gegebenen die höchsten Begriffe des Seienden zu entwickeln, ohne diese Begriffe selbst im Voraus zu besitzen.

12) Diese Fähigkeit, die Begriffe in den Gegenständen wahrzunehmen und zu finden, ist das, was Plato veranlasst, in seinen Dialogen den Socrates mit einer Heb-Amme sich vergleichen zu lassen. Die Begriffe stecken in der Wahrnehmung, wie das Kind im Mutterleibe; der Lehrer hat nur die Bewegung des Wissens in die Richtung des Trennens zu leiten, wie die Heb-Amme die ausstossenden Bewegungen der Gebärmutter unterstützt, um den Begriff, gleich dem Kinde, durch den Wahrnehmenden selbst aus seiner Wahrnehmung gebären zu machen.

13) Hierauf beruht auch die Ansicht Plato's, dass alles Erler-

nen nur Erinnerung sei. Indem er dies nur von seinen Ideen, nicht von den Wahrnehmungen behauptet, erkennt er damit an, dass die Begriffe in dem Wahrgenommenen innerlich enthalten sind, und dass deshalb jenes Trennen nur ein Eindringen in dies Innere, also ein Er-Innern ist, was nur das zu Tage fördert, was innerlich schon vorhanden war. Plato irrte nur insofern, als er dies Innere, aus dem die Begriffe oder Ideen hervorgeholt werden, in die Seele und nicht in die Gegenstände legt. Er fürchtete durch solche Auffassung seine Ideen zn erniedrigen; er vermochte noch nicht die wahre Stellung des Begriffes zu dem Sinnlich Wahrgenommenen zu finden; deshalb verlegte er die Ideen ausserhalb des Sinnlich Seienden und die Abbilder ihrer in den Geist des Menschen. Aber sie sind vielmehr in den Einzel-Dingen enthalten, damit wahrhaft seiend und die Erinnerung ist das Trennen nicht durch Dringen in das Innere des Wissens, sondern in das Innere des Einzelnen Seienden.

14) Wenn in dieser Weise der Weg zur Mittheilung der Trennvorstellungen gefunden ist, so frägt es sich, wie ihr Gegensatz, die Vereinsvorstellungen mitzutheilen sind? Man will die Vorstellung einer Blume mittheilen, die dem Andern nicht gezeigt werden kann, und die er noch nie gesehen hat. Die Trennvorstellungen, aus denen sie bestehet, können nach dem Obigen mitgetheilt werden; dies wird hier vorausgesetzt, aber wie soll aus diesem rohen, nur wüst nebeneinander in die Seele des Andern gebrachten Material von Farben, Gestalt, Theilen, Grössen, Weichen, Biegsamen u. s. w. die Vorstellung der Blume im Andern zu Stande kommen?

15) Offenbar muss das Vereinen, die dem Trennen entgegengesetzte Bewegung des Wissens hinzukommen. Es kommt darauf an, dass der Andere alle diese Stück-Vorstellungen zusammenbringt, aber auch in der richtigen Weise zusammenbringt. Dies würde unmöglich sein, wenn nicht die Seele an den Wahrnehmungen schon das Muster für solches Vereinen besässe. Indem sie veranlasst wird, die Trennvorstellungen aus der Wahrnehmung erst auszusondern und indem sie dabei an dem ganzen Gegenstande das Muster hat, wie diese Trennstücke, dieses bunte Durcheinander dennoch wieder in einer Einheit bestehen, wird die Seele auf jene einenden Bestimmungen aufmerksam, welche diese Einheit herbeiführen. Sie bemerkt, dass weder eine Kraft in dem Gegenstande, noch eine Kraft in ihr selbst es ist, was diese Einheit bewirkt, sondern dass es einfacheBestimmungen des Raumes und der Zeit sind, das Berühren und das Durchdringen, welche diese Einheit jenes bunten Gewirres von Theilen und Eigenschaften herbeiführen. Die Seele

hat mit dieser Erkenntniss das Mittel gewonnen, nunmehr auch Einzelvorstellungen, die ihr als solche zugeführt werden, ohne Hülfe der Wahrnehmung, in ihrem blossen Vorstellen zu vereinen.

16) Für die Mittheilung von Vereinsvorstellungen kommt es daher nur darauf an, die Richtung der Wissens-Bewegung zu erwecken, welche nöthig ist, um das gegebene Material in eine Vorstellung umzuwandeln, und diese Richtung kann durch Hinweis auf die gleiche Einheit eines ähnlichen zur Hand befindlichen Wahrnehmbaren auch ohne Sprache erweckt werden.

17) Es bleiben noch die Beziehungs-Vorstellungen: das Nicht, das Oder, das Gleich und Ungleich, die Zahl, das All, das Wesen, die Ursachlichkeit, die Substantialität u. s. w. Für die Mittheilung dieser scheint der bisherige Weg nicht anwendbar, weil diese Beziehungs-Formen nicht wie die Begriffe, in den Gegenständen der Wahrnehmung enthalten sind, weil sie nichts Wahrnehmbares bezeichnen, sondern nur eine Richtung im Wissen, welche auf die Ordnung und Uebersicht der Vorstellungen des Seienden innerhalb der Seele abzielt. Begriffe konnte man wohl durch Wahrnehmung mittheilen, weil sie in der Wahrnehmung enthalten waren, und es nur darauf ankam, das Trennen auf den richtigen Weg zu leiten; aber das Nicht steckt in keinem Gegenstande, so wenig, wie das Oder und das Gleiche. Wie sind daher solche Vorstellungen mitzutheilen?

18) Wären der Beziehungen so viele, wie der Trennvorstellungen, so würde die Mittheilung derselben ihre grossen Schwierigkeiten haben, ja an das Unmögliche streifen. Aber dem ist nicht so; es ist gezeigt worden, dass solcher Beziehungsformen nur eine kleine Zahl in dem menschlichen Wissen angetroffen wird. An sich kann nun die ursprüngliche Mittheilung einer Beziehungsform offenbar nur auf dem Wege erfolgen, dass die Seele des Andern zu dieser Richtung des Wissens einen von Aussen, also durch die Wahrnehmung kommenden Anstoss erhält. Ist dies an sich möglich, so erleichtert die geringe Zahl jener Formen wesentlich die Erweckung der gerade gemeinten Beziehung und damit ihre Mittheilung.

19) Alle Beziehungsformen, wenn sie auch kein Bild eines Seienden sind, fussen doch auf einem bestimmten Zustand dieses Seienden; er ist die Grundlage, auf welche die Beziehung sich stützt. Dieser Umstand macht es möglich, auch bei den Beziehungen das frühere Mittel, wenn auch in unbestimmterer und unsicherer Art zu benutzen; diese grössere Unsicherheit wird glücklicher Weise hierdurch die geringere Zahl der Beziehungen aus-

geglichen, unter denen überhaupt die Seele des Andern die rechte zu treffen hat.

20) So wird bekanntlich die Beziehung des Nicht bei den Kindern zuerst durch Strafen oder Schmerz für ein einzelnes Thun derselben erweckt. Indem jedem Greifen nach dem Messer ein Schlag auf die Hand des Kindes folgt, beginnt im Kinde die Beziehung des Nichtseins dieses Greifens. So knüpft die Natur die wichtigste aller Beziehungsformen, das Nicht, die unentbehrliche Zugabe zu jedem Wissen eines Seienden, an den Schmerz; das Nichtsein des Schmerzes ist dem Kinde die verständlichste Weise, diese Beziehung zu fassen. Später benutzt man das Wegnehmen zu dem gleichen Zweck, d. h. das Nein des Setzens, womit in der Philosophie das Sein definirt zu werden pflegt.

21) In ähnlicher Weise erhalten die andern Beziehungsformen den Anstoss zu ihrer Entwickelung durch wahrnehmbare Bestimmungen. Das Gleich entwickelt sich mit dem eigenschaftlichen und begrifflichen Trennen. Die Verstärkung des Grades des eigenschaftlichen oder begrifflichen Stückes führt nicht allein zu dessen Trennung, sondern auch zur Beziehung der Mehreren als Gleicher. Beide Thätigkeiten scheinen hier in einander zu fallen, aber nur scheinbar. Der Begriff bildet ein Seiendes ab und ist nichts als dies Bild eines Seienden; er hat als solcher es nur mit einem einzelnen Seienden zu thun, was ihn in sich enthält. Das Vergleichen verlangt Mehrere Einzelne, die unterschieden sein müssen, und das Gleiche in jedem ist nicht das Bild eines in jedem von ihnen Seienden, sondern nur eine Beziehung des Einen auf das Andere, welche, obgleich unterschieden, doch ein Stück in sich enthalten, was diese Beziehung gestattet.

22) Es ist nicht leicht, beide Richtungen in diesem ihrem Unterschiede scharf zu erfassen. Auf ihrer Verwechslung beruht der Streit zwischen Socrates und Parmenides in dem ersten Theile des nach dem Letztern genannten berühmten Dialogs von Plato. Alle Schwierigkeiten, in die hier Parmenides den Socrates verwickelt, welcher in diesem Dialog die Meinung des gewöhnlichen Vorstellens vertritt, beruhn auf der Verwechslung des Gleichen mit dem Begriff. Der Begriff ist das Bild eines Seienden, das Gleiche nicht; dennoch stützt sich das Gleiche auf den Begriff und der Begriff auf das Vergleichen. Parmenides benutzt zum Angriff namentlich die Meinung des Socrates, dass, um Mehrere zu vergleichen, man ein drittes haben müsse, was diese Gleichheit für sich darstelle und an dem die Gleichheit jener nur erkannt werden könne. Indem Socrates als solches Gleiche den Begriff vertheidigt, benutzt

Parmenides dagegen die Beziehungsform des Gleich, um dem Socrates zu beweisen, dass ein solches dritte, für sich vorhandene Gleich, wenn es die Bedingung des Vergleichens bildete, zu einer unendlichen Reihe führen würde, indem dann zur Erkenntniss der Gleichheit zwischen dem für sich bestehenden Gleichen und jedem der zu Vergleichenden abermals ein besonderes Gleiche nothwendig werde, um die Basis für diese Vergleichung zu bekommen.

23) Diese Entgegnung des Parmenides ist vollkommen wahr. Das Vergleichen kann nicht auf solche seiende Weise sich vollziehen; die Gleichheit ist nur Beziehung im Denken und muss im Denken allein gefunden werden. Die Seele kann nicht verlangen, dass die Gleichheit als solche ihr in einem Dritten sinnlich wahrnehmbar gemacht werde; dies ist an sich unmöglich und würde, wie Parmenides richtig bemerkt, zur unendlichen Reihe führen. Aber wenn Parmenides nun mit diesem seinem aus dem Vergleichen hergenommenen Grunde die seiende Natur des Begrifflichen in den Dingen widerlegen will, so verwechselt er wieder die Beziehung mit dem Begriff. Das begriffliche Stück im Gegenstand ist für sich, ist seiend und frägt weder nach dem Wissen noch nach dem Beziehen und der Gleichheit mit Andern. Es hat seinen Bestand ohne solches. Durch das Trennen im Wissen kann auch die Vorstellung dieses begrifflichen und seienden Stückes im Gegenstande gewonnen werden; dieses ist dann sein Bild und wesentlich von dem Gleich verschieden, was nur eine Gedankenkette zwischen mehreren Seienden ist.

24) Daraus, dass das Vergleichen nur ein Beziehen in der Seele ist, folgt nicht, dass auch das Seiende, was so bezogen wird, damit selbst nur ein Wissen sei. Das Seiende, und insbesondere das begriffliche Stück in dem seienden Einzelnen gestattet nur das Vergleichen, eine Thätigkeit der Seele, die sich in ihr allein vollzieht; das begriffliche Stück verschwindet aber nicht durch solches Thun der Seele, es löst sich in keine blosse Beziehung des Wissens auf, sondern behält die feste Natur des Seienden an sich. Deshalb kann die Seele durch Vergleichen wohl auf das begriffliche Trennen geführt werden, und deshalb sind die Gegenständlichen des Begriffes in mehreren Einzelnen sich gleich; aber die Ergebnisse beider Richtungen des Wissens bleiben verschieden; keines nimmt die Natur des Andern an, wie Parmenides behauptet.

25) Die Beweisführung des Parmenides besteht in dem einfachen Satze: Der Begriff der Gleichheit kann kein Sein haben; nun sind alle Begriffe von den Dingen das Gleiche in ihnen, folglich kann kein Begriff ein Sein haben. — Socrates hätte hier einwenden sollen, dass der Obersatz, als von einer Beziehung aufgestellt, richtig

sei, aber dass der Untersatz falsch sei; die Begriffe des Seienden sind nicht an sich ein Gleiches, sondern sie werden es erst durch das Denken oder Beziehen und in dem Denken. — Der erste Theil des Dialogs: Parmenides ist noch gegenwärtig die beste Anleitung für die Erkenntniss der unterschiedenen Natur der Beziehungen und Begriffe, wenn man versteht die Scheingründe von dem Wahren darin zu trennen.

26) Um die Beziehung der Zahl zu erwecken und mitzutheilen, gehört nicht bloss die Vorzeigung von einander sehr Gleichem, sondern von solchem Gleichen, was zugleich sehr stark von einander getrennt oder vereinzelt ist; denn die Zahlbeziehung hat nicht bloss die Gleichheit, sondern auch das Getrenntsein zu ihrer Unterlage. Deshalb wird diese Beziehung bei Kindern durch gleiche runde Kugeln erregt, oder durch gleiche runde Geldstücke, die einander nicht berühren, während die verschiedenen Kleidungsstücke eines Menschen, obgleich getrennt und ähnlich, die Zahl bei dem Kinde nicht erwecken.

27) Die Beziehung des All kann zuerst nur in der Weise des beschränkten All erweckt werden; sie entwickelt sich auch später als die Zahlbeziehung, und bildet sich zuerst an den Dingen, die für das Kind ein besonderes Interesse haben. Bei vier Bonbons, die man ihm schenkt, zeigt sich diese Beziehung, wenn sie vor ihm hingelegt werden und, während das Kind sich umdreht, eins weggenommen wird. Bei dem Wiederhinsehen beginnt diese Beziehung sich zu regen; es bemerkt, dass nicht mehr Alle da sind.

28) In gleicher Art geschieht die ursprüngliche Mittheilung der übrigen Beziehungsformen. Indem sie sämmtlich eine besondere Bestimmtheit des Seienden zu ihrer Grundlage haben, können die Beschaffenheiten der mehreren Seienden so gewählt werden, dass die eine Beziehungsform dadurch mehr erweckt wird, als die andere, obgleich diese Beziehungen selbst kein Bild eines Seienden und nicht in ihm enthalten sind.

29) Es bleibt noch die ursprüngliche, d. h. der Sprache vorhergehende Mittheilung der schöpferischen Vorstellungen zu betrachten. So weit sie aus Elementen bestehen, welche unter die aus der Wahrnehmung abgeleiteten Vorstellungen fallen, ist ihre Mittheilung nach Art der Vereins-Vorstellungen ausführbar. So weit sie dagegen einfache Bestimmungen enthalten, bleibt nur der Weg der Verwirklichung solcher Vorstellung im Sein übrig; sie wird dann nur durch Wahrnehmung mittheilbar. So verfährt z. B. der Maler und der Componist durch Ueberführung seiner Conceptionen in sichtbare Farben und hörbare Töne; auch der Dichter

eines Dramas thut dies, wenn er als Schauspieler in seinem Stücke mitspielt. Ist aber die Verwirklichung einfacher Vorstellungen nicht möglich, so ist auch die Mittheilung überhaupt nicht ausführbar, und solche geniale Gedanken, wenn sie wirklich sich bilden sollten, müssen in der Seele ihres Schöpfers eingeschlossen bleiben und gehn mit ihm ins Grab.

30) Es ist bis jetzt ein Gebiet unberührt geblieben, was, obgleich der Wahrnehmung erreichbar, dennoch der Mittheilung seiner Vorstellungen die grössten Schwierigkeiten entgegenstellt. Es sind dies die Zustände der Seele; jeder nimmt nur seine eignen wahr. Er kann mit Hülfe dieser Selbstwahrnehmung die Erkenntniss seiner Seele in ihren einzelnen Bestimmungen erwerben, aber bei der Frage der Mittheilung entsteht hier die Schwierigkeit, dass der Gegenstand der Selbstwahrnehmung nicht so wie der Gegenstand der Sinneswahrnehmung aufgezeigt und für Andere wahrnehmbar gemacht werden kann. Mit dem Wegfall der Wahrnehmung fremder Seelen-Zustände fällt aber auch alle Grundlage für die Mittheilung der daraus abzuleitenden Trenn-, Vereins- und Beziehungsvorstellungen.

31) Diese Schwierigkeit würde unlösbar sein, wenn nicht zwei Umstände zu Hülfe kämen. Einmal die, in den wichtigsten Bestimmungen übereinstimmende Natur der einzelnen Seelen, und dann die feste Verbindung körperlicher, in die Sinneswahrnehmung fallender Zustände und Handlungen mit bestimmten Zuständen der Seele. Für die Gefühle sind es die bekannten Geberden des Lachens, Weinens, Erblassens, Zitterns, Schreiens, Singens, Springens u. s. w.; für das Begehren sind es vorzüglich die in die Sinne fallenden Bewegungen der Glieder in dem Handeln. Indem nun jeder die Kenntniss seiner eignen Gefühle und Begehren durch Selbstwahrnehmung und deren Trennung erlangt, indem er weiter ihre Verbindung mit jenen sinnlich wahrnehmbaren Geberden und Bewegungen durch seine Sinne wahrnimmt, hat er an diesen Geberden und Bewegungen ein Mittel, wenn sie bei einem Andern eintreten, diesen, bei ihm selbst damit verbundenen Seelenzustand bei ihnen vorauszusetzen. Auf diese Weise bildet sich die ursprüngliche Mittheilung der Vorstellungen geistiger Zustände. Man bringt bei dem Andern die damit verbundenen und sinnlich wahrnehmbaren Geberden und Bewegungen zur Wahrnehmung, und die Gedankenverbindung führt dann auch in dem Andern zur Herbeiführung der Vorstellung des mit ihnen verknüpften Seelenzustandes.

32) Bei den besonderen Schwierigkeiten und den Umwegen, die hier die Mittheilung zu überwinden hat, würde die Mittheilung

der Vorstellungen aus diesem Gebiete mangelhafter wie aus dem Gebiete der Natur geblieben sein, wenn nicht das überwiegende Interesse, welches gerade die Seelenzustände Anderer für den Einzelnen haben, das Gegengewicht abgegeben und die Kunst der Mittheilung in diesem Gebiete mehr ausgebildet hätte, als in jedem andern.

33) Wenn die Erkenntniss fremder Seelenzustände zuletzt nur auf jenen zwei Bedingungen beruht, so erklärt sich, weshalb die Erkenntniss der Seelenzustände der Thiere so grosse Schwierigkeiten hat. Beide Bedingungen sind hier nur unvollständig vorhanden; ebenso fehlt die Erkenntniss der Seelenzustände höherer Wesen gänzlich, weil jene Bedingungen bei ihnen dem Menschen völlig fehlen. Die Kenntniss der geistigen Zustände in den Engeln, im Teufel, endlich in Gott ist deshalb nur ein mittelbares, kein mitgetheiltes Wissen und seine Wahrheit beruht nicht auf jenen Bedingungen der Mittheilung, sondern auf der Wahrheit der Schlüsse, aus welchen das Wissen davon mittelbar abgeleitet wird. Die Ansicht, dass auch die Pflanzen und die Himmelskörper beseelt seien, hat für ihren Beweis aus denselben Gründen mit grossen Schwierigkeiten zu kämpfen; allen Beweisen fehlt die überzeugende Gewalt, welche nur aus jenen zwei Bedingungen hervorgeht. Deshalb muss Fechner immer und immer wieder ganze Bücher schreiben, um dieser seiner Ansicht Eingang zu verschaffen.

34) Es ist bei der bisherigen Darstellung vorausgesetzt worden, dass die Wahrnehmung desselben Gegenstandes in jeder menschlichen Seele auch die gleiche Vorstellung erwecke. Dieser Satz bildet die Grundlage der ganzen gegebenen Darstellung. Dieser Satz scheint allerdings dem gewöhnlichen Vorstellen selbstverständlich; aber dessenungeachtet fehlt der Beweis dafür; er ist weder durch Wahrnehmung noch durch logische Folgerung zu führen, weil die Vorstellungen nur in der Seele des Einzelnen sind, da nicht herausgeholt und mit einander verglichen werden können. Deshalb beruht die Grundlage aller Mittheilungen, sowohl der ursprünglichen als der durch Worte, auf einer völlig unbewiesenen und unbeweisbaren Voraussetzung. Die griechischen Skeptiker haben sich dies zu Nutze gemacht und darauf einen ihrer stärksten Angriffe gegen die Gewissheit alles menschlichen Wissens gestützt.

35) Wenn diese Angriffe schon für die Mittheilung der Vorstellungen des sinnlich Wahrnehmbaren nicht zu widerlegen sind, so werden sie noch stärker bei den Gegenständen der Selbstwahrnehmung. Bei diesen ist nicht einmal der Gegenstand der Wahrnehmung für jeden ein und derselbe, sondern unterschiedene, deren Gleichheit nur vermuthet wird. Neben solcher Gleichheit besteht

jedenfalls auch eine Ungleichheit in den einzelnen Seelen und wenn auch die elementaren Zustände in allen gleich sein sollten, so kann doch ihr Grad und ihre Mischung höchst verschieden in den Einzelnen sich gestalten. Es können sich so Zustände bilden, die in ihrem Inbegriff als Einheit nur in dieser einen Seele zu finden sind und auch durch Mittheilung der Elemente nur mangelhaft mitgetheilt werden können, weil ihre Vereinung des Musters einer entsprechenden Wahrnehmung entbehrt.

36) Deshalb bleibt die Erkenntniss fremder Seelen immer lückenhaft, selbst bei der grössten Aufrichtigkeit und Geschicklichkeit dessen, der von seinen Zuständen Geständnisse macht. Deshalb sind Zustände und Gefühle einer bestimmten Altersperiode für jüngere Personen ganz unverständlich; deshalb die Zweifel junger Mädchen, ob ihr Gefühl die Liebe sei. Alles Fragen bei denen, die verliebt gewesen sind, bringt sie nicht weiter, weil die Liebe als Seelenzustand für den, der sie nicht schon selbst empfunden, nicht mittheilbar ist. Selbst das Alter verliert deshalb zum Theil das Verständniss der Jugend, wenn die Erinnerung der Zustände der eigenen Jugend verblasst.

37) Die Mittheilung der Wissens-Arten als seiender Zustände der Seele gehört auch in dieses Gebiet. Sie hat mit noch grösseren Schwierigkeiten zu kämpfen, weil mit diesen Zuständen sinnlich wahrnehmbare Geberden nicht so verknüpft sind, wie bei Gefühlen und Begehren. Ihre unmittelbare Mittheilung entwickelt sich deshalb am spätesten; sie muss dabei den ähnlichen Weg einschlagen, wie bei der Mittheilung der Beziehungen. So giebt jede Wahrnehmung die Wissens-Art der Gewissheit, jeder Widerspruch das nothwendige Wissen des Nicht-seins. Mit der geschickten Benutzung dieser Hülfsmittel kann die Seele des Andern auf diese Wissensarten geführt werden und ähnlich kann es mit den übrigen geschehen. Das bekannte und das gesteigerte Wissen sind noch am meisten mit äusserlichen Geberden verbunden, und deshalb ihre Vorstellung noch am leichtesten mitzutheilen.

# Die Sprache.

1) Nachdem in dem vorhergehenden Abschnitt die Wege für die ursprüngliche Mittheilung aller Arten von Vorstellungen aufgezeigt worden sind, kann nun erst zu den Hülfsmitteln übergegangen werden, welche der Mensch aufgesucht hat, um sich die, nunmehr an sich ausführbare Mittheilung zu erleichtern und zu sichern. Diese Hülfsmittel fallen alle unter den Begriff der Sprache im weitern

Sinne. Die Sprache kam allerdings nicht erst, nachdem die Mittheilungsweisen für jede Art von Vorstellungen bereits festgestellt waren; aber dennoch ruht ihre Möglichkeit nur auf dieser ursprünglichen Mittheilbarkeit der Vorstellungen. Sprache und ursprüngliche Mittheilung haben sich neben einander fortgehend weiter gebildet; die ursprüngliche Mittheilung der Trennvorstellungen in ausgedehnterem Maasse geschah jedenfalls, nachdem die Sprache für viele Wahrnehmungsvorstellungen schon vorhanden war.

2) Jene oben dargestellte ursprüngliche Art der Mittheilung fordert die Gegenwart und Wahrnehmbarkeit des Gegenstandes für den, dem die Vorstellung davon mitgetheilt werden soll. Dieses schwerfällige Hinderniss jeder Mittheilung wurde offenbar zuerst beseitigt. Das natürlichste Hülfsmittel war, leichter darstellbare Wahrnehmungen statt des Gegenstandes selbst zu wählen; aber Wahrnehmungen, die mit den eigentlich mitzutheilenden eine möglichst grosse Aehnlichkeit haben. Diese Aehnlichkeit führte nach den Gesetzen der Wiedererweckung auf die eigentlich mitzutheilende Vorstellung. Solche ähnliche, leicht darstellbare Wahrnehmungen waren für die sichtbaren Gegenstände, welche anfangs die Hauptmasse der Vorstellungen bildeten, offenbar Bilder und nicht Töne. Auf dieser Grundlage beruhen die ältesten Schriftsprachen, die Hieroglyphen der Aegypter und die Schriftsprache der Chinesen. Wenn auch die Aehnlichkeit der Bilder in ihnen nicht immer zu erkennen ist, weil die Bequemlichkeit und Beschleunigung beim Schreiben sie im Laufe der Zeit gemindert hat, so ist diesen Schriftsprachen doch das Wesentliche einer solchen Bildersprache geblieben; ihre Zeichen gehn auf die Vorstellung unmittelbar und nicht erst auf einen Laut, mit dem durch eine Tonsprache die Vorstellung bezeichnet ist.

3) Trotz der grösseren Aehnlichkeit der sichtbaren Bilder ist doch die Lautsprache wohl die frühere gewesen. Die Leichtigkeit, den Laut für den Andern zur Wahrnehmung zu bringen, und die grosse Beweglichkeit der Zunge, Lippen und übrigen Sprach-Organe so wie die grosse Mannichfaltigkeit der damit zu erzeugenden Laute mussten sehr bald darauf führen, statt des Gegenstandes dem Andern nur einen Laut hörbar zu machen. Aber bei der nur geringen Aehnlichkeit zwischen solchen Lauten und den Gegenständen mussten dafür die Gesetze der Wiederkehr der Vorstellung hier stärker benutzt werden. Das, was an Aehnlichkeit ihnen abging, musste das häufige Zugleichsein des Lautes und der Vorstellung in der Seele ersetzen. Die Erlernung der Sprache durch die Kinder zeigt dies. Die Wärterinnen weisen dem Kinde den Gegenstand, um

zuerst auf dem ursprünglichen Wege die Vorstellung zu erwecken; dann wird das zugehörende Wort dem Kinde vorgesagt und häufig wiederholt. Damit wird erreicht, dass die Wahrnehmung des Lautes die Vorstellung der Sache, und die Vorstellung dieser die Vorstellung des Lautes erweckt und sein Aussprechen die gegenseitige Mittheilung der Vorstellungen ermöglicht.

4) Auf dieser Grundlage ist die Bildung der Lautsprache vorgegangen. Schon Plato hat in seinem Dialog: Kratylos versucht, die Laute der einfachen Vorstellungen auf Aehnlichkeiten zwischen Laut und Gegenstand zurückzuführen. Der Versuch ist sehr schwach ausgefallen; man hat ihn später oft wiederholt, aber mit wenig besserm Erfolge. Die Frage, ob bei der Bildung der Laute nur die Aehnlichkeit oder die Willkür gewaltet hat, gehört in die Sprachwissenschaft. Die Wahrheit wird in der Mitte liegen, da die Aehnlichkeit der Töne zu gering und beschränkt ist. Sollte sie allein den Laut bestimmt haben, so hätte diese Aehnlichkeit bis zu so entfernten Bestimmungen ausgedehnt werden müssen, dass sie von Willkür nicht mehr zu unterscheiden wäre.

5) Auf Grundlage der ursprünglichen Mittheilbarkeit aller Arten von Vorstellungen konnte sich in dieser Weise die Lautsprache für alle diese Arten entwickeln. Neben der Mittheilung von Vorstellungen durch Töne erhielt sich auch eine Mittheilung durch sichtbare Zeichen; erst beide vereint bewirken die volle Mittheilung. Dies sind die Geberden des Gesichts, der Hände, des ganzen Körpers; wie sehr auf ihnen die Verständlichkeit mit beruht, sieht man in dem leichtern Verständniss des Schauspielers im Vergleich mit dem Vorleser.

6) Die Schriftsprache, als selbstständige Bildersprache blieb, wie bei den Aegyptern, unabhängig von den Lauten der Worte. Aber mit der Entdeckung, dass alle gesprochenen Worte durch entmischendes Trennen sich in einige zwanzig Elemente oder einfache Laute auflösen lassen, welche durch ihre Vermischung die Worte bilden, war die Grundlage für die heutige Schrift gewonnen. Statt jener Bilder der Gegenstände hatte man nun nur jene 24 elementaren Laute mit 24 Schriftzeichen zu verbinden und hatte damit das Mittel gewonnen, die Laute der Worte an die sichtbaren Zeichen der in ihnen enthaltenen Elemente zu binden. Dies waren die Buchstaben. Die Buchstabenschrift führt zwar nur mittelbar durch den Umweg des Tones zu der Vorstellung, aber bei der Schnelligkeit und Sicherheit, mit der zu dem Tone die Vorstellung sich einfindet, ist dieser Umweg ohne Beschwerde, während die Buchstabenschrift die grosse Erleichterung des Gedächtnisses ge-

währt, dass nur 24 Schriftzeichen statt der vielen Tausende für die einzelnen Worte zu merken sind.

7) In den drei Schrift-Arten der alten Aegypter haben sich, und zwar in den Hieroglyphen die Bilderschrift, in der demotischen die Buchstabenschrift, und in der hieratischen oder Priesterschrift eine Mischung von Beiden erhalten. Die Bilderschrift, die älteste, blieb für die Religion und die Vorstellungen des Heiligen im Gebrauche; die Buchstabenschrift galt im täglichen Leben; die Priesterschrift hielt die Mitte und wurde für die Wissenschaften, die nur die Priester pflegten, beibehalten; bis die griechische Kultur und der steigende Verkehr die griechische Buchstabenschrift in der Römerzeit zur ausschliesslichen machten.

8) Auch die gegenwärtige Schriftsprache in Europa ist nicht reine Buchstabenschrift. Viele Zeichen gehen ohne Vermittelung eines Wortlautes unmittelbar auf die Vorstellung und sind deshalb auch in allen Sprachen sich gleich. Dahin gehören die Ziffern, die Noten und ihre vielfachen Nebenzeichen in der Musik; die Interpunktionszeichen, der Unterschied der grossen und kleinen Buchstaben, die gesperrte Schrift u. dergl. mehr.

9) Die Schrift- und die Lautsprache haben jede ihre eignen Vorzüge. Die Mittheilungen durch die Lautsprache geschehen schneller, und durch die nur bei ihr mögliche Verbindung mit Geberden, Accent, Ton der Stimme, sind sie bildlicher und verständlicher. Die Mittheilung durch die Schrift ist dagegen dauernd und auch zwischen Entfernten möglich.

10) Die Lautsprache hatte auf Grund der ursprünglichen Mittheilbarkeit aller Vorstellungen die Möglichkeit, für jede Vorstellung auch einen besondern Laut zu bilden. Die zu grosse Zahl der Worte, welche sich dann gebildet hätte, mehr aber noch die Unterscheidung zwischen Wesentlichem und Unwesentlichem führte bald zu zwei andern Mitteln, um theils das Gedächtniss zu erleichtern, theils die Lautsprache in grösserer Uebereinstimmung mit den Gegenständen zu erhalten.

11) Das erste Mittel war die Beschränkung der Worte für Einzelgegenstände auf diejenigen, deren Einzelheit als solche für die Seele auch wirklich eine Bedeutung hatte. Wo dieses Interesse fehlte, wurde für das Einzelding kein Wort gebildet, sondern nur für sein begriffliches Stück. Geschichtlich mag das Wort für letzteres sich aus dem, ursprünglich für ein Einzelding gebildeten entwickelt haben, indess trifft dies die philosophische Betrachtung nicht. So besteht jede entwickelte Sprache aus zwei Arten von Worten: aus Eigennamen für einzelne bestimmte Gegenstände, und aus Wor-

ten oder Lauten für die Begriffe. Unter Begriffe sind hier nicht blos die begrifflichen Trennvorstellungen der Eigenschaften gemeint, sondern auch die empirischen oder Vereins-Begriffe und die Beziehungen, wie Haus, Pferd, Kind, Gehen, Essen, Nicht, Gleich, Ursache.

12) Gewöhnlich wird der aus Eigennamen bestehende Theil der Sprache für den geringeren und werthloseren gehalten; eine Ansicht, die durchaus unrichtig ist, sich aber daraus erklärt, dass die grammatikalische Biegung und Veränderung nur für die Worte und nicht für die Eigennamen statt hat, daher die Sprachlehren diese letztern sehr kurz abfertigen können. Aber damit ist über ihre Bedeutung für die Mittheilung nicht entschieden. Schon ihre Zahl ist sehr viel grösser als die der Worte; man nehme die Eigennamen aller Länder, Städte, Dörfer, Flüsse, Meere, Berge, Sterne, die Eigennamen der Familien und der einzelnen Menschen, nicht bloss der gegenwärtigen auf der ganzen Erde, sondern auch der durch die Geschichte uns überlieferten u. s. w.

13) Diese Zahl übersteigt um vieles die Zahl der Worte; ein Zeichen, wie nöthig und wichtig die Eigennamen sind. Sie sind auch in Wahrheit ganz unentbehrlich für die Mittheilung der Vorstellungen einzelner bestimmter Personen und Gegenstände. Diese Mittheilung ist dem Menschen aber nothwendiger, als die Mittheilung der Begriffe. Welche Noth und Verwirrung würde es geben, wenn in der Familie die einzelnen Personen nicht bezeichnet, die Orte, wohin gegangen werden soll, nicht genannt werden könnten; wenn im Staate kein Einzelner als solcher erkennbar bezeichnet, keinem Feldherrn gesagt werden könnte, welche Orte er besetzen, nach welchem Lande er marschiren solle. Die Benutzung der begrifflichen Worte würde dafür nicht zureichen; es würde eine Unbestimmtheit bleiben, deren Folgen alles Zusammenleben in der Familie und in dem Staate unmöglich machten. — Die Eigennamen gewähren ferner eine Kürze der Bezeichnung, welche alle Beschreibungen durch Worte weit übertrifft. Welche Wohlthat für die Familie, wenn die einzelnen Zimmer der Wohnung ihre Namen haben, wenn in einer grossen Landwirthschaft die einzelnen Kühe, Wiesen, Aecker ihre Namen haben.

14) Das Bedürfniss nach Eigennamen ist so gross, dass im Mangel solcher die Ziffern benutzt werden; so bei den Häusern der Strassen, bei den Zimmern der Gasthöfe, bei den Tagen des Monats, bei den Jahren der Zeitrechnung. Die Ziffern haben hier nicht die Bedeutung der Zahl, sondern nur des Eigennamens, wenigstens ist sie die vorherrschende. Ohne diese Ziffern-Eigennamen wäre das

Leben in grossen Städten kaum durchführbar, die Bedienung in den grossen Gasthöfen unmöglich. — Die Sprache hat aber noch ein anderes sinnreiches Mittel zur Bezeichnung des Einzelnen. Sie benutzt dazu die begrifflichen Worte, indem sie deren allgemeine Bedeutung durch Verbindung mit einem Eigennamen aufhebt: der Rock von Carl; die Flucht von Elba; die Revolution von 1848; indem hier das begriffliche Wort von dem einzelnen Dinge ausgesagt wird, wird auch dieser Theil, diese Eigenschaft, diese Handlung als eine einzelne bezeichnet.

15) Ein anderes Mittel ist, dass das begriffliche Wort nicht mit dem Eigennamen, sondern mit einer sinnlich wahrnehmbaren einzelnen Handlung in gleicher Weise verbunden wird. Dahin gehört das Zeigen: dieses Haus, jener Berg, der Mensch dort; wenn diese Worte mit einem körperlichen Zeigen verbunden werden, bedeuten sie das einzelne gezeigte Ding. Eine andere solche Handlung ist das Sprechen; ich, du, jetzt, hier werden dadurch, dass ein einzelner sie ausspricht, zur Bezeichnung eines bestimmten einzelnen Menschen, Zeitpunktes, Ortes. Mein, dein hat zum Theil die gleiche Bedeutung. — Mit Hülfe der Pronomina relativa kann die Bezeichnung des Einzelnen durch begriffliche Worte für eine längere Dauer der Rede erhalten werden. Die Pronomina relativa sind die Bezeichnung der Identität; das darin an sich unbestimmte Subjekt wird dadurch als identisch mit dem vorhergegangenen ausgesagt. Carl, welcher krank ist; hier bezeichnet das begriffliche krank durch das welcher die Krankheit des einzelnen Carl.

16) Hieraus erhellt das grosse Bedürfniss des Menschen nach Eigennamen, und die reiche Entwickelung der Mittel für dessen Befriedigung. Es ist deshalb nichts verkehrter, als wenn Hegel in seiner Phänomenologie behauptet, die Sprache sei der Mittheilung der Vorstellungen des Einzelnen unfähig, und wenn er aus dieser Unfähigkeit ihr sogar ein besonderes Verdienst macht. Er sagt (II. 83): „Die Menschen meinen dieses Stück Papier, worauf ich dies „schreibe oder vielmehr geschrieben habe; aber was sie meinen, sa- „gen sie nicht. Wenn sie wirklich dieses Stück Papier, das sie „meinen, sagen wollten, und sie wollten sagen, so ist es unmög- „lich, weil das sinnliche Dieses, das gemeint wird, der Sprache, die „dem Bewusstsein, dem Ansichallgemeinen angehört, unerreichbar „ist. — Sie meinen wohl dieses Papier; sie sprechen: wirkliche „Dinge, äussere oder sinnliche Gegenstände, absolut einzelne „Wesen und so fort, d. h. sie sagen von ihnen nur das Allge- „meine; daher was das unaussprechliche genannt wird, nichts an- „deres ist, als das Unrechte, Unvernünftige, bloss Gemeinte. — Das

„Sprechen hat die göttliche Natur, die Meinung unmittelbar in ihr „Gegentheil zu verkehren, zu etwas anderem zu machen, sie gar „nicht zu Worte kommen zu lassen.“ — Das gewaltsame Verdrehen und nur stückweise Auffassen der Fragen, welches der Hegelschen Philosophie überhaupt eigen ist, tritt hier in einem auffallenden Beispiele hervor. Hegel hat übersehen, dass die Eigennamen gerade ihr Wesen in der Bezeichnung des Einzelnen haben; diese Eigennamen von der Sprache auszuschliessen, wäre eine willkürliche Beschränkung des Begriffes, der die Mittheilung der Vorstellungen durch Laute umfasst, mögen dies Einzel-Vorstellungen oder allgemeine sein. Hätte Hegel den Gegensatz von Begriff und bildlichem Rest gekannt, so würde er bemerkt haben, dass die Sprache wohl Worte für das Einzelne, aber nicht für die bildlichen Reste allein, hat.

17) Die Eigennamen waren der zeitlichen Entstehung nach vielmehr die ersten Worte der Sprache; die Bildung der Laute für die begrifflichen Vorstellungen musste ihnen indess schnell folgen. Diese letzteren wurden dadurch veranlasst, dass in den meisten Dingen den Menschen nur das begriffliche Stück interessirt und nicht der bildliche Rest; für die grosse Mehrheit der Menschen sind die meisten Dinge nur res fungibiles im Sinne der Juristen. Deshalb entstanden die Worte für die empirischen Begriffe, wie Baum, Stein, Wasser, Pferd u. s. w. Nach diesen musste sich bald herausstellen, dass auch sie noch nicht genügten. Um das Vorstellen der Andern nur auf einzelne Bestimmungen zu lenken, und um empirische Begriffe mitzutheilen, deren Gegenstände der Andere noch nicht wahrgenommen hatte, wurde die Bildung der Worte nöthig für die Begriffe der eigenschaftlichen und Theilvorstellungen und für die höheren Begriffe überhaupt. Aus ähnlichen Gründen entwickelten sich dann die Worte für die Bezeichnung der Einheits-, Beziehungsformen und der Wissens-Arten.

18) Die Vortheile der begrifflichen Worte im Gegensatze zu den Eigennamen sind zwiefach. Einmal sinkt die Zahl der Worte dadurch zu einer solchen herab, dass das menschliche Gedächtniss sie und ihre Bedeutung behalten kann. Die Millionen über Millionen von Namen, wenn jedes Einzelding bezeichnet werden sollte, sinken auf einige Tausend dadurch, dass die Sprache sich auf die begrifflichen Stücke derselben beschränkt.

19) Der andere Vortheil ist, dass nur die begrifflichen Worte allgemein verständlich sein können. Das Verständniss jedes Wortes beruht auf der ursprünglichen Mittheilung seiner Vorstellung, und diese ruht auf der Wahrnehmung. Deshalb muss allerdings die Wahrnehmung des Gegenstandes sowohl bei Eigennamen, wie bei

begrifflichen Worten voraus gegangen sein, wenn man die richtige Vorstellung mit ihnen verbinden, d. h. sie verstehen soll; aber die Wahrnehmung des begrifflichen Sückes ist für Menschen, die nicht sehr nahe beisammen leben, dem einzelnen Menschen viel leichter, als die Wahrnehmung des einzelnen Dinges. Dieses existirt nur einmal, nur an einem Ort, zu einer Zeit; das begriffliche Stück existirt in den unzähligen Einzelnen, die es enthalten und die in der Regel an allen Orten und zu allen Zeiten anzutreffen sind. Deshalb kann jedes Mitglied eines grossen Volkes die Vorstellungen der begrifflichen Worte jederzeit gewinnen und ohne seinen Ort zu verlassen, während man bei Eigennamen zu dem einzelnen Gegenstand gehn oder ihn sehen muss, um seinen Namen zu verstehn.

20) Dieser letztere Vorzug der begrifflichen Worte wird gewöhnlich fälschlich so ausgedrückt, dass nur diese, aber nicht die Eigennamen eine Bedeutung haben. So sagt Stuart Mill (System der Logik I. 40): „Die Eigennamen sind die einzigen Worte von „Gegenständen, die keine Bedeutung haben. — Die mitbezeichnenden „Worte (so nennt Mill die begrifflichen Worte) sind nicht Zeichen „der blossen Gegenstände, erfunden, weil wir Gelegenheit haben, von „ihnen zu sprechen, sondern Zeichen, welche eine Eigenschaft begleiten, eine Art Livrée, in welche die Eigenschaft alle Gegenstände „kleidet, die es besitzen. Sie sind nicht bloss Zeichen, sondern mehr, „d. h. bedeutsame Zeichen.“ — Aber sollte der Name des Haushundes, der einzelnen Kühe im Stalle nichts bedeuten? Der Irrthum Mill's liegt in seinem falschen Unterschied zwischen Zeichen und Bedeutung. Jedes Wort ist ein blosses Zeichen, kein Bild, und jedes Wort hat eine Bedeutung. Jedes Wort bleibt für den ein blosses Zeichen, der seine Vorstellung nicht durch Wahrnehmung sich hat erwerben können, und jedes Wort hat eine Bedeutung für den, dem dies möglich war. Wer Paris gesehen hat, weiss was dieses Wort bedeutet; wer nie eine Flöte gehört, einen Leisten gesehn, nie ein süsses geschmeckt hat, weiss nicht, was Flötenton, Leisten, süss bedeuten, obgleich es nach Mill bedeutsame Zeichen sind.

21) Dieser Irrthum kommt daher, dass die Bedeutung der Worte leichter zu gewinnen ist, als die Bedeutung der Eigennamen. Deshalb sind die meisten Eigennamen für die Mehrzahl der Menschen nur Zeichen, während die begrifflichen Worte für die meisten Bedeutung haben. Indess ist bekannt, wie oft auch bei begrifflichen Worten die Bedeutung fehlt und sie leere Zeichen bleiben. Umgekehrt giebt es Eigennamen, deren Bedeutung jedermann so bekannt ist, wie die der begrifflichen Worte; z. B. Sonne, Mond. Stuart

Mill kommt dadurch mit seiner Definition in Verlegenheit; die Sache erklärt sich einfach nach dem Obigen daraus, dass hier die Wahrnehmung des bezeichneten Gegenstandes jedermann zugänglich ist. Falsch ist die Ansicht, dass auch der, welcher den Einzelgegenstand wahrgenommen, bei dessen Namen die Bedeutung nicht habe, dass diese erst durch die begrifflichen Worte, oder die Beschreibung, die Definition hinzukomme. Bei dem Namen des Hofhundes weiss schon jedes Kind des Hauses, was dieser Name bedeutet; ebenso jeder bei dem Namen seiner Frau und Kinder. Allgemein erweckt jeder Eigenname für den, der ihn kennt, die bildliche Vorstellung des damit bezeichneten Gegenstandes und diese ist sicherlich eine Bedeutung. Zum Theil kommt die Täuschung hier mit davon, dass man den Eigennamen eine Bedeutung auch ohne Wahrnehmung des Gegenstandes durch dessen Beschreibung mittelst begrifflicher Worte geben kann. Aber einmal erreicht man damit nie die volle Bedeutung des Eigennamens, und dann geschieht ähnliches auch für die begrifflichen Worte durch die Erklärung und die Definition. Jener Gegensatz, wie ihn Stuart Mill und die Meisten mit ihm aufstellen, ist also falsch.

22) Die Vortheile der begrifflichen Worte liegen allein in der Beschränkung der sonst unendlichen Zahl der Worte, und in der leichtern Gewinnung ihrer Bedeutung; die Vortheile der Eigennamen bestehen in der Möglichkeit, Einzeldinge zu bezeichnen und in der Kürze des Ausdrucks. Beiden Arten sind ihre Vortheile eigenthümlich; keine kann darin die andere ersetzen, und eine Sprache, die nur auf die eine Art sich beschränken wollte, würde nur zu einem geringen Theile das leisten, was beide Arten vereint leisten. Anstatt die begriffliche Sprache allein mit Hegel göttlicher Natur zu erklären, würden vielmehr Götter die einzigen sein, die nur in Eigennamen sprächen, weil ihre Allwissenheit und Allgegenwart die Vortheile der begrifflichen Sprache überflüssig macht. Schon unter nahe zusammenlebenden Personen steigt der Gebrauch der Eigennamen erheblich, weil ihre Bedeutung leicht gewonnen werden kann und ihre Kürze verlockend ist; die Stube, die Kammer, der Hof, der Brunnen, das Pferd, die Bibel sind in der einzelnen Bauerfamilie Namen für bestimmte, einzelne Gegenstände.

23) Die andere, gleich sinnreiche Erfindung, wie die der begrifflichen Worte, ist in der Sprache die Beugung der Worte, womit hier ein etwas weiterer Sinn, als der grammatikalische gemeint ist. Ihr Wesen ist, dass einzelne begriffliche Bestimmungen des Gegenständlichen, welche sehr allgemeiner Natur sind und deshalb bei vielen Einzelnen wiederkehren, nicht durch besondere begriffliche

Worte, bezeichnet werden, sondern durch eine Aenderung des Wortes, was für die Hauptvorstellung gebildet ist, eine Aenderung, die dabei dies ursprüngliche Wort im Laute noch erkennen und durchhören lässt. Es gehören dahin die Veränderungen durch Declination, Conjugation, Steigerung, durch Verbindung mehrerer Worte zu einem, durch Anhängung von Sylben u. s. w. Die Veränderung geschieht bald am Anfange, bald in der Mitte, bald am Ende des Wortes.

24) Die wichtigsten der allgemeinen Bestimmungen, welche durch solche blosse Aenderung des Wortlautes bezeichnet werden, sind 1) die Unterschiede des Seins und des Wissens, durch die Formen des Indicativ und Conjunctiv; 2) die Unterschiede des Vorstellens und Begehrens, durch Indicativ und Imperativ, auch Optativ; 3) die Unterschiede der Wissensarten; das gewisse Wissen durch den Indicativ; das nothwendige durch den Imperativ; das ungewisse und das mögliche durch den Conjunctiv; 4) die Unterschiede in der Zeit; der Vergangenheit, Gegenwart und Zukunft mit vielen feineren Schattirungen durch die Tempora der Verba; 5) die Unterschiede des Geschlechts, durch die Endungen der Substantiva und Adjectiva; 6) die Unterschiede der Zahl durch den Singular und Plural, in einzelnen Sprachen auch durch den Dual, bei Substantiven, Adjectiven und Verbis; 7) die Unterschiede der Personen bei dem Gespräche durch die Endungen der Verben; am*o*, am*as*, am*at*, am*amus* u. s. w., jenachdem die Person spricht oder angeredet wird, oder eine dritte ist; 8) die Unterschiede des Mehr und Weniger für alle vier Arten der Grösse, in dem Comparativ, Superlativ und in dem Diminutiv; manche Sprachen, wie die italienische, haben auch eine Form für das Gegentheil des Diminutiv; 9) die Unterschiede der Ursache und der Wirkung, des Handelns und des Leidens durch die Form der Activa und Passiva der Verben; des Nominativs und Accusativs bei den Substantiven, so wie des Ablativs und Nominativs in Verbindung mit dem Verbum passivum; 10) die Beziehung durch Nicht mittelst Vor- und Nachsylben; das *a* privativum; das Un- (Unwahr) das -los (lautlos); 11) die Unterschiede der Orts-Beziehung durch angehängte Sylben; hingehen, fortgehen, durchgehen, nachgehen, übergehen, untergehen, umgehen u. s. w.; 12) die Einheitsformen des An- und In-einander durch die Verbindung zweier Worte zu einem: Branntwein, Lustschloss; durch den Genitiv der Substantive: im Kopf des Menschen, die Stärke des Stromes; durch die mit dem Substantiv gleich gehende Aenderung der Adjektiven und Verben in Geschlecht, Zahl und Fallform.

25) Neben diesen bestehen noch mehrere, die in den Sprach-

lehren leicht gefunden werden können; so hat die lateinische Sprache eine Form für die Und-Beziehung in que, und in der deutschen Sprache haben die Sylben: schafft, thum, lei, niss, sal und viele andere entsprechende Bedeutungen. Viele von diesen Bestimmungen können auch statt durch Biegung der Worte durch besondere Worte, die Praepositionen, Hülfszeitwörter u. s. w., ausgedrückt werden. Die Beugungsform ist die ältere, ursprünglichere. Die modernen Sprachen neigen mehr zur Benutzung der besondern Worte für diese Bestimmungen; sie werden dadurch verständlicher, aber verlieren an Kürze und Bildlichkeit des Ausdrucks; sie geben die Vorstellungen gleichsam verblasster, weil sie sie in mehrere und damit inhaltsärmere Trennstücke auflösen; so: er wird geliebt werden für: amabitur.

26) Das Wesen der Beugung der Worte liegt weniger in der Minderung der Zahl der Worte, als in der Anschmiegung desselben an den Gegenstand, den es bezeichnet. So wie die Eigenschaften, die Theile dem Gegenstande anhaften, mit ihm Eines bilden; so wie sie wechseln, während der Gegenstand dabei sich erhält; so wie die mancherlei Beziehungen und Wissensarten den Gegenstand nür im Vorstellen berühren und dieser dabei beharrt, so wiederholt sich dies bei der Beugung der Worte; der Stammlaut beharrt wie der Gegenstand und lässt nur so weit die Aenderungen zu, wie der Gegenstand in seinen Eigenschaften und Beziehungen; sie genügen, um das neu hinzutretende zu erkennen und zugleich das Beharrende erkennbar zu erhalten. In der Beugung liegt vor Allem die Bildlichkeit der Worte. Gleichzeitig gewinnt die Sprache dadurch an Kürze; sie nähert sich damit den Eigennamen. Beides zusammen macht die prägnante Kürze und das schwierigere Verständniss der alten Sprachen aus.

# Die Unverständlichkeit.

1) Wenn eine Rede dieselben Vorstellungen in dem Andern erweckt, welche der Redende selbst hatte und mittheilen wollte, so wird die Rede verständlich genannt. Eine Aussage, die dies nicht bewirkt, ist für den Andern unverständlich. Der Begriff der Unverständlichkeit ist von Wichtigkeit und verdient einer eingehenden Erörterung. Hegel erwähnt ihrer an mehreren Stellen, ohne ihren Begriff zu erschöpfen. Er sagt (VI. 7.): „Die Unverständlichkeit der Philosophie liegt einestheils in einer Unfähigkeit, „die an sich nur Ungewohnheit ist, abstrakt zu denken, d. h. „reine Gedanken festzuhalten und in ihnen sich zu bewegen. In

„unserm gewöhnlichen Bewusstsein sind die Gedanken mit sinnli- „chem und geistigem geläufigen Stoff angethan und vereinigt und „im Nachdenken vermischen wir die Gefühle, Anschauungen, Vor- „stellungen mit Gedanken. Ein Anderes aber ist es, die Gedanken „selbst unvermischt zum Gegenstande zu machen. — Der andere „Theil der Unverständlichkeit ist die Ungeduld, das in der Weise „der Vorstellung vor sich haben zu wollen, was der Gedanke und „Begriff im Bewusstsein ist. Es kommt der Ausdruck vor, man „wisse nicht, was man sich bei einem Begriffe, der gefasst „werden, denken soll. Bei einem Begriffe ist weiter nichts zu „denken, als der Begriff selbst." Auch in der Phänomenologie kommt Hegel auf die Unverständlichkeit des spekulativen Ausdrucks zurück, und leitet sie aus der veränderten Natur des Urtheils ab (II. 49.).

2) Von der Unverständlichkeit in dem hier gemeinten Sinn ist die verschieden, welche sich auf die Worte, als Laut- oder Schriftzeichen bezieht. Es kann jemand unverständlich sprechen und unleserlich schreiben, bloss weil man die Laute nicht bestimmt hören, die Schriftzeichen nicht als Buchstaben erkennen kann; dies gehört so wenig hierher, wie die sogenannte Undeutlichkeit der Vorstellungen und Wahrnehmungen. Wenn man von jemand in der Ferne nicht erkennen kann, ob er ein Mann oder eine Frau ist, so ist die Wahrnehmung für sich nicht unverständlich oder undeutlich; vielmehr ist ihr Inhalt so bestimmt in der Seele, als der Inhalt eines ganz in der Nähe Gesehenen. Ihr Mangel liegt nur in der Unvollständigkeit des Inhaltes im Vergleich zu dem Inhalt des Gegenstandes. Wenn in der Wahrnehmung die Farben nur ein dunkles Grau sind, und die schärfern Abschnitte der Gestalt fehlen, so ist deshalb dieser Inhalt nicht undeutlich, sondern nur unzureichend, um die weitern Bestimmungen der Person daraus abzuleiten.

3) Die Unverständlichkeit hier hat es mit dem Mangel der richtigen Erweckung der Vorstellungen durch die richtig gehörten oder gelesenen Worte zu thun. — Der Grund dieser Unverständlichkeit kann entweder sein, dass die zu erweckende Vorstellung in dem Hörer noch ganz fehlt, oder dass sie zwar vorhanden, aber die Verbindung zwischen ihr und dem Wort ihm fehlt. — Der letztere Fall ist der einfachere. Aus diesem Grunde versteht man fremde Sprachen nicht, obgleich die darin bezeichneten Vorstellungen dem Hörer geläufig sind; aus diesem Grunde versteht man die technischen Ausdrücke der einzelnen Gewerbe nicht, wenn man auch die Sachen sieht; endlich die Eigennamen nicht, wenn man auch die Person zwar kennt, aber nicht dem Namen nach.

4) Die Hülfe gegen diese Unverständlichkeit liegt auf der Hand; man muss die Verbindung zwischen Wort und Vorstellung durch die bekannten Mittel der Mnemonik herstellen. Es kann auch sein, dass die Verbindung früher bestanden hat und nur schwach geworden ist; dann helfen die Mittel derselben Kunst; man muss suchen, sich auf die Vorstellung zu besinnen, wie es der Schüler thut, wenn er eine Stelle aus dem Homer übersetzen soll. Solche Unverständlichkeit hat deshalb ihre Grade.

5) Der zweite Hauptfall, wo die Vorstellung in dem Hörer noch fehlt, auch noch nie in ihm gewesen ist, ist der wichtigere. Es ist hier zu unterscheiden zwischen der Mittheilung von bildlichen Vorstellungen, der von Trennvorstellungen und der von Vorstellungen, welche der Hörer selbst aus dem empfangenen Material sich bilden soll. — Für die bildlichen Vorstellungen giebt es keine Abhülfe gegen solche Unverständlichkeit, als dem Hörer die Wahrnehmung des Gegenstandes zu verschaffen. Um das Wort: Bussole, Kameel, Aluminium zu verstehen, muss man diese Dinge dem Hörer zeigen und durch alle Sinne, die sich dazu eignen, wahrnehmen lassen, auch in das Innere hineinsehen oder fühlen lassen, so weit es angeht. Ist dieses Mittel nicht ausführbar, so muss der Weg der Beschreibung gewählt werden, welcher dann unter die Bildung von Vereinsvorstellungen, den dritten Fall gehört. Für einfache Bestimmungen der Farbe, des Tones ist dieser Ausweg der Beschreibung nicht anwendbar und die Unverständlichkeit ohne Wahrnehmung nicht zu heben. Ist die Wahrnehmung wegen des fehlenden Organes gar nicht möglich, so ist diese Unverständlichkeit unheilbar, wie bei dem Blinden für die Gegenstände des Sehens.

6) Handelt es sich bei der Unverständlichkeit um eine Trennvorstellung, so giebt es keinen Ausweg, als dass der Hörer selbst sie aus der ganzen Vorstellung aussondert. Der Sprechende muss ihm die ganze Vorstellung durch Worte (Beispiele) oder Wahrnehmungen verschaffen und dann ihn bei dem Trennen auf den richtigen Weg leiten. Es sind hier genau die Wege einzuschlagen, welche für die ursprüngliche Mittheilung angegeben worden sind; denn um eine solche handelt es sich hier. Bei Theil-, eigenschaftlichen- und Misch-Vorstellungen hat die Sache weniger Schwierigkeit als bei den Begriffen.

7) Dieser Fall der Unverständlichkeit der Begriffe ist einer der häufigsten in der Philosophie, da diese wesentlich in den höhern Trennvorstellungen sich bewegt, welche in dem Vorstellen des täglichen Lebens nicht zur Ausbildung kommen. Es kommt hinzu,

dass viele von diesen Begriffen mit technischen oder fremden Namen benannt werden, wie z. B. die Worte: Substanz, ideal, transscendental, Subjectivität, Negativität, Attribut, Modalität, An sich, Für sich, Wesen, Realismus und unzählige andere, von denen alle Seiten der philosophischen Werke strotzen. — Allerdings versuchen die Autoren ein Verständniss dieser Worte in dem Leser zu bewirken, aber theils geschieht dies nur stückweise, theils in einer völlig unzureichenden Art.

8) So giebt Spinoza in streng geometrischer Weise Definitionen von seinen Begriffen, aber die Verständlichkeit wird damit nicht erleichtert, sondern erschwert, weil die Bestimmungen, in die der Begriff aufgelöst wird, noch höhere Begriffe sind und dem Leser noch ferner liegen. Wenn Spinoza in seiner Ethik anfängt: „Per causam sui intelligo id, cujus essentia involvit existentiam;“ so ist die essentia für den Leser ein unverständlicheres Wort als causa. Dasselbe gilt für die folgende Definition: „Per Substantiam intelligo id, quod in se est, et per se concipitur.“ Die Bedeutung von „in se“ und „per se“ ist viel fremder als die der Substanz.

9) Derselbe Vorwurf trifft Hegel in der Erläuterung seiner Begriffe. Vom Sein sagt er z. B. (VI. 165.): „Es ist der reine „Gedanke, als das unbestimmt einfache Unmittelbare;“ vom Nichts (VI. 169.): „Es ist die reine Abstraktion, als das unmittelbar ge„nommene alsolut Negative.“ Diese Definitionen oder Erläuterungen sind das gerade Gegentheil einer Verständlichung; das, was der Leser bei dem Worte Sein und Nichts sich noch vorzustellen im Stande war, löst sich bei solchen Erläuterungen vollends in Nebel auf. Das Mühlrad im Kopfe fängt dabei zu gehen an. Und doch ist dies der Anfang, womit Hegel seine Philosophie beginnt. Die Phänomenologie soll zwar die Einleitung sein, aber sie bereitet das Verständniss dieser Worte nicht vor, sondern bewegt sich durchgehend in gleichen Unverständlichkeiten.

10) Es sind zwei Mittel für das Verständniss der philosophischen Ausdrücke vorhanden, die kein Philosoph verschmähen sollte, denn sie sind die Bedingungen des Verständnisses seiner Darstellung und damit die Grundlage aller Einwirkung seiner auf die Wissenschaft. Die philosophische Darstellnng hat mit der Sprache des gebildeten Umganges zu beginnen und mit den Begriffen, die hier an die Worte geknüpft sind. Hier ist der gemeinsame Boden für Lehrer und Schüler, von dem allein mit Sicherheit der gemeinsame Ausgang genommen werden kann. Kommt es dann im Fortgang zu Begriffen, die diesen Kreis des gewöhnlichen Vorstellens überschreiten, so ist mit Sorgfalt der Leser auf den richtigen Weg des Tren-

nens zu leiten und zu erhalten; es ist ihm das richtige Material zu bieten, aus dem der Begriff zu lösen ist, und es ist dies Trennen in der entsprechenden Richtung zu erhalten. Das beste Mittel dazu ist von Alters her bekannt; es ist das Beispiel, und zwar nicht bloss ein Beispiel, sondern mehrere, und so gewählt, dass sie möglichst in allen andern Bestimmungen verschieden sind und nur in dem Trennstück, auf das es ankommt, übereinstimmen.

11) Diese Methode ist genau dieselbe, welche der experimentirende Naturforscher befolgt; er wechselt fortwährend die Umstände des Versuchs, um die allein wesentlichen Bestimmungen in dem verwickelten Einzelfall heraus zu finden. Das Beispiel bietet zwar keine Wahrnehmung, aber die bildliche Vorstellung bekannter Dinge und steht deshalb der Wahrnehmung für diesen Zweck gleich.

12) Schon Plato hat in seinen Dialogen von den Beispielen den ausgedehntesten Gebrauch gemacht und die bewunderungswürdige Verständlichkeit seiner Dialoge beruht zu einem grossen Theile auf der Anwendung dieses Mittels. Auch Aristoteles hat es fortwährend in seinen Schriften benutzt, obgleich bei ihm schon diese Beispiele anfangen, einförmig zu werden und sich oft zu wiederholen, während ihre Wirkung gerade von der Mannichfaltigkeit derselben bedingt ist. Der Formalismus der scholastischen Philosophie liegt zu einem grossen Theile darin, dass sie nicht über die Beispiele für die Begriffe hinausging, die Aristoteles gegeben hatte; ja diese Beispiele schleppen sich bis in die Lehrbücher der neuesten Zeit fort. — Die Unverständlichkeit von Spinoza und Hegel beruht vorzüglich auf dem Mangel der Beispiele zur Gewinnung der von ihnen gemeinten Begriffe. In den Vorlesungen hat Hegel zwar einzelne Beispiele nachgeholt, aber lange nicht in dem nothwendigen Maasse.

13) Die Beispiele aber haben nicht bloss Nutzen für den Schüler, sondern auch für den Lehrer. Sie dienen, wie das physikalische Experiment, zugleich als Probe für den aufgestellten Begriff. Nur dadurch ist die philosophische Forschung im Stande, sich auf dem Wege der Wahrheit zu erhalten. Freilich ist die ausgedehnte Beschaffung der Beispiele selbst eine Kunst, die ebenso gelernt sein will, wie die Kunst des physikalischen Experimentirens. Hegel verleugnet zwar diese Bedeutung des Seienden für den Begriff; im Gegentheil soll jenes sich diesem fügen. Allein Hegel konnte die Gesetze des menschlichen Denkens wohl theoretisch verleugnen, aber praktisch sich ihnen nicht entziehen. Auch er konnte seine Begriffe nicht anders finden und bilden als auf dem Wege der Wahrnehmung und des Trennens und erst nachdem dies geschehen

war, konnte er die Brücke hinter sich abbrechen und ihren Ursprung verleugnen. — Es ist richtig, dass zur Gewinnung der philosophischen oder höheren Begriffe und ihren völligen Absonderung von bildlichen Resten und anderm ungehörigen Beiwerk, gute Anlagen und Uebung von Seiten des Lesers hinzukommen müssen; aber Hegel hat Unrecht, wenn er dieses zu der alleinigen Bedingung erhebt; eine ebenso wichtige Bedingung ist, dass der Lehrer in der hier entwickelten Weise dem Leser zu Hülfe komme.

14) Das dritte Mittel, um die fehlenden Vorstellungen zu den Worten zu beschaffen, ist das Vereinen und Verbinden der gegebenen Stücke zu der einen Vorstellung, welche mitgetheilt werden soll. Die hiermit zusammenhängende Unverständlichkeit herrscht in den Gebieten, welche den Gegensatz zur Philosophie bilden, in den Beschreibungen des Einzelnen. Das Verständniss ist hier von der richtigen Vollführung des Vereinens bedingt. Dazu gehört: 1) Vollständigkeit des Materials, der Trennvorstellungen, 2) richtige Angabe der anzuwendenden Einheits- oder Verbindungsform, 3) eine solche Natur der Trennstücke, welche ihre Vereinung oder Verbindung in der geforderten Form zulässt, und 4) keine solche Häufung des Materials, dass dem Hörer deshalb die Verbindung unmöglich wird. Diese Bedingungen hat der Sprecher zu erfüllen; der Hörer dagegen hat seinerseits die Verbindung nach dieser Anleitung zu vollziehen. Die Schuld der Unverständlichkeit kann deshalb auch hier auf beiden Seiten liegen.

15) Den Sprecher trifft die Schuld, wenn er nicht alle Trennstücke bietet; wenn er bei Beschreibung eines Kleides die Farbe vergisst; wenn in der Schilderung eines Charakters seine Stellung zur Religion nicht erwähnt wird. Die zweite Bedingung, die richtige Bezeichnung der Einheitsform fehlt, wenn z. B. nicht zu ersehen ist, ob zwei Ereignisse zugleich oder nach einander statt gehabt; wenn man sagt: ich trank Wein und Wasser; wobei zweifelhaft bleibt, ob gemischt oder nicht. Die dritte Bedingung wird verletzt, wenn man von einem blühenden Schatten, von einer eiskalten Flamme, von einem nachdenkenden Steine spricht. Hierher gehört die Unverständlichkeit des Anfangs vom Evangelium Johannis in der Lutherischen Uebersetzung: „Im Anfang war das Wort, und das Wort war bei Gott und Gott war das Wort.“ Ebenso die Stelle in Hegel's Phänomenologie (II. 14.): „Es kommt „alles darauf an, das Wahre nicht als Substanz, sondern ebenso sehr „als Subjekt aufzufassen und auszudrücken.“ Die vierte Bedingung wird am häufigsten von schlechten Erzählern und Dichtern verletzt, indem sie das Einzelne eines Aufzugs, eines Ball-Anzuges, eines

gothischen Portals, einer Landschaft in ihren Beschreibungen so häufen, dass das Gedächtniss des Hörers und Lesers nicht alles festhalten und noch weniger zu einem Bilde vereinen kann.

16) Dieser Fehler der englischen Romane ist bekannt. Gewöhnlich nennt man dies nicht unverständlich, sondern langweilig; weil das fehlende Interesse den Leser zur Vornahme des Vereinens überhaupt nicht antreibt. Die Folge ist, dass solche Stellen übersprungen oder so flüchtig gelesen werden, dass nur die einzelnen Trennstücke zur Vorstellung kommen, aber nicht die bildliche Vorstellung des Ganzen. Indem sich so der Leser von der Arbeit befreit, bemerkt er weniger die Unverständlichkeit, als die Langeweile, welche ihm das Lesen solcher für sich bedeutungslosen Trennstücke verursacht. Die ähnliche Unverständlichkeit zeigt sich bei Beschreibung von Maschinen. Insbesondere ist es die bestimmte Gestalt, welche der Mittheilung die grössten Schwierigkeiten entgegenstellt, wenn sie von denen abweicht, für welche bestimmte Worte gebildet sind.

17) Das beste Hülfsmittel für die Verständlichkeit der Vereins-Vorstellungen sind die Abbildungen und Zeichnungen. Daher die steigende Vorliebe für Illustrationen der Bücher und Zeitschriften. Auch die Darstellung des Schauspiels gehört hierher. Das Beispiel als bloss bildliche Vorstellung ist hier weniger wirksam; doch bleibt es immer eine Hülfe, indem es Bestimmungen ergänzt, die der Leser braucht und die der Autor übersehen hat oder die überhaupt für sich schwer mittheilbar sind. Auch bei vollkommenen und verständlichen Beschreibungen bleiben die Illustrationen ein willkommenes Mittel für den Leser, weil es ihn der Mühe des Vereinens durch ihre Wahrnehmung überhebt.

18) Diese Gattung der Unverständlichkeit findet sich auch innerhalb der Wissenschaften und der Philosophie. Viele Definitionen sind unverständlich, weil sie eine jener vier Bedingungen nicht erfüllen. Insbesondere häufig tritt der Fall ein, dass die Vereinung von Merkmalen gefordert wird, welche nach ihrer Natur der Einung widerstehn. Dahin gehört die „Causa sui“ von Spinoza. In dem Begriff der Ursache liegt, dass die Wirkung ein Anderes sei, Ursache und Wirkung können nicht ein und dasselbe sein. Dennoch wird diese Einheit hier gefordert, wie das Beiwort „sui“ grammatikalisch anzeigt; da dies unmöglich ist, bleiben die Worte unverständlich.

19) In der Hegel'schen Philosophie ist dieser Fall auf jeder Seite zu finden; all ihre sogenannten concreten Begriffe fordern die Einung widersprechender Bestimmungen. Eine andere, hierher gehörende Unverständlichkeit ist, wenn Hegel einfache Begriffe, wie

Sein und Nichts durch eine Anhäufung anderer, viel reicherer Bestimmungen definirt, wie die obigen Auszüge zeigen. Einmal kann das einfache Sein solche vielen Bestimmungen gar nicht in sich aufnehmen; es bliebe dann kein einfaches; dann ist hier jede Einheitsform unmöglich, in der diese Bestimmungen zu vereinen wären; ohne dieses Vereinen bleiben aber diese Erläuterungen ein wüster, unverständlicher Haufen von Trennstücken. — Man bemerkt leicht, wie auch bei diesem Fall der Unverständlichkeit die Schuld nur Hegel und nicht seine Leser trifft; selbst die längste Uebung und der schärfste Scharfsinn können Widersprechendes nicht zur Einheit verbinden.

20) Die letzte Art der Unverständlichkeit entsteht, wenn man das Unmögliche unternimmt, wenn man durch Worte die bildlichen Reste für sich oder die originalen Conceptionen von einfachen Bestimmungen mittheilen will. Die Existenz solcher Conceptionen vorausgesetzt, so ist schon in dem Abschnitt vom schöpferischen Vorstellen gezeigt worden, dass solche einfache originale Vorstellungen nicht mittheilbar sind, sondern mit ihrem Schöpfer wieder ins Grab steigen müssen. Es bleibt deshalb zweifelhaft, ob überhaupt dergleichen originale einfache Vorstellungen, z. B. eine neue einfache Farbe überhaupt in der menschlichen Seele vorkommen. Indess scheinen die mühsamen, wenn auch nutzlosen Versuche, dergleichen zu beschreiben und mitzutheilen, welche sich namentlich bei den religiösen Mystikern finden, darauf hinzudeuten. Im Angelus Silesius und mehr noch bei Jacob Böhme finden sich eine Menge Stellen, wo man erkennt, wie der Autor mit der Schwerfälligkeit und dem Ungenügenden der Worte kämpft, wie er das sonderbarste und fremdeste auf einander häuft, um dem Leser eine Bestimmung über das eigentliche Wesen oder Wirken Gottes beizubringen, die, wenn Böhme wirklich die Vorstellung einer solchen in sich trug, jedenfalls zu jenen einfachen originalen und deshalb nicht mittheilbaren Bestimmungen gehörte.

21) Für die bildlichen Reste fehlen nicht die gemeinsamen Vorstellungen, aber die Worte; in keiner Sprache finden sich diese; alle haben nur Worte, entweder für die Begriffe, oder für die Begriffe im Verein mit den bildlichen Resten, d. h. für die Einzel-Gegenstände. Dennoch unternehmen Erzähler und Dichter oft, das Einzelne, dessen Vorstellung sie mittheilen wollen, nicht bloss nach seinen begrifflichen Stücken, sondern auch nach seiner vollen Eigenthümlichkeit und Besonderheit, d. h. seine bildlichen Reste mitzutheilen; so wenn man das Gesicht eines Menschen, eine neue Blume, das Spiel eines berühmten Virtuosen, den Ton seiner Geige beschrei-

ben will. Nachdem man lange Begriffliches auf Begriffliches in der Beschreibung gehäuft hat, merkt man endlich, dass das Eigenthümliche dieser Einzelheit, d. h. der bildliche Rest nicht durch Worte mittheilbar ist, und schliesst damit, dass es unbeschreiblich, eigenthümlich, einzig in seiner Art, unsagbar sei; dass die Worte dafür fehlen, dass der Andere es selbst sehen und hören müsse.

22) Allerdings verstecken sich schlechte Dichter hinter dieser Ausrede schon da, wo die Sprache noch Mittel genug bietet, dem Einzelnen nahe zu kommen; Göthe hat vieles in Worten geschildert, was Andere schon für unsagbar erklärt hätten; aber auch Göthe wusste, dass hier eine unübersteigliche Grenze besteht. Diese Unmöglichkeit, das Einzelne mitzutheilen bildet eins der unterscheidendsten Kennzeichen der Dichtkunst gegen die Malerei und Sculptur. Das Gebiet des Dichters ist unendlich weiter, seine Mittel reicher gegenüber diesen Künsten, aber in diesem Einen kann er sie nicht erreichen. Nur in der Aufführung eines Drama's wird dieser Mangel gehoben, und dieser Umstand erklärt die überwiegende Liebe zum Theater.

23) Wegen dieses Unterschiedes ist es der Dichtkunst erlaubt, in der Schilderung des Hässlichen und Schmerzlichen viel weiter zu gehen als die Malerei und Sculptur. Weil jene die Lebendigkeit und Deutlichkeit der Einzelwahrnehmung nie erreichen kann, so hüllen sich alle ihre Bilder in einen leichten Nebel, der das Hässliche mildert. Diese Gedanken hat bekanntlich Lessing in seinem Laokoon ausgeführt. Selbst im Schauspiel kann der Dichter weiter gehen, weil das Hässliche, selbst als Einzelnes dargestellt, darin schnell vorübergeht und durch das Schöne verdrängt wird, während in dem Gemälde und in der Bildsäule es beharrt. Weil der Dichter die bildlichen Reste nicht mittheilen kann, so erklärt es sich, dass seine Helden von jedem grossen Schauspieler anders und doch der Dichtung entsprechend dargestellt werden und dass dieselbe Scene zwischen Faust und Gretchen von jedem Maler anders und doch treu gemalt werden kann.

# Die Wirkungen der Sprache.

1) Die Mittheilung der Vorstellungen ist der Zweck der Sprache; aber es knüpfen sich an sie noch andere Folgen, welche nicht beabsichtigt sind und welche deshalb hier die Wirkungen der Sprache genannt werden sollen. Es sind ihre Wirkungen auf den einzelnen Menschen, ihre Wirkungen auf die Wissenschaft und

ihre Wirkungen auf den Zustand des Wissens innerhalb eines ganzen, durch eine Sprache verbundenen Volkes.

2) Man behauptet, dass ohne Sprache weder das Gedächtniss, noch das Denken möglich sei. Hobbes sagt (Computation or Logic. Cap. II.): „Ein Wort ist ein willkürlich gewähltes Zeichen, „welches in unserm Geiste einen Gedanken erwecken kann, der „einem früher gehabten Gedanken gleicht.“ Stuart Mill (Logic I. 26) sagt: „Das Wort dient einem doppelten Zweck, uns selbst „die Aehnlichkeit früherer Gedanken zurückzurufen, und als Zeichen, „sie andern kundzugeben.“ — In beiden Stellen wird den Worten eine Wirkung auf das Gedächtniss eingeräumt; wie gross, bleibt unbestimmt, aber es scheint, dass beide Schriftsteller die Möglichkeit der Wiederkehr der Vorstellungen überhaupt von der Sprache abhängig halten.

3) Es hat allerdings den Schein, als ob unsere Vorstellungen an den Worten hingen und ihre Rückkehr davon bedingt sei. Allein dieser Schein entspringt nur aus der innigen Verbindung beider, so dass, wo das Eine ist, zugleich auch das Andere ist. Da das Wort fasslicher, greifbarer als die Vorstellung ist, so ist es natürlich, dass dies bei der Wiederkehr als das bestimmende erscheint. Die Unwahrheit jener Behauptung, als einer allgemeinen, erhellt schon daraus, dass man z. B. nach Besichtigung von Fabriken an Geräthschaften, an Maschinen, an Vorgänge in der Fabrikation sich erinnert, ohne alle diese Dinge mit Worten zu kennen; es sind auch nicht die Trennstücke, in welche diese Gegenstände sich auflösen lassen, welche etwa die Wiederkehr durch ihre Worte vermitteln, vielmehr tritt die Erinnerung des Ganzen, als Eines, ein. Auch Kinder haben, ehe sie noch die Worte kennen, Erinnerungen.

4) Im Allgemeinen ist vielmehr das Gegentheil jener Behauptung die Wahrheit. Die Bewegung des Vorstellens geht, wenn der Mensch allein ist, der Regel nach an den Vorstellungen selbst fort und nicht an ihren Worten. Diese laufen wohl beiher, aber ohne Wirkung. Das wichtigste Specialgesetz der Wiederkehr, was auf der Aehnlichkeit und dem Kontrast der Vorstellungen beruht, zeigt, dass der Inhalt dieser Vorstellungen es ist, welcher erweckt und nicht ihr Wort, dessen Aehnlichkeit als Laut auf ganz andere Worte und Vorstellun en führen müsste. Nur bei Wortspielen, bei Wortwitzen und Zweideutigkeiten ist es die Aehnlichkeit des Wortes, welche die Erinnerung und die Gedanken-Bewegung bestimmt; aber das Ungewohnte dieser Bewegung zeigt, dass sie die Ausnahme bildet; dass in der Regel die Vorstellungen einander erwecken und nicht ihre Worte. Dasselbe folgt daraus, dass der Grad der

Vorstellungen, nicht der ihres Wortes auf die Wiederkehr wirkt. Nur bei der Mittheilung der Vorstellungen nimmt das Gedächtniss diesen Umweg der Worte; weil die Mittheilung durch die Worte gehen muss; wo diese Nothwendigkeit fehlt, geht die Wiederkehr von Vorstellung zu Vorstellung. Ein Mensch würde an seinem Gedächtniss für die Vorstellungen der Dinge nicht den mindesten Schaden leiden, wenn er plötzlich die Namen und Worte derselben, aber nichts weiter, verlöre; nur die Mittheilung und das Niederschreiben würde für ihn aufhören, aber nicht die Erinnerung.

5) Noch entschiedener wird das Denken von den Worten abhängig gemacht. Schopenhauer sagt (Vierfache Wurzel. 93.): „Da „die zu Begriffen sublimirten Vorstellungen alle Anschaulichkeit ein„gebüsst haben, so würden sie dem Bewusstsein ganz entschlüpfen, „ihm zu den beabsichtigten Denkoperationen gar nicht Stand halten, „wenn sie nicht durch willkürliche Zeichen sinnlich fixirt und fest„gehalten würden; dies sind die Worte. — Die anschauliche Welt „in die abstrakten Begriffe abzusetzen, ist das fundamentale Geschäft „der Vernunft, welches sie nur mittelst der Sprache ausführen kann.“ Auch Kant sagt, wenn auch zweideutiger (Anthropologie. 109.): „Den„ken ist reden mit sich selbst, folglich sich auch innerlich durch „reproduktive Einbildungskraft hören.“

6) Das gewöhnliche Vorstellen stimmt hier bereitwillig bei. — Es ist bei dieser Ansicht die Bedeutung der Worte überschätzt. Weil sie die Mittheilung nothwendig bedingen, so meint man, auch die Bewegung der Vorstellungen in der eigenen Seele sei ohne Worte unmöglich. Namentlich tritt diese Ansicht bei Kant hervor, der das Denken als ein Gespräch mit sich selbst definirt. — Die Wahrheit ist, dass die Vorstellungen, welche durch Mittheilung empfangen werden, so lange sie nicht weiter bearbeitet und damit gleichsam zu eigenen Gedanken geworden sind, in der Regel an den Worten haften, d. h. so wie sie in ihrem ersten Erscheinen durch Worte herbeigerufen worden sind, so hängt auch ihre Wiederkehr und Bewegung innerhalb der Seele noch eine lange Zeit an den Worten und wird durch die Worte bedingt. Dahin gehören die Vorstellungen über die Geschichte vergangener Zeiten und aller Ereignisse, die man nicht selbst wahrgenommen hat.

7) Dagegen geschieht diejenige Bewegung der Gedanken, welche im Gegensatz zu der mitgetheilten, die eigene genannt werden kann, unabhängig von den Worten, und wenn die Worte hier mit gegenwärtig sind, so sind sie nur Begleiter, aber nicht Bedingung der Bewegung. Hierher gehört vorzugsweise die Bewegung, welche das Denken umfasst; denn es ist ein eigenes Trennen, Verbinden und

Beziehen. Hierher gehören auch die schöpferischen Conceptionen, sowohl der Künstler als der Forscher und Philosophen; sie sind vor dem Worte da; wie die neuen Worte lehren, welche dafür gebildet werden müssen. Die Conceptionen der Künstler sind zwar in Trennstücke lösbar, wofür die Worte schon früher bestehen; aber die Conception war das Erste und sie ist nicht durch diese Worte für die Trennstücke gebildet; jeder Künstler würde sich durch solche Annahme verletzt fühlen.

8) Wenn die erste Gewinnung aller Trennvorstellungen, insbesondere der Begriffe ohne Worte, in der ursprünglichen Art, für jeden Menschen ohne Ausnahme geschehen muss, so zeigt dies schon die Möglichkeit, dass die Vorstellung ohne Wort in der Seele bestehen kann. Sie muss für sich da sein, ehe der Laut mit ihr eine Verbindung eingehen kann. Weshalb sollte die Bewegung dieser Vorstellung später nie ohne diesen, oft lästigen und hemmenden Begleiter geschehen können? Wenn der Mensch sich mehr in sinnlichen Vorstellungen bewegt, wenn er überlegt, wie er seinen Garten eintheilen, sein Zimmer einrichten, seine Bücher in dem Schranke stellen will, geschieht die Gedanken-Bewegung, wie jeder an sich bemerken kann, ohne Worte; die sinnlichen Vorstellungen der Beete, der Möbeln, der Bücher verbinden sich als solche mit dem Garten, der Stube, dem Schrank. Wenn bei dem Denken, oder der Bewegung in höhern Begriffen dies weniger augenfällig ist, so kommt dies nur daher, dass diese Bewegung nicht so allgemein geübt wird, und den Meisten diese höhern Begriffe fremder sind. Es scheint ihnen, dass ohne die fassbare Handhabe der Worte solche Begriffe nicht Stand halten; aber für den Geübten ist es deutlich, dass diese Begriffe sich ebenso leicht ohne Worte in ihm bewegen, trennen und verbinden, wie jene sinnlichen Vorstellungen. Der Unterschied liegt nicht in der Sache, sondern nur in der Ungewohntheit der Person.

9) Nur erst, wenn es darauf ankommt, die Gedanken niederzuschreiben, oder andern mitzutheilen, werden die Worte nöthig und zur Bedingung, während sie bis dahin nur die flüchtigen, oft kaum bemerkbaren Begleiter waren. Die leidige Gewohnheit, nur mit der Feder in der Hand zu denken, ist so allgemein verbreitet, dass daraus allein es sich erklärt, dass auch Männer wie Schopenhauer, die falsche Meinung vertheidigen konnten. — Die falschen und confusen Vorstellungen über die Natur der Begriffe haben dann noch das ihrige beigetragen, diese Meinung zu befestigen. Da man nicht bloss die Wahrnehmbarkeit der begrifflichen Stücke bestritt, sondern selbst ihre Vorstellbarkeit für sich, so glaubte man, dass

ohne eine sinnliche Handhabe, wie das Wort, mit solchen nebelhaften, schwebenden Gestalten nichts anzufangen sei.

10) Die Wahrheit ist, dass das Denken der Worte nicht bedarf und dass es um so besser geschieht, je weniger es nicht durch die Worte geleitet wird, und je weniger es diese auch nur zu Begleitern hat. Nur Menschen, die sich lediglich von fremden Gedanken nähren, glauben, dass das Denken ohne Worte unmöglich sei.

11) Dagegen ist dem Worte eine Wirkung auf die Befestigung des Inhaltes und der Bestimmtheit der Trenn-Vorstellungen, insbesondere der Begriffe nicht abzusprechen. Indem die Vorstellung mit dem Worte sich verbindet, weckt das Wort die Wiederkehr dieser Vorstellung. Ohne solche Verbindung würde für die Rückkehr gerade dieser Vorstellung selten Grund vorhanden sein. Es ist gewiss, dass eine begriffliche Vorstellung bei Wahrnehmung von Einzelnem gleicher Art sich wieder bilden würde, aber ihre Uebereinstimmung mit jener würde in den meisten Fällen nicht vollständig sein, weil die Seele in der Richtung des begrifflichen Trennens unbeschränkt ist. So würden ohne Worte allerdings eine grössere Zahl von Trennvorstellungen und Begriffen sich in der einzelnen Seele bilden, aber mit so vielen, wenn auch unerheblichen Unterschieden, dass ihnen die Festigkeit, die Bestimmtheit und insbesondere die Allgemeinheit abgehen würde, welche zu dem Denken nöthig ist.

12) Was hier für den Einzelnen gilt, würde sich in noch höherem Grade in einem Volke zeigen. Ganz abgesehen von der Mittheilbarkeit der Vorstellungen würden diese selbst auch bei weitem nicht die Uebereinstimmung haben, welche jetzt durch die Sprache herbeigeführt wird. Folgeweise würde auch das Handeln und die Lebensweise der Einzelnen mehr aus einander gehen, wie jetzt; ein jeder möchte ein reiches Wissen haben, aber er wäre in seinen Vorstellungen weit von dem Andern verschieden. Einen Anhalt hierfür bietet die Verschiedenheit der Vorstellungen in Völkern, welche sehr verschiedene Sprachen sprechen und in keinem Verkehr mit einander gestanden haben. Die Sprache der Engländer und der Indianer Nord-Amerika's bei seiner Entdeckung giebt ein Beispiel, obgleich die Einflüsse des Klimas und Bodens für Beide beinahe dieselben sind.

13) Die Sprache eines Volkes sichert daher nicht bloss die Festigkeit und Bestimmtheit der begrifflichen Vorstellungen, sondern sie sichert auch die gleiche Richtung des begrifflichen Trennens aller Einzelnen und damit die Gemeinsamkeit der Begriffe. Wenn dies nicht bloss die sprachliche Mittheilung möglich macht, sondern

auch die gleichen Sitten und ein gemeinsames Handeln, so hat diese Gleichförmigkeit für die Fortbildung des Wissens auch ihre Nachtheile. Es ist unzweifelhaft, dass dadurch die wissenschaftliche Forschung des Einzelnen, ihm selbst unbewusst, in Bahnen und Richtungen festgehalten wird, welche die Auffindung der wahren Begriffe und der grossen Gesetze der Natur und des Geistes Jahrhunderte lang verfehlen lassen. In der Mehrzahl der Fälle treffen die Begriffe, welche in der Sprache befestigt worden sind, solche Trennstücke, an welchen in Wahrheit eine grosse Bedeutung hängt, und welche zu Gliedern wichtiger Gesetze dienen können. Mit Recht wird die begriffliche Sonderung der Dinge, wie sie in der Sprache geschehen, selbst von den grössten Geistern hoch gehalten. Dadurch entwickelt sich der Glaube, dass die Sprache die Wahrheit überall getroffen und nur nach längern Kämpfen kann der Irrthum in einzelnen Fällen erkannt und noch schwerer aus dem Bewusstsein des Volkes entfernt werden.

14) Der Umstand, dass bei den Griechen mit dem Worte: θυμός sowohl das Gefühl als das Begehren der Seele bezeichnet wurde, und dass in ihrer Sprache sich keine scharf unterschiedenen Worte für diese unterschiedenen und elementaren Zustände der Seele bildeten, hat die Psychologie wesentlich in der Entdeckung der wahren Grundlagen dieser Wissenschaft gehindert. In der deutschen Sprache war die Trennung dieser so wichtigen Begriffe von Anfang ab vorhanden; dagegen bezeichnete das Wort: Gefühl nicht bloss die Lust und den Schmerz, sondern auch die Wahrnehmungen zweier sehr verschiedener Sinne. Diese mangelhafte begriffliche Entwickelung der wahren Trennstücke, welche bei Bildung der deutschen Sprache bestand, ist durch ihre Befestigung in dem Wort ein Hinderniss in der Gewinnung der wahren Begriffe und deren scharfer Unterscheidung bis in die neueste Zeit geblieben. Aehnliches gilt für das Wort: Kraft in seiner Wirkung auf die Ausbildung der Naturwissenschaften. Seine zweideutige Bedeutung zeigt eine ungenügende Sonderung der Begriffe bei der Sprache, deren Mangel von Einzelnen jetzt zwar erkannt ist, aber der aus dem Wissen des Volkes schwer vertilgt werden kann. Nicht minder nachtheilig hat es gewirkt, dass die begriffliche Entwickelung der verschiedenen Einheitsformen des Seins, der Verbindung und des Beziehens bei Bildung der Sprache so mangelhaft erfolgt war, dass die Sprache für sie so gut wie gar keine Worte gebildet hat. Man muss sich bis auf den heutigen Tag mit: Verbindung und mit: Einheit behelfen, welche beide nicht zureichen, diese wichtige Bestimmung hervorzuheben und die wichtigen Unterarten gesondert

zu bezeichnen. In diesen Mangel der Sprache liegt es vor Allem, dass die Erkenntniss der Sache bis zur Gegenwart eine mangelhafte geblieben ist.

15) Man hat auch behauptet, dass man die Erhaltung und Uebertragung der Wissenschaften von Geschlecht zu Geschlecht durch die Jahrhunderte hindurch nur der Sprache verdanke. Man hat bemerkt, dass Alles, was wir von der Wissenschaft der Griechen und Römer überkommen haben, beinahe ausschliesslich auf den Manuscripten ihrer Werke ruht; von den Zeiten und Völkern, wo keine Schriftsprache bestand, weiss man nichts. In solcher Behauptung liegt wohl eine Wahrheit, aber nicht in solchem Umfange. Die Sprache für sich, sowohl die Laute, wie die Schrift reichen für die Erhaltung des Wissens nicht hin, wie die Hieroglyphen beweisen, welche Jahrhunderte hindurch genau gekannt waren, ohne dass sie damit Kunde von ihrer Zeit gebracht hätten. Um jenen Zweck zu erreichen, muss auch die Vorstellung erhalten sein, welche mit dem Zeichen verbunden war, und die Verbindung beider; sonst bleiben es todte Zeichen. Diese Bedingungen kann aber nur der lebende Mensch erfüllen; das Wissen kann sich nur erhalten von Mensch zu Mensch, mit der ursprünglichen Mittheilung der Vorstellungen beginnend und erst dann zur Sprache übergehend. Die Mittheilung der Vorstellungen durch den Lebenden zu den Lebenden ist deshalb die wahre Grundlage der Ueberlieferung des Wissens von einem Geschlecht zu dem Andern; die Sprache ist dabei nur ein Hülfsmittel. Der allmählige Untergang der Geschlechter ist die Bedingung; wäre diese Stetigkeit nicht; stürben heute alle Lebenden und träte Morgen ein neues erwachsenes Geschlecht in die Erbschaft der Güter ein, so wären alle Schätze des Wissens für es verloren, trotz aller Bücher und Bibliotheken, selbst wenn ihm die Kenntniss der Laute und der Schrift als Geschenk mitgegeben wäre.

16) Man hat die Sprache den verkörperten Gedanken genannt; die vorstehenden Erörterungen zeigen, dass dieses Gleichniss nur sehr beschränkte Wahrheit hat, und dass statt der Verkörperung nur ein mechanisches, loses, leicht zerreissbares Band zwischen Sprache und Gedanken besteht.

17) Man hat die Sprache als einen der eigenthümlichen Vorzüge des Menschen vor dem Thiere aufgestellt. Aber die höhern Thiere haben auch eine Spraehe und der Unterschied gegen die menschliche ist nur ein Unterschied des Grades. Nicht in ihren Thätigkeiten des Vorstellens, so wenig wie in ihren Organen liegt es, wenn sie es im Sprechen nicht weiter bringen; die Ursache ist nur, dass ihnen die Lust aus dem Wissen fehlt, dass ihnen das Wis-

sen als solches keine Lust gewährt. Sie nehmen Alles das wahr, was der Mensch wahrnimmt; viele Thiere haben selbst schärfere Sinne; aber von diesen Wahrnehmungen erlangen nur die einen merkbaren Grad, welche mit ihrer Lust und ihrem Begehren in Verbindung stehen; nur was auf ihr Futter, auf ihren Schutz gegen Unwetter und gegen ihre Feinde, auf ihre Lagerstätte, auf ihre Jungen Bezug hat.

18) Es fehlt ihnen die Lust aus der Macht, aus dem Wissen, aus der Ehre, aus der Schönheit, aus fremder Lust; selbst einzelne Spuren davon bleiben zu schwach für ihren Einfluss auf das Vorstellen; die Thiere haben nur die Lust aus dem Körper, aus dem Leben und aus der kommenden Lust, so weit sie auf diesen engen Kreis sich beschränkt. Deshalb hat die Wahrnehmungs-Vorstellung als solche bei ihnen keinen Halt; selbst bei starkem Reiz der Organe erhebt sie sich zu keinem merklichen Grade. Die Wiederkehr der Vorstellungen findet auch bei den Thieren und nach denselben Gesetzen, wie bei den Menschen statt; aber da alle Wahrnehmungen, die nicht auf jene beschränkten Ursachen ihrer Lust Bezug haben, ohne Wirkung auf das Begehren und das Gefühl bleiben, so ist es nur eine Folge des auch für den Menschen gültigen Gesetzes, dass ihre Wahrnehmungen nicht als bildliche Vorstellungen wiederkehren, sondern mit dem Gegenstande für immer verschwinden. Deshalb das beschränkte Wissen des Vogels, obgleich er bei seinen Wanderungen so vieles zu sehen bekommt. Nur das merkt er von seiner Reise, was auf jenen engen Kreis seiner Lust und seines Lebens Bezug hat; dies aber auch wunderbar genau.

19) Das Thier hat auch die Fähigkeit die Wahrnehmung nach allen vier Arten zu trennen, insbesondere Begriffe zu bilden; aber wegen der fehlenden Lust am Wissen bleibt es bei den niedrigsten empirischen Begriffen stehen, die auf den Kreis seiner Lust Bezug haben. Innerhalb dieses Kreises erkennt der Hund den einzelnen Haasen, obgleich er diesen noch nie gesehen, an seiner begrifflichen Gestalt, an dem begrifflichen Geruch; seinen Herrn, obgleich dieser Worte, Ton und Kleidung wechselt, an dem begrifflichen Ton, an der begrifflichen Haltung und Bewegung. Auch hier liegt der Unterschied nicht in der Art, sondern in dem Grade der Thätigkeit.

20) Aus dem gleichen Grunde bildet das Thier keine Laute für seine Vorstellungen über das Gebiet hinaus, wo allein die Last für es besteht. Es hat vielmehr Vorstellungen als es mittheilt; es hat auch in seinen Organen und Gliedern die Mittel, viel mehr Laute und Gebehrden zu Worten zu bilden; an den Gänsen kann man bei

Aufmerksamkeit an 15 bis 20 verschiedene Laute und Gebehrden beobachten, die für die Mittheilung verschiedener Vorstellungen dienen. Aber es fehlt den Thieren die Lust aus der Mittheilung, welche selbst aus der Lust aus fremder Lust, aus der Ehre und aus dem Wissen sich zusammensetzt, die alle dem Thiere abgehen. Deshalb werden selbst von den Thieren, die in Gesellschaft leben, nur die Vorstellungen den Andern mitgetheilt, welche sich auf ihre Ursachen der Lust und des Schmerzes beziehen, wie die Vorstellungen einer nahenden Gefahr, eines gefundenen Futters, einer Sammlung der Jungen. — So zeigt sich abermals die Lust und der Schmerz als der Kernpunkt alles Lebens, alles Wissens, alles Thuns. Wo sie fehlen, fehlt auch das Wissen und die Sprache, trotz dem, dass die Mittel zu Beiden vorhanden sind.

21) Alles Wissen, alle Wissenschaft hat ihr Sein nur in den Seelen der einzelnen Menschen; ohne Menschen giebt es kein Wissen und kein Wissenschaft. Aber im Vorstellen kann die Wissenschaft von ihren Trägern getrennt werden; es entsteht dann der Begriff der menschlichen Kenntnisse und Wissenschaften an sich. Sie bilden ein Ganzes, was mit den frühesten Zeiten der Geschichte beginnend, sich von Geschlecht zu Geschlecht, von Volk zu Volk durch die Jahrhunderte fortgeerbt hat bis zur Gegenwart. Das Wissen der einzelnen Dinge ist darin nur in der Geschichte erhalten; das Wissen des Allgemeinen, der begrifflichen Gegenstände und ihrer Gesetze in den Wissenschaften. Von dem Wissen der einzelnen Dinge ist das Meiste wieder untergegangen; von dem Wissen des Allgemeinen hat sich das Meiste erhalten und jedes Geschlecht ist bemüht, diesen Bestand zu mehren. So wälzt sich die Wissensmasse von Geschlecht zu Geschlecht wachsend gleich einer Lawine und wie diese drohend, zuletzt die einzelne Seele, die sich an sie heranwagt, durch ihre Masse zu erdrücken.

22) Diese Wissens-Masse hat das Wunderbare, dass sie nicht abnimmt, so viele auch an ihr Theil haben. Die einzelnen Seelen sind nicht die Verzehrer, sondern die Träger jener Masse, durch welche diese selbst erst Bestand hat. Die Theilnahme der einzelnen Seelen an dieser Wissensmasse ist verschieden. Die grosse Mehrzahl hat nur geringen Antheil; ihr Wissen ist vorwiegend ausgefüllt mit dem Wissen der einzelnen Dinge ihrer Zeit, ihres Raumes; an jenem grossen Erbtheil haben sie nur Antheil durch die Sprache, in der die Elemente desselben niedergelegt sind, und durch einige dürftige Anfänge in denjenigen Wissenschaften, die ihren Zwecken am nächsten liegen. Auch von der Sprache besitzen sie

nur den, der Wahrnehmung näher stehenden Theil der empirischen und eigenschaftlichen Begriffe.

23) Ueber dieser Menge stehen die Gebildeten ihrer Zeit. Ihr Lebensberuf treibt sie zur genaueren Kenntniss einer oder einiger Wissenschaften; daneben besitzen sie die Anfänge der andern und in der Sprache die Elemente höher hinauf bis zu den feinern Begriffen. Auch in ihrem Wissen überwiegt aber das Wissen der einzelnen Dinge.

24) Nach Abzug dieser beiden Klassen bleiben nur noch Einzelne, in deren Seele das Wissen des Allgemeinen überwiegt und welche jene ererbte Masse des Wissens nach allen Richtungen in Besitz zu nehmen streben. Grössere Theile davon haben sie ganz sich zu eigen gemacht; von den andern wenigstens die durchgreifenden Begriffe und Gesetze. In diesen Trägern allein ist die Wissenschaft lebendig und trägt Früchte, die allen in der Regelung des Lebens, in Beherrschung der Natur zu Gute kommen. In diesen Einzelnen treibt die Wissenschaft neue Knospen und Zweige, wird reicher an Inhalt, um als vergrössertes Erbe auf die Nachkommen überzugehen.

25) In diesen Trägern der Wissenschaft vollzieht sich eine zweifache Thätigkeit. Sie haben den ererbten Schatz sich anzueignen, und sie haben aus ihrem eignen Geiste ihn zu vermehren. Das Verhältniss dieser beiden Richtungen kann in dem Einzelnen sich verschieden gestalten, und es ist die Frage erhoben worden, in welcher Weise am zweckmässigsten beide so zu verbinden, dass keine die andere beschädigt. Keine dieser Richtungen kann die andere entbehren und dennoch leidet nur zu leicht die eine durch die andere.

26) Herbart sagt darüber (I. 286): „Der Anfänger kann leicht „fehlen, wenn er sich zu frühzeitig in dem Studium der Systeme „einheimisch machen will, anstatt, wie sichs gebührt, gerade vor„wärts in seinem Nachdenken zu gehn, so wie der Stachel der auf„gegebenen Probleme ihn treibt. Zwar musste die Einleitung der „verschiedenen Systeme erwähnen, ja sie musste einige Hauptgedanken „anzeigen und dahindurch ihren Weg nehmen. Auch muss sich „der, dem an einem vollständigen philosophischen Studium gelegen „ist, vorbehalten, dereinst die Systeme aus ihren Quellen zu „schöpfen. Wer aber hofft, in ihnen die Wahrheit zu fin„den, der ist verloren. Die Wahrheit liegt nicht hinter „uns, sondern vor uns, und wer sie sucht, der schaue nicht „rückwärts, sondern vorwärts. Wer sehen will, was herauskommt, „wenn ein sehr geistreicher Mann sich dem Gesammteindrucke der

„Systeme überlässt, der lese Schopenhauer's Werk: Die Welt als „Vorstellung und Wille. Hätte dieser treffliche Kopf weniger „gelesen und desto mehr gedacht, so würden wir vielleicht etwas „Meisterhaftes erhalten haben.“

27) Diese Gedanken enthalten so viel wahres, wie falsches, und das wahre darin ist so mangelhaft ausgesprochen, dass es wie falsches klingt. Es wäre trostlos, wenn die Wahrheit nur vor uns läge. Ein grosser Theil von ihr ist schon da, ist schon gefunden von denen vor uns; was wir hinzufügen können, ist immer nur ein geringes; aber freilich kommt es für uns auch auf die rechte Aneignung des Ererbten an.

28) Die Fortbildung der Wissenschaften, die Ausdehnung des Feldes der Wahrheit durch ihre Träger erfordert ein schöpferisches Vorstellen; aber um die schon von Andern vor uns gemachten Funde nicht nochmals mühsam selbst zu suchen, ist die Kenntniss des von ihnen Gewonnenen nöthig, und diese ist nicht möglich, ohne ihnen nachzudenken. Hier liegt die Klippe. In dem Nachdenken fremder Gedanken geht nur zu leicht das eigne schöpferische Denken unter; und mit dem blossen schöpferischen Denken allein kommt man im besten Falle nur zu einem Theile von dem, was Andre schon vor uns gefunden haben; denn nur wer auf ihre Schultern sich stellt, kann höher steigen, als sie selbst standen.

29) Das schöpferische Denken ist nicht dem Willen unterthan. Es kommt als ein freies Geschenk der Natur; was es bringt, ist immer nur weniges; es sind nur feine, kaum sichtbare Fäden, die in dem schon vorhandenen Netz des Wissens sich verweben. Es ist deshalb unmöglich, wie Herbart will, eine feste Anweisung für gute Köpfe zu geben, wie sie beide Richtungen zu verbinden haben. Die Fülle und Stärke des schöpferischen Vorstellens ist schwer zu hemmen und ihre Kraft weiset solche Regel von sich ab. Bei der empfindlichen Natur des schöpferischen Denkens, bei seiner schnellern Vergänglichkeit ist es rathsam, ihm den Vorrang einzuräumen, wenn es gebären will, und es durch kein vermeintlich erst nöthiges Vor-Studium zu hemmen. Sein Schaffen dauert nicht lange; der neue Gedanke ist wie der Blitz, im Moment geboren, und sein Bruder folgt oft viele Wochen später.

30) Lässt der schaffende Drang nach, so ist die Zeit da für die Aneignung des fremden Wissens. Je näher beide Richtungen mit einander verbunden werden, desto sicherer und erfolgreicher wird die Bewegung. Das schöpferische Vorstellen ist dann geschützt vor mühsamer Aufsuchung von Dingen, die Andere schon gefunden haben, und es bekommt an dem überlieferten Wissen den Prüfstein

für seine eignen Werke. Vieles zeigt sich dann als schon von Andern gefunden und besser gesagt; oft bleibt von den vielen eignen Gedanken kaum einer übrig, der original für Alle ist. Aber selbst wenn das schöpferische Vorstellen nur Gedanken gebracht hat, welche schon Andere vor ihm gefunden hatten, ist solcher Weg zu ihnen nicht ohne reichen Lohn; denn das schöpferische Vorstellen ist die Bewegung im Wissen, welche den Inhalt des Gedankens am tiefsten, deutlichsten und im stärksten Grade erfasst; nur seine Wurzeln dringen durch alle Fugen des Wissens hindurch.

31) Auch der Künstler ist in der gleichen schwierigen Lage. Sein schöpferisches Vorstellen erfüllt ihn mit Conceptionen; aber allein, sind sie noch ohne die Fülle, die Reinigung, welche nur langes, ernstes Studium der Kunst gewähren kann; die Werke der grossen Meister, die Wissenschaft der Kunst muss er zuvor sich aneignen. So treibt ihn die Noth dieser Lage bald zum Schaffen, bald zum Studieren; und doch ist jedes der leise Feind des andern. Nur Wenigen ist es beschieden, die rechte Linie innezuhalten, Grosses aus sich selbst zu schaffen und doch in ihren Werken die Schönheit der schon vorhandenen Kunstwerke mit dem Genialen harmonisch zu vereinen. Neben ihnen stürmt auf der einen Seite eine Horde toller Natur-Genies; auf der andern bewegt sich langsam die groses Masse der stillen, fleissigen und bescheidenen Schüler der Meister.

# Das einfache Urtheil.

1) In den Darstellungen der Logik, selbst noch bei Hegel, folgt die Lehre vom Urtheil unmittelbar der Lehre vom Begriff, und beide werden als sachlich zusammengehörig angesehen. Aber weder dies noch jenes ist die Wahrheit. Die Lehre vom Urtheil gehört in einen von dem Begriff weit abliegenden Theil der Lehre des Wissens und der Begriff hat keinen sachlichen Zusammenhang mit dem Urtheil. Das Urtheil hat seinen Ursprung in der Mittheilung der Vorstellungen. Der vereinzelte, der in der Einsamkeit aufwachsende Mensch urtheilt nicht, sondern die Bewegung seines Wissens erfolgt nur in Wahrnehmungen und Vorstellungen ohne Copula; auch die blossen Vorstellungen behalten bei ihm einen reicheren Inhalt und ihre Bewegung erfolgt nach Art des Wahrnehmens.

2) Auch der in der Gesellschaft aufgewachsene Mensch urtheilt weit weniger, wenn er allein ist. Am deutlichsten bemerkt man dies an sich selbst bei dem Wahrnehmen. Man blickt in eine reiche Landschaft; ihr Bild steht auf einmal, ungetrennt, vor der Seele; alles in ihr ist Zusammenhang, Einheit. Wenn auch bald das Gebirge, bald

das Dorf, bald der Wald stärker hervortritt, so reisst sich in solchem Wahrnehmen Nichts von dem Andern, alles bleibt Zusammenhang, wenn auch in verschiedenen Graden der Stärke. Erst wenn ein Anderer hinzukommt, oder wenn man zu Haus davon erzählen will, löst sich jene Wahrnehmung in Urtheile. Dasselbe gilt für die Wahrnehmung des zeitlich Geschehenden. Man hört eine Symphonie; da ist alles Einheit; einzelne Melodien, Harmonien treten wohl stärker in der Seele hervor, aber sie bleiben dennoch mit dem Andern ein Ganzes; nirgends ein Urtheil, bis die Kritik beginnen will. — Man sieht zwei Knaben sich prügeln; man folgt den einzelnen Schlägen, man hört die Schimpfworte, aber dieses Alles fügt sich im Wahrnehmen ohne Copula zusammen.

3) Die Bewegung des Vorstellens ohne die Form des Urtheils gilt auch für das bildliche Vorstellen, mag es Wahrgenommenes wiederholen oder mit schöpferischem Vorstellen sich vermischen. Es ist ein zeitlicher Wechsel der Vorstellungen, aber sie hängen, wie die Gegenstände in der Natur, zusammen, bilden, wie jene Landschaft, eine nur in der Zeit, statt im Raum, ausgebreitete Einheit. — Selbst das eigne Nachdenken, obgleich im Trennen sich bewegend, geschieht nicht in der ausgebildeten Form des Urtheils; die Begriffe werden ausgesondert, für sich betrachtet, verglichen, aber von dem einsamen Denker wird diese Trennung nicht bis zum Urtheilen fortgeführt; die Copula bleibt in der Bewegung verhüllt.

4) Erst wenn es darauf ankommt, die Vorstellungen mitzutheilen oder niederzuschreiben, löst sich das feine Gewebe der Gedankenbildung in Urtheile auf. Diese gleichen dem groben Knochen- und Sehnen-Gerüste des menschlichen Körpers, wo jeder Theil, jedes Band zu sehen ist, während jene einsame Gedankenbewegung, gleich dem Leibe des Menschen, dessen starren Zusammenhang unter runde fliessende Formen verhüllt. — Es gilt auch hier das über das Denken ohne Worte gesagte. Nur die Mittheilung, oder die Befestigung in Schrift treibt zu den Worten und zu den Urtheilen; beide sind die Kinder der Mittheilung.

5) Nur aus diesem Ursprunge ist das Wesen des Urtheils zu verstehn. Es ist in ihm ein Trennen und doch wieder ein Verbinden, was an den Widerspruch streift. Kant sagt in seinen Vorlesungen über Logik (I. 43): „Ein Urtheil ist 1) die Vorstellung der „Einheit des Bewusstseins verschiedener Vorstellungen oder die „Vorstellung des Verhältnisses derselben, sofern sie einen Begriff „ausmachen.“ — Man kann nicht leicht eine unglücklichere Definition geben. Jede Vorstellung ist als solche ein Wissen, ein Bewusstsein; dieses Wissen ist ihre wesentliche Natur. Das Be-

wusstsein einer Vorstellung ist deshalb nur Tautologie; dazu kommt aber hier noch: die Vorstellung der Einheit dieses Bewusstseins; aber das Bewusstsein, als das in allen Vorstellungen vorhandene begriffliche Wissen ist von selbst ein einiges; auch diese Einheit ist eine überflüssige Zuthat. Diese Einheit des Bewusstseins von Vorstellungen soll nach dieser Definition abermals vorgestellt werden und erst dadurch soll das Urtheil zu Stande kommen; das Urtheil ist also nach Kant ein Vorstellen des Vorstellens von Vorstellungen oder ein Vorstellen in dritter Potenz.

6) Die andere, mit oder oben eingeleitete Definition Kant's ist um nichts besser; danach soll das Urtheil die Vorstellung eines Verhältnisses sein und zwar von Vorstellungen, und zwar sollen sie einen Begriff ausmachen. Aber dann wären sie die Merkmale eines solchen und kein Urtheil. Das Wort: Verhältniss ist nur ein anderer Name für Beziehung; es ist nichts Seiendes, sondern ein Thun im Wissen, also nur eine Vorstellung; man kommt also auch hier wieder auf ein Vorstellen in dritter Potenz. In der ersten Definition wird die Verschiedenheit der Vorstellungen gefordert; in der zweiten die Einheit derselben in einem Begriffe. Das Wesen des Urtheils ist in beiden nicht zu finden.

7) Nach Hegel ist das Urtheil (VI. 326) „der Begriff in seiner „Besonderheit, als unterscheidende Bezeichnung seiner Momente, „die als für sich seiende und zugleich mit sich, nicht mit einander, „identische gesetzt sind." — Das Wahre ist hier wohl angedeutet, aber so, dass nur der es versteht, der keine Definition mehr braucht.

8) Wir sehen, wie in diesen Definitionen bald auf die Trennung, bald auf die Verbindung der Accent gelegt ist und wie beides wieder durch die Worte: Verhältniss und Beziehung verwischt wird. Auch die Sprache schwankt in den Namen des Urtheils; im Deutschen deutet Urtheil auf Trennung; Schluss auf Verbindung; im Lateinischen deutet copula, conclusio auf Verbindung; terminus auf Grenze, auf Getrenntsein; im Griechischen ist κρίσις die Trennung; διαγνῶσις, ein Durch-theilen, Durch-wissen; συλλογισμος ein Verbinden der Gedanken.

9) Dies Schwanken muss seinen Grund haben. Krug hilft sich damit, dass er das Urtheil für beides erklärt. In seinem Lexikon (IV. 301) sagt er: „Wir sind im Stande, Vorstellungen in unserm „Bewusstsein theils auseinander, theils zusammenzuhalten, und zwar „beides in ein und demselben Denkakte, wenn wir urtheilen. In„dem wir die Unsterblichkeit von der Seele aussagen, löset der „Verstand zuerst das Merkmal der Unsterblichkeit von der Seele „gleichsam ab, um es nachher wieder in demselben Bewusstsein auf

„die Seele zu beziehen.“ — Hierbei entsteht nur die Frage, wozu die Seele sich ein solches, ganz unnützes Geschäft auflegt, bei dem sie in einem das Entgegengesetzte thut, sich also Beides ersparen könnte.

10) Diese Schwierigkeiten heben sich, wenn man auf den Ursprung des Urtheils, die Mittheilung, zurückgeht. Diese kann nur mittelst der Sprache erfolgen. Die Sprache hat aber nur Eigennamen und begriffliche Worte; alles, was keinen Eigennamen hat, muss in Trennstücke aufgelöst werden, weil nur für diese die Worte vorhanden sind. Der Sprechende muss deshalb bei der Mittheilung seine Vorstellung trennen, d. h. er muss urtheilen, und der Hörende muss dagegen das Urtheil, das Getrennte wieder vereinen, um die mitzutheilende Vorstellung des Sprechenden zu gewinnen. Das Urtheil ist die Grundform der Mittheilung und sowohl ein Trennen als ein Verbinden, aber an verschiedene Personen vertheilt. Bei dem Niederschreiben der Gedanken für sich selbst ist Schreiber und Leser zwar eine Person, aber durch die Zeit getrennt.

11) Das Urtheil besteht aus drei Begriffen, den zwei Gliedern und der Copula. Die Kirsche hat einen Kern; die Kirsche ist süss; die Kirsche ist Obst. Hier wie überall zeigt sich, dass dem ganzen Urtheil die Vorstellung eines Gegenständlichen zu Grunde liegt; die zwei Glieder sind zwei Trennstücke, in die die Vorstellung des Ganzen zerlegt ist, und die Copula giebt die Einheitsform, durch welche die Glieder in dem Gegenstande geeint sind. Hieraus ergiebt sich die Definition des einfachen Urtheils. Es ist die Trennung eines Gegenständlichen in drei Stücke; zwei davon sind Trennstücke, das dritte ist ihre Einheitsform.

12) In dem Sein giebt es keine Urtheile. In den Gegenständen sind ihre Eigenschaften und ihre Einheitsformen nicht so auseinander gezogen, wie sie das Urtheil bloss legt; vielmehr sind sie in der ungetrennten Einheit wie sie die Wahrnehmung und überhaupt jede eine Vorstellung abspiegelt. Die Form des Urtheils ist deshalb eine unwahre; sie hat kein Urbild im Sein. Wozu diese Unwahrheit? kann man fragen. Der Grund liegt nur in dem Zweck der Mittheilung. Die Sprache, das einzige Mittel dafür, zwingt zu dieser Zerreissung der gegenständlichen Einheit; der Urtheilende selbst betrachtet sie als ein, wenn auch nothwendiges Uebel, denn er fordert von dem Hörer die sofortige Vernichtung seines Urtheils, als Form; in dem Hörer sollen diese drei Stücke sich wieder zu einer Vorstellung zusammenschliessen. Die Wahrheit bei dem Urtheile liegt nur in seinem Inhalt; die Form, in der der Inhalt

geboten wird, ist das Unwahre. Aber da diese Unwahrheit unvermeidlich ist, so verdient sie eine sorgfältige Untersuchung.

13) Die Mittheilung, welche die Grundlage des Urtheils ist, hat nicht immer den Zweck, den Inhalt der Vorstellung in dem Andern wach zu rufen; oft ist die Vorstellung schon in dem Andern vorhanden, und der Zweck ist, nur die Aufmerksamkeit desselben auf ein Trennstück derselben zu lenken, d. h. diesen Theil der Vorstellung im Grade gegen den Rest zu verstärken. Auch für diesen Zweck dient das Urtheil. Im Theater sagt man zu seinem Nachbar: Die Luft ist heiss; das Stück ist lang; aber dies geschieht nicht, um dem Nachbar diesen Inhalt beizubringen, vielmehr wird dies Wissen bei ihm als vorhanden vorausgesetzt; man will ihn nur auf die Hitze, auf die Dauer aufmerksam machen. So sagt man bei dem Spaziergang zu seinem Begleiter: Der Wind ist rauh; die Uhr schlägt zwölf. Der Zweck ist, nur die Aufmerksamkeit, den Grad des Wissens des Trennstücks im Andern zu erhöhen, und zwar in der Regel, um an dieser verstärkten Vorstellung die Gedankenbewegung dann weiter gehen zu lassen. Der Spaziergänger fährt fort: Wir müssen nach Hause, denn es ist Essenszeit u. s. w.

14) Deser Fall des Urtheilens ist keine Ausnahme; auch hier ist die Mittheilung die Ursache desselben und der Trennung, die das Urtheil enthält. In dem Sprecher ist bereits die Aufmerksamkeit auf das Trennstück gerichtet und er macht das Urtheil nur, um in dem Andern die gleiche Wissens-Art für das gleiche Stück zu erwecken; die Mittheilung geht hier nicht auf den Inhalt, sondern auf die Wissensart; im Uebrigen bleibt Alles andere gültig. Die Auflösung in Trennstücke ist hier so nothwendig, wie da, wo es auf die Mittheilung des Inhalts ankommt, und der Hörer muss hier so gut wie dort die Trennstücke wieder vereinen, wenn das Urtheil ihm verständlich sein soll. — Das Urtheil wird im Leben so oft für den einen, wie für den andern Zweck benutzt; man könnte die Urtheile hiernach eintheilen in Urtheile des Inhalts und der Wissens-Art. Man darf hierbei an dem Ausdruck: „Mittheilung der Wissens-Art“, keinen Anstoss nehmen; auch der Inhalt wird nicht im strengen Sinne mitgetheilt, sondern nur der gleiche Inhalt wach gerufen, und die Sprache kennt selbst eine Mittheilung der Gewissheit.

15) Dieser Auffassung von dem Wesen des Urtheils scheint die sprachliche Bezeichnung des Subjekts im Urtheil zu widersprechen. Wenn das Urtheil eine Trennung des einen Gegenständlichen in zwei Trennstücke enthält, so folgt, dass keines das andere mit enthalten darf, sondern jedes die Ergänzung des andern zu dem einen

Gegenständlichen bildet. Sieht man aber auf den Ausdruck, so scheint das Subjekt das Prädikat schon mit zu enthalten. Die Kirsche ist süss; der Himmel ist blau; hier steckt in der Kirsche schon das Süsse, in dem Himmel schon das Blaue; das Prädikat bringt nur eine Bestimmung, die das Subjekt schon enthält. — Dieser Schein entspringt aus einer Verwechselung von Subjekt mit Gegenstand. Im Gegenstand muss allerdings das Prädikat enthalten sein, wenn das Urtheil Wahrheit haben soll; aber das Subjekt ist nicht dieser Gegenstand, sondern nur eine solche Vorstellung desselben, welche das Prädikat nicht mit enthält.

16) Der falsche Schein kommt zunächst von der Sprache. Diese hat nur selten besondere Worte für den Begriff des Subjektes ohne Prädikat; es giebt kein solches für die Kirsche ohne süss. Es muss deshalb das Wort für den Gegenstand auch zur Bezeichnung des Subjekts gebraucht werden, und daher der Schein, als wäre auch in der Vorstellung des Subjekts schon das Prädikat mit vorgestellt. — Weiter hat allerdings der Sprechende bei dem Urtheil das Wissen von der Verbindung des Prädikats mit dem Subjekt im Gegenstande und es scheint deshalb bei ihm das Prädikat schon in dem Subjekt enthalten zu sein; aber dieser Schein kommt nur aus der Ungewohntheit, das Subjekt getrennt von seinem Prädikat im Vorstellen zu halten. An sich ist es im Urtheil getrennt, und vollzieht der Sprechende diese Trennung nicht so weit, so trifft dieses nicht das Urtheil, sondern dessen Ausführung.

17) In dem Hörer, auf den es bei dem Urtheil abgesehen ist, wird in jedem Falle vorausgesetzt, dass seine Vorstellung des Subjekts das Prädikat nicht enthalte, oder dass in seiner Vorstellung des Gegenstandes das Prädikat noch fehle, sonst wäre das Urtheilen ein sehr überflüssiges Unternehmen. — Auch für die Urtheile der Wissens-Art gilt diese Regel, wenn man festhält, dass die Mittheilung dabei nur auf die Wissens-Art geht. Die Aufmerksamkeit des Hörers darf nicht bereits in der Vorstellung des Ganzen auf das Trennstück des Urtheils gelenkt sein, sonst hätte solch Urtheil keinen Zweck.

18) In diesem Punkt ist es, wo sich die Definitionen von den Urtheilen unterscheiden. In der zu definirenden Vorstellung ist allerdings alles enthalten, was die Definition an Merkmalen bringt, und die Identität beider bedingt die Wahrheit der Definition; der Unterschied beider liegt nur in dem Implicite-Wissen des Begriffs und dem Explicite-Wissen seiner Definition. Aber das Urtheil ist keine Definition; nur sprachlich haben sie die Gleichheit der Form. Das Unterschiedensein der Glieder im Urtheil bestätigt sich in den

Gesetzen, welche nichts anderes, als allgemeine Urtheile sind. Gesetze, welche in dem einen Gliede das andere schon enthielten, wären schlechte, oder vielmehr gar keine Gesetze.

19) Hegel geht dagegen zu weit, wenn er sagt (VI. 330.): „Das „Subjekt hat erst im Prädikat seine ausdrückliche Bestimmtheit; für „sich ist es deswegen eine blosse Vorstellung oder ein leerer Name.“ Diese Ansicht entspringt aus einer Verwechselung des Urtheils mit der Definition; in dieser ist der Begriff sehr oft für den Hörer ein leerer Name, der seine Erfüllung erst in der Definition erhält. Aber im Urtheil muss das Subjekt einen Inhalt haben und dieser muss auch dem Hörer schon bekannt sein, wenn das Urtheil ihm verständlich sein soll. Hegel verlässt auch sofort wieder diese Ansicht und sagt (VI. 331.): „Indem das Subjekt überhaupt und un„mittelbar concret ist, ist der bestimmte Inhalt des Prädikats nur „eine der vielen Bestimmtheiten des Subjekts und dieses reicher und „weiter als das Prädikat,“ eine Ansicht, die ebenso unwahr ist, als jene.

20) Mit dieser schwankenden Auffassung des Subjekts im Urtheile hängt die bekannte Eintheilung der Urtheile in analytische und synthetische zusammen. Kant begann seine Philosophie mit der berühmten Formel: Wie sind allgemeine synthetische Urtheile a priori möglich? Analytische Urtheile sind nach Kant (I. 443.): „deren Gewissheit auf Identität des Prädikats mit dem Begriffe des „Subjekts beruht; synthetische Urtheile sind die nicht auf Identität „beruhen.“ Man hat in den Schulen von jeher grossen Werth auf diese Eintheilung gelegt und gemeint, dass namentlich die analytischen Urtheile das Beispiel der höchsten Gewissheit enthielten. Aber die Gewissheit hat noch andere Gründe; die Wahrnehmung giebt dem synthetischen Urtheile die gleiche Gewissheit. Auch bemerkte man wohl, dass die analytischen Urtheile ein sehr leeres Thun enthalten und das Wissen nicht vermehren; man liess sie aber trotzdem nicht fallen und suchte ihre Bedeutung in der Umwandlung des Implicite-Wissens in Explicite-Wissen. Aber man gerieth damit in die Verwechselung des Urtheils mit der Definition.

21) In Wahrheit ist jedes Urtheil ein analytisches in Bezug auf den Gegenstand oder die eine Vorstellung, welche seinen Inhalt bildet. In dem Gegenstand müssen alle drei Stücke des Urtheils und insbesondere Subjekt und Prädikat enthalten sein, wenn es wahr sein soll. Aber eben so nothwendig ist jedes Urtheil im Vorstellen ein synthetisches. Das Subjekt darf das Prädikat nicht enthalten, wenn das Urtheil nicht eine leere Spielerei und Tautologie sein soll, wie sie nur die Schule festhalten kann. Dort kann diese Tautologie so weit getrieben werden, dass das Prädikat nicht

bloss einen Theil des Subjekts, sondern seinen ganzen Inhalt wiederholt. Ein solches Urtheil heisst dann ein identisches und seine Abnormität wird selbst in der Schule anerkannt. Aber das analytische Urtheil im Sinn der gewöhnlichen Logik ist dieselbe Unnatur, wenn auch beschränkt auf einen Theil des Inhalts.

22) Die weitere Erkenntniss des Urtheils entwickelt sich an seiner Eintheilung. Subjekt und Prädikat werden die Glieder (termini) genannt; die Copula bezeichnet die Einheitsform derselben. Subjekt und Prädikat haben keinen sachlichen, sondern nur sprachlichen Unterschied; sie können deshalb verwechselt werden, ohne dass der Inhalt des Urtheils sich ändert. Der Wind ist kalt, ist dasselbe, als: Kalt ist der Wind. Alle Menschen sind sterblich, und: sterblich sind alle Menschen. Die in den Lehrbüchern der Logik behandelte Umkehrung der Urtheile gilt nur deshalb nicht allgemein, weil sie dabei den Sinn der Glieder verändert. Das Urtheil: Alles Sterbliche ist Mensch, ist nur deshalb falsch, weil das Urtheil: Alle Menschen sind sterblich nicht bloss umgekehrt, sondern auch das Alle von dem Menschen weg zu dem sterblich gebracht worden ist.

23) Da das Trennen des Vorgestellten auf die mannichfachste Weise geschehen kann und der Trennvorstellungen unendliche sind, so kann der Unterschied der Urtheile nicht aus dem Inhalte der Glieder abgeleitet werden, sondern ruht auf den Unterschieden der Einheit, in der die Glieder verbunden sind. An der Copula hat sich die Eintheilung der Urtheile zu entwickeln und nicht, wie Hegel meint, an den Prädikaten (VI. 333.) Im Sein sind vier Arten der Einheiten vorhanden; diese geben den Theilungsgrund. Die Einheit des An-einander oder die Einheit der Theile wird durch die Copula hat bezeichnet. Der Zweig hat Blätter, der Tag hat 24 Stunden; der Mensch hat Haare. Die Einheit des In-einander, der Eigenschaften hat die Copula: ist. Der Baum ist hoch; der Tag ist heiss; der Mensch ist vernünftig. Die Einheit der Mischung hat, da sie seltener gebraucht wird, keine so feste Copula; gewöhnlich wird das: enthält benutzt; das Rosa enthält weiss; der Punsch enthält Rum; der Dreiklang enthält die Quinte. Hiermit schliesst die Eintheilung der Urtheile, weil die vierte Einheitsform, die Einheit des Begriffs mit seinem bildlichen Rest in einem Urtheile wegen der fehlenden Worte für die bildlichen Reste sich nicht ausdrücken lässt.

24) Nach den Lehrbüchern der Logik sollen nur die Sätze als Urtheile gelten, deren Glieder durch: ist verbunden sind. Es ist dies eine Beschränkung der Urtheile, die durch nichts zu rechtferti-

gen ist und nur aus der mangelhaften Auffassung des Urtheils überhaupt sich erklärt. Man ist dann genöthigt, die Urtheile mit hat und enthält, um sie als solche gelten zu lassen, sprachlich in Urtheile mit: ist umzuändern. Dabei wird der Sprache Gewalt angethan und die von der Sprache so scharf bezeichnete verschiedene Natur dieser Urtheile verwischt.

25) Aber auch die Copula: ist hat zu grossen Missverständnissen Anlass gegeben. Anstatt dies: ist nur als Bezeichnung der Einheitsform der Glieder zu nehmen, hat man es mit dem: ist des wirklichen Seins verwechselt oder es als Bezeichnung der Identität genommen. — Diese letztere Auffassung der Copula liegt den berühmten dialektischen Beweisen des Parmenides in dem darnach genannten Dialoge Plato's zu Grunde. Unter andern sagt Parmenides dort (Plato-Schleiermacher. I. 2. Abth. 128.): „Das Eins wird „auch nicht einerlei sein mit sich selbst. — Wie das nicht, fragt Socrates, der hier das natürliche Vorstellen vertritt. — Parmeni„des: die Natur des Eins ist nicht dieselbe, wie die des Einerlei. „— Socrates: Wie doch? — Parm.: Weil nicht, wenn etwas einer„lei mit etwas geworden ist, es auch Eins wird, denn was Einerlei „mit dem Vielen geworden ist, das wird doch nothwendig Vieles „und nicht Eins. Nur wenn das Eins und das Einerlei gar nicht „von einander verschieden wären, dann müsste, wenn etwas einer„lei geworden ist, es auch immer Eins geworden sein. Also, wenn „das Eins mit sich selbst Einerlei sein wird, wird es nicht Eins „mit sich selbst sein und so wird es Eins seiend, auch wieder nicht „Eins sein. — Socr.: Aber das ist ja unmöglich! — Parm.: Also „ist auch dem Eins unmöglich, weder verschieden zu sein von „einem Andern, noch Einerlei mit sich selbst."

26) In dieser Weise geht die dialektische Beweisführung beinahe durch den ganzen zweiten Theil des Dialoges. Man bemerkt leicht, dass diese Beweisführung ganz allein darauf beruht, dass die Copula ist nicht in ihrer natürlichen und wahren Bedeutung genommen wird, wonach sie nur die Einheitsform der Glieder anzeigt. sondern dass sie als Aussage der Dieselbigkeit beider Glieder genommen ist. Dann wären allerdings nur die identischen Urtheile die allein wahren, wie: A ist A, der Baum ist der Baum; oder wie Parmenides sich in jenem Dialoge selbst ausdrückt: „Wenn „aber dem Eins noch etwas zukäme, ausser dem Eins sein, so „käme ihm zu, mehr zu sein als Eins, dies aber ist unmöglich." — Bei dieser Bedeutung des Ist wird jedes Urtheil ein unwahres, weil seine Glieder der Natur des Urtheils zufolge Unterschiedene sein müssen. Das Blendende jener Dialektik liegt darin, dass die Zweideu-

tigkeit des Wortes: ist benutzt wird, um es auf die Dieselbigkeit zu beschränken. Nachdem der unachtsame Hörer dies zugegeben hat, wird dieses Zugeständniss dann gebraucht, um die Wahrheit der Einheitsform, die das ist im Urtheile bedeutet, anzugreifen, womit dem natürlichen Vorstellen Hören und Sehen vergeht.

27) Auch Hegel benutzt das gleiche Mittel zur Entstellung der Natur des Urtheils. Er sagt (VI. 327.): „Es ist für einen verwun-„derungswürdigen Mangel an Beobachtung anzusehen, das Faktum „in den Logiken nicht angegeben zu finden, dass in jedem Urtheil „solcher Satz ausgesprochen wird: das Einzelne ist das All-„gemeine; oder noch bestimmter: das Subjekt ist das Prädi-„kat (z. B. Gott ist absoluter Geist). Freilich sind die Bestimmun-„gen: Einzelheit, Allgemeinheit, Subjekt, Prädikat, auch unterschie-„den; aber darum bleibt nicht weniger das ganz allgemeine Faktum, „dass jedes Urtheil sich als identisch aussagt.“ — „In der „Copula ist ferner die Identität des Subjekts und Prädikats zwar „gesetzt, aber zunächst nur als abstraktes ist.“ — Und (VI. 335.): „Wenn wir sagen: diese Rose ist roth, so liegt in der Copula ist, dass „Subjekt und Prädikat mit einander übereinstimmen. Nun ist die „Rose nicht bloss roth, sondern hat noch vielerlei andere Bestim-„mungen, die in dem Prädikat roth nicht enthalten sind. Ande-„rerseits kommt dieses Prädikat, als ein abstrakt allgemeines, nicht „bloss diesem Subjekt zu. Subjekt und Prädikat im unmittelbaren „Urtheil berühren so einander gleichsam nur an einem Punkt, aber „sie decken einander nicht.“ — Diese falsche Auffassung der Copula ist, als die Identität der Glieder aussagend, zieht sich durch die ganze Darstellung Hegels und wird von ihm in seinem Sinne ausgebeutet, um auch hier den Widerspruch als die Wahrheit aufzuzeigen. Seine breiten Beweise fallen, wenn das: Ist in seiner wahren Bedeutung genommen wird.

28) Die andere falsche Auffassung der Copula giebt ihr die Bedeutung des wirklich Seins; weil das Zeitwort Sein diesen Sinn hat. Man kam dadurch zu der Ansicht, dass jedes Urtheil auch das wirkliche Sein seines Inhalts aussage. So behandelt Kant das kategorische Urtheil und unterscheidet es durch das wirkliche Sein seiner Glieder von dem hypothetischen. Er sagt (I. 437): „Es ist ein wesentlicher Unterschied zwischen den beiden Sätzen: „Alle Körper sind theilbar, und: Wenn alle Körper zusammenge-„setzt sind, so sind sie theilbar. In dem ersten Satze behaupte ich „die Sache geradezu, in dem letzteren nur unter einer problema-„tisch ausgedrückten Bedingung.“ — Schon Wolff behauptet dagegen,

dass das kategorische Urtheil dem hypothetischen gleich gelte, und Herbart sagt bestimmter (I. 92.): „Das Urtheil: A ist B enthält „keineswegs die gewöhnlich hinzugedachte, aber ganz fremdartige „Behauptung, dass A sei, denn von A für sich allein ist keine „Rede. — Daher heisst der Satz: A ist B noch lange nicht A ist. „Sondern er heisst, wenn man die richtige Definition des Begriffs „A hätte, so würde man das Merkmal B darin finden. — Hier ist Herbart der wahren Bedeutung der Copula ziemlich nahe und er würde vollständig dahin gelangt sein, wenn er nicht den Begriff der Copula, wie alle bisherigen Darstellungen der Logik, nur auf das Ist beschränkt hätte.

29) Hegel äussert sich über diese Frage zweideutig. Er sagt (VI. 329): „Das Urtheil wird gewöhnlich in dem subjektiven „Sinn genommen, als eine Operation, die bloss in dem selbstbe„wussten Denken vorkomme. Dieser Unterschied ist aber im Lo„gischen noch nicht vorhanden. Alle Dinge sind ein Urtheil. „Dem bloss subjektiv-seienden Sinne des Urtheils, als ob ich dem „Subjekt ein Prädikat beilegte, widerspricht der vielmehr objek„tive Ausdruck des Urtheils: die Rose ist roth, Gold ist Metall; „nicht ich lege ihnen erst etwas bei."

30) Hierauf ist zu entgegnen, dass vielmehr die Urtheile nur im Wissen und nicht im Sein anzutreffen sind. Das Urtheil ist wesentlich eine Absonderung der Einheits-Form von den durch sie vereinten Bestimmungen. Solche Absonderung ist im Sein niemals vorhanden, vielmehr durchdringt jede Einheits-Form die von ihr vereinten Bestimmungen, so dass sie im Sein nur als ein Gegenstand erscheinen. Das Wissen allein mit seiner trennenden Thätigkeit kann diese einenden Formen abtrennen und damit die Form des Urtheils zu Stande bringen. Es ist daher nur in dem Wissen der Seele und auch nur dann, wenn es darauf ankommt, das Wissen mitzutheilen. Nur der Inhalt eines Urtheils kann wahr sein, im Sein angetroffen werden, aber die Form desselben niemals.

31) Hegel sagt: „Alle Dinge sind ein Urtheil, d. h. sie sind „Einzelne, welche eine Allgemeinheit oder innere Natur in sich „sind, oder ein Allgemeines, das vereinzelt ist; die Allgemeinheit „unterscheidet sich in ihnen, aber sie ist zugleich identisch." Dieser gewaltsame Schluss mit einem Identischen und zugleich Unterschiedenen folgt nicht aus dieser sonst treffenden Stelle. In jedem Einzelnen ist, wie Hegel richtig sagt, das Allgemeine enthalten; sie bilden eine Einheit, aber sie sind eben deshalb kein Urtheil, welches Einzelnes und Allgemeines auseinander gelöst und die Ein-

heits-Form des In-einander nur darüber schwebend hält. — Solches ist nur im Wissen möglich.

32) Diese Erörterungen bestätigen die Wahrheit der hier gegebenen Darstellung. Wenn das ist im Urtheil weder die Identität der Glieder noch ihr wirkliches Sein bedeutet, so kann es nur ihre Einheitsform bezeichnen und das: Ist stellt sich dem „hat" als Neben-geordnet zur Seite, was als Copula ebenso wenig die Wirklichkeit oder Identität der Glieder aussagt, sondern nur ihre Einheit als Theile. — Die Wahrheit des Urtheils kann weder durch das Nicht-sein seiner Glieder noch durch deren Unterschied angefochten werden, wie Parmenides und Hegel thun. Die Wahrheit des Urtheils liegt nur in der Copula. Stehen die Glieder in dieser Verbindung, so ist das Urtheil wahr, wenn auch sein Inhalt als Ganzes nur eine blosse Vorstellung ist. Deshalb sind die Urtheile wahr: Pegasus ist ein geflügeltes Pferd; das Gespenst ist ein Geist ohne Körper; die Engel haben Flügel. Wenn das wirkliche Sein des Urtheils-Inhaltes ausgesagt werden soll, so muss deshalb das ist noch einen Zusatz bekommen, oder diese Wirklichkeit muss aus dem Zusammenhange der Darstellung erhellen. Bei den Erzählungen der wirklichen Ereignisse, bei den Beschreibungen wirklicher Gegenstände bezeichnet das Ist der Urtheile, auch das wirkliche Sein der Glieder, und die bloss vorgestellte Verbindung, die reine Copula, wird dann durch die Form des Conjunctivs und Optativs der Zeitworte bezeichnet.

33) Herbart zieht hierher noch die Fälle, wo, nach seiner Meinung, das Urtheil gar kein Subjekt hat, z. B. es regnet, es friert, es sind Menschen, oder: es giebt Menschen. Er sucht hier aus der Natur des Urtheils zu entwickeln, dass die Copula ist in solchen Fällen die Wirklichkeit bezeichnen müsse. Er sagt (I. 104.): „In jedem Urtheil bezieht sich das Prädikat nur auf das Subjekt, „wird durch dasselbe beschränkt. Diese Beschränkung muss mit „dem Subjekt wachsen und abnehmen. Diese Stellung des Prä„dikats muss ihr Maximum erreichen, wenn der Inhalt des Subjekts „verschwindet. Die Copula kann dann nichts anderes bezeichnen „als: dieser Begriff hat nichts, woran er als Prädikat sich anlehne; „nichts, was seine Bedeutung beschränkte: er steht für sich allein „und selbstständig da. Somit verwandelt sich die Copula in das „Zeichen des Seins, wenn für das Prädikat das Subjekt fehlt und „es entsteht ein Existentialsatz, wie: es blitzt, es donnert."

34) Man kann hier Herbart zugeben, dass solche Sätze das wirkliche Sein aussagen, ohne seiner Ausführung beizutreten, deren

Künstlichkeit jeder bemerkt. Aus der steigenden Ausdehnung des Prädikats kann nie das wirkliche Sein hervorgehen; die Begriffe der Verbindung, der Einheit müssten dann nur dem Grade nach von dem Begriffe des Sein verschieden sein, was Herbart selbst schwerlich behaupten würde. Die Eigenthümlichkeit dieser Sätze ist keine logische, sondern nur eine sprachliche. In dem Zeitwort der Sprache wird nicht bloss eine Eigenschaft ausgesagt, sondern auch die Bestimmung der Zeit und im Indicativ desselben oft auch die Wirklichkeit. Die Sprache kann deshalb durch das Zeitwort allein eine Vorstellung ausdrücken, die in mehrere nach Art des Urtheils zerlegt werden kann. Formen des Zeitworts, wie: es regnet, es donnert, enthalten das logische Urtheil: der Regen ist jetzt wirklich; der Donner ist jetzt wirklich. Für die Sprache bleibt jedes Urtheil ein nothwendiges Uebel; wo sie es umgehen kann, thut sie es und braucht ein Wort statt dreier.

35) So wie die Einheits-Formen des Seienden in dem Wissen der Seele eine bedeutende Erweiterung durch die Beziehungs-Einheiten erhalten, so zeigt sich die gleiche Erweiterung auch in den Urtheilen, deren Wesen in der Bloslegung der Einheits-Form besteht. Die bisher betrachteten Urtheile mit hat, ist und enthält bilden dann die Seins-Urtheile, denen die Beziehungs-Urtheile als zweite Art gegenüber treten. — Es zeigt sich hierbei, dass die Beziehungsformen sich nicht bloss mit der Copula der Urtheile verbinden, sondern auch mit den Gliedern. Als Urtheile in dem strengen Sinne können hier nur solche Beziehungs - Urtheile gelten, welche die Beziehung in der Copula haben; die andern gehören zu den später zu behandelnden Halb-Urtheilen. Die Sprache hat für die Copula der Beziehungs-Urtheile nicht immer besondere Worte gebildet; das Wort der Beziehung hängt sich oft nur der Copula der Seins-Urtheile an.

36) Die Beziehungs-Formen, die zur Copula gehören, sind: 1) das Nicht; die Copula bildet sich dabei aus einer Verbindung der Seins-Copula mit Nicht, und giebt die verneinenden Urtheile, wie: das Kind hat-nicht Durst; die Rose ist-nicht grün; der Zucker enthält-nicht Gift. 2) Das Gleich; die Copula lautet dabei: ist-gleich, gleicht und ergiebt das vergleichende Urtheil; wie: der Bruder gleicht der Schwester; die Winkel im Dreieck sind-gleich zwei Rechten. 3) Die Orts-Beziehung; die Copula bildet sich hier durch die Verbindung der Seins-Copula mit den Präpositionen und giebt die Orts-Urtheile, wie: die Kuh ist-in dem Stalle; der Himmel ist-über der Erde: der Donner ist-nach dem Blitz. 4) Die Beziehung durch Ganzes und Theile; die Copula lautet

meist: „besteht aus; z. B.: Das Bataillon besteht-aus vier Compagnieen; die Wohnung besteht-aus Zimmer, Cabinet und Küche. 5) Die Ursachlichkeit und Begründung, deren Copula wegen ihrer Verwandtschaft mit denselben Worten bezeichnet wird. Die Copula lautet hier: wirkt, erzeugt, folgt aus, ist-weil, wenn-so. Der Stoss wirkt Bewegung; das Reiben erzeugt Wärme; aus dem Läuten folgt die Ankunft des Eisenbahnzuges; aus dem Donner folgt der vorgegangene Blitz. 6) Die Substantialität. Die Copula ist hier dieselbe, wie die der Seins-Urtheile, weil die Substantialität bei der Sprachbildung mit dem Dinge und seinen Eigenschaften gleich gesetzt worden ist; so sagt man: die Seele ist unsterblich; die Seele hat Leidenschaften.

37) Zur vollen Erkenntniss der Beziehungs-Urtheile müssen die Fälle daneben gestellt werden, wo die Beziehungsform sich nicht der Copula, sondern den Gliedern des Urtheils einfügt. Diese Beziehungsformen sind: 1) das Und; der Vater und die Mutter sind verreist; der Mensch hat Arme und Beine. Der Dreiklang enthält Terz und Quinte. 2) Das Oder; der Vater ist krank oder verstimmt; die Bäume haben Blätter oder Nadeln; entweder Carl oder Franz oder Ernst ist schuld. 3) Die Zahl; sechs Hühner sind gestohlen; einige Gäste sind fortgegangen; die Menschen haben zehn Finger; diese Frau ist 60 Jahre alt. 4) Das All; dieser Mensch hat alle Zähne verloren; alle Studenten sind verreist; dieser Punsch enthält alles Nöthige. — Es bleiben sonach nur die Beziehungsformen des Wesens, des Inhaltes und des Innern mit ihren Gegensätzen, als die einzigen, welche in die Form der Urtheile nicht eingehen. Der Grund davon liegt nur in der geringen Benutzung dieser drei Beziehungen für das gewöhnliche Vorstellen. Deshalb hat die Sprache für sie keine besondern Partikeln gebildet; wo sie auftreten, muss ein breiterer Ausdruck gewählt werden, welcher seine Einfügung in die Urtheils-Form verhindert; sachlich wäre auch bei ihnen kein Hinderniss vorhanden.

38) Diese Aufzählung der Beziehungs-Urtheile wird ihre Bedeutung erkennen lassen; sie sind für die Mittheilung so unentbehrlich, wie die Seins-Urtheile. Die Mittheilung an Andere hat nicht bloss die Mittheilung des Seienden zum Zweck; vielmehr kommt es ihr ebenso oft darauf an, die Beziehungen, in denen der Sprechende das Seiende erfasst, dem Andern mitzutheilen. Die Bildung der Beziehungs-Urtheile war so nöthig, wie die der Seins-Urtheile.

39) Das verneinende Urtheil ist in Wahrheit die Verneinung des Urtheils überhaupt; es wird darin die Verbindung der Glieder

verneint; da nun das Wesen des Urtheils in dieser Verbindung und deren Bloslegung besteht, so kann das Urtheil überhaupt, mit der Vernichtung der Einheit oder Verbindung nicht bestehen. Dieses ist auch der natürliche Sinn des verneinenden Urtheils. Es bildet den Gegensatz gegen das Urtheil überhaupt und es wäre verständlicher, es nur Verneinung des Urtheils zu nennen, anstatt: verneinendes Urtheil, was die Täuschung veranlasst, als bildete es eine Unterart der wirklichen Urtheile. Das verneinende Urtheil wird nur angewendet, wenn es darauf ankommt, das ihm entgegenstehende Urtheil zu beseitigen; sei es im blossen Vorstellen oder im Sein. Die Verneinung soll ein vorhandenes Urtheil zerreissen, wie schon in der Lehre des Nicht an Beispielen dargethan worden ist (151).

40) Die übrigen Beziehungs-Urtheile sind dagegen wahre Urtheile und sie sind von dem ausgedehntesten Gebrauche. Die gewöhnliche Logik hat, weil ihr die umfassende Kenntniss der Beziehungs-Formen abging, nur die Urtheile der Ursachlichkeit und Begründung als solche zugelassen, und auch da sich nicht recht in ihre Natur zu finden gewusst. Das vergleichende Urtheil findet seine ausgedehnte Anwendung in der Mathematik; der grösste Theil ihrer Lehrsätze sind nur allgemeine Urtheile der Gleichheit und Aehnlichkeit. Aehnlichkeit ist aber dasselbe, wie Gleichheit, nur bestimmter mit einer Ungleichheit verbunden vorgestellt. Indem die Naturwissenschaft die stofflichen Beschaffenheiten der Dinge auf die Unterschiede der Grösse zurückzuführen sucht, wird die Grösse zu dem allein herrschenden Grundbegriff der Natur und die Bedeutung dieses Beziehungs-Urtheils nimmt in diesem Gebiete mit jedem Tage zu. Es ist daher zu verwundern, dass die Logik das vergleichende Urtheil ganz übersehen hat, obgleich seine Umwandlung in die sprachliche Form eines Seins-Urtheils besondere Schwierigkeiten hat und seine Eigenthümlichkeit deshalb leicht zu bemerken ist.

41) Die Orts- und die Theil-Urtheile sind von der gewöhnlichen Logik ebenfalls gänzlich übersehen, obgleich in den ersteren die Kürze der Partikel, welche sich der Copula anfügt, ihre Verschmelzung erhöht und deutlich das Dasein einer besonderen Unter-Art der Urtheile zu erkennen giebt. Die Substanz-Urtheile bieten nur deshalb nichts Eigenthümliches, weil diese Beziehung dem gewöhnlichen Vorstellen am fernsten steht und daher in der Sprache keine selbstständigen Worte zugewiesen erhalten hat; die Copula der Seins-Urtheile dient dazu und die Frage, ob damit ein Substanz- oder Seins-Urtheil ausgedrückt ist, muss aus den begleitenden Redetheilen abgenommen werden.

42) Das Urtheil der Ursachlichkeit und Begründung wird in der gewöhnlichen Logik als das hypothetische Urtheil bezeichnet. Man giebt es da nur als Grund und Folge. Die Ursachlichkeit macht Kant daraus erst durch die Umwandlung dieses Urtheils in eine Kategorie des Seienden. Allein Ursache und Grund sind sehr verschiedene Begriffe, die die Logik hätte gesondert halten müssen, wenn auch die Sprache für beide dieselben Worte bietet. Weiter soll nach der Logik dieses Urtheil die Eigenthümlickkeit haben, dass es aus mehreren Urtheilen besteht; „es werden in ihm," wie Kant sagt (K. d. r. V. 72) „zween Urtheile gegeneinander be„trachtet." Allein diese falsche Ansicht ist nur daraus entstanden, dass man solche Urtheile nur da zu finden meint, wo die Worte: Wenn-so gebraucht werden. Diese Binde-Wörter fordern allerdings ihrer besonderen Natur nach zwei Urtheile; aber daneben sind die Worte: bewirkt, erzeugt, folgt aus ebenso bezeichnend und diese bilden das einfache hypothetische Urtheil, wie die früheren Beispiele ergeben.

43) Die Beziehungen, welche sich nicht mit der Copula, sondern mit den Gliedern verbinden, sind keine wahren, sondern nur Halb-Urtheile und ihre Verbindung mit wirklichen Urtheilen verwandelt diese in Sätze. Dies wird gleich näher erläutert werden. Die gewöhnliche Logik nimmt sie als wirkliche Urtheile, und hat aus dreien davon eine besondere Art, die Quantitäts-Urtheile gemacht. Das allgemeine Urtheil ist das, wo die Beziehungsform des All sich mit einem der Glieder verbindet. Das besondere Urtheil ist das Urtheil der Zahl- und Und-Beziehung. Einige, Mehrere sind nur unbestimmte Zahlen. Die bestimmte Zahl hat die Logik nicht unter den Beispielen ihrer besondern Urtheile; aber mit Unrecht; denn da die Zahl das All nicht enthält, aber doch Mehrere Gleiche umfasst, so fallen auch Urtheile, wie: drei Kinder sind krank, unter den Begriff der besondern Urtheile. Das Einzel-Urtheil der Logik gehört auch zum Urtheil der Zahl-Beziehung, insofern die Eins das Element der Zahl bildet.

44) Das Urtheil des Oder kennt die gewöhnliche Logik unter dem Namen des disjunktiven Urtheils; sie bringt es zu den Urtheilen der Relation. Dies könnte so scheinen, als hätte sie die wahre Einsicht in die Natur desselben; aber die Relation selbst ist in der gewöhnlichen Logik ein trübes Gemisch von Sein und Wissen, in dem das Verschiedenste zusammengebracht wird; sonst würde man Anstoss genommen haben, die kategorischen Urtheile in diese Klasse zu bringen.

# Das Urtheil in der Sprache.

1) Indem im Vorstehenden das Wesen der Urtheile auf die Blosslegung der Einheitsform zurückgeführt und die Einheitsformen des Seins und des Beziehens als die natürlichen Besonderungen dieser Einheit und somit der Urtheile dargelegt worden sind, ist erst damit eine Auffassung des Urtheils gewonnen, welche seine wahre Natur verstehen, und seinen Umfang sicher überblicken lässt. Dem gegenüber tappt die gewöhnliche Logik im Finstern; an dem Gängelbande der Sprache, erfasst sie nur, was sich äusserlich als Gerippe dieser Wissensform darstellt. Das tiefere Verständniss des in der Sprache für sie niedergelegten Schatzes bleibt ihr verborgen.

2) Es muss Jedem auffallen, dass, obgleich die Urtheile in der Logik so anspruchsvoll als der alleinige Ausdruck des Vorstellens und Denkens auftreten, dennoch in der Sprache des Lebens und der Wissenschaft sich so wenig von diesen logischen Urtheilen vorfindet. Nehme man das Einfachste. Die erste von Aesop's Fabeln lautet: „Die Mutter ermahnte den rückwärts gehenden Krebs, dass „er vorwärts gehe. Der Sohn antwortete: Ich werde es thun, wenn „ich zuvor gesehen haben werde, dass du dasselbe thust." In dieser Erzählung ist nicht ein einziges Urtheil im Sinne der Logik enthalten, obgleich eine Reihe Vorstellungen in der einfachsten Weise darin mitgetheilt werden.

3) In den Lehrbüchern der Logik wird dieser auffallende Umstand entweder gar nicht erwähnt oder kurz damit abgefertigt, dass dergleichen sich in logische Urtheile auflösen lasse. Aber dies trifft nicht die Frage, weshalb die Sprache die logische Form verlassen hat. Hegel geht sogar weiter und bestreitet das Dasein wirklicher Urtheile in solchem Falle. Er sagt (VI. 329.): „Die Urtheile sind „von den Sätzen zu unterscheiden; die letztern enthalten eine Be- „stimmung von den Subjekten, die nicht in dem Verhältniss der „Allgemeinheit zu ihnen steht; einen Zustand, eine einzelne Hand- „lung u. dgl. Cäsar ist zu Rom im Jahre — geboren, hat 10 Jahre „in Gallien Krieg geführt, ist über den Rubicon gegangen, und so „fort, sind Sätze, aber keine Urtheile. Es ist ferner etwas ganz „leeres, zu sagen, dass dergleichen Sätze, z. B. ich habe heute Nacht „gut geschlafen, oder auch: Präsentirt das Gewehr, in die Form „eines Urtheils gebracht werden können." — Allein mit solcher absprechenden Abweisung ist diese wichtige Frage nicht abgethan; noch in keiner Logik ist die Allgemeinheit zum Wesen des Urtheils

erhoben worden; und selbst dann sind Worte, wie: Krieg führen, geboren werden, so allgemeine Begriffe, wie jeder andere.

4) Die Sprache dient nur der Mittheilung der Vorstellungen. Die Schranken des menschlichen Gedächtnisses nöthigen zur Minderung der Zahl der Laute; man musste deshalb die reichern Vorstellungen in einfachere auflösen, welche, als die allgemeinern, in vielen wiederkehrten. Damit minderte sich die Zahl; aber es trat dagegen der Uebelstand ein, dass die mitzutheilende Vorstellung in viele Trennstücke zerlegt werden musste; denn nur für letztere waren die Worte vorhanden. Was die Sprache an Einfachheit und Allgemeinverständlichkeit gewonnen hatte, das verlor sie wieder an Bildlichkeit und Kürze. Zur Vermeidung dieser Klippe sind höchst sinnreiche Mittel angewendet worden. Eines der wichtigsten ist die Beugung der Worte. Die allgemeinsten Bestimmungen der Gegenstände und des Vorstellens wurden nicht durch besondere Worte bezeichnet, sondern durch gelinde Aenderungen des Lautes, ohne den Stamm des Wortes zu zerstören.

5) Das Urtheil, welches demselben Zwecke, wie die Sprache dient, musste von diesem Mittel ebenfalls betroffen werden. Aber wichtiger war ein anderer Ausweg bei der Sprachbildung, man zog die Copula „ist" mit dem Prädikate zu einem Wort zusammen, zum Zeitwort (verbum). Nun konnte das Urtheil ohne Verkürzung seines Inhaltes mit zwei Worten ausgedrückt werden; so: Vater schläft, statt: Vater ist schlafend. Indem so die Einheitsformen des Urtheils bei dem Sprechen durch die Beugung der Worte und durch die Zeitworte mitgetheilt werden konnten, verschwand die logische Form des Urtheils beinahe ganz aus der Sprache; sein todtes, starres Gerippe wurde von den runden Formen des Lebendigen überdeckt.

6) Jede sprachliche Darstellung einer Gedankenreihe zerfällt nunmehr in die Elemente 1) der Worte, 2) der Halb-Urtheile, 3) der Ganz-Urtheile, 4) der Sätze und 5) der Perioden. Der Unterschied dieser Elemente ist nur ein sprachlicher; inhaltlich kann ein Wort oft mehr mittheilen als ein Urtheil oder Satz. Zu den Worten gehört jedes sprachlich gesonderte Wort, mag seine Bedeutung sein, welche sie wolle. Zu den Halb-Urtheilen gehören alle sprachlichen Verbindungen zweier Worte, welche keine Aussage enthalten, d. h, wo die logische Copula mit einem Prädikat, oder das sie beide umfassende Zeitwort fehlt. Das Ganz-Urtheil enthält diese Aussage; der Satz ist eine Verbindung von einem Ganz-Urtheil mit Halb-Urtheilen; die Periode ist eine Verbindung von Sätzen. Zwischen den Perioden findet keine sprachliche Ver-

bindung statt; jede ist für sich, und sie bildet die Spitze der Gliederung.

7) Das Halb-Urtheil bildet die häufigste und wichtigste Redeform; auf ihr beruht wesentlich die Kürze und Bildlichkeit der Mittheilung. Es lassen sich zwei Hauptformen desselben unterscheiden: 1) die Verbindung des Adjectivs mit dem Substantiv; guter Vater, statt: Vater ist gut. Zu dieser Verbindung gehört auch die Verbindung des Artikels der und ein mit dem Substantiv; der Pronomina demonstrativa mit dem Substantiv; dieser Vater, jenem Kinde; der Adverbien mit dem Zeitwort; schnell fahren, statt: Fahren ist schnell. 2) Die Verbindung der Substantiva mit Substantiven; Vaters Garten statt; der Garten ist dem Vater; und die Verbindung der Adjectiva mit Adjectiven: schnell laufend, statt: laufend ist schnell. Zusammengefügte Worte, welche sich sprachlich in ein Wort verwandelt haben, gehören nicht hierher, sondern zu den Elementen der Worte; wie: Branntwein, Windfahne.

8) Die erste Form eines Halb-Urtheils hat die meiste Aehnlichkeit mit dem logischen Urtheil; das Prädikat ist in dem Beiworte des Hauptwortes unverändert geblieben, und nur die Copula ist wird durch die gleiche Beugung des Prädikats mit dem Subjekt nach Zahl, Geschlecht und Fallform bezeichnet. Alle Elemente des logischen Urtheils sind vorhanden und nur sprachlich ist die Copula statt durch ein besonderes Wort durch die gleiche Beugung ausgedrückt. Bei: der Vater eines Kindes haben die Artikel die Bedeutung des bestimmten und unbestimmten; sie bezeichnen einen Begriff wie die Beiworte; die Copula ist auch bei ihnen durch die gleiche Beugung ausgedrückt. Dasselbe gilt für die Pronomina demonstrativa. Bei den Adverbien liegt die Verbindung nur in der Zusammenstellung ohne Beugung.

9) Die zweite Form des Halb-Urtheils scheint nur deshalb dem Urtheil weniger ähnlich, weil sie in der Regel das Urtheil mit hat und nicht das Urtheil mit ist vertritt. Der Kopf des Menschen ist so viel als: der Mensch hat einen Kopf; des Vaters Kopfschmerz. ist gleich: der Vater hat Kopfschmerz. Die Copula liegt hier in der Beugung des Genitiv; bei den Adjectiven ist sie durch die blosse Zusammenstellung ausgedrückt.

10) Die Halb-Urtheile gelten aber nicht bloss für die Einheitsformen des Seins, sondern auch für die der Beziehungen, und hier ist der Ort, wo die früher erwähnten Verbindungen der Beziehungen mit den Gliedern des Urtheils das volle Verständniss erhalten. Die Ausdrücke: Vater und Sohn, Vater oder Sohn, drei Söhne, alle Söhne sind sämmtlich Halb-Urtheile. Somit theilen sich die

Halb-Urtheile wie die Ganz-Urtheile in Seins- und Beziehungs-Halb-Urtheile. Die Halb-Urtheile der Beziehungen lassen sich nur schwer in die logische Form bringen, weil die Sprache die Worte für die entsprechende Copula nicht gebildet hat. Vater und Sohn bedeutet: Vater ist durch die Und-Beziehung verbunden mit Sohn; die Copula kann hier nur durch acht Worte angedeutet werden. Dasselbe gilt für das Oder. Drei Söhne bedeutet: Sohn, Sohn, Sohn sind durch die Zahlbeziehung drei bezogen.; Das: Alle Söhne ist gar nicht in die logische Urtheilsform zu bringen.

11) Es kann zweifelhaft erscheinen, ob dergleichen sprachliche Verbindungen, wie die hier erwähnten, mit Recht zu den Urtheilen, wenn auch nur zu den Halb-Urtheilen zu zählen sind und nicht vielmehr zu den Begriffen im Sinne der Logik. Indess fallen, wie früher bemerkt, Begriff und Urtheil in dem isolirten Vorstellen in eins; das Urtheil bildet sich erst durch die sprachliche Mittheilung und sein Wesen besteht in der Zerreissung der mitzutheilenden Vorstellung in solche Trennstücke, wofür die Sprache die Worte gewährt, und in Beifügung der Einheitsform, um dem Hörenden auf diese Weise die Mittel zu bieten, aus diesem Material die gleiche Vorstellung des Sprechenden in sich zu bilden. Jeder sprachliche Ausdruck, der diesen Weg der Spaltung der Vorstellungen gehen muss, gehört deshalb zu den Urtheilen und nur einzelne Worte, oder die ihnen durch den Gebrauch gleich gestellten Doppelworte haben die Fähigkeit, die mitzutheilende Vorstellung unmittelbnr und ohne den Umweg der Trennung in mehrere Stücke zu erwecken.

12) Hiernach gehören unzweifelhaft die hier behandelten Formen zu den Urtheilen; da sie aber sprachlich nicht abgeschlossen sind, sondern durch ihre sprachliche Form anzeigen, dass noch ein Prädikat mit Copula oder ein, beides umfassende Zeitwort ihnen folgen soll, so unterscheiden sie sich hierdurch von dem vollständigen Urtheil. Dieser Umstand allein erregt den Zweifel, ob sie zu den Urtheilen gehören; aber dieser Umstand macht sie nicht zu Begriffen, sondern nur zu unselbstständigen, mit andern verbundenen Urtheilen; deshalb sind sie Halb-Urtheile genannt worden. Insbesondere gilt von ihnen schon der Satz des Aristoteles, dass die Wahrheit oder Unwahrheit erst in dem Urtheil ihren Ausdruck finde und nicht in dem Begriff allein. Das Halb-Urtheil: „der gute Vater“ sagt schon die Verbindung von dem Vater und gut aus und kann wahr oder falsch sein; sowie das Halb-Urtheil: der geradlinige Kreisbogen schon für sich eine Unwahrheit aussagt. Diese Halb-Urtheile lassen nur die Frage des wirklichen Seins oder blossen Vorstellens unbestimmt, aber das Urtheil muss nicht nothwendig

in einer Verbindung mit diesen Bestimmungen bestehen. Alles dies gilt sowohl von den Halb-Urtheilen des Seins wie der Beziehung.

13) Die Ganz-Urtheile unterscheiden sich hiernach nur sprachlich von den Halb-Urtheilen; sie enthalten, wie jene, nur die Elemente des logischen Urtheils, aber sie schliessen den Gedanken ab und enthalten in ihrer Form nicht das Zeichen, dass noch eine weitere Aussage hinzutreten solle. Das Ganz-Urtheil: Das Kind ist hungrig, oder: Das Kind hungert, sagt nicht mehr als das Halb-Urtheil: Das hungrige Kind; aber das Ganz-Urtheil schliesst die Vorstellung ab, während das Halb-Urtheil eine nachfolgende Aussage erwarten macht. Die Seins-Urtheile mit: Ist werden bei dem Sprechen überwiegend durch die Zeitworte ausgedrückt; die Urtheile mit hat und enthält haben sich dagegen in der Sprache unverändert erhalten.

14) Die Beziehungs-Urtheile haben diese sprachliche Zusammenziehung der Copula mit dem Prädikat in ein Wort nicht; dagegen erhält die Copula ein anderes Zeichen für diese Beziehung. Im verneinenden Urtheile geschieht es durch die Anfügung des Nicht; in dem vergleichenden Urtheile verwandelt sich die Copula in das Zeitwort: gleichen, welches hier nicht das Prädikat mit aussagt, wie die Zeitworte der Seins-Urtheile. Dasselbe geschieht mit der Copula der Begründungs-Urtheile im: wirkt, begründet, folgt aus, und mit der Copula des Theil-Urtheils: besteht aus. In dem Orts-Urtheile bildet sich die Copula wie im verneinenden Urtheile durch Beifügung der betreffenden Präposition zur Seins-Copula; ist vor, hat nach, enthält in.

15) Die Sätze der sprachlichen Mittheilung sind Verbindungen eines Ganz-Urtheils mit ein oder mehreren Halb-Urtheilen; wie: der gute Vater schläft; die Mutter giebt dem Kind das Buch; ein heftiges Gewitter zog gegen das hohe Gebirge; der Lehrer befahl dem Kinde die Stube zu verlassen. — In den Sätzen tritt zuerst die organische Einheit der Sprache in ihrer Schönheit und Lebendigkeit hervor. In den meisten Sätzen verbinden sich mehrere Halb-Urtheile mit dem Ganz-Urtheile; dieses giebt den Halt, an den sich jene oft in grosser Zahl anfügen. Die Formen der Verbindung sind hier vorzugsweise die der Beugung der Worte. Besondere Worte treten nur als Aushülfe ein. Die Verbindungen selbst sind und können keine andern sein, als die bekannten Formen der Seins- und Beziehungseinheit.

16) In dem Satz: der gute Vater schläft, lautet das Ganz-Urtheil: Vater schläft; an dieses schliessen sich zwei Halb-Urtheile: der Vater und guter Vater; jenes ist eine Verbindung des Ar-

tikels mit dem Subjekt; dieses des Adjectivs mit dem Subjekt. Im Artikel liegt die Bedeutung des Einzelnen und Bestimmten; dieser Begriff wird mit dem unbestimmten Begriff Vater durch die Einheitsform des In-einander vereint vorgestellt; auch der Begriff des guten ist durch diese Einheitsform mit Vater geeint. Der sprachliche Ausdruck der Copula: ist liegt hier in der Gleichheit der Beugung des Artikels und Adjectivs mit dem Substantiv: Vater, nach Geschlecht, Zahl und Fallform.

17) In dem Satz: Die Mutter giebt dem Kinde das Buch, lautet das Ganz-Urtheil: Mutter giebt; an dieses fügen sich die Halb-Urtheile 1) die Mutter; 2) dem Kinde; 3) das Buch; 4) giebt Buch und 5) giebt Kinde. Die drei ersten Halb-Urtheile sind bereits erklärt. Das Halb-Urtheil: giebt Buch ist eine Verbindung des Verbum mit dem Substantiv; es bestimmt das Geben eben so näher, wie die Adjectiva das Substantiv in: guter Vater, hohes Gebirge. Das unbestimmte Geben wird zu dem bestimmten: Buch-Geben. Dasselbe gilt für das Halb-Urtheil: Kind geben. Die Bezeichnung der Copula liegt in beiden Fällen in der Zusammenstellung der Worte und in der Gleichheit der Beugung beider Worte nach Zahl und Redeform.

18) Beide Halb-Urtheile unterscheiden sich zugleich durch diese Fallform; Buch ist durch den Accusativ, Kind durch den Dativ mit Geben verbunden. Dieser Unterschied geht auf den Unterschied der Einheitsformen. Die Einheitsform für beide Halb-Urtheile ist das An-einander; das Buch-dem-Kinde-Geben der Mutter ist eine Handlung, dadurch dass die bewegende Hand das Buch und mit diesem das Kind berührt. Aber zugleich tritt die Beziehungs-Einheit der Ursachlichkeit durch die Kraft auf. Indem die in der Bewegung enthaltene Kraft von dem Willen der Mutter ausgeht, erscheint diese als die Ursache der Bewegung und das Buch ist nur das von der Bewegung ergriffene, durch fremde Kraft Bewegte. Daraus entwickeln sich die wichtigen Beziehungsbegriffe des Thätigen und Leidenden; jenes ist das, was die Ursache der Bewegung, oder die Kraft in sich hat; dieses ist das, was sich bewegt, ohne eigne Kraft, nur durch die Kraft und Bewegung der Ursache.

19) Da alles Lebendige die Bewegung und Veränderung in sich hat, so durchziehn diese Begriffe des Thätigen und Leidenden alle Zustände des Lebendigen, insbesondere seine Handlungen, und werden bildlich auch auf die leblose Natur übertragen, wo eine Aehnlichkeit dafür sich zeigt. Die Fallform des Nominativ in Verbindung mit dem Accusativ bezeichnet sprachlich diese Beziehungen des Thätigen und Leidenden; wird das Leidende zuerst vorgestellt,

so tritt mit gleichzeitiger Umänderung des Zeitworts in das Passivum das Leidende im Nominativ auf und das Thätige hat dann im Lateinischen die Fallform des Ablativ, welcher in den modernen Sprachen durch Präpositionen ersetzt ist.

20) Jede Thätigkeit hat neben dem bewegten oder veränderten Gegenstande noch Nebenbestimmungen an sich, welche der Veränderung erst die volle Bestimmtheit geben, aber nicht unmittelbar von der Bewegung oder Veränderung selbst ergriffen werden; so das Kind bei dem: Buch-geben. Es wird nicht mit bewegt, aber das Aufnehmen der Bewegung durch es giebt, dieser Bewegung die nähere Bestimmtheit. Diese Nebenbestimmungen der Veränderung oder Bewegung unterscheidet die Sprache von dem, was die Veränderung selbst erleidet, durch die Fallform; das Bewegte hat die Fallform des Accusativ; das sie näher Bestimmende, an der Wirkung nur Theil nehmende hat die Fallform des Dativ. Letzteres ist weniger leidend, dem Thätigen weniger unterworfen, als jenes. Deshalb frägt Mephistopheles im Faust: Wer ruft mir, nicht: Wer ruft mich. Solche Macht, wie der Accusativ anzeigt, hat der Mensch nicht über den Teufel. Das Rufen trifft ihn nur so, wie das Buchgeben das Kind.

21) Wo der leidende Gegenstand nicht in der Form des Substantivs, sondern des Verbi vorgestellt wird, werden statt der Fallform im Deutschen die Worte: dass, zu, benutzt; statt: Ich heisse ihm die Flucht, lautet der Satz dann: Ich heisse ihm zu fliehn; oder: ich heisse ihm, dass er fliehe. Im Lateinischen tritt hier der Accusativ mit dem Infinitiv ein, welcher der Substantivform genau nachgebildet ist und deshalb kürzer und bildlicher lautet.

22) Wenn die Zeitung die Nachricht bringt: „Am 14. August „(1863) reiste der Kaiser von Oestreich von Wien nach Frankfurt,“ so enthält dieser Satz von 12 Worten ein Ganz-Urtheil mit 6 Halb-Urtheilen. Jenes ist: Kaiser reiste; diese sind: 1) 14. August, ein Halb-Urtheil der Zahl-Beziehung; 2) reiste am 14., ein Halb-Urtheil der Zeit-Beziehung; 3) der Kaiser; 4) Kaiser von Oestreich; das: von Oestreich vertritt hier die Fallform des Genitiv; die Copula ist hier im: von sprachlich für sich bezeichnet; aber da die Aussage fehlt, so bleibt das Urtheil dennoch ein Halb-Urtheil; 5) reiste von Wien; 6) reiste nach Frankfurt; beides Halb-Urtheile der Ortsbeziehung.

23) Die Kürze und Bildlichkeit des sprachlichen Satzes beruht nicht bloss auf der Zusammenziehung der Copula und des Prädikats in ein Zeitwort und in der bildlichen Bezeichnung der Copula durch die Beugungen der Worte, sondern auch darauf, dass das

eine Wort das Subject für viele Urtheile zugleich abgiebt, ohne dass seine Wiederholung nöthig ist. So bildet in jenem Beispiel das eine Wort: reiste ein Glied für das Ganz-Urtheil und für drei Halburtheile dieses Satzes. Der Gedanke des Satzes würde einen unerträglich schwerfälligen Ausdruck erhalten, wenn die Sprache hier streng die Form des logischen Urtheils einhalten wollte.

24) Die Periode ist die sprachliche Verbindung mehrerer Sätze; ihr Unterschied gegen den Satz liegt darin, dass sie mehrere Ganz-Urtheile enthalten kann. In der Periode schliesst die organische Einheit der Sprache ab. Wenn die Sätze die Einheit der menschlichen Glieder darstellen, so ist die Periode das Bild der Einheit und Schönheit des ganzen Körpers. Wenn General Forey nach Paris berichtet: „Alle Klassen der Einwohner Mexico's schie- „nen zu wetteifern, um den französischen Truppen ihre Sympathie „auszudrücken, die unter dem Zujauchzen der Menge vorschritten und „von Blumen und Kränzen überschüttet wurden.“ so sind in dieser Periode vier Sätze enthalten; der erste geht bis: wetteifern; der zweite bis: auszudrücken, der dritte bis: vorschritten und der letzte bis: wurden. Das Ganz-Urtheil des ersten Satzes ist: Einwohner schienen; an dieses heften sich die vier Halb-Urtheile: Alle Klassen; Klassen der Einwohner; Einwohner Mexico's; schienen zu wetteifern. Der zweite Satz hat das Ganz-Urtheil: Einwohner ausdrücken, mit den fünf Halb-Urtheilen: ihre Sympathie; Sympathie ausdrücken; den Truppen; französischen Truppen; Truppen ausdrücken. Das Weitere wird der Leser leicht sich selbst auslegen können.

25) Ein anderer Unterschied der Perioden gegen die Sätze liegt sprachlich darin, dass die Verbindung der Sätze in ihr nicht durch die Beugung der Worte, wie im Satze, geschieht, sondern durch besondere Worte. Diese Worte sind in dem obigen Beispiele: das um zwischen dem ersten und zweiten Satz; das die zwischen dem zweiten und dritten Satz, und das und zwischen dem dritten und vierten Satz. Die Verbindungen der Sätze wiederholen dem Inhalte nach genau dieselben Einheitsformen, die in dem Halb-Urtheile, Ganz-Urtheile und in dem Satze das Band der Glieder abgeben; das Denken und folglich auch die Sprache kann nicht darüber hinaus; sie kann nur in deren Bezeichnung wechseln.

26) Die wichtigste Stelle in der Verbindung der Sätze nehmen die Pronomina ein, sowohl die demonstrativa, wie die relativa; er, dieser, jener, welcher, der u. s. w. Ihr Wesen besteht in der Stellvertretung des Subjects des vorausgegangenen Satzes. Sie bezeichnen die Identität der Subjekte in beiden Sätzen und diese

Identität bildet die sprachliche Verbindung beider zur Periode. Diese Pronomina sind es vorzüglich, welche bei den seienden Einheitsformen der Sätze auftreten, da für diese Formen keine besonderen Worte gebildet sind. Die beiden Sätze: Die Zweige sitzen am Stamm und: die Blätter hängen an den Zweigen, geben zwei Vorstellungen, die durch die Einheitsform des An-einander im Baume verbunden sind. Diese Einheitsform kann in einem Satze bezeichnet werden; man kann sagen: Die Blätter hängen an den Zweigen des Stammes, oder: Die Blätter der an dem Stamme sitzenden Zweige u. s. w. Aber für diese Einheitsform zwischen zwei Ganz-Urtheilen fehlt das besondere Wort; es kann dafür nur das Pronomen benutzt werden, welches durch Wiederholung des Subjects die Verbindung herstellt zu der Periode: Die Blätter hängen an den Zweigen, welche an dem Stamme sitzen. Man bemerkt, dass diese Verbindung durch Identität die Verbindung an sich gar nicht näher bestimmt, sondern dass dieses erst innerhalb des zweiten Urtheiles oder Satzes mittelst der dem Satze eigenthümlichen Sprachformen geschieht.

27) Alle andern, die Verbindung der Sätze einer Periode ausdrückenden Worte bezeichnet die Sprachlehre mit dem gemeinsamen Namen der Conjunctionen oder Bindeworte. Sie bezeichnen sämmtlich nur Beziehungseinheiten. Da auch die Verbindung durch die Pronomina auf der Identität, oder dem doppelten Nicht beruht, so erhellt, dass alle Verbindung der Sätze nur durch die Beziehungen geschieht und dass zur Bezeichnung der Seins-Einheit der Sätze der oben bezeichnete Ausweg mit dem Pronomen gewählt werden muss. Von den einzelnen Beziehungsformen finden sich alle im Gebrauch; ausgenommen sind nur durch die Natur ihrer Bedeutung das Nicht und das All, weil das Nicht der Gegensatz der Verbindung ist und das All sich nicht in Theile auflösen lässt. Die Beziehungen des Wesens, des Inhalts und des Innern, und der Substantialität sind nur sprachlich nicht entwickelt.

28) Das Und gehört zu den am häufigsten benutzten Beziehungs-Einheiten der Sätze; zum Und gehören das Auch, überdies und die verstärkenden: Sowohl-als; weder-noch, welches letztere das Nicht mit dem Und verbindet. Das Oder wird in Verbindung mit dem Alle zu: entweder-oder. Für die Bezeichnung durch gleich dienen die Conjunctionen: wie, ebenso, desgleichen. Die Zahlbeziehung bezeichnen: erstens, zweitens, zuletzt. Die Ortsbeziehung hat sehr zahlreiche Bindeworte: zuerst, dann, ferner, indem, während, nachdem, bevor u. s. w. Die Beziehung des Ganzen bezeichnen: theils,

theilt; zum Andern. Die Beziehung der Ursachlichkeit und Begründung bildet die wichtigste Verbindungsform der Sätze, da sie auch den Zweck, die Bedingung und den Grund umfasst und deshalb alle Gewissheit, alle Ursachlichkeit, alle Zwecke im Sein und Wissen nur durch sie ihren Ausdruck erhalten können. Die Wortbildungen sind deshalb hier sehr zahlreich; es gehören dahin die Bindeworte: Weil, da, indem, mithin, also, folglich; die Bedingung bezeichnen: wenn, ausser; den Zweck bezeichnen: damit, dass, denn; den zureichenden Gegengrund bezeichnen: aber, sondern, dennoch, vielmehr; den unzureichenden Gegengrund bezeichnen: zwar, wohl, allerdings, wenn gleich; den nur zum Theil zureichenden Gegengrund bezeichnen: so fern; in so weit, als.

29) Das Nähere und Vollständige hierüber gehört in die Sprachlehre. Mit der Periode hört die sprachliche Verbindung der Vorstellungen auf; die Perioden haben ihre Eigenthümlichkeit gerade in dem Fehlen der sprachlichen Verbindung unter einander. Die Gedanken in den sich folgenden Perioden einer geordneten Darstellung haben ihre Verbindung, aber sie wird nicht sprachlich bezeichnet, sondern bleibt dem Inhalt der Vorstellungen selbst überlassen; sie macht sich nur durch diese innere, nicht durch eine äussere der Sprache dem Hörer erkennbar. Diese innere Verbindung der Perioden ist auch hier nur die der bekannten Einheitsformen. Bei erzählenden oder beschreibenden Darstellungen herrscht die Einheit des An- und Ineinander vor; die Vorstellungen folgen sich, wie die Gegenstände, die Eigenschaften und Ereignisse nach der Zeit oder dem Raum in den Formen des Nach, Neben, des Zugleich und des Ineinander. Den Gegensatz zu dieser Ordnung bildet die Darstellung, wo die Ursachlichkeit und Begründung vorherrscht, wie in den Reden der Prediger, der Parlamentsmitglieder, in den Beweisen der Geometrie, in den Darstellungen der Wissenschaft und in dem Streiten des täglichen Lebens.

30) Mit dieser Darstellung des sprachlichen Urtheils sind zugleich die Grundgesetze des guten Styls gegeben. Neben der richtigen Auswahl der bezeichnendsten Worte für den mitzutheilenden Gedankengang beruht der gute Styl auf der richtigen Anwendung der in dem Vorstehenden bezeichneten Urtheilsformen; vor Allem auf dem richtigen Ebenmaass zwischen Ganz- und Halb-Urtheilen im Satz und zwischen den einzelnen Sätzen der Periode. Die Biegsamkeit der höher entwickelten Sprachen, insbesondere der deutschen, gestattet für denselben Gedanken die mannichfachsten Formen; aber jede hat ihre Eigenthümlichkeit theils in der Schattirung

des Gedankens, theils in der Deutlichkeit der Mtheilung, theils in dem Wohllaut der Sprache. Die Sprachlehren bieten hierfür nur wenig, weil die Logik ihnen die Grundbegriffe dazu bisher nicht geliefert hat.

31) Die Leichtigkeit, Sicherheit und Folgerichtigkeit, mit der sich im Vorstehenden der kunstvolle Bau der Sprache in die Elemente hat auflösen lassen, welche als die Grundbegriffe alles Vorstellens in diesem Werke dargelegt worden sind, kann als eine anderweite Probe für ihre Wahrheit gelten. Jede wissenschaftliche Auffassung, die nicht dasselbe leisten kann, verräth damit, dass sie noch nicht die wahren Begriffe gefunden hat. (112)

32) Es würde nicht schwer sein, bei einem weiteren Eingehn in die Begriffe und Regeln der Sprachlehre zu zeigen, wie durch die Einordnung des sprachlichen Stoffes und der sprachlichen Bildungen in die, in diesem Werke aufgestellten Kategorieen des Wissens und Seiens die Einfachheit und die Klarheit der Sprach-Wissenschaft und die Sicherheit ihrer Regeln um Vieles gesteigert werden kann. Der Zweck dieses Werkes gestattet indess nur einige kurze Andeutungen. Die scharfe, bestimmte Bedeutung der Fallformen der Declination sucht man in den Sprachlehren vergeblich; sie sind nur möglich durch die Benutzung der hier ausführlich entwickelten Einheitsformen, und erhalten erst dadurch ihre philosophische Grundlage. So wird die Bedeutung der sogenannten Partikeln oder Neben-Redetheile erst durch die hier entwickelte Natur der Beziehungsformen klar und bestimmt. Das Wesen der Partikeln liegt in der Bezeichnung dieser Beziehungen.

33) Es kann auffallen, dass diese Nebenredetheile und die Zahlen keiner Beugung unterliegen, wie die Substantiva, Adjectiva, Pronomina und Verba; aber da die Zahlen und diese Nebenredetheile nur Beziehungen ausdrücken, so ist dieser Unterschied nothwendig. Die Beziehungen haben kein Sein, bestehn nur im Wissen, es fehlen mithin für sie die Einheitsformen des Seienden, wozu die Fallformen vor Allem dienen, und ihre Verbindung mit dem Seienden ist nur eine im Wissen, keine seiende. Sie ist deshalb weniger innig, was die Sprache mit grosser Feinheit durch ihre Beugungslosigkeit zu erkennen giebt; sie bleiben damit auch in der Sprache von dem Seienden durch eine ähnliche Kluft getrennt, wie das Wissen von dem Sein.

34) Man weiss den Unterschied der modernen Sprachen Europas von den alten meist nicht anders zu bezeichnen, als durch grössere Kürze, Prägnanz und dergleichen unzureichende Begriffe mehr. Mit Hülfe der oben gegebenen Entwickelung lässt sich der

wesentliche Unterschied derselben nun erst dahin bestimmt bezeichnen, dass die alten Sprachen vieles mit einem Wort bezeichnen, wofür die modernen Halb-Urtheile anwenden müssen, und dass jene ebenso durch einen Satz das sagen, wozu die modernen die Periode brauchen. Der erste Unterschied ist oben erläutert. Für den letzteren braucht nur an die Ablativi (oder Genitivi) absoluti und die Construction des Accusativs mit dem Infinitiv erinnert zu werden; beide machen es den alten Sprachen möglich, das in einem Satze zu sagen, was die modernen nur in einer Periode können. In dem Satze herrschen aber weit mannichfachere und bildsamere Zeichen der Einheitsformen, im Vergleich zur Periode, die nur durch Beziehungen ihre Verbindung bewirkt. Daraus erklärt sich erst in Wahrheit die grosse Kürze und Bildlichkeit der alten Sprachen; sie sind ein getreueres Abbild der in dem Sein herrschenden Einheit; sie bieten aber deshalb auch grössere Schwierigkeit, sie zu erlernen, da die einzelnen Theile des Gedankens weniger bloss gelegt sind, wie in den modernen Sprachen.

# Das Urtheil nach Kant und Hegel.

1) Das Unwahre, Unklare und Stückweise in der Darstellung des Urtheils, wie sie die gewöhnliche Logik bietet, wird dem Leser, der der hier gegebenen Entwickelung gefolgt ist, von selbst einleuchten; die Vergleichung soll sich deshalb auf Einzelnes beschränken, soweit zugleich das Verständniss der obigen Darstellung damit gesteigert werden kann. Der Fehler von Aristoteles, des Begründers der Logik, ihre Begriffe unmittelbar aus der Sprache aufzugreifen und an den Aeusserlichkeiten der Sprache den Halt für die Logik zu suchen, hat sich bis zur Gegenwart erhalten; trotzdem ist merkwürdiger Weise die Untersuchung der sprachlichen Formen des Urtheils ganz verabsäumt worden, obgleich ihre grosse Bedeutung für die Logik aus dem Obigen erhellt. Durch diesen Mangel ist die bisherige Logik, anstatt die unmittelbare Grundlage und der wesentliche Inhalt der Gedankenverbindung und der Sprache zu sein, mit beiden nur in dem losesten äusserlichen Zusammenhang geblieben, und die Logik hat bis heute nicht vermocht, der Sprachwissenschaft die Hülfe zu leisten, ohne welche diese nie ihre Vollendung erreichen kann.

2) Ebenso fehlt der Logik die Ableitung des Urtheils und seiner Arten und Unter-Arten aus den Grundbegriffen des Vorstellens; ja Kant nahm nicht Anstand, das Verhältniss umzukehren und die Grundbegriffe seiner Philosophie aus den Urtheilen der Logik ab-

zuleiten, obgleich man es ihnen schon bei Aristoteles ansieht, dass sie nur auf's Geradewohl aus den ihm geläufigen Sprachformen aufgegriffen sind und nirgends eine Gewähr der Vollständigkeit und Einfachheit in sich tragen.

3) Kant, welcher sich der alten Logik wesentlich anschliesst, giebt vier Arten der Urtheile: die der Quantität, die der Qualität, die der Relation und die der Modalität. Die der Quantität theilen sich in die allgemeinen (alle Menschen sind vernünftig), besonderen (einige Menschen sind kahlköpfig) und die einzelnen (Cajus ist krank). Diese Auffassung leidet an dem Fehler, dass sie die Eintheilung von dem Subject hernimmt, während nur der Unterschied der Copula den Theilungsgrund abgeben darf. Sie sind in Wahrheit Sätze, oder ein Ganz-Urtheil verbunden mit einem Halb-Urtheil. Die Werthlosigkeit dieser Eintheilung würde längst deutlicher erkannt worden sein, wenn nicht die allgemeinen Urtheile bei dem logischen Schluss aufträten und wenn sie nicht den Begriff der Gesetze vorbereiteten, welche den wesentlichen Inhalt und das Ziel der Wissenschaften bilden. Der Werth der Gesetze liegt allerdings in ihrer ausnahmslosen Allgemeinheit, aber jeder bemerkt, wenn er sich von dem Schematismus der gewöhnlichen Logik etwas befreit hat, dass diese Natur des Gesetzes mit der Natur des Urtheils nicht zusammenhängt, dessen Wesen nur in der Eigenthümlichkeit der Verbindung der Vorstellungen, nicht in der Allgemeinheit dieser besteht. Dabei wird bei Kant noch der Begriff mit dem Einzelnen vermengt. Weil der Begriff das begriffliche Stück in allen Einzelnen bezeichnet, so ist er nur ein anderer sprachlicher Ausdruck für das allgemeine Urtheil; aber die Logik hält sich an seine sprachliche Form, übersieht die Bedeutung und rechnet fälschlich das Urtheil: der Mensch ist sterblich, zu dem singulären Urtheil.

4) In dem Urtheile der Qualität wird das Unterschiedenste zusammen gebracht. Das sogenannte verneinende Urtheil ist vielmehr die Verneinung jedes Urtheils überhaupt; aber auch hier hält man sich an die Sprachform und stellt das negative Urtheil neben das wirkliche Urtheil, welches erst dadurch zu dem bejahenden wird. Zwischen beide wird als drittes das unendliche eingeschoben. Niemand wird bestreiten, dass wenn das Nicht zur Copula gehört, diese damit aufgehoben wird; die Verbindung der Glieder, d. h. das Urtheil selbst, wird also damit zerstört. Wenn allgemeine verneinende Urtheile bei dem Schliessen für die Conclusion benutzt werden können, so beweist dies nicht ihre Natur als Urtheile, sondern auch in solchem Falle wird das Gegentheil

des Urtheils, das Nichtsein der Verbindung, durch die *All*gemeinheit dieser Trennung für den einzelnen Fall wiederholt. Solche Abhaltung einer Verbindung von Gliedern kann dem Wissen keinen bejahenden Inhalt zuführen, sondern nur die Unwahrheit und den Irrthum abhalten, der Natur des Nicht entsprechend. (151)

5) Das unendliche Urtheil entsteht dadurch, dass man das Nicht anstatt zur Copula, zu dem Prädikate zieht. Statt: Der Mensch ist-nicht allwissend, heisst es: Der Mensch ist nicht-allwissend. — Dieses Nicht-allwissend hat nach dem frühern eine dreifache Bedeutung. Als bloss aufhebend, ohne ein Etwas zu bezeichnen, würde es das Urtheil zerstören, weil es das zweite Glied beseitigt. Dieser Sinn ist deshalb nicht gemeint; vielmehr wird es von Kant in dem contradiktorischen Sinne verstanden, als Alles Andere bejahend, mit Ausnahme des Allwissend. Weil es in diesem Sinne einen unendlichen Umfang hat, wird das Urtheil ein unendliches genannt. In diesem Sinne ist jedes unendliche Urtheil unwahr, denn nach dem Urtheil: Der Mensch ist nicht-allwissend, wäre der Mensch auch ein Fisch, ein Stein u. s. w.; denn alle diese sind das contradiktorische: Nicht-allwissend. Kant will dieser Folge damit entgehn, dass er lehrt, mit solchem Urtheile sei nur gesagt, „dass der Mensch eines von der unendlichen Menge Dinge sei, „die übrig bleiben, wenn das Allwissende weggenommen werde." (K. d. r. V. 72). Aber diese Auslegung läuft gegen den Sinn der Worte und die Natur des Urtheils. — Wenn dennoch im Leben solche Urtheile vorkommen, so haben sie nur den Sinn bejahender Urtheile, in denen das Prädikat bloss sprachlich durch sein conträres Gegentheil ausgedrückt ist, z. B.: dieser Stein ist nicht schwer, d. h. er ist leicht.

6) In den Urtheilen der Relation werden abermals ganz verschiedenartige Dinge zusammengestellt. Das kategorische Urtheil enthält gar keine Beziehung (Relation); es bezeichnet die Einheitsform des In-einander. Das hypothetische Urtheil ist zu beschränkt aufgefasst; Kant meint (I. 436), es müsse immer aus zwei Urtheilen bestehen. Auch hier hat man sich durch die Sprachform irreführen lassen; indem man kein Urtheil ohne die Copula ist wollte gelten lassen, konnte man kein anderes hypothetisches Urtheil finden, als das mit der Form: Wenn — so, und übersah, dass die Worte: wirkt, erzeugt, entsteht ebenso genau diese Copula für ein Urtheil bezeichnen. Dasselbe gilt für das disjunctive Urtheil. Allerdings kann das Oder sich nicht mit der Copula verbinden, sondern nur mit den Gliedern, aber dadurch werden nicht zwei Urtheile, sondern nur eines mit einem Halb-Urtheile nöthig. Kant

will aus dem disjunktiven Urtheile die Kategorie der Wechselwirkung ableiten; dieser Fehler ist bereits früher dargelegt worden. (227)

7) Die vierte Art der Urtheile, die modalen, treffen, wie Kant schon bemerkt, nicht den Inhalt der Urtheile, sondern die Wissens-Art Es ist dies die einzige Stelle in der Logik, wo dieser wichtige Begriff behandelt wird; aber dieses zeigt schon, dass man diesen Begriff nicht in seinem ganzen Umfange und seiner hohen Bedeutung erfasst hat. Man beschränkt sich nur auf die Wissens-Art des Nothwendigen und des Möglichen, und meint, die andern Wissens-Arten gehörten in die Psychologie. Indem man ferner diese Wissens-Art nur bei der Lehre vom Urtheil behandelte, wurde die Auffassung noch einseitiger und der Begriff des Urtheils mit verfälscht; denn das Urtheil kann für sich nie die Nothwendigkeit bezeichnen. Dazu sind nur die Wahrnehmung, die Dieselbigkeit und die Beziehungen geeignet. Es war deshalb falsch, daraus eine besondere Art der Urtheile zu bilden.

8) Wenn man bei dem Urtheile von seinem Inhalt absieht, so bleibt nur die Wissens-Art des Anfmerksamen, welche durch das Urtheil erregt, oder mitgetheilt werden kann (330); solche Urtheile bilden aber den allgemeinen Gegensatz gegen die Urtheile, welche den Inhalt mittheilen wollen und die Eintheilung dieser kann auf jene nicht übertragen werden, vielmehr sind die Urtheile, welche nur die Aufmerksamkeit auf ein besonderes Trennstück steigern wollen, an sich immer dieselben und geben keinen Anhalt, sie in Unter-Arten zu sondern. Jede von den obigen Urtheils-Arten kann zu diesem Zwecke benutzt werden, indem die Aufmerksamkeit nicht durch die Form des Urtheils, sondern bei dem Sprechen durch den Accent und die Betonung, und bei der Schrift durch fetten Druck und dergl. erregt und geleitet wird.

9) Es lässt sich endlich gegen diese Eintheilung der Urtheile bei Kant noch rügen, dass in allen vier Arten dasselbe Urtheil wiederkehrt; denn das singuläre Urtheil, das affirmative, das categorische und das assertorische sind ein und dasselbe.

10) Die Darstellung des Urtheils bei Hegel gehört zu den schwächsten Seiten seiner Philosophie. Vermöge seines Princips, der Einheit von Wissen und Sein ist er genöthigt dem Urtheile, was bloss im Wissen seinen Bestand hat, auch eine seiende Natur zu geben. Aber indem er die Lehre vom Urtheil ziemlich unverändert so aufnimmt, wie sie von Kant ausgebildet worden, ist er in dem Bestreben, diese alten Begriffe seinem Systeme anzupassen,

genöthigt, ihnen Gewalt anzuthun und dadurch bleibt das Ergebniss unbedeutender, wie irgend wo.

11) Hegel sagt (VI. 325.): „Die Bestimmtheit des Begriffs als Be-„sonderung gesetzt ist das Urtheil; das ist, dass die Unterschie-„denen erstlich nur die Bestimmtheit der Begriffs-Momente gegen „einander haben, und dass zweitens ebenso ihre Identität, dass das „eine das andere ist, gesetzt ist.“ — Diese Definition hat die bekannte speculative Natur der Hegel'schen Ausdrucksweise. Indem die Glieder (Momente) des Urtheils als das Unterschiedene und zugleich auch als das Identische gesetzt werden, entschlüpft solche Bestimmung, wie der glatte Aal, jedem Angriff, und man kann zunächst nur dagegen geltend machen, dass solchen Widerspruch zu denken, unmöglich ist. Es zeigt sich hier dasselbe Schwanken zwischen Begriff und seiner Besonderung, was bereits früher dargelegt worden ist. Hegel glaubt den Begriff zu zerstören, wenn er ihn von den bildlichen Resten im Einzelnen bestimmt abtrennt; deshalb hält er ihn im Schwanken, getrennt und auch nicht getrennt, diese Reste habend und negirend. Es ist dies die Furcht vor der Bestimmtheit des Denkens. Weil dies in Schwierigkeiten verwickelt, deren Lösung nicht gleich auf der Hand liegt, deshalb wird jenes Schwanken und Neigen des Begriffs nach beiden Seiten vorgezogen, womit man das bequeme Mittel erhält, jeder Sprödigkeit des Seienden gerecht werden zu können.

12) Für die Natur des Urtheils, als einer Bestimmung des Gegenstandes selbst und nicht eines blossen Subsumirens im Kopfe wird die Bedeutung der Copula ist geltend gemacht (VI. 326.). Aber diese Copula hat zunächst nicht die Bedeutung des Seins, sondern nur die der Verbindung; aber selbst wo sie das wirkliche Sein aussagt, wird damit nicht die Wirklichkeit des Urtheils in seiner Form ausgesagt, sondern nur die Wirklichkeit seines Inhaltes, in welchem es von dem Begriff nicht unterschieden ist. Hegel sagt (VI. 308.): „Das Urtheil ist die Besonderung des „Begriffs. Dieser ist zwar schon an sich das Besondere, allein im „Begriff als solchem, ist das Besondere noch nicht gesetzt, son-„dern noch in durchsichtiger Einheit mit dem Allgemeinen. So „enthält der Keim einer Pflanze zwar bereits das Besondere der „Wurzel, der Zweige, der Blätter, allein dies Besondere ist nur erst „an sich vorhanden und wird erst gesetzt, indem der Keim sich „erschliesst, welches als das Urtheil der Pflanze zu betrachten ist.“

13) Hier begegnen wir dem Spiel mit dem An sich und dem Gesetzt oder dem Implicite- und Explicite-Wissen, dem Potentia- und Actu-Sein. Allein das Explicite-Wissen führt nur zur Defini-

tion, nicht zu dem Urtheil, die Hegel hier vermengt. Auch bleibt die entwickelte Pflanze immer die seiende Einheit ihrer Unterschiede oder Momente; sie ist ein Einiges; nur das Wissen mit seinem begrifflichen und eigenschaftlichen Trennen kann diese Einheit lösen und jenen Zustand herbeiführen, wo die Theile oder Momente gesondert sind und die Einheitsform als Copula über ihnen schwebt. Diess ist das Urtheil; in dieser Form, nicht in seinem Inhalt liegt sein Wesen, und diese Form ist nur im Wissen und nie im Sein anzutreffen. Nur jene trübe Mischung von Sein und Wissen, von An sich und Gesetzt bei Hegel kann für den unklaren Kopf den Schein des Gegentheils herbeiführen.

14) Der weitere Fortgang bei Hegel kann hier übergangen werden, da er sich nur in der mühsamen Aufgabe bewegt, die nothwendige Entwickelung des Urtheils aus dem Begriff aufzuzeigen, welche trotz aller Künsteleien, dennoch zur Erkenntniss des Urtheils nichts beiträgt. Hegel stellt demnächst vier Arten der Urtheile auf: Urtheile der Qualität, der Reflexion, der Nothwendigkeit und des Begriffs. Trotz der veränderten Namen kehrt hier die Kant'sche Kategorieentafel wieder; die Urtheile der Qualität sind die Urtheile gleichen Namens; die der Reflexion sind die der Quantität bei Kant; die der Nothwendigkeit sind die der Relation und die des Begriffs sind die der Modalität. Gerade hier, wo so viel zu bessern war, hat Hegel alles bei dem Alten gelassen. Ueber dem Bestreben, diese Arten mit ihren Unterarten dialektisch aus einander zu entwickeln, wird die Untersuchung ihrer Natur, ihres Inhalts bei Seite geschoben.

15) Bei dem sogenannten qualitativen Urtheil stellt Hegel ebenso, wie die Frühern, die positiven und negativen Urtheile einfach neben einander. Er sagt (VI. 334.): „Positives Urtheil; das Einzelne „ist ein Besonderes. Aber das Einzelne ist nicht ein Besonderes; „näher, solche einzelne Qualität entspricht der konkreten Natur des „Subjekts nicht; negatives Urtheil.“ — In diesen Worten soll die dialektische Entwickelung des negativen aus dem positiven Urtheil enthalten sein. Dieses Beispiel der Entwickelung kann für viele dienen; es ist nichts als erst die Verdrehung des positiven Urtheils in das identische Urtheil und dann die Verneinung dieser Verdrehung.

16) Hegel kommt hierbei auf das unendliche Urtheil Kants; aber seine Beispiele dafür sind nur verneinende Urtheile; er giebt als solche (VI. 336.): Der Geist ist kein Elephant, der Löwe ist kein Tisch. Das unendliche Urtheil müsste aber lauten: Der Geist ist Nicht-Elephant, während das Beispiel Hegels sagt: Der Geist

ist-nicht Elephant. Dieses ist wahr und jenes unwahr. Die Unwahrheit der unendlichen Urtheile ist Hegel ganz entgangen.

17) Weiter sagt Hegel (VI. 336.): „Der Diebstahl ist ein objektives Beispiel des unendlichen Urtheils; der Dieb negirt nicht „bloss das besondere Recht des Andern auf diese bestimmte Sache, „sondern das Recht desselben überhaupt; er muss deshalb nicht „bloss die Sache herausgeben, sondern wird auch bestraft, weil er „das Recht als solches, im Allgemeinen verletzt hat. Der bürger„liche Rechtsstreit ist dagegen ein Beispiel des negativen Urtheils, „da in demselben bloss dieses besondere Recht negirt wird.“ — Diese Sätze haben eine besondere Bedeutung, weil auf ihnen die absolute Straftheorie Hegels beruht. Ihre Unwahrheit ist hier, an ihrer Quelle aus dem Urtheil, am leichtesten zu erkennen.

18) Abgesehn zunächst von dieser Auslegung der Handlung, wären die Urtheile: Alles ist nicht Dein, und: Diese einzelne Sache ist nicht Dein nicht in dem Sinne eines unendlichen und eines negativen Urtheils verschieden; vielmehr wäre ihr Unterschied nur der, eines allgemeinen und eines Einzel-Urtheils. Aber weiter weiss jeder, der nicht die Welt bloss von seiner Studierlampe aus betrachtet, dass es dem Dieb nicht einfällt, das Recht des Bestohlnen im Allgemeinen zu verneinen; es kommt ihm, genau wie dem Kläger im Prozess, nur auf diese einzelne Sache an; ja, er verneint nicht einmal das Recht des Bestohlnen an dieser einzelnen Sache, er nimmt ihm nur die Ausübung. Die ganze absolute Straftheorie Hegels beruht auf einer Auslegung des Verbrechens, welche durchaus falsch ist. Im Sinne Hegel's verletzt der falsche Civil-Kläger das Recht des Eigenthums viel mehr als der Dieb; nur jener leugnet das Recht selbst. Ebenso kann der Schaden für den Verletzten und der böse Wille des Verletzers im Civil-Prozess viel grösser sein als im Diebstahl und ist es auch in der Mehrzahl der Fälle. Wenn also dennoch die Sitte und das Recht an die That des Diebes allein noch eine Strafe knüpft, so muss der Grund ein anderer sein, als jene unwahre Auslegung Hegels meint.

19) Die weitere Darstellung Hegels für die übrigen Arten der Urtheile bietet nichts besonderes. Da Hegel dabei den Auffassungen Kants, wenn auch unter andern Namen, folgt, so ist nur dasselbe hier zu wiederholen, was gegen Kant bemerkt worden ist. Hegel bemüht sich bei seiner Darstellung auch weniger um den Inhalt dieser Urtheile, als um ihre dialektische Entwickelung. Die Täuschung, welche bei dieser Methode obwaltet, und die gewaltsame Verdrehung der Begriffe, zu welcher sie nöthigt, tritt in der Hegel'schen Lehre vom Urtheil deutlicher, wie irgendwo hervor; die

Erörterung dieser Frage gehört jedoch nicht hierher, sondern in die Lehre vom Erkennen. Die wichtigen und mannichfachen Veränderungen, welche das Urtheil in der Sprache erleidet, hat Hegel ebenso unberührt gelassen wie seine Vorgänger.

# Das Urtheil im Gespräch.

1) Die Natur der Mittheilung führt von selbst zu dem Gespräch, als einer gegenseitigen Mittheilung der Vorstellungen. Die Lust aus der Mittheilung wird durch die Gesprächsform erheblich gesteigert. Das Gespräch in seinen mannichfachen Gestalten ist eine unerschöpfliche und eine der wichtigsten Quellen der Lust. Die Mittheilung kann auch hier nur in Urtheilen geschehen, und diese Urtheile erhalten darin eine neue Besonderung.

2) Das Gespräch kann in drei Arten eingetheilt werden; 1) in Frage und Antwort, 2) in das Gespräch im engern Sinne, und 3) in den Streit. Das Wesen der ersten Art ist eine Theilung des Ganz-Urtheils unter zwei Personen. Die Frage des Einen enthält das eine Glied, die Copula und von dem zweiten Gliede ein Trennstück; die Antwort des Andern bringt die Erfüllung dieses zweiten Gliedes. Jede Frage zeigt dies: Wo ist der Vater? Welcher Baum hat Blüthen? Wer hat dieses Glas zerbrochen? die Antworten: Im Garten; der Kirschbaum; Carl; sind nur die Erfüllung des zweiten Gliedes, das mit Wo, Welcher, Wer schon in der Frage zu einem Theil enthalten ist; denn das Wo enthält den Begriff des Ortes überhaupt; nur die nähere Bestimmung desselben soll die Antwort bringen.

3) Eine Frage, welche von dem Urtheile nur ein Glied und die Copula enthielte, würde ihren Zweck verfehlen, weil der Andere daraus nicht entnehmen könnte, welches Prädikat überhaupt von dem Fragenden verlangt wird. Eine solche Frage kann deshalb sprachlich gar nicht ausgesagt werden. — Dagegen scheinen die Fragen, auf die man mit Ja oder Nein antworten kann, von der obigen Regel eine Ausnahme zu bilden, weil in ihnen beide Glieder sammt der Copula enthalten sind. In der Frage: hat Carl das Glas zerbrochen? scheint das ganze Urtheil enthalten; allein auch hier fehlt in der Frage, wie sie gemeint ist, noch eine Bestimmung: die nach dem wirklichen Sein des Urtheils-Inhalts. Diese Lücke des Urtheils wird durch das Ja und Nein ausgefüllt. Schopenhauer sagt (Die Welt II. 116.): „Die Frage ist ein Urtheil, von dessen „drei Stücken eins offen gelassen ist, entweder die Copula oder das „Prädikat oder das Subjekt." Aber die Beispiele, die er beibringt,

gehören gerade zu den allervollständigsten Fragen, nämlich zu denen, die alle 3 Stücke enthalten und nur das wirkliche Sein offen lassen, so dass sie mit ja und nein beantwortet werden können. Jedes Urtheil des Seins und der Beziehung kann in die Frage-Form aufgelöst werden; nur die Halburtheile sind dazu nicht geeignet.

4) Die grosse Bedeutung dieser fragenden Form für das Leben erhellt daraus, dass dieSprache besondere Worte und Wortstellungen zur Bezeichnung derselben gebildet hat; dahin gehören die sogenannten Frage-Worte: Welcher, wo, wann, wie, warum u. s. w. und die Voranstellung des Verbi vor das Pronomen: hast du, statt: du hast. Neben den Worten wird diese Urtheilsform noch bezeichnet, im Sprechen durch den Accent und erhöhten Ton; in der Schrift durch das Fragezeichen. (?)

5) Die Frage ist ein Begehren des Fragenden nach Wissen; die Antwort giebt dieses Wissen. Dies gilt selbst für die Fragen des Lehrers und Examinators, obgleich sie die Antwort wissen. Ihre Frage geht nicht auf das Wissen im Allgemeinen, sondern darauf, ob der Gefragte es besitzt. Die Frageform der Mittheilung hat gegen die einseitige Mittheilung den Vorzug, 1) dass sie dem Mittheilenden die Gewissheit giebt, der Andere verlange nach der Mittheilung, habe ein Interesse daran, 2) dass sie die Stelle, wo das Wissen des Andern der Ergänzung bedarf, bestimmt anzeigt. Beides bleibt bei der einseitigen Mittheilung zweifelhaft und diese ist deshalb der Gefahr ausgesetzt, schon Bekanntes oder nicht Verlangtes mitzutheilen. Dagegen hat die Frageform den Nachtheil, dass die Mittheilung des Wissens nur stückweise und abgebrochen erfolgt, im Vergleich zu der einseitigen Mittheilung. Hieraus erklärt sich, weshalb diese Form bei den Kindern vorherrscht und weshalb wissenschaftliche Mittheilungen für den Erwachsenen in dieser Form selten Anklang finden.

6) Das Gespräch im engern Sinne ist nicht ein wiederholtes oder wechselndes Fragen und Antworten, vielmehr kann die Frageform dabei ganz wegfallen. Es ist vielmehr eine Wissensbewegung, welche nicht bloss durch die, auf einen Einzelnen wirkenden Ursachen dieser Bewegung bestimmt wird, sondern durch diese Ursachen, wie sie auf Mehrere zugleich wirken. Die von dem Einen ausgehende Mittheilung weckt in der Seele des Andern Verbindungen, Trennungen, Beziehungen, originale Vorstellungen, welche in der Seele des Ersten nicht eingetreten sein würden; der Andere nimmt deshalb den Faden der Bewegung auf und fügt den neuen Inhalt aus den ihm zufliessenden Kanälen des Wissens hinzu. Diese Fortführung der Mitteillung durch den Andern wirkt umgekehrt

wieder auf den Ersten oder einen Dritten, welcher das Gespräch dann seinerseits aufnimmt. Der Reiz des Gespräches liegt wesentlich in diesem Wechsel der, seinen Inhalt und seinen Fortgang füllenden Kanäle nach der Besonderheit der daran theilnehmenden Personen. Die Fülle des Wissens bei dem Einen, der Scharfsinn bei dem Andern, die genialen Gedanken bei dem Dritten, die schärferen Wahrnehmungen bei dem Vierten ergänzen sich bei dieser Form und verbinden sich zu einem Gedankengang, gleich dem einer einzigen Person, welche alle diese Vorzüge in sich vereinigte.

7) Man bemerkt, dass zu diesem Gespräch die Frageform nicht wesentlich ist. Auch kann der Gedankengang dabei ein geordneter und ein zufälliger oder ungeordneter in dem frühern Sinne sein. In den platonischen Dialogen ist der Gedankengang streng geordnet; in der geselligen Unterhaltung nur zum Theil und es gehört zu dem guten Tone, das Gespräch nicht zu lange geordnet zu erhalten, sondern mit dem erlöschenden Interesse ihm eine springende Wendung zu Neuem zu geben. Das Gespräch hat seine Vollkommenheit, wenn der Antheil an der Gedanken-Bewegung bei allen Theilnehmern der gleiche ist. Wo einer sich hervordrängt, geht das Gespräch in die einseitige Mittheilung über und verliert an seinem besondern Reize.

8) Das Ziel des Gespräches kann die Wahrheit oder die Lust sein. Auch bei der Wahrheit ist die Lust aus dem Wissen das letzte Ziel; aber die Wahrheit vermittelt hier allein die Lust, während in dem andern Gespräch jede Ursache der Lust zugelassen und gesucht wird. Dabei sind die Ursachen der Lust für jeden Theilnehmer verschieden. Das Scandalisiren oder Geklätsch gewährt dem, der die Neuigkeit bringt, die Lust aus der Ehre, aus der Macht; denn er weiss sie zuerst und allein; dem, der sie hört und bespricht, gewährt es die Lust aus der Neugierde, aus der Ehre, indem diese mit dem Sinken der fremden Ehre steigt und die Lust aus dem Neid. In jedem Gespräch lassen sich die Elemente der Lust nachweisen; je stärker sie sind, desto interessanter ist es.

9) Die dritte Form, der Streit, bewegt sich um die Wahrheit eines Urtheils. Dieses Urtheil kann ein Einzelnes oder ein Allgemeines betreffen. Obgleich der Streit auf die Feststellung der Wahrheit abzielt, so kann doch der Einzelne dies Ziel nur zum Schein vorsetzen und in Wirklichkeit andere Zwecke verfolgen; so die Sophisten Griechenlands und die Opponenten bei den akademischen Disputationen.

10) Die Mittel zur Feststellung der Wahrheit können auch für den Streit nur die allgemeinen sein, d. h. die Wahrnehmung und der Widerspruch. Sie nehmen die Gestalt des unmittelbaren, des mittelbaren und des mitgetheilten Wissens an. Die Wahrnehmung kann nur für den Streit über eine einzelne Thatsache, die den Streitenden erreichbar ist, benutzt werden. Wenn man streitet, ob die Veilchen im Garten schon blühen, so geht man in denselben und zeigt sie. Für vergangene, zukünftige oder entfernte Dinge, so wie für Allgemeines reicht die Wahrnehmung nicht aus. Hier bleibt nur das mittelbare Wissen. Dies stützt sich entweder auf die Mittheilung Anderer, die das Vergangene oder Entfernte wahrgenommen haben; oder auf Gesetze, welche an das Gegenwärtige anknüpfen oder in ihren Besonderungen zu dem Streitsatz führen. In den Civil- und Criminalprozessen hat es der Richter sowohl mit Feststellung von Einzelnem, wie von Allgemeinem zu thun; er benutzt deshalb alle hier angegebenen Mittel; den Augenschein (Wahrnehmung), Zeugen, Urkunden (mitgetheiltes Wissen), Sachverständige, Gesetzes-Auslegung und Anwendung (mittelbares Wissen).

11) Das Ziel des Streites geht auf die gemeinsame Anerkennung der Wahrheit. Dazu gehört, dass die Fundamentalsätze der Wahrheit von den Streitenden anerkannt sind. Wer den Sinnen nicht glaubt, wie der Idealist, wer das Widersprechende für wahr und seiend hält, wie Hegel, kann nicht widerlegt werden. Das Sonderbare hierbei ist, dass Hegel nicht ansteht, seine Gegner mittelst des ihnen nachgewiesenen Widerspruchs zu widerlegen, während er selbst auf allen Seiten seiner Philosophie den Widerspruch oder das Konkrete für das allein Wahre erklärt. Es mag ihm hierbei eine Grenze zwischen dem wahren und unwahren Widerderspruch vorgeschwebt haben; aber seinen Schülern ist er die Angabe dieser Grenzlinie schuldig geblieben. Indem sie diese Grenze willkürlich ziehen, sind sie damit in ihren Aussprüchen zwar unangreifbar, aber auch isolirt auf ihren Kathedern.

12) Wo die gemeinsame Anerkennung der Fundamentalsätze der Wahrheit besteht, liegt die Schwierigkeit, eine Einigung im Streit zu erzielen, nur in dem Fortschreiten von jenen Fundamentalsätzen zur Besonderheit des Streitsatzes. Es tritt hier der in der Lehre der Gewissheit erwähnte Kampf zwischen Gewissheit und Wahrheit ein. Hätte die Gewissheit oder Ueberzeugung des einzelnen Menschen nicht noch andere Ursachen als die, welche zugleich Gründe der Wahrheit sind, so müsste in jedem Streit zuletzt die Einigkeit erreicht werden können. Es handelt sich dann nur um das Geschick im

richtigen Subsumiren und um die nöthige Ausdauer bis zur Vollendung der Wahrnehmung oder Conclusion.

13) Aber auf die Ueberzeugung des Einzelnen wirken auch das Beispiel Anderer und das Gefühl; Letzteres verbindet sich selbst mit den Lehren der Moral und Religion und die Wirkung der Lust verstärkt sich dann durch die Wirkungen aus der Achtung. Nur deshalb zeigt sich der Streit auf Gebieten, wo diese Gefühle bereits mit einem bestimmten Inhalt sich verbunden haben, erfolglos. Die gründlichsten Erörterungen in Parlamenten, auf Kirchenversammlungen bleiben gegen die Ueberzeugung, welche sich auf diese Gefühle stützt, wirkungslos. Auch in neutralen Gebieten spürt man diese Wirkung, wenn das Gefühl sich bis dahin ausgedehnt hat; wie z. B. in dem Gebiet der Kunstkritik. In richtiger Erkenntniss dessen, sorgen die herrschenden Mächte in Staat und Kirche weniger für die wissenschaftlichen Beweise ihrer Dogmen, als für das ausgebreitete Anerkenntniss derselben und für die Erziehung der Jugend in ihren Ansichten. Sie benutzen das Beispiel und das Gefühl, statt der Wahrnehmung und des Widerspruchs, die Ursachen der Gewissheit, statt der Gründe der Wahrheit, für ihre Lehren.

14) Im Leben ist der sprachliche Verkehr meist aus jenen drei Arten des Gesprächs gemischt. Die Unterhaltung geht aus der friedlichen bald in Streit über, bald zu Fragen und Antworten, bald kehrt sie zum friedlichen Gespräch zurück. Der Reiz des sprachlichen Verkehrs beruht zum grossen Theil auf dieser Mischung. — Für die Wissenschaft und insbesondere für die Philosophie ist die Form des Gespräches seit den Zeiten Griechenlands ausser Gebrauch gekommen; offenbar zum Nachtheil der Wahrheit. Das ausgedehnteste Wissen, der feinste Scharfsinn des Einzelnen kann die Vortheile nicht ersetzen, welche aus der vereinten Thätigkeit Mehrerer hervorgehn.

15) Der Fortschritt der Wissenschaft beruht auf drei Operationen, dem Finden der Begriffe und Gesetze, der Prüfung derselben und der Mittheilung, welche sie zu dem Gemeingut Aller macht. — Das Finden beruht wesentlich auf dem schöpferischen Vorstellen; es ist in so fern die That eines Einzelnen, und hier kann das Gespräch keine unmittelbare Hülfe gewähren. Aber mittelbar kann schon hier der fremde, aus den eignen gewohnten Gleisen heraustreibende Gedankengang den Anlass geben, das schöpferische Trennen auf neue Wege zu leiten.

16) Vor Allem ist es aber die Prüfung der gefundenen Wahrheit, wo das Gespräch eine Hülfe gewährt, die kein anderes Mittel

ersetzen kann. Dem Finder ist diese eigne Prüfung viel schwerer; namentlich innerhalb der Philosophie, wo keine Experimente möglich sind. Die Bewegung seines Denkens hat schon den Vorrath seines Wissens an Einzelheiten durchlaufen; er findet da wenig Anhalt mehr; hier ist es, wo der Vorrath Anderer an Beispielen, an Erfahrungs-Sätzen ihm die Hülfe bieten kann, deren er bedarf, um die Allgemeingültigkeit seines neuen Gedankens zu erproben. — Weiter ist es der Streit, der hier zu dem gleichen Zwecke benutzbar ist; erst durch den Angriff gegen seinen Gedanken lernt er den ganzen Umfang desselben kennen, erfährt er die Verbindungen, die Beziehungen, in die er mit dem bereits vorhandenen Wissen sich stellt; erst durch diesen Streit wird er genöthigt, die Wege seines Findens noch einmal zurückzugehn und den Zusammenhang des neuen Gedankens mit den Fundamentalsätzen der Wahrheit sich völlig klar zu machen.

17) Jeder, der diese Mittel mit dem reinen Streben nach Wahrheit benutzen konnte, wird aus Erfahrung wissen, welche grosse Bedeutung das Gespräch für die Prüfung der Wahrheit hat. Es ist dazu nicht nöthig, dass der Gegner ebenbürtig sei; weder nach Kenntnissen, noch nach Gewandheit in Subsumiren und Streiten. Der Kenner der Wissenschaft kann aus den Einwürfen des unbefangenen, beschränkten Wissens oft ebenso wichtige Anregungen zu weiterem Fortschritt entnehmen, wie aus dem Angriff des ebenbürtigen Gegners; ja die bei letzterm gewöhnliche gleiche Ausbildung und Gedankenrichtung schadet leicht der Prüfung auf die Allgemeingültigkeit des Gedankens.

18) Das jetzt übliche Mittel, statt des Gespräches, in langen gedruckten Gegenschriften oder Recensionen den Gegner anzugreifen, ersetzt die Vortheile des mündlichen Gesprächs nur zum geringsten Theile. Ist ein Gedanke, ein System erst bis zur vollen Entwickelung und Ausarbeitung gebracht, so ist der Schöpfer desselben nicht so geneigt, auf die Bedenken dagegen einzugehen, als wenn er bei dem W e r d e n desselben die fremde Hülfe benutzen kann. Ferner ist die Breite solcher Ausführungen, die Häufung der Streitfragen, der Ueberzeugung hinderlich; eins erdrückt das Andre; die Schwäche der Begründung verbirgt sich hinter der Breite der Darstellung, hinter der Menge der Beweisgründe. Im Gespräche kann dem Gegner unmittelbar zu Leibe gegangen, die schwache Stelle für sich hervorgehoben, Gründe und Gegengründe können sofort abgewogen werden. Schon Plato eifert in seinen Dialogen wiederholt gegen das lange Reden der Sophisten und fordert kurze Aussagen für Behauptung und für Angriff.

19) Es ist sicher, dass wenn Kant und Hegel während der Ausbildung ihrer Systeme Gelegenheit und guten Willen gehabt hätten, ihre Grundgedanken im ernsten Gespräch zu prüfen, Beide schwerlich die Systeme zu Tage gefördert haben würden, die wir jetzt von ihnen besitzen. Die Welt wäre allerdings um zwei glänzende Systeme ärmer, aber nicht auf Kosten der Wahrheit. Beide grossen Männer würden in Zeiten die Abwege erkannt haben, zu denen ihre Grundgedanken führen und der Schatz ihrer Kenntnisse, die glänzende Entfaltung ihres Geistes wären in grösserer Gemeinsamkeit auf geradem Wege der Wahrheit zugewendet geblieben, die nur eine für Alle sein kann.

20) In Rücksicht der Mittheilung der Wahrheit ist die Gesprächsform wohl für den Einzelnen von Bedeutung, aber ihre auf eine geringe Zahl von Theilnehmern beschränkte Wirkung nöthigt hier zur Benutzung weiter reichender Mittel. Deshalb ist mit der Erfindung der Buchdruckerkunst die Mittheilung durch den Druck und somit die einseitige Mittheilung, die weitaus überwiegende Art geworden. Dies hebt jedoch die besondern Vortheile des Gesprächs auch für diesen Zweck nicht auf. Sie liegen hier vor Allem in der Form der Frage und Antwort. Der Andere ist dadurch im Stande, die Vervollständigung und die Verdeutlichung der Mittheilung gerade in den Punkten sich zuverschaffen, wo er deren bedarf. Die Mängel seiner Mittheilung erkennt oft selbst der Autor erst auf diesem Wege.

21) In Erkenntniss dieser Vortheile für die Wahrheit entwickelt sich die Meinung, dass die Gesprächsform auch dann diese Vortheile gewähre, wenn sie für die schriftliche oder gedruckte Mittheilung der Gedanken gewählt wird. Aber der Unterschied ist dann derselbe, wie der einer wirklichen Schlacht und ihres blossen Gemäldes. Der Werth des Gesprächs liegt nur in seiner Mündlichkeit, in der Gegenwart von wirklichen, verschiedenen Personen, welche ihre Kräfte gemeinsam zur Erreichung der Wahrheit verwenden. Ist dieses Ziel aber erreicht, so ist es überflüssig, diesen umständlichen Weg dann noch einmal durchzuwandern; die gefundene und bereits geprüfte Wahrheit kann schneller und kürzer mitgetheilt werden.

22) Ist das Gespräch aber von Anfang ab nicht wirklich gewesen, sondern nur als Mittel der Darstellung erfunden, so verfehlt es völlig seinen Zweck; denn es fehlt dieser Form dann ihr Wesen, die Prüfung der Wahrheit durch wirklich verschiedene Kräfte. Sie wird dann nur zu einem lästigen Umweg für ein Ziel, was gerade aus sich viel schneller erreichen liess. Die eigenen Zweifel und

Einwürfe des einzelnen Lesers, auf die es vor Allem ankommt, kann diese schriftliche Gesprächsform nicht bekämpfen, nicht widerlegen, nicht aufklären; es ist nur Zufall, wenn das Gespräch die Zweifel eines Lesers im Voraus erräth und niemals kann dies in der Besonderheit geschehen, wie der Zweifel bei dem Einzelnen sich entwickelt.

23) In richtiger Erkenntniss dessen hat man in neuerer Zeit den Dialog als Mittel zur Darstellung der wissenschaftlichen Wahrheit aufgegeben. Das gedruckte Gespräch hat alle Nachtheile, aber keinen der Vortheile des mündlichen Gesprächs. Die berühmten Dialoge Plato's hatten lange Zeit diese Wahrheit verkennen lassen. Bei ihnen muss man festhalten, dass sie zu einer Zeit geschrieben wurden, wo die schriftliche Mittheilung noch die seltenere war. Die Wissenschaft, die Philosophie wurde wesentlich nur auf dem Wege des Dialogs, nicht bloss mitgetheilt, sondern auch weiter geführt. Schon deshalb standen diese schriftlichen Dialoge der allgemeinen Denkweise ihrer Zeit näher. Jetzt ist die allgemeine Bildung dieser Formen entwöhnt und in dem Gebrauch der Begriffe, ihrer Trennung und Anwendung so viel mehr geübt, dass diese umständliche Form nicht mehr der herrschenden Beweglichkeit des Wissens entspricht.

24) Wenn dessenungeachtet diese Dialoge Plato's noch einen grossen Reiz für die Gegenwart besitzen, so liegt das zunächst in ihrem Inhalt und nicht in ihrer Gesprächsform. Diese wird selbst für Plato schon mitunter eine hemmende Fessel; gegen das Ende seiner Dialoge, wo es darauf ankommt, die volle Wahrheit in ihrem Zusammenhange zu geben, verschwindet die Gesprächsform; die Zuhörer sagen nur noch Ja oder Nein und die Mittheilung ist da in Wahrheit schon eine einseitige. Nur in dem Beginn ist das Gespräch wahr und lebendig. Dies zeigt, dass diese Form bei Plato mehr künstlerische Zuthat ist, mehr die Wahrheit mit dem Reiz der Schönheit verknüpft. In diesem Sinne allein wirkt auch jetzt diese Form auf die Leser. Sie thut das um so mehr, als hier, wie bei Homer, diese Form noch in ihrer Ursprünglichkeit auftritt, frei von allem Gemachten und nur als das verschönerte Bild wirklich stattgehabter Gespräche. Daraus erklärt sich auch die Sonderbarkeit, dass die meisten Dialoge Plato's ohne festes Resultat enden. Es geht in der Wirklichkeit nicht besser; der Werth des Gesprächs liegt nicht bloss in solchem Ergebniss, sondern ebenso in dem Anregen des schöpferischen Gedankens, des schärfern Trennens und Beziehens, der Ausdehnung der Beziehungen. Das Ziel ist bei

solchem Schluss noch nicht erreicht, aber die Kräfte dafür sind neu gestärkt und gestählt.

25) Das gestiegene öffentliche Leben der Gegenwart hat auch den Gelehrten und Denker in seiner Studierstube erreicht. Es haben sich für die besondern Wissenschaften Congresse und öffentliche Versammlungen gebildet, in denen die neuesten Fragen der Wissenschaft von den hervorragendsten Männern besprochen werden. Die Wissenschaft ist aber damit aus einem Uebermaass in das andere gerathen. Diese Versammlungen sind zu gross und zu selten, um der Wissenschaft die Vortheile des Gesprächs zuzuführen. Ihr Geschäftsgang nöthigt immer mehr zu Vorträgen einzelner Redner, die, so trefflich sie an sich sein mögen, doch das Gegentheil der Gesprächsform darstellen. Es bleiben auch deshalb deren Vortheile aus. Es kommt hinzu, dass ein grosser Theil dieser Versammlungen sich auf Gebieten bewegt, in denen die Meinungen sich vorwiegend auf Gefühle und Interessen stützen und erst in zweiter Linie auf die Gründe der Wahrheit. In die Versammlungen zur Berathung religiöser und kirchlicher Fragen, in die Congresse der Juristen, der Volkswirthe, der Statistiker, ja selbst in die Zusammenkünfte der Naturforscher drängt sich das Gefühl ein, und macht die Ohren taub gegen die Gründe der Wissenschaft. Die Oeffentlichkeit, die Theilnahme des Publikums nöthigt zur Auswahl solcher Fragen, für die ein allgemeines Interesse besteht und meist ein Interesse, was sich nicht bloss auf die Liebe zur Wahrheit stützt, wenn auch der Einzelne es noch so redlich zu meinen glaubt.

26) Deshalb ist für die Entdeckung und Prüfung der Wahrheit von dieser neuen Form, sie aufzusuchen, wenig zu erwarten; aber diese Versammlungen sind von der höchsten Bedeutung für die Ausbreitung der Wahrheit. Indem die angesehensten Männer der Wissenschaft sich zu einem gemeinsamen Ausspruch vereinigen, erhält solche Ansicht eine mächtige Stütze der Gewissheit und gehört zu den wirksamsten Fällen der früher behandelten dritten Ursache der Ueberzeugung, des allgemeinen Beispiels. — Wenn daher die fortschreitende Erforschung und Prüfung der Wahrheit dem isolirten Denker noch jetzt zugewiesen bleibt, so ist es doch seine Pflicht, die ihm sich bietenden Gelegenheiten sorgsam zu benutzen, um seine Entdeckungen der Prüfung und Läuterung durch fleissiges Gespräch mit Kennern und mit Laien zu unterwerfen.

# Schluss.

1) Das Wissen hat zwei Seiten; die eine hat die Richtung nach dem Wissenden, die andere geht auf das Gewusste. Das Wissen

mit der vorwiegenden Richtung nach jenem ist das Vorstellen; das Wissen mit der vorwiegenden Richtung nach dem Gegenstande ist das Erkennen. Die Philosophie des Wissens besteht aus der Lehre vom Vorstellen und der Lehre vom Erkennen. Beide Richtungen sind in dem Wissen des einzelnen Menschen verbunden und selbst das begriffliche Trennen kann sie nicht so vollständig von einander absondern, dass die Lehre von dem Einen nicht in die von dem Andern eingriffe. Die Sprache, welche dem natürlichen Vorstellen entsprossen ist, bietet dazu nicht einmal die äusserlichen Mittel zureichender Worte. Selbst, wenn solche strenge Sonderung möglich wäre, würde damit die Erkenntniss der Einheit beider Richtungen verloren gehen, welche so wesentlich ist, wie der besondere Inhalt einer jeden. — Die Lehre vom Vorstellen, welche mit dem Vorstehenden beendet ist, hat deshalb schon mannichfach in die Lehre vom Erkennen hinüber greifen müssen; doch können diese Einzelheiten erst in der umfassenden Lehre vom Erkennen ihr volles Verständniss erreichen.

2) Nachdem in der Lehre vom Vorstellen der Inhalt und die Art des Vorstellens, die Entstehung, die Bewegung und das Vergehen der Vorstellungen dargestellt worden ist, wird in der Lehre von demErkennen die Wahrheit der Vorstellungen zum Gegenstand der Untersuchung. Sie theilt sich in die Erforschung der Wahrheit, oder in die Erkenntniss des Einzelnen Gegenstandes, und in die Erkenntniss des Allgemeinen. Nach Erforschung beider Gebiete wendet sich die Untersuchung zu der letzten und höchsten Frage, zu der nach den Quellen der Wahrheit. Nachdem die Fundamentalsätze hierüber dargelegt sind, schliesst die Lehre mit der Untersuchung der wichtigsten abweichenden Systeme der Philosophie, welche sämmtlich in der Antwort auf diese Frage ihren unterscheidenden Charakter besitzen und sich von da aus in die verschiedensten Richtungen trennen, um das ihnen allen gemeinsame Ziel, den Besitz der Wahrheit, zu gewinnen.

# Druckfehler.

| | | | | | | | | | | |
|---|---|---|---|---|---|---|---|---|---|---|
| Seite | 38 | Zeile | 10 | von | unten | lies | bestreitet | anstatt: | bestätigt. |
| „ | 175 | „ | 10 | „ | oben | „ | meisten | „ | meinen. |
| „ | 233 | „ | 20 | „ | unten | „ | war | „ | wenn. |
| „ | 250 | „ | 3 | „ | oben | „ | ὑποκείμενον | „ | ὀτοκείμενον. |
| „ | 462 | „ | 14 | „ | unten | „ | vorhergegangenen | „ | wahrgenommenen. |
| „ | 467 | „ | 2 | „ | oben | „ | sogleich die | „ | die sogleich. |
| „ | 468 | „ | 3 | „ | unten | „ | deren | „ | welche. |
| „ | 479 | „ | 7 | „ | oben | „ | das | „ | des. |
| „ | 481 | „ | 15 | „ | oben | „ | nicht | „ | nur. |
| „ | 486 | „ | 20 | „ | unten | „ | Einbildung | „ | Einbildungen. |

Made in the USA
Las Vegas, NV
11 November 2024

11553900R00330